NAISSANCE DE LA NOBLESSE

DU MÊME AUTEUR
AUX ÉDITIONS FAYARD

Les Origines : Histoire de France, t. I, sous la direction de Jean Favier, Fayard, 1984.

Karl Ferdinand Werner
de l'Institut

NAISSANCE DE LA NOBLESSE

L'essor des élites politiques en Europe

Seconde édition revue et corrigée

Ouvrage publié avec le concours du
Centre national du livre

Fayard

Pour Brigitte

AVANT-PROPOS

Comment un ordre social fondé sur la distinction entre les hommes selon leur naissance, leur « condition », et plus encore sur la prétention de tenir ces inégalités pour justifiées, car voulues par Dieu, a-t-il pu durer pendant plus d'un millénaire ? Ce livre a précisément pour ambition de montrer l'origine et l'évolution de ces élites politiques et, à travers elles, de faire découvrir nos origines européennes.

Cet essai est le résultat de recherches que je mène depuis près d'un demi-siècle, mais c'est aussi l'aboutissement d'un long travail commun. Après avoir étudié la question de la légitimité dynastique lors du passage des Carolingiens aux Capétiens, et les querelles généalogiques qui s'ensuivirent à travers les siècles, j'ai réfuté la thèse selon laquelle la noblesse ne serait apparue qu'aux XIe-XIIe siècles et montré que les fondateurs des « maisons féodales » n'étaient nullement des homines novi *sans scrupules. À partir des listes de témoins qui figurent dans les actes provenant des comtés ligériens du IXe au XIe siècle, j'ai pu mettre en évidence la continuité de strates aristocratiques qui, bien que distinctes les unes des autres, étaient issues du cadre plurinational des hauts dignitaires carolingiens.*

*Ma thèse d'habilitation sur l'origine du « principat non royal » (*nicht-königliches Herrschertum*) aux VIIe-XIIe siècles, que j'ai soutenue à Heidelberg (1961), m'a permis d'élargir le cadre géographique et chronologique de ces observations, mais je ne l'ai pas publiée car je savais déjà qu'il fallait remonter au moins au IVe siècle et à l'Empire romain pour comprendre l'origine des structures politiques européennes. Parmi les titres désignant le pouvoir, le plus important me parut être celui de* princeps, *qui a perduré à travers l'histoire des monarchies et principautés européennes ; ce titre, d'abord réservé à l'empereur romain (à Rome, puis à Constantinople), a ensuite été reconnu aux rois occidentaux, puis aux ducs et autres « princes », jusqu'aux « seigneurs » français et au dernier petit « prince sérénissime » du Saint Empire, voire de l'Allemagne contemporaine.*

La continuité des élites — continuité institutionnelle et sociale plus que généalogique — dépasse les « limites » chronologiques de l'« Antiquité », du « Moyen Âge » et des « Temps modernes », qui obscurcissent notre compréhension du passé. Dès 1965, j'ai montré que Clovis et ses successeurs, en reconnaissant le rôle politique de l'épiscopat en Gaule — en grande partie d'origine sénatoriale —, avaient de ce fait reconnu la nobilitas *d'origine romaine. La « noblesse » est plus ancienne en Gaule que le pouvoir royal. Elle n'a donc pas été créée par les rois, contrairement à ce qu'ont affirmé les « légistes » des* XIIIe-XIVe *siècles.*

Je me suis également attaché à étudier les relations généalogiques entre les membres de l'aristocratie mérovingienne, d'origine aussi bien germanique que romaine — souvent sénatoriale —, grâce à l'apport des méthodes prosopographiques mises au point par les historiens de l'Antiquité qui ont pu mettre à profit les inscriptions funéraires romaines résumant les carrières des militaires et fonctionnaires. Transposant ces méthodes pour le Moyen Âge, Gerd Tellenbach et son école (Karl Schmid, Joachim Wollasch, Hagen Keller, Otto Gerhard Oexle et Gerd Althoff) ont identifié grâce aux ordinateurs, à Münster et à Fribourg, des parentés nobles, sinon individuelles, du moins dans le cadre d'un « groupe familial ». Leurs recherches ont renouvelé nos connaissances sur l'élite ecclésiastique et laïque des VIIIe-XIIe *siècles, et ont éclairé le contexte spirituel de cette époque.*

Ayant dirigé l'Institut historique allemand de Paris (IHAP) de 1968 à 1989, j'ai eu la chance de participer à ce mouvement de recherche avec des collaborateurs venus avec moi de Heidelberg. Mes amis Hartmut Atsma, Martin Heinzelmann, Werner Paravicini et Jürgen Voss ont étudié dans des perspectives différentes le monde des dominants de la société chrétienne depuis Constantin le Grand, et cela sur le plan plurinational et européen. Notre séjour parisien nous a ainsi donné l'occasion de sortir de la seule « école allemande », en suivant l'exemple de celui qui avait préparé la mise en place de l'IHAP, Eugen Ewig, lui-même représentant de l'école de Bonn. Cette école, fondée par Wilhelm Levison, a mis en évidence le rôle fondamental de la Gaule romaine dans l'histoire des origines allemandes. Ewig a profondément marqué l'IHAP en établissant une coopération amicale entre chercheurs allemands et français. La revue scientifique Francia *que j'ai fondée, avec mes collègues, en 1972, et qui se veut une revue franco-allemande et internationale, se situe dans cet esprit. Ce livre doit beaucoup à tous ces collègues qui m'ont permis de réunir des sources dont la richesse était inattendue.*

Tout au long de mes recherches sur la noblesse, j'ai en effet été frappé par l'emploi continu des titres marquant la hiérarchie des élites politiques, et ce depuis la naissance de la noblesse chrétienne sous Constantin le Grand. C'est celui-ci qui transforma la nobilitas *en* militia *: désormais, celui qui voulait gouverner l'Empire en entrant au service du* princeps *devait prêter le serment d'*obsequium *; ce service était réglé selon une discipline militaire, et ses membres étaient obligés de porter le* cingulum militiae, *le ceinturon des officiers. Or ces hommes ne s'appelaient pas* milites *(simples soldats), mais* nobiles. *La* nobilitas *qui gouvernait l'Empire sous le* princeps *formait une* militia *constituée de l'ensemble des hauts fonctionnaires, et celle-ci n'avait donc rien à voir avec les* milites, *ou soldats.* Militia *est la clé de la structure politico-militaire de l'État romano-chrétien, aussi bien dans le monde romano-« byzantin » que dans le monde franc ou dans l'Occident post-carolingien. L'intégration de cette élite romano-gallo-franque dans l'État du* princeps *chrétien est capitale dans notre patrimoine historique. Or elle apparaît en toute évidence si l'on comprend que les institutions latines les plus importantes —* princeps, nobilitas, militia, *associées à* dignitas, honor, potestas — *formaient un système étatique cohérent, comme nous le montrent de nombreux textes.*

Dans l'État du princeps *chrétien, romain et franc, le pouvoir public (*potestas publica*) était représenté par des membres de la « noblesse », elle-même issue de la* nobilitas *romaine. L'Église, à laquelle le* princeps *attribua, dès le IVe siècle, de nombreuses compétences politiques et juridiques, formait une autre* militia *qui servit successivement l'empereur romain, le roi et l'empereur franc. L'Occident et ses élites sont donc les héritiers de l'Empire romain, mais non de l'Église romaine.*

Sur le chemin de l'histoire européenne, mes précurseurs sont nombreux, en particulier Walther Kienast, François-Louis Ganshof, Léopold Genicot, Fernand Braudel et Marc Bloch dont l'œuvre a été pour moi un guide. Parmi d'autres historiens qui m'ont aidé, je n'oublie pas Fritz Ernst, mon maître à Heidelberg. Parmi tous les collègues et amis auxquels ce livre doit tant, je voudrais nommer, en France, le regretté Jean-François Lemarignier et son élève et successeur à la chaire d'histoire institutionnelle à Paris IV-Sorbonne, Olivier Guillot. Nos débats aussi passionnés qu'amicaux accompagnent et inspirent depuis des années mes recherches. Au sein de l'IHAP, les travaux de Hartmut Atsma en diplomatique et paléographie, et de Martin Heinzelmann en hagiographie et historiographie, ainsi que leurs conseils amicaux, m'ont également été très précieux. Jürgen Voss m'a beaucoup apporté sur le plan de l'historiographie moderne comme au sujet du « Moyen Âge ». Enfin, Werner Paravicini — alors professeur à Kiel et aujourd'hui à la tête de l'IHAP — m'a été d'un grand secours comme autorité reconnue de l'histoire de la noblesse et des principautés à partir du XIIIe siècle, de la chevalerie, des armoiries et de la civilisation des cours princières et résidences en Europe. Pour les IXe-XIIe siècles, je dois beaucoup aux travaux de Georges Duby, Hagen Keller (Münster), Johanna Maria van Winter (Utrecht) et Karl Leyser (Oxford). Je ne puis ici citer tous ceux dont les travaux m'ont été précieux, mais je tiens à mentionner les ouvrages de Michel Bur et de Michel Parisse qui ont trouvé sur le plan régional (bourguignon et surtout lorrain) la solution de problèmes généraux compliqués, comme l'essor de la « chevalerie » en France et en Allemagne. Parmi tant de collègues allemands auxquels je dois beaucoup, je voudrais aussi nommer mon ami Otto Gerhard Oexle, directeur du Max-Planck-Institut für Geschichte à Göttingen, qui continue avec moi, au fil des années, un débat sur tout ce qui nous passionne en histoire.

Je n'oublierai point celles et ceux qui m'ont permis de mener ce travail, à commencer par les secrétaires et bibliothécaires de l'IHAP, comme Ida Raetz, Cornelia Wacheck, Monika Quiring, Véronique Mosbah, Brigitte Oster-Rohland, Monika Glass-Cremer, Gisela Davids-Sallaberry, Thérèse Rameau et — avec une reconnaissance particulière — Margarethe Dentler-Martaguet et Ursula Hugot. Je n'oublierai pas non plus les services fidèles de MM. Michel Arbogast et Zibuntas Miksis, et de Mmes Antoinette Jeanne et Corinne Benati. Je remercie vivement tous les archivistes et bibliothécaires qui m'ont aidé à Paris, en France, ainsi qu'en Belgique, en Suisse et en Allemagne, notamment ceux des Monumenta Germaniae Historica à Munich. Je dois également une aide précieuse, à Rottach même, à ma nièce Brigitte Lindemann.

Ma gratitude va enfin aux personnes auxquelles je dois la publication du livre sous sa forme présente. Agnès Fontaine, chez Fayard, a accompagné sa longue genèse avec infiniment de patience et de compétence. Ses conseils ont largement dépassé les questions techniques et de forme. Mon cher ami Christian Settipani, généalogiste et historien, n'a pas ménagé sa peine ni son ordinateur pour m'aider quand j'ai connu des problèmes de santé ; c'est lui qui a terminé la bibliographie. Un autre cher ami, Jean-Pierre Brunterc'h, des Archives de France, meilleur connaisseur actuel en France du « Bas-Empire » et du « haut Moyen Âge », a accepté avec infiniment de soin et d'amitié de lire le texte final.

Grâce à de tels amis, l'écriture de ce livre a été l'une des plus belles expériences que j'ai pu vivre comme historien. Je voudrais terminer en exprimant toute ma reconnaissance à ma femme, sans laquelle mon œuvre entière — comme ce livre qui lui est dédié — n'aurait pu voir le jour.

Rottach, juillet 1998.

INTRODUCTION

Le mot « noblesse » provoque un sentiment de rejet chez les uns, de nostalgie chez les autres, voire les deux à la fois chez certains. Mais le temps n'est-il pas enfin venu de parler sereinement d'un sujet voué à l'esprit partisan, et de chercher à comprendre l'évolution d'un phénomène qui a dominé pendant plus d'un millénaire l'histoire sociale et politique de notre continent? À notre époque, éprise de justice sociale, de combat contre les inégalités et le racisme sous toutes ses formes, un ordre social fondé sur la distinction sans nuances entre les hommes qui repose sur leur naissance, leur « condition », et plus encore sur la prétention à justifier ces inégalités comme étant voulues par Dieu, peut certes paraître obsolète et même incompréhensible. Or cette distinction a été longtemps acceptée par les hommes : on pourrait écrire un livre passionnant sur « la noblesse dans l'imaginaire populaire », qui inclurait même la France post-révolutionnaire.

La fin de la noblesse a été lente, car le faux noble et le bourgeois triomphant ont imité le mode de vie aristocratique. Ainsi est née la haute société, qui regroupe les dignitaires des républiques comme des monarchies, les diplomates et les militaires, nobles ou non, et les hommes appartenant aux nouvelles élites, légitimes si elles peuvent se prévaloir de mérites quelconques, illégitimes au contraire dans toutes les formes de nomenklatura, leurs privilèges apparaissant d'autant plus scandaleux qu'elles se réclament d'une idéologie égalitaire.

Selon les sociologues, la disparition des domestiques a sonné le glas de la vie aristocratique. De même qu'un vrai monarque a besoin d'une cour, et à cet effet d'une noblesse (ainsi que Napoléon Ier l'a bien vu), la vie aristocratique impliquait de nombreux serviteurs. Dans cette civilisation, le style de vie, l'élégance et la légèreté apparente reposaient sur toute une éducation, en particulier sur l'acceptation des servitudes liées aux conventions. Mais le « modèle aristocratique » n'a pas complètement disparu, même si ce qu'il en reste semble souvent accessoire. Selon le mot de Chateaubriand, la noblesse n'est-elle pas « sortie » de « l'âge des supériorités » pour tomber dans celui des « privilèges » avant de s'éteindre dans celui des « vanités » ?

Un riche héritage

Notre univers politique et culturel doit bien des choses à la noblesse. La notion de liberté a été créée par et pour les seuls hommes qui étaient alors vraiment libres, les nobles, et cette liberté, celle des individus mais aussi du groupe, ils l'ont défendue. La noblesse anglaise le fit à l'occasion de la Grande Charte, au XIIIe siècle. Presque un demi-millénaire plus tôt, la noblesse du royaume franc occidental avait obtenu des droits par Charles le Chauve, en 843, à Coulaines. C'est à ce moment que s'est formée une solidarité de toute l'aristocratie du royaume, celle-ci ne voulant plus être « réunie » à d'autres royaumes dont la noblesse n'avait pas acquis les mêmes garanties de libertés et droits*. En France, l'unité nationale est identifiée à la royauté et l'on s'imagine difficilement qu'elle ait pu être représentée, voire fondée, par l'aristocratie.

C'est la noblesse qui en 842-843 a déterminé les frontières de la « France médiévale » en obligeant les frères carolingiens qui se disputaient l'héritage paternel à faire la paix et à se partager l'Empire. L'aristocratie a également décidé du sort commun quand elle a préféré défendre le pays contre les invasions normandes plutôt que de suivre Charles le Chauve en Italie, où il s'était fait couronner empereur par le pape. Ou encore, quand elle a élu Hugues Capet qui partageait son idée de renoncer à l'universalité de la « race » impériale des Carolingiens. La cohésion du royaume, dans toute sa diversité, fut alors assurée, face à l'Empire ottonien et à la papauté, par l'épiscopat qui, on l'oublie parfois, faisait partie de la noblesse. Un épiscopat qui se révéla garant d'une « conscience nationale », laquelle, jusqu'à l'essor des nations modernes, était surtout le fait de l'aristocratie. La liberté et l'unité du royaume étaient représentées par l'aristocratie ecclésiastique et laïque face aux rois qui admettaient dans leur conseil des étrangers, rejetés par la noblesse : cet aspect de l'histoire des origines de la France a été largement oublié.

Le monde aristocratique nous a légué les idées d'« honneur » (y compris l'« honneur national »), de « rang » (que l'on retrouve dans

---

* Ce fait a été découvert par un historien allemand, Peter Classen.

le « rang de la France » cher à de Gaulle) ou de « dignité » (que l'on songe à la « dignité humaine »). Ces idéaux ont leurs racines dans l'*honor*, le *gradus dignitatis*, la *dignitas*, qui sont des mots clés de l'ancienne société aristocratique romano-chrétienne. D'autres héritages « nobles » font partie du patrimoine national : les châteaux forts et les châteaux, les hôtels particuliers, ces œuvres d'art commandées par le roi ou son entourage, l'idéal de l'homme galant, « chevaleresque ». La « dame », création française par excellence, est également le fait de la noblesse : la *domina*, servie par les vassaux de son mari qui, lui, était son *senior*, mais point son *dominus*. Une noblesse qui a laissé, par les règles qu'elle a su imposer, l'idée du « geste noble » et celle de la « noblesse d'esprit ».

La place de Paris dans le monde est un fait essentiel. Or l'influence mondiale de la capitale remonte à l'époque monarchique, quand elle apprenait au monde les rites magnifiques de la royauté. Les élites de Versailles et de Paris (Marais, Saint-Germain) sont à l'origine de l'excellence parisienne par leur passion de juger, de fixer la valeur des choses, de distinguer les hommes de premier ordre des hommes de second ordre.

Les « provinces » — ou les « régions » — sont elles aussi les héritières des principautés des xe-xiiie siècles, que ce soit l'Anjou ou la Touraine, la Normandie ou le Poitou, la Savoie ou la Provence, le Berry ou la Lorraine. Ces principautés étaient dirigées par une très haute aristocratie qui, avec ses vassaux, a lancé la première croisade. D'une façon générale, la noblesse française a été, avec ses cours et la littérature qu'on y aimait, à Troyes comme à Poitiers, avec ses tournois, le modèle de l'Europe entière. Une noblesse exerçant d'importantes responsabilités politiques et culturelles sur le plan européen, national et régional, voilà une image bien différente de celle d'une classe vainement occupée à défendre ses privilèges au moment de son déclin. Comment aurait-elle pu, sans forces ni qualités, rester un millénaire au cœur de l'histoire ? C'est la question qu'a justement posée l'historien Jonathan Powis.

Un monde dominé par Dieu

Quelles ont été les structures politiques et sociales qui ont fait naître cette élite ? Pendant son long « âge des supériorités », la noblesse a été l'incarnation de la chose publique, contrairement à la légende — récente — d'un « pouvoir privé » et de l'« anarchie féodale ». Dirigeant les hommes, dans le siècle comme dans l'Église, elle n'était coupée ni du « peuple » ni du roi. Ce dernier faisait partie de la noblesse, ainsi qu'il en fut longtemps conscient, avant de s'élever bien au-dessus d'elle. Jusque-là, le *populus*, c'est-à-dire le peuple en tant qu'entité politique, s'incarnait dans la noblesse : représentant politiquement les autres hommes, il pouvait élire, voire déposer le roi. Longtemps aussi, dans la plus grande partie de la France, les chefs des principautés et des seigneuries restèrent plus proches des populations que le roi, qui de toute façon avait besoin de la noblesse pour exercer son pouvoir et faire exécuter ses ordres.

La noblesse eut donc une sorte de « monopole du pouvoir direct » jusqu'aux XIIe-XVe siècles, époque où la royauté dut péniblement se lancer dans la reconquête du contact direct avec « son » peuple en reprenant les principautés. Les nobles, souvent imaginés *a posteriori* un peu sots par des bourgeois fiers de leurs connaissances ou de leur fortune, conservèrent des siècles durant le quasi-monopole du savoir. Sous une royauté revigorée, de nouvelles élites économiques, intellectuelles et politiques lui offrirent leurs services en concurrençant la noblesse, puis en la remplaçant (en fait, il y eut toujours parmi elles de nombreux aristocrates). Ces nouvelles élites aux idées progressistes finirent par représenter à leur tour le « peuple », voire la « nation », face au monarque — dont elles ne tardèrent pas à se débarrasser pour s'emparer de l'État, mais aussi de son histoire. Dorénavant « nationale », celle-ci a remplacé l'histoire à tendance cléricale ou dynastique par une unité supposée ancienne, liant le roi (symbole unique de l'État et de la nation) à son peuple, et réglant son compte à l'aristocratie, représentée comme égoïste et ennemie de l'unité nationale.

Pour retrouver les origines et l'histoire du pouvoir noble et des idées qui le légitimaient, il nous faudra donc aller au-delà de l'image déformée et hostile créée par l'historiographie pré- et post-révolutionnaire, et d'abord mettre en évidence ce qui sépare le monde de jadis, dominé par la royauté et la noblesse, du monde moderne. On a trop cherché à unifier l'histoire de France (qui est déjà, malgré les querelles franco-françaises, la plus homogène de toutes) pour combler la rupture révolutionnaire, l'antinomie royauté/république. La monarchie présidentielle, dit-on, ne serait pas si éloignée de la monarchie tout court, laquelle ne serait qu'une « présidence héréditaire ». Cette supposition dévoile une profonde ignorance de ce qu'a été la royauté : l'idée d'une « monarchie nationale » qui parcourrait toute l'histoire de France est un pur produit de ce même XIXe siècle qui en a tenté la réalisation politique en France. La royauté a donné à la France un territoire en fin de compte assez homogène; elle a même pu susciter un patriotisme à l'échelle du royaume presque entier, préparant ainsi l'unité, mais ses bases ont toujours été Dieu, l'Église et la noblesse.

Comprendre le passé implique de laisser de côté nos convictions politiques modernes. Malgré les continuités soulignées par Tocqueville, c'est un « monde différent », dominé, voire dirigé par Dieu, puisque toute autorité sur les hommes provient de Lui, et de

Lui seul, qu'elle reçoit de Lui sa légitimité et sa raison d'être. Dans notre monde, la communauté des hommes, le peuple constitué en nation, choisit ceux qui doivent la diriger et leur confère la légitimité. Sous le roi, on juge au nom de Dieu et du roi; dans le monde contemporain, on le fait au nom du peuple, ce qui n'exclut d'ailleurs pas de graves manquements à l'éthique que cela devrait imposer. Dans le premier cas, le pouvoir émane d'en haut; dans le second, il vient d'en bas.

Dans ce monde ordonné par Dieu, la hiérarchie des grands et moins grands qui entourent le prince à la Cour et le servent dans le pays a été comparée, dès le début de l'Empire chrétien, à la hiérarchie céleste des anges et des saints qui entourent Dieu. Même les étoiles, signes visibles de la création divine dans son ordonnancement éternel, ont été comprises comme le modèle d'un ordonnancement divin dans lequel chacun était à la place que Dieu lui avait destinée. Celui qui essaie de perturber cet ordre divin *(ordo)* ne peut agir que sous l'influence du diable. Les historiens modernes, en limitant l'emploi du mot « hiérarchie » à celle de l'Église, ont sous-estimé la portée, au sein de l'Europe prérévolutionnaire, de cette idée dans toute la structure sociopolitique. La hiérarchie s'appuyait sur la conviction profonde qu'il était nécessaire d'avoir des intermédiaires entre l'Être suprême et l'homme qui voudrait s'adresser à Lui. Ce pouvaient être l'Église et son clergé, mais aussi et surtout les saints — les masses les vénéraient, les puissants les sollicitaient à travers les prières des moines, obtenues en échange de dons faits à leurs monastères. Pour s'adresser au prince, installé par la volonté divine, difficilement accessible lui aussi, les grands recherchaient l'intercession de la reine ou des hommes bien en cour; les humbles, eux, n'avaient que les moines ou les évêques pour invoquer l'aide ou le pardon du roi, sauf si un *missus* (envoyé) royal épris de justice plaidait leur cause.

Le personnage « principal » de ce monde chrétien est le *princeps*, l'empereur qui, en la personne de Constantin le Grand, a donné la victoire au christianisme et, en celle de Théodose le Grand, l'a installé comme foi obligatoire, faisant détruire systématiquement les temples et poursuivant au nom de l'État les païens et surtout les hérétiques. Ce *princeps piissimus* est le vrai chef des évêques et les réunit autour de lui dans l'une de ses résidences pour établir les dogmes de l'Église, qu'il fait promulguer dans l'Empire, lequel coïncide avec le monde chrétien. Quand ce monde voit surgir d'autres monarques « catholiques », comme le roi des Francs, celui-ci est reconnu par l'empereur et assume à son tour, en son royaume, la position de *pius princeps*, entouré de « ses » évêques lors des synodes réunis en son palais. Malgré le silence des histoires de l'Église, le fait est incontestable : jusqu'aux grands changements des XIe-XIIe siècles, provoqués par la réforme grégorienne, l'Église était celle du *princeps* ; elle l'est restée en Orient. C'est seulement en Occident qu'elle est devenue l'Église du pape, l'Église « romaine ».

Dans son élan victorieux, la papauté, surtout après les privilèges qu'elle a pu arracher à l'empereur en Occident, a acquis trop de pouvoir pour que le *princeps* royal ne se sente pas menacé. Dès lors, à partir de Philippe le Bel, les rois mènent une contre-offensive face aux prétentions papales devenues exagérées. Aux XIVe-XVe siècles, les rois et les princes dominent, à travers leurs ambassadeurs, les conciles tenus lors du grand schisme d'Occident, en s'assurant largement le contrôle sur le clergé de leurs territoires respectifs. C'est dans ce monde que la Réforme va pouvoir s'imposer, à condition de trouver l'appui du prince territorial.

Luther porte un coup fatal au monde chrétien, dominé jusqu'alors par les « intermédiaires ». En mettant l'accent sur le Christ et la relation directe entre lui et l'âme du simple croyant, il balaie d'un coup toute la hiérarchie des intermédiaires, qu'il s'agisse de la hiérarchie céleste, des saints ou bien de la papauté, du clergé et, surtout, des moines. Ces derniers, même dans des pays restés catholiques, ne sont plus considérés comme les « religieux », si purs et si proches des saints qu'ils étaient capables de sauver les hommes. Avec l'affaiblissement de leur place dans la société s'est effondré un élément fondamental du « monde de Dieu » et de la noblesse chrétienne. La papauté, en vendant les indulgences, avait terriblement nui aux moines, dont la popularité depuis le XIIIe siècle irritait fort le clergé urbain — la vente des indulgences devait d'ailleurs être l'une des causes du combat de Luther.

Celui-ci contestait l'origine divine, donc la légitimité et le pouvoir du pape, mais il ne contestait pas le pouvoir de la hiérarchie politique et sa légitimité d'origine divine — celle de l'empereur, des rois et des princes. Le Christ n'avait-il pas enseigné de rendre à l'empereur ce qui lui est dû ? Les mots de saint Paul sur l'institution du pouvoir temporel par la volonté divine et sur l'obligation de lui obéir, mots invoqués depuis des siècles, retrouvent leur portée quand l'autorité du prince échappe de nouveau au contrôle de la papauté. Ce sont les princes et les gouvernements des grandes villes qui décident si, oui ou non, la Réforme doit s'imposer ; ce sont eux qui, encore au XVIIIe siècle, obligeront leurs sujets à suivre leur propre choix en matière d'obédience à telle ou telle « confession », selon le principe : *Cuius regio, eius religio*. Tout cela n'était prévu ni dans le droit canon ni dans les catéchismes des protestants, mais il s'agit de l'histoire vécue de la chrétienté, dans laquelle, depuis Constantin le Grand, le pouvoir de l'État et l'autorité de l'Église auront été mêlés d'une façon inextricable, tantôt harmonieuse, tantôt conflictuelle.

C'est vrai également pour les « deux hiérarchies », séculière et ecclésiastique, d'autant que leurs membres respectifs étaient moins séparés dans la réalité qu'en théorie, puisqu'ils étaient issus de la même souche noble. La noblesse dominait la vie des hommes sur tous les plans de leur existence, grâce à une symbiose prince-Église-noblesse.

L'État du prince

L'État du prince, toujours fondé sur la légitimité divine, est donc sorti fortifié de la grande crise de la Réforme et de la Contre-Réforme. Cet État puissant a pour centre le souverain et sa cour, phénomène européen par excellence, mais méconnu par les historiens occupés d'histoire nationale et qui n'a été redécouvert que par les sociologues.

À la cour des rois ou à la cour des princes de l'Empire, une « société d'ordres » s'établit peu à peu, avec des règles de préséance toujours plus strictes, qui éloignent toujours plus le pauvre sujet qui, en effet, a plus que jamais besoin d'intermédiaires pour être remarqué par cet être suprême qu'est devenu le monarque. Une doctrine de divinisation de la monarchie se développe autour de la personne du souverain et de sa dynastie, et ce même dans les pays les plus avancés des « Temps modernes », la France et l'Angleterre. La dynastie devient quasi éternelle : en France, « le roi ne meurt pas », « le roi est mort, vive le roi ! »; en Angleterre, le roi a deux corps, dont l'un ne meurt pas. C'est contre cette nouvelle forme de monarchie, de plus en plus « absolue », laïcisée dans ses doctrines politiques et en même temps spiritualisée dans son support idéologique — une monarchie donc qui s'écarte de ses bases populaires, partiellement acquises au XIIe et de nouveau au XVe siècle —, que les révolutions ont lancé leurs attaques et emporté la victoire.

Il en fut d'abord ainsi dans les colonies américaines de la couronne britannique. C'est là que le système du pouvoir du prince, inattaquable puisque voulu par Dieu, est contredit et réfuté par un publiciste anglais, Thomas Paine. La Bible ne parle pas de la royauté comme d'une institution créée par Dieu, déclare Paine, mais comme d'une concession que Dieu a consentie au peuple élu qui voulait avoir un roi comme les autres peuples, donc comme les païens ! Un chrétien n'est donc pas obligé d'obéir au roi, et pourra même mieux servir Dieu sans roi. En fait, les Américains, qui pour la plupart n'étaient plus catholiques, n'avaient pas besoin d'abolir les privilèges du clergé, ni d'ailleurs ceux de la noblesse, quasi inexistante dans un pays de colons et de commerçants. Le mot selon lequel les Européens, se répandant à travers le monde, n'auraient pas emporté leurs monarchies, n'est pas tout à fait exact. Mais il est vrai qu'ils ont pratiquement laissé leur noblesse dans l'ancien continent. Celle-ci, ayant ses racines dans l'Europe chrétienne, n'aurait guère pu survivre loin des Églises, de la Cour et des terres héritées des ancêtres. Ainsi la France révolutionnaire a-t-elle dû rompre à la fois, et d'une manière radicale, avec l'Église, les châteaux et Versailles !

Il n'est donc pas surprenant non plus que le culte romantique de l'Église et de l'art « moyenâgeux » apparaisse après l'échec partiel de la Révolution et la fin de l'Empire. Il y a même un romantisme favorable à l'aristocratie, que l'on s'imagine de nouveau, après Montesquieu, d'origine germanique, ce qui revient à chercher l'origine des libertés, qu'elles soient anglaises ou germaniques, dans les forêts de Germanie ! C'est alors seulement, dans une Europe réactionnaire ou nostalgique, selon les goûts, qu'une véritable doctrine de la royauté de droit divin (*Gottesgnadentum*) se développe : une fois de plus, la doctrine se substitue à une foi qui se meurt. La France, restée fidèle à une Église dont elle se considère la fille aînée, pays du premier roi catholique, est aussi celui de la Grande Révolution. Historiquement, elle se distingue en Europe par le rôle particulièrement brillant qu'ont joué sa royauté et sa noblesse.

La fin du monde hiérarchisé, dominé par l'idée d'une condition acquise à la naissance et selon la volonté divine, n'a pas amené un monde égalitaire, tant s'en faut. De nouvelles élites, qui comptaient d'ailleurs un nombre non négligeable de membres des anciennes élites, ont imité ou continué les formes les plus subtiles de « distinction » sociale développées par la noblesse, pour « sortir du commun », mais aussi pour obtenir des avantages et de nouveaux « privilèges ». Quant à l'hérédité, si elle n'est plus celle du pouvoir, mais celle des biens privés, elle détermine pour une bonne part la position sociale des individus et leurs chances de réussite. En revanche, les prétentions à la supériorité ne s'avouent plus guère ouvertement, à la différence d'une époque où le « supérieur » exprimait fortement ses droits vis-à-vis de l'« inférieur », qui les contestait rarement.

Le caractère héréditaire des élites politiques

La noblesse chrétienne d'Europe est née comme puissance politique avec la monarchie chrétienne et s'est éteinte avec elle. Pour Victor Hugo, l'âge en train de disparaître était celui « de[s] prêtres et de[s] princes », qui existait depuis Constantin le Grand et Théodose le Grand, et qu'on a défini sur le tard comme celui « du trône et de l'autel ». Cette symbiose était telle qu'on ne pouvait légitimement porter un titre de noblesse sans être chrétien. Même Napoléon a eu besoin de se faire sacrer empereur par le pape, avant de pouvoir créer une nouvelle noblesse reconnue en Europe. Ce double lien du noble envers le prince et l'Église de Dieu s'est exprimé en un seul mot, *fides*, qui définit les deux devoirs essentiels et signifie à la fois « fidélité » au prince et « foi » en Dieu. Ainsi les empereurs du Saint Empire romain germanique ont-ils pu appeler « *Dei et nostri fideles* » l'ensemble de leurs grands laïcs et ecclésiastiques.

Nous montrerons le rôle capital du *princeps*, qui désigne aussi bien Constantin que Charlemagne et les souverains modernes. Le *princeps*, qu'il soit empereur ou roi, qu'il soit un grand ou un petit « prince » territorial, domine la hiérarchie de l'Église et de la noblesse. Nous nous tournerons ensuite vers la *nobilitas* — terme latin, dont « noblesse », *nobility, nobiltà* ne sont que des formes vernaculaires, et qui désigne d'abord une institution romaine — pour examiner comment cette *nobilitas* romaine a pu devenir la « noblesse » européenne. Ce livre pourra ainsi suivre les traces de la *nobilitas* romaine, convertie au christianisme, dans l'histoire des élites politiques de l'Occident. Selon notre « thèse », la *nobilitas* témoigne d'un « modèle romain » d'organisation étatique qui s'est imposé en Europe sur le plan sociopolitique. L'étude de ce système dans le cadre de l'Empire romain chrétien révèle plusieurs caractères attachés à la *nobilitas : honor, dignitas, militia, cingulum militiae, potestas*. Nous verrons que la *nobilitas* ainsi que ces notions concomitantes ont survécu à l'Empire romain et perduré à travers les siècles, ce qui confère une surprenante continuité à l'histoire des idées et des institutions politiques de l'Europe. Au fil des époques, nous découvrirons les indices de la persistance de la hiérarchie politique créée par l'Empire chrétien, hiérarchie adoptée par l'Empire franc, puis par les États européens.

On n'oubliera pas cependant que nombre de caractéristiques de la noblesse existaient en dehors du monde chrétien et longtemps avant lui, comme la transmission héréditaire non seulement des richesses, mais aussi du pouvoir. Cette idée de l'hérédité s'appuie sur la croyance selon laquelle il est des gens nés pour commander, et d'autres pour obéir et servir. Elle pouvait être associée à la croyance en un « lignage » aux aptitudes exceptionnelles, souvent imaginé d'origine divine, et censé de ce fait bénéficier de la protection des dieux, garante de la fertilité des femmes et de la terre ainsi que de la victoire des armes ; en cas d'insuccès, le chef élu au nom de ces principes était parfois sacrifié aux dieux, et sa lignée remplacée par une autre.

Non moins ancienne que le recours aux forces divines en cas de problèmes essentiels pour l'existence du groupe est la lutte entre monarchie et aristocratie, alliées et rivales. Un de ses aspects en fut l'hérédité soit des monarques, soit des « fonctionnaires », soit des uns et des autres. Nous montrerons dans ce cadre quasi universel ce qui était particulier à la Rome antique, puis à la Rome chrétienne et à sa *nobilitas*, pour déterminer si la noblesse européenne se distingue vraiment des aristocraties que l'on rencontre un peu partout.

D'autres questions surgiront. Comment cette « noblesse de hauts fonctionnaires » des sénateurs du « Bas-Empire » a-t-elle pu être à l'origine de la noblesse si fière (et largement germanique) des royaumes européens ? Quand et comment le système romain, puis romano-franc du *princeps* dominant l'Église et la noblesse a-t-il subi le changement qui a vu les *honores*, jusque-là distribués par le prince, devenir héréditaires ? Dans quelle mesure les traditions des peuples extra-méditerranéens et la puissance de leurs aristocraties ont-elles joué un rôle dans ces transformations ? L'hérédité des « magnats », c'est-à-dire de ces grands qui sont l'incarnation du pouvoir et du prestige au sein d'une société hiérarchisée, apparaît alors non seulement comme un nouvel épisode de la longue histoire de l'hérédité des élites politiques, mais aussi comme le début de l'Europe dynastique. Une des conséquences de cette évolution est le morcellement du pouvoir au bénéfice de petits États princiers, une autre étant la diversité et la richesse d'une Europe qui se couvre de centaines de cours (dont celles d'évêques ayant acquis un pouvoir territorial), qui sont autant de foyers de culture ayant marqué notre civilisation.

Désaccords entre historiens

Le monde européen entre Clovis et Napoléon a été un monde dynastique, dont les États, d'origine largement dynastique, centres de solidarité populaire autour du prince, ont joué un rôle de première importance dans la formation des nations. Or cette histoire plus que millénaire a été en partie oubliée par l'Europe contemporaine qui, en créant l'État national, a largement récrit l'histoire des différents États pour en faire rétrospectivement le fruit de l'autodétermination. Nos manuels nous proposent une histoire des nations, et donc beaucoup moins européenne, et moins « régionale », qu'elle n'a été en réalité.

La grande divergence de vues des historiens au sujet de la noblesse s'explique, entre autres, par les lacunes d'une information historique trop limitée aux écoles nationales. Les uns n'acceptent qu'une histoire « nationale » de la noblesse française, ou de l'*Adel* allemand. D'autres sont convaincus que l'aristocratie « médiévale », comme la monarchie, est d'origine germanique, guerrière et, au fond, païenne. Pour certains, cet aspect guerrier est lié à l'existence d'une classe guerrière, dont l'origine se confond avec l'essor du combat à cheval — ou avec la richesse foncière, qui permettait à des gens aisés de se procurer le « destrier », cheval de combat extrêmement cher, condition préalable du combat équestre, ainsi qu'un armement lourd inaccessible à l'homme du commun. D'autres encore estiment que la « noblesse » présuppose un « statut » juridique, dont les conditions n'ont pas pu être réunies avant les XIIe/XIIIe siècles, et ne concèdent aux époques antérieures qu'une vague « aristocratie » ; à leurs yeux, la *nobilitas* romaine ne saurait donc être à l'origine de cette tardive noblesse européenne. Enfin, il y a les tenants d'une vision « ethnologique », très en vogue ces derniers temps. Pour eux, les élites politiques étant un fait universel, leurs caractéristiques communes s'expliqueraient par des traits du comportement humain, voire animal. À cette universalité des paradigmes comportementaux (*Verhaltensmuster*) correspondrait une diversité illimitée des élites quant aux formes « nationales », chaque pays, voire chaque période développant les siennes. Mais cette approche ethnologique n'est en fait que le complément de l'explication par les idées que nous a proposée la philosophie de l'histoire ; elle ne saurait à elle seule expliquer la vie publique concrète, les règles juridiques et sociales du jeu politique, le pouvoir et les droits de ceux qui en sont les acteurs, tous étant dominés par le poids de leur propre passé au sein du monde judéo-chrétien et européen.

Nous passerons en revue les opinions modernes sur les origines sociales de l'Occident, en scrutant leurs racines « idéologiques ». En effet, les créateurs des grands idéaux de la Renaissance, des Lumières et de la Révolution n'ont pu résister à la tentation de transformer le passé, dont ils condamnaient tous les aspects qui ne leur plaisaient pas, tout en ignorant les idées propres aux hommes de ce passé. Il convient donc de réexaminer les définitions de notions comme la monarchie, la royauté, l'aristocratie et la noblesse, avant d'entamer l'étude des élites politiques, dans l'Empire chrétien d'abord, dans l'Europe franque et post-carolingienne ensuite, pour conclure par leurs prolongements jusqu'au confins du monde moderne.

Parmi les facteurs communs à toutes les époques de cette Europe ancienne du *princeps*, de l'*ecclesia* et de la *nobilitas*, nous découvrirons le caractère personnel de tout pouvoir. On a cru qu'il s'agissait là d'un trait limité aux Germains ou aux sociétés primitives, incapables de penser l'État. Or l'État romain, lui aussi, n'existe que parce qu'il s'incarne dans ses personnalités, le *princeps*, les sénateurs, les proconsuls. Tout au long des siècles, les hommes de ce monde de la puissance nobiliaire pensèrent en personnes responsables devant la *respublica*, devant le prince ou devant Dieu. Ils vivaient dans un univers hiérarchisé, au service du seigneur terrestre et du Seigneur. Le pouvoir collectif et anonyme, le pouvoir écrasant de la « volonté générale », n'aura son heure qu'au moment des révolutions, ces produits de l'abstraction.

Le passé transformé

Au fil des siècles, les origines de la noblesse ont suscité nombre de spéculations hasardeuses et, surtout, de jugements qui s'appuient plus ou moins sur celles-ci. Paradoxalement, ce sont au premier chef les essais érudits depuis l'essor de la « critique historique » moderne qui nous ont égarés. Mal informée, surtout dans ses débuts, celle-ci a donné des explications hâtives qui ont été conservées par une historiographie souvent plus soucieuse de cultiver ses propres traditions que d'étudier celles des époques lointaines. Cette attitude a changé sensiblement ces dernières décennies, moins dominées par les idéologies modernes.

Ceux pour qui l'« État moderne » est en crise et n'est plus moderne du tout sont de plus en plus nombreux. Que cet État-là ne soit pas un modèle absolu et éternel est devenu une certitude. Une semblable désillusion est de mise pour la « science historique », qui par nature est si proche de cet État qu'elle a servi et célébré, mais aussi pour partie aidé à naître ! Une évidence s'impose : cet État et cette histoire sont nés tous deux de la victoire de la bourgeoisie, qui s'est érigée en juge du passé, celui-ci n'étant là que pour préparer sa victoire, alors considérée comme définitive. L'État marxiste n'a été qu'une application du même modèle de pensée historique et politique : l'histoire n'est là que pour mener à la victoire du communisme, considérée également comme définitive. Il y a d'autres analogies entre ces idéologies ennemies, mais si proches l'une de l'autre, Marx n'étant après tout qu'une sorte de « professeur bourgeois allemand », dont par exemple la vision des « Germains » diffère bien peu de celle des historiens de l'école « nationale » (donc bourgeoise) — à l'interprétation près, bien sûr. Pour les deux écoles, la science historique était devenue une sorte d'ersatz censé remplacer religion et philosophie, et le professeur une sorte de prêtre occupant la « chaire » (en allemand, il restait la différence entre *Kanzel* et *Katheder*). Pour chacune, à la vision d'un monde gouverné par Dieu, où l'Église a vaincu les ténèbres de l'incroyance, avait succédé celle, opposée, d'une humanité libérée des ténèbres de l'obscurantisme.

Certes, les historiens ont rectifié certaines des énormités les plus flagrantes écrites sur le compte de l'époque chrétienne, appelée le « Moyen Âge », soit barbare, soit bigot, ou les deux à la fois. Ainsi, la reconnaissance des mérites artistiques du « Moyen Âge » s'est imposée depuis longtemps, les livres consacrés à cette époque prétendument « barbare » montrant aux profanes qu'il s'agit d'une partie irremplaçable du patrimoine national et humain. Mais bien des spécialistes qui se veulent « objectifs » lisent les textes avec un œil mal préparé et ignorent les préjugés anciens dont ils sont toujours inconsciemment les victimes.

La vision de l'histoire humaine dans l'historiographie chrétienne, celle qui a accompagné l'État chrétien, se définit par la croyance selon laquelle Dieu gouverne directement le monde et les hommes. Cette idée était admise, en plein XIXe siècle encore, par l'historien de la papauté Ludwig von Pastor, mais également par le protestant Johann Gustav Droysen, auteur en 1857 d'un chef-d'œuvre de méthode critique en histoire — ce qui ne l'empêche pas d'écrire à son éditeur, en 1836, qu'il est si pénétré de la toute-puissance du gouvernement de Dieu qu'il pense qu'aucun cheveu ne tombe de la tête sans Sa volonté. Droysen a vu en Alexandre le Grand l'instrument de Dieu préparant, par son empire « hellénistique », l'Empire romain voulu par Dieu pour être le cadre du message du Christ et de son Église. De même, dans son *Histoire de la politique prussienne* (1855-1868), Droysen explique que si Dieu gouverne le monde, Il est aussi à l'origine de l'essor de la Prusse, dont la mission consistait à fonder en Allemagne un puissant État modèle protestant, grâce à l'ascension miraculeuse des modestes margraves de Brandebourg.

En France, les auteurs ne manquaient pas non plus, au XIXe siècle, qui affirmaient que Clovis avait été élu par Dieu, avec son peuple franc, pour mener les autres peuples (*gentes*) vers la foi catholique, ce premier roi « très chrétien » étant à l'origine d'une nation française « fille aînée » de l'Église. En 1896, le cardinal Langénieux écrit dans son introduction à *La France chrétienne dans l'histoire* : « Le peuple franc a été au Ve siècle cet élu de la Providence, dont le Christ laisse pressentir l'avènement en signifiant à Israël sa réprobation (Matth., XXI, 46). Nul autre depuis n'a reçu une destination plus marquée... »

L'influence de ces idées est confirmée par les attaques des libéraux. Ainsi, Victor Hugo déclare lors du congrès de la Paix à Lausanne en 1869 : « S'il faut faire la guerre pour établir la paix sur des bases plus justes, c'est que le passé médiéval, clérical et absolutiste tient encore une partie de l'Europe ; que ce passé disparaisse et la guerre n'aura plus de raison d'être ; elle est elle-même vestige du passé. » Après une civilisation romaine détruite, selon Gibbon et Nietzsche, par le défaitisme chrétien, la guerre devient une invention cléricale. Comme l'a montré Claude Digeon, l'idée selon laquelle la gloire guerrière et le militarisme, héritages d'un passé détestable, devaient être bannis par l'union pacifique des peuples et par le progrès, idée popularisée par les romans d'Erckmann et Chatrian, était devenue un lieu commun avant de trouver un terrible démenti dans la guerre de 1870-1871, qui tourna à l'affrontement de deux peuples et donna naissance au « bellicisme d'une république bottée et casquée ». C'est dans ces crises politico-militaires que se sont formées des doctrines politico-historiques qui continuent à influencer notre approche du passé lointain.

Le quinze centième anniversaire du baptême de Clovis, tout en honorant à juste titre l'importance de l'événement aussi bien que du personnage pour l'Europe, a ainsi été l'occasion de déclarations excessives, lesquelles ont à leur tour suscité des contre-déclarations qui n'avaient plus grand-chose à voir avec les faits historiques. Rejet d'un Barbare franc ou identification avec « la France » — qui est née tout de même un peu plus tard ! —, ces « visions » prolongent un vieux débat qui nous fait mesurer à quel point il est difficile de comprendre l'origine de la noblesse.

Pour montrer la force d'un engagement politique fondé sur des arguments historiques et qui transforme la vision de l'histoire, citons un homme d'extrême droite, Louis Veuillot, qui s'exclame en 1870 : « Que la France redevienne donc catholique, et elle sera invincible parce qu'elle aura repris l'épée chrétienne, la noble épée qui a fait notre nation. » On sait la foi qu'a eue Charles de Gaulle dans le destin de la France. Qu'elle ait constitué une force qui a influé sur le destin de la France et sur son rang dans le monde, qui le contesterait en cette fin du IIe millénaire ? Il n'est pas besoin de rappeler la pensée puissante et l'art rhétorique d'un Bossuet et de son *Discours sur l'histoire universelle* pour prouver la vitalité d'une vision chrétienne de l'histoire. On la retrouve dans nombre de manuels scolaires du XVIIIe, voire du XIXe siècle, enseignant l'histoire depuis la création divine du monde biblique à des fidèles dont le comportement chrétien devant la mort a été étudié par des chercheurs, surpris de constater que la « France moderne », à la différence d'une minorité intellectuelle, était toujours profondément chrétienne. Des chercheurs qui ont fini par se rendre compte combien récente était cette éducation générale, nationale et laïque, et surtout son effet sur l'ensemble de la population.

En Allemagne, il suffisait au grand Leopold von Ranke de citer saint Augustin pour confondre les esprits des « Lumières » dont l'œuvre — la Révolution, éphémère à ses yeux — était alors vaincue par des monarchies remises en place : « L'esprit humain témoigne de la lumière, mais il n'est pas la lumière. La vraie lumière, c'est la Parole, qui est Dieu et qui a créé tout. » Ce qui a pour corollaire que les États sont « des pensées de Dieu », que les différentes époques de l'histoire sont chacune dirigées par Dieu, et qu'en conséquence leur valeur ne dépend pas du jugement que d'autres époques porteront sur elles. Ranke non plus ne doute pas que, « sans l'État romain, la religion chrétienne aurait difficilement pu vaincre sur terre », que donc cet État était voulu par Dieu, comme l'ont été ces princes du Saint Empire qui auront permis la victoire de la Réforme.

Or ce monde qui a vu naître l'Empire chrétien et sa noblesse, essentiellement chrétienne, a cru en un gouvernement direct de Dieu et en la nécessité absolue d'avoir la vraie foi pour échapper au diable. D'où la conviction des catholiques comme de leurs adversaires, pendant les guerres de religion, que l'autre est l'hérétique, un instrument du Malin, ce qui explique la lutte acharnée qui a déchiré l'Europe « moderne » durant plus d'un siècle. Ces questions ne sont pas du seul ressort des théologiens. Car l'histoire vécue, en Europe, a été celle d'une société chrétienne. La foi a guidé pendant des siècles le comportement des hommes et l'interprétation de leurs faits et gestes, avec la Bible comme loi suprême. Qui les juge à la manière de la *Realpolitik* du XIXe siècle en reprochant aux empereurs du Saint Empire leur politique romaine et italienne — n'auraient-ils pu mener une *Ostpolitik* apte à élargir l'espace vital du peuple allemand ? — donne un exemple édifiant du niveau atteint par une partie de l'école historique allemande au moment même où elle jouissait d'un prestige mondial. Mais c'était aussi le moment où elle formait les adeptes d'une *Machtpolitik* nationale, vouée au culte de la force et de la puissance. Le « Ier Reich allemand » comme première manifestation de la grandeur politique germanique, destinée selon Wilhelm Giesebrecht à préparer une nouvelle unité nationale dans le « IIe Reich » d'un empereur protestant et prussien, est une pure invention du XIXe siècle ; elle n'a rien à voir avec le Saint Empire romain germanique.

Quant à la noblesse impériale des princes et seigneurs allemands, l'*Adel*, on lui prêtait bien sûr une origine purement germanique, « Karl der Grosse », Conrad II, Frédéric Barberousse étant tous des « *germanische Reckengestalten* ». Ainsi, on ancrait l'histoire sociale allemande comme celle des institutions dans un monde « nordique », peu touché par des influences « étrangères », fussent-elles romaines ou françaises. Restait le problème délicat de la foi catholique de tous ces héros avant la victoire du protestantisme. C'est le combat des empereurs germaniques contre les intrigues de la papauté romaine, surtout depuis la querelle des Investitures, qui a permis à cette historiographie de prendre ses distances tout en maintenant la thèse de l'unité historique de ce peuple allemand millénaire, unité soulignée pour rendre possible son unité politique tardive.

Au siècle dernier également, l'historiographie libérale s'est fait le chantre de la nation, qu'elle voyait représentée essentiellement dans la population urbaine. Depuis Sismondi, elle a vu dans les villes le facteur non seulement d'un essor économique, mais aussi du progrès, seule une vie communautaire étant à même de triompher de la violence des nobles. De 1807 à 1818, Sismondi publie une *Histoire des républiques italiennes au Moyen Âge*, puis, en 1832 et 1835, deux livres intitulés respectivement *Histoire de la renaissance de la liberté en Italie* et *Histoire de la chute de l'Empire romain et du déclin de la civilisation de l'an 250 à l'an 1000.* Il y donne une vision sinistre du « Moyen Âge », comparable aux *Dark Ages* des Anglais, alors que les siècles qui suivent apparaissent comme une renaissance pleine d'avenir. Les villes sont pour lui le moteur d'une libération des couches inférieures de la population, et mettent progressivement un terme aux cruautés du « Moyen Âge », époque barbare avec ses hommes traqués, torturés, ses femmes violées ou condamnées comme sorcières.

Considérons là aussi quelques faits, au-delà des clichés, en prenant comme exemple l'histoire de la torture. Instrument étatique de la justice romaine destiné à extorquer des aveux, elle a été modérée sous l'influence chrétienne, avant d'être abandonnée presque complètement au Xe siècle (en pleine « barbarie »); elle revient avec le renouveau du droit romain et avec une Église qui cherche un moyen de combattre plus efficacement, main dans la main avec l'empereur, les nouvelles hérésies. Tout cela est relativement connu. Ce qui l'est moins, c'est le lieu et la date du premier essor de cette méthode qui a pour but de traquer et de punir les hommes. C'est l'Italie urbaine des XIIe et XIIIe siècles qui, avant l'Autriche et le reste de l'Empire, a profité des progrès du droit romain dans le gouvernement des États. Il s'agissait de contrôler et de tenir en échec toute une population marginale, dangereuse pour la sécurité des classes aisées qui dirigeaient des villes devenues de véritables États. Le régime urbain était oligarchique, et non « démocratique »; il était dominé par une minorité, représentée elle-même par des chefs implacables envers ceux qui étaient exclus des droits civiques. Pour protéger les privilégiés (non nobles), ces chefs recoururent à des méthodes efficaces, y compris la torture, afin d'obtenir des aveux et le nom de complices éventuels. Ce sont les mêmes méthodes qui furent employées pour traquer les sorcières, non pas dans les profondeurs du « Moyen Âge », mais du XVe au XVIIe siècle, à l'aube même d'un monde prétendument meilleur! Là encore, les magistrats des villes se montrèrent fort actifs, tout comme ceux des villes protestantes.

Ce qui s'est passé sur le plan urbain pour les pauvres qui sont devenus des suspects se retrouve sur un plan général dans l'Europe de 1525-1535, comme l'a montré Bronislaw Geremek. Au moment même où l'Europe se « libère » de la mainmise papale, elle perd l'idée d'une pauvreté « sacrée » et intégrée dans une bienfaisance dirigée par l'Église. Les pauvres deviennent des « indésirables »; ils sont exclus, voire traqués; la potence les menace ou les « maisons de travail », comme ces terribles *workhouses* anglais. Cette paupérisation fera des ravages. Pour en prendre la mesure, il faut se retourner vers les siècles « terribles » autour de l'an mille, quand les prieurés de la grande abbaye de Cluny, sous la direction d'abbés sortis de la haute noblesse, nourrissaient chaque jour et habillaient des dizaines de milliers de pauvres à travers l'Europe. Or l'Église avait été chargée des œuvres de bienfaisance par l'Empire romain chrétien dès le IVe siècle; c'était une de ses fonctions publiques. C'est donc tout un pan du système romano-chrétien qui tombe sous les coups de la « modernité ».

Rappelons enfin que le livre le plus efficace pour la chasse aux sorcières a été écrit par le fondateur même de la doctrine de la souveraineté, et donc de l'État moderne : Jean Bodin. Simple hasard? Ou bien signe d'une grande peur de tout ce qui peut menacer l'ordre de Dieu, toujours et plus que jamais fondement du pouvoir monarchique chez Bodin, dans une humanité menacée par le mal sous toutes ses formes, peur magistralement décrite par Jean Delumeau qui l'a datée non pas du « haut Moyen Âge » ni de l'« époque féodale », mais du XIVe au XVIIIe siècle?

On peut parler d'un « racisme historique » des modernes. Il consiste à croire qu'il y a eu deux sortes d'hommes : les uns, médiévaux et capables du pire, parce que livrés encore à la superstition; les autres, pleins d'humanité et de bonté, parce que touchés subitement par la grâce de la raison. Ce « racisme historique » correspond assez exactement à la condamnation des « païens », puis des hérétiques, par le christianisme, chacune de ses versions se déclarant seule orthodoxe. La crise actuelle de l'État moderne, produit d'un monde éclairé, n'a pas échappé aux chercheurs qui, depuis quelques décennies, ont fait des découvertes troublantes quant aux vertus civiques et morales de cette période, vertus que l'historiographie avait ostensiblement refusées aux périodes qui l'avaient précédée. Du côté sinistre de ce « monstre de l'État moderne » (Robert Fossier), ne citons que ses contraintes qui sont liées à son essor et se manifestent dans plusieurs domaines : non pas l'homme libéré, mais l'homme surveillé, embrigadé, livré à un État tout-puissant dont il est pourtant censé être la raison d'être! Après la « sinistrose » qu'on a pu observer depuis quelques décennies dans des ouvrages sur les « terreurs » de l'an mille, ouvrages dont le succès prouve plutôt la force des mythes millénaristes à l'approche de l'an 2000, le catalogue des misères des feus « Temps modernes » radieux s'allonge ces dernières années : qu'il s'agisse des guerres de religion, des persécutions religieuses avec dragonnades et « galères de France » comme instruments préférés de répression, ou bien de la traite des Noirs, dans laquelle les riverains de la Méditerranée, puis les Français des côtes atlantiques, tant épris de liberté, ont réalisé des gains énormes, profitant d'une liberté qui n'était pas pour tous, comme c'était déjà le cas pendant cette Antiquité tant admirée. N'oublions pas non plus le sort des « Indiens », victimes d'une colonisation essentiellement protestante en Amérique du Nord.

Tout au long de ce livre, il nous faudra observer sans complaisance les misères comme les forfaits des puissants de l'époque de la domination noble. Mais au bourgeois s'érigeant en juge moralisateur, on rappellera le mot de l'Évangile : « Ne jugez point... » Puissent ces quelques exemples convaincre qu'il faut reprendre l'examen de clichés qu'on a trop souvent pris pour vérité acquise.

PREMIÈRE PARTIE

Les origines de la noblesse : des idées reçues aux réalités

CHAPITRE PREMIER

Les mythes de l'héritage humaniste

> « J'ai été fortifié dans ma conviction, partagée par un nombre croissant d'érudits, que le Moyen Âge dans sa signification chronologique habituelle est un phénomène mal compris, d'une utilité interprétative fort mince. J'ai donc choisi une solution assez radicale, à savoir de rayer le "Moyen Âge", y compris le vocable, de mon horizon intellectuel [...]. J'ai fini par me sentir comme libéré d'un échafaudage artificiel et gênant qui fit obstacle à un travail libre. Il va sans dire qu'avec le "Moyen Âge", l'"Antiquité", les "Temps modernes" et autres notions sans vie ont aussi disparu de mon livre. Ne sont restés que les hommes, leurs idées et leurs actions. »
>
> Massimo MONTANARI, *La Faim et l'abondance*, Paris, 1995, préface.

L'ORIGINE « GERMANIQUE » DE LA CHEVALERIE ET LA DISPARITION DE LA *NOBILITAS*

À la fin du XIXe siècle, dans un ouvrage qui a marqué l'idée qu'on s'est faite de la noblesse et de la chevalerie, Léon Gautier en soulignait le caractère chrétien : « La chevalerie, c'est la forme chrétienne de la condition militaire; le chevalier, c'est le soldat chrétien. » L'historien n'en croyait pas moins que la chevalerie « dérive d'un usage germain qui a été idéalisé par l'Église ». À preuve, la remise du *cingulum militiae* (baudrier), « périphrase latine » qui désigne « l'un des principaux rites de la collation de la chevalerie », usage « évidemment germain ». Que l'expression fût latine ne le gênait pas, car elle n'était pour lui « rien de plus [...] que le souvenir vague d'un usage romain, avec une rencontre de termes fort naturelle et qui a été surtout le fait d'une société lettrée [...]. L'entrée administrative, officielle, régulière du soldat romain dans une armée hiérarchiquement organisée, cette incorporation savante ne ressemble en rien à l'admission du nouveau chevalier dans une sorte de collège militaire et de société d'élite ». Les textes du XIIe siècle « exhalent une odeur germaine [*sic*] et n'ont rien de romain ». Enfin, le légionnaire romain « ne peut éviter le baudrier [...]. Le caractère principal de l'adoubement chevaleresque et qui le sépare décidément de la *militia* romaine, c'est la liberté ».

À l'époque de Gautier, on pouvait ainsi conclure à une divergence entre le concept romain de *militia* et sa signification un millénaire plus tard, car les sources non littéraires du IIIe au Xe siècle restaient des trésors inexploités ou presque. En 1972 encore, Josef Fleckenstein, un excellent historien allemand, suggérait que la remise d'armes (conçue comme rite initiatique au moment de la puberté) d'origine germanique expliquerait l'acte du *gladium accingere*. Gautier, en 1884, aurait donc eu raison avec son « usage évidemment germain ». Convaincus qu'il s'agissait là d'un rite païen, tardivement christianisé, la plupart des auteurs n'ont pas posé les questions qui s'imposaient : ces notions latines, qui ont eu dans le monde romain un sens juridique et concret, ont-elles vraiment disparu, et si oui, quand ? Quant à la prétendue réapparition de ces termes, s'agit-il de mots trouvés dans les textes latins par des clercs ignorants de la vie des élites de leur époque ? S'il est difficile d'imaginer que des clercs aient voulu transposer en latin un rite qu'ils ne comprenaient pas, il est insensé de supposer que ceux qui employaient ces termes dans les actes publics, devant le roi et les grands, n'en usaient pas en experts. En fait, ils étaient bien des spécialistes des institutions féodales, comme nous l'apprend Fulbert, évêque de Chartres, maître du duc d'Aquitaine en la matière.

Et si ces notions latines avaient survécu, non pas telles des réminiscences livresques, mais comme la marque d'une institution vivante qui aurait traversé les siècles ? Continuité impossible, affirme-t-on, car il y a eu, entre la *militia* des Romains et celle du royaume de France, la fin du monde antique et l'essor du monde médiéval ! Cette vision de deux mondes absolument séparés, celui des Romains d'un côté, celui des Germains et de l'Église de l'autre, nous la rencontrons chez un autre historien, Paul Guilhiermoz. Dans son *Essai sur les origines de la noblesse en France au Moyen Âge* (1900), il identifie la *nobilitas* romaine des IVe-Ve siècles avec la « classe sénatoriale » du « Bas-Empire romain », et se montre catégorique quant au sort de cette classe : « Les conquérants barbares lui enlevèrent l'existence juridique et, après s'être survécue quelque temps comme aristocratie, elle disparaît sans laisser de traces. »

Des travaux ultérieurs ont semblé confirmer l'abîme qui sépare Antiquité romaine et Moyen Âge germanique. Après l'acceptation de la doctrine de Guilhiermoz, avec quelques ajustements, par Marc Bloch, un spécialiste éminent du « Bas-Empire », André Chastagnol, a cité comme témoin Sidoine Apollinaire, lui-même directement concerné par cette « fin de la *nobilitas* ». « Une fois disparus, écrit-il, les grades de dignité, le seul signe de noblesse qui restera sera notre culture littéraire. » S'appuyant sur les travaux de Karl Friedrich Stroheker (qui avait eu le mérite d'étendre l'étude de la noblesse sénatoriale au-delà du IVe siècle jusqu'au VIe), il conclut que les « héritiers » de sénateurs sans fonctions se sont fondus, dans la meilleure des hypothèses, dans l'aristocratie franque. Or Apollinaire, le fils de Sidoine Apollinaire, apparaît dans les textes — environ vingt ans après la remarque désabusée de son père — comme *vir illustris*, voire *illustrissimus*, et dirige les troupes des sénateurs romains en Auvergne. Le *dominus* qui l'a nommé n'était plus l'empereur, mais Alaric II, roi des Wisigoths. C'est à la cour de rois reconnus par l'empereur comme *rex gloriosus*, ou *gloriosissimus*, titre de la hiérarchie romaine, que les grands d'origine romaine (*nobiles*) comme ceux d'origine barbare (*maiores natu*) — soigneusement distingués des *nobiles* dans les textes de l'époque, y compris dans les lois promulguées par ces rois en langue latine, et inspirées de la législation romaine — pouvaient obtenir un *honor* comme les fonctions de *dux*, *patricius* ou *comes*, chacune comportant la *dignitas* (romaine) de *vir illuster* qui, elle, faisait de leur épouse une *matrona illustris*, qu'elle fût d'origine romaine ou barbare.

Des nominations dans les fonctions citées par les rois francs, exprimées par la remise d'un codicille à la romaine, dont le texte nous est conservé, ont permis aux grands d'origine franque de passer du statut de *maiores natu* à celui de *nobiles* authentiques. Le rang n'était pas une question de « race » au sens national, comme l'ont supposé les inventeurs de cette forme de « racisme » au XIXe siècle, mais de nomination par le *princeps*. Celle-ci conférait non pas de simples titres honorifiques, mais des fonctions précises (*honores*) et les titres (*gradus dignitatis*) correspondants, donc le statut juridique et les privilèges personnels d'un haut fonctionnaire. Les hommes les plus distingués, que consulte le *princeps*, ne se trouvent plus seulement à la cour de l'empereur, ou au sénat romain ; on les voit également à la cour d'un *rex gloriosissimus*, où ils se rendent pour le conseiller et participer aux décisions concernant les affaires du royaume. Dans les actes royaux, rédigés par des *referendarii* comme dans l'administration romaine, on les désigne par le terme romain inchangé d'*optimates*.

Le caractère de *dominus et princeps* du roi barbare dans son royaume (*regnum*), reconnu *rex* et *princeps* par l'empereur et, par conséquent aussi, par les évêques du royaume, nous donne la clé de l'énigme. Le « monde romain » avec ses hiérarchies, militaire et administrative, dépasse les frontières de l'Empire proprement dit. En Gaule, les évêques d'origine sénatoriale ont continué à faire partie de la hiérarchie romaine coiffée par l'empereur, tout comme leurs frères et leurs cousins dans le monde laïc. Comme eux, ils ont trouvé un nouveau maître légitime, reconnu par l'empereur, à savoir le roi (chrétien, et même catholique, depuis Clovis). Ils le saluent comme *pius princeps* à l'occasion des synodes, convoqués par le souverain dans une de ses résidences à la manière de l'empereur — le premier en Gaule franque est celui convoqué à Orléans en 511 par Clovis, à qui les évêques s'adressent en l'appelant par son titre romain, *gloriosissimus rex*. Ces évêques ne tarderont pas à devenir le groupe le plus éminent de l'entourage du roi, ayant le pas sur leurs cousins de rang ducal et comtal. C'est le nouveau « sénat » du royaume franc, formé par les grands autour du parti épiscopal. Cette élite n'est certes plus liée à Rome et à son sénat, en déclin, ni à celui de Constantinople, mais ses membres peuvent se prévaloir de dignités et de titres romains authentiques, reconnus aussi bien à la cour de l'empereur qu'à celle du pape.

Les structures hiérarchiques romaines n'ont pas succombé aux « invasions barbares » pour la simple raison qu'il y a eu, au lieu d'invasion, une prise de pouvoir de chefs barbares au sein du monde romain et de sa société, accompagnée par une symbiose des anciennes élites romaines et des « nouvelles » élites barbares qui, elles, avaient depuis longtemps commencé à faire carrière dans l'Empire romain.

La compréhension des origines politiques de l'Europe est obscurcie par l'idée de la « chute » de l'Empire romain, détruit par les Barbares ou mort de sa propre faiblesse. La conséquence en aurait été la fin de la civilisation gréco-romaine et un millénaire sans culture ou presque dans l'ombre du glaive des envahisseurs barbares et des chevaliers : l'« anarchie barbare » suivie de l'« anarchie féodale ». La redécouverte des splendeurs antiques par les humanistes aurait inspiré la construction d'un monde meilleur et la reprise de la marche en avant de l'humanité. Entre ces deux époques brillantes, il y aurait ainsi eu un arrêt malencontreux de l'évolution, voire un recul : le fruste « Moyen Âge ». Les responsables, les coupables de cet accident de l'histoire étaient les Barbares qui, après avoir conquis et mis bas l'Empire, n'auraient pas su profiter de ce qu'ils n'avaient pas détruit.

Ainsi, même l'historien Robert Latouche, qui a découvert en 1961-1962 des éléments de l'administration romaine dans les royaumes des Vᵉ et VIᵉ siècles, et qui nie une rupture brutale entre Antiquité et Moyen Âge, pensait encore en 1946 que l'Empire romain du IVᵉ siècle était « un vieil édifice vermoulu » et que les invasions étaient une catastrophe, une « cause d'irrémédiable décadence ». Il admettait cependant que « la barbarie portait quelques germes féconds » qui ont pu contribuer « à la naissance de la civilisation médiévale ». Il est surprenant que ni l'« opinion » d'une époque aussi éclairée que la nôtre, ni certains grands érudits n'aient vu qu'il s'agit là d'une sorte de racisme, supposant l'incapacité innée de parties entières de l'humanité. Et un « racisme » moins indulgent chez les humanistes et leurs héritiers modernes et contemporains que chez les Romains : dans un Empire multinational, les Romains envisageaient la *civilitas* de façon plus culturelle et la tenaient pour accessible aux hommes les plus divers.

476 : LA FIN DE ROME?

La fin de l'Empire romain et de sa civilisation fascine l'Europe contemporaine, qu'il s'agisse de l'Europe « fin de siècle » avec Nietzsche ou de celle des crises consécutives à la Grande Guerre avec le succès que *Le Déclin de l'Occident* d'Oswald Spengler doit aussi à son titre fracassant. La fin des grands empires et des grandes civilisations est « d'actualité » à l'approche du IIIᵉ millénaire, avec la hantise d'une crise grave. On en retrouve l'écho dans les publications savantes : c'est là une tradition puisque, depuis l'humanisme, l'Occident a fait son deuil de l'Empire romain en dissertant sur les causes de sa disparition*.

Parmi les ouvrages qui ont dominé le débat sur la fin, la « décadence » ou le « déclin » de l'Empire, on trouve à côté des « classiques » (Montesquieu, Edward Gibbon et Max Weber) des auteurs comme Georges Sorel et Otto Seeck**. Rares sont ceux qui restreignent le problème de la fin, comme il se devrait, à l'empire d'Occident ou qui se souviennent au moins de l'empire d'Orient (qui perdure jusqu'en 1453) et de son rôle considérable, tel Walter Kaegi Jr***. Alexander Demandt, qui a consacré en 1984 une

---

* Karl Christ en a établi une liste chronologique très commode.

** Montesquieu, *Considérations sur les causes de la grandeur des Romains et de leur décadence*, 1734; Edward Gibbon, *History of the Decline and Fall of the Roman Empire*, 1776-1788; Max Weber, *Die sozialen Gründe des Untergangs der antiken Kultur*, 1896; Georges Sorel, *La Ruine du monde antique*, 1901; Otto Seeck, *Die Ausrottung der Besten*, 1895.

*** Walter Kaegi Jr, *Byzantium and the Decline of Rome*, 1968.

grande synthèse à l'écho que la « chute de Rome » a trouvé dans le jugement de la postérité, donne une liste de deux cent dix facteurs censés expliquer le déclin de l'Empire romain : de l'*Aberglaube* (« superstition ») au *Zweifrontenkrieg* (la « guerre sur deux fronts », cauchemar politico-militaire des Allemands du XXᵉ siècle, ici appliqué aux attaques simultanées des Sassanides et des Germains contre l'Empire romain), en passant par l'« apathie », l'« hédonisme », l'« inflation », le « nivellement culturel », la « prostitution », les « épidémies », le « totalitarisme ». Il n'y manque ni la « dégénérescence des races », ni le terme tout récent et d'actualité en Allemagne de *Staatsverdrossenheit* (lassitude au sujet de tout ce qui regarde l'État et ses représentants). Depuis, on a prétendu avoir enfin trouvé l'explication « scientifique » de la fin de l'Antiquité : la chute d'un météore géant, en 534 ou 535...

La « fin de Rome », qu'elle procure un frisson ou serve d'avertissement pour condamner tous les maux présents ou à venir qui menacent une société, est un thème par essence populaire. Mais cette fin spectaculaire de l'Empire a-t-elle eu lieu? Encore faut-il distinguer deux variantes de cette « fin », qui ne s'excluent pas nécessairement l'une l'autre : celle de la mort subite, par une « invasion des Barbares » foudroyante; celle de la décadence lente, inéluctable, d'une civilisation « épuisée », ne croyant plus en ses propres valeurs. La seconde hypothèse permet d'admettre des changements sur des plans différents à des époques différentes, comme la victoire du christianisme ou la montée de nouvelles élites issues du monde barbare.

André Piganiol, qui a nié la décadence de l'Empire romain en apportant des preuves de sa vitalité aux IIIᵉ et IVᵉ siècles, lui a opposé sa conviction : « La civilisation ancienne n'est pas morte de sa belle mort, elle a été assassinée » (par les Barbares, bien entendu). C'est cette supposée fin dramatique, haute en couleur, qui a passionné les gens à travers les siècles. On l'a imaginée comme une suite de chocs terribles, annonçant ou parachevant la ruine de l'Empire, à savoir :

— le sac de Rome, en 410, par les Wisigoths d'Alaric;
— le sac de Rome, du 2 au 17 juin 455, par les Vandales;
— la « fin de l'Empire romain » proprement dite, en 476, avec la déposition par le roi Odoacre, de l'empereur Romulus Augustule.

Le premier de ces chocs est devenu le symbole de la « destruction de Rome par les Goths », événement limité à la ville phare de l'Empire. Les humanistes ont fait l'amalgame entre les Wisigoths de 410 et l'Ostrogoth Théodoric, le successeur du roi Odoacre, lui-même faussement désigné comme Goth par un contemporain. Ils en ont tiré l'idée que la « fin de Rome », en proie aux destructions et à un bain de sang, fut causée par un peuple qui leur inspira la désignation de l'âge qui a suivi comme « gothique ».

Le deuxième choc, le sac de Rome par les Vandales, fut une action maritime menée par un empereur éphémère, Petronius Maximus, qui en 455 força au mariage la veuve et la fille de son prédécesseur Valentinien III, la première se voyant contrainte de l'épouser et la seconde, Eudocia (fiancée depuis 442 à Hunéric, fils du roi vandale Genséric), de s'unir avec le propre fils de Petronius, Palladius. Les deux femmes appelèrent alors les Vandales à leur secours. Les échos du pillage de Rome décrit par Procope (nous évoquerons plus loin les commentaires de saint Augustin à ce propos) n'ont pas vraiment connu la célébrité avant Voltaire, et c'est l'abbé Grégoire, évêque constitutionnel de Blois, qui a « lancé » le terme de « vandalisme » en l'appliquant, le 13 août 1794, à ceux qui détruisaient alors les trésors religieux.

Quant au troisième événement choc, longtemps jugé comme déterminant dans l'histoire de l'Europe, c'est la disparition du « dernier empereur », remplacé par un roi barbare. Nous l'aborderons en puisant dans le drame de Friedrich Dürrenmatt, *Romulus le Grand*, qui permet de goûter toute la saveur d'une des plus grandes mystifications de l'histoire. L'auteur y tourne en dérision la date de 476 et la signification qu'on lui a donnée, en faisant parler des gens de l'époque dans une langue émaillée de formules qui expriment des théories inventées depuis les humanistes. Ce procédé souligne toute l'absurdité de l'anachronisme, fût-il « scientifique ». « L'Empire romain s'effondre », « les Germains arrivent », « maintenant l'Antiquité est terminée », disent les uns, qui ajoutent : « De toute façon, l'époque qui commence doit être affreuse », provoquant la réplique : « un vrai Moyen Âge obscur ». Et, plus solennel : « De la catastrophe de ce jour, l'humanité ne se relèvera plus jamais. » Le mot de la fin est réservé à Romulus Augustule qui quitte les lieux avec un buste de Romulus, fondateur de Rome, dans les mains : « Avec cela, l'Empire romain a cessé d'exister. » Détail astucieux : Dürrenmatt représente Odoacre en chef barbare, faisant irruption en Italie à la tête de cent mille Germains. Il reprend donc le schéma de l'« invasion barbare ».

Or Odoacre, fils d'Edecon (grand personnage d'origine germanique ou mixte à la cour d'Attila), était arrivé en Italie avec une petite suite pour y faire carrière sous l'empereur Anthémios, puis sous le patrice Ricimer. Devenu général romain, il fut proclamé *rex*, le 23 août 476, par l'armée romaine d'Italie (largement d'origine barbare). Prenant pour titre *Flavius Odoacer rex*, il vainquit le patrice Oreste, qu'il fit tuer, et congédia son fils Romulus. Il fit ensuite porter à l'empereur Zénon ses insignes impériaux par une délégation du sénat romain, qui déclara que l'Occident n'aurait plus besoin de son propre empereur, celui de Constantinople suffisant à tout l'Empire. Zénon, de son vrai nom Tarasikodissa, un

Isaurien et lui-même usurpateur en 474, reconnut Odoacre comme patrice de l'Occident, l'empereur légitime en Occident aux yeux de Constantinople étant toujours Julius Nepos, que son généralissime Oreste avait contraint à l'exil. Mais après la mort de Nepos, en 480, Zénon reconnut à son tour Odoacre comme patrice de l'Occident en datant des édits du nom de Basile, nommé consul de l'année pour l'Occident par Odoacre. En 483, ce Basile assista au synode romain (qui élut le pape Félix III) avec le titre d'*eminentissimus vir praefectus praetorio atque patricius* représentant le roi, *praecellentissimus rex Odoacer*. Le rang d'Odoacre se manifestait ainsi dans sa faculté de nommer un patrice. Au lieu d'une fin atroce de l'empire d'Occident sous les coups des hordes barbares, on constate donc le rétablissement officiel de l'unité de l'Empire qui cesse d'avoir deux empereurs. Telle fut la « fin de l'Empire romain en 476 ».

Si encore l'Occident avait été la victime d'un Barbare incapable de gouverner la société plus développée de l'Italie... Mais l'administration de ce qui subsistait de la *pars Occidentis* va rester romaine sous ce *rex* romain d'origine barbare. Le sénat romain, mieux respecté et plus consulté que sous les empereurs, vit des moments heureux. On le sait notamment par des tablettes, datant du gouvernement d'Odoacre et réservant les places des sénateurs au Colisée, qui ont été retrouvées il y a peu. Les palais impériaux sur le Palatin, délaissés par les empereurs, sont restaurés par Odoacre, comme d'ailleurs par son successeur Théodoric le Grand, en quête lui aussi d'une légitimité qui ne peut être que romaine.

Une étude récente de Geoffrey Nathan sur Romulus et ses relations avec Odoacre nous fait connaître un ministre de ce dernier, Liberius, noble romain qui sera élevé à la dignité de *patricius* sous le roi Théodoric et servira encore, à un âge avancé, sous l'administration impériale restaurée par Justinien. Bel exemple de continuité au moment de la prétendue fin de l'Empire romain. Cette étude nous permet de nous faire une idée plus précise du comportement d'Odoacre envers l'empereur déchu, l'enfant Romulus au surnom d'Augustule. Le roi le dota d'une rente considérable et le fit vivre avec sa mère, dame de la haute noblesse romaine, sur un domaine public près de Naples, jadis habité par le fameux Lucullus. Par la suite, il leur céda un terrain qui servit à la fondation du riche monastère de Lucullanum, lequel sera encore protégé par le roi Théodoric, sur intervention de ce Liberius que nous connaissons déjà.

Les empereurs d'Occident, résidant alors à Ravenne, avaient dû concéder aux chefs des peuples « fédérés » — tel le roi des Wisigoths, établi avec les siens en Aquitaine — un statut fort avantageux pour leurs hommes, leur assurant des revenus considérables assignés sur une partie des territoires mis à leur disposition, selon le régime de l'*hospitalitas*. Aussi les troupes impériales en Italie, pour une bonne part d'origine barbare, revendiquèrent-elles des privilèges comparables. Cet octroi de terres et de revenus leur ayant été refusé par Oreste, généralissime (*patricius*) de l'Ouest, elles élurent *rex* le Barbare Odoacre, qui exécuta Oreste et leur attribua des terres.

Si l'époque fut marquée par d'âpres luttes pour le pouvoir dans l'Empire entre les chefs barbares « fédérés » ou établis comme généraux dans l'armée romaine, ces luttes n'étaient pas pour autant dirigées contre les Romains. Les rares chefs de bandes barbares qui s'attaquèrent aux territoires romains furent anéantis par les Barbares au service de Rome. Les populations continuèrent à vivre sous une administration romaine restée en service, que ce soit sous le régime d'Odoacre ou sous celui de Théodoric, ce Goth consulaire envoyé en Occident par Zénon pour en déloger Odoacre. Victorieux après une longue lutte et l'assassinat de son rival, il ne prit pas le titre de « roi des Goths », mais celui de *Flavius Theodoricus rex*; il se considérait même comme *princeps* romain, pouvant émettre des monnaies romaines. Quand il arracha la Provence aux Francs de Clovis (et indirectement au royaume des Wisigoths) pour la réintégrer dans l'Empire, il fit congratuler les habitants du pays par la plume de son ministre Cassiodore : vous voilà de nouveau des *cives* romains, retrouvant la *libertas* romaine!

La volonté de Justinien de réinstaller l'administration impériale directe en Italie romano-ostrogothe, en Afrique romano-vandale, en Espagne romano-wisigothe (où il ne réussit qu'en partie), s'est exprimée par de longues guerres, racontées par Procope qui distingue d'ailleurs bien les Barbares hérétiques ou païens de ceux du royaume des Francs, « catholique » et alors allié de l'Empire. L'arianisme de Théodoric fut l'une des causes de l'échec du programme ambitieux de ce *rex* romano-goth présidant une communauté de rois germains, et qui souhaitait étendre le pouvoir « romain » à d'anciennes provinces d'Occident qu'il avait perdues, ainsi qu'à des royaumes extérieurs à l'Empire. Il avait déclaré, par la plume de Cassiodore, que l'empereur (maître immédiat de l'*Oriens* et empereur de l'*orbis Romanus*) a la préséance sur le *rex Occidentis* tout comme ce dernier sur les rois des *gentes*, dont ne faisaient plus partie les Goths, partenaires des Romains et comme eux un *populus*. Construction trop artificielle pour réussir, d'autant que les Francs, rivaux et grands ennemis des Goths depuis longtemps, firent tout, en alliés de l'empereur, pour la faire échouer. Cela n'empêcha pas le royaume des Wisigoths, réduit à la péninsule Ibérique par les Francs, de se concilier la loyauté de la noblesse romano-ibérique et de l'Église, de sorte que put se développer un « mythe goth »; c'est ce mythe qui contribua à la formation de la nation espagnole à travers une littérature célébrant la « libération » du pays du joug romain.

Ces brèves remarques sur le siècle de la fin prétendue de l'Empire appellent des conclusions provisoires sur le cadre psychologique et institutionnel des classes dirigeantes du VIe au VIIIe siècle.

1. Jamais les Germains n'ont conquis l'Empire romain pour lui substituer une *Germania* (mot qui a gardé le sens que César lui avait donné : pays transrhénan). Aucun roi barbare n'a étendu les frontières primitives de son royaume de manière qu'un « État germanique » annexât durablement une partie de l'Empire. Il n'y a eu que des États fondés par des chefs d'origine barbare à l'intérieur des provinces romaines, ce qui est fort différent.

2. L'Empire n'a pas été conquis, pour la simple raison que ses armées étaient de plus en plus composées de troupes barbares. Ces armées n'étant plus stationnées, depuis le IVe siècle, sur les frontières, mais dans les grandes villes au cœur de l'Empire, les Barbares n'ont pas eu à conquérir un Empire où ils se trouvaient déjà, et cela sous le haut commandement de chefs militaires eux-mêmes de plus en plus souvent d'origine barbare, capables de faire ou défaire les empereurs. Leur pouvoir ne venait pas du dehors : il avait l'Empire pour cadre et profitait de ses institutions, et surtout du système fiscal romain, destiné depuis longtemps pour l'essentiel à « nourrir » l'armée. Comment donc leurs combats auraient-ils pu être dirigés contre les populations romaines, dont ils tiraient leurs moyens de subsistance et qu'ils étaient censés protéger? La « lutte éternelle des Romains et des Germains » est un mythe. C'est Rome qui avait instauré le « partage du travail », laissant le combat aux Barbares. Ce sont les Francs qui auront « remilitarisé » la population gallo-romaine. Ils n'avaient donc rien à craindre en lui donnant des armes! Il n'y eut pas de révoltes contre cette petite minorité franque en Gaule, parce qu'il n'y avait pas d'opprimés.

3. Les temples merveilleux de l'Antiquité n'ont pas été détruits par les Barbares, qui avaient autre chose à faire que de se ruer sur des pierres. Ils le furent, et de manière systématique, vers 400, sur ordre des empereurs Théodose le Grand et Arcadius. C'est le christianisme qui a détruit les monuments de l'Antiquité païenne ou les a transformés en églises, selon un processus somme toute logique.

4. Rome n'a pas été « ruinée », dans le double sens du terme, par les Germains. La Ville éternelle a été presque abandonnée par l'Empire aux IVe et Ve siècles, quand l'Italie a perdu ses privilèges pour devenir une simple province, quand les capitales impériales se sont nommées Milan, Trèves, Arles, Ravenne, Sirmium à l'ouest, et à l'est la « Nouvelle Rome », capitale chrétienne dès ses débuts. Il est des historiens qui préfèrent appeler « Empire byzantin » le nou-

vel Empire né avec la fondation de Constantinople, le 11 mai 330. C'est oublier qu'il n'y avait qu'un seul Empire romain. Mais ce transfert de la capitale principale exprime bien la prépondérance économique, culturelle et religieuse de l'Orient sur l'Occident. Constantin, qui venait d'Occident et qui avait réuni son premier synode en 314 à Arles, alors capitale de la *pars Occidentis*, a souligné par ce choix l'importance de l'Orient chrétien, pays des révélations divines de l'Ancien et du Nouveau Testament, face à un Occident où, exception faite de l'Afrique, les chrétiens restaient relativement rares. Même à Rome, ce culte oriental importé se rencontrait surtout dans les quartiers des commerçants, colonies de Grecs, de Syriens et de Juifs (chrétiens ou non), ce qui explique l'origine grecque ou syrienne de tant de papes romains jusqu'au VIIIe siècle. L'ancienne Rome était toujours le lieu où les *pontifices* du culte des divinités menaient un combat d'arrière-garde, face à un *pontifex* chrétien destiné à un rôle autrement important.

Les empereurs n'ont que rarement rendu visite à l'*Urbs* déchue — l'un d'eux en a profité pour emmener le toit en cuivre, fort précieux, du Panthéon, ce monument qu'un pape transformera peu après en église de tous les saints. Rome, diminuée par la « faute » des empereurs, n'a connu ni la fin du monde ni la fin de l'Empire. Elle est restée sous administration romaine sans interruption, que ce soit sous Odoacre et Théodoric ou sous les empereurs « orientaux », son *ducatus* (passé sous l'autorité de fait de la papauté) faisant encore partie de l'Empire au VIIIe siècle quand il fallait soumettre l'élection d'un nouveau pape à l'approbation de l'exarque romain de Ravenne. C'est pourquoi le pays, demeuré romain en dehors du nouveau royaume des Lombards, a gardé le nom de *Romania* (qui deviendra *Romagna*), et ses habitants celui de *Romani*. C'est pourquoi aussi le *populus* de Rome a pu proclamer empereur Charles, roi des Francs. Quant aux « ruines de Rome », elles datent surtout de la « Renaissance », époque funeste pour les vestiges anciens. En réalité, ce qui n'a guère survécu au point de vue architectural, c'est le système balnéaire romain, dépendant d'un réseau d'aqueducs qui avait occupé aux moments de sa gloire environ cent mille hommes ! En Italie centrale, les aqueducs furent victimes de la guerre de reconquête de Justinien.

5. Ce ne sont pas les païens qui firent boire leurs chevaux dans les flots du Tibre, mais les troupes de l'empereur chrétien victorieux, Charlemagne, qui abreuvèrent les leurs dans les flots de l'Elbe, là où l'Empire païen avait échoué. Entre-temps, les chefs du monde chrétien, l'empereur et les rois « catholiques », avaient combattu victorieusement les Germains et les Perses, les Huns et les Avars, certains qu'ils étaient du soutien du Christ vainqueur, dont la Croix était alors signe de victoire, et non de souffrance.

L'Église, qui tirait profit de ces succès militaires, y contribua puissamment, par ses prières, mais aussi par des évêques et des abbés chefs de guerre. Loin de sombrer dans le chaos des « invasions », ses pasteurs eurent plus de pouvoir dans les nouveaux royaumes que dans l'Empire. Le nombre des monastères en Gaule passa de quelques unités à la fin du gouvernement impérial direct, à plus de trois cents à la fin de la dynastie mérovingienne. La papauté, objet de la vénération des nouveaux royaumes pour Rome et saint Pierre, se libéra enfin, grâce à eux, de l'emprise de l'empereur. C'est ainsi que naquit l'Occident chrétien.

6. L'Empire a perduré longtemps, même en Occident, où il a gardé ou récupéré Rome, des parties de l'Italie et de l'Espagne ainsi que les îles de la Méditerranée, où sa flotte continuait à dominer. Même après la perte de l'Afrique du Nord passée aux Arabes, au VIIe siècle, l'Empire romain restait une des grandes puissances méditerranéennes, avec sa capitale Constantinople, seule grande ville de l'époque. Cet Empire, envié, mais aussi admiré et imité en Occident, a toujours gardé son nom; même les Turcs conquérants continuèrent à l'appeler *Rûm*, tandis que les Russes parlaient de Moscou comme de la « Troisième Rome », avec ses tsars (c'est-à-dire ses césars) héritiers de Constantinople.

7. La fiction humaniste voulait, pour que tout le mérite du renouveau restât à l'Italie, que « Rome » eût été totalement anéantie par les Barbares, y compris sa civilisation, ses institutions, sa noblesse. Dès lors, il était évident que les nouveaux maîtres ne pouvaient être que des Barbares du Nord. Qui dit « fin de l'Empire romain » dit « Moyen Âge germanique ». Cette thèse sans nuance a contribué à la popularité du mythe dans notre imaginaire historique. Un historien autrichien, Ottokar Lorenz, le déplorait déjà en 1886 : « Si l'on voulait mesurer les dommages causés par certains clichés à notre vision historique, on devrait citer en première ligne l'expression "chute de l'Empire romain" » et la naissance du Moyen Âge à la mort de l'empereur Romulus Augustule.

Le Moyen Âge : un mythe devenu certitude

Ce mythe devenu certitude a largement déformé nos idées historiques et les images du passé que nous portons en nous. Quelques jugements d'historiens sur les institutions et l'aristocratie en donneront la mesure.

L'idée de la fin de Rome et de ses « causes » (soit la décadence, soit les invasions) ou de ses conséquences (l'époque barbare) a été appuyée par un moralisme qui y trouvait un sujet « édifiant », que la moralité qui en était tirée fût chrétienne ou « républicaine ». L'histoire romaine est devenue l'exemple par excellence des effets sinistres de la « corruption » et de la « dissolution des mœurs ». L'âge du baroque (le mot n'a servi à désigner une période de l'histoire de l'art qu'à partir du XIXe siècle, une époque historique qu'à compter du XXe siècle) s'est complu à décrire les vices orientaux et les raffinements de la prétendue débauche générale de la Rome impériale, qu'il la donnât ou non comme cause de sa perte. Même pour les Français qui, préférant leur classicisme, n'aimaient pas le baroque, qu'il soit italien ou allemand, cette idée de la « décadence » de Rome est devenue une réalité psychologique, le mot perdant son sens concret de ruine des bâtiments de l'*Urbs* pour ne plus signifier que la « chute » de l'Empire.

Il semble difficile de faire disparaître les traces de cette « blessure » de l'âme européenne. Celle-ci explique pour une part la force de l'idée fixe que l'on trouve chez des historiens éminents. Ainsi Franz Georg Maier qui reproche aux auteurs romains, tant chrétiens que païens, de ne pas voir la crise ou de la minimiser, et de ne pas accepter l'idée du déclin, ou celle de la fin du monde romain, alors qu'ils affirment leur foi en l'éternité de Rome — même saint Augustin, dont la remarque pessimiste toujours citée ne procède que du réveil passager d'une ambiance eschatologique autour de 410, comme l'admet Maier. Comment pourrait-il comprendre la valeur des textes qu'il ne cite pas et qui expriment les nouvelles forces que la foi en Dieu et la conviction de son soutien ont apportées à un Empire chrétien qui se défend et qui, victorieux, ne disparaît point?

De même, Santo Mazzarino *, un historien de premier plan, reste prisonnier d'un « fait » qui pour lui ne se discute pas, même quand il admet « que le mythe de la décadence artistique du Bas-Empire peut être considéré comme éliminé ». Mazzarino observe cependant fort judicieusement que le premier après-guerre avait insisté, avec Spengler et Rostovtzeff, sur la décadence d'origine interne, tandis que le second au contraire, d'accord avec Piganiol, a substitué à l'idée de la crise celle d'un événement fatal, né de la violence des Barbares qui « auraient taillé en pièces un Empire romain encore bien vivant ».

Les historiens n'échappent pas aux chocs de leur temps, et l'attaque des barbares hitlériens leur a rappelé la « fin de Rome ». Au lendemain de la guerre, l'un des grands hellénistes, Pierre Courcelle, divisait son *Histoire littéraire des grandes invasions germaniques* (1946) en trois parties, intitulées respectivement « L'Inva-

---

* S. Mazzarino, *La fine del mondo antico*, 1959 (éd. française, 1973).

sion », « L'Occupation » et « La Libération ». Dans une troisième édition, se défendant de tout anachronisme, il écrivait : « Les mots *occupation, trahison, résistance* recouvrent des attitudes qui sont de tous les temps. » Il s'attaquait « aux théories que plusieurs historiens allemands* ont émises sur l'occupation germanique; à les en croire, elle serait passée presque inaperçue ». Il reprochait à ces historiens d'avoir eu une vision abstraite des événements, en restant « sourds aux cris des opprimés et des captifs ». Il ne comprenait pas l'anachronisme de sa démarche : il ne voyait que l'« ennemi » barbare, en face duquel il n'y a que des « collaborateurs » ou des « résistants ». N'insistons pas trop sur le fait que dans cette vision des choses la Gaule romaine, noyau de civilisation menacé par les Barbares, serait le produit d'une « collaboration » des *Galli* (nom que leur donnaient les Romains) avec leurs vainqueurs! Ces derniers, fort longtemps « Barbares » authentiques pour les Grecs, ont été civilisés par ces mêmes Grecs, qu'ils ont vaincus également. Tous seraient donc des collaborateurs? Ce sont là des catégories inadaptées. D'autant plus que Pierre Courcelle part d'une hypothèse fausse, celle d'une attaque des Germains contre les Romains et leur Empire, attaque qu'il juge comparable à l'attaque hitlérienne contre la France et d'autres pays européens.

En fait, faute d'unité politique des diverses peuplades de langue germanique (unies de force une seule fois sous le joug d'Attila!), une telle attaque n'aurait jamais pu avoir lieu. La vérité est que l'Empire romain a sous-estimé les incursions de ces bandes qui cherchaient à piller les régions riches, car, obsédé par la puissance d'un autre ennemi, l'Empire perse (ou sassanide), il a envoyé les meilleures forces de la *pars Occidentis* en Asie et cette erreur a été la cause principale du désastre qui lui fut infligé au IIIe siècle par Francs et Alamans.

L'autre moyen, pour les Barbares, de tirer profit de la richesse des empires a toujours été de vendre leur force militaire en combattant leurs propres « compatriotes » (voilà les véritables « collaborateurs » !), ou bien de piller et de louer leurs services alternativement. Or, les Francs aussi, après les Goths, sont devenus un *populus* (à côté, puis à la place du *populus* romain). Ces Francs étaient les garants de l'Empire chrétien, destiné à soumettre et à convertir les païens. Refaisant le parcours des Romains, ils faisaient à leur tour figure de « civilisés » face à d'autres peuples restés barbares. Mais aux XIVe, XVe et XVIe siècles les intellectuels « néo-romains » de l'Italie, prétendant être les seuls héritiers légitimes des Romains, ont réduit les Français, fiers héritiers du premier roi catholique Clovis et de l'empereur Charlemagne, au statut de Barbares germains.

* Mais aussi des historiens français et belges comme Fustel de Coulanges, Henri Pirenne et Christian Courtois.

Nous sommes ici en présence d'une sorte de drame racial opposant une prétention de supériorité à une autre, dans lequel il importe que le Barbare soit l'autre — le Français pour l'humaniste italien, l'Allemand pour le Français, le Polonais pour l'Allemand, et ainsi de suite. C'est ce jeu qu'il faut démonter si l'on veut comprendre l'unité de l'histoire européenne. Il est heureux qu'on sorte enfin de ces luttes tribales, en particulier de celles qui ont été inventées par l'historiographie du nationalisme moderne !

Si le cours de l'histoire était différent de son image « traditionnelle » depuis le XVe siècle, comment a-t-on pu ne pas le voir ? Question essentielle, à laquelle nous pouvons apporter une réponse avec André Piganiol qui a montré que Rome, au IIIe siècle, n'était pas en décadence. « Pillée, défigurée par les envahisseurs barbares [...], elle relevait ses ruines. » On assistait à « une métamorphose interne : il se formait une conception nouvelle du pouvoir impérial, qui est celle de Byzance, une conception nouvelle de la vérité et de la beauté, qui est celle du Moyen Âge ». Mais les mots inventés pour désigner ce que l'on n'aimait pas — le « Moyen Âge » pour les Barbares du Nord, et cette « Byzance » peu catholique qui ose rivaliser avec l'Occident et la vraie Rome — prennent ici un sens positif qui permet de sauver la thèse humaniste de la « fin de Rome » : Piganiol sépare ce qui « a été assassiné » de ce qui a survécu, l'Empire chrétien à l'est comme à l'ouest, en lui donnant simplement un autre nom.

Pourquoi ne pas dire que le monde romain est devenu chrétien à Constantinople, et non pas à Rome, et que cela a déjà été, tant dans le changement de foi que dans celui de capitale, une « fin de Rome », mais pas du tout celle de l'Empire ? C'est l'Empire, et non Rome, qui est à l'origine du début de l'âge chrétien de l'Europe, d'abord par la volonté des empereurs chrétiens, puis en profondeur grâce à l'œuvre de l'Église. En suivant siècle après siècle les institutions de l'Empire ainsi que les hommes qui les incarnaient, on pourra observer l'héritage que l'Europe doit à ce monde romain. Transformé en Empire chrétien, il a perduré, beaucoup plus longtemps que les empires plus récents, qu'ils soient russe, français, allemand ou britannique. La question n'est donc pas de savoir comment l'Empire romain a pu disparaître, mais comment il a pu durer si longtemps. Question essentielle puisque cet Empire, en restant debout, a exercé une influence décisive sur notre histoire. Il a donné à l'Europe ce qu'elle ne connaissait pas auparavant, l'État, sous la forme d'un « État chrétien », et avec lui ses structures politiques et religieuses, incarnées dans la noblesse chrétienne.

La prétendue fin de l'Empire et du monde romain a abouti à des erreurs grossières, en particulier dans l'histoire du droit et des institutions, car la division entre Temps anciens et Moyen Âge impliquait la séparation du droit romain et du droit germanique, comme s'il s'était agi de mondes complètement étrangers l'un à l'autre! Ainsi, pour les « romanistes », les éléments de droit romain en vigueur au Moyen Âge constituaient un reliquat de sa véritable filiation antique, et pour les « germanistes » une sorte de corps étranger dans un monde médiéval profondément germanisé. Même le droit canon, facteur puissant pour expliquer la survie des traditions romaines, fut compris comme essentiellement médiéval, malgré ses racines antiques.

Que l'on regrette la fin de Rome et de sa civilisation en condamnant les Barbares ou que l'on salue l'aube d'un âge nouveau grâce à la victoire des peuples « jeunes » sur la décadence romaine, c'est en fait la même erreur. Cette croyance en une rupture historique radicale a empêché de voir, par exemple, s'agissant des restes de l'héritage latin sauvés par la seule Église (encore une légende), que le latin a été la langue administrative de l'Occident pendant les huit siècles qui ont suivi cette prétendue « rupture », et cela dans les formes précises que l'État romain avait développées.

Des travaux récents, comme ceux de Wolfgang Wagner, marquent un tournant et annoncent une « histoire européenne du droit » (*europäische Rechtsgeschichte*), seule capable de briser les barrières trop étroites d'une démarche qui, à l'époque des États-nations, a voulu « expliquer » le droit national actuel par des origines lointaines non moins « nationales ». Ernst Wolfgang Böckenförde, lui, a étudié les modèles trop liés aux idées politiques du XIXe siècle auxquels se référait la recherche allemande en matière d'institutions, qu'il s'agisse des libertés des Germains comme archétype des constitutions libérales modernes, du concept d'unité nationale incarné dans le royaume franc, ou encore d'un étatisme juridique cherchant déjà l'État national au Moyen Âge. L'historien munichois Hermann Nehlsen l'affirme sans équivoque : l'histoire pénale germanique, dont il est le spécialiste, doit être « réécrite ».

Les erreurs « germanicistes » se retrouvent au XIXe siècle dans de larges parties de l'enseignement d'histoire du droit en France. Ainsi André Chéruel, auteur d'un *Dictionnaire historique des institutions* qui fit longtemps autorité, cherchait-il les origines de la chevalerie en Germanie : « Dès l'âge de sept ans [le garçon était] enlevé aux femmes et confié à quelque vaillant baron qui lui donnait l'exemple des vertus chevaleresques », ce qui serait un procédé proche des usages germaniques mentionnés par Tacite. Il s'agit, plus précisément, du « chef de guerre entouré d'une troupe de compagnons [...] dont il est le modèle. La même coutume existait au XVIe siècle ». Et Chéruel de citer Montaigne : « C'est un bel usage de notre nation... » Certes, écrit-il, « le christianisme vint donner une direction plus utile à cette ardeur guerrière », par « la défense de la veuve, de l'orphelin, du pauvre, de l'homme de l'Église » (issue directement de la législation de l'Empire chrétien). Nous retrouvons là l'image tracée par Gautier d'une « condition militaire » dans sa « forme chrétienne », « usage germain [...] idéalisé par l'Église ».

Les manuels français ne mentionnent en général que brièvement les périodes précédant la domination franque. À la différence des Allemands avec leur Germanie, ils n'insistent guère sur la Gaule : « Le droit celtique, depuis longtemps tombé en désuétude au moment des invasions, n'a pu influencer la formation des institutions françaises : il est donc en dehors de nos études », explique François Olivier-Martin. Au moins le monde romain n'est-il pas complètement oublié, mais le même auteur ne prend « en considération que les institutions du Bas-Empire, telles qu'elles étaient au moment des invasions barbares ». Contrairement à l'histoire générale de la France, où la Gaule « libre » et la Gaule romaine trouvent leur place, celle du droit français ne semble commencer qu'avec les invasions. Malgré des éléments romains hérités du Bas-Empire et des éléments chrétiens, tout est dominé par les Francs aux antécédents germaniques, ce qui est d'autant plus étonnant que François Olivier-Martin dit que les institutions des Germains « révèlent un état de civilisation assez sommaire, très inférieur à celui des Gallo-Romains », et que les Francs étaient « peu nombreux sans doute ». Faut-il voir là un miracle historique? Rarement si peu de gens d'un niveau de civilisation aussi modeste auront jeté les bases d'un empire d'une telle importance en lui apportant, à ce qu'on nous dit, l'essentiel des institutions fondatrices de celles d'un des pays les plus brillants de l'humanité!

Les périodes que distingue un juriste de renom, Auguste Dumas, dans son *Histoire du droit français* (1945) sont conformes aux idées que nous venons de présenter :

1. « Les origines », limitées à « l'état de la Gaule aux IVe et Ve siècles »;
2. « La période franque », qui « va de 476 (chute de l'Empire romain d'Occident) » jusqu'à 987;
3. « La période féodale » (987-1180), qui « a pour caractéristique une hiérarchie de seigneurs qui se substitue à l'État » (ce qui présuppose *ipso facto* un État avant 987!);
4. « La période de la monarchie tempérée (1180-1515) »;
5. « La période de la monarchie absolue et administrative (1515-1789) ».

Émile Chénon, dans sa remarquable *Histoire générale du droit français public et privé* (1921), donne sa place à une « période gallo-romaine ». Mais, là encore, la césure avant la « période franke » [*sic*] (Ve-Xe siècle) et la « période féodale et coutumière » (XIe-XVe siècle) est « l'an 476, avec la chute de l'Empire d'Occident ». Tout en reconnaissant le rôle des Francs comme alliés de l'Empire, l'auteur voit dans le triomphe de Clovis « une conquête de la Gaule par les Franks ». Le juriste semble préférer des positions nettes au sujet de la « souveraineté » de l'État franc, jugée selon des critères modernes.

C'est donc tout un domaine de l'histoire, celui des institutions et du droit, qui a cherché sa matière dans un passé divisé selon l'idée fausse de la fin de l'Empire en 476, ce qui l'a amené à ne voir qu'un monde allant vers une fin inéluctable, et qui aurait laissé la place à un autre totalement différent.

Une de mes thèses est que l'emploi du terme de Moyen Âge ne s'appuie pas sur les connaissances accessibles aujourd'hui, mais sur les ignorances de jadis. Nous sommes en effet prisonniers de l'idée de Moyen Âge, tant elle est profondément ancrée dans notre conscience historique moderne. Il y a peu, l'historien Otto Gerhard Oexle constatait qu'à la fin du XXe siècle on continue à mal interpréter le « Moyen Âge », « parce qu'il est compris comme l'antagonisme absolu » du monde qui est le nôtre. Ceux qui mettent en doute, et ses limites chronologiques, et ses contenus, restent néanmoins fidèles au mot. Jacques Le Goff, alors qu'il s'apprêtait à publier *Un autre Moyen Âge*, m'écrivait un jour : « Je ne garde que le mot. »

Les humanistes ont créé un terme péjoratif pour désigner un latin défectueux qu'ils voulaient combattre pour revenir à la pureté du latin classique. L'époque accusée, c'était la *media tempestas* (à partir de 1469), la *media antiquitas* (depuis environ 1494), la *media aetas* (depuis 1518), le *medium tempus* (depuis 1531), le *seculum medium* (depuis 1598), et surtout le *medium aevum* (à partir de 1604). L'horreur, c'était le « barbarisme » linguistique, imputable aux Barbares qui avaient détruit l'Empire et dominé depuis cette *media aetas* avant qu'un vent de renouveau ne soufflât sur l'Italie. Les hommes de la Renaissance ne pouvaient bien sûr pas connaître les résultats de la recherche récente sur le « latin vulgaire » — c'est-à-dire le latin de tous les jours qui flanquait le latin littéraire — et sur le latin des différentes provinces (Afrique, Hispanie, Gaule), dont les particularités apparaissent dès le IIe siècle dans les textes courants qui étaient inconnus d'eux. On sait aujourd'hui que ce latin-là n'a jamais été absolument uniforme. Ainsi, l'emploi du *i* au lieu du *e*, si caractéristique du latin « mérovingien », se rencontre dès le IIe siècle en Afrique romaine. Ce ne sont pas les Francs qui l'ont importé : les Gallo-Romains, auprès de qui ils ont appris le latin, n'ont fait que continuer le latin pratiqué alors en Occident.

Or les erreurs linguistiques des humanistes s'étendent aux disciplines comme le droit (le jurisconsulte François Baudouin distingue en 1561 « *jurisprudentia vetus alia nova, alia media* ») et même l'historiographie. Dès 1519, Vadian parle des « *Chroniken mitler jare* » : ce n'était pas un terme politique, moins encore un terme chronologique, domaine où dans l'Empire on comptait toujours selon les quatre empires ou les six âges, et en France selon les « trois races ». Au milieu du XVIe siècle, Flavius Illyricus, avec ses *centuriatores* protestants de Magdebourg, introduit un système consistant à compter selon les siècles, qui sera repris par Cesare Baronius à Rome, vers 1600. La triade Antiquité, Moyen Âge, Temps modernes ne s'impose qu'au XVIIe siècle, sauf en France où il faut attendre la fin de l'Ancien Régime pour que soit abandonnée, sur le plan politico-historique, la théorie des trois races. Les notions de *media aetas*, etc., y restent longtemps limitées au domaine de la langue et de la civilisation.

C'est un professeur d'histoire à l'université de Leyde, le Néerlandais Georg Horn (1620-1670), et un professeur allemand, Christoph Keller (dit *Cellarius*, 1638-1707), qui ont introduit le terme de *medium aevum* (ou *Mittelalter*) dans l'enseignement de l'histoire générale. Cellarius a publié sa propre histoire en trois volumes, respectivement intitulés : *Historia antiqua* (1685), pour la période allant jusqu'en 324, date de la (fausse) donation de Constantin (jalon retenu aussi par d'autres !) ; *Historia medii aevi* (1688), pour celle qui va de 324 à la fin de l'Empire oriental, en 1453 ; enfin, *Historia nova* (1696). Une seconde édition en 1702 se termine sur l'acquisition de la dignité royale, en 1700, par Frédéric Ier, fondateur du royaume de Prusse, Cellarius étant alors professeur à l'université de Halle ! Quant à Georg Horn (1665), il considéra d'abord que le *medium aevum* s'étendait de 300 à 1500, avant d'opter pour 476 à 1453.

En 1712, le traité de *Géographie des temps médiévaux* (*mittleren Zeiten*) de Christian Junckers énumère plusieurs variantes alors en usage : 324-1273 (date de l'élection de Rodolphe Ier de Habsbourg comme roi des Romains), 476-1273, 800 (couronnement impérial de Charlemagne) à 1273, enfin 395 (division de l'Empire romain entre les fils de Théodose Ier) à 1495 (réformes de l'Empire sous Maximilien Ier). Par la suite, on ne manqua de retenir ni la découverte de l'Amérique en 1492, ni le « début du système des États modernes » avec l'expédition en Italie de Charles VIII en 1494, ni surtout la Réforme à partir de 1517, de sorte que le « schéma tripartite » (Antiquité/Moyen Âge/Temps modernes) a fini par adopter pour la période intermédiaire les limites chronologiques de 500 et 1500, qui ont acquis une autorité canonique. Demeurent des nuances nationales : les Anglais par exemple font précéder les *Middle Ages* par les *Dark Ages*, de 500 à 1000, tandis qu'ailleurs on assimile une période à l'autre.

La périodisation adoptée par les manuels n'est pas à porter au crédit des historiens. Plus grave est l'obstination dans l'erreur, qui a élevé l'habitude au rang de principe scientifique. D'autant plus qu'on a fini par employer un adjectif pour ce qui appartient à chacune des périodes : moment capital, car il confère comme une vie propre à une simple dénomination, et en fait une sorte d'allégorie adoptée par la « science » historique. Ainsi apparurent, d'ailleurs fort tardivement, les termes *mittelalterlich, medieval* et « moyenâgeux » — ce dernier, créé au début du XIXe siècle, cédant finalement la place à « médiéval ». Ce n'est que plus tard encore, en notre XXe siècle scientifique et critique, que des divisions d'un « Moyen Âge » bien long, il est vrai, s'imposèrent pour donner naissance au « haut Moyen Âge » (*Frühmittelalter, Hochmittelalter,* correspondant à l'« époque féodale ») et à des adjectifs comme *frühmittelalterlich.*

Il ne faut pas sous-estimer l'impact très fort et précoce que le « Moyen Âge » a longtemps eu sur les esprits. Cette appellation reflète le dédain des gens instruits à l'égard d'une période réputée barbare et inculte, et de ses hommes censés ne pas satisfaire aux critères minimaux de l'intelligence et du savoir-vivre. Depuis les deux derniers siècles, bien des historiens ont reconnu les mérites de tant d'œuvres « médiévales », mais ils n'ont pu faire disparaître les séquelles de la condamnation de ce millénaire.

Citons quelques exemples. Un des meilleurs historiens de la latinité, Bède le Vénérable, a vécu en pleins *Dark Ages.* Écrivant un excellent latin, il se procurait documents et informations par le biais d'amis qui se rendaient en Italie, et expliquait à son roi l'importance de l'*historia nostrae gentis* — l'histoire nationale — pour étayer la fierté justifiée d'un peuple devenu chrétien. On ignore, même en France, l'un des historiens parmi les plus précis et les plus « objectifs » de son propre temps, Flodoard de Reims, qui vécut au Xe siècle, autre période décriée — un auteur que le beau livre de Michel Sot aidera peut-être à connaître. On ignore (ou l'on ne signale pas) que presque toutes les notions politiques et littéraires sont demeurées inchangées « au début du Moyen Âge », pour la simple raison qu'il s'agissait d'une Antiquité chrétienne prolongée, qui a intégré nombre de peuples jusqu'alors païens en leur léguant l'héritage romain et biblique. Les mutations sont intervenues au moment des « révolutions » et crises ecclésiastiques, politiques et sociales des XIe-XIIe, XIIIe-XIVe et XVe-XVIe siècles, qui ont vu l'essor des villes et des universités, de l'Église romaine et des résistances à son encontre et à celui du clergé, des littératures non latines enfin, qui firent « qu'on ne pensait plus latin ». Ces changements ont fini par briser l'unité de l'Église en Occident, mais n'ont pas mis un terme à l'âge de la domination de la foi et de la royauté chrétiennes; celle-ci ne s'acheva qu'à partir du XVIIIe siècle et avec la révolution industrielle.

Aveuglé par l'idée de la « fin de Rome » et de sa civilisation, que l'on confondait avec la fin du paganisme, on a refusé au monde européen des ve-xe siècles le statut d'héritier des traditions latine et biblique, résultat d'une continuité évidente mais occultée par l'idéologie humaniste. Pensons aux formes de l'enseignement, ces *septem artes* « du Moyen Âge » qui sont indiscutablement antiques. Pensons aux genres littéraires qui le sont aussi, mais qu'on a caractérisés comme « typiquement médiévaux », tel l'acrostiche. D'autres qu'on nous a présentés comme limités à l'Antiquité, tels les panégyriques et autres *carmina triumphalia*, « survivent » allégrement à la cour de souverains « barbares » (Jacques Fontaine). Mais cela n'empêche pas un excellent philologue d'appeler « antique » un épithalame célébrant un mariage princier s'il a été écrit avant 500, et « médiéval » s'il est postérieur à cette date fatidique.

Cette périodisation historique a produit à son tour des « médiévistes », des « historiens du haut Moyen Âge », et des instituts qui ne s'occupent que d'une de ces divisions. Alors, l'habitude se fait certitude, l'organisation propre au XXe siècle devient une réalité du VIIe, et le terme trompeur de « Moyen Âge » englobe le VIe siècle, si proche du IVe, et le XVe siècle, si proche du XVIIe ! Il n'y a pas seulement le « Moyen Âge », mais l'« homme médiéval » ; il n'y a pas seulement le « bas Moyen Âge », mais l'« automne du Moyen Âge » ! Les inventions de l'esprit, une fois poétisées, ne meurent plus. Où faut-il chercher les causes de cet affrontement entre les idées humanistes et un monde qui de toute façon était en train de changer au XIIe siècle, ne serait-ce qu'en raison de l'essor des langues vernaculaires, désormais employées par écrit concurremment avec le latin ? Un monde qui en était d'ailleurs conscient, opposant en ce même siècle la *modernitas* à l'*antiquitas* : il avait donc inventé les « Temps modernes » sans avoir besoin d'un « Moyen Âge » dont l'Europe aurait bien pu faire l'économie.

La réponse à notre question réside paradoxalement dans la modernité des XIIe-XVe siècles, dont les langues vernaculaires victorieuses n'étaient qu'un aspect parmi d'autres. La lutte est née entre ces modernes et d'autres modernes, qui étaient des romantiques tournés vers le passé romain et la beauté de sa langue — des modernes plutôt conservateurs. Les uns appartenaient à une élite qui osa exprimer, par exemple à Chartres, des idées originales quoique inspirées des auteurs antiques ; les autres, à une élite qui se servait du latin comme d'un outil de travail et de communication. Pour ces derniers, cette langue était devenue moins un héritage vénéré qu'un utile instrument pour expérimenter de nouvelles méthodes « scolastiques », didactiques, etc. Au même moment, les débuts du « capitalisme » ainsi que des techniques nouvelles, dont les chiffres « arabes », révolutionnaient les mathématiques, permettant de dépasser largement les acquis de l'Antiquité, comme ce fut aussi le cas grâce aux découvertes géographiques qui commencèrent alors, en plein « Moyen Âge ». Combat donc de deux modernismes dont l'un affirmait — à tort, mais finalement avec succès dans le milieu littéraire — que, sans lui, il n'y aurait jamais eu de « Temps modernes ».

L'ironie voulut que la civilisation et la philosophie latines eussent atteint un nouvel apogée à Chartres, au XIIe siècle, où pour la première fois on prit pleine conscience de la différence entre le monde des Anciens et celui de la *modernitas*. C'est alors qu'on inventa les « Temps modernes », car il n'y avait eu jusque-là qu'un seul monde latin, dans l'*orbis Latinus*, avec une seule littérature latine, dans laquelle on ne distinguait que les auteurs païens et chrétiens — comme on le fit pour l'*orbis Graecus* et ses auteurs grecs. Mais ces premiers « modernes » de Chartres n'ont pas déclenché une « querelle des Anciens et des Modernes ». Ils ont au contraire exprimé leur admiration pour le savoir et l'art des Anciens, trouvant une formule admirable qui unissait le respect de l'autre à une saine fierté de leurs propres réalisations. Ils se considéraient en effet comme plus avancés que les Anciens parce que capables de voir plus loin qu'eux, mais cela ils le devaient seulement au fait qu'ils étaient placés sur les épaules de ces géants.

Fait piquant : c'est à Chartres que des étudiants italiens ont appris un bon latin, ont pris la mesure du mérite des *antiqui* et de l'éclat de leurs œuvres. Cette influence de l'enseignement français est encore décelable chez des écrivains comme Boccace et Pétrarque. Mais dès leur époque, les Italiens, enivrés par la splendeur d'esprit et la puissance de « leurs ancêtres romains », trahirent leurs maîtres français et les rejetèrent dans le Moyen Âge barbare, revendiquant pour eux-mêmes la découverte du monde antique aussi bien que l'héritage romain, qui devrait désormais appartenir aux seuls Italiens, car ils auraient amené, eux, l'aube des « Temps modernes ». Pour y arriver, il leur fallait « corriger » l'histoire, c'est-à-dire expliquer les malheurs survenus à l'Italie dans l'intervalle; expliquer comment les Romains, leurs ancêtres, avaient pu perdre le pouvoir, en Italie même, au profit de nations qui en étaient beaucoup moins dignes.

Pour mieux appréhender cette réinterprétation humaniste de la « fin de Rome », revenons d'abord sur l'année 410, et sur les explications fort différentes qui en ont été données à l'époque. La « prise de Rome » par Alaric, généralissime romain combattant un autre régime romain, celui d'Honorius installé à Ravenne, n'a pas trop marqué la plupart des contemporains, peu intéressés par le sort d'une *Urbs* en plein déclin. À Rome même, presque immédiatement après, l'approvisionnement était assuré et les jeux du cirque rétablis par une administration qui n'avait pas changé. Saint Jérôme, en Palestine, ne mentionne la prise de Rome que pour s'apitoyer sur les souffrances de ses amis romains et sur la faiblesse de l'armée romaine, causée par « nos péchés [...] et vices », mais ne parle ni de la fin de Rome ni de celle de son Empire. Ce n'est pas sur le plan politique que l'événement connut un retentissement immédiat, mais sur le plan symbolique, voire religieux. Le fait que Rome, le *caput mundi*, dont l'« éternité » était une sorte d'article de foi, ait pu être pillée comme une vulgaire cité de province n'illustrait-il pas l'impuissance des dieux romains, qui possédaient encore des fidèles haut placés? La crise religieuse n'avait-elle pas commencé au IIIe siècle, quand on n'avait pas relevé les temples des divinités ayant montré leur incapacité à protéger les villes qui les avaient érigés? C'est alors que les cultes orientaux gagnèrent surtout l'armée.

Mais on pouvait aussi retourner l'argument et déclarer que les malheurs de Rome trouvaient leur origine dans le fait que le culte des dieux romains s'était vu peu à peu délaissé au profit du christianisme. Cette tentative des païens provoqua une contre-attaque chrétienne, menée par saint Augustin qui, « d'un épisode sans lendemain » (Henri Davenson), fit une « cause célèbre ». Il demanda à Orose d'écrire une nouvelle histoire romaine *adversus paganos*, où il n'est pas davantage question de la fin de l'Empire. Orose y démontre que les chrétiens n'étaient pas responsables des malheurs de Rome, et qu'au contraire leur Dieu a été la cause de sa grandeur. C'est Lui qui avait accordé aux Romains les victoires qui leur permirent de fonder un Empire qu'Il destinait à être le réceptacle du message du Christ : c'est pour le Christ que Dieu avait donné aux hommes la *pax Romana* au moment de son Incarnation sous le premier des empereurs, Auguste. Quant aux malheurs actuels des Romains, ils n'étaient que la suite de ce qu'ils avaient vécu dans le passé.

Cette *Histoire contre les païens*, qui fut l'œuvre historique la plus répandue en Occident jusqu'aux premiers siècles de l'imprimerie, montrait, tout en continuant l'Histoire sainte de la Bible, comment Dieu gouverne le monde et punit ceux qui L'abandonnent, selon la formule « *iusto Dei iudicio* », consacrée depuis Orose. L'humiliation de Rome la païenne a pu ainsi devenir un grand thème historique de l'Europe chrétienne, avant que les humanistes italiens le transforment en « fin de l'Empire romain », avec les Barbares pour cause du mal. Or, saint Augustin loue ces derniers, dès lors qu'ils sont chrétiens (même ariens), pour avoir accordé l'asile sur les tombeaux des apôtres saint Pierre et saint Paul : cette pitié inspirée par le christianisme aux plus farouches Barbares est pour lui le fait saillant de l'année 410.

Les humanistes, quant à eux, pleuraient sur les ruines romaines l'ancienne grandeur de leur pays, l'Italie. C'étaient des élites italiennes frustrées par des siècles de domination politique étrangère : Allemands, Français, Aragonais, Castillans, et Français de nouveau. Déjà, chez Dante, qui haïssait les Français, les habitants de l'Italie étaient le premier peuple de l'humanité, élu par Dieu pour donner au monde son empereur. N'oublions pas que la vision italo-humaniste, en ravalant l'époque des Romano-Italiens au rang de « Moyen Âge », avait pour cible une période dominée d'abord par les Francs, puis par la France. Le terme clé de « gothique », qui par sa connotation méprisante était destiné à stigmatiser la prétendue destruction de la civilisation par les Goths, fut appliqué à l'ensemble du monde non italien au nord des Alpes, mais le « style gothique », c'est-à-dire « barbare », visait l'*opus francigenum*, c'est-à-dire l'architecture des cathédrales capétiennes et des églises cisterciennes. Et cette notion d'« art gothique » l'emporta, même en France, comme tardivement celle de « Moyen Âge ».

L'écriture qui s'était propagée en Europe à partir surtout de la Sorbonne, laquelle pouvait difficilement passer pour un lieu de barbarie, fut appelée elle aussi « gothique », pour la distinguer des beaux caractères d'imprimerie utilisés en Italie sous le nom d'*antiqua*. Ceux-ci imitaient la calligraphie de manuscrits que l'on croyait « antiques », tant leur écriture était plus belle que celle des manuscrits « gothiques ». Or cette écriture, faite de minuscules inconnues des Anciens, était une création carolingienne, bien peu éloignée donc de l'« invasion des Barbares » ! Le fait qu'elle ait eu pour modèle les plus belles écritures des Romains, la *capitalis* et l'*uncialis*, montre combien l'époque était encore proche du monde romain.

La même ignorance du passé européen se retrouve sur le plan littéraire : plusieurs textes ont été tenus par des humanistes, du XVe au XIXe siècle, pour des faux modernes, tant leur latin excellent apparaissait inconcevable à une époque « barbare »; il a fallu la découverte des manuscrits originaux, datables du IXe au XIIe siècle par des méthodes récentes, pour convaincre les incrédules.

D'une façon générale, les humanistes italiens ont ignoré les mérites des VIe-XIIe siècles, qui virent la christianisation et la latinisation (!) de l'Europe occidentale, centrale, septentrionale et (en partie) orientale ainsi que l'extension de la civilisation urbaine au-delà du monde méditerranéen, et le développement d'une économie dynamique qui profita aux Italiens tout autant qu'ils y contribuèrent. Ce qui comptait pour eux, c'était l'Italie, seule héritière légitime de l'ancienne Rome. L'esprit chauvin des élites des cités florissantes d'Italie n'admit pas la survie des grandeurs ou des beautés romaines en dehors de la péninsule. Il lui fallait une rupture de continuité entre les Anciens et la *media aetas* afin que le renouveau des lettres et des arts fût à porter au crédit des seuls Italiens. Rome ayant été vaincue et détruite par les Barbares, sa civilisation devait avoir disparu aussi complètement que l'Empire. Ainsi les humanistes italiens démontrèrent-ils aux Français, fiers de descendre des Francs — d'origine troyenne comme les Romains —, qu'ils descendaient en vérité des Germains, donc des « Allemands » (autre erreur d'identification, reprise par les romantiques allemands au XIXe siècle). Il s'ensuivit en France une grave crise d'identité, heureusement atténuée par la redécouverte de l'ascendance gauloise !

Pour certains, ainsi que nous l'avons déjà noté, la perte de l'Empire et de sa civilisation aurait été causée, ou du moins accélérée, par le christianisme, son « défaitisme », son refus de la guerre. Parmi les tenants de cette thèse, on trouve de modernes nostalgiques du paganisme, dont ils se font une image romantique. Ils ignorent non seulement la combativité victorieuse de l'Empire chrétien, mais aussi la profondeur et les servitudes des convictions religieuses des cultes préchrétiens. C'est là une autre erreur née de la première : on s'imagine l'Antiquité « moderne », parce que sans christianisme. On admet volontiers la dette de l'Europe moderne à l'égard des Grecs et des Romains, mais on oublie qu'ont succédé à ces derniers des gens dont les modes de pensée étaient « latins » et qui ont jeté les bases de nos langues vernaculaires en y introduisant les valeurs générales latines qui sont les nôtres, tout en nous transmettant matériellement l'héritage antique grâce aux milliers de manuscrits qu'ils ont copiés.

La vision « moderne » et fausse du monde antique (et non pas seulement du monde « médiéval ») est née des idées éclairées et esthétiques qu'une mince couche de la société s'est faites, au moment de la crise du christianisme, au sujet de la société gréco-romaine au moment de la crise du « paganisme », à savoir celle de la foi en ses dieux. Nietzsche est le protagoniste le plus célèbre de ce romantisme qui se dit réaliste. En déclarant que « Dieu est mort », il aurait dû voir que sur le plan historique la victoire éclatante du christianisme était logique quand, précisément, les dieux de ses païens admirés étaient mourants. Pour nombre de ces romantiques qui s'ignorent, le christianisme aura été un détour inutile de l'évolution de la civilisation européenne, ce qui nous fait soupçonner les vraies dimensions chronologiques de l'« âge chrétien » (IVe-XVIIIe/XXe siècle). Curieusement, des chercheurs en histoire sociale comme Jacques Le Goff et Werner Conze arrivent à des conclusions assez proches quand il s'agit d'assigner un terme à cet âge chrétien de l'Europe : ils voient une véritable coupure dans les idées et les données économiques et techniques aux alentours du XVIIIe siècle.

Ou bien ne voudrait-on pas tout simplement identifier christianisme et « Moyen Âge » ? Si tel était le cas, cette observation nous conduirait à une hypothèse pouvant expliquer le succès moderne de ce terme. Celui-ci offre en effet un alibi à ceux qui ne peuvent plus croire que le monde est régi directement par Dieu, mais qui aimeraient rester de culture chrétienne, désir parfaitement légitime ; ils appellent donc la foi en Dieu, maître à la fois de l'univers et de l'histoire, une foi « médiévale ». Or elle est d'origine authentiquement antique, mais on l'oublie toujours, surtout à Rome où on la préfère moins orientale (hébraïque) et grecque (constantinopolitaine) qu'elle n'était lors de sa naissance et lors de sa victoire. La foi en Dieu excluant en principe la foi en l'homme, souverain et impuissant à la fois, il reste entre les deux une zone de transition dans laquelle les hommes éprouvent le sentiment d'une liberté relative face aux contraintes d'une foi absolue, exigeante, voire bornée, tout en se sentant rassurés par de vieilles traditions devenues chères. Le désir de faire durer cet état intermédiaire serait donc la cause essentielle du succès du terme « Moyen Âge », qui permet de se moquer des gens assez bêtes pour croire, tout en leur enviant la force de leur foi. Ainsi est née une « Modernité modérée » (à ne pas confondre avec les « Temps modernes », période de terribles guerres religieuses, donc d'un fanatisme religieux « médiéval », comme l'a montré Jean Delumeau) ; c'est elle, la vraie période intermédiaire, celle où l'on aimerait rester chrétien sans vouloir l'être vraiment.

L'invention du Moyen Âge comme époque de l'histoire européenne et non pas seulement comme période de déclin de la latinité fut donc utile pour ceux qui n'osaient pas regarder en face le monde sans Père, un monde sans gratitude envers Lui, sans grâce de Sa part, un monde par trop « humain », et donc inhumain parce que « sans merci », implacable, où l'homme était livré au pouvoir illimité de l'homme, et où la recherche d'une solidarité entre ces hommes abandonnés était le dernier refuge. Le rêve d'un paradis terrestre est l'ersatz offert par toutes les utopies, et notamment par le marxisme, dont les racines chrétiennes sont connues depuis longtemps. Curieusement, ces utopies imposent aux hommes un système contraignant de « vertus » collectives, selon des idéaux formulés par les philosophes depuis Platon. L'avantage du christianisme était de s'occuper de l'âme individuelle plutôt que de la collectivité, ce qui lui a permis d'être à la base de la liberté individuelle, comme le savaient encore les pères de la Constitution américaine ! En négligeant l'essor du christianisme et l'effort moral et religieux qui l'a accompagné, à l'Est comme à l'Ouest, les héritiers de l'humanisme italien et détracteurs d'un pseudo-Moyen Âge qu'ils ont inventé se sont privés de facteurs décisifs pour la compréhension des idées et des institutions politiques en Europe, y compris celles des « Temps modernes ».

Ce qui m'intéresse ici, ce n'est pas de présenter un nouveau système périodologique (il y a autant de périodes qu'il y a de phénomènes historiques avec leurs évolutions respectives), mais de restituer à la recherche un sujet capital, ce christianisme dominateur qui a formé et transformé l'Europe, et de la libérer d'un sujet fumeux qui n'en est pas un, sauf pour l'histoire des idéologies modernes, à savoir le « Moyen Âge ». Pour mettre à profit ce que l'âge du christianisme dominant peut nous apprendre, cessons de transposer nos soucis et nos rêves dans ce passé. Et essayons de découvrir ce que furent les soucis et les rêves des hommes qui vivaient en 300, en 700, en 1100, en examinant les idées plus anciennes qui les ont influencés et en faisant fi des catégories forgées après coup. Les utopies relatives au passé de l'humanité ou de l'Europe échafaudées du XVe au XIXe siècle nous ont détournés de nos véritables origines, et de la vision du monde de ces fondateurs de l'Europe qui sont nos ancêtres.

Pour les hommes du IVe au XVIIIe siècle, le monde politique et religieux européen était gouverné par Dieu, son Église et les monarques légitimés par Dieu et son Église. Il s'agit là d'une réalité historique et chronologique, indépendamment du nom qu'on lui donne. Peu importe que les faits qu'elle nous révèle plaisent aux uns ou déplaisent aux autres, si ces faits ont dominé les actions et les pensées des hommes de cette période. Si tel est le cas, ces faits furent fondamentaux également pour la noblesse. Car on ne pourra l'appréhender que dans le cadre de cette monocratie chrétienne, de sorte qu'on n'aura pas le droit de la diviser — inutilement et faussement — en noblesse antique, noblesse médiévale et noblesse moderne, aussi longtemps qu'elle aura été une noblesse chrétienne.

UN RENOUVELLEMENT DE LA RECHERCHE HISTORIQUE ?

Malgré Charlemagne, « lumière dans les ténèbres » — précisément à cause de l'époque supposée obscure qui « l'entourait » —, les IVe-Xe siècles ont vraiment fait figure d'« âge ingrat » de l'histoire de l'Europe. Ce qui explique une regrettable négligence de la recherche à leur égard. Même l'enthousiasme de nombreux historiens et archéologues pour les origines nationales, régionales et locales ne modifia guère les grandes lignes de la perception historique. On s'est contenté de citer des auteurs qui n'étaient pas de l'époque (Tacite et César d'un côté, les humanistes de l'autre) et de répéter sans distance critique les horreurs rapportées en un latin « barbare » par Grégoire de Tours. Dans d'autres camps historiographiques, on célébrait la gloire des Francs et de leurs rois, racontée dans des textes bien postérieurs aux faits, ou bien celle des rois germaniques, déclarés « allemands » avant la lettre, pour avoir terrassé l'Empire et remplacé des Romains décadents par les nouvelles forces d'un « Moyen Âge germanique ».

Ne faut-il pas savoir gré à tous ceux qui ont contribué à nous libérer de tous ces clichés que nous venons d'esquisser ? Parmi ces précurseurs, on nommera Leopold von Ranke, aux yeux de qui « le Moyen Âge n'avait aucune réalité » et tous les siècles avaient leurs qualités propres. Fustel de Coulanges, tout en niant, à juste titre, que les Germains eussent créé seuls le « monde médiéval » (version germano-humaniste faisant pendant, dans l'erreur, à la version italo-humaniste), est l'un des premiers à avoir mis en garde contre l'autre défaut des historiens, qui consiste à sous-estimer l'importance de la compréhension des domaines juridique et institutionnel. Il a surtout remarqué la forte survivance d'institutions romaines, sans éprouver le besoin de légitimer un pouvoir royal illimité contre les idées germanisantes d'une noblesse frondeuse, comme on l'a reproché à l'abbé Dubos, auteur d'une *Histoire critique de l'établissement de la monarchie française dans les Gaules* (1734). Nous verrons toutefois que cet auteur a compris que l'« établissement » des Francs n'était pas fondé sur une soumission par la conquête, et qu'il a utilisé judicieusement — et avant Fustel — des textes décisifs négligés par tant d'autres.

C'est un érudit belge, Henri Pirenne, qui non seulement a vu que l'époque mérovingienne était plus proche du monde romain que celle des Carolingiens, mais a aussi proposé une approche géographique de la différence entre « Antiquité » et « Moyen Âge ». Cette conquête romaine de l'Europe non méditerranéenne (que nous étudierons sous l'angle de l'État, de la religion, des institutions et de la hiérarchie politique), il l'avait envisagée sur le plan économico-social : qu'on pense au transfert, décisif, du concept urbain de la Méditerranée vers l'Europe centrale, orientale et septentrionale. Ainsi l'évolution gréco-romaine « se répétait-elle » avec des siècles de retard. Pirenne était le contemporain d'Einstein comme de Spengler, qui souligna la non-simultanéité du concomitant, la chronologie variable des civilisations. C'est alors qu'on commença à appliquer à chaque civilisation son « Moyen Âge » — au Japon (Marc Bloch, Max Weber) comme à la Grèce antique. Ce qui pourrait sembler une confirmation, voire une extension de la notion de Moyen Âge était une remise en cause de celui des humanistes, prisonniers de l'idée d'une lutte interminable entre Romains/Italiens, peuple élu à jamais, et Germains et autres Barbares, condamnés à rester des êtres inférieurs — concept raciste, indigne de la *civilitas* romaine.

C'est encore un Belge, Raoul Van Caenegem, spécialiste de l'histoire des institutions, qui, dans un ouvrage paru en 1960, *Les Études médiévales*, expliquait qu'il était sans illusions sur les

« compartiments chronologiques qui s'appellent Moyen Âge, Temps modernes, époque contemporaine ». « Ces compartiments étanches, écrit-il, n'existent pas dans la réalité, ou du moins pas avec la netteté que la répétition dans les livres d'histoire parvient à leur donner. Mais nous sommes tellement corrompus par l'habitude de penser en catégories chronologiques que beaucoup d'entre nous n'ont qu'un sourire sceptique quand un auteur croit pouvoir montrer une continuité frappante dans les institutions et les idées politiques. »

Cette perspicacité n'est pas spécifique des Belges, mais une vision historique nettement européenne n'est guère un hasard dans un pays où les historiens ont l'habitude de lire sans difficulté plusieurs langues ! Avec eux, un nombre croissant d'historiens d'autres pays refusent les frontières nationales et chronologiques, préjudiciables à la méthode comparative qui est l'une des meilleures armes de l'historien. Parmi ceux qui l'ont appliquée, on peut citer Henri Pirenne et Marc Bloch, Fritz Kern, Percy Ernst Schramm, Heinrich Mitteis et Georges Duby, mais aussi Walther Kienast et Gerd Tellenbach, qui tous ont étendu leurs recherches sinon à l'Europe, du moins à l'Occident.

Je leur dois beaucoup, comme à tant d'autres. Mais je n'oublie pas ceux qui ont précédé les « médiévistes » par des vues plus européennes et moins limitées à la seule histoire politique, à savoir les spécialistes de l'histoire antique. Celle-ci est plus ouverte aux origines communes de l'Europe, parce qu'elle se soucie moins des nations modernes, ce qui lui évite beaucoup d'anachronismes et de préjugés nationalistes. Ce qui n'a pas exclu chez les nations romanes une plus grande sympathie (assez naturelle) pour l'héritage romain que chez des Allemands « fiers », pour leur part, d'ancêtres ayant su garder leur liberté face à l'Empire, voire de l'avoir « vaincu », et réticents à l'égard d'influences romaines et catholiques, d'où chez eux une fascination fréquente pour l'héritage grec.

Est-il besoin de rappeler notre dette envers Theodor Mommsen, maître des institutions et du droit romains, compilateur et directeur pour le compte de l'Académie de Berlin de l'immense corpus des inscriptions romaines, mais aussi éditeur de la presque totalité de l'historiographie romaine tardive dans la collection des « Auctores antiquissimi » des *Monumenta Germaniae historica*, surcroît de travail qui aurait pu constituer pour d'autres l'œuvre de toute une vie ? Or, comment les « médiévistes » allemands ont-ils réagi à ses conseils ? À une époque qui souffrait de l'isolation mutuelle de l'« histoire antique » et de l'« histoire médiévale », cause d'une ignorance réciproque, Mommsen a été le seul ou presque à déployer une telle connaissance des textes latins du Iᵉʳ aux Vᵉ/VIᵉ siècles. Ce n'est que beaucoup plus tard que des médiévistes, regrettant leurs oublis et leurs erreurs, se sont souvenus du verdict sans réplique rendu par Mommsen sur les théories aventureuses des germanistes et des historiens un peu trop romantiques.

On imagine facilement les progrès nés du rapprochement des spécialistes de l'Antiquité et des médiévistes qui ont enfin étendu le champ de leurs recherches au domaine de l'autre. Un fait symbolique a été la fondation d'un périodique, *Antiquité tardive*, qui vient de couronner l'essor de cette discipline qui place au centre de ses préoccupations ce qui n'avait été souvent qu'un appendice, mal aimé, de la « vraie Antiquité ».

Comment est-on arrivé à cet élargissement de nos vues et de nos connaissances ? Prenons l'exemple de l'hagiographie. On sait aujourd'hui que ce genre littéraire a continué, dans ses procédés et ses clichés, le culte « païen » des héros, en vénérant dans un monde devenu chrétien ces hommes qui ont mené le combat le plus important, celui pour le Christ mais aussi pour l'accès au royaume de Dieu. De genre mineur, longtemps considéré avec un certain dédain, l'hagiographie est devenue une source inestimable pour la connaissance des idées et de la carrière des élites avant l'an mille. On s'est rendu compte que le grand modèle imité par tant d'hagiographes, la *Vie de saint Martin* de Sulpice Sévère, est un chef-d'œuvre littéraire du point de vue rhétorique, puisque destiné aussi à un « public d'incroyants lettrés » qu'il fallait convaincre.

L'historien Jacques Fontaine (qui nous a également fait estimer à sa juste valeur un autre témoin capital, Isidore de Séville) et son maître Henri-Irénée Marrou ont été les protagonistes d'une révision de nos idées sur la « latinité classique », en démontrant que l'œuvre des Pères de l'Église et des poètes chrétiens en constitue l'un des sommets. Du coup, la chronologie de l'histoire littéraire s'est rapprochée sensiblement de celle des historiens de l'Église pour lesquels, depuis Le Nain de Tillemont, l'« Antiquité », nous laissant les fondements du christianisme et de ses dogmes, se poursuit au moins jusqu'aux VIIe/VIIIe siècles, époque où le flambeau des conciles généraux de l'Église d'Orient est repris en Occident par Charlemagne, puis par l'Église romaine.

Mais tout cela est resté largement ignoré ou négligé. En séparant par principe l'étude de l'État et celle de l'Église, on a longtemps occulté le fait que tous ces triomphes n'avaient été rendus possibles que par l'État chrétien — l'Empire à partir de Constantin et de Théodose, et les royaumes chrétiens depuis Clovis. Sur ce plan, qui concerne directement les élites de l'État et de l'Église, on peut parler d'une véritable redécouverte de l'Empire chrétien et de ses victoires. Ces dernières ont été étudiées, avec leur arrière-fond idéologique, entre autres par Johannes Straub et Michael McCormick, lequel a eu le mérite d'inclure en une même étude, datant de 1986, des mondes souvent séparés par la recherche et nommés « Bas-Empire », « Byzance » et « haut Moyen Âge occidental », comme l'indique son titre : *Eternal Victory. Triumphal Rulership in Late Antiquity, Byzantium, and the Early Medieval West.*

Cette notion de *Late Antiquity* constitue un acquis important de la terminologie historiographique, sur lequel on lira un petit chef-d'œuvre publié en 1977 par Henri-Irénée Marrou : *Décadence romaine ou Antiquité tardive? IIIe-IVe siècle.* Commençant avec les images des voluptés des *Romains de la décadence* de Thomas Couture, succès du Salon de Paris en 1847, et avec la « bonne dose d'ironie » déjà présente en 1883 dans un sonnet de Verlaine (« Je suis l'Empire à la fin de la décadence, / Qui regarde passer les grands Barbares blancs », et le fameux « Ah! tout est bu, tout est mangé! Plus rien à dire! »), il se propose d'étudier « en elle-même et pour elle-même » une période « trop souvent évoquée en termes purement négatifs, qu'on y voie "la fin de l'Antiquité" ou "les débuts du Moyen Âge", période qui n'avait alors trouvé un accueil plus favorable qu'en Allemagne avec sa *Spätantike* ». Et il fait découvrir à ses lecteurs ce qui a changé alors, « sous la continuité » romaine : les débuts de l'art chrétien (aujourd'hui tenus en haute estime) qui exprime la transcendance, la valeur de la littérature chrétienne sur fond biblique et classique, tout ce que « nous a légué l'Antiquité tardive » en attendant « la grandeur de Byzance ».

Un autre terme nous offre une ouverture vers des horizons plus larges, celui de « monde romain ». Il a trouvé une consécration dans une collection internationale qui, créée pour honorer l'un de ses historiens, Joseph Vogt, forme aujourd'hui une série de tomes volumineux dus à la presque totalité des spécialistes de la civilisation romaine, de ses débuts à une fin qui n'arrive toujours pas : « Aufstieg und Niedergang der römischen Welt ». Ce qui compte pour nous, c'est l'évidence qui en ressort : les frontières de l'Empire, surtout au moment où elles commencent à se rétrécir, ne suffisent point pour rendre compte de l'impact que Rome, et après elle Constantinople, la Nouvelle Rome, ont eu sur le monde. Son prestige, son influence directe ou indirecte, son caractère de modèle — tant de civilisation que pour l'État et ses institutions en Europe — dépassent, et de loin, ces mêmes frontières. Que le « monde romain » ait survécu très longtemps même là où l'Empire, tout en restant une grande puissance, a fini par céder, se révèle à la lecture de ces volumes une certitude moins fragile que celle de la fin de cet Empire qu'ont acquise les humanistes.

À côté de précurseurs comme Fustel de Coulanges ou Karl Krumbacher (pour le rang de la civilisation byzantine), ou après eux, on pourrait citer nombre d'érudits qui, dans leur domaine, prirent la mesure du poids de l'héritage romain. Ainsi, dès 1836, un certain Auguste Trognon était-il frappé par la continuité des divisions administratives de la Gaule romaine et franque. Quant à Camille Jullian, élève de Fustel, mais plus enclin à chercher les continuités gauloises que les liens de filiation avec Rome, il a fait, très jeune, l'éloge de J. Jung, professeur à Prague et l'un des premiers historiens à étudier la romanisation des provinces de l'Empire, et cela jusqu'au Ve siècle, avec le rôle joué par les nouveaux venus. Mais nous nous limiterons aux grands noms, comme Alfons Dopsch en Autriche, Henri Pirenne en Belgique, Heinrich Dannenbauer et Eugen Ewig en Allemagne, John Michael Wallace-Hadrill en Angleterre, dont Karl Hauck a cité en 1987 un mot qui montre combien cet érudit avait saisi la difficile problématique entre « substrat ethnique », modes de vie et conscience politique : « *The history of the formation centuries of Europe, or at least a large part of it, was the history of people who could live like barbarians, but thought they were Romans.* » [L'histoire des siècles de formation de l'Europe tout entière, ou à tout le moins d'une grande partie de l'Europe, fut l'histoire de peuples censés vivre comme des Barbares alors même qu'ils étaient Romains.] Ce qui donne une idée de la force d'assimilation de Rome et de la fascination que ses dignités et ses honneurs ont exercée sur ceux qui étaient entrés dans l'Empire ou, au moins, dans le monde romain.

La terminologie a changé, sous l'influence de ces recherches, sur un point central. Le mot « invasion », qui rappelait des catastrophes ponctuelles (dont les exécutants, souvent, ont péri ou fini comme esclaves ou *dediticii* dans les provinces s'ils n'étaient pas tout simplement retournés dans le *barbaricum*), a fait place à « pénétration », qui évoque le phénomène beaucoup plus important des nouveaux venus faisant souche dans ce qui sera désormais leur patrie, que ce soit la Gaule ou l'Espagne.

On mentionnera aussi Ferdinand Lot, malgré sa séparation trop nette entre « fin de l'Empire » et « début du Moyen Âge ». Car, dans le concret, il fut sensible aux survivances, comme celle, significative, du cri de guerre des Francs dont il a trouvé une trace dans *La Chanson de Roland* : « *Dient Franceis : Damnes Deus nos aït* », ce qui trahit la persistance de la formule latine « *Dominus Deus nos adiuvat* » (Le Seigneur Dieu nous aide !). Or, les manuels servant à l'exercice de l'armée romaine au VIe siècle (au texte grec, mais évidemment avec les termes militaires restés latins) nous apprennent qu'au moment où la lutte s'engage, un des chefs crie *Parate*, un autre *Adiuta* et tous, à l'unisson, *Deús* ! Au VIIe siècle encore, la devise de l'Empire est : « *Deus adiuta Romanis.* » Voici un « détail » qui en dit long sur les vrais déterminants de l'histoire de l'État et des armées chrétiennes ayant le privilège d'être un *populus* (en allemand *Reichsvolk*), élu par Dieu, qu'il soit romain ou franc, et donc d'invoquer l'aide du même Dieu dont la victoire sera la leur : ils ne la réclament ni en grec ni en francique, mais en latin — c'est cela, le monde romain.

De même, les « Barbares » vivent avec les populations des anciennes provinces romaines dans un monde resté romain, avec ses bornes milliaires le long des routes, avec ses poids et monnaies, avec ses contrats. Qui aurait pu changer tout cela, et qui l'aurait voulu? La législation romaine demeure en vigueur sur des questions aussi essentielles que l'obligation faite aux fils de colons de rester liés « à la glèbe » ou aux fils de prendre le métier de leur père, contraintes souvent imaginées comme « typiquement médiévales »; de même les hommes ne travaillent-ils pas le dimanche, en vertu d'une loi du premier empereur chrétien, Constantin. Ce ne sont pas là des continuités inventées par les lettrés, mais de simples permanences d'un monde qui continue.

Au xe siècle encore, pour interdire d'une manière générale et contraignante que les séances des tribunaux se tiennent le dimanche, on a eu recours à un édit impérial d'Otton le Grand. Ce n'est pas à l'« Allemand » ou plutôt au Saxon qu'était Otton qu'on a fait appel, mais à l'empereur romain, qui seul avait ce pouvoir. C'est ainsi que Dante a vu l'Empire. Convaincu de la mission dévolue au seul peuple romano-italien de guider le monde, il a mis son espoir en la personne de l'empereur romain, Henri VII (« Allemand » de langue française), mystère inaccessible aux modernes qui ne connaissent que les nationalités et qui, par facilité, appellent « médiéval » ce qui leur semble incongru.

Quant à la capacité des autorités publiques à assurer la continuité de l'administration, on en trouve de nombreuses traces malgré les difficultés de la documentation. Peter Classen et plus récemment Jean Vezin et Hartmut Atsma ont mis en évidence la préservation des procédés techniques et linguistiques dans les actes de l'administration provinciale romaine devenue royale, tant chez les Francs que chez les Wisigoths. Dietrich Lohrmann retrouve les énormes « moulins multiples » du Bas-Empire dans le monde franc. Jean Hubert ne constate l'interruption de la production des pierres tombales en marbre pyrénéen et de leur envoi en Gaule septentrionale qu'au moment des incursions arabes. Aussi l'organisation des régions transrhénanes par les Francs abonde-t-elle en emprunts à la Gaule romaine (adaptés par les soins des Francs), de sorte que Theodor Mayer confirme les suggestions d'un Dopsch ou d'un Pirenne en concluant : « Les Francs ont pu remplir leur mission européenne, parce qu'ils avaient été assez longtemps à l'école des Romains et parce qu'ils pouvaient tranquillement reprendre les institutions romaines en Gaule. »

Nous voilà loin de la rupture entre deux époques comme entre des « peuples » (ni les Germains, ni l'immense population de l'Empire romain ne formaient un peuple) déclarés ennemis *a posteriori*. Rupture inventée par une historiographie de la haine raciale qui, ignorant les symbioses toujours renouvelées dont sont issues les nations réelles, n'y voyait que des civilisations incompatibles. Cet acharnement dogmatique a débuté avec l'humanisme italien pour culminer au moment de la reprise romantique de ses idées par le nationalisme contemporain, au XIXe siècle et, pis encore, au XXe. C'est de ce genre d'histoire que parle Paul Valéry, quand il déclare en 1928 : « L'Histoire, le produit le plus dangereux que la chimie de l'intellect ait élaboré », et qui « rend les nations amères, superbes, insupportables et vaines ». Nous retiendrons de son réquisitoire perspicace ce qu'il dit des « faux souvenirs », car une partie de ces cauchemars collectifs sont de la « littérature » : « Il [ce produit dangereux] fait rêver, il enivre les peuples, leur engendre de faux souvenirs, exagère leurs réflexes, entretient leurs vieilles plaies, [...] les conduit au délire des grandeurs ou à celui de la persécution. »

Grâce à la prosopographie, qui donne un accès « direct » aux hommes des élites comme individus et membres du groupe, selon leur naissance et leur carrière, les chercheurs peuvent désormais étudier, à travers des milliers de « données » (en forme d'inscriptions tombales ou de souscriptions de témoins au bas des actes) exploitées par l'ordinateur, le « tissu humain » en quelque sorte des structures sociales, familiales et politiques. Un exemple nous suffira pour montrer les progrès ainsi rendus possibles. La « population » (comme disent les statisticiens et démographes) des chefs militaires de l'Empire romain, à l'Est comme à l'Ouest, a été analysée en 1970 par Alexander Demandt dans un article fondamental sur le *magister militum*. On sait ainsi qu'ont existé des « dynasties » entières de généraux romains, alliées les unes aux autres, qu'elles aient été d'origine romaine ou barbare. Demandt les a replacées dans le contexte de leurs alliances matrimoniales avec des familles impériales romaines ainsi que royales barbares. L'un de ses élèves, Stefan Krautschick, a complété le tableau et constaté que le phénomène, s'il ne remonte guère au-delà de la génération de Dioclétien, ne se termine point avec la « fin de l'empire d'Occident » et continue jusqu'aux Carolingiens, englobant la presque totalité des dynasties royales des Ve-VIIe siècles ! Les travaux en cours de Christian Settipani vont même plus loin en amont et en aval.

L'enchevêtrement de ce « tissu humain » des élites romaines et barbares — observé aussi, mais moins complètement, par d'autres centres de recherche prosopographique — a fait justice, et de la coupure chronologique de « 476 », et de la scission ethnique entre Romains et Germains, le monde politique du temps étant gouverné par une élite mixte où se côtoyaient des hommes appartenant à divers peuples (le prestige de la cour des Huns a compté aussi), mais tous de rang élevé et/ou de naissance brillante.

Cet échec des conceptions que le XVIe et le XIXe siècle se sont faites de l'histoire européenne est confirmé par l'examen des idées des contemporains. En effet, les dynasties « germaniques » ont souvent mesuré leur prestige à l'aune de leur ascendance « romaine » plus ou moins brillante, à savoir composée d'hommes ou de femmes appartenant aux grandes familles de dignitaires de l'Empire, y compris les rois barbares avec leur rang dans la hiérarchie romaine. De son côté, la cour impériale a maintenu à travers les siècles le concept de la « famille des rois », évidemment présidée par l'empereur. Ce système de la « parenté fictive » de tous les souverains reconnus par l'empereur, et donc légitimes (reconnaissance réciproque qui a survécu dans le droit international né du *ius gentium* romain), apparaît sous un nouveau jour, vu l'importance de la parenté effective. Qu'on se rappelle les alliances matrimoniales tant recherchées par l'empereur lorsqu'elles étaient conclues au moment de la reconnaissance d'une nouvelle dynastie (chrétienne). Ces alliances formaient un état de fait proche de l'idéal reconnu : l'union par la parenté de tous les souverains sous un seul Dieu et un seul empereur. Grâce à la « parenté » impériale, les rois, tout en s'inscrivant dans la pyramide romaine des dignités, obtenaient la reconnaissance « internationale » (et notamment papale) de leur souveraineté. Ces faits sont essentiels pour déterminer la place de l'aristocratie dans la hiérarchie des serviteurs de Dieu, choisis par Lui, à savoir l'empereur et les rois. C'est pendant que se formait ce maillage humain de rangs et d'alliances qu'a émergé la noblesse chrétienne en Europe, celle des « origines ».

La pensée religieuse de l'unité et de l'unicité d'un monde subordonné à son Créateur doit retrouver la première place au lieu d'être traitée en marge, ou laissée aux théologiens comme une spécialité sans intérêt direct dans le domaine politique ou social. Le mérite d'avoir fait comprendre cette nécessité aux chercheurs comme au grand public revient à Peter Brown qui, en rendant au « sacré » sa place dans la période qui nous occupe, a intégré l'Empire, la société et la religion. Pour comprendre cette période, nul besoin d'un « Moyen Âge », car la foi chrétienne comme l'Empire chrétien sont de purs produits des sociétés méditerranéennes antiques, ainsi que le sont d'ailleurs les structures sociales et politiques des élites. Tous nés en pleine « Antiquité », ils dominent encore les « Temps modernes » comme les siècles du prétendu « Moyen Âge » et forment ainsi, au lieu d'un abîme entre deux sommets de la civilisation européenne, un sommet de la civilisation chrétienne. Pourquoi donc isoler le sommet de cette civilisation de ses racines ou d'un âge d'épanouissement? Peter Brown nous a redonné la conscience de nos origines communes, mais bien d'autres ont œuvré dans le même sens.

Cette redécouverte survient à un moment où nous risquions de ne plus savoir ce qu'est l'Europe. Elle repose, à l'Est comme à l'Ouest, sur une même base : l'Empire romain, monde commun malgré sa *pars Occidentis* et sa *pars Orientis*. Or, c'est la prétendue coupure entre « Moyen Âge » et « Antiquité » qui favorise l'autre scission entre « Rome » et « Byzance », tout comme le fait de nier le caractère romain de l'empire d'Orient (transformé en « Byzance » par les humanistes) favorise l'idée fixe du « Moyen Âge ». Citons pour preuve ce que Lj. Maksimovic écrivait en 1977 au sujet de l'aristocratie « byzantine » : « L'ancienne noblesse du Bas-Empire ("*der alte spätrömische Adel*") a disparu presque complètement avec la transformation de Byzance en un État médiéval (VIIe siècle). » Ce que l'auteur dit sur le recrutement de la « nouvelle aristocratie byzantine », qu'il voit se former à la fin du VIIIe et au IXe siècle, correspond à ce qui s'est passé sous l'Empire romain : ou bien il s'agit d'hommes issus des familles de la haute administration, ou bien ce sont des chefs militaires qui ont réussi, ou encore des hommes issus de familles princières intégrées à l'Empire (Perses, Arméniens, Géorgiens, Cappadociens, Arabes, etc.).

Quant à l'hellénisation de l'État, souvent alléguée comme argument contre un Empire romain à l'Est, on peut, sans insister sur le rôle que le latin garda longtemps dans l'armée et dans le domaine juridique, s'interroger : mais où est le changement, puisque la *pars Orientis* a toujours été l'*orbis Graecus*, distingué de l'*orbis Latinus*? Cet argument fallacieux signifierait que l'Orient méditerranéen n'aurait jamais été romain, parce qu'il était de langue et de civilisation grecques! On ne parle pas non plus le francique en « France », mais une langue romane. Le renom de Rome était si grand à l'Est que même les Turcs ont appelé *Rûm* leur conquête, dont ils ont gardé le caractère impérial. C'est par jalousie que les Italiens et plus largement les Occidentaux ont refusé de voir dans les « Grecs » (raillés comme *Graeculi*) les héritiers de l'Empire romain.

Ces bêtises nous empêchent de voir et de comprendre l'essentiel : c'est la réunion des mondes latin et grec dans un seul Empire et leur interpénétration ainsi rendue possible qui ont fondé l'Europe. L'Occident latin eût été impensable, sur le plan religieux, étatique, économique et culturel, sans les apports de l'Orient grec (juif, perse, etc.), apports qu'il a su transformer en se créant son monde à lui. À partir de ses deux « moitiés », orientale et occidentale, le monde romain a fait bénéficier de richesses les peuples situés au nord de la civilisation méditerranéenne — peuples dont l'histoire, sur le plan religieux, étatique, économique et culturel, reste incompréhensible sans cet héritage qu'ils ont su transformer à leur tour en se créant leur monde à eux. Il convient de distinguer les régions et les langues, les religions et les phases d'évolution de l'Europe, mais sans jamais les séparer, car en le faisant l'observateur détruit, comme cela arrive à certains microscopes, l'objet de son observation.

Depuis quelques décennies, les spécialistes du « haut Moyen Âge » se sont habitués à lire les sources du « Bas-Empire » et l'on constate un rapprochement parallèle entre les spécialistes du « bas Moyen Âge » et ceux des premiers « Temps modernes »*. Osant enfin dire que le XIVe siècle est plus proche du XVIIe que du VIIe, les chercheurs développent une nouvelle chronologie historique du monde post-antique : l'« âge archaïque » (jusqu'au XIe-XIIe siècle), l'« âge européen » (XIIe-XVIIIe/XIXe siècle), l'« âge industriel » (depuis les XVIIIe-XIXe siècles). Le « Moyen Âge » aura eu la vie dure.

Le coup de grâce est arrivé d'où on ne l'attendait pas. Ce sont de grands érudits des « Temps modernes » qui, tel Jean Delumeau, ont apporté des vues nouvelles, voire « révolutionnaires ». Cet historien constate en effet que l'essence même de ce qu'on appelle le « Moyen Âge » pour ce qui est de la foi et de la religiosité dans leurs formes spécifiquement « médiévales » se trouve plus développé dans les « siècles modernes »! Ses livres montrent que les siècles de la peur, des guerres de religion, de la ferveur religieuse poussée jusqu'au « fanatisme » ont été ceux qu'on a faussement qualifiés de « modernes », du XVe au XVIIe, voire aux XVIIIe-XIXe siècles. Le christianisme de masses vraiment évangélisées, en une action quasi commune de la Réforme et de la Contre-Réforme, commence lui aussi avec l'imprimerie, ses produits devenant l'instrument le plus puissant d'une évangélisation en profondeur du peuple, dans des siècles de « mission intérieure », et de sa surveillance étroite par un clergé mieux formé, mais se servant aussi de la peur de l'enfer. Peu importe la minorité des élites anticléricales et (partiellement) déchristianisées; les masses ont vécu alors seulement leur « Moyen Âge », et les références de ceux qui le combattent datent largement de l'époque « moderne ».

---

* Ce rapprochement est consacré par la fondation d'un nouveau périodique, la *Zeitschrift für historische Forschung*, avec pour sous-titre « Pour la recherche sur le bas Moyen Âge et les premiers Temps modernes ».

CHAPITRE II

Images de la noblesse

On oublie trop que le sort de la noblesse française, le prestige ou le rejet dont elle fut l'objet, ne sont pas la norme pour la noblesse en Europe, loin de là. En Angleterre, notamment, la noblesse est toujours vivante; fidèle à une royauté vivante, qui lui permet de se renouveler sans sacrifier ses traditions, et loyale à sa patrie, elle ne rencontre pas les préjugés que l'on trouve dans bien d'autres États. C'est d'ailleurs en raison de cette diversité, vraie surtout à l'époque contemporaine, que certains spécialistes ne peuvent concevoir un passé commun à l'ensemble de la noblesse européenne.

La noblesse au xixe et au xxe siècle : diversité des traditions européennes

En Angleterre, l'histoire nobiliaire échappe au monde issu de la Révolution. La *nobility*, la *gentry* connaissent un prestige certain dans la plus ancienne des nations modernes qui, elle, n'a pas aboli la noblesse. C'était le cas, ne l'oublions pas, dans la presque totalité des pays d'Europe au début de notre xxe siècle. Le continent ne comptait alors, à côté de la Confédération helvétique, qu'une seule république, récente malgré un passé déjà glorieux : la France. En 1897, un historien allemand pouvait écrire dans un livre qui eut un grand succès : « L'avenir nous apprendra si la république est une constitution compatible avec les problèmes complexes que pose un grand État moderne. » La monarchie lui apparaissait adaptée aux exigences de la modernité, et la république bonne pour les pastorales helvétiques. Charles Maurras ne l'aurait pas contredit. En 1902, reprenant l'argument d'Ernest Renan selon lequel la France, en exécutant Louis XVI, avait commis un suicide, il affirmait que toutes les grandes puissances étaient des monarchies, et que la France n'avait qu'à rétablir la royauté pour redevenir grande à son tour.

Les monarchies étaient loin d'être obsolètes à cette époque. Dans la communauté européenne, les représentants d'une république, fût-ce les États-Unis, faisaient pâle figure à côté des ambassadeurs d'un monarque : en 1905, le grand-duc de Bade faisait ainsi remarquer à la Norvège (en train de retrouver son indépendance) qu'elle n'aurait de prestige en Europe que sous la forme d'une monarchie. La population opta, par plébiscite, pour la royauté : un prince danois fut couronné sous le nom norvégien de Haakon VII.

Face aux monarchies occidentales, plus ou moins libérales, se dressaient alors les empires russe, turc, germanique et austro-hongrois, les deux derniers occupant une position intermédiaire en tant que monarchies constitutionnelles qui formaient la terre d'élection d'une noblesse encore puissante — et pas seulement dans le domaine militaire et diplomatique. Les aristocrates de l'Europe entière se donnaient rendez-vous dans les villes d'eaux des Empires centraux, où des gares spéciales avaient même été construites à leur intention. Le tsar et sa noblesse disposaient d'églises orthodoxes à Ems comme à Baden-Baden, et le roi de Bavière se vit conseiller par son ministre de ne pas oublier une visite de politesse au tsar « résidant » à Bad Kissingen. À Bad Homburg, le prince de Galles (le futur Édouard VII) choisit le chapeau de la milice locale comme couvre-chef, et tout le monde l'imita : ainsi naquit le « hombourg ».

Ce monde aristocratique était toutefois loin d'être de pur apparat, ou d'opérette. Le prince de Galles n'avait-il pas joué un rôle de premier plan dans le rapprochement politique entre la France et la Grande-Bretagne, malgré les limites que le système parlementaire imposait à la monarchie dans son pays ? On peut en donner un autre exemple moins connu avec la lettre que Victoria de Prusse, femme du Kronprinz (et mère de Guillaume II), adressa à sa mère, la reine Victoria, après la victoire de la Prusse sur l'Autriche : « Je pense que le grand empire d'Allemagne [on est en 1867 !] ne pourra trouver la paix durablement tant que la France ne sera pas réduite à une puissance de second rang. J'estime que cela est aussi souhaitable pour l'Angleterre que pour nous les Allemands. »

On aurait tort de sous-estimer le rôle politique de la reine Victoria, adorée par toute une nation malgré des ombres au tableau, et surtout celui de l'aristocratie britannique de l'époque. L'historienne américaine Barbara Tuchman commence son évocation du monde d'avant la guerre de 1914 par le rappel de la composition du cabinet britannique constitué en 1895 pour gouverner, avec le royaume, l'empire le plus puissant du monde. Le Premier ministre descendait en ligne directe de ministres de la reine Élisabeth Ire et du roi Jacques Ier. D'autres ministres — des ducs, des fils de ducs, un vicomte et autres barons et baronnets — avaient des ancêtres nobles depuis le XIe siècle, ou qui servaient la couronne depuis le XIIIe ou le XIVe siècle. Parmi les rares exceptions à la règle figurait le membre d'une famille de la *gentry* qui représentait « son » comté depuis le XVIe siècle.

La noblesse britannique, explique l'historienne, était une classe dont ni les traditions, ni l'éducation, ni les activités n'avaient jamais séparé la gestion d'immenses propriétés de l'exercice éventuel de responsabilités gouvernementales. Ses membres avaient « appris l'art de gouverner en administrant leurs vastes domaines [...]. Gouverner était pour eux une occupation naturelle qui leur semblait leur être réservée ». Cette noblesse toujours présente éclaire les caractères de la noblesse en d'autres pays dans un passé lointain : être né et éduqué pour gouverner les hommes est bien, selon nous, une des définitions les plus valables du noble et de la noblesse. Elle était vraie, il y a un siècle encore, au pays du premier Parlement et de la révolution industrielle, c'est-à-dire dans l'un des pays les plus avancés du monde occidental.

La haute noblesse a certes perdu une partie de son influence politique au XXe siècle (Churchill, pourtant, était le petit-fils d'un duc de Marlborough par son père), mais les domaines des membres de la Chambre des lords couvrent toujours 15 % du territoire national, certains dépassant 40 000 hectares. À côté des propriétaires figurent les gestionnaires des domaines royaux et ecclésiastiques, dont respectivement 42 et 57 % font partie de l'aristocratie foncière. « Cette vaste élite foncière, souligne François-Charles Mougel, est soucieuse d'une image de marque positive à la fois dans son rôle social [...] et dans sa fonction "publique" de gardienne du patrimoine rural (paysages, espaces verts, immeubles et châteaux) au nom de l'intérêt national. » Il est des habitudes qui ne se perdent guère.

En Allemagne et en Autriche, on trouve jusqu'en 1918 bien d'autres preuves du rôle politique du souverain et de la Cour, sur le plan international comme sur le plan national. Certains auteurs ne parlent, à propos de l'Allemagne impériale, que de Bismarck, le désignant même comme *Herrscher* et confondant le chancelier en activité, ses démêlés avec les chefs de l'armée ou avec l'impératrice, et le héros national qu'il est devenu après sa chute et surtout après celle de la monarchie. Ils ironisent sur Guillaume Ier, dont le petit-fils homonyme a voulu faire Guillaume « le Grand ».

C'est oublier que Guillaume Ier a créé l'armée prussienne d'un million d'hommes qui allait gagner la guerre de 1870. C'est lui qui a fait de Bismarck son ministre, pour que celui-ci lui fournisse les moyens de sa politique de grandeur prussienne, surtout face à l'Autriche. Quant au chancelier, malgré ses obligations envers les chambres respectives de la Prusse et du Reich, il s'est toujours considéré plus comme le « serviteur » du roi de Prusse que comme un « ministre constitutionnel ». Il l'a réaffirmé en 1888 : « La haute position que je dois à la grâce de Votre Majesté a pour base et comme noyau indestructible le vassal brandebourgeois et l'officier prussien de Votre Majesté. » La fidélité entre roi et noble, la fidélité d'une famille à la couronne à travers les siècles, et la fidélité personnelle de l'« homme » à son seigneur sont des liens plus forts que ne peuvent l'être les nominations confirmées par les chambres, voire les bulletins de vote. Sur sa tombe, le chancelier fit inscrire : « *Fürst Bismarck, ein treuer deutscher Diener Kaiser Wilhelms I.* », en « serviteur fidèle » du grand-père qui ignorait superbement le petit-fils et le titre ducal qu'il lui devait.

Est-il besoin d'évoquer les cabales à la cour de Vienne de la « camarilla » qui, là comme ailleurs, pouvait provoquer la chute d'un Premier ministre, ou influer sur le choix de son successeur? L'héritage du Saint Empire n'avait pas été favorable à la position du monarque qui, étant encore « empereur romain », avait élevé au rang de princes d'Empire des familles autrichiennes comme les Dietrichstein, Auersperg, Lobkowicz, Starhemberg, Liechtenstein, pour renforcer sa « clientèle » à la diète de Ratisbonne. Leur richesse et leur rang permirent à ces « dynasties », liées entre elles, d'ériger à Vienne des palais plus magnifiques que la Hofburg de l'empereur. Ces familles dominaient la Cour, au lieu d'en dépendre comme en France. Elles pouvaient organiser les carrières politiques de leurs membres les plus doués — ainsi celle du comte von Kaunitz, marié à une Starhemberg, et ministre tout-puissant sous Marie-Thérèse —, voire faire opposition quand François II osa nommer ministre un petit baron de Thugut. L'empereur s'étant enquis des causes du refus de la haute noblesse de servir dans son gouvernement, on lui fit savoir que, depuis qu'il avait augmenté les émoluments des ministres (pour que la petite noblesse pût tenir son rang fraîchement acquis), ce service n'était plus assez honorable pour la (vraie) noblesse, laquelle illustrait ainsi un de ses traits caractéristiques : on est riche de ses propres ressources, et l'on sert pour l'honneur, sans se faire rémunérer, fût-ce par l'empereur.

Karl Otmar von Aretin rapporte que l'empereur Joseph II, faisant des avances à une princesse de Liechtenstein, essuya un refus très sec, accompagné du conseil de s'adresser à une maison close. En fait, la cour de Vienne ne s'était jamais laissé trop impressionner par les souverains européens qui cherchaient leurs épouses dans les maisons princières de l'Empire, en raison de leur *Ebenbürtigkeit* (« égalité de naissance »). On comprend dès lors le scandale que créa le mariage « morganatique » du prince héritier, l'archiduc François-Ferdinand, la victime de Sarajevo, avec une dame de la petite noblesse (qu'elle eût été faite duchesse n'avait rien changé). On comprend mieux, également, un certain dédain de la société viennoise pour un comte qui devait son rang à un roi de Prusse que la cour impériale venait tout juste (1700) de reconnaître comme tel.

Ce n'est qu'après la Première Guerre mondiale, quand le glas eut sonné pour les empires, qu'avec le rôle du monarque s'est évanoui aussi celui d'une aristocratie de cour qui était aux affaires depuis des siècles, mais dont la fierté lui interdisait tout service public autre que librement consenti. L'évolution du mot « affaires » est d'ailleurs significative : au lieu des affaires de l'État, il en est venu à désigner celles de l'économie et, avec elles, la puissance de l'argent. Le noble ne se vantait jamais de son argent, mais plutôt de ses dettes. Le décor des conférences de paix confirma, immédiatement après la Grande Guerre, ce pas tardif mais inéluctable vers un autre monde politique. Comme le remarquait Bertrand de Jouvenel, qui comparait Versailles au congrès de Vienne un siècle plus tôt, l'habit noir bourgeois avait chassé les uniformes chamarrés et les décorations d'une humanité aristocratique : la paix de Vienne était une paix politique, le traité de Versailles une œuvre de juristes, et aussi d'économistes. La victoire de la bourgeoisie sur la noblesse faisait sentir ses effets jusque dans la grande politique internationale, malgré le nombre toujours appréciable d'hommes d'extraction noble dans les rangs de la diplomatie, même en France. Mais ces hommes se trouvaient maintenant du côté des exécutants, et non plus des décisionnaires.

La position de la noblesse n'était pas tout à fait la même dans le domaine militaire, domaine où l'aristocratie — y compris dans la France républicaine — conservait, sinon une chasse gardée, du moins une place de choix. Cela est particulièrement vrai pour l'Allemagne, où la société militaire jouissait d'un poids considérable en raison du rôle éminent du monarque en son sein. L'Allemagne impériale avait été « prussifiée », au moins militairement. Les droits pratiquement exclusifs du roi sur l'armée prussienne, fixés en 1848 et 1851, avaient été transférés à l'empereur comme chef suprême de l'armée « fédérale » du nouvel empire ; c'était là « un élément d'absolutisme dans l'État constitutionnel » (Rudolf Vierhaus).

Les conséquences politiques et sociales du système prussien vont bien au-delà de l'époque impériale. L'armée prussienne, tout en reposant sur la conscription générale, n'était pas vraiment une armée nationale, car elle « appartenait » — ses officiers en tête — traditionnellement et institutionnellement au monarque, premier des officiers et premier des nobles. De ce fait, elle devint un instrument providentiel d'ascension sociale pour les bourgeois. Un brevet d'études secondaires leur ouvrait l'accès, au terme d'un service militaire d'un an, au rang d'« officier de réserve », ce qui les rapprochait de ces demi-dieux qu'étaient les vrais officiers, admis à la Cour (privilège inconnu des professeurs d'université, hormis leur recteur). La grande bourgeoisie pouvait propulser plus haut encore ses fils en les faisant admettre dans un des régiments « nobles », institution qui, avec l'instauration de l'empire de 1871, s'est étendue au-delà de la Prusse dans l'Allemagne du Sud. Dans ces régiments d'élite (de préférence de cavalerie ou de la garde), l'officier non noble était considéré comme l'égal des nobles, qu'il côtoyait au mess où il avait l'honneur d'être le « camarade » du colonel. Quant au hobereau impécunieux qui ne pouvait s'offrir qu'un régiment ordinaire, il perdait en prestige social.

C'était cela, la « prussification » de l'Allemagne, et c'est ainsi que sa société fut « militarisée ». Dans un monde politique que ne contrôlaient ni les autorités civiles ni le Parlement, les Allemands étaient avant tout des patriotes qui obéissaient, plus proches du monarque que de la nation, sans en avoir pleine conscience, car l'empereur incarnait le Reich. Dans cette symbiose monarchie-armée-élites allemandes, la noblesse a joué, *volens nolens*, le rôle de catalyseur. Les dignités et les titres nobiliaires et militaires, avec tout le prestige social qui s'y attachait, fascinaient les Allemands de la fin du XIXe siècle et du début du XXe, occupés dans le même temps à construire une puissance économique moderne au centre de l'Europe. Surtout, le gouvernement constitutionnel, en la personne du ministre de la Guerre, et le Reichstag lors du vote du budget militaire avaient leur mot à dire quant au financement de l'armée, mais ils ne devaient pas « s'immiscer dans la relation directe du chef suprême des armées avec celles-ci », y compris dans la nomination du haut commandement, qui en cas de conflit formerait avec le fameux *Grosse Generalstab* un gouvernement d'effort de guerre autonome. Le gouvernement constitutionnel devait alors servir l'armée, la réciproque n'étant pas vraie. Ajoutons qu'en 1914 les chefs des dix-huit corps d'armée étaient sans exception des princes ou en tout cas des aristocrates.

Après 1918, la noblesse continua de fournir l'élite de la Reichswehr (avec 12 %, elle y était mieux représentée que dans l'armée impériale de 1871 à 1918). Cette armée formait un monde à part dans la république de Weimar, qui finit par trouver un « ersatz de monarque » en la personne de son président, élu en 1925 et 1932, le maréchal von Hindenburg. Hitler, légitimé comme son « successeur » par Hindenburg lors d'une cérémonie habilement organisée par Goebbels à Potsdam (en présence de l'ex-Kronprinz, Guillaume de Hohenzollern !), put ainsi réintroduire en 1934-1935 le serment de fidélité de l'armée au chef suprême qu'il était devenu entre-temps, ce qui en fit sur ce point l'héritier des empereurs. (Nous reviendrons sur le serment prêté à la personne du monarque, racine romaine du militarisme européen.)

Beaucoup de nobles, de l'ancienne Reichswehr et d'autres, firent des carrières fulgurantes dans la Wehrmacht. On sait quel terrible conflit de conscience né du serment de fidélité personnelle dut surmonter une petite élite d'officiers allemands qui avaient reconnu le caractère criminel du Führer avant de se décider à passer à l'acte. Malgré l'héroïsme de ces résistants, cruellement jugés et exécutés, l'historien n'a pas le droit d'oublier le rôle funeste d'une tradition composée d'un mélange de nationalisme, de prétention nobiliaire et de loyalisme, au service d'une politique menée au mépris du droit des autres nations européennes à la paix et à la liberté, et cela avant même les grands crimes des années 1942-1945.

Étant donné la nature de cette « coopération » avec la dictature hitlérienne d'une noblesse toujours consciente de son rang dans la société et de son influence, il faut insister sur quelques idées et faits significatifs qui l'ont précédée dès l'époque impériale. En effet, Guillaume II, le grand-duc de Mecklembourg-Schwerin et le roi de Bavière avaient proposé ou exigé l'annexion de la Belgique, voire sa transformation en « État vassal ». L'empereur avait même suggéré d'« évacuer » la Belgique pour que des sous-officiers et d'autres Allemands ayant bien mérité de la patrie la colonisent, ce qu'éluda le chancelier von Bethmann-Hollweg avec ce commentaire : « Excellente idée, mais difficilement réalisable ! » Mais on voulait aussi mettre la main sur la Courlande, la Livonie, l'Estonie et des parties de l'Ukraine, le tout assorti d'une colonisation allemande.

Les conséquences des idées de certains éléments des élites militaires de la noblesse se reflètent dans les Mémoires du général von Einem. Issu d'une famille hanovrienne remontant au XIe siècle, il fut ministre de la Guerre sous Guillaume II et rédigea ses Mémoires en 1933. Le mythe du *Dolchstoss* (« coup de poignard* ») dans le dos d'une armée « invaincue » sur le champ de bataille, cause prétendue de la défaite allemande en 1918, était pour lui un fait certain, dont le responsable était la « canaille », et il plaçait son espoir dans l'aube d'une renaissance allemande sous le IIIe Reich de Hitler.

À ce triste héritage du IIe Reich, ajoutons un détail concernant l'imitation de la cour impériale dans l'entourage de Hitler : les épouses du maréchal Göring (ancien officier impérial décoré du « Pour le mérite ») et du grand-amiral Raeder se voyaient donner du

* Cette notion avait servi en 1790 au moment de « la Patrie en danger ».

Hohe Frau, désignation réservée jadis aux princesses n'ayant pas droit au titre de Majesté. Et l'Allemagne nazie, dans le même temps, créait une nouvelle aristocratie « nordique » (idée chère à Gobineau, et cultivée par les SS) et des *Ordensburgen* (allusion aux chevaliers teutoniques), établissements destinés à la formation des jeunes cadres du parti.

Ce pervertissement des traditions séculières de la noblesse ne doit pas faire oublier la lucidité et le courage du comte Helmut James von Moltke, qui retrouva les sources chrétiennes de sa condition noble que les nazis, précisément, réfutaient. Juriste de formation, Moltke avait réuni autour de lui dès 1940 un groupe de résistants. Il fut exécuté le 23 janvier 1945, après avoir exprimé combien il était conscient du malheur que son peuple et sa « caste » avaient causé au monde et aux hommes. Devant le terrible Freisler qui allait le juger, il se percevait « non plus comme protestant, ni propriétaire terrien, ni noble, ni Prussien, ni Allemand... mais comme chrétien, et rien d'autre ». Modèle de résistance aussi que le groupe familial autour des von Hase (dont la mère du pasteur Dietrich Bonhoeffer, théologien remarquable), groupe qui revit dans la correspondance récemment publiée de Bonhoeffer avec sa fiancée Maria von Wedemeyer. Hitler ordonna personnellement la pendaison (le 9 avril 1945) de l'amiral Canaris (chef de l'Abwehr Ausland et personnage clé de la résistance haut placée dans l'armée) et de Bonhoeffer, dont deux frères et deux beaux-frères moururent également exécutés. Il était devenu difficile de servir « loyalement » sa patrie.

L'armée ne fut pas un monde à part seulement en Allemagne, État militaire par excellence. Elle le fut aussi dans l'empire des Habsbourg, où elle constitua le dernier lien réel et sentimental entre le vieux monarque François-Joseph et un *Reich* aux nations multiples et en état de désagrégation. La République autrichienne, qui en est l'héritière germanophone, a délibérément coupé les liens avec le passé en abolissant la noblesse, particule comprise. C'est là une des grandes différences avec l'Allemagne, où les titres de noblesse furent maintenus de manière « purement nominale », mais où existaient maintes autres formes de survie d'usages protocolaires et de droits spéciaux, en particulier pour les chefs des maisons ayant régné jusqu'en 1918 ou pour les anciens *Standesherren**. Ainsi la maison des princes de Tour et Taxis, ayant eu comme d'autres *Standesherren* le droit à une « petite cour », a-t-elle gardé le cérémonial de cour espagnol jusqu'en 1954! De même, les règlements intérieurs des anciennes dynasties (règles de succession,

* Princes du Saint Empire qui perdirent leur souveraineté en 1800-1815, mais qui gardèrent des droits spécifiques en vertu du traité de Vienne.

droits des différentes branches, gestion des domaines) furent respectés. Après la Seconde Guerre mondiale, lors du premier congrès des historiens allemands à Munich, les premiers mots prononcés en présence du chef de la maison des Wittelsbach furent : *« Königliche Hoheit »* (« Votre Altesse royale »).

Les traditions nobiliaires connurent une évolution différente en Hongrie, royaume habsbourgeois si distinct des autres pays de la dynastie, ou dans d'autres anciennes monarchies de l'Est européen qui, comme l'a souligné Karl Otmar von Aretin, représentent l'autre extrême, face à la France d'Ancien Régime. En Pologne comme en Hongrie, l'État était aux mains de la noblesse, et le roi dépendait d'elle. La Hongrie, après avoir écrasé la révolution communiste de Béla Kun, a pratiquement rétabli la monarchie en plaçant à sa tête le régent *(Reichsverweser)* Horthy de Nagybanya, qui a régné jusqu'à la victoire de l'Armée rouge en 1945. C'est à Budapest que se trouvait le siège de la Toison d'or, ordre prestigieux de la noblesse européenne, fondé par le grand-duc d'Occident, issu de la maison de France, avant de figurer dans l'héritage « bourguignon » des Habsbourg. Jamais, même sous l'ère stalinienne, les Hongrois n'ont renié ce lien avec des princes qui pour eux ne furent jamais que les rois de Hongrie et les porteurs de la couronne du saint roi Étienne. Ce n'est pas un hasard de l'histoire si le Rideau de fer s'est écroulé d'abord à la frontière austro-hongroise, avec l'agrément du ministre hongrois des Affaires étrangères.

Malgré des révoltes de leur pays contre l'Autriche, dont la plus violente ne fut réprimée qu'avec l'aide du tsar, plusieurs nobles hongrois jouèrent un grand rôle à la cour de Vienne, notamment en tant que mécènes (Haydn fut de 1761 à 1790 le chef d'orchestre de la « cour » des princes Esterházy à Eisenstadt, Vienne et Esterház). Finalement, le royaume de Hongrie, devenu après le compromis de 1867 l'une des « deux têtes » de ce qui était devenu la « double monarchie » austro-hongroise, a vu l'un des siens, le comte Gyula Andrássy (maître d'œuvre du compromis), devenir le ministre des Affaires étrangères du gouvernement impérial et royal de 1871 à 1879.

Le destin de la Pologne offre un exemple remarquable de pouvoir politique de la noblesse, qui réussit à y créer une « république aristocratique » présidée par un roi élu. La « nation » fut celle de la noblesse, au sein de laquelle les « magnats » se situent bien au-dessus de la petite aristocratie, car depuis la fin du XVe siècle ils dominaient la Chambre haute (le « sénat ») de la diète du royaume, laquelle finit par devenir la plus haute autorité du pays. On ne retient souvent de ce pouvoir noble que le *liberum veto* qui permettait à un seul opposant d'empêcher l'adoption d'une proposition de la diète. C'est oublier le mouvement de réformes des années 1760 et la contribution de la Pologne au monde politique moderne. En 1772, Rousseau dédie d'ailleurs à des amis polonais ses *Considérations sur le gouvernement de Pologne*, pensant qu'il y est possible de trouver la « volonté générale » et d'ériger une forme de république démocratique adaptée à une grande nation. Les débats de la Grande Diète de 1788-1792 sur des réformes supplémentaires débouchèrent sur une Constitution (la « Loi de gouvernement » de 1791) qui fut considérée comme un modèle par les pères des constitutions françaises de 1791 à 1795, car ils y voyaient la première application des idées de Rousseau et de la division des pouvoirs selon Montesquieu. Une partie au moins de la noblesse polonaise avait donc prouvé sa faculté d'apprendre et de procéder à des réformes visant à améliorer la situation des paysans comme des habitants des villes.

À la même époque, des représentants de l'aristocratie polonaise se ralliaient, en Amérique comme en France, aux idées nouvelles; bientôt ils les appelèrent aussi à l'aide contre les puissances qui, en plusieurs étapes, s'étaient partagé leur pays, ou encore se mirent au service de Napoléon, comme le comte Walewski, espérant la liberté de la Pologne d'un geste de l'Empereur. Pendant le XIXe siècle, les élites polonaises continuèrent la lutte pour l'indépendance d'une Pologne unie, malgré des phases où elles durent coopérer avec au moins l'une de ces puissances, tel un prince Radziwill, lié à la maison de Prusse par son mariage avec Louise, sœur du prince Louis-Ferdinand, tel un Adam Czartoryski, ministre des Affaires étrangères du tsar de 1804 à 1806, tel un comte Gołuchowski en Galicie « autrichienne ». Expression de ce combat, le « gouvernement en exil » à Paris, installé à l'hôtel Lambert, dans l'île Saint-Louis, résidence de la famille Czartoryski. L'héritage politique des activités inlassables du prince Adam Czartoryski fut alors repris par son neveu, le comte Zamoyski. La Société monarchiste, fondée en 1843 et dirigée par Zamoyski, considérait le prince Adam Czartoryski comme le « roi de fait » de la Pologne. Le rang quasi royal de certains princes en Europe centrale au XVIIIe et au XIXe siècle n'était pas limité aux princes du Saint Empire : les électeurs de Brandebourg, de Saxe et de Hanovre furent ainsi rois respectivement en Prusse, en Pologne et en Angleterre.

Tous ces exemples montrent ce que la noblesse a pu signifier après 1790 selon les diverses destinées politiques des nations, et à quel point son pouvoir a été réel dans les pays qui pour différentes raisons n'avaient pas accepté les idées de la Révolution, voire les avaient victorieusement combattues. Ces faits ne pouvaient que se répercuter sur la manière de « penser la noblesse » dans les pays concernés, ou du moins influencer l'interprétation de certaines notions nobiliaires dans les langues respectives.

1789-1793 : LA NOBLESSE FRANÇAISE CONDAMNÉE

« Le Tiers ne doit pas craindre de remonter dans les temps passés. Il se reportera à l'année qui a précédé la conquête ; et puisqu'il est aujourd'hui assez fort pour ne pas se laisser conquérir, sa résistance sans doute sera plus efficace. Pourquoi ne renverrait-il pas dans les forêts de la Franconie toutes ces familles qui conservent la folle prétention d'être issues de la race des conquérants et d'avoir succédé à leurs droits ? »

Ce passage célèbre de l'abbé Sieyès, écrit à la fin de 1788, montre le lien entre l'idée de la « conquête » (franque) et la « rupture révolutionnaire », par suite d'une hantise des origines. « Comme les grandes invasions avaient constitué le mythe de la société nobiliaire, le grand écrit de ses origines, 1789 est la date de la naissance, l'année zéro du monde nouveau, fondé sur l'égalité », note François Furet qui cite ces lignes de Sieyès en ajoutant que ce sont « les historiens du XVIIIe siècle » qui cherchèrent dans le résultat (supposé) de la conquête (supposée) « la clé de la structure de la société ». « Aujourd'hui, dit encore François Furet, les invasions franques ont perdu toute référence au présent puisque nous vivons dans une société où la noblesse n'existe plus comme principe social ; en cessant d'être le miroir imaginaire d'un monde, elles ont perdu l'éminence historiographique dont ce monde les avait revêtues, et sont passées de la polémique sociale [...à] la discussion savante. »

En réalité, ce sujet est toujours l'objet de discussions moins innocentes, moins savantes aussi, qu'on ne voudrait le supposer. Ce que le XVIIIe siècle et la Révolution tenaient pour l'histoire des Francs n'était que le résultat d'une mystification récente, ainsi que le détonateur d'une Révolution qui a changé la face de la France et du monde. Mais il n'est pas de siècle où l'on ne se soit forgé une vision plus ou moins erronée du passé. Le passé entretient un dialogue permanent avec les différents « présents » et les différentes communautés politiques qui, en se cherchant un avenir, choisissent le passé qui leur convient.

Car la noblesse est inséparable de l'ensemble du passé « national », avec la royauté et l'Église, auxquelles elle a donné rois et évêques. Si la Révolution a pu éliminer la noblesse, elle n'a pas eu de pouvoir sur l'histoire, ni même sur la mémoire historique des contemporains. « Grandiose ou horrible, la catastrophe ou l'épopée révolutionnaire coupe en deux l'histoire de France, écrivait Raymond Aron. Elle semble dresser l'une contre l'autre deux Frances, dont l'une ne se résigne pas à disparaître et dont l'autre ne se lasse pas de prolonger une croisade contre le passé. » On ne saurait mieux exprimer l'actualité d'une des grandes césures historiques dont les Français sont les héritiers. Cette « querelle de mémoire », explique Christian Amalvi, « est quasiment consubstantielle à la Révolution [...], parce qu'elle a délibérément choisi de faire table rase de tout le passé national et de fonder sa propre légitimation historique sur la rupture radicale avec l'Ancien Régime ».

Le XVIIIe siècle français et la Révolution de 1789 ont joué un rôle déterminant dans la formation du vocabulaire politique et historique en Allemagne comme dans le reste du continent. Après le choc de la Révolution, il y a eu une révolution des mots en Europe, signe d'un combat idéologique dont les chefs maniaient parfaitement la technique : on domine les hommes par le verbe. Un grand nombre de nos concepts politiques remontent à l'âge des révolutions. De même que les Italiens du XVe siècle ont inventé le Moyen Âge, les Français du XVIIIe et du XIXe ont repensé, puis récrit, le destin de l'humanité (européenne) en créant ou en recréant toute une panoplie de notions qui exprimaient leur vision du passé européen « médiéval » et « moderne ». Les uns et les autres ont inventé un passé pour préparer l'avenir : l'humanisme et la Révolution ont en commun leur succès durable, lié avant tout à un refus partagé de la domination du clergé sur les esprits. C'est pour cette raison que la « vraie gauche » a pris naissance dans les pays restés catholiques, la libération des laïcs dans les pays protestants ayant permis une modernisation sur un fond plus conservateur. Il s'agissait, avant la révolution politique, de mettre un terme à la vision d'un monde fermé qui, depuis la venue du Christ, attend son retour pour juger les hommes ; un monde qui avait une fin, mais qui n'avait d'autre avenir que le bonheur du paradis ou les horreurs de l'enfer.

Comme l'a montré Reinhart Koselleck, c'est la perspective d'une histoire ouverte sur un avenir qui a poussé les hommes à créer des modèles utopiques et donc à imaginer un monde où ils pourraient échapper à l'emprise des desseins divins. Pour dominer ou guider les gens, il a fallu inventer un futur, un but. Ainsi sont nées des générations qui se sont sacrifiées pour le bonheur des générations à venir. Après avoir placé l'enfer dans le passé — celui des victimes des « exploiteurs d'esclaves », puis de la « féodalité », et enfin du capitalisme —, Karl Marx a placé le paradis dans le futur. En quoi le marxisme est proche de la promesse chrétienne, mais celle-ci concerne l'âme individuelle, alors que celui-là renvoie à l'humanité chère aux philosophes. Quant à l'autre grande vision de l'avenir humain, l'idée libérale du progrès, en englobant elle aussi l'humanité et son futur, elle n'oublie ni l'individu ni son présent, puisqu'elle conçoit le bonheur personnel comme un droit élémentaire. Ces idées, « éclairées » parce que « sécularisées », d'un bonheur exclusivement terrestre entravent notre compréhension de l'histoire.

Une autre doctrine sécularisée a accaparé encore plus fortement l'imaginaire historique : le nationalisme. Celui-ci n'exclut pas nécessairement l'humanité, à condition que ses tenants puissent placer leur propre nation à sa tête. Il constitue une « individualisation » sans individus : la nation (*Volk*) est l'individu suprême pour Herder, qui la mettait en accord avec l'humanité dont les peuples constituent la richesse, la diversité *(Vielfalt)*. Plus tard, le vrai nationalisme verra dans l'internationalisme l'ennemi. Quoi qu'il en soit, l'homme ne vit plus pour son bonheur, présent ou à venir, mais pour le bonheur de sa nation, présent et à venir, car l'éternité se concrétise dans celle de la nation. Pour le nationaliste comme pour le chrétien et le marxiste, s'acquitter de son devoir envers l'entité transcendante est plus important que de rechercher le bonheur individuel. Ce sont là des idées plus proches de celles de la noblesse, donc assimilables par elle : ayant servi Dieu et le prince, puis l'État moderne — ce prodrome de la nation —, elle pourra aussi servir la nation, ce qu'elle fit aux XIXe et XXe siècles.

Mais dans une France gouvernée par le tiers état et ses alliés, la nation est incarnée par les idéaux de la Révolution et de la République : la Liberté, l'Égalité et la Fraternité, ou l'unité de l'État. Il est vrai que le centralisme monarchique avait préparé, comme l'a vu Tocqueville, le centralisme jacobin, beaucoup plus intransigeant. La royauté a pu trouver grâce devant les juges républicains, car elle figurait l'unité de l'État et sa force, et préparait la nation. Ainsi les pamphlets de 1789, puis Varennes, ont-ils pu être oubliés dans la mesure où la royauté s'est progressivement « nationalisée ». Louis-Philippe fit siens jusqu'aux symboles de la gloire des Gaulois, ce qui lui a permis d'entrer de plein droit dans la légende nationale.

Cette « entrée » du roi dans la communauté nationale, qui devait lui assurer sa place dans l'histoire, fut refusée à la noblesse. Certes, la noblesse a connu une « restauration » partielle, elle a pu profiter de la faveur romantique pour les temps « moyenâgeux », fussent-ils germaniques, mais elle n'a pas retrouvé son rôle. Elle partage ce sort en une certaine mesure avec l'Église, séparée de l'État par la IIIe République : le tiers état étant devenu la nation, il n'y avait plus de place pour les deux premiers. Pis encore, cette place leur fut aussi refusée dans le passé, qu'ils avaient pourtant largement dominé.

L'image du noble exploitant et terrorisant le misérable paysan, celle des princes et des seigneurs trahissant par leur égoïsme* la cause nationale et empêchant par leur simple existence l'unité de la

* Ce trait de caractère, pour répandu qu'il soit, semble d'abord réservé en France à la noblesse, dont l'idéal était pourtant la générosité, moins fréquente chez les bourgeois.

nation, celle enfin des aristocrates émigrés à Coblence qui avaient choisi le « parti de l'étranger », restent dans notre imaginaire et imprègnent l'idée que nous nous faisons de la noblesse. Ce n'est pas son origine ni ses moments de gloire que nous avons à l'esprit, mais sa fin, et notamment ses prétentions qui provoquèrent la réplique fulgurante de l'abbé Sieyès. On oublie trop souvent que le mot « aristocratie » n'a pris le sens de classe privilégiée, en France, que peu de temps avant la Révolution, quand la scission a été accomplie entre les Français et une élite qui a fini par se vanter de ne pas appartenir au peuple dont elle était issue. C'est alors seulement que le mot « aristocrate » en est venu à désigner l'ennemi du « peuple » : « Les aristocrates à la lanterne ! » Auparavant, on l'appliquait, dans l'acception grecque du terme, à une forme de régime politique. À côté des nombreuses monarchies de l'Europe, Venise était une des rares « aristocraties », présentée comme modèle par certains critiques de la monarchie.

L'évolution du terme est aussi liée à ce qu'on appelle la « révolution aristocratique », menée essentiellement par les membres des parlements de Paris et de Provence n'appartenant pas à l'ancienne noblesse. Or les gentilshommes étaient en minorité dans les parlements (sauf au parlement de Bretagne, où même les « hommes nouveaux » entrés en 1790 étaient tous gentilshommes) face à la noblesse de robe, aux anoblis récents et aux roturiers. C'est cette « aristocratie parlementaire » et surtout les « jeunes » en son sein qui se sont enthousiasmés pour « *la* Liberté » et une sincère « union des classes ». Malgré cela, le second état a été globalement rejeté sous l'étiquette commune d'« aristocrates », et les termes d'« aristocratie » et d'« anarchie » assimilés. L'« anarchie féodale », d'abord appliquée au XVIIIe siècle, a ensuite renvoyé à l'ensemble de l'histoire de France.

L'image de la noblesse forgée par l'enseignement primaire et secondaire de la IIIe République a fini par se substituer à toutes celles qui l'ont précédée. Mais il y a d'autres pistes à suivre pour comprendre sa genèse, comme le travail de sape de la royauté, longtemps avant la Révolution, contre ce qui restait d'un pouvoir noble. C'est la perte de droits et de pouvoirs, transformés en « privilèges » et concédés au seul roi, qui a provoqué des révoltes et des « frondes » aristocratiques jusqu'à la Révolution, attaque contre la monarchie qui devait se révéler fatale à la noblesse, dorénavant isolée. Des droits publics de la noblesse, de son rôle public millénaire, la politique royale ne laissa subsister que des droits transformés qui firent désormais partie du « droit privé ». L'historiographie post-révolutionnaire a fait du « pouvoir privé » un terme clé de ses critiques contre une noblesse nuisant aux intérêts de l'État, donc de la nation : elle se fondait alors sur une « privatisation » largement accomplie au XVIIIe siècle, mais qui, appliquée aux époques antérieures, constitue un anachronisme.

La force des clichés

Bien des idées reçues entravent notre compréhension de la genèse de la noblesse dans le cadre de l'État chrétien. Il paraît en particulier impensable qu'il ait pu exister un État dès ces siècles réputés barbares et, plus encore, que ces Barbares du « haut Moyen Âge » et leur aristocratie aient pu avoir la maîtrise d'une administration de la chose publique.

Or les Francs ont constitué et organisé un grand royaume qui est devenu empire, et celui-ci a duré un demi-millénaire avant de passer à des États successeurs (parmi lesquels celui des Ottoniens/Franconiens/Staufen a réussi à contrôler l'Italie pendant quatre siècles encore).

Otton le Grand a fondé un système ingénieux, obligeant les grands vassaux (surtout des évêques* et des abbés royaux, mais aussi des ducs, des comtes et des nobles disposant de plus d'une vingtaine d'arrière-vassaux) à fournir à l'armée royale un nombre fixé d'avance de cavaliers lourdement armés (*loricati*), et la moitié de ce nombre pour une campagne au-delà des Alpes. Le roi devait payer le prix de ces engagements : ce n'était plus lui qui, comme Charlemagne, contrôlait directement le recrutement de ces hommes, mais le grand vassal. Celui-ci était donc le vrai maître de la noblesse sur ce qui allait devenir son territoire. Mieux encore, il pouvait armer en cavaliers lourds des *ministeriales* non libres de ses terres. La « ministérialité » ecclésiastique et laïque des terres d'Empire s'est ainsi transformée, avec celle du roi, en un facteur politique et social de premier plan tandis que les grands vassaux devenaient des « princes de l'Empire », organisés en tant que tels au XIIe siècle.

Grand roi et organisateur génial, disposant de l'héritage carolingien, Otton avait hypothéqué l'avenir pour se donner les moyens de sa politique. En sachant convaincre les grands de servir l'Empire tout en servant leur propre intérêt à long terme, il a proprement refondé l'Empire et sa constitution, en faisant revivre des entités géographiques sur la base des frontières des *regna* carolingiens, remaniées de sorte que les voies d'accès de l'Italie (y compris

---

* Les grandes églises pouvaient fournir jusqu'à cent cavaliers dûment accompagnés (au moins trois cents hommes).

l'Alsace) fussent contrôlées par le roi saxon. Les grands vassaux de chacune de ces entités devaient former des unités de marche et de combat, un système de roulement permettant la relève des contingents qui se trouvaient déjà en Italie, ce qui assura une présence durable de forces royales dans ce pays. Les fameux *Reichskreise* (unités militaires de l'Empire), qui dureront jusqu'à la fin du Saint Empire, plongent leurs racines dans cette organisation. Ses chefs, d'abord plus engagés au service du roi que ce n'était le cas dans le royaume capétien, jouiront ensuite d'une liberté d'action impensable en France. Quant à la petite noblesse, elle ne sera plus royale, à quelques exceptions près, mais territoriale.

L'« anarchie féodale »

Le XIXe siècle n'a pas su percevoir ces formes étatiques, car il était incapable de concevoir d'autre « État » que son propre modèle. Même le grand spécialiste du royaume franc que fut l'historien belge François-Louis Ganshof reprochait à l'administration centrale de Charlemagne d'être « dépourvue de caractère systématique », et à ses grands officiers palatins de ne guère pouvoir « passer pour les chefs de service d'une administration ».

En fait, cette *administratio*, d'origine romaine, un peu modifiée et témoignant d'une efficacité surprenante, a précédé d'un millénaire l'administration moderne. L'État franc, des Mérovingiens aux Ottoniens, a christianisé l'Occident, mais il n'a pu le faire que parce qu'il avait appris du monde romain comment gouverner un État habité par une multitude de peuples parlant plusieurs langues (*Vielvölkerstaat* et *Mehrsprachenstaat*), en adoptant le latin, seule langue de cette *administratio* en Occident (à l'exception de l'Angleterre) en 1200 encore. Cette entreprise, qui demandait des centaines de milliers de traductions sur place dans la langue vernaculaire des administrés, fut l'œuvre commune des rois et des nobles, laïcs et ecclésiastiques.

La méconnaissance de cet État chrétien (romain, puis franc), qui était efficace, eu égard aux moyens de l'époque, et qui depuis le IVe siècle a fait l'Europe, s'explique par une autre idée reçue, celle du « pouvoir privé ». Qui dit « pouvoir privé* » pense à une « noblesse exerçant un pouvoir privé », aux dépens de l'État, voire contre l'État.

Pour bien des historiens, les luttes entre nobles d'un même royaume sont des « guerres privées » (pour les uns elles ont été combattues par Saint Louis, et pour d'autres par Philippe le Bel),

---

* Ces vieux préjugés ont été récemment battus en brèche notamment par Jean-Pierre Poly et Éric Bournazel.

qui n'auraient vraiment pris fin qu'avec la destruction des forteresses de la noblesse à l'initiative de Richelieu (on retrouve ici l'idée que la noblesse fut, avec ses lignages, l'ennemi juré de l'État). Ce sujet a toujours intéressé les spécialistes de l'histoire militaire, qui n'ont pas manqué de s'occuper du corollaire de ces guerres « privées » : le château fort. Ces guerres étaient souvent des luttes entre seigneurs disposant d'une forteresse, ou de plusieurs, ce qui n'exclut pas que des gens moins importants aient pu profiter d'une maison forte pour exercer des rapineries dont les victimes furent les commerçants ou la population rurale et urbaine. Ce phénomène est désigné en Allemagne, du XIIIe au XVIe siècle, par le mot significatif de *Raubritter,* ces « chevaliers pillards » qui guettaient les routes du haut de leurs repaires. On comprend qu'on ait pu parler d'« anarchie » à propos d'un état d'insécurité générale dans lequel la chose publique ne remplissait plus ou guère une de ses fonctions essentielles, à savoir assurer l'ordre et la paix. Mais le combat pour la paix, inséparable de celui pour la justice, est aussi ancien que l'homme depuis qu'il vit en société. Même ceux qui refusent l'existence d'un État « médiéval » reconnaissent que la première tâche du roi était de sauvegarder la justice et la paix, ou du moins de se battre pour ces deux valeurs essentielles.

Or, si l'on examine de près la législation de la paix royale carolingienne et l'époque de la paix de Dieu, on s'aperçoit que les luttes que se livraient les seigneurs n'étaient pas « privées » et qu'elles avaient peu à voir avec une vendetta personnelle. Dans toutes les civilisations, il existe des traditions immémoriales relatives au « droit de vengeance » ou à la *vendetta,* que l'on a souvent confondues avec des institutions étatiques chargées de les punir. Elles font partie intégrante de religions et de cultes, et n'ont rien à voir, spécifiquement, avec le « Moyen Âge ». Mais ces usages ancestraux, dès qu'ils relevaient du domaine public, ne constituaient plus une simple voie de fait et étaient reconnus, sous certaines conditions, comme une voie de droit. Le terme germanique *fêhida/Fehde* (cf. *faida, faidosus*), qui signifie « inimitié » *(inimicitia),* par opposition à *frithu,* l'« amitié » *(amicitia),* nous rappelle ainsi qu'il fallait opter, à un moment donné, pour l'un de ces deux états : pour les « amis », c'était la paix; pour les ennemis, c'était un état latent de guerre (« froide ») qui pouvait mener à un affrontement ouvert et exiger des mesures adaptées. Ce domaine n'était plus seulement juridique, mais aussi politique, surtout en ce qui concernait l'*amicitia.*

Ainsi se forma, différemment selon les époques et les régions, une juridiction spécialisée dans les conflits réglés par la *faida* : le *Fehderecht,* qui régissait en détail le déroulement des guerres entre les membres de la noblesse. Ces règles ne constituaient sans doute pas seulement une coutume ou des arrangements, mais relevaient d'un droit d'ordre public, comme l'a suggéré Otto Brunner. Dans son livre *Land und Herrschaft,* cet auteur a décrit le cercle très limité de ceux qui, dans le sud-est de l'Empire (notamment en Autriche) aux XIVe et XVe siècles, avaient le droit de déclarer une guerre « intra-étatique » — selon le mot créé par Raymond Aron afin de définir une chose qui, en principe, était impensable en France en tant que conflit réglé légalement. Cette guerre était le complément légal d'une procédure judiciaire entamée selon les règles, et ne pouvait être déclarée que par les seuls souverains, seigneuries et villes représentés à la diète de l'Empire.

D'autres exemples permettront de mieux saisir l'erreur qui se cache derrière l'idée de « pouvoir privé ». C'est au XVe et au XVIe siècle qu'ont été construits les magnifiques châteaux de la vallée du Rhin. Or, ils n'ont pu être édifiés par un « chevalier » ni même par plusieurs; leurs maîtres étaient en fait les princes les plus riches et les plus puissants de la région, mais aussi du Saint Empire, à savoir les archevêques de Mayence, de Cologne et de Trèves, les trois princes électeurs ecclésiastiques qui faisaient (et défaisaient) les empereurs. Ce n'était ni l'anarchie ni la guerre privée, mais au contraire l'affirmation du *Reich,* représenté par les trois premiers princes de l'Empire, qui en dominaient les diètes. C'était aussi l'État dans son essence, l'impôt perçu sur les droits à payer pour le trafic sur le Rhin, en augmentation rapide depuis le XIIIe siècle. Pour ce faire, le fisc se servait d'un système de châteaux savamment distribués le long du réseau fluvial rhénan — chacun des trois princes, unis et rivaux en même temps, contrôlait tout un groupe de forteresses permettant de bloquer le passage si besoin était et de protéger les fonctionnaires —, ce qui lui assurait des revenus jusque-là inconnus. Moins romantique qu'on ne le pense, mais aussi moins anarchique, c'était une forme d'« État moderne » qui était en marche. Les seuls princes laïcs qui purent se mêler au jeu furent le comte palatin du Rhin, premier des princes électeurs séculiers, et, d'un rang moindre, le landgrave de Hesse.

C'est donc une erreur que de chercher l'État seulement là où se trouve le roi. L'État était partout où existaient des princes (le terme *princeps et dominus* incarnant le pouvoir public suprême), et il y avait eu en France des princes plus tôt que dans le Saint Empire — princes plus puissants, sinon plus nombreux, et cela des IXe-Xe aux XIIe-XIIIe siècles. C'est alors seulement que cette forme d'État princier déclina au profit de la royauté. Celle-ci, qui n'était pas que l'« héritière des principautés » par suite de ses alliances avec les grandes maisons qui avaient régné sur elles, profita aussi de tout ce que ces États princiers avaient réussi à construire. Philippe Auguste, une fois maître de la Normandie, put faire rouler vers Paris de nombreux chariots lourdement chargés d'argent, et ses revenus prirent alors une envergure nouvelle. Quant à la Champagne, ses comtes y avaient créé un système de foires célèbre en Europe, foires fréquentées par les Italiens comme par les Allemands. Ils y étaient parvenus en assurant la sécurité des marchands et de leurs marchandises. C'est aussi la sécurité générale que l'on vantait à propos de la Normandie, où elle était défendue par l'autorité ducale. Et n'oublions pas le Poitou ou la Champagne auxquels leurs princes avaient donné un niveau culturel supérieur à celui du domaine royal, grâce à une cour brillante.

Où était donc l'« anarchie » dont le pays aurait été sauvé par la royauté? Les enfants des écoles apprennent les exploits du valeureux Louis VI contre d'horribles fauteurs de guerres privées, alors qu'au contraire c'est la royauté qui était en retard car elle n'avait pas encore accompli sur son domaine ce que les princes avaient déjà réussi dans leurs principautés respectives. Paix et ordre n'étaient pas encore synonymes de royauté, comme dans le mythe postrévolutionnaire de l'« anarchie féodale ».

Cette formule a été récusée par Robert Fossier, qui a rappelé que l'essor économique et démographique de la France a commencé, de façon modeste, certes dès le Xe siècle et qu'il s'est poursuivi aux XIe et XIIe, autrement dit à l'« époque féodale ». Ajoutons qu'en même temps les principautés faisaient les croisades, avant la royauté, livraient d'autres guerres contre les musulmans en Espagne et au Portugal (pays auquel elles donnèrent sa dynastie), effectuaient la conquête de l'Angleterre (des Français non normands y ont largement participé), et développaient une remarquable civilisation courtoise. Ces États princiers furent les protagonistes non pas seulement d'une histoire régionale, concernant un « petit coin de France » — comme l'abbé Lalore, trop modeste pour son pays, le disait de la région de Troyes —, mais de l'histoire de l'Europe, de la Scandinavie et des îles Britanniques jusqu'au Bassin méditerranéen; ils profitèrent d'apports étrangers, orientaux aussi bien que scandinaves, et enrichirent en retour toute une civilisation, celle de la France.

Les États princiers, répétons-le, furent longtemps mieux organisés que le domaine royal, et ce bien que ce dernier fût mieux placé pour contrôler le Bassin parisien, avantage qui devait lui assurer finalement des revenus plus importants. Le plus ancien registre de vassaux conservé, l'œuvre de l'administration du comte de Champagne (1170), contient ainsi les noms d'environ deux mille vassaux d'un « comte » dont on disait qu'il pouvait dormir chaque nuit de l'année dans un château différent. Il put garantir la sécurité aux commerçants européens, en menant une politique économique « moderne » et en obligeant ses voisins à respecter et à faire respecter la paix du commerce. Cependant, il fut attaqué une fois par surprise, par un fauteur de troubles qui n'était autre que le jeune roi Louis VII. Celui-ci porte la responsabilité du meurtre de nombreux hommes réfugiés dans l'église de Vitry-le-Château, qui périrent brûlés vifs à la suite de son ordre d'y mettre le feu. Action sévèrement condamnée, et par le pape et par saint Bernard. Pourquoi ce texte manque-t-il dans les manuels où il est question de l'« anarchie féodale »?

Personnalisation et privatisation du pouvoir

L'organisation de la chose publique est un sujet complexe qui requiert toute l'attention de qui entend déterminer, période par période, la part légitime qu'y prit la haute noblesse, partenaire de la royauté et de l'Église dans la direction des hommes. Nous y reviendrons au chapitre 7, consacré à la *potestas* et à son évolution — de la *potestas principalis* de l'empereur de l'Empire chrétien à celle du roi des Francs en tant que *princeps* —, sans oublier la part du pouvoir public attribuée, depuis Louis le Pieux, aux plus hauts dignitaires ecclésiastiques et laïcs. C'est alors que finirent par naître ces principautés auxquelles la France des XIe et XIIe siècles dut son essor et qui étaient responsables de la paix publique dans leur ressort*.

En temps de guerre, ces principautés agissent en puissances bien organisées. Elles disposent de forces considérables, sans rien d'anarchique là non plus, y compris dans leurs alliances — au nombre desquelles figure parfois le roi qui, du Xe siècle au début du XIIe, n'est guère plus fort qu'elles. Après les succès des armées (non royales) des Robertiens du Xe siècle, fondés sur une vassalité disciplinée, c'est surtout au XIe siècle qu'ont eu lieu des batailles rangées entre principautés qui ont connu un grand retentissement à travers l'Europe, comme celle livrée en 1016 près de Pontlevoy entre les comtes d'Anjou et de Blois-Tours, ou celle de Bar-le-Duc en 1037 entre le comte Eudes II de Blois-Champagne et le duc de Haute-Lorraine. La victoire ne résultait pas seulement du hasard, mais aussi d'une minutieuse préparation : grâce aux travaux de Bernard S. Bachrach, nous pouvons mesurer l'envergure de Foulques Nerra, cet organisateur de routes comtales qui reliaient Angers à Saintes selon le modèle romain, ce bâtisseur de châteaux forts selon un plan stratégique; ses réalisations nous obligent à revoir nos idées sur le « caractère primitif » de l'art militaire au « Moyen Âge ».

On pourrait encore évoquer la conquête de l'Angleterre par une

---

* Aux Xe et XIe siècles, les grandes abbayes du royaume, que ce soit en Aquitaine, en Normandie ou dans la *Francia* des Robertiens, se font confirmer et garantir par les ducs responsables les terres qu'elles échangent si celles-ci se trouvent en des *regna* différents (voir chap. IV).

partie considérable de la noblesse de France sous la conduite d'un duc normand qui se fit entrepreneur de guerre en lui promettant une part du butin, mais qui sut aussi, par des fortifications systématiques, assurer comme une des grandes conquêtes de l'histoire mondiale ce qui aurait pu rester un coup de main sans conséquence, et qui enfin — utilisant et les moyens anglo-saxons de documentation et les procédés appris chez les Francs du continent — donna à l'administration et aux impôts, grâce au *Domesday Book,* une base sans égale dans les autres royaumes, en attendant l'Échiquier de Rouen et de Winchester pour une surveillance régulière des impôts.

On oublie tout cela quand on considère les princes de cette époque comme de vils bandits. La plupart des guerriers ne guerroyaient pas pour leur propre compte, mais marchaient à la bataille sur l'ordre de leur prince. Le problème n'est donc pas de savoir si certains se livraient à des forfaits et à des rapines, mais comment ont pu naître ces États « féodaux », que ce soit en Flandre ou en Normandie, en Champagne ou en Anjou, en Poitou ou à Toulouse. Pour eux tous, comme pour les princes de l'Empire, il n'y a pas eu, répétons-le, de guerre « privée », mais une politique continue et rationnelle dans un « système d'États » précédant de plusieurs siècles celui qui allait s'instaurer du XIVe au XVIe siècle en Italie, pays qui avait alors échappé au contrôle direct d'un des grands monarques de l'Occident.

Si la noblesse a incarné légalement une partie de la puissance publique, si les actions des princes et des seigneurs — y compris leurs actions militaires — furent des actes publics, pourquoi parle-t-on couramment de la « guerre privée » comme caractéristique dominante du « Moyen Âge », et pourquoi l'histoire du droit traite-t-elle des droits de la noblesse sous la rubrique « droit privé »? L'erreur ici consiste à confondre personnalisation et « privatisation » du pouvoir. En raison d'une connaissance imparfaite du monde romain et de sa survivance dans le monde franc et européen, on a ignoré le fait que le pouvoir politique et institutionnel, depuis les élites grecques et romaines jusqu'aux élites franques et « médiévales », a toujours été un pouvoir personnalisé et en même temps un pouvoir public. Celui qui était reconnu gouverneur d'une province romaine y gouvernait et y décidait personnellement au nom de Rome. De même, le comte de Flandre exerçait ses prérogatives publiques en gouvernant personnellement (et héréditairement, ce qui était nouveau) ce comté, avec les terres du fisc qui restaient évidemment publiques. Un *nobilis*, né pour guider les hommes, a toujours la possibilité de servir la chose publique : ce n'est que s'il refuse ce choix qu'on dit de lui qu'« il vit en homme privé » (*privatus senuit*). On faisait donc parfaitement la différence entre son état et celui de l'*homo publicus* qui, une fois entré dans la chose publique, y personnifiait la puissance publique.

La recherche a pâti de l'emploi de termes comme « monde médiéval », « fonctionnaire » ou « privatisation », tout aussi anachroniques que l'idée selon laquelle seul le roi ou le roi à travers de simples fonctionnaires peut exercer un pouvoir public. Déjà le premier roi du *regnum Francorum*, Clovis, en acceptant solennellement le rang de *rex nobilissimus* de la part de l'empereur romain — ce qui le fit *princeps* de « ses » évêques —, ne fut jamais pour autant un « fonctionnaire » de l'empereur. Il en va de même pour chaque *princeps* qui, tout en ayant reçu un jour cette dignité d'un *princeps* plus élevé, restait dans son secteur le représentant suprême de la chose publique, sa « cour » étant la dernière instance juridique. Un noble entré dans la *militia* du *princeps* sans être *princeps* lui-même ne sert pas en simple fonctionnaire, mais est le représentant de la puissance publique : il participe de la *potestas* qu'il exerce. Cette structure est non seulement institutionnelle, mais aussi psychologique; elle est liée à la *dignitas* de chaque *nobilis*. Mais cette *dignitas* personnelle — que ne pouvait posséder le simple fonctionnaire — a été détruite par un État qui ne voulait que des fonctionnaires (ceux-ci ont à leur tour su créer la leur en prenant pour modèles les dignitaires qui les avaient précédés). Les nobles, eux, ont servi par fidélité, jamais sans honneur. Ils ont élu les rois au sein de leurs propres rangs, faculté qui n'était pas donnée aux fonctionnaires.

L'idée que les droits de la noblesse relevaient du « droit privé » correspond à une certaine logique de l'État contemporain qui, en liquidant le monde public personnalisé, le transforme en un monde impersonnel, bureaucratique, où le monarque peut disparaître à son tour. (Il va sans dire que là aussi d'autres formes de nomenklatura se formeront.) Or cet État tentaculaire ne s'est pas contenté de monopoliser le pouvoir public; il a encore imposé, par l'enseignement, l'idée que dans le passé également il n'y avait eu que des fonctionnaires, simples exécutants de la volonté royale — sans quoi il ne pouvait s'agir que de l'exercice d'un pouvoir « privé », illégal —, tous ces nobles qui furent l'élite de l'Occident étant stigmatisés du même coup comme des « usurpateurs ».

Un des rares auteurs, et parmi les premiers, à reconnaître cette erreur a été Heinrich Mitteis. Ce spécialiste du droit féodal se scandalisait que cette matière fût traitée dans les facultés de droit comme une partie du droit privé. Depuis, un savant autrichien, Wolfgang Wagner, a étudié la « privatisation » du droit féodal dans son pays — droit féodal qui fut une matière de droit public jusqu'à ce que la monarchie, qui avait été sa fondatrice et sa protectrice, ne le démantelât. En effet, dès avant la Révolution, la monarchie « éclairée » sabra les droits millénaires de la noblesse. On avait commencé par assimiler les matières d'héritage et de propriété nobiliaires, qui relevaient du droit public avec leurs droits souverains inhérents, à celles des gens du commun qui, elles, relevaient du droit privé. On procéda ensuite par étapes, en enlevant aux petits feudataires le caractère public de leurs droits. Enfin, l'État sépara d'une façon générale tous les droits de propriété détenus par des particuliers de ceux qu'il détenait, et qui dorénavant furent seuls « publics ». Certes, on toléra quelques exceptions en concédant des « droits spéciaux » qui n'auront pas trop duré, et dont les bénéficiaires étaient comparables à ces *Standesherren* qui, n'ayant pu préserver après 1800-1815 la souveraineté de leurs petits États dans le cadre de feu le Saint Empire, avaient pour consolation de jouir d'un statut particulier sur tel ou tel point.

Le cas de l'Empire nous aide à nous faire comprendre des Français, pour lesquels des États dans l'État constituent une absurdité, tant ils ont identifié, dans leur conscience historique et juridique, « royaume » et « État ». Il nous permet aussi de comprendre Jean Devisse quand il parle de « privatisation de l'aristocratie », sauf qu'elle n'a pas été privatisée au « Moyen Âge », mais à l'aube de l'histoire contemporaine. Car, les nobles mis au pas une fois qu'on eut rattaché leurs propriétés et autres droits au domaine privé, on n'hésita plus, au XIXe siècle, à intégrer l'ensemble de la matière du droit féodal dans le droit privé.

Désormais, tout pouvoir jadis public fut considéré comme « usurpé » et de caractère « privé ». Il n'y avait qu'un seul droit public : celui de la royauté, qui incarnait et l'État, et la nation, et son histoire. Cette « royauté étatisée » fut elle-même victime du changement : le roi, ce dernier noble au sens originel, ne pouvait plus dire « mon peuple », puisque c'est lui qui dorénavant appartenait à la nation. Tout cela revenait à éliminer le facteur noblesse et, avec lui, la personnalisation du pouvoir. Mais on procéda à une élimination rétroactive et l'on ne vit plus dans la noblesse qu'un décor romantique incompris et incompréhensible, ou le souvenir faux d'une caste de guerriers.

L'hérédité des droits

Restons dans le domaine des droits et des propriétés. Une des thèses les plus en vue pour rendre compte de l'origine et de la nature de la noblesse est celle de la richesse foncière, en tant que richesse héréditaire. Cette théorie, si elle offre une explication aussi bien économique que sociale, sous-estime autant le poids du pouvoir que l'éthique de la noblesse. Ce ne sont pas les riches qui détiennent le pouvoir (sauf peut-être, mais de façon plutôt indirecte, aux XIXe et XXe siècles), mais les puissants qui disposent des richesses. Ce sont les riches qui paient les impôts, mais ils ne les encaissent pas — hormis un Jacques Cœur et d'autres de sa trempe qui devinrent riches par l'exploitation privée d'un pouvoir public.

Selon l'historien italien Giovanni Tabacco, la structure féodale en Europe tire son origine de l'hérédité de la grande propriété. Pour l'époque franque, cet auteur admet l'existence d'un embryon de pouvoir public, parce qu'il serait resté en dehors de la transmission héréditaire. Mais après, le pouvoir héréditaire de la noblesse serait un phénomène « privé » menant à la dissolution de l'État. Tabacco place la césure aux IXe/Xe siècles, qui auraient vu une « *trasformazione dei poteri pubblici in senso signorile* ». D'après lui, le pouvoir seigneurial appartient au secteur privé, si l'on peut dire.

Or la vassalité, accompagnée par l'attribution d'un *honor*, qui apportait au récipiendaire la *potestas* publique, était un instrument efficace de l'État franc. Elle est restée, comme l'a bien remarqué Mitteis, un soutien éminent de l'organisation de la chose publique d'abord en France, puis dans l'Empire, et de nouveau en France, dès que le prince eut le pouvoir nécessaire pour manier cet instrument. Le droit féodal faisait partie du droit public et de l'État. C'est aussi la conviction de François-Louis Ganshof, qui refusait de parler de « féodalité » et de « féodalisme », car ces notions modernes disqualifiaient l'État dont on ne pouvait du coup que nier l'existence, puisque ses éléments de pouvoir étaient censés se trouver aux mains d'hommes « privés ».

L'hérédité fait aujourd'hui penser automatiquement à affaire « privée », et l'on comprend qu'elle ait pu devenir un argument pour les tenants d'un pouvoir « privé », la chose publique ne pouvant être héréditaire — sauf, éventuellement, s'il s'agissait du roi. Nous verrons en effet que l'hérédité directe du pouvoir et de la fonction publique était, au début, limitée en principe aux familles royales, et qu'elle est « descendue », du VIIIe au XIIe siècle, aux ducs, comtes et autres seigneurs. Elle aura accompli, à la fin, un retour à ses origines lointaines. Mais elle a connu ses siècles de gloire. Les modernes, incapables de comprendre une époque où une partie du territoire de l'État appartenait de façon héréditaire à des « particuliers », l'ont appelée « féodale ».

« Féodalité » ! Ce mot, après « invasions » et « gothique », après « anarchie » et « pouvoir privé », aura transformé l'histoire du « Moyen Âge ». Ainsi, l'« art gothique » pouvait devenir l'« art féodal ». C'était également faux, mais cela faisait plus moderne. N'insistons pas sur le fait que le terme est entré dans la doctrine marxiste pour y occuper une place irremplaçable entre les exploiteurs d'esclaves et les exploiteurs capitalistes, quitte à ce que les historiens non marxistes le reprennent pour désigner un premier et un second âge « féodal », ou pour parler de « révolutions féodales ». Ce qui est grave, c'est que les objets de ces théories et désignations existent, au moins pour une large part : il y a eu des esclaves, et il y a eu à travers toutes les civilisations des exploités, dont certains éprouvaient durement leur condition, tandis que d'autres ne prendraient connaissance de leur exploitation qu'en lisant nos auteurs contemporains.

Le mot « féodalité », qui apparaît en France au XVIIe siècle avec le sens de « droit féodal », a fini par devenir un terme général, qui peut aussi signifier « gouvernement féodal ». Au début du XVIIIe siècle, Boulainvilliers le voit encore sous un jour favorable et, l'un des premiers, l'étend à l'État et la société de toute une époque. Montesquieu, qui popularise la notion, l'associe au démembrement territorial de la souveraineté. Guy Chaussinand-Nogaret, dans son livre *La Noblesse française au XVIIIe siècle*, a retracé le parcours qui a mené au décret d'abolition du « régime féodal », le 11 août 1789, et plus tard à une condamnation générale de l'« anarchie féodale ». Dès 1739, le marquis d'Argenson, ministre de Louis XV, avait écrit un mémoire intitulé *Démocratie royale*, où il réclamait l'abolition de la noblesse par une action commune du roi et du peuple contre l'« anarchie » d'un côté et le « despotisme féodal » de l'autre. D'une manière plus générale, Otto Brunner a bien vu que « les publicistes de la royauté absolue étaient occupés depuis fort longtemps à détruire moralement la seigneurie. Aussi la Révolution y a-t-elle trouvé des matériaux pour justifier son combat contre la féodalité ».

L'alliance de la monarchie et de la bourgeoisie qui, après la parenthèse napoléonienne, a donné — sur le plan historiographique — le coup de grâce à la noblesse, n'a donc été que la continuation logique des convergences de vues et d'intérêts des deux partenaires, trop puissants, il est vrai, pour une accusée dont on cherchait à tout prix à se débarrasser. La voilà coupable d'égoïsme et d'actes arbitraires, d'oppression et de trahison ! L'hérédité devient la cause de tous les maux qu'a connus le peuple (aux deux sens du terme, social et politique) dans le passé français. C'est l'heure de l'« anarchie féodale », notion polémique dirigée à l'origine contre les anomalies devenues intolérables du siècle qui a précédé la Révolution, mais étendue maintenant à une période reculée du passé, celle de la faiblesse de la royauté, du Xe au XIIe siècle.

Malgré toutes les recherches érudites, certains sont toujours convaincus qu'« au fond », telle a bien été l'histoire de la noblesse : utile seulement quand elle a vraiment servi le roi de France dans ses guerres et dans la défense du pays.

On nous permettra de répéter que la noblesse a précédé la royauté française, qu'elle a existé à côté d'elle, en dehors d'elle et qu'elle lui a survécu. Nous remonterons dans le chapitre suivant vers des périodes qui éclairent ce qu'était le pouvoir, des rois comme des « aristocrates », dans les sociétés anciennes avant que naissent la *nobilitas* romaine et celles qui l'ont suivie. Qui a fait le roi, sinon les « aristocrates »? Et l'inverse n'est-il pas vrai aussi? Qui dominait les hommes, sinon de puissants lignages? Mais qu'est-ce qui les a obligés ou incités à mettre à leur tête un chef au pouvoir sacralisé?

Quant à ces mots magiques de « féodalité » ou « féodalisme », il nous faudra les remplacer par des termes plus adaptés à ces époques reculées, car on ne fait pas de véritable histoire avec des notions fausses. C'est par les mots qui expriment les institutions et les valeurs de leur époque qu'on peut arriver au *Selbstverständnis* de chaque siècle, à la vision du monde propre à chaque génération depuis la victoire du christianisme. Ayant repris sous l'influence de la révolution humaniste tant de notions gréco-romaines en les adaptant à leurs propres besoins, nos contemporains ont fait disparaître les notions latines de l'Occident chrétien. Ce seront donc ces dernières qui nous aideront à reconstituer l'époque des origines et de l'épanouissement de la noblesse.

CHAPITRE III

Les racines du pouvoir monarchique

Pourquoi, parmi les hommes, les uns commandent-ils et les autres obéissent-ils ? Certes, le « droit du plus fort » règne parfois purement et simplement, mais d'ordinaire un ordre établi, plus ou moins durable, confère à chacun sa place et règle le comportement des hommes dans leur société respective. Cet « ordre » concrétisé par un « gouvernement » présuppose une légitimité, plus ou moins librement acceptée par les gouvernés et qui est presque toujours ancrée dans le domaine des forces surnaturelles, magiques, divines. Comme celui qui exerce le droit de vie et de mort sur les hommes, qui a pouvoir de déclarer la guerre ou de conclure la paix, n'est pas un homme pareil aux autres, on a parlé du « charisme » du guide. Ce support religieux du pouvoir politique a fait naître un autre pouvoir, celui des prêtres. Les relations de ces deux pouvoirs ont connu toutes les variantes possibles, de la rivalité à l'alliance parfaite, de la domination de l'un à celle de l'autre, jusqu'à l'union des deux sous le seul monarque (« césaro-papisme ») ou sous le seul « pontife suprême ».

L'INÉGALITÉ DES HOMMES

Dans les « structures du pouvoir », un phénomène semble bien dominer : normalement, un seul commande, celui qui est le « chef » (mot apparu au IXe siècle, du latin *caput*). Tous les mots, dans toutes les langues, qui procèdent de la notion de « tête » traduisent un des fondements de la structure « monocratique » du monde politique : la tête qui commande aux membres était une image ancienne et répandue. D'autres analogies sont tout aussi frappantes, comme celle de la « direction » par un seul, empruntée au monde des cavaliers ou à celui de la navigation. C'est de ce dernier, essentiel chez les Grecs, qu'est née, à travers la figure du *kybernetes* — en latin *gubernator*, dirigeant le bateau —, toute notre terminologie « gouvernementale ». Cela nous rappelle, si besoin était, le caractère omniprésent de la « monarchie », si on ne la limite pas à l'une de ses formes historiques, la monarchie héréditaire : la monocratie non héréditaire a plus ou moins dominé les institutions de la France sous la Ve République, et longue est la liste des autocrates à la tête d'États en ce XXe siècle qui n'aura pas contesté le pouvoir personnel, mais seulement la royauté de droit divin, encore florissante vers 1900.

Religion et pouvoir

Changement tardif, annoncé par le « Dieu est mort » de Nietzsche et imposé par les bouleversements qui ont accompagné et suivi la Grande Guerre. Car, si une chose vient « du fond des âges », comme on le dit souvent, c'est bien le caractère « religieux » des origines et de la légitimation du pouvoir. Toute forme de force contraignante requiert, pour durer, une justification ou « légitimation » par le surnaturel.

René Girard, dans *La Violence et le sacré* (1972), le voit manifesté dans le sacrifice, commun aux origines de presque tous les groupes humains — sacrifice sanglant ou non, y compris d'êtres humains (enfants, vierges, prisonniers de guerre, parfois le rebut de la société, parfois le roi). Ce sacrifice était destiné à apaiser ou à se concilier les forces de l'au-delà afin qu'elles envoient un temps favorable au lieu de catastrophes météorologiques, de riches moissons au lieu de la disette, la fertilité des femmes, des terres et du bétail au lieu de la stérilité, la victoire et le butin au lieu de la défaite et de la destruction. Partout, le sacrifice était lié à un rituel minutieux — incluant jusqu'aux détails de la mise à mort des victimes offertes aux divinités et de la conservation de leurs ossements (bien réglée chez les Celtes) — et à des lieux sacrés qui lui servaient de cadre. Malheur à ceux qui, fût-ce par méprise, ne respectaient pas ces lieux !

En critiquant l'interprétation freudienne des tragédies grecques, René Girard souligne la spécificité fondamentale du phénomène religieux. La société humaine ne commence pas avec le problème du maître et de l'esclave, de la liberté, voire de l'égalité des individus, mais avec la religion, qui englobe l'existence entière de tous les hommes. Durkheim a défini l'homme comme un être religieux, complétant ainsi, à l'aube du XXe siècle, la définition aristotélicienne de l'homme comme « être social » (*zoon politikon*). Contre les ersatz de religion des modernes qui n'admettent que des liens purement humains, Robert Turcan rappelait récemment une évidence philologique : *religio* désigne les liens entre l'homme et Dieu (voire les dieux), et non pas entre les hommes.

Le sacrifice réconciliateur, qui unit le groupe humain et lui donne sa solidarité ainsi que sa confiance dans l'avenir, se retrouve parmi les « mythes et symboles » propres à la sacralisation du pouvoir politique que Jean-Paul Roux (1995) voit incarnée dans la figure du « roi ». Initialement, son ouvrage devait s'intituler *Le Roi sacré*, mais il a choisi de l'appeler *Le Roi* afin d'éviter le pléonasme, tant le roi — qu'il étudie à travers toutes les monarchies et toutes les époques — est défini par son caractère sacré. Se trouve ainsi réfutée la remarque de Voltaire : « Le premier qui fut roi fut un soldat heureux », car ce serait admettre parmi les rois toutes sortes de dictateurs. « Le roi peut être un guerrier, un conquérant, mais ce ne sont ni la guerre ni la conquête qui le font roi. C'est sa représentativité. Nul, semble-t-il, ne doute plus aujourd'hui de l'aspect essentiellement religieux de la monarchie. L'important n'est pas le pouvoir temporel du souverain, mais bien son pouvoir sacré. » Cette idée est confirmée par l'histoire des Capétiens, par laquelle Marc Bloch a redécouvert la religion dans ses *Rois thaumaturges*, mais aussi par celle des rois anglais, même modernes, ainsi que le démontre Ernst Kantorowicz dans *Les Deux Corps du roi*. L'âge chrétien a toujours distingué, en principe, le *pius princeps* du *tyrannus*.

L'universalité de l'idée monarchique incarnée par le roi (« la monarchie est le régime qui connut la plus large faveur, et de loin, depuis les origines des temps jusqu'à nos jours ») correspond à l'universalité du phénomène religieux. « Sans religion, pas de roi », écrit Jean-Paul Roux, car la tâche essentielle du roi est d'être « un lien entre le surhumain et l'humain », comme nous le voyons dans les monuments du Proche-Orient antique. Auteur par ailleurs d'un livre intitulé *Le Sang*, Roux montre l'hérédité des rois, leur caractère dynastique. Or, la durée est bien l'avantage que la royauté présente par rapport aux autres intermédiaires entre le surhumain et l'humain, « prêtres, prophètes ou saints ». « Sans continuité, pas de roi, puisque seule la chaîne ininterrompue des souverains fait la monarchie. » Thèse que confirment une immense littérature de généalogies royales et de listes de souverains à travers les siècles et les civilisations, ainsi que « les artifices [...] par lesquels une dynastie nouvelle parvient à se rattacher à celle qu'elle remplace, ou encore les théories par lesquelles on justifie le passage de l'une à l'autre ».

L'idée que la royauté est un phénomène humain généralisé ne suffit toutefois pas pour comprendre les monarchies européennes, tout simplement parce que celles-ci sont chrétiennes, et que la royauté chrétienne doit ses origines non pas aux racines universelles que lui supposent volontiers ethnologues et sociologues, mais à la monarchie chrétienne de l'Empire, fondée par Constantin le Grand. Or, le christianisme est né dans l'Empire romain, le Christ a vu le jour sous l'empereur Auguste; cette religion s'est développée dans cet empire où elle est devenue dominante grâce à des empereurs comme Constantin et Théodose. Le christianisme est en un mot la religion de l'Empire romain, le premier État chrétien était l'Empire chrétien, et cet État a été le modèle millénaire de tous les royaumes chrétiens, la conversion de toutes les *gentes* s'ordonnant en fonction de leur situation respective face à l'Empire.

Le modèle paternel

Le père fut l'un des moteurs les plus puissants de la hiérarchisation des sociétés humaines, dans les États et dans les religions. L'image vient de cette cellule de base de la société qu'est la famille. Il suffit de prendre la mesure de son influence sur la vie et la pensée humaines pour se rendre à l'évidence qu'à l'égalité de principe de tous les êtres s'oppose dans l'histoire leur inégalité de fait.

Face aux spéculations générales sur la formation des premières sociétés sous le signe de l'égalité paisible de hommes — utopies qui reflètent les idées de l'époque de leurs auteurs —, cette inégalité de base se manifeste dans le fait que le rôle du père diffère de celui de la mère, indépendamment de nuances parfois considérables selon les pays et les périodes. De même, la place des enfants varie selon leurs âges respectifs. L'âge suffit à lui seul pour réfuter la possibilité d'une égalité totale entre les hommes, chacun étant en soi différent en fonction de son âge et de son état de santé, qui déterminent sa place dans la société. Les hommes « dans la force de l'âge » décident des affaires du groupe plutôt que les enfants ou les vieillards, incapables de vivre sans l'aide des autres. Mais ces hommes âgés ne dépendent pas exclusivement de leurs forces physiques, à condition d'avoir conservé leurs facultés intellectuelles : l'expérience du « vieillard vénérable » qui en a vu d'autres et qui représente la mémoire du groupe en fait un homme auquel on demande conseil pour profiter de sa sagesse.

Ainsi trouve-t-on un peu partout des institutions composées de dirigeants âgés. Chez les Romains, c'était le *senatus*, nommé de la sorte à cause de l'âge vénérable de ses membres, ces *senes* appelés *patres* par la collectivité. Dans les communautés des premiers chrétiens, il fallait également compter avec les plus âgés, en grec *presbyteroï*. Ce terme, qui sera repris par des communautés protestantes, a surtout servi à désigner les « prêtres » de l'Église destinés à guider les fidèles. Les *presbyteri* ou *sacerdotes* étaient eux-mêmes placés sous la responsabilité d'un « surveillant » *(episkopos)*, l'évêque, appelé à son tour *papa*, « père », avant que ce titre ne fût réservé à l'évêque de Rome. Le « Saint-Père » avait le droit — qu'il possède toujours — de donner du « mon fils » à tous ceux qui lui étaient confiés, jusqu'aux rois et empereurs. La figure du père se retrouve, bien sûr, dans la communauté des moines, soumis à l'autorité parfois sévère de l'*abbas* (« père »).

La *paternitas* comportait, au-delà de l'influence et du pouvoir, un élément de dignité conférant un rang supérieur. C'est si évident que le premier des dieux, que ce fût Zeus, Jupiter ou Odin/Wotan, était le « père des dieux », et que pour le monothéisme judéo-chrétien Dieu était le Père *kat'exochen*. La première des hiérarchies humaines aura donc été paternaliste : on peut en suivre les traces jusqu'aux « patrons » des sociétés industrielles. Le « schéma mental » de la famille livre ainsi des désignations de base pour la vie publique, à commencer par la patrie *(patria)*, terre d'origine de l'homme et terre de ses pères. Le maître politique du pays est appelé *pater patriae*, en tant que « père de la patrie », mais aussi de ses habitants (cela fit partie du programme politique des empereurs romains dès qu'émergea l'idée de l'« Empire » conçu comme une seule « patrie »). Il arrivait qu'on le nommât non sans tendresse « petit père », comme le tsar de toutes les Russies, puis Staline...

Si le pape a été le père spirituel des croyants, l'empereur a utilisé le modèle familial pour revendiquer une place éminente parmi les souverains chrétiens du monde, qui s'adressaient à lui en l'appelant *pater*, comme le fit le roi des Francs. Quand l'empereur d'Orient fut obligé de reconnaître Charlemagne comme empereur d'Occident, il lui concéda — tout en se réservant le caractère romain de son propre empire — l'adresse « mon frère » *(frater)*. Cela valait encore au XIXe siècle pour son lointain successeur, le tsar *(caesar)*, et pour celui de Charlemagne, l'empereur d'Autriche, lorsqu'ils donnèrent du « mon frère » à Napoléon, ce dernier se posant également en successeur de Charlemagne. Quant aux autres souverains européens, ils échangeaient du « mon cousin », soulignant de la sorte l'existence millénaire de cette « famille des rois » étudiée par le grand byzantiniste que fut Franz Dölger. Tout cela se passait évidemment sous l'empire de Dieu, le Roi des rois *(rex regum)* au ciel, dont le premier empereur chrétien sur terre fut le fondateur de Constantinople. Les successeurs de Constantin se considéraient en toute logique comme les seuls empereurs romains authentiques, ainsi que l'expliquait en 914 le patriarche de Constantinople, Nicolas Ier, au tsar des Bulgares qui entrait à son tour dans la famille des rois : « Dieu, l'empereur de l'univers qui a donné à chaque peuple étranger ses frontières, ses marques d'honneur et ses appellations, n'a établi sur terre qu'un seul empire, placé au-dessus de tout pouvoir dans ce monde. »

Cette « structure du pouvoir » dans le monde, loin d'être une construction humaine factice, était censée refléter la volonté divine et durer jusqu'à la fin des temps. C'est ainsi qu'a pu naître un monde fondé sur un modèle paternel, avec le Père éternel dans l'au-delà, entouré par les chœurs des anges de rangs différents, et un père ici-bas, empereur, roi ou prince, entouré de ses dignitaires soigneusement classés selon leurs rangs respectifs : un monde hiérarchisé et en principe quasi immuable, qui faisait une place à chacun. C'est ce modèle qui a dominé les structures politiques essentielles jusqu'à l'époque des révolutions modernes. Il accordait également une place à la femme, surtout dans le monde du droit romain, où elle passait du pouvoir de son père à celui de son mari, maître de la *familia* au sens large, englobant tous les serviteurs et esclaves de sa maison. Dans ce monde, la naissance *(natio)* définissait la condition *(conditio)* de l'homme, en lui donnant sa patrie *(patria)* comme son statut *(status)* selon qu'il était né noble, libre ou esclave. Le seul qui pût changer le statut attribué par Dieu, Père dans les cieux, était le père terrestre, à savoir l'empereur, ou le roi reconnu par l'empereur, ou encore le pape ou le prêtre, pères spirituels.

On n'oubliera pas, à côté du principe quasi universel du père, le rôle du facteur « âge », qui sert à désigner le rang de ceux qui gouvernent sous les ordres du prince. Ainsi le chef est-il nommé le *senior* (« le plus âgé ») de ceux qui reconnaissent son autorité, ses subordonnés étant appelés *juniores*, terme collectif qui englobe également tous ceux auxquels s'adresse le roi. On a tendance à voir là de simples étymologies, qui auraient été inconnues ou oubliées des hommes incultes du « Moyen Âge ». On a tort, comme le prouve l'exemple de Dhuoda, femme noble, qui chercha à enseigner à son fils ce qu'il devait à son père et à sa famille ainsi qu'à son *senior*, le roi — ce qui n'empêcha pas ce fils d'être exécuté pour trahison. D'autres parents et éducateurs *(baiuli)* transmirent pareil enseignement sans laisser d'écrits. De plus, quand le *senior* féodal assumait le rôle du père au moment de la mort de son vassal, il arrivait qu'il pût marier à sa guise la veuve ou la fille de celui-ci. Surtout, le meurtre du seigneur par son vassal était jugé et châtié comme un parricide, crime horrible entre tous.

Ainsi se dégagent les structures foncièrement « familiales » des élites sociales dans un monde de seigneurs qui acceptaient librement la suzeraineté d'autres seigneurs. Tous, jusqu'au seigneur suprême — l'empereur/roi, « vassal » du Seigneur du ciel —, formaient un monde de pères placé sous la protection du Père et du Saint-Père. Au-dessous de cette hiérarchie des hommes de pouvoir, le rôle dévolu à l'homme du commun était celui de l'enfant, ce qui tenait lieu parfois de consolation dans la détresse. Mais, à la longue, les enfants du père de la patrie *(Landeskinder)* se sentirent tellement à l'étroit qu'ils finirent par se révolter.

Nulle part mieux que dans le monde dynastique et son jeu d'alliances matrimoniales, d'héritages et de guerres de succession (y compris dans les siècles « modernes »!) ne s'observe le caractère familial de l'Ancien Régime, avec le rôle central de l'hérédité, qu'il s'agisse de la transmission des facultés physiques et mentales, de la fortune, du statut social, mais aussi des pouvoirs et des territoires. Même après les réformes des XVIIIe-XIXe siècles soumettant — sauf pour les rois et princes souverains — le droit des successions au droit privé, la transmission successorale reste un des derniers bastions du « monde traditionnel ». Mille faits irréfutables nous montrent à l'évidence que les premiers « États » n'ont pas été « fondés » par une communauté d'égaux, comme le supposaient les théories utopiques des modernes. Ils se sont formés grâce aux alliances de puissantes lignées nanties chacune d'une clientèle nombreuse, ce qui n'exclut pas la conclusion d'arrangements ou de compromis avec une partie plus large de la population des hommes libres. Très tôt donc les « inégalités » politiques, comme les désignerait l'homme moderne, étaient « programmées » par ce que la sociologie appelle un esprit de domination *(Herrschaftsdenken)*.

Que ces inégalités fondamentales aient été anciennes, l'archéologie nous en livre en abondance la preuve à travers les continents et les époques sous forme de ces monuments accordés au rang du défunt, des pyramides égyptiennes aux mausolées orientaux, des stèles des Grecs aux pierres tombales des Romains, avec leurs inscriptions résumant toute une carrière. La stratification sociale se reflète dans les sarcophages richement ornés, qui se distinguent d'autres plus sobrement exécutés, mais toujours inaccessibles au monde des humbles qui n'avaient pas droit au tombeau « individualisé ». Même là où une communauté possédait un cimetière commun, l'« inhumation privilégiée » (terme technique) des puissants et des riches se traduisait par une localisation séparée de leurs tombes, par leurs dimensions et par la richesse de leur contenu aux époques qui connaissaient le mobilier funéraire, avec des armes réservées à l'élite et des chevaux associés aux cavaliers. Tout un art funéraire a été le témoin, à travers les millénaires, de l'inégalité des hommes devant la mort. Car les puissants et les riches voulaient faire durer dans l'au-delà leur situation particulière, leur rang, tandis que les humbles croyaient que le destin voulait distinguer certains hommes en les élevant au-dessus des autres. Cette élite ne formait-elle pas une sorte de relais nécessaire entre ceux qui avaient besoin de protection et les dieux qui pouvaient l'accorder?

Demi-dieux, héros, saints, grands étaient tous des êtres distingués par la vénération dont ils faisaient l'objet. Leur existence témoigne de la précocité des divisions du genre humain. Ces êtres supérieurs, désireux de « maintenir leur rang », obligeaient les « autres » à reconnaître publiquement leur supériorité et à contribuer activement à leur éclat par des acclamations, des *adventus* solennels et autres « joyeuses entrées », des hommages publics et autres signes de soumission.

Symboles et survivances du pouvoir sacralisé

La sacralisation du pouvoir n'est pas une particularité chrétienne. L'Église, comme l'Empire romain qui la vit naître, sont dans ce domaine les héritiers des grandes civilisations du Proche-Orient antique, y compris celle de l'Ancien Testament. Il y a là, des premières grandes monarchies orientales à notre Europe, une continuité qui ne connaît ni « Antiquité », ni « Moyen Âge », ni « Temps modernes », mais — au moins en ce qui concerne l'Europe — simplement un âge préchrétien et un âge chrétien. Les formes que se donne le pouvoir sacré sont innombrables : monuments, trésors artistiques, vêtements tissés d'or, armures polies, couronnes, bijoux et monnaies, tous destinés à impressionner les sujets et les (rares) rivaux. Il s'agissait là des symboles du pouvoir conféré à un élu du ciel, que ce fût en Égypte, en Chine ou à Rome. La part d'éternité à quoi aspire le pouvoir des hommes ne se dévoile nulle part mieux qu'en ces symboles auxquels une force quasi magique était attribuée (spécifiée par exemple pour les différentes pierres précieuses).

Ces symboles firent l'objet d'une grande vénération sur leurs lieux de conservation, palais, temples et églises. La pérennité de leur rayonnement se reflète mieux qu'ailleurs dans les monuments et les *regalia* de la monarchie pontificale romaine. Celle-ci s'est présentée comme l'héritière par excellence de l'Empire romain : elle l'a affirmé, en ce qui concerne l'Occident, dans la fausse « Donation de Constantin le Grand » (VIIIe siècle) et, avec une ambition universelle et sous forme de programme, dans les *dictatus papae* de Grégoire VII. Depuis lors, elle s'est estimée supérieure à toutes les puissances de ce monde parce que celles-ci n'étaient que de ce monde. Elle est ainsi devenue dépositaire des symboles sublimes réservés aux dignités suprêmes. Les mausolées (qui tirent leur nom de l'une des Sept Merveilles du monde, le monument funéraire de Mausole, satrape de Carie) et autres tombes surdimensionnées sont dépassés — à l'exception, il est vrai, des pyramides — par le tombeau de saint Pierre, prince des apôtres et premier des papes, selon la tradition. Le diadème (symbole de la dignité impériale depuis

Constantin le Grand) et la couronne des souverains sont surclassés par la tiare* papale, qui depuis Boniface VIII comprend une double, puis triple couronne exprimant la supériorité du souverain pontife sur tous les monarques ici-bas. De caractère non liturgique, la tiare était un peu trop « temporelle » et n'est plus portée par les papes depuis 1964 : pour l'historien, elle symbolise parfaitement le caractère dual de la *potestas* papale.

Quant au manteau de pourpre, après avoir servi à désigner les consuls romains (la « pourpre consulaire »), il fut réservé au seul empereur, sous la forme du *paludamentum*, chlamyde spéciale portée sur l'épaule et qui était, avec le diadème, le signe de l'entrée en fonction du nouvel empereur. Le *princeps*, lorsqu'il abdiquait, se démettait devant les troupes de la pourpre, qui avait un caractère sacré. L'Occident, suivant le modèle de Constantinople**, a vu dans la pourpre — comme d'ailleurs dans le porphyre volcanique de même couleur — l'expression de la majesté. Parmi les insignes du Saint Empire se trouvaient trois manteaux en pourpre des XIIe-XIIIe siècles. L'évangéliaire de l'Empire (IXe siècle) se compose de 236 feuillets de parchemin pourpre. Des diplômes rédigés en lettres dorées sur papyrus pourpre, réservés évidemment à l'empereur, ont été émis en Occident entre autres par Charles le Chauve quand il accéda à l'empire (875-877), ainsi du reste que des lettres signées du *legimus* à la manière de l'Empire constantinopolitain et écrites à l'encre rouge. Or, du XIe au XIIIe siècle, la *rubea* ou *purpurea chlamys* (ou *cappa*) était l'insigne du pape, qui se considérait désormais comme le véritable empereur et qui la revêtait comme un emblème de pouvoir, supérieur au manteau impérial. C'est le pape Paul II (1464-1471) qui prescrivit aux cardinaux de porter un manteau d'écarlate (mot d'origine perse) ou de pourpre, et un chapeau de couleur assortie. Seule la papauté, avec ses cardinaux, reste aujourd'hui encore dans la droite ligne des symboles qui, depuis l'Orient ancien, distinguent les sommités du monde et qui matérialisent les titres de *rex regum* ou d'empereur.

Bien des faits importants ont donc échappé à ceux qui, traitant de l'histoire de la noblesse ou de la « société laïque » (sujet théorique parce qu'inexistant dans la réalité de l'État chrétien), ont négligé les évêques qui formaient, au sein d'une hiérarchie dont nous allons montrer les origines, la première classe de la *nobilitas* (dont ils faisaient déjà partie par la naissance) et des *fideles* du prince. Ils constituaient avec les autres grands, qu'ils appelaient « laïcs », une « société mixte » où monarque, clergé et noblesse ne

---

* D'origine assyro-perse en ce qui concerne son nom et sa forme.

** Et en utilisant dans la plupart des cas des produits qui en venaient, puisque la production de pourpre était en principe un monopole impérial.

pouvaient exister l'un sans les deux autres, jusqu'à la fin d'un « Ancien Régime » pendant lequel ces trois forces furent réunies. Les historiens de l'Église ont de leur côté négligé le rôle du prince et de sa noblesse à l'intérieur de cette institution, se contentant souvent d'en donner une caricature où des hommes auxquels l'Église devait sa richesse, ses droits et son pouvoir étaient présentés comme une force hostile.

On ne peut comprendre le monde romain chrétien si l'on oublie qu'il s'enracine dans le sacré. Ce passé préchrétien a légué à l'Empire romain païen et à sa *Roma aeterna* les modèles du lien avec l'éternité que revendique tout pouvoir qui se veut « suprême », sinon « universel ». Même l'« humilité » de l'homme le plus puissant devant l'éternité qui le dépasse n'est pas une particularité chrétienne et se trouve déjà dans les monuments les plus anciens du pouvoir. Le symbole et le modèle en restera toujours la pyramide, dont les échelons évoquent des rayons solaires pétrifiés et symbolisent « l'escalier facilitant l'ascension du pharaon défunt vers le dieu Rê », comme on peut lire dans le *Petit Larousse*. Les égyptologues nous ont permis de mieux comprendre le face à face de Pharaon non seulement avec le soleil et son dieu, mais aussi avec l'ensemble des étoiles (les « cieux ») ; il est donc l'intermédiaire entre l'éternité et le reste de l'humanité. Dans la pyramide de Pépi Ier (vers 2350 av. J.-C.), à Saqqarah, on a trouvé de longs textes qui entourent les « portes » menant vers la voie des étoiles ; ils ne parlent pas de la vie du souverain, mais, en des formules sans cesse répétées, de son approche de l'éternité stellaire. Toutefois, ses proches n'ont pas été oubliés : l'équipe de Jean Leclant a découvert, tout près, des pyramides plus petites contenant les tombes des épouses du pharaon, dont deux étaient les filles d'un haut fonctionnaire. L'« aristocratie » participe ainsi à la grandeur de son monarque, mais aussi les masses qui doivent concourir à la vénération en édifiant des monuments où s'unissent le temporel et le spirituel.

Les maîtres du temps

On sait que les connaissances astronomiques et mathématiques des civilisations du Proche-Orient ancien sont à l'origine de nos calendriers, dus à l'activité d'astrologues qui prédisaient l'avenir du monarque (ainsi que les données météorologiques importantes pour les moissons). Il en est de même en Chine ou en Amérique centrale, où les Mayas sont arrivés à des résultats proches de ceux des Babyloniens, par exemple en ce qui concerne le calcul des éclipses ou de la course de Vénus *. Toutes les grandes civilisations,

* *Cf.* Anthony Aveni, *Dialogue avec les étoiles* (éd. allemande, Stuttgart, 1995).

y compris l'époque mégalithique (qu'on se rappelle les mégalithes de Stonehenge), ont eu les mêmes préoccupations. Un peu partout s'observe la même connexion entre étoiles, dieux des étoiles, souverains et astrologues, ces derniers constituant le lien entre le monde céleste et le souverain qui, seul informé par eux, a le privilège de contempler l'au-delà et de connaître éventuellement l'avenir. Il existe une filiation précise entre le rôle des maîtres de l'Orient antique — intermédiaires entre l'éternité et les hommes, maîtres du temps et du calendrier — et le rôle correspondant de l'empereur romain. Si l'on oublie cela, on ne comprendra guère le prestige et la force légitimatrice des empereurs chrétiens.

Arrêtons-nous un instant sur Auguste, sur ses contacts avec l'Orient, et sur l'idée que ce premier empereur a pu se faire de sa place et de sa mission*. En 31 av. J.-C., Octavien remporte la bataille d'Actium sur la flotte de Cléopâtre et du « traître » Marc Antoine. L'année suivante, il prend Alexandrie et soumet l'Égypte, qui devient province romaine et largement *dominium* personnel du vainqueur. Il se considère dorénavant comme l'héritier des anciens empires et de leur sagesse (en grande partie astrologique et mathématique), laquelle était concentrée en Égypte selon l'opinion des savants grecs, avec Alexandrie pour centre de l'univers — centre qu'Auguste a voulu déplacer à Rome. Après ses victoires sur ses derniers rivaux, en janvier 29, le temple de Janus fut fermé : la paix était établie en Méditerranée pour longtemps.

Ces deux éléments — soumission de l'Orient et paix générale — dominaient l'image que se faisait Octavien de sa personne lorsque le sénat l'« invita » le 16 janvier à accepter le principat unique, tout en appelant *augustus* ce sauveur de la *res publica*. Pour la première fois, l'*auctoritas*, réservée jusqu'alors au *populus Romanus* et au sénat, était attribuée à un seul homme, avec toute la sublimité qui lui était inhérente. Dès l'an 27, Auguste se fit représenter sur ses monnaies par le capricorne, signe sidéral du 16 janvier. Certaines montrent le capricorne tenant une sphère — le globe terrestre.

L'intégration du destin de l'être hors pair qu'était devenu Auguste dans l'éternité du monde des étoiles allait se manifester d'une manière beaucoup plus éclatante encore. Elle prit la forme de tout un programme de déification de la personne sacrée de l'empereur et de sa famille, dont il voulait faire une dynastie. En 29, Octavien avait consacré le temple du *divus Julius*. À ce moment, les travaux de l'immense mausolée d'Octavien, monument destiné à l'ensemble de sa dynastie, étaient déjà en cours ; ils s'achevèrent en 28, lorsque fut consacré au Palatin le temple d'Apollon, dieu per-

* Que permettent d'entrevoir en particulier les fouilles germano-italiennes menées par Buchner et deux rapports qui leur ont été consacrés de 1976 à 1982.

sonnel d'Octavien, près de son palais. Devenu Auguste, l'empereur fit construire l'*ara pacis Augustae*, qui fut consacrée en l'an 9 av. J.-C. et qui devait témoigner que toute l'histoire de Rome, depuis Énée, Romulus et Remus, menait à Octavien/Auguste. Cet autel montre, outre un décor de cygnes (oiseaux d'Apollon), la procession de la famille impériale et de la noblesse romaine lors de sa fondation, en 13 av. J.-C. L'empereur était ainsi célébré comme la source de la *pax Romana*, qui pour les Romains sera une sorte d'article de foi jusqu'aux IIe-IIIe siècles.

Cet événement aussi devait être resitué, comme le reste de la vie d'Auguste, sur le plan éternel des astres. Entre 26 et 13 av. J.-C., l'empereur prépara le plus grand cadran solaire jamais érigé, le *solarium* dit *horologium Augusti*, destiné à donner l'heure et le signe zodiacal aux Romains tout en montrant Auguste comme le fondateur d'une nouvelle ère, celle de la paix, confirmée par la volonté éternelle des étoiles.

Il fallut pour cela acheminer d'Héliopolis (vers 13-12 av. J.-C.) un immense obélisque sur un bateau spécialement construit à cet effet : ce monolithe, symbole solaire des Égyptiens, fut érigé en 11 av. J.-C., après qu'on y eut gravé l'inscription triomphale « *Aegypto in potestatem populi Romani redacta* ». Il faisait partie d'un ensemble de quatre monuments savamment corrélés, les trois autres étant le *mausoleum Augusti*, au nord du Champ de Mars, dieu protecteur des Romains ; l'*ustrinum*, peu éloigné, où le corps d'Auguste serait brûlé ; et l'*ara pacis*. L'empereur avait fait placer sur l'obélisque les signes de l'heure et du zodiaque en bronze pour permettre à chacun de « lire » le cadran, ce dernier étant arrangé de manière à souligner les deux dates essentielles de la vie d'Auguste : le 25 décembre, solstice d'hiver et jour de sa conception (il s'était donc élevé avec le soleil), et le 23 septembre, équinoxe d'automne et jour de sa naissance. Le 23 septembre, l'ombre jetée par le gnomon tombait précisément au centre de l'*ara pacis*. Les monuments de cet ensemble n'étaient donc pas simplement des bâtiments d'apparat destinés à rehausser le décor de la capitale, mais revêtaient une importance capitale pour les débuts et l'avenir du nouvel empire en démontrant la stature de son fondateur : les dates de sa vie correspondaient à celles de l'action sur les hommes de *Sol*, le dieu solaire auquel était dédié le *solarium*, signe que son destin s'inscrivait dans l'éternité.

On comprend mieux ainsi que les nouveaux dirigeants d'une Rome nouvelle se soient vus comme maîtres du temps et du calendrier dans un monde qu'ils dominaient désormais. César avait annulé le calendrier lunaire romain, totalement obsolète, et lancé le calendrier julien le 1er janvier 45 av. J.-C., avec un système remarquable de jours intercalaires et d'années bissextiles (il est resté en usage dans le monde byzantino-russe jusqu'à la fin du XXe siècle). César aussi mit à profit les connaissances de l'Orient en la personne de l'astronome alexandrin Sosigène. Dès 44, il laissa sa marque en changeant le nom du mois *Quintilis* en *Julius*. Auguste a réformé le calendrier de César en 8 av. J.-C., et en a profité pour rebaptiser le mois *Sextilis* en *Augustus*. C'est ainsi que ces mois s'appellent encore aujourd'hui dans le monde entier.

Les liens entre les grands de ce monde, porteurs de légitimité, et le calendrier sont indéniables. Il suffit de penser à un autre souverain romain, pontife celui-là, qui a fait remplacer le calendrier julien par le calendrier grégorien dans l'Église romaine : Grégoire XIII. Il fit préparer son nouveau système de division du temps par des spécialistes et le lança en 1582, en « sautant » les dix jours surnuméraires que comptait le calendrier julien (le 4 octobre 1582 fut suivi par le 15), et en supprimant les trois quarts des années bissextiles. Lentement, son calendrier s'est imposé dans la plus grande partie du monde chrétien. Personne n'a contesté en la matière l'autorité du pape, ce porteur de la tiare d'un « grand empereur » qui n'a pas manqué d'orner Rome d'autres obélisques.

Le peuple souverain de la « République française » issue de la Révolution, se considérant comme l'héritier de la *res publica* romaine, voulut manifester son pouvoir suprême en révolutionnant aussi le calendrier. Celui qui abolit ce nouveau calendrier républicain le 1er janvier 1806 n'était autre que Napoléon, qui venait d'être sacré empereur... par le pape ! Or, Bonaparte/Napoléon, cette réplique étonnante d'Octavien/Auguste, avait profité de l'expédition d'Égypte pour effectuer une démonstration de puissance sous les Pyramides, mais aussi pour en récolter les fruits sur le plan scientifique, en installant sur place une présence française dont allait sortir peu après l'œuvre de Jean-François Champollion, le déchiffreur des hiéroglyphes et fondateur de l'égyptologie (1790-1832). Et le don d'un obélisque de Louxor en 1831 par Mehemet Ali, vice-roi d'Égypte, à Louis-Philippe permit à ce dernier de le faire ériger le 25 octobre 1836 sur la place de la Concorde — il fallut construire un bateau spécial pour transporter un obélisque non plus à Rome, mais à Paris, nouveau centre du monde.

Quant aux empereurs et autres princes, ils ont dominé la vie de leurs sujets et leur calendrier par d'autres voies, à commencer par l'octroi de jours fériés. C'est Constantin le Grand qui créa le dimanche et s'assura qu'on le respectait. Plus tard, les lois concernant le respect du dimanche et prévoyant des exceptions (comme le droit de rendre la justice ce jour-là) émanaient des seuls empereurs, ainsi d'Otton le Grand au Xe siècle. Enfin, c'étaient les empereurs qui fixaient la date de la fête pascale, qui domine l'année ecclésiastique, en légiférant sur décision des conciles — tel Constantin après celui de Nicée qui, à l'instigation de l'empereur, donna à Pâques une date unique pour l'ensemble des évêchés chrétiens.

L'art, témoin de la hiérarchie politico-ecclésiastique

Monarchies et aristocraties, ces deux phénomènes concomitants et nulle part mieux exprimés que dans les monuments qu'ils ont laissés, doivent la richesse de leur patrimoine monumental au caractère sacré de leur pouvoir. Longtemps, les historiens de l'art ont parlé d'« art monumental » ou d'« art sacré » en fournissant à leurs impressions essentiellement esthétiques l'arrière-plan rassurant de termes techniques, même s'ils percevaient la place tenue par le divin dans la vie de l'homme croyant de jadis. Pour celui-ci, l'art n'était que de l'*ars*, une technique maîtrisée par un « artisan » qui n'avait pas encore le statut de l'artiste moderne. Ce dernier a fini par monopoliser l'attention, concentrée jusque-là sur l'œuvre dédiée à Dieu et aux grands; il s'est vu, en tant que créateur élu par son génie, « divinisé » à son tour parce que capable de susciter des sentiments « élevés », qui se sont substitués à l'édification de l'âme par la foi.

Aujourd'hui, nombre d'historiens et d'historiens de l'art préfèrent s'attacher à des témoignages de contemporains. L'un d'eux, Bernd Wolfgang Lindemann, dans son livre consacré à la peinture des plafonds des églises et palais des XVIIe et XVIIIe siècles*, a su dépasser l'histoire de l'art en analysant l'« image » du monde précopernicien et le conflit entre la vision du monde de l'Europe ancienne et les résultats des sciences modernes. Dans un chapitre remarquable sur le « monde des princes » (ecclésiastiques surtout), il montre la force avec laquelle la conception du monde comme création divine a survécu jusqu'à la fin du XVIIIe siècle, et donne des exemples frappants qui illustrent notre propos sur l'unité du spirituel et du temporel dès qu'on s'approche du faîte de l'édifice du pouvoir. Les commanditaires princiers et les artisans, mais aussi les théoriciens de l'architecture et des autres arts monumentaux de l'époque préconisent toujours un art au fond sacré, dont la symbolique soit au service de l'État et de l'Église. Leurs citations littéraires et artistiques sont empruntées à l'ensemble de la tradition romaine et chrétienne, historique et théologique.

De même que le souverain préchrétien se posait en intermédiaire entre les dieux et les hommes, le souverain chrétien depuis Constantin le Grand l'a été entre Dieu et les hommes. Il ne pouvait mieux exprimer qu'il était pleinement conscient de sa tâche qu'en

---

* *Bilder vom Himmel* (« Images des cieux »), 1994.

élevant des basiliques grandioses à la gloire de Dieu, tout en érigeant à la manière de ses prédécesseurs des arcs de triomphe et des statues équestres ou pédestres qui, par leur monumentalité (la tête énorme de la statue de Constantin nous est conservée), montrent non pas l'homme, mais le souverain en tant que maître d'un univers.

Cette séparation de ce qu'on a appelé depuis les « deux corps » du roi a toujours été observée, ainsi que le prouve la façon dont ont été blâmés les téméraires qui avaient osé faire élever des monuments à leur propre personne, tels Nabuchodonosor, Caligula ou César. Ce parangon des princes que fut Constantin aurait, selon Eusèbe, fait placer dans les monuments qui lui étaient dédiés des fragments de la sainte Croix. Le XVIIe siècle loue Henri IV pour avoir édifié sa statue équestre sur le Pont-Neuf, non loin de la cathédrale vouée à Notre-Dame, sa protectrice. Or, il était d'usage d'installer les statues des princes devant les églises dont ils entendaient être les protecteurs (tout en étant les protégés du saint patron de ces églises, bel exemple de la réciprocité et de l'unité du pouvoir terrestre et du pouvoir spirituel). Comment ne pas penser à la statue équestre de Théodoric le Grand, que Charlemagne fit enlever de Ravenne pour la placer près de l'église palatiale d'Aix-la-Chapelle dédiée à la Sainte Vierge ? Grave erreur que cet honneur rendu à un hérétique, et qui fut fustigée par un poète courtisan de Louis le Pieux. De même que les cités romaines avaient dédié des centaines de statues et de monuments aux empereurs pour leur manifester vénération et fidélité, le zèle des villes de province en éleva encore des douzaines à Louis XIV, sous la coordination de Jules Hardouin-Mansart.

L'union du temporel et du spirituel a trouvé une expression très forte dans les reliques, vénérées et « collectionnées » par les princes et la noblesse dans des reliquaires d'or surchargés de pierres précieuses. Phénomène renforcé par le fait que le corps des rois sanctifiés a pu faire l'objet d'un culte royal qui devenait une institution « nationale ». Mais le plus bel hommage rendu au Christ par une royauté devenue sacrée (et par un roi saint) reste évidemment l'écrin de reliques du Seigneur qu'est la Sainte-Chapelle de Paris.

Grandeurs et misères des rois et des grands, illustrées par les images de l'art, font partie de la seule vraie *historia* du monde, celle de la Bible, qui commence avec la Création et montre Dieu élevant et abaissant les rois. Cette histoire des rois sous Dieu est continuée par les *historiae*, écrites surtout par des évêques ayant l'autorité nécessaire et qui combinent la forme littéraire gréco-romaine avec un contenu suivant le modèle biblique — les aléas de la vie des rois sur la voie qui mène au jugement dernier. C'est pourquoi les statues des rois sur les façades des cathédrales représentent aussi bien les rois de la Bible que ceux des Francs et Français. C'est l'intégration totale de l'Église, de ses cathédrales et de ses rois. Qui la refuse ne peut qu'abattre ces statues ; les révolutionnaires étaient dans la logique de leurs idées : ils n'y voyaient pas des « œuvres d'art », mais les symboles d'un pouvoir qui, de protecteur, était devenu ennemi. C'est alors aussi que la gloire devint « nationale », avec tout le reste.

Auparavant, la gloire était celle de Dieu (« *gloria in excelsis* ») ou celle qu'on Lui doit en la méritant un peu parce qu'elle est acquise au service de Celui qui a donné la victoire. C'est alors qu'on chante le « *te Deum* » (*Te Deum laudamus*) de la gratitude : loin de priver le vainqueur de son prestige personnel, le *Te Deum* l'augmente, car Dieu, en donnant le succès, montre qu'Il aime le vainqueur qui entre dans la communauté des élus confirmés. L'État est le gouvernement d'un *princeps* qui doit prouver sa *virtus*, comme ceux qui le servent sont jugés selon leurs *virtutes*. « Seule la vertu peut justifier les honneurs » (Lindemann).

Il faut donc montrer et glorifier, par les textes et par les images, les vertus de ceux qui gouvernent, pour les remercier, mais aussi pour les encourager à faire le bien. Voir là une simple rhétorique panégyrique pour faire carrière, de la cour des Empires romain et franc jusqu'aux historiographes du roi de France, est un jugement un peu court, puisque l'homme de l'âge des princes et des prêtres n'avait qu'un prince auquel il fallait obéir, et qu'il ne pouvait appeler que le secours du ciel pour sa santé et sa sagesse, et celle de ses conseillers. Ne voulait-on pas conjurer le sort dans le panégyrique comme dans les fêtes de la vie du prince, de sa naissance au mariage et au couronnement ? C'étaient toujours là des moments d'union des sujets avec lui et entre eux, comme, plus localement, l'« entrée » en une ville du roi, mais aussi du duc de Bourgogne.

Les fêtes et victoires qui unissent étaient célébrées et commémorées par des monnaies impériales et princières depuis les Romains. Les souverains modernes y ajoutent les « médailles », exemples d'un art emblématique à leur service. Ils peuvent aussi honorer les nobles en les accueillant dans un ordre, l'« ordre » porté par l'élu étant le signe d'appartenance à une communauté se réunissant à la Cour, pour y montrer des vertus agréables à Dieu. Les dénominations de plusieurs ordres (« du Saint-Esprit », la « Toison d'or ») prouvent que le modèle religieux des ordres monastiques, puis de chevalerie, n'était point oublié : les hommes titrés proches du prince étaient fiers de leur dignité devant Dieu.

Les monuments érigés par le haut clergé à Dieu et à ses saints célèbrent eux aussi bien sûr la gloire de leurs rois et de leur royaume, confiés à la protection divine. Un exemple frappant nous est laissé par les princes ecclésiastiques du Saint Empire qui, encore pendant les dernières décennies avant la Révolution, ont érigé des églises majestueuses, riches de symboles illustrant l'unité harmonieuse entre empereurs et évêques, princes de l'Empire, conscients des origines divines de leur position élevée qui leur donnait droit à apparaître dans les « cieux » des plafonds de ces églises. Cette unité profonde du monde hiérarchisé allait devenir d'un seul coup, par le rejet révolutionnaire, un monde passé. Ce n'était pas la fin du christianisme, mais la fin d'une certitude tranquille et millénaire de la place que la hiérarchie ecclésiastico-politique devait occuper dans le monde ici-bas.

Ces exemples montrent que, pendant plus d'un millénaire, la sublimité du souverain inscrite dans les desseins de Dieu a rejailli sur la hiérarchie ecclésiastique et sa noblesse laïque qui se sont élevées très au-dessus des autres hommes, confiés à leur bienveillance et liés par les servitudes de leur « statut » plus modeste. Seuls les membres des élites étaient dignes d'être remarqués, dans leur fortune ou dans leurs malheurs ; les autres, les anonymes, ne comptaient pas, sauf quand ils pouvaient servir, à la guerre par exemple, ou quand ils se montraient dangereux, comme masse révoltée. On ne soulignera jamais assez à quel point sont récents les changements manifestes qui ont affecté cette division des hommes selon leur rang, comme le fait que le « titre » (car c'en était un) de « monsieur » ou « madame » soit accordé à quiconque, ainsi que « Herr », « Sir », « Ladies and Gentlemen » : cet usage était impensable il y a deux siècles seulement. L'art, ce témoin précis, n'admet encore au XIXe siècle que les héros bibliques et historiques, que les sujets « dignes », jusqu'au moment où cette limitation est rejetée comme « académique ». Seule exception : la peinture de genre, qui représente des scènes de vie plus quotidiennes, plus humaines.

Une des rares brèches dans la forteresse millénaire de la supériorité des puissants a été la doctrine du Christ, faisant des humbles des héros, et menaçant les « riches » d'inaptitude à gagner l'amour divin et les joies du paradis. La nouveauté du christianisme est qu'il apporte dignité et valeur à l'âme individuelle du dernier des humbles, car celui-ci est aimé du Christ et peut espérer la récompense suprême, l'admission au royaume des cieux. Malgré une Église largement dominée par les aristocrates, qui ont la certitude d'être les élus de Dieu ici-bas et dans l'au-delà, le « culte du pauvre » reste une constante de cette société hiérarchisée, où il apparaît comme un élément d'équilibre. L'aide aux pauvres est pour les « riches » un moyen de se racheter, avec pour conséquence la fortune de l'Église et de ses monastères qui, se chargeant *ex officio* des pauvres, reçoivent ainsi d'immenses donations des grands. Aussi la seule littérature où les pauvres trouvent leur place est-elle l'hagiographie, qui montre les miracles dont ils pouvaient être l'objet (et le sujet) et les saints hommes s'occupant d'eux à l'image du Christ. Et le seul art où ils apparaissent est l'art religieux.

Une seconde brèche dans la domination de la hiérarchie nobiliaire vient encore du christianisme, dans sa phase révolutionnaire inaugurée par les hérésies du XIe au XIVe siècle, qui soulignaient l'égalité des hommes et exigeaient que l'on suivît le Christ sur le chemin de la pauvreté — cette idée anima aussi les ordres mendiants, qui frôlèrent l'hérésie avant d'être « récupérés » par l'Église romaine. Une autre révolution spirituelle frappa la hiérarchie ecclésiastique. C'est un ancien moine, Luther, qui fit la révolution, non pas de la pauvreté, mais de la relation directe entre l'âme et le Christ, balayant les intermédiaires des hiérarchies célestes et ecclésiastiques. Malgré l'appui des autorités séculières, dont il fortifiait la légitimation divine, il ébranlait ainsi l'édifice millénaire des autorités consacrées en renforçant l'autonomie de l'âme individuelle. Or, l'« égalité » des êtres humains présuppose la reconnaissance des droits de l'individu, donc l'« individualisme ». C'était un des chemins menant vers l'idée de droits fondamentaux égaux, à distinguer des luttes sociales qui avaient pour but moins l'égalité que la volonté de remplacer le pouvoir d'un groupe social par celui d'un autre. Voilà l'une des raisons pour lesquelles les changements entraînés par les révolutions contemporaines, bourgeoises ou prolétariennes, sont loin d'avoir assuré une situation satisfaisante en matière, non pas d'égalité totale, pure chimère, mais de respect de la dignité humaine et de l'« autre ».

De la monarchie en Orient ancien au royaume chrétien

Les historiens de l'Europe soulignent à juste titre ce qui sépare l'évolution de l'État en Europe des monarchies autocratiques de l'Orient ancien depuis la victoire des Grecs sur l'Empire achéménide. Il n'empêche que les Grecs et l'Empire romain doivent beaucoup aux empires orientaux.

Un seul exemple nous suffira pour montrer l'importance des institutions de l'Empire perse pour l'Occident. Les problèmes que posait l'étendue de cet empire dès lors qu'il s'agissait de le gouverner avec efficacité (transmission des ordres, transports, contrôle des agents royaux sur place) ont été résolus par la création de satrapies, dirigées par des sortes de vice-rois révocables, ainsi que par l'introduction du principe de prestation de service aux messagers du roi par des hommes libres, service obligatoire nommé *angaria* (les Grecs appelaient *angaros* le messager exprès). Dès que l'Égypte devint province de l'Empire romain, l'*angaria* qu'y avaient instituée les Perses et qui était toujours en vigueur fut appliquée par l'administration impériale dans ses autres provinces, toujours sous la même désignation.

L'*angaria** — le service de transport, spécialement des transports lourds, imposé aux propriétaires habitant près des routes impériales — fut réglée par des stipulations du code Théodosien et du code Justinien. Même l'Église n'y échappait pas. Le clergé, dispensé depuis 346 des corvées publiques *(munera sordida),* vit son privilège diminué quand Théodose II, « devant les difficultés accrues de l'entretien des voies de communication », précisa que les travaux de voirie et l'entretien des ponts n'étaient pas des corvées publiques, comme nous l'apprend Jean Gaudemet.

Sans changement de contenu, le mot se retrouve dans les textes latins officiels du monde mérovingien, carolingien et « féodal », désignant toujours le service public dû par des hommes libres pour assurer soit l'envoi des messages du prince, soit l'efficacité des transports publics et l'entretien des routes. En ancien français, *angarie, angariette* signifiait ainsi « corvée » ou plus précisément « corvée de charroi », et l'*angaire* était une « sorte de droit ». Qui plus est, le mot « hangar » (attesté comme toponyme, *hangart,* en 1135 en Picardie, « où les bâtiments de ferme sont traditionnellement disposés autour de l'enclos ») désigne « une construction sommaire qui abrite du matériel agricole, des récoltes ou des marchandises » (ainsi que, depuis 1922, « un abri pour les avions »). Pareillement, le mot allemand *Anger,* en vieil allemand *angar,* désigne un enclos couvert d'herbe, autour duquel est arrangé un certain type de village, l'*Angerdorf.* Les textes latins en Allemagne trahissent l'origine des significations tardives d'*angaria,* « contrainte », « oppression », car l'*angariarus* est celui qui doit le service dû au seigneur *(Frondienst)* ; l'*angaria* de l'époque franque et ottonienne est le service public, plus spécialement les services d'attelage et de transports publics.

Le mot, qui a conservé sa racine gréco-perse, prouve par son application dans l'ensemble de l'Empire romain, puis de l'Empire franc, la « continuité » d'une institution centrale dans l'administration publique. Une fois inventée par l'État perse, l'institution qui permettait de soumettre des hommes libres à des services publics précis a été reprise par les États qui lui ont succédé, qu'ils fussent romain, franc, français ou allemand. Quant au terme lui-même, il pouvait désigner, par extension, la place (publique) qui était le but du transport, l'entrepôt destiné à stocker les denrées, les marchandises, les matériaux ou les instruments. Dans sa technicité irréfutable, il apparaît comme un fossile caractéristique de l'existence de la chose publique et de ses obligations les plus spécifiques. Surtout,

---

* Le mot a survécu en ancien espagnol *(anguera, enguera)* et en portugais *(angueira),* en relation avec des bêtes de somme ; en italien, *angheria* a pris le sens d'extorsion, rappelant la lourdeur de la prestation.

sa généralisation en Allemagne est la preuve de l'efficacité et du succès de l'administration franque dans les pays d'outre-Rhin, et les mots *Anger* (aujourd'hui encore un pré au centre de certains villages) et *Angerfahrt,* d'apparence si germanique, nous montrent que la Germanie a repris des institutions des Empires romain et franc, héritiers de l'Orient.

L'histoire de nos institutions, malgré toute la richesse de leurs diversités régionales, est donc européenne, voire eurasienne. Si l'Orient ancien est à l'origine de ces choses humbles, mais essentielles pour le prince et son gouvernement, les cours impériales ou royales d'Occident lui sont encore plus redevables de leur éclat et de leur ordonnance. En voici un exemple précis.

Les maîtres des grands empires orientaux étaient presque complètement séparés du commun des mortels, pour des causes religieuses aussi bien que pratiques. Dans leur monde à part, ils échangeaient des cadeaux pour faire montre de leur puissance et de leur richesse. Cadeaux de choix : des bêtes rares pour le *paradeisos* du partenaire (dans cet enclos souvent immense, le souverain pouvait s'adonner à la chasse au lion, qui lui était réservée ainsi qu'aux grands de sa cour). Le don d'un lion, bête royale, ou d'autres animaux précieux est resté à travers les âges — avec les alliances matrimoniales qu'il précédait ou accompagnait parfois — un moyen d'exprimer que l'on reconnaissait le partenaire comme membre de la « famille des rois ». En Saxe, Henri le Lion, ayant reçu un lion de la main d'un roi, y vit la reconnaissance de ses prétentions royales et fit élever à Brunswick, capitale de son duché, une remarquable statue de lion ; il ne fut pas roi, mais son fils Otton IV devint empereur. Rappelons aussi l'éléphant qu'envoya Haroun al-Rachid à Charlemagne : par ce cadeau, le calife fait savoir qu'il considère le maître de l'Occident, dont il cherche l'alliance, comme l'égal de l'empereur de Constantinople.

Loin d'être futiles, ces gestes nous mènent tout droit dans l'imaginaire des potentats et des aristocrates qui portaient des noms d'animaux, et dont les lignées inscriront l'image d'animaux « nobles » dans leurs armoiries. Avoir des parcs de ce genre (« breuils » en français, *Brühl* en allemand, mot qui a servi à désigner les châteaux qui en étaient pourvus) près de ses résidences ou *palatia* était un symbole de rang indispensable au prince, de même que la chasse qui restait privilège du roi en premier lieu, de la noblesse en second lieu (l'abolition de ce privilège fut un des acquis essentiels de la Révolution française). Les Mémoires (1923) du comte Zedlitz-Trützschler, *Obersthofmarschall* à la cour de Guillaume II, donnent la description des chasses de l'empereur dans ses différents domaines : soixante-seize châteaux impériaux susceptibles de servir de résidence au souverain, dont les déplacements soigneusement préparés tenaient compte — comme ceux des empereurs francs — des saisons propices à la chasse. De l'Eifel, fréquenté déjà par les Carolingiens, ces chasses s'étendaient jusqu'aux forêts de la Prusse-Orientale et de la Pologne prussienne.

Au moment de la crise romaine du IIIe siècle, quand les empereurs, élevés au trône par l'armée, étaient parfois assassinés par la soldatesque peu de temps après, c'est le modèle oriental d'une cour isolée et protégée qui a sauvé l'État à partir des réformes de Dioclétien (vers 300). Le modèle principal auquel on eut recours venait du monde hellénistique et s'était formé, après l'épopée du grand Alexandre, dans les monarchies de ses diadoques. Ce monde constituait une sorte de pont entre l'Orient et l'Occident avant de succomber devant les Romains. Surtout, la place du souverain et le culte dont il était l'objet y avaient revêtu des formes dont l'influence sur la cour impériale de Dioclétien, puis sur celle de l'Empire chrétien, fut immense. Le culte de l'empereur, déjà ancien, s'« orientalisa » alors encore plus, en conformité avec l'importance croissante des religions orientales à Rome.

Il est significatif que le christianisme, favorisé puis adopté par Constantin le Grand, n'ait presque pas touché à la position quasi surhumaine de la personne « sacrée » de l'empereur, inabordable dans son palais. Ceux qui avaient l'insigne privilège de l'approcher devaient accomplir la proscynèse, que Dioclétien avait introduite à la place de la *salutatio* romaine. On devait « adorer » l'empereur à la manière des rois-dieux orientaux, en se prosternant devant lui avant d'être éventuellement admis à baiser son pied, son genou, voire l'anneau à sa main. Malgré toutes les contestations dont ce geste fut l'objet à plusieurs reprises, il entra sous une forme atténuée dans le cérémonial impérial en Occident, mais seulement à partir de la reconnaissance officielle de l'empire de Charlemagne par celui d'Orient, juste avant la mort du grand empereur. Le premier souverain à en profiter fut Louis le Pieux : les fiers vassaux de l'empereur devaient dans les occasions solennelles lui baiser le pied, geste repris dans le cérémonial « féodal » de la prestation d'hommage. C'est alors aussi que le crime de lèse-majesté *(crimen maiestatis)* fut officiellement introduit en Occident, ainsi que son châtiment, la crevaison des yeux. Fût-ce à contrecœur, les signes extérieurs du rang suprême ont été imités, voire recherchés par les rois ou grands d'Occident, qui reprirent le « modèle romain » de la hiérarchie politique, lui-même fortement influencé par les formes de pouvoir personnel sacré développées en Orient.

La hiérarchie des monarchies européennes

Constantin et ses successeurs ont gardé pour une large part les titres de leurs prédécesseurs païens *(pius, felix, invictus, maximus, victoriosissimus, victor ac triumphator)*, les conversions n'étant pas destinées à affaiblir, mais à pérenniser le pouvoir impérial. La protection spéciale de la personne de l'empereur, impartie d'abord au dieu suprême qu'avait été *Sol invictus* pour Constantin, le fut ensuite au Dieu unique des chrétiens, dont l'empereur ne manqua pas de se considérer comme le représentant, voire l'image sur terre en tant que *clementissimus,* épithète à lui seul réservée. Cette vénération n'a point été contestée par l'Église, au contraire. Les évêques devaient à l'empereur « sauveur » (*salvator,* à l'image du Christ) la victoire subite de leur religion, jusqu'alors minoritaire dans l'Empire ; ils lui devaient aussi des mesures exigeant et garantissant l'homogénéité de la foi et de la doctrine à travers l'Empire, mesures prises au premier concile général de Nicée, convoqué dans sa résidence par Constantin, qui transforma ses canons en décrets impériaux. Aussi le nommèrent-ils leur *summus episcopus,* ce qu'il était en effet.

Ainsi a commencé un demi-millénaire de pouvoir du *princeps* dans l'Église et sur les évêques, malgré les réserves d'un Gélase et les contestations d'un Nicolas Ier et d'un Grégoire VII. Le corollaire en Occident fut des sentiments plus respectueux devant les droits de l'Église chez des empereurs comme Louis le Pieux et Henri II, ce qui finit par changer la relation *princeps*/Église en Occident, mais non dans l'Orient chrétien. À cette différence près, l'unité de l'institution d'une royauté chrétienne procédant du modèle impérial chrétien était confirmée.

La royauté chrétienne en Occident se développa en imitation de trois modèles : l'Empire chrétien d'un Constantin et d'un Théodose, empereurs exemplaires ; la cour brillante de Constantinople, observée en Occident jusqu'aux détails de l'apparat et du cérémonial ; enfin, la cour de Charlemagne et de Louis le Pieux, parangons des rois chrétiens. Ce dernier modèle fut enrichi par Charles le Chauve et repris par les Ottoniens, devenant à leur tour un modèle à l'intérieur comme à l'extérieur de leur empire respectif.

Il faut donc distinguer, dans l'histoire de la royauté chrétienne en Occident, la royauté de rang impérial des autres royautés. Cela concerne en premier lieu le monde franc et la royauté française, qui en est issue plus directement encore que la royauté germanique. Déjà, le règne de Clovis avait été profondément transformé par la reconnaissance romaine du premier roi catholique, rehaussant une monarchie dont le caractère particulier fut confirmé par la papauté. Les initiatives de Pépin et de Charlemagne, rivalisant ouvertement — à Rome et ailleurs — avec l'empire d'Orient, préparèrent l'essor en 800 d'un empire tel qu'on n'en avait jamais vu : il constituait une sorte de symbiose de la tradition impériale romaine et de la tradition royale franque (royauté héréditaire). Le nouvel empereur avait été roi, et même « grand roi » (*magnus rex*, reconnu par le pape), avant d'être empereur ; aussi ne pouvait-il se contenter d'échanger son titre royal contre un titre impérial : l'immense royaume des Francs, fondement de sa puissance réelle, avait besoin du *rex Francorum*. Les datations des actes et d'autres textes postérieurs à 800 prouvent que les contemporains en étaient parfaitement conscients. Il y avait désormais un grand roi devenu empereur-roi; en retrait sur lui, les autres rois en dehors de l'Empire; enfin, des rois « adjoints » (*Unterkönige*) nommés par le grand roi parmi les membres de sa famille depuis 778 — on voit là que Charlemagne n'avait pas attendu le titre impérial pour agir, avec l'assentiment du pape, en empereur qui peut « faire » des rois. La « royauté à caractère impérial » et sa légitimation par la papauté (qui avait déjà légitimé la dignité royale de Pépin) datent donc d'avant 800 : les deux partenaires ont créé en commun un nouvel ordre en Occident — tout cela, vu de Constantinople, en usurpation des droits de l'Empire romain dans le monde et en Italie.

La situation se complique encore à partir de 840-843. Au lieu d'une seule « royauté impériale » dominant des rois de rang différent, il y en aura trois. En effet, les trois fils de Louis le Pieux furent considérés comme héritiers à rang égal. On ne réserva à l'aîné, Lothaire Ier, que le titre impérial romain, avec des droits et devoirs à Rome et envers la papauté. Mais il n'avait de pouvoir ni dans les royaumes de ses frères, ni dans l'ensemble du *regnum Francorum*, conçu comme un ensemble politique toujours existant, dont le destin ne pouvait être décidé que par les trois frères agissant en *confraternitas*. Chacun d'eux conserva les droits d'un roi à caractère impérial : il pouvait nommer des rois adjoints, même en dehors de la famille carolingienne; il gouvernait des peuples étrangers, comme les Bretons et les Espagnols à l'Ouest et les Slaves à l'Est; on l'appelait *imperator, caesar*, voire *augustus*, mais pas *imperator Romanorum*.

Le grand roi franc de l'Est finit par s'adjuger l'héritage de Lothaire avec ses droits et devoirs à Rome et en Italie ainsi que le titre impérial romain, tout en restant *rex* de rang impérial dans ses royaumes au nord des Alpes, dont l'ensemble prit plus tard le nom de *regnum Teutonicorum*, royaume d'Allemagne. Le grand roi du royaume franc occidental, qu'il fût empereur romain (comme le fut brièvement Charles le Chauve) ou non, était lui aussi un roi aux prérogatives impériales, un roi successeur de Charlemagne comme le roi de l'Est à qui était échu le Saint Empire. De plus, ce roi occidental de rang impérial devait au génie d'Hincmar de Reims la certitude d'être le vrai successeur de Clovis, donc du premier roi catholique, élu de Dieu, lequel aurait envoyé à saint Remi, prédécesseur d'Hincmar, la colombe porteuse de l'ampoule du saint chrême. Hincmar avait déjà déclaré lors du sacre de Charles le Chauve que ce dernier était le fils de Louis (le Pieux), descendant de Clovis dont il portait le nom.

Ainsi naquit une conscience royale unique au monde, inaccessible à l'empire d'Orient comme au Saint Empire. Tout en disposant de l'intégralité de l'héritage des traditions monarchiques orientales, romaines et franques, impériales et royales, le roi de France avait reçu un héritage spécifique, dont le prestige fut encore rehaussé par Saint Louis et défendu par Louis XIV quand il réprima les « hérétiques » en tout genre, que ce fussent les huguenots ou les descendants des cathares, en « roi très chrétien », en roi catholique par excellence.

Ce sont là quelques-unes des nuances essentielles entre les notions d'empire chrétien romain d'Orient, d'Empire carolingien, de Saint Empire (constitué avec Lothaire Ier et repris par les Ottoniens et leurs successeurs), de royaume franc occidental et de royaume de France. Entités appartenant toutes à la même catégorie, celle du pouvoir chrétien suprême du monde romano-franc, et séparées du reste des royaumes chrétiens qui, malgré leur *imitatio imperii*, étaient demeurés de rang inférieur. Cet état de choses ne fut contesté que par la seule monarchie espagnole, avec ses traditions « impériales » propres, ses relations privilégiées avec la papauté, et son passé de rois gothiques rivaux des Francs dès l'époque de Clovis. Louis XIV, dans ses *Mémoires* destinés à son successeur, lui rappelle être intervenu personnellement auprès de la république de Venise pour qu'elle cessât de mentionner ensemble la France et l'Espagne en parlant des « *due corone* », comme si ces couronnes étaient égales.

Est-ce un hasard si ce même XVIIIe siècle qui détruira l'ordonnancement hiérarchique de la société française est aussi une époque de contestation sur le plan diplomatique ? Ne voit-on pas la Suède et le Danemark, aux conférences qui précédèrent la paix de Nimègue, demander l'égalité des têtes couronnées ? Or, ces pays n'avaient jamais contesté la prééminence des « grands rois de la chrétienté », l'empereur et le roi de France. Cette « mode de l'égalité des rois » triomphe après la défaite de la France en 1814-1815 et le traité de Vienne : dorénavant, on classe les maisons par ordre alphabétique dans les annuaires diplomatiques. Des « États égaux », en principe du moins, ont remplacé le système hiérarchique des États de l'ancienne Europe. Il est vrai que le Régent déjà avait accordé au roi de Danemark le traitement de « Majesté », tandis que Saint-Simon se scandalisait encore de voir le roi de France donner la main à des rois moins importants ! Louis XVIII, dans la détresse de l'exil, puis, au début de la Restauration, « impotent, désarmé, sans soldats dans sa capitale envahie », en impose aux souverains étrangers en maintenant la prééminence de la maison de Bourbon : « Au dîner, le roi eut un fauteuil, on offrit une chaise à l'empereur Alexandre. » Car, si le Saint Empire a toujours gardé la première place dans la hiérarchie des monarchies européennes, il ne pouvait pas, étant électif, s'en prévaloir du point de vue dynastique : sans contestation aucune, la maison de France était la première des maisons royales, et donc à la tête de l'Europe dynastique.

On le voit bien : si toute forme d'égalité, fût-ce celle des rois, signifie la fin des hiérarchies et la fin d'un monde, alors ce n'est certes pas un hasard s'il s'est toujours trouvé en France des hommes pour refuser le déclin de leur pays pendant les plus terribles crises, en 1814-1815 comme de 1940 à 1945. Le rang de la France dans le monde (héritage royal et impérial) a été une motivation essentielle pour Charles de Gaulle qui, s'il admettait (la mort dans l'âme) les faiblesses des Français, n'admit jamais celles de la France, dont il avait une « certaine idée » — celle d'un pays au destin exceptionnel, de ses origines royales jusqu'à la « grande nation » menant l'humanité vers la Liberté.

La longue union du roi et de la foi

Quand Gilles de Paris chanta au début du XIIIe siècle à un prince capétien les hauts faits de Charlemagne, il le fit pour que ce prince reconnût « combien est grande la gloire des rois de France » (*quanta est Francorum gloria regum*) et « combien sublimes sont ce royaume et le sang royal dont tu es, cher enfant, l'héritier » (*quanti regni quamque alti sanguinis haeres existas, o care puer*). Joachim du Bellay ne déclarait pas autre chose dans un de ses sonnets : « Car rien n'est après Dieu si grand qu'un roi de France. »

Emmanuel Le Roy Ladurie a rappelé, en citant les travaux de Marc Bloch, d'Ernst Kantorowicz et de son élève Ralph Giesey, en quoi consistait l'essence de ces rois, glorifiés par Bossuet comme des êtres à part : « Ô rois, vous êtes comme des dieux ! » Un roi qui pouvait guérir les écrouelles en « touchant » les malades finit par passer pour immortel, si bien qu'un mannequin en carton à l'image du monarque défunt était censé accomplir au XVIe siècle les fonctions souveraines jusqu'à l'enterrement, symbolisant ainsi pendant l'interrègne « la permanence du corps immortel du monarque, transmis du prédécesseur au successeur ». Tout cela fut balayé par les idées du XVIIIe siècle et par la Révolution. Et Le Roy Ladurie de poser la question : « Le vieux charisme de la personne individuelle chargée d'incarner l'État a-t-il totalement cessé d'opérer ? Quel nouveau Marc Bloch, quel Kantorowicz s'attaquera au mystère de la personnalisation et de la transmission du pouvoir dans nos sociétés du XXe siècle ? »

Quant à l'authenticité de ce charisme, elle est liée à la certitude qu'a de sa mission l'élu de Dieu ou de la nation. Pour savoir ce qu'était un vrai roi de France, conscient de sa dignité devant les hommes aussi bien que de ses fautes humaines devant Dieu, il faut voir mourir Louis XVI, heureux d'avoir obtenu de ses geôliers de recevoir, après la confession, la communion des mains de l'abbé Edgeworth. Calme jusqu'à la fin, il ne s'emporta que lorsque ses bourreaux voulurent lui lier les mains; l'abbé lui rappela alors la similitude avec l'affront fait au Christ, ce qui lui fit dire : « Je boirai le calice jusqu'à la lie », et demander à Dieu que ce sang versé ne retombât pas sur la France. C'est la digne fin d'une grande histoire, celle de la royauté chrétienne — bref, d'un monde où le prince et ses nobles étaient soumis à une seule loi, celle de la *dignitas* qui, toujours, devait associer l'éclat extérieur et la dignité intérieure.

Des textes que des historiens, impatients de voir la « nation » à l'œuvre, présentent comme les premières manifestations d'un esprit national, notamment comme « la première littérature de propagande politique en France, pendant la guerre de Cent Ans », ont selon nous pour dénominateur commun de célébrer la grandeur du roi ou du royaume de France. Ainsi, dans le texte *Honneur de la couronne de France*, ce n'est pas encore la nation qui a un roi, mais le roi qui a un peuple et qui prépare, avec sa cour et ses fidèles, ce qui sera la nation, car le terme de « couronne » a servi très tôt comme médiateur entre le roi et sa dynastie d'un côté et le pays et ses habitants de l'autre. À la fin du XIIe siècle, donc avant Bouvines, la *Chanson de Saisnes* désigne clairement comme source de l'excellence du pays et personnification de son identité le roi Très Chrétien et, à travers lui, Dieu et sa grâce spéciale :

> « La corone de France doit estre mise avant
> Car tuit autre roi doivenst estre a lui apandant.
> Le premier roi de France fist Dex par son commant,
> Coroner a ses angeles dignement en chantant,
> Puis le commanda estre an terre son sergent. »

Un peu plus tôt, en 1165, le peuple du domaine royal fêtait joyeusement, comme le signalent des observateurs anglais, la naissance longtemps attendue d'un héritier de la couronne en la personne de Philippe, le futur roi « Auguste ». Après Bouvines, le roi est devenu un symbole d'identification même en dehors du domaine. Ainsi s'ouvre la voie qui mène vers Jeanne d'Arc et vers Louis XI, peu aimé, mais qui a dit : « Je suis France. » André Corvisier, qui le cite, remarque : « Les mots "royaume" et "État" sont relativement proches par leur sens, mais le premier garde une connotation affective » — elle se manifestera dans l'auto-affirmation de Louis XIV comme « père » de ses sujets. Et l'auteur de suggérer que le mot prêté au Roi-Soleil : « L'État, c'est moi », a peut-être « traduit une réaction contre la dépersonnalisation de l'État ».

Le roi était, en effet, la personnification de l'État. Cela et la continuité de sa dynastie le distinguaient de tout pouvoir trop abstrait. Louis XIV a été plus net encore dans l'*Instruction au duc de*

Bourgogne : « La nation ne fait pas corps en France. Elle réside tout entière dans la personne du roi. » Phrase qui prouve que le monarque se trouve sur la défensive. La nation, dont le parlement de Paris s'affirmera peu après le porte-parole, est déjà « présente » : au roi qui a « son peuple » succède un peuple qui a un roi. Notons la date tardive de ce changement. Daniel Roche a signalé à quel point Dieu et l'Église restaient présents en pleine « France des Lumières », combien toujours « l'État [était] dans l'Église, l'Église dans l'État ». Il en allait ainsi depuis Constantin le Grand, ce qui confirme l'unité d'une époque qui aura duré quatorze cents ans.

Cette longue période d'union du roi et de la foi témoigne que la fondation du royaume par une dynastie chrétienne aura été l'acte de naissance des nations qui dans ce XXe siècle ont célébré leur millénaire*. Que cette royauté chrétienne ait été soumise aux servitudes de ses propres croyances est une évidence historique et tout à fait logique. De tout temps, le roi a tenu compte des signes que Dieu pouvait adresser à sa personne et à sa famille, présages ou condamnations qu'il fallait interpréter avec l'aide des hommes d'Église. Citons par exemple Charlemagne, dont les plans de succession furent annihilés par la mort précoce de ses fils les plus chers, mort annoncée par des éclipses lunaires et solaires ; Robert le Pieux, inquiet d'une pluie de sang ; le roi anglo-saxon Harold II, pressentant que la comète de 1066 annonçait sa fin ; Henri VIII d'Angleterre, voyant dans un fils mort-né le signe de la désapprobation divine face à son mariage avec Anne Boleyn.

On n'était pas pour rien l'intermédiaire entre Dieu et les hommes, l'instrument de Dieu pour le gouvernement des hommes, tâche stimulante pour certains, écrasante pour d'autres. La monarchie légitimée par les forces divines, la royauté légitimée par l'Église ont incarné le pouvoir jusqu'aux portes du monde contemporain. La religiosité de Louis XIV en tant que roi ne fait pas de doute, et pas seulement dans sa vieillesse dévote sous l'influence de Mme de Maintenon. Tout jeune, il prépara et vécut intensément son sacre, qui fit de lui l'« oint du Seigneur » à l'instar du roi David ; n'alla-t-il pas jusqu'à visiter le tombeau de saint Remi en successeur du premier « roi Très Chrétien » (dont on lui avait donné le prénom) ? Le Roi-Soleil était donc pleinement conscient de la prédestination de la monarchie française.

---

* Deux colloques des universités de Lancaster (1989) et Copenhague (1990) sont à l'origine d'un livre, *Nations, Nationalism and Patriotism in the European Past* (1994), où des auteurs de plusieurs pays étudient différentes phases du processus d'identification nationale du VIII au XIXe siècle, du Pays basque au Danemark et à la Suède, de l'Écosse et de l'Irlande à l'Italie et à l'Allemagne. On s'y montre averti de l'impact sur les nations modernes de faits apparemment lointains, comme dans cette remarque de Michael Lynch : *« Nothing did more to shape and mould Scottish identity than kingship. »*

Le caractère foncièrement religieux des autres monarchies européennes et l'attachement de leurs peuples respectifs à ce pôle d'une nation en gestation sont tout aussi évidents. Robert Folz a fait le tour des « saints rois » et des princes non royaux à travers l'Europe, dont certains furent le saint national de leur pays, comme Venceslas en Bohême. Pour éclairer le cadre dans lequel la noblesse chrétienne est née autour des monarques chrétiens, nous nous limiterons à l'exemple des huguenots qui montre à quel point l'idée de royauté a été comprise comme étant d'essence religieuse jusqu'à l'époque moderne et contemporaine.

Le même Louis XIV qui, pour les uns, fut le défenseur de la vraie foi et de la place de son royaume dans le monde de Dieu, fut, pour une partie non négligeable des élites françaises, nobles et non nobles, le destructeur de la mission de la France et de son histoire millénaire par la persécution et l'expulsion des meilleurs, des vrais chrétiens. Ce serait une erreur de ne voir là que l'émigration en Angleterre, aux Pays-Bas, en Prusse et ailleurs de gens qui apportèrent à leur nouvelle patrie leurs talents de manufacturiers, de commerçants ou d'artisans. Ceux qui furent accueillis par Frédéric-Guillaume, électeur de Brandebourg et duc de Prusse, vouèrent à leur bienfaiteur et à ses successeurs royaux un véritable culte, faisant du royaume de Prusse la nouvelle terre élue par Dieu à la place de la France. J.P. Erman et P.Ch.F. Reclam créèrent, avec d'autres, toute une doctrine d'un transfert de la bénédiction divine de la France trahie par Louis XIV vers une monarchie protestante, dont les succès ne pouvaient être que la conséquence logique.

Cette doctrine devint un des noyaux de l'idéologie prussienne, d'autant plus que des huguenots étaient traditionnellement prédicateurs à la cour de Berlin (on en compte six à partir de 1685). Ce n'est pas sans raison que, pour Bismarck, les huguenots étaient « les meilleurs des Prussiens ». Appuyée également par la tradition calviniste néerlandaise, la foi de la maison de Brandebourg en son destin, partagée par nombre d'esprits éminents jusqu'à Hegel et Droysen, fut un facteur non négligeable de l'essor d'une Allemagne prussifiée. C'est aux Pays-Bas, à l'université de Leyde, que le Grand Électeur avait appris, jeune, les idées de liberté religieuse dont il se fit plus tard le protecteur. Cette tradition, que reprit Frédéric le Grand, explique les sympathies pour la Prusse et ce roi comme pour le protestantisme chez des auteurs du XVIIIe siècle français. Les « réfugiés » jouèrent un rôle considérable dans l'essor du rationalisme en Prusse, mais aussi dans la fondation de l'université de Halle — très vite une des plus avancées, avec celle de Göttingen, en Basse-Saxe — et de l'Académie de Berlin. Parmi les idées à l'honneur figurait celle, allant de soi pour des Français d'origine, de la loyauté envers une royauté forte dans un pays centralisé et bien administré, une royauté placée à la tête d'une armée puissante. Tandis que d'autres princes allemands imitaient les fastes de Versailles, ceux de Prusse copiaient de la France l'armée — dont les officiers parlaient le français comme leur roi — et les finances bien organisées, l'administration mieux surveillée, et tout cela sous le gouvernement personnel du monarque, à la manière de Louis XIV.

Curieux renversement des destins allemand et français ! Après le « contre-Empire » *(Gegenreich)* qu'avait été la France, cohéritière de Charlemagne, face au Saint Empire, la Prusse et une Allemagne prussifiée auront été le *Gegenreich* protestant de la France catholique, non seulement en s'inspirant d'elle dans beaucoup de domaines, mais aussi en disposant, surtout au début, de l'aide précieuse des élites venues de France et gagnées à la cause de leur nouvelle patrie. Ce « nationalisme » fut longtemps encore dominé par des idées religieuses et dynastiques — et non pas ethniques —, l'Europe étant un continent où le pouvoir royal chrétien coopérait étroitement avec les élites chrétiennes.

Limites du pouvoir royal

Mais le pouvoir de cette royauté chrétienne, au terme d'une histoire qui avait commencé dans l'Orient antique, connaissait des limites en Occident.

Il était d'abord limité par Dieu. Si le pouvoir royal est exalté par son origine divine, il est en même temps, aux yeux de tous les « fidèles » de Dieu et du roi, un pouvoir emprunté pour un laps de temps défini, celui d'une vie. Après quoi vient l'instant, pour le souverain, de rendre compte à Dieu de l'usage qu'il a fait de son pouvoir. Cela, les rois l'ont su dès le début. Ils se le sont vu rappeler par l'Église de Dieu des milliers de fois, soit publiquement, soit dans le secret de la confession.

Le pouvoir royal est limité aussi par la dynastie, cette famille dont est issu le roi, dont il a reçu, après Dieu, la vie et le droit à la couronne, couronne qu'il rend à sa famille en la personne de son fils et successeur. Car le roi a en commun avec la noblesse entière, dont il fait partie, de vivre selon une dimension verticale, à côté de cette dimension horizontale de sa vaste parentèle : il n'est qu'un maillon dans la longue chaîne des générations. On le lui a répété dès sa prime jeunesse, et on lui a montré le lieu où il reposera auprès des ancêtres. Il n'est donc pas un véritable « monocrate » — il l'est en tout cas moins que les dictateurs, voire qu'un chef d'État élu, car il n'est qu'un membre d'un continuum familial, qui aura vécu sous le poids des mérites de tous ses prédécesseurs qu'on lui a donnés en exemple. Il faudra une personnalité aussi forte que celle de Louis XIV pour oser rompre partiellement avec cette situation de « chaînon ». Il transformera le métier d'historiographe du roi en fixant l'activité de ce dernier sur sa seule personne, sur son seul règne, présenté comme sans précédent. Signe annonciateur de la fin de la soumission du roi au monde de Dieu ; début d'une forme d'absolutisme interdite au roi chrétien et permise aux seuls dictateurs, libres de rendre heureux (ou malheureux) les hommes au nom de l'humanité, de la nation, de la race ou de l'idéologie.

Le pouvoir du roi est également limité par la partie de sa famille qui vit à ses côtés, comme par celle qui est morte ou n'est pas encore née : sa mère, en tant que régente pendant sa minorité — par exemple Blanche de Castille pour le jeune Saint Louis — ou à l'occasion de ses interventions en faveur des églises, des parents et des amis, ou comme conseillère privée ou officielle ; sa femme, dont l'influence a pu être décisive même en matière politique et pour des nominations de grands à la Cour et de ministres ; enfin la famille de sa femme qui, déjà sous Charlemagne, participe des desseins du souverain concernant le gouvernement d'un de ses fils dans tel « sous-royaume » : cette famille était « intéressée » à servir plus particulièrement le jeune roi, ne pouvant qu'en tirer profit.

Le pouvoir royal est limité, enfin et surtout, par ceux qui le servent : les membres de la noblesse qui exercent des fonctions importantes. Ceux-ci sont entrés librement au service du roi en lui jurant fidélité ; aussi ont-ils le devoir, mais également le droit de le conseiller. Les actes du roi ne sont dès lors valables que quand ils sont promulgués par « le roi en son Conseil », ce qui veut dire que des ordres donnés en urgence par le seul souverain doivent être confirmés ensuite. Un tel procédé offre au prince la possibilité de révoquer certains dons et autres concessions accordés « sous la pression des sollicitants », après examen par les services compétents et en connaissance des précédents, tout cela longtemps avant l'époque des rois qui « règnent » sans gouverner. Que ce soit donc du *consistorium* de l'empereur romain ou du Conseil du roi, que ce soit de l'entourage des plus hauts fonctionnaires de la cour impériale ou royale, ou d'une assemblée élargie des grands, les décisions importantes et même les lois (à l'exception des actes d'un caractère plutôt administratif ou technique, préparés par les services compétents) doivent émaner de l'ensemble de ceux qui ont le droit de conseiller le roi. Ce dernier, quant à lui, promulgue le résultat en lui donnant ainsi force de loi.

Ici réapparaît l'Église, en la personne des prélats en vue à la Cour et dans les assemblées ainsi que sous la forme de l'épiscopat du royaume, partie la plus élevée de la noblesse. Le roi dépend d'elle d'une double façon. Il a besoin d'une noblesse qui défende sa cause dans le sens fort du terme, qui se batte pour lui ; si ses plans politiques et militaires ne sont pas appuyés sans arrière-pensées par une partie, voire la majorité de sa noblesse, il est en danger. Il faut un souverain de la trempe de Dagobert Ier pour éviter cet écueil. Le roi doit donc gagner à sa cause par les moyens les plus divers cette noblesse en associant, si possible, ses intérêts aux siens. Pareillement, dans les conseils, il est prudent de la part du roi de s'être concilié au moins un noyau de grands influents. Faute d'avoir l'envergure pour réussir tout cela personnellement, il doit s'assurer les services d'un homme capable, appuyé sur un « parti » puissant. Mais, quand cet homme ou son parti deviennent trop hardis, il faut pouvoir les remplacer par un autre personnage fort et un autre parti. Entreprise périlleuse, pour le roi comme pour le royaume. En effet, le souverain n'est pas le seul membre de sa dynastie, et sa famille n'est pas la seule à pouvoir dominer une noblesse qui saura, le cas échéant, élever une autre famille à la dignité suprême.

Ce schéma, moins théorique que l'on ne pourrait le croire, aura permis de montrer que l'essence de l'État et sa légitimité demeurent personnifiées, malgré tous les bouleversements et toutes les intrigues, par le roi qui est le centre des loyautés et l'âme de la chose publique, qu'il représente aussi devant Dieu. La monarchie chrétienne a une âme parce qu'elle constitue un pouvoir personnel, au sens non pas des caprices d'un dictateur, mais d'une personne liée d'une manière exemplaire (c'est-à-dire « à la place de tous ») par ses responsabilités humaines. La royauté chrétienne est, par essence et par destination, un pouvoir humain sous la tutelle de Dieu, et pour cette raison toujours réductible — malgré les écarts de certains rois — à sa juste mesure.

CHAPITRE IV

Aristocratie, noblesse

Le *Petit Larousse* indique pour « aristocrate » : « membre de l'aristocratie », et définit ainsi cette dernière : « (gr. *aristos*, excellent, et *kratos*, pouvoir). 1.a. Classe des nobles, des privilégiés. b. Gouvernement exercé par cette classe. 2. *Litt.* Élite : *l'aristocratie du talent.* »

Cette définition, qui semble considérer « aristocratie » et « noblesse » comme des notions pratiquement interchangeables, est confirmée par les dictionnaires de synonymes :

« *noble*, n. et adj. I. Aristo (pop.), aristocrate, boyard, cavalier, chevalier, ci-devant (vx), écuyer, gentilhomme, gentillâtre (péj.), grand, hidalgo (esp.), hobereau (péj.), homme bien né / de condition / d'épée / de qualité / titré, noblaillon (péj.), nobliau (péj.), patricien, seigneur. II. Par ext. : 1. élevé. 2. généreux. 3. beau. » (Le sens figuré du « geste noble » de dimension humaine, générale, est évidemment la conséquence secondaire de l'histoire et de la puissance de la noblesse et de son « idéologie ».)

« *noblesse*, n. I. Au pr. : aristocratie, gentry, lignage, lignée, naissance, noblaillerie (péj.), qualité, sang bleu. II. Par ext. : 1. élévation. 2. générosité. »

Si « aristocrate » et « aristocratie » sont sans conteste le premier synonyme de « noble » et « noblesse », il y a une nuance dans la relation inverse : l'évidence « aristocrate » = « noble » ne se retrouve pas au mot « aristocratie », pour lequel on nous propose : « I. Oligarchie. II. Choix », dans l'acception : « Aristocratie, crème, élite, fine fleur, gratin, *happy few* ».

Le *Dictionnaire historique de la langue française* (1992) précise : « *aristocrate*, n. Apparaît [en fr.] à la Renaissance (1550) comme dérivé ou emprunt au grec *aristocrates*, forme tardive, mais semble inusité avant 1778 [*sic*]. De l'appartenance à une classe ("noble"), le sens passe, dès Beaumarchais, à "partisan de la noblesse" puis, avec la Révolution, à "partisan de l'Ancien Régime" (1790) : ainsi, les "aristocrates" promis "à la lanterne" n'étaient pas toujours nobles (*cf.* aussi *aristocrate bourgeois*, 1793). Après la Révolution, le mot reprend ses valeurs d'appartenance à la noblesse ; de là *aristo*, n. (1848)... » Ce même dictionnaire nous apprend que le mot « aristocratie » (en dehors des emprunts au grec, et au latin des traductions d'Aristote) doit son introduction dans la langue française à Nicole Oresme, selon qui « aristocratie est dite de *aris* qui signifie vertu ; car en elle seigneurirent [*sic*] aucuns vertueus et très bons ». « C'est un mot didactique qui ne s'applique qu'à l'Antiquité avant la Révolution française, époque où le mot, à la suite de *aristocrate*, se répand pour désigner la noblesse (1789) et la partie supérieure et dirigeante d'un groupe : *aristocratie des magistrats* (déjà 1788), *de l'argent* (1789). »

Outre son usage politique et polémique très récent, on retiendra son emploi « didactique », théorique, correspondant à des définitions générales qui ne prétendent pas rendre les formes d'expression d'une époque donnée. On voit ici l'abîme qui sépare le mot « aristocratie » de *nobilitas*/noblesse, mot qui n'a jamais cessé d'être utilisé pour exprimer un statut social précis. Bien que cette différence ne soit pas sensible à tous, l'usage français trahit souvent une nuance entre les deux termes. S'il est évident qu'un noble appartient à l'aristocratie, l'inverse n'est pas vrai : nombre de spécialistes ne songeraient pas à qualifier de « noblesse » une élite exotique, ou à confondre « aristocratie de l'argent » et « noblesse de l'argent », car la première est beaucoup plus large : « Le terme [aristocratie] désigne un groupe restreint au sommet de la société, mais demeure plus ouvert et plus maniable que celui de noblesse, qui signifie pour sa part l'exclusivité héréditaire d'un statut privilégié » (Évelyne Patlagean). Cette définition, due à Marc Bloch, semble parfaite, mais ne tient pas compte de la spécificité latine — *nobilitas* —, et donc romaine.

Le rôle de l'hérédité dans la définition de la noblesse, qui va sans dire pour les historiens et les sociologues modernes, appelle une remarque. Même lorsque l'hérédité n'est encore que de principe, le mariage, s'il « anoblit » une roturière qui épouse un membre de la noblesse, fait perdre sa « noblesse » à une femme de naissance noble, fût-elle de haut lignage, qui épouse un roturier. L'hérédité n'est d'ailleurs pas une spécificité de la *nobilitas*, puisqu'on la trouve dans les aristocraties. Le propre de la noblesse ne réside pas non plus dans son statut « privilégié » (ce dernier mot sent la fin de l'Ancien Régime), mais dans son caractère public, puisqu'elle dirigeait la chose publique. Elle occupait moins le sommet de la société, avec un statut privilégié ou non, que le sommet de l'État : c'est là l'une des grandes différences entre les définitions usuelles et celle qui résulte du fait que la noblesse est d'origine romaine. Pour

Rome, le *Lexikon der Antike* l'exprime clairement en définissant la *nobilitas* comme « la noblesse qui gouverne la République romaine » (« *regierender Adel der römischen Republik* »). À nous de démontrer qu'elle a gouverné à Rome, mais aussi dans les États qui ont suivi.

Le point de vue des généalogistes

Pour les généalogistes, l'hérédité de la noblesse est un article de foi et un point de départ, puisqu'ils partent des idées et des règles du présent. La « noblesse » ne se renouvelle plus, parce qu'elle ne vit plus sous une monarchie qui, seule, pourrait la régénérer; elle est par nécessité exclusivement héréditaire, ou fausse. Elle a perdu deux éléments constitutifs du noble : le mérite qui a fait le noble et qu'il lui faut toujours confirmer; et le pouvoir qui résulte de l'office, récompense du mérite. Partant du titre hérité, le généalogiste remonte dans le passé pour trouver les ancêtres plus ou moins certains du noble contemporain. L'historien, lui, doit partir du passé, de ses idées et de ses institutions, et « redescendre » vers un présent qui ne lui offre plus que ce qu'il en reste, et qui est au fond moins intéressant pour lui.

La démarche du généalogiste bute sur des obstacles de documentation insurmontables. En posant la question « Qui est noble? » dans son ouvrage de 1975 ainsi intitulé, Gérard de Sède a constaté : « Quand il s'agit de définir la noblesse, avouons que nous avons souvent des idées toutes faites qui ne brillent ni par leur précision ni par leur justesse. » Pour qui s'intéresse non pas à « la noblesse » comme institution, mais à « la noblesse d'une personne donnée », donc à une qualité personnelle authentique, peuvent aujourd'hui « se dire légitimement nobles en France :

1° Tout homme descendant en lignée mâle, directe et légitime d'un ancêtre qui possédait la noblesse *transmissible, parfaite et intacte* [souligné par Gérard de Sède] avant le 19 juin 1790, ou auquel la noblesse transmissible a été accordée sous la Restauration, sous réserve que cette noblesse lui ait été transmise parfaite et intacte, c'est-à-dire sans dérogeance.

2° Sous la même réserve de non-dérogeance, tout héritier d'un titre transmissible concédé par le Premier Empire ou la Monarchie de Juillet, et ses descendants légitimes tant qu'il est vivant.

3° Toute fille légitime non mariée d'un père appartenant à la noblesse.

4° Toute femme légitime et toute veuve non remariée d'un mari appartenant à la noblesse... »

Et Gérard de Sède de conclure : « Au total, cela fait très peu de gens. » Un autre spécialiste, Philippe du Puy de Clinchamps, arrive à un total de 2 797 familles nobles, soit entre 12 500 et 40 000 personnes — et encore, rappelle Gérard de Sède, « la noblesse du Premier Empire et de la Monarchie de Juillet ne se transmet pas à tous les descendants ; enfin le Second Empire rétablit les titres, mais non la noblesse ».

Plus important du point de vue historique est ce constat désabusé : il n'y a que « 500 familles environ qui peuvent se prévaloir d'une noblesse antérieure au XVIe siècle ». Ce qui reste aujourd'hui de la noblesse est donc un phénomène essentiellement moderne et contemporain : selon notre généalogiste, les familles « qui peuvent prétendre avec quelque vraisemblance remonter à la noblesse féodale [...] n'excèdent guère la soixantaine ». Or, si l'on suit la thèse de ceux qui prétendent qu'il n'existait pas de noblesse avant les XIe-XIIe siècles, on arrive à cette conclusion : il n'y avait pas de nobles avant la date fatidique, et il n'y a pratiquement plus de descendants de ceux qui le furent à partir de cette date. C'est pourquoi, en France, selon Dominique Labarre de Raillicourt, les titres (de la « noblesse titrée ») « se décomposent ainsi : 3 princes, tous du XIXe siècle, 38 ducs, 241 marquis, 228 comtes, 66 vicomtes et 470 barons », parmi lesquels seuls remontent à l'Ancien Régime « 18 ducs, 176 marquis, 80 comtes, 11 vicomtes et 69 barons ». Certes, ajoute cet auteur, il y en a davantage dans le *Bottin mondain* : « Ce n'est pas seulement sur les vins de Bordeaux que l'on fraude. »

Gérard de Sède est assez sage pour porter son regard ailleurs, hors de France. Ainsi arrive-t-il à identifier des « types de noblesse selon les grandes aires de civilisation », avec des « types dominants » : « C'est la noblesse d'origine administrative dans l'aire de civilisation romaine, la noblesse d'origine militaire dans l'aire de civilisation germanique, la noblesse d'origine religieuse dans l'Orient méditerranéen. » Pour la France, « où les trois influences se sont combinées, on ne saurait retenir une dominante ».

Notre généalogiste se distingue de beaucoup de ses confrères puisqu'il admet que la première vraie noblesse, « caste pourvue d'un statut juridique héréditaire et privilégié », fut la *nobilitas* romaine ; issue de la fusion du premier patriciat et de la première plèbe, elle « était composée de toutes les familles comptant dans leur lignée au moins un magistrat curule ». Cette noblesse était en outre « conférée à titre héréditaire par l'exercice d'un mandat électif » ; l'auteur a découvert trace de « ce mode d'anoblissement » en France, « dans le Midi [...], pays de droit écrit fortement marqué par les institutions romaines, au bénéfice des capitouls de Toulouse et des consuls de certaines villes ».

Mais Gérard de Sède ne va pas plus loin. Pour lui aussi, tout le système romain « craque sous les coups de boutoir des invasions. Sur ses ruines se greffent les institutions "barbares". Telle est la toile de fond sur laquelle s'organisera peu à peu la société féodale, avec une nouvelle noblesse à sa tête ». Les meilleurs spécialistes de la « noblesse » n'en peuvent trouver les « origines », dit-il, car elles se perdent — comme celles des familles de « noblesse immémoriale » — dans la « nuit des temps », particulièrement épaisse pendant et après les « invasions » et après l'éclaircie carolingienne : « Au début de l'époque féodale, alors que l'État carolingien s'est disloqué, on ne distingue, parmi les nobles, que les écuyers et les chevaliers. » On retrouve ici la légende de l'origine chevaleresque de cette « nouvelle noblesse » qu'aurait été la « noblesse féodale » fleurissant avant les premiers « chevaliers ».

Les idées que les « nobilistes » se font de l'histoire de France se reflètent dans d'autres classifications de Gérard de Sède. Celles-ci sont d'autant plus intéressantes qu'elles donnent la nomenclature essentielle de la noblesse, en distinguant : 1. la noblesse immémoriale; 2. la noblesse féodale; 3. la noblesse chevaleresque; 4. la noblesse d'extraction.

La première catégorie, celle dont l'origine « se perd dans la nuit des temps [...] ne doit pas son élévation aux pouvoirs publics ». En vérité, notre auteur n'en sait trop rien. Mais il confirme l'extrême rareté d'une noblesse très ancienne, se référant à Philippe du Puy de Clinchamps au sujet « de toutes les races qui auraient pu assister à l'élévation de Hugues Capet au trône de France en 987 » : à côté des représentants de la maison de France, il n'y aurait plus que « les descendants des antiques vicomtes de Limoges que sont les Rochechouart et les Rohan aujourd'hui Autrichiens ». À la première catégorie (« noblesse immémoriale ») s'ajoutent les d'Harcourt (Normandie), les d'Hautpoul (Languedoc), les Beaumont (Dauphiné) et les Comminges (Pyrénées), « vérifiables dans la documentation depuis le début du XIe siècle ». Se rattachent par les femmes aux plus anciennes familles connues : les Talleyrand-Périgord et les Toulouse-Lautrec.

La noblesse féodale « apparaît entre le Xe et le XIIIe siècle ». Ses plus illustres maisons sont les suivantes : « des Cars (Limousin, 1017); La Rochefoucauld (Angoumois, 1019); Polignac (Velay, 1031); Béthune (Artois, 1036); Caumont-La Force (Agenais, 1040); La Trémoille (Poitou, 1040); Choiseul-Praslin (Champagne, 1060); Maillé (Touraine, 1069); Faucigny-Lucinge (Savoie, 1180); Beauvau-Craon (Anjou, 1190); Galard (Gascogne, 1200); Uzès (Vivarais, 1219); Noailles (Limousin, 1230); Blacas (Provence, 1380) ».

Quant à la noblesse chevaleresque, Gérard de Sède la définit comme « la noblesse d'épée postérieure au XIVe siècle », mais il ajoute : « Son nom est assez impropre puisqu'elle apparaît alors que la chevalerie, en tant qu'institution, n'est déjà plus qu'un souvenir. »

Ces trois premières catégories, qu'il identifie à peu près à la noblesse d'origine militaire (donc d'origine germanique, si l'on suit son système), seraient encore représentées par soixante familles.

La quatrième catégorie, la « noblesse d'extraction », ne concerne que les « familles extraites de leur condition roturière depuis 1550 » ! C'est donc une noblesse moderne, dont les trois quarts environ ont « bénéficié d'un anoblissement par lettres [...], procédé inauguré en 1270 par Philippe le Hardi » et élargi de manière à accroître les ressources de la royauté, qui n'hésita pas à vendre la noblesse (par deux fois le même titre sous Louis XIV). C'est pourquoi notre auteur parle d'« une noblesse d'argent » à côté des différents bénéficiaires d'anoblissements par charge, qui forment une « noblesse administrative », en majorité postérieure au XVIe siècle. Parmi les familles subsistantes dont la « noblesse de robe » remonte à cette haute époque, il mentionne les d'Ormesson.

Toutes ces catégories, datant évidemment d'avant 1790, seraient encore représentées, selon du Puy de Clinchamps, par huit cents familles.

INCERTITUDES DES DÉFINITIONS

Face à ce constat d'une noblesse tardive qui s'évanouit, l'historien est en mesure d'opposer des documents établissant que des nobles authentiques étaient « en activité » dès l'Empire carolingien. En fait, il existait une trentaine d'archevêchés (plus de 20 apparaissent dans le testament de Charlemagne), plus de 100 évêchés et plus de 500 abbayes. Tous les prélats placés à leur tête, à de rarissimes exceptions, appartenaient alors à la grande noblesse; il leur arrivait de paraître (il faut ici réduire le nombre des abbés aux abbayes royales, soit à environ 200) à la Cour, ou plutôt aux différentes cours des royaumes carolingiens, entourés chacun d'une trentaine de vassaux qui n'étaient pas nécessairement des moindres. On comptait alors quelque 300 circonscriptions territoriales de base (les *pagi*), normalement confiées à un comte. Même en supposant que dans certains cas deux, voire trois comtés aient été tenus par un seul homme, on arrive aux alentours de 200 à 250 comtes, de plus en plus fréquemment assistés par un vicomte, qu'ils nommaient, et entourés par les plus importants de leurs vassaux qui avaient eux-mêmes souvent 10 à 12 vassaux. Au XIe siècle, la France dans ses frontières actuelles (l'« Hexagone ») était couverte d'un bon millier de châtellenies, dont chacune était « gardée » soit par son maître, authentique seigneur, soit par un représentant d'un prince de rang plus élevé. Chacun d'eux vivait, avec sa femme, entouré par au moins quelques personnes d'extraction noble, sans parler des cours comtales, ducales et surtout épiscopales, ces dernières présentes par centaines en Occident.

Le monde carolingien et postcarolingien n'était pas si ténébreux que certains l'ont cru. Les milliers d'actes, contenant des dizaines de milliers de noms de témoins, dont nous disposons prouvent qu'il y avait plusieurs milliers de nobles authentiques, appartenant à la *militia* du *princeps* — sans compter les petits soldats combattant à cheval, dont une partie formera plus tard une nouvelle couche inférieure de la noblesse, celle des *milites*.

Beaucoup de chercheurs actuels refusent pourtant d'admettre qu'il y a eu une noblesse ancienne, comme d'ailleurs une vie publique organisée, problèmes visiblement concomitants. Certains évitent même le terme, préférant parler d'« aristocratie », de « strates supérieures de la société », d'*Oberschichten*. D'autres nient explicitement son existence.

L'historien belge François-Louis Ganshof, qui défend en tant que juriste la thèse d'une noblesse tardive (apparue au XIIIe siècle), introduit toutefois une nuance plus « germaniste » que « romaniste ». « Le *regnum Francorum*, se demande-t-il, a-t-il connu une noblesse, à savoir une strate garantie par droit, dont les membres avaient à cause de leur appartenance l'avantage d'un statut privilégié ? On peut le confirmer pour quelques peuples (*Stämme*) insuffisamment soumis au souverain franc : Alamans, Bavarois, Thuringes, plus tard aussi Saxons ["insuffisamment soumis" ?]. À part ça, nous croyons pouvoir répondre par la négative. » Qu'on s'imagine le peuple des Francs, établi au-dessus des *gentes*, admettant dans des lois promulguées sous l'autorité de son roi, et en 802 de son empereur, que les élites de ces *gentes* aient joui d'une noblesse inaccessible aux grands des Francs ! C'eût été là une bien curieuse hiérarchie politico-sociale, d'autant que l'aristocratie saxonne se hâta de s'agréger à la *nobilitas* franque en se convertissant au christianisme, à la différence des hommes libres saxons... S'il en fut ainsi, c'est bien que cette noblesse dominait la société et l'État franc. Mais les historiens n'en parlent pas, parce qu'elle n'est pas mentionnée dans la loi salique. Nous la trouverons pourtant dans des centaines d'autres textes traitant de son rang, de ses titres et de ses pouvoirs.

Selon Detlef Illmer, aux VIe-VIIe siècles, il n'y a pas de condition fondée sur la naissance (*geburtsständische Verhältnisse*), « distinguant la situation des enfants de la classe supérieure » des autres. Cette thèse a été réfutée à partir de sources de l'époque par Martin Heinzelmann, qui préfère éviter le terme « noblesse » (*Adel*) pour la période mérovingienne et parler de couches de propriétaires terriens riches, moyens et petits, la plupart des chercheurs s'accordant selon lui sur la seule catégorie valide des hommes de condition libre, fondée non sur leur naissance, mais sur leurs richesses foncières. Il serait plus exact, dit-il, d'admettre que l'ancienne noblesse des peuplades (*ein alter Stammesadel*), si elle a jamais existé, a fusionné lors de la conquête franque (*fränkische Landnahme*) avec les familles qui devaient leur ascension sociale récente à leur richesse. On retrouve ici l'obsession de l'*alter Stammesadel* (ancienne noblesse germanique des différents peuples barbares), ou phénomène social d'hommes libres plus aisés que d'autres, sans qu'il soit question ni du pouvoir public ni du rang qui confèrent les richesses et permettent de s'en procurer d'autres.

Quant à la terminologie des sources relatives aux nobles, l'auteur s'appuie sur un seul texte du IXe siècle, lequel expliquerait *nobilis* par *dives*, et en ferait donc un simple synonyme de « riche ». Or ce texte dit au contraire qu'il y a des pauvres qui sont nobles, parce que nés de parents nobles — « *eo quod de nobili genere sunt orti* » —, ainsi que des riches qui sont « ignobles », parce que « *de rustica progenie sunt nati* ». La *nobilitas* ne se définit pas essentiellement par la richesse, mais par la puissance; elle gouverne, juge et mène au combat. Quand l'empereur Louis juge un roi, son neveu Bernard, pour révolte contre l'empereur (haute trahison), c'est la *nobilitas* qui condamne à mort le coupable : « *iuxta procerum nostrorum seu cunctae nobilitatis Francorum generale iudicium* ». Citons encore Charles le Chauve qui parle, en 843, de ses fidèles, « *tam in venerabili ordine clericali quam et illustres viri in nobili laicali habitu constituti* » (« tant dans l'ordre vénérable du [haut] clergé que les hommes illustres constitués dans l'habit du noble laïc »). Non seulement la noblesse laïque existe, mais elle porte un *habitus* qui lui convient. L'habit fait le moine, mais aussi le noble : le moine entré au monastère, et le noble entré dans la *militia principis*.

Des érudits, tel le philologue Wolfgang Haubrichs, admettent la présence dès la fin du VIe siècle d'« une strate de fonctionnaires qui soutiennent l'État » (*Schicht der staatstragenden Funktionäre*), sans pour autant se prononcer clairement sur le fait qu'il s'agit ici de la *nobilitas*. Même les maîtres de l'*Adelsforschung* [de la recherche sur la noblesse] hésitent. Ainsi Gerd Tellenbach parle-t-il bien d'une domination solitaire de la noblesse médiévale, mais il introduit un doute en ne lui concédant avant 1000-1200 qu'un statut plus ou moins vague : « *ererbter Geburtsstand, [...] soziale Herrenstellung, rechtlich eine Bevorzugung* » [« un rang héréditaire dû à la naissance, [...] une position sociale dominante, des privilèges d'ordre juridique »]. Or, le pouvoir politique exercé au nom de l'État n'est pas qu'une

« position sociale », héritée ou non. Les droits exercés publiquement et symbolisés par des signes visibles du rang et de la fonction ne sont pas de simples « avantages ».

Comment expliquer cette réticence à affirmer l'existence de faits, de notions et d'institutions qui montrent une *nobilitas* en action au service de l'État? Est-ce l'impossibilité de concevoir que tant de notions modernes (État, administration, gouvernement...) ne sont pas inadaptées au « Moyen Âge »? ou bien le refus de bousculer des chimères modernes comme l'origine germanique ou païenne de l'*Adel,* ou l'origine populaire des institutions? Même Eugen Ewig pense que les *Franci utiliores* en 561, *meliores* en 584 et *seniores* en 585 sont encore régis par « les traditions de la noblesse guerrière d'origine païenne » (*des gentilen Kriegeradels*), et sont en train de se transformer en une « aristocratie de grands propriétaires ». Au moins concède-t-il aux plus élevés, les *viri illustri,* l'appartenance à une *nobilitas* destinée à gouverner le pays sous le roi.

D'autres historiens, en revanche, sont nets dans leur attitude négative. Aux auteurs cités par Detlef Illmer à l'appui de sa thèse — Rolf Sprandel, Alexander Bergengruen —, on peut ajouter Reinhard Schneider qui cite pêle-mêle des notions comme *proceres, seniores, optimates, potentes*; sans préciser le contenu de ces désignations, il admet qu'il s'agit là d'« une couche dirigeante » exerçant une « influence » politique, mais ne se distinguant pas assez des autres pour être un *Geburtsstand.* On n'y trouverait pas ce charisme spécifique, ce *Heil* que cet auteur estime nécessaire à toute noblesse germanique. Et si celle-ci n'existe pas, il ne saurait en exister d'autre! Mais Schneider commet une erreur en faisant « ressortir des grandes familles de cette strate politique, éminente au point de vue économique et social, la dynastie royale » : si ce n'est pas là la noblesse, on ne se querelle plus que sur des mots, et non sur la chose!

Mais la négation de son contenu subsiste même quand le mot est là. Ainsi, Marc Bloch, tout en admettant que le terme *nobilis* ne manque pas du IXe au XIe siècle, écrit en 1940 que celui-ci « se bornait à marquer, en dehors de toute acception juridique précise, une prééminence de fait ou d'opinion, selon des critères presque chaque fois variables ». Pour Marie-Bernadette Bruguière, dans son *Introduction à l'histoire des institutions françaises* (1983), le problème ne se pose pas pour la monarchie franque : « Les notions d'État et de droit public ont disparu », il n'y a que « des bribes de la notion romaine de pouvoir » et du protocole impérial; ce qui compte, ce sont les « éléments germaniques du pouvoir (*mundium* et *bannum*) ». Quant aux « hommes libres [...], ils sont tous égaux, car les noblesses antérieures (gallo-romaine ou germanique) ont rapidement disparu. Une nouvelle aristocratie apparaît toutefois : grands propriétaires, fonctionnaires, prélats; pour les laïcs, elle sera vite héréditaire ». Ces gens ont beau être duc, comte ou « seigneur au sens politique du terme », il s'agit d'« une appropriation des fonctions publiques par les familles [...donc de] leur "privatisation" ». L'auteur concède l'existence de « bribes » romano-étatiques, y compris de fonctions publiques, mais elle les voit « privatisées ». Or, qui a dominé l'État romain, sinon les familles des *gentes*? La *nobilitas* romaine a réuni en elle et l'État et les « familles ».

Même Edward James, qui a eu le mérite de combattre l'« attitude négative » de tant d'auteurs envers *the early Middle Ages*, s'avoue impressionné par la notion d'*Oberschicht* qui a remplacé *Adel* dans certains ouvrages allemands*.

On la sent partout, cette noblesse, mais on ne veut l'admettre qu'entre telle et telle date de son choix! Un des éminents représentants de l'*Adelsforschung*, le regretté Karl Schmid (1987), affirmait : « *Weil es den Adel nicht gab, sondern : Herzöge, Grafen, Herren, Ministerialen, Stadtpatriziat...* » [Parce qu'il n'y avait pas de noblesse mais seulement des ducs, des comtes, des seigneurs, des ministériaux, un patriciat urbain...] Or il est évident que la diversité de rangs au sein de la noblesse est une de ses caractéristiques, et non point un désaveu de son existence. La noblesse a une « intensité » plus ou moins grande, expliquent Jean-Pierre Poly et Éric Bournazel, mettant en évidence des dimensions qui dépassent le juridisme propre à la recherche d'une autre époque. Des études précises, comme celle de l'Américain George Beech (1964), prouvent qu'une *nobilitas* authentique, ne jouissant pas seulement d'une considération sociale, mais aussi de privilèges transmissibles, a existé avant la *militia* des « chevaliers » et indépendamment d'elle. Moins affirmatif, l'autre historien américain Thomas Bisson, grand spécialiste du Midi et de la péninsule Ibérique aux XIIe-XIIIe siècles, a découvert dans ces régions des structures étatiques en essor auxquelles manque encore, selon lui, la « finition » administrative : « *For more than hundred years castle-based elites had florished in dynastic or military alliances of bewildering mutability, weakening the ancient solidari-*

---

* E. James, *The Origins of France*, 1982 : « *No doubt there was a nobility in fifth-century Gaul — members of the Roman senatorial class — and most scholars would admit the existence of a nobility in Gaul by the year 1000* [sic]. *But for the period covered by this book [500-1000] there was no well-defined noble class. Individual aristocrats were no doubt readily identifiable...* »

Il ne fait aucun doute qu'il existait une noblesse dans la Gaule du ve siècle — les membres de la classe sénatoriale romaine —, et la plupart des érudits peuvent admettre l'existence d'une noblesse en Gaule autour de l'an mille. Mais, pour ce qui est de la période dont parle ce livre [500-1000], il n'y avait pas alors de classe de nobles bien déterminée. Seuls des individus nobles étaient sans doute aisément identifiables.

ties of Carolingian territorial order. Principalities had arisen or persisted but these were dynastic combinations lacking administrative institutions capable of welding disjointed lands into effective political units. » [Pendant plus de cent ans des élites fondées sur la propriété de châteaux ont multiplié des alliances dynastiques ou militaires, floues et instables, affaiblissant les anciennes solidarités de l'ordre territorial carolingien. Des principautés s'étaient créées ou avaient perduré mais elles n'étaient que de simples associations sans institutions administratives capables de fondre des territoires disjoints en unités politiques effectives.] Mais des principautés, évidemment formées sur le principe dynastique, n'est-ce pas déjà une noblesse épanouie ? Ne cherchons-nous pas trop un concept conforme à nos désirs ?

Les réticences de la recherche moderne à admettre qu'il existait une « noblesse » avant une certaine date s'expliquent d'abord par « une certaine idée » de la noblesse, liée à une « définition » prématurée et trop rigide. Si l'on « sait » d'avance que le statut juridique, exprimé si possible par un parchemin, lui-même émis dans le cas idéal par un roi de France, est le préalable requis de la noblesse authentique, alors tout le reste risque fort de ne pas résister à l'examen. Si l'on « sait » d'avance que la « noblesse » signifie nécessairement « noblesse de sang », et que donc on retient l'hérédité comme seul principe valable de définition, alors on remonte automatiquement à la « nuit des temps », de préférence germanique ou du moins indo-européenne. *A contrario*, si l'on ne trouve pas la preuve d'une telle continuité de l'ancienne « noblesse de sang » chez les Francs, parmi lesquels aurait prévalu un *Dienstadel* (noblesse de service) qui doit son statut à la nomination royale (élément romain), alors on en conclut que la noblesse n'existait pas, car il ne s'agissait pas d'une « vraie noblesse ».

En réalité, le phénomène commun aux mondes romain et franc est plutôt l'*Amtsadel*, certes lié à la fonction, mais attribué normalement à des personnes appartenant déjà à la noblesse. En montrant l'essor et l'expansion de la noblesse, en prouvant son existence dans les faits aussi bien que dans les consciences — celles des nobles comme du reste de la société —, nous laisserons volontiers à d'autres le soin de la définir. Le mot clé susceptible de nous guider, *nobilitas*, existe depuis deux millénaires.

La France a donné naissance à des idées spécifiques sur sa noblesse et son histoire, du fait d'un centralisme réussi qui a aussi dominé l'histoire du droit et des institutions. Elle nourrit encore des « certitudes » qui lui sont propres, comme celle que la noblesse serait issue de la chevalerie. Cette idée nous semble aberrante, car le « chevalier » n'apparaît que tardivement dans nos textes. Elle présuppose une noblesse encore plus tardive, si l'on ne fait pas remonter les origines de la chevalerie à une Germanie païenne, avec une seconde naissance sous l'influence de l'Église aux XIe-XIIe siècles. Se fier au terme français « chevalier » est une opération périlleuse, car sa racine latine, *caballarius*, désigne le valet d'écurie et, plus tard, un guerrier monté n'appartenant pas à la *militia* noble. Le mot latin *caballus*, *caballa* (à l'origine « mauvais cheval », le terme ayant remplacé *equus* en latin vulgaire) a donné pour celui qui monte le « cheval » (ou la « cavale », si c'est une jument) *cavalier* en provençal, *cavaliere* en italien (d'où le français « cavalier »), et en français « chevalier », mot qui ne comporte pas en soi une distinction sociale. En allemand, la différenciation de *riter* en *Reiter* (celui qui monte un cheval) et *Ritter* (guerrier monté, éventuellement noble) est également tardive.

« Chevalerie » ne procède donc pas directement de *caballarius* : le mot n'a pu prendre son sens social qu'avec la montée de combattants (*caballarii/milites*) appartenant à une (nouvelle) couche inférieure de la noblesse. Ce n'est qu'au XIIe siècle qu'apparaît cette réalité sociale des *milites* (le pluriel désignait auparavant les simples soldats combattant à cheval), qui correspond à la définition que donne Jean Favier de la « chevalerie » : « un des cadres de l'organisation militaire de l'aristocratie en un “ordre” ». Un des premiers textes qui mentionnent cette nouvelle *militia* la condamne par un méchant jeu de mots : « *militia/malitia* ». On le doit à saint Bernard, lui-même issu d'une famille noble, qui voulait distinguer cette nouvelle « chevalerie » d'hommes voués au siècle — et souvent déprédateurs des biens de l'Église — de la vraie *nova militia* qu'il avait encouragée, à savoir l'ordre des moines guerriers du Temple. C'est donc de cette réalité tardive des *milites* (soldats) combattant à cheval et formant depuis peu la couche inférieure de la noblesse qu'on a conclu que *militia* aurait été aussi avant le XIIe siècle le terme collectif pour désigner les *milites*/chevaliers (mot français apparu à la fin du XIe siècle ou au début du XIIe sans que le sens social en fût déjà fixé). Cette interprétation est erronée, car il aurait fallu suivre l'histoire du terme *militia* (élite du royaume, identique à la haute noblesse ecclésiastique et laïque), et non *milites*.

L'idée que la « noblesse » serait la partie combattante de la « société médiévale » trouva un semblant de confirmation avec la théorie formulée au XIe siècle des « trois ordres » — les hommes qui prient, ceux qui combattent, et ceux qui travaillent pour nourrir les autres (le futur « tiers état »). Cette théorie a donné lieu ces derniers temps à une immense littérature spécialisée. Lorsqu'elle vit le jour, elle ne pouvait guère déplaire à une royauté française encore faible. En effet, le texte d'Adalbéron, évêque de Laon, qui a suggéré cette structure de la société était adressé à Robert le Pieux, roi qui souhaitait présider, sous Dieu, aux « trois ordres » de son royaume. Or, les neuf dixièmes environ de la France étaient alors placés sous le gouvernement effectif des princes territoriaux, comme les ducs de Normandie ou d'Aquitaine, les comtes de Flandre, de Blois-Champagne ou de Toulouse, voire les seigneurs de Bellême ou de Bourbon. Adalbéron eut le tact, ou l'habileté, d'omettre dans son tableau « ceux qui gouvernent » et évita soigneusement de parler de la haute noblesse dans sa hiérarchie — qui n'est pas sociale, mais spirituelle, ce que certains de ses lecteurs modernes ont oublié. Il appartenait par la naissance à la plus haute noblesse de Lotharingie, étrangère donc. Mais, en tant qu'évêque de Laon, il était un des premiers prélats de France. Un moment, il avait soutenu l'empereur ottonien comme chef d'une Europe unie plutôt que le roi capétien. Il avait intérêt à ne pas mentionner les pouvoirs politiques fort étendus de la haute noblesse (par exemple, celui de faire rois Hugues Capet et Robert II à l'instar de son oncle et homonyme, alors archevêque de Reims). Il cherchait maintenant à ménager le roi, qu'il voulait à tout prix dégager de l'influence croissante des clunisiens, ennemis jurés de l'évêque.

Tel est l'arrière-plan de ce texte proprement utopique quant aux réalités politiques et sociales de son époque, et qui eut des répercussions lointaines, puisque son contenu devait plaire aussi bien à la royauté qu'à l'Église. L'une et l'autre avaient en effet intérêt à réduire la noblesse à l'état de simples exécutants militaires de leur politique.

Élus par Dieu

La *nobilitas* romaine et franque, française et allemande, a pu être hautaine, arrogante, mais point vaniteuse : elle ne prétendait pas être la chose publique — elle l'était. Son pouvoir fait partie intégrante des sociétés anciennes et ses racines sont sacrées. Quand on demanda à Hildegarde, abbesse de Rupertsberg († 1179), pourquoi elle n'acceptait dans son couvent que des femmes d'ascendance noble, cette fille de comte répondit :

« Dieu distingue toutes les personnes [selon leur rang], de manière que la condition inférieure (*minor ordo*) ne prétende pas s'élever au-dessus de la condition supérieure (*super superiorem*), comme jadis le firent Satan et le premier homme, voulant voler plus haut que Dieu ne les avait placés. En effet, qui mettrait tous ses troupeaux pêle-mêle dans une même étable, le gros bétail et les ânes, les moutons et les boucs, de manière qu'il n'y ait plus de distinction entre eux ? Il faut donc le discernement pour qu'une population très diverse, réunie en un seul troupeau, ne soit pas saisie par l'orgueil de sa supériorité et la honte de sa diversité, pour qu'il n'arrive pas une dissolution des mœurs terrible et qu'ils ne se déchirent pas, pleins de haine, quand l'ordre supérieur tombe et l'ordre inférieur s'élève au-dessus du supérieur. Dieu reconnaît son peuple sur la terre comme dans les cieux, y distinguant les anges et les archanges [...] les chérubins et les séraphins. Tous ces êtres sont aimés par Dieu, mais ils ne portent pas des désignations égales. »

L'abbesse met en garde les princes et les nobles contre le danger de la *superbia*. Mais elle dit aussi que Dieu ne condamne pas les puissants, car Il est puissant lui-même (voir Job XXXVI, 5). Elle est animée d'une certitude absolue, ancrée dans l'ordonnance divine du monde visible et invisible, quant à la mission que représente le fait d'être né noble. C'est une fierté d'autant plus grande qu'elle s'arme de l'humilité — devant Dieu, et non devant les hommes.

Comparons cette certitude du rang (et de ses prérogatives) à la fierté fort modérée d'un Chateaubriand qui, ayant vécu son époque et connu ses idées, est sans illusions sur le sort de l'aristocratie : « Je suis né gentilhomme. Selon moi, j'ai profité du hasard de mon berceau, j'ai gardé cet amour plus ferme de la liberté qui appartient principalement à l'aristocratie dont la dernière heure est sonnée. » Dans sa résignation, il n'oublie pas que le noble a été, envers le roi, toujours plus libre que le simple sujet. Ce dernier est devenu par suite de la Révolution membre du peuple souverain, cette dignité plutôt théorique s'accompagnant d'une nouvelle soumission à cette « volonté générale » qui, elle, sera beaucoup plus puissante et contraignante que n'avait pu l'être la monarchie.

Face à l'abîme qui sépare, à plus de six siècles d'intervalle, les « confessions » d'Hildegarde et de Chateaubriand, on se demande quand est née la certitude exprimée dans la première, et quand a commencé le déclin évident dans la seconde. La source des certitudes est indiquée par Hildegarde : elle est biblique. L'idée d'une « élection » repose sur la foi en un Dieu qui gouverne les cieux et le monde terrestre. À son peuple élu, les élites de l'Empire romain devenu chrétien ont su joindre les guides élus sur terre, en trouvant les « bons » passages bibliques.

Martin Heinzelmann a découvert des textes des Ve, VIe et VIIe siècles qui ne laissent pas subsister le moindre doute quant aux « certitudes » des évêques gallo-romains, qui ont su combiner leur héritage social romain et leur interprétation de l'Ancien Testament. Ces prélats ont exprimé leur vision du monde, et leur place dans ce monde, à travers des inscriptions tombales — devant Dieu donc, dont ils attendent le jugement. Heinzelmann constate qu'ils sont aussi conscients des *virtutes* romaines (innées !) datant de l'époque « païenne » que confiants quant à leur sort dans l'au-delà. Leur attitude peut se résumer librement en une phrase : nous étions assis à la table du roi terrestre, nous serons à la table du Roi céleste ! Ce qui en dit long sur la situation privilégiée qu'ils ont pu préserver, voire améliorer sous les rois francs catholiques. La noblesse romaine christianisée a su ajouter à ses vertus romaines une nouvelle vertu, chrétienne celle-là : l'ascétisme (voilà pour l'*humanitas*). Pour se montrer dignes d'être considérés comme saints — *sanctus* étant alors un terme lié à la dignité épiscopale déjà du vivant de ses titulaires —, certains ont mené une vie sobre, renonçant à tout luxe excessif. Le pauvre, pensait-on alors, n'ayant rien, ne pouvait pas renoncer, mais le riche (richissime, plutôt), en renonçant — fût-ce modérément — au superflu, avait, en « ascète » digne de son rang, de bonnes chances de trouver grâce auprès du Juge suprême.

Pour qui douterait de la portée chronologique et psychologique de ces textes évoquant les certitudes d'hommes appartenant à l'élite sociale et religieuse, élus par Dieu, présentons-en un autre, écrit entre 790 et 820 à l'abbaye de Reichenau, où étaient alors réunis les documents notant le service de prières au profit de l'âme des grands ecclésiastiques et laïcs de l'Empire franc, organisé depuis Pépin, le père de Charlemagne. Nous en avons conservé les versions latine et allemande, précieuses pour notre connaissance des termes :

« *Ecclesiarum principes / et belli triumphales duces / celestis aule milites / et vera mundi lumina /* »

« *Chirichono furiston / inti uuiges siganumftiliches leitida / himiliskera chamara chnechta / inti uuariu ueralti leoht.* »

Ce qui peut se traduire par :

« Princes de l'Église [première mention de *Kirchenfürst*] / et chefs de guerre victorieux / qui servent à la Cour céleste [*chnechta, cf.* l'anglais *knight*] / [sont] les vraies lumières du monde. »

La noblesse romaine, entrée dans l'Église avec ou après l'empereur, a fini par y trouver une place correspondant à son rang dans le monde. Elle l'a même renforcée dans les nouveaux royaumes. Le prestige épiscopal a joué un rôle considérable pour ses lignages, de manière que ceux-ci se sont groupés autour de « leurs » saints évêques, des oncles prenant à travers leurs neveux et nièces la place d'ancêtres éponymes (*Spitzenahn,* écrit Karl Schmid). Usage moins germanique qu'on ne l'a cru, car il a été repris aussi du modèle romain par des lignées « germaniques » quand elles commencèrent à fournir à leur tour des prélats à l'Église au VIIe siècle. On est loin de la séparation chère à tant d'historiens modernes entre une aristocratie barbare et le clergé catholique, le haut clergé étant la « crème » de la noblesse dans les occasions officielles comme dans le cœur des aristocrates « laïcs », qu'ils fussent d'origine romaine ou barbare. On est loin aussi des cauchemars d'un Sidoine Apollinaire, dont nous avons parlé plus haut. Au lieu de sombrer définitivement, la noblesse, jadis affaiblie, est sortie renforcée et renouvelée d'une époque supposée aussi sinistre qu'anarchique par les humanistes et leurs fidèles élèves : les descendants des familles sénatoriales n'ont pas seulement maintenu leur rang, ils ont trouvé une activité sociale de premier plan, et souvent mis leurs richesses au service de leur cité et de leur église.

Quant aux Francs aimés par le Christ, ce sont surtout leurs nobles (d'origine mixte) qui se sont considérés comme élus par Dieu : un texte du début du XIe siècle le dit clairement des Francs de l'Ouest, dont la prospérité plus grande ne serait que justice ! Ce n'est donc ni la puissance, ni la richesse, ni la bonne conscience qui auront manqué à la *nobilitas*, dont la légitimation divine était encore un peu plus élevée (et ancienne) que celle qu'elle aurait pu tenir d'un roi de France qui avait en fait la même légitimité qu'elle ; c'est ainsi que les grands, tant ecclésiastiques que laïcs, peu de temps après que le roi (carolingien) eut choisi pour l'énoncé de son titre la formule *Dei gratia* (formule de dévotion comme de prétention suprême, les deux allant ensemble comme nous venons de le noter), s'arrogèrent à leur tour ce *Dei gratia*.

Revenons-en à la question plus complexe des débuts du déclin des certitudes de la noblesse. Hildegarde, quand elle écrivit la lettre évoquée plus haut, était déjà sur la défensive : une autre abbesse, Tenxwind d'Andernach, plus proche de la réforme monastique, l'avait en effet attaquée au sujet de ses idées « conservatrices ». La crise de la foi en la supériorité, voulue par Dieu, de la noblesse et d'un haut clergé presque obligatoirement d'origine noble avait commencé au XIe siècle. C'est un nouvel âge qui a fait surgir en Italie, en Lotharingie et en France d'abord de nouvelles vertus reposant sur une hiérarchie nouvelle : les « laïcs », fussent-ils empereur ou roi, se voient déclarés inférieurs aux moines et au clergé, surtout au pape, par les « grégoriens ». Tout le remarquable système de « sacralisation » du *princeps*, mais aussi de la *nobilitas*, commence à perdre son prestige.

C'est au XIIIe siècle (en France surtout) que, sous l'impulsion de la royauté, le pouvoir laïc se reprend et se maintient, et c'est maintenant le roi qui donne le ton. Après avoir survécu aux terribles contestations des XIVe-XVe et XVIe siècles en Angleterre, en France et dans l'Empire — où des mouvements populaires s'étaient servis à leur tour de l'argument de la volonté divine pour demander que justice et paix, négligées par les grands, soient faites pour, voire par les petits —, la noblesse a pu croire de nouveau à son étoile. À condition évidemment d'accepter sans réserve le prestige, inabordable au commun des mortels, de la famille royale jusqu'au dernier de ses bâtards. Et voilà que renaissent au XVIe siècle des affirmations de singularité de la noblesse, inaccessible aux autres hommes, qui nous rappellent celles de sainte Hildegarde. S'étonnera-t-on que cette fierté-là soit moins consciente de l'humilité demandée par l'abbesse aux élus de Dieu ? Si elle cherche toujours ses arguments dans les différentes « races » d'animaux et d'hommes, elle y voit moins l'image de l'ordre divin qu'un fait biologique.

C'est à la thèse d'Arlette Jouanna qu'on doit ces découvertes sur « l'idée de race en France » aux XVIe-XVIIe siècles. Même en tenant compte des sources particulières qu'elle utilise, tels des poèmes à l'occasion d'un mariage princier, on est frappé par la qualité des auteurs, parfois célèbres comme Ronsard et Rabelais, et par l'assurance avec laquelle ils déclarent l'excellence quasi biologique des membres de la haute noblesse. Comme un « aigle haultain ne degenere et tombe au naturel de la simple colombe », comme les bons chevaux naissent des bons chevaux, « les vertueux [au sens de *virtus*, courage, force] viennent des vertueux ». À côté du lignage noble, plus large, la cellule familiale, « plus sensible au cœur », gagne une place de choix au XVIe siècle, mais dans les deux cas l'idée de « race » concurrence de plus en plus celle de l'ordre divin. Pour une société rompue aux secrets de l'élevage de chevaux ou d'autres animaux « de race », l'image biologique sans cesse répétée des qualités héritées des parents était convaincante. Ainsi Louis Ernaud note-t-il dans son *Discours de la noblesse* : « Le peuple estime [...] que les enfants doyvent ressembler aux peres, comme les fruicts, et les greffes, aux plantes dont ils procedent. » Les qualités spécifiques des animaux les plus nobles et les plus combatifs sont évoquées pour glorifier parents et enfants de grande noblesse ou de maison royale. L'évidence qu'un lièvre peureux ne peut produire que son semblable et que le lion et ses lionceaux sont supérieurs à tous les autres animaux sert à « prouver » que l'aptitude à de hautes fonctions est réservée aux hommes qui, par leur naissance noble, donnent les meilleures garanties. Mais on n'oublie pas qu'il faut au bien-né une « bonne nourriture », et cela au sens propre (toute une littérature prodigue des conseils aux mères pour être saines et bien allaiter les enfants) comme au sens figuré d'une bonne éducation, des connaissances historiques contribuant à rendre fier des hauts faits des ancêtres et à stimuler le désir de les égaler (idéal romain).

Il convient de replacer dans sa longue durée cette certitude qu'il y a des élites voulues par la nature, les dieux ou Dieu : comme doctrine élaborée, elle existe depuis Aristote. Longtemps avant Rabelais, au XIIIe siècle, la distinction radicale établie par Aristote entre les nobles, les libres et les esclaves comme des êtres différents par nature était une idée qui allait de soi : il n'est que de lire les pages de Ludwig Schmugge sur les théories sociales de Jean de Jandun († 1328). Les *subditi* ou *servi* étaient dépourvus des capacités de mémoire et de prévoyance requises pour donner des ordres : nés esclaves, ils ne pouvaient que les recevoir. Tout l'essor des élites urbaines aura été une réfutation de cette thèse des « chefs nés », sans toutefois que cet essor ait réussi à détruire le monopole de puissance des nobles, qui aura duré jusqu'à l'Europe moderne et à notre siècle. Concluons par une anecdote. À l'occasion de la guerre des tranchées, en 1914-1918, un officier britannique vit, pour la première fois, des hommes nus qui n'étaient pas de sa classe : « Mais ils ont une peau blanche, comme nous ! » s'exclama-t-il. La peau brûlée par le soleil et le vent, la langue et le comportement excluaient encore les rustres d'un monde à part où la peau protégée des femmes permettait de voir le « sang bleu » dans les veines.

DEUXIÈME PARTIE

Genèse de l'État chrétien et de la noblesse en Occident (Empire romain — Empire franc)

« De même que les États fondés au Vᵉ siècle en Occident par les rois barbares ont conservé l'empreinte romaine, de même la France, l'Allemagne et l'Italie ont conservé l'empreinte carolingienne. »

Henri Pirenne,
Mahomet et Charlemagne, 1937.

CHAPITRE V

La longue vie des institutions

La première partie de ce livre nous a permis de définir le cadre dans lequel la noblesse chrétienne a pu s'épanouir, à savoir l'Empire romain chrétien qui a perduré en Orient sous la forme d'un Empire « grec » ou « byzantin », le royaume des Francs qui s'est doublé d'un Empire occidental et s'est divisé en Saint Empire et royaume de France, et, derrière ces structures d'essence impériale, les autres royaumes chrétiens d'Occident et d'Orient. En dehors de ce cadre, il n'y a pas eu de *nobilitas*; même la noblesse vénitienne avec son *dux* (« doge »), qui comptait parmi les premières « aristocraties » et tenait son rang à côté des monarchies européennes, n'était qu'un dérivé de l'empire d'Orient qui avait su profiter de sa situation entre les deux empires, comme le fit un autre État né « entre les deux empires » d'un *ducatus* impérial : l'État pontifical. Les monarques et les dynasties de ces empires et royaumes furent, avec leurs noblesses respectives, des autorités chrétiennes soumises à la Loi divine.

L'Occident, peu reconnaissant, ou aveuglé par les lumières de sa modernité, n'a pas retenu qu'il devait au monde ainsi circonscrit l'État, sa notion, ses formes et ses symboles essentiels. Or, on ne saurait oublier que Machiavel comme Jean Bodin s'inscrivent dans une filiation romaine autant que chrétienne. L'État moderne n'est autre que le successeur de l'État chrétien, lui-même étant le fruit de la transformation de l'État romain (l'ancêtre commun) depuis Constantin le Grand. Si l'on « oublie » ces prédécesseurs et avec eux l'élément chrétien dans l'État, on perd de vue l'unité des structures politiques de toutes les monarchies chrétiennes, divisées artificiellement en « antiques », « médiévales », « modernes ». Quant aux théories sur les débuts de l'État dans les sociétés humaines, elles sont dominées par des modèles utopiques (tel le « contrat social ») qui ont peu à voir avec les réalités historiques. Pour découvrir les vraies origines politico-sociales de l'Europe, il faut se tourner vers les termes latins du IVe au XVIe siècle.

De l'État romain au royaume franc

Regnum et *princeps*

Regnum est le terme de base pour exprimer l'État, celui qui se « cache » derrière *status (regni)*. Ce mot a désigné l'État comme institution, comme idée et comme réalité territoriale sans interruption depuis les Romains jusqu'au « royaume de France » *(regnum Francorum*, puis *regnum Franciae)*. Croire qu'il n'existait pas de notion de l'« État » avant les doctes théories modernes trahit une naïveté que n'excuse guère le fait que la France n'est plus un royaume. En tant que république, elle est toujours *res publica* — autre notion romaine. Les mots *regnum, status regni* et *potestas publica*, c'est-à-dire le « pouvoir public » légal et contraignant (voir chap. 7), n'ont jamais cessé d'être utilisés en Occident, ne serait-ce que parce qu'on les trouve dans la loi suprême de tous les États de l'époque chrétienne, à savoir la Bible, loi tant de fois négligée par les historiens du droit, « médiéval » ou « moderne ».

Les événements rapportés dans les Évangiles se sont passés — et ont été relatés — sous des empereurs romains. La Bible latine, rédigée du IIe au IVe siècle (à partir des différentes versions et des nombreux fragments de la *vetus latina*) et entièrement revue par saint Jérôme entre 383 et 405, est un pur produit du monde romain. On y trouve la célèbre phrase de saint Paul *(Ad Titum)* ordonnant aux chrétiens d'obéir *principibus et potestatibus*, c'est-à-dire aux empereurs et aux agents du pouvoir public romain. C'est à eux qu'a pensé l'apôtre en écrivant ces mots en grec, et le Christ en enseignant de rendre à l'empereur ce qui doit lui revenir. Quant aux événements rapportés dans l'Ancien Testament, ils ont eu lieu en des pays qui faisaient partie de l'Empire romain au moment des traductions latines. Les termes politico-institutionnels latins des traductions de la Bible lui ont donné une touche de pensée étatique romaine qui se mêlait, pour les lecteurs en Occident, à l'autorité divine du texte; dans ce latin biblique apparaît pour la première fois, par exemple, le mot *principari* (« gouverner »). Tout cela est aussi « antique » et « romain » que la genèse de l'Église, qui eut pour cadre l'Empire romain, et que son organisation, qui fut profondément imprégnée par celle de l'Empire devenu chrétien. On voit bien, ici encore, que l'on ne peut séparer « Antiquité » et « christianisme », et assimiler ce dernier au « Moyen Âge » inventé un millénaire plus tard.

Cette *lex divina* n'est pas seulement un texte sacré où des termes institutionnels se trouveraient par hasard : elle a laissé à l'État chrétien, dans l'Ancien Testament, un modèle révélé où l'on apprend les règles du jeu politique dans le monde de Dieu. Les rois du peuple élu, élevés ou punis par le Seigneur, préfigurent les empereurs qui cherchent à être un « nouveau David », à Constantinople comme à Aix-la-Chapelle, puis les rois francs/français représentés au portail des cathédrales. Comment, avant Bossuet, aurait-on pu ignorer ce qu'est un État, puisque les *regna* (les États) d'ici-bas n'étaient que la réplique imparfaite du *regnum Dei*?

Malgré l'abolition précoce de la royauté romaine, les Romains de l'« Empire » *(res publica Romana, civitas Romana, imperium Romanum)* appelaient *regnum* ce que nous appelons l'État. Ce mot pouvait revêtir un sens péjoratif, celui de « pouvoir tyrannique d'un roi », prohibé dans une *civitas Romana* qui défendait le principe de la *libertas* de ses *cives*, mais il avait perdu ce sens dans l'Empire chrétien en raison du modèle biblique et donc divin du *regnum*. Les auteurs chrétiens ont ainsi pu parler du *regnum Romanorum*, et de *regna* pour désigner l'ensemble des empires qui se sont succédé en attendant le « dernier », celui de Dieu. Le pluriel *regna*, forme plutôt poétique, fut en usage à travers l'histoire de l'Empire, païen et chrétien ; l'impératrice s'appelait *regina*, le palais impérial *regia* et l'empereur portait le titre grec de *basileus*, qui fut à l'origine un titre royal. L'Orient ancien donnait aux monarques de ses « empires » le nom de « grand roi » (*cf.* le *magnus rex* en Occident) et surtout de *rex regum* — ce que Dieu fut pour les chrétiens. Dérivé de *regere* (« régler », « gouverner »), le *regnum* pouvait désigner tant le « règne », la durée du gouvernement d'un empereur ou d'un roi, que le territoire sous l'autorité d'un *princeps*. On ne peut traduire systématiquement *regnum* par « royaume » (d'un roi) : le *regnum* est un État (ou une subdivision d'État) gouverné par un empereur, un roi, un prince non royal, voire un haut dignitaire.

Nous disposons d'un autre mot clé qui désigne le chef et véritable fondateur de l'État : *princeps*. Nous le rencontrons dans les textes à travers l'âge chrétien en corrélation étroite avec *regnum*. Le *princeps* est le « premier », tous les autres dépendant de lui. Sa victoire représente la fin de l'égalité de principe des élites politiques romaines : la fin de l'aristocratie et le début de la monarchie. Il s'agit de la transformation de la *res publica Romana* — c'est-à-dire une cité avec ses *cives*, qui composent le *populus* et son armée (quasi « municipale »), et ses *magistratus* élus pour une durée donnée — en un empire dirigé par un chef à vie, à la tête d'une armée quasi professionnelle, bref, en un État. L'histoire des origines de l'État en Europe est donc celle de l'essor du principat romain. Les États européens en sont, sinon la réplique, du moins les descendants.

Le rôle joué par les « provinces », une institution créée au IIIe siècle av. J.-C. qui a marqué le début de cette transformation, a été souligné par Jean-Marie Bertrand. Un pays conquis déclaré « province » par le Sénat devenait « territoire, élément d'un empire ». Après sa « pacification », il était gouverné par un *praetor*. Scipion, ayant exigé la création d'une nouvelle province, *Africa*, menaça d'en appeler au *populus* pour obtenir satisfaction. On lui attribua la Sicile comme province, avec une flotte pour aller en Afrique si besoin était. Il était « "*privatus*" et *proconsul* [quand] les structures de la cité première commencèrent à se transformer en celles d'un véritable État ». Il fut l'un des premiers chefs d'un nouveau type, précédant César qui obtiendra comme province la Gaule (méridionale) déjà romaine pour en conquérir le reste.

Ces nouveaux *imperatores* que sont Sylla, César et Octavien se reconnaissent aussi à l'usage qu'ils font des monnaies pour leur propre propagande : le premier fait frapper les premières pièces d'or; le deuxième agit de même en véhiculant à travers les images de Vénus, d'Énée et d'Anchise les signes ostentatoires de son ascendance troyenne et en obtenant finalement du Sénat le droit de figurer en effigie sur les monnaies; quant à Octavien, petit-neveu et fils adoptif de César, il sut arranger, selon Christian Meier, le programme iconographique au Forum de manière que sa personne semblât être l'aboutissement de l'histoire romaine. Doctrine que le christianisme confirmera : Dieu a préparé la grandeur de Rome et la paix d'Auguste pour la venue du Christ, qui a apporté son message à un Empire destiné depuis les origines à être l'Empire chrétien jusqu'à la fin des temps. Ainsi, le fait politique d'une cité devenue *urbs* et centre d'un État à caractère « universel » a pu être interprété comme le cadre étatique d'une religion universelle, le *princeps* étant l'intermédiaire entre les chrétiens et Dieu (de même qu'il l'était auparavant entre les Romains et leurs dieux).

Le *princeps* chrétien aura son effigie dans les églises, et non pas seulement sur les monnaies. L'image du chef de l'État sur les pièces a survécu, comme symbole étatique, à la fin des monarchies; depuis le siècle dernier, elle est flanquée de son image sur les timbres — présence utile pour informer et impressionner les analphabètes de toutes les époques et de tous les États (et colonies). Plus encore que par son écriture latine, c'est sur le plan de l'image du souverain que Rome, précédée par les seuls États hellénistiques, est le modèle universel. L'État n'est pas né en Italie avec la Renaissance.

Les trois fondements du monde politique chrétien : princeps, ecclesia, nobilitas

Au début, le mot *princeps* exprimait encore l'idée du *primus inter pares*, celui qui n'est que le premier parmi ceux qui, en principe, sont ses égaux en dignité. Le titre honorifique de *princeps civitatis*, conféré par la République au « premier » de sa *nobilitas*, fut choisi habilement par Octavien (mais sous la forme *princeps*, sans plus) pour désigner celui qui, tout en réunissant en sa personne la dictature à vie et la plupart des magistratures, prétendait rester un homme très noble parmi les autres (le premier, il est vrai) et respecter la « République ». Les circonstances et les méthodes de l'ascension d'Octavien ont été mises en lumière par Joël Le Gall. En apparence, il existait une « dyarchie » du Sénat et de l'empereur. Mais le Sénat, seul représentant jusqu'alors de l'*auctoritas* du peuple romain, s'en dessaisit au profit d'Octavien. Le 16 janvier de l'an 27 av. J.-C., à celui qui avait sauvé la *res publica* par sa victoire sur un Antoine qui aspirait à la royauté, il décerna le surnom d'*augustus* — « qualificatif jusque-là jamais attribué à un homme », comme l'écrit Olivier Guillot dont nous suivons ici l'analyse.

Le terme d'*augustus*, d'origine sacrée (*augustus* = « saint », « consacré », surtout pour les lieux : *in loco augusto*), a fait l'objet de diverses interprétations étymologiques. Certaines, déjà fort anciennes, jouent sur la paronymie ou la ressemblance morphologique avec *augere* (« augmenter* ») ou bien avec *augurium* (« augure », présage dû aux dieux), ou enfin avec *auctoritas*, mot dérivé d'*auctor* (« auteur », « fondateur »). Cette « autorité » avait, dans le sens d'« avis autorisé », distingué le juge, le sénateur, et surtout le Sénat, « siège collectif de l'*auctoritas* » qui dirigeait par ses avis les magistrats et jusqu'aux matières soumises aux *comitiae* (« comices »), les assemblées des *cives* classés selon les impôts qu'ils payaient. Le Sénat attribua donc à Octavien Auguste « une *auctoritas* incomparable », prééminence ou primauté qui serait le propre du nouveau *princeps*. Le Sénat en tant que corps « gard[a] une *auctoritas* qui restera[it] toujours subordonnée à celle de l'empereur », la nouvelle *auctoritas principis*. La *nobilitas*, de son côté, était soumise à l'*auctoritas* du Sénat aussi bien qu'à celle du *princeps*.

La qualité de noble reste liée à l'appartenance à l'ordre sénatorial, et donne « vocation à recevoir de l'empereur des *honores* (les charges publiques importantes) ». Cette formule exprime bien l'équilibre des débuts, mais il y aura un renversement de la cause à l'effet ; dès lors, « c'est le service prêté au *princeps* qui devient source de dignité, de noblesse » — la nomination impériale à un *honor* élevé fait le sénateur. Les magistratures ne sont maintenues que pour la forme ; elles gardent une certaine importance dans l'ordre des dignités, mais elles sont relayées « par des charges publiques nouvelles créées à la discrétion de l'empereur, libre d'en définir le contenu, d'y pourvoir, et d'en diriger l'exercice par ses mandements ». Leurs titulaires, « compris par l'empereur comme ses agents (*agentes, iudices*) », se voient confier par délégation des éléments de la *potestas* du *princeps*. C'est maintenant le Sénat qui répond par ses sénatus-consultes aux questions que lui pose l'empereur, auquel est également passée l'initiative sur le plan législatif. L'*auctoritas* est une notion foncièrement romaine qui associe à la réalité de la vie publique une connotation morale profondé-

* La grandeur de Rome grâce aux dons divins, d'où le *semper Augustus* du Saint Empire, traduit en « *allzeit Mehrer des Reichs* ».

ment religieuse, caractéristiques que nous retrouverons dans le terme de *dignitas*, qui fut pour la *nobilitas* ce que l'*auctoritas* fut pour le *princeps*.

Ce surnom d'Auguste fut repris comme titre par tous les successeurs du premier empereur, qui ainsi furent chefs hors pair et divinisés. L'*impietas in principem* pouvait donc devenir un crime contre sa *maiestas*, ce mot exprimant la forme la plus élevée de *nobilitas*. Réservée normalement au *populus Romanus*, son application à la personne du *princeps* montre bien que ce dernier prend la place du peuple, dont il est devenu le maître (*dominus*). D'éminents juristes romains ont en effet suggéré au IIe siècle le transfert des droits législatifs et judiciaires du peuple, qui les garde en principe, à la personne de l'empereur. Auguste, sorti de la *nobilitas* incarnée par le Sénat, avait modelé à sa guise l'une comme l'autre. Ses successeurs créeront une nouvelle *nobilitas*.

Il suffit pour l'instant de dire que le *princeps et dominus*, soustrait depuis Dioclétien (vers 300) aux regards du commun des mortels, décide seul, avec ses conseillers personnels, de la nomination à une haute fonction (*honor*) qui fait membre de la *nobilitas* le récipiendaire, à condition qu'il entre dans la *militia* impériale en ceignant le ceinturon (*cingulum militiae*). Cette *militia principis*, service hiérarchiquement organisé selon la discipline militaire non seulement dans l'armée, mais aussi dans l'administration, est dorénavant le lien entre la *nobilitas* et un *princeps* théoriquement tout-puissant (voir chap. VI). Il n'y aura en Europe pas d'autre *nobilitas* que dans le cadre de la *militia principis*, ni d'autre modèle de chef d'État que celui du *princeps et dominus* : tous les rois des nouveaux royaumes établis sur le sol de l'Empire romain ont été ou *princeps*, ou *dominus*, ou les deux à la fois.

Cet autocrate sera à partir de Constantin le Grand l'instrument de Dieu qui, à travers sa personne, a donné la victoire à l'Église. L'empereur sera, en tant que *piissimus princeps*, le guide sur terre de l'Église (voir chap. X). Il aura pour héritiers directs les rois mérovingiens et carolingiens, chacun *princeps piissimus* à son tour, et enfin le roi Très Chrétien en France et les princes du Saint Empire. Le principat aura ainsi créé et maintenu l'unité des trois éléments du monde politique chrétien : *princeps, ecclesia, nobilitas*. À partir du IVe siècle, on note une interpénétration réciproque, avec d'un côté la domination de l'épiscopat par le *princeps*, qu'il soit empereur romain ou roi franc, et de l'autre le rôle politique de plus en plus considérable de l'épiscopat dans l'État. Quant à la noblesse, elle occupe une place majeure dans l'Église, tout comme les prélats dans la noblesse. De plus, la « sacralisation » (chrétienne) des concepts de *princeps* et de *nobilitas* qui a accompagné la « politisation » de l'Église a profondément transformé la triade royauté / haut clergé / noblesse.

La genèse d'un principat non royal

Si l'on ignore les notions de *princeps* et de *regnum*, on ne peut comprendre la genèse de l'État en Europe et celle de ses élites. La distinction Antiquité, Moyen Âge et Temps modernes a morcelé l'histoire du *princeps* et de la *nobilitas*, alors que ces notions se rencontrent des milliers de fois dans les textes à travers les siècles, comme un véritable leitmotiv de l'histoire institutionnelle et religieuse de l'Europe.

Au début des années 1960, en étudiant le titre de *princeps* dans le monde franc, porté par tel *dux* au VIIIe siècle, tel *dux* ou *comes* aux Xe et XIe siècles, nous avions pu observer que jusqu'aux VIe et VIIe siècles ce titre avait été réservé aux seuls rois mérovingiens, et qu'eux-mêmes le portèrent à l'« imitation » (dans des conditions à examiner de près) d'un des titres impériaux romains, tout en lui donnant une signification de pouvoir héréditaire, dynastique. Dès lors, notre intérêt se concentra sur la genèse d'un « principat non royal » (*nichtkönigliches Herrschertum*). C'est ainsi que nous pûmes mettre au jour la persistance de la *principalis potestas* d'origine romaine comme concept politique au sein du monde franc et « féodal », puis suivre l'évolution des notions de *princeps* et de *principatus* (« principauté » au sens territorial comme au sens de « dignité de prince ») jusqu'aux petites seigneuries de la France du XIIe siècle et aux principautés du Saint Empire.

Il y a donc eu, successivement, un principat impérial (dès le Ier siècle), un principat impérial chrétien (dès le IVe siècle), un principat royal (dès les Ve-VIe siècles) et un « principat non royal » : ducal, aux VIIe-VIIIe siècles, et de nouveau dès la fin du IXe siècle; comtal et enfin seigneurial, dès les Xe-XIe siècles. Le principat inférieur s'ajoutant aux principats supérieurs qui perduraient évidemment, tous pouvaient coexister dans le cadre d'un empire, puis d'un royaume, d'un duché, etc. Ce qui présuppose, à partir du Ve siècle, le passage de la domination directe du *princeps* (impérial) à une délégation de son pouvoir à tel ou tel *princeps* royal, enfin à un *princeps* de rang inférieur. Ce changement fondamental des structures de gouvernement nous occupera d'autant plus qu'il a été confondu avec une prétendue disparition de l'État, alors qu'il s'agissait d'une multiplication d'États, soit juxtaposés, soit ordonnés hiérarchiquement.

Les ducs d'Aquitaine et de Bavière, plus autonomes encore que ceux d'autres duchés périphériques mérovingiens des VIIe-VIIIe siècles comme l'Alémanie et la Thuringe, furent les premiers à porter, sans être rois, le titre de *princeps*, qui était assorti d'autres symboles d'un éclat quasi royal et qui signifiait surtout une transmission héréditaire du pouvoir au sein de la dynastie « princière », comme cela avait été jusqu'alors le cas de la seule dynastie mérovingienne, celle du *princeps* royal. Ces pouvoirs princiers régionaux furent outrepassés par les maires du palais pippinides, qui s'arrogèrent le titre de *princeps Fran-*

corum, réservé jusqu'alors aux seuls rois mérovingiens. Dans le même temps, ils se hâtèrent de faire disparaître tout *princeps* régional et même le titre ducal. Mais, avant même de pouvoir abattre la résistance de l'Aquitaine (768-769) et de la Bavière (774), ils virent surgir d'autres duchés-principautés, comme ceux de Bénévent et de Spolète, et plus tard celui de Bretagne. Les entités politiques qui étaient ainsi nées comme une *patria* unie dans son opposition au pouvoir central franc prouvent l'émergence d'une autre forme d'État qui, sans être un empire ou un royaume, avait repris à son compte les deux notions romaines essentielles à la constitution d'un État : un territoire, le *regnum* (ou *terra*, ou *patria*), et un chef, le *princeps*, sans qu'il eût besoin d'être roi.

Ce principat non royal a été consciemment vécu par ses promoteurs, qui ont nommé leur État *principatus*, et leur pouvoir *principalis potestas*, utilisant les termes originairement réservés au seul *princeps rex* mérovingien. Ils en exploitaient d'ailleurs pleinement les prérogatives : non seulement ils plaçaient leurs images dans les églises, comme le duc de Bénévent et celui de Bretagne, mais ils convoquaient en synode les évêques de leur *regnum* dans une de leurs résidences, comme Tassilon III, duc de Bavière, dès qu'il eut pris le titre de *princeps*, reconnu d'ailleurs par le pape. La réforme décisive de l'Église franque au VIIIe siècle prouve qu'il ne s'agit pas là d'un détail sans conséquence. Cette réforme a été entamée et réussie par les frères carolingiens Carloman et Pépin qui, pour la mener à bien, ont utilisé non pas leurs titres de *maior domus* ou de *dux Francorum*, mais celui de *princeps Francorum*. Reconnus en tant que tels par les évêques et par le pape, ils ont convoqué les synodes de réforme et sont donc également des héritiers du modèle étatique romain. Si, après les réformes institutionnelles de Louis le Pieux que nous étudierons au chapitre 7, des comtes et des « seigneurs » (*domini*), chefs de territoires plus petits que ceux des *regna* ducaux, ont pu prendre au Xe et au XIe siècle — dans le cadre de la notion clef de pouvoir public et étatique que constitue la *potestas* — le titre de *princeps* ou *princeps castri*, en tant que maîtres d'une forteresse dominant (*dominatio* = « donjon ») la région, le nom donné à ce petit territoire — à savoir *postee* ou *pôtée*, dérivé de *potestas* — montre bien l'origine publique de leur pouvoir.

Les principautés ont été importantes dans le cadre du Saint Empire, où apparut le statut officiel de « prince de l'Empire » (*Reichsfürstenstand*) au XIIe siècle. Or Julius Ficker, qui écrivit au XIXe siècle un livre qui fait autorité sur ce sujet, était convaincu des origines purement germaniques de ce statut créé par les empereurs Staufen ; pour lui, en effet, le terme de base n'était pas *princeps*, mais *Fürst* (mot ayant la même signification de « premier », cf. *first* en anglais), car il n'avait recherché les antécédents du titre de « prince » dans le monde non germanique que dans le précieux dictionnaire de latin médiéval dû à Charles Du Cange.

Celui-ci avait donné, en 1678, une sorte de répertoire des différentes significations du terme *princeps* (nous traduisons le texte latin) : « 1. Ceux qui appartiennent à la maison royale. 2. Ceux qui, nés de familles princières étrangères, servent à la cour de nos rois et se sont fixés en France, leurs descendants conservant cette dignité. 3. Ceux qui tiennent des fiefs portant le titre de "principauté". » De cette troisième catégorie, il cite, comme exemples les plus anciens, les princes de Bénévent (VIIIe siècle), de Salerne et de Capoue, apparentés entre eux et dont descendaient des chefs croisés qui, en ayant gardé leur titre en Terre sainte, seraient à l'origine des principautés d'Antioche et de Galilée ainsi que, dans l'Empire latin du XIIIe siècle, de celle d'Achaïe ou de Morée.

Non sans un certain dédain, l'érudit du XVIIe siècle continue : « C'est peut-être de là qu'est né l'usage que des grands d'un rang et d'une origine largement inférieurs se soient arrogé le titre de "prince" ou l'aient reçu de la part de certains auteurs. » À ceux-là, il attribue une section séparée, car il ne prend pas au sérieux ces seigneurs locaux français portant un titre de prince qui pour lui n'en est pas un. Un titre authentique doit correspondre — au moins à l'origine — à un office, comme celui de duc, de marquis ou de comte. Or les rois de France n'ont pas conféré d'office de « prince », et fort rarement ce seul titre aux XVe et XVIe siècles.

Du Cange écrivait sous Louis XIV, à une époque où les titres étaient une réalité de la plus haute importance à la Cour, réalité d'une hiérarchie de rangs dominée par le roi (comme jadis par l'empereur romain), sous lequel se rangeaient les « princes du sang » de la maison de Bourbon — y compris, depuis le XVIe siècle, les bâtards reconnus par le souverain —, puis les princes de l'Empire séjournant à la cour de France, enfin les détenteurs de principautés « en titre »; parmi ceux-ci, Du Cange ne connaît d'exemples d'érections officielles « *in Francia nostra et in Belgicis provinciis* » qu'à partir de 1478 et au XVIe siècle. Ce n'est pas qu'il ignore quelques exemples historiques lointains, auxquels il attribue une rubrique à part, comme les ducs d'Alémanie et de Bavière sous les Mérovingiens, et les maires du palais, *princeps Francorum* au VIIIe siècle. Dans son « lexique », il mélange d'ailleurs les significations du mot au singulier et au pluriel, les *principes* n'étant que ceux qui entourent le *princeps* à la Cour ou le servent en province, ses « grands » (ainsi le comte de Flandre, *princeps* de la *monarchia Flandriarum*, entouré de ses *principes*). Du Cange, comme tant d'autres, a négligé le titre de *princeps* des empereurs et des rois européens, qui l'ont porté les premiers, ainsi que l'importance qu'il revêtait à leurs yeux.

Que la doctrine relative au principat ne date pas du XIXe siècle, mais du XVIIe et de Du Cange, permet de comprendre que la « renommée » fort modeste de la notion de principat — à l'exception de celui d'Auguste — tient à l'adoption des critères de la cour de France au XVIIe siècle. Ainsi, nul ne s'est avisé qu'il n'y a eu qu'une seule histoire du principat en Europe, dont il faut suivre l'évolution dans sa continuité et ses changements, tant en ce qui concerne le mot que le phénomène et sa signification institutionnelle.

La progressive organisation de l'Occident romain en regna *(royaumes)*

Il en va pareillement pour le substrat territorial du pouvoir du *princeps* à travers les siècles : le *regnum*. De la grande erreur d'avoir cru qu'à la « fin de l'Empire romain » avait succédé l'essor des royaumes barbares, puis l'émergence des États et nations européens, est issue une autre erreur : celle de penser l'*imperium* et les *regna* comme une suite chronologique, l'un précédant les autres, alors qu'ils ont coexisté à travers deux millénaires. On a négligé, voire nié un phénomène historique propre à l'Europe : la contemporanéité et la juxtaposition géographique de l'Empire et des royaumes, puis des empires et des royaumes. Cet ensemble fait de facettes nombreuses et d'interactions — dont l'*imitatio imperii* par les *regna* — a échappé à l'attention d'historiens qui, au-delà de l'« Antiquité », ne pensaient qu'à leurs propres nations, et ne pouvaient ainsi prendre conscience de cette unité dans la diversité qui caractérise l'histoire européenne.

L'Empire romain est né de l'expansion d'un État-cité dans un monde composé d'autres cités et de *regna*/royaumes habités par des *gentes*. Il a incorporé des *regna* entiers, parfois plusieurs à la fois, en les transformant en « provinces ». Cet ensemble de provinces dominées par l'*Urbs*, nommé *res publica Romana* ou *imperium Romanum*, resta toujours entouré de *regna*, avec leurs *gentes* respectives. L'*imperium* était considéré comme foncièrement différent de tous les *regna* par la qualité supérieure de ses habitants. Individuellement, c'étaient des *cives* libres, participant à la *civilitas* romaine (largement empruntée, à travers une éducation grecque des élites, aux Hellènes) face aux Barbares (mot également grec). Collectivement, ils constituaient le *populus Romanus*, dont la domination s'exerçait sur des *gentes* soumises, payant tribut ou se pliant à une autre forme de dépendance. Des *regna* limitrophes et leurs *reges* pouvaient même obtenir l'honneur d'être appelés *amici populi Romani*. C'est ainsi que l'*imperium* a assis son emprise sur les *regna* et s'est élevé au-dessus d'eux. Quand les conquêtes firent place à la défense difficile de frontières interminables, il se servit de l'instrument du traité d'alliance ou *foedus* pour « calmer » des *gentes* voisines ou, mieux, les associer à la lutte contre les autres Barbares, leurs propres compatriotes quelquefois. Il en alla de même, individuellement, pour de nombreux Barbares qui firent carrière dans l'armée romaine.

Non seulement l'Empire était omniprésent dans les *regna*, modelant leur image du monde et leur économie, mais les *regna* ont été l'objet, de la part de l'Empire, d'une excellente diplomatie, de toutes sortes de pressions et même d'espionnage. Il faut lire, pour en avoir une idée, le traité *De administrando imperio* de l'empereur érudit que fut Constantin VII Porphyrogénète († 959), traité qui se fonde sur des documents remontant pour certains au IVe siècle et qui mentionne des douzaines de peuples et de *regna* entretenant des relations directes ou indirectes avec l'Empire. En y ajoutant l'analyse des sources relatives aux seuls peuples « turcs » (Huns, Ogures, Sabires, Avars, Turcs, Khazars, Petchenègues, Coumans, Seldjoukides, Bulgares, Hongrois) à laquelle s'est livrée Gyulia Moravcsik, et les relations de Constantinople avec le monde arabe, on devine la continuité de la présence de l'Empire dans un système d'États qui a précédé de plusieurs siècles celui de l'Occident. En ce qui concerne ce dernier, il est passionnant de voir que la genèse des *regna*, non seulement à proximité de l'Empire, mais à l'intérieur de ses frontières, fournit la clé de leur rôle décisif dans la structuration de l'Empire franc en *regna*, qui, elle, survivra en France et surtout en Allemagne. Insistons donc sur ce point.

Quand la défense de l'Empire se révéla de plus en plus difficile, on concéda le *foedus* à des *gentes* ou à des groupements de Barbares placés sous l'autorité d'un chef commun, après les avoir admis sur le sol même de la *res publica*. Combattant derrière leur chef dans le cadre de la défense de l'Empire, ces Barbares lui obéirent aussi en temps de paix et vécurent selon leurs propres lois sur une partie du territoire romain qui échappait en fait à l'administration romaine, par exemple dans certaines régions danubiennes. Ces *foederati* — dont les Goths, cavalerie d'élite — pouvaient obtenir un statut comparable à celui de l'armée romaine, au sein de laquelle le nombre des soldats et officiers barbares ne cessait d'ailleurs de croître. Comme l'*exercitus Romanorum*, l'*exercitus Gothorum*, officiellement reconnu, avait ainsi le droit d'être rémunéré et approvisionné par le fisc romain ou directement par la population romaine sur place. Face à des problèmes insolubles de paiement ou de livraison de blé par l'administration, on finit par établir ces troupes et leurs chefs sur un territoire accordé sous le régime de l'*hospitalitas* : il s'agissait là moins d'une cession directe des terres ou d'une part (le tiers souvent) des terres des propriétaires romains que d'une cession d'une part des revenus de ces terres.

Le *rex gentis*, qui occupait depuis longtemps un rang élevé dans la hiérarchie militaire et administrative de l'Empire, finit par se voir pratiquement céder le territoire en question, une partie de l'Aquitaine devenant le *regnum* du *rex* des Wisigoths. Insensiblement, la présence d'abord marginale de *gentes* et *reges* barbares sur le sol de l'Empire se transforma en une présence de royaumes barbares dans l'Empire même. En ce même ve siècle, et pour rester dans le cadre de la Gaule, la même chose se passa chez les Burgondes. Ces rois barbares, tout en suivant la doctrine d'Arius, s'arrangèrent avec l'épiscopat catholique et avec l'aristocratie sénatoriale locale, qui accepta de hautes responsabilités à la Cour, y compris l'adaptation de la législation, qui demeura inchangée pour les Romains. Il faut distinguer entre les invasions des Vandales et d'autres peuplades au début du siècle, et la présence des Wisigoths qui, malgré de nombreuses frictions, combattirent comme les Burgondes les ennemis de l'Empire. Leurs *regna* en Gaule furent le résultat d'une prise de pouvoir sur l'ensemble de la population, et non d'une conquête aux dépens des Gallo-Romains. En fin de compte, en Occident, l'Empire n'était plus seulement entouré de *regna*, il était largement composé de ces *regna* dont les rois reconnaissaient toujours l'autorité impériale. Ce n'est qu'avec le roi Euric (466-484) que les Wisigoths s'émancipèrent de la suzeraineté romaine en Gaule et en Espagne.

Naissance du royaume franc (regnum Francorum)

C'est dans ce monde de *regna* déjà existants en Gaule qu'est né le *regnum Francorum*, ce que semblent avoir oublié les historiens qui se sont étonnés des « partages mérovingiens », comme si les Francs avaient conquis d'un coup la Gaule entière. D'abord, les Francs eux aussi ont participé à la défense de la Gaule romaine, sur les bords du Rhin au moment de l'invasion de 409, puis en tant qu'alliés de différents empereurs et usurpateurs, enfin grâce à l'un de leurs rois qui combattit dans l'armée d'Aetius contre Attila.

Pendant la seconde moitié du ve siècle, on distingue dans la Gaule du Nord-Est deux royaumes francs : l'un, appelé un peu plus tard *Francia Rinensis*, centré sur le Rhin, avec Cologne pour « capitale »; l'autre, issu d'un groupe de Francs Saliens, établi au milieu du IVe siècle par l'empereur Julien en « Toxandrie », au sud de la Meuse inférieure, groupe qui essaima sous les rois mérovingiens dans la région de l'Escaut et jusqu'à la Somme.

L'un de leurs rois, Childéric, ayant comme résidence Tournai, fut général romain et, avec ses Francs, le soutien essentiel de la partie de la Gaule qui, au nord de la Loire, s'était maintenue romaine et catholique grâce à Egidius (Aegidius); celui-ci, *magister militum* de la Gaule, avait refusé d'être dégradé en 461 par un empereur aux ordres du généralissime Ricimer, proche des rois wisigoths ariens qui tendaient à devenir maîtres de la Gaule entière. C'est en ennemis acharnés des Goths que les « Francs de Childéric » et de son fils Clovis sont devenus les héritiers du dernier territoire authentiquement romain en Gaule — sorte de *regnum*, avec Soissons pour capitale, qu'ils ont arraché à Syagrius — et que, en tant qu'alliés de l'épiscopat gallo-romain, ils sont devenus la première *gens* catholique. Ce n'est que par étapes que Clovis et ses successeurs ont obtenu le contrôle des autres *regna* de la Gaule : en 507 l'Aquitaine wisigothique, en 508-509 le royaume de Cologne après l'élévation de Clovis sur le bouclier par des grands qui n'avaient plus de roi propre (donc par association, et non par conquête), en 534 le *regnum* des Burgondes, en 537 la Provence, enfin en 759 (sous Pépin) la Septimanie, restée gothique puis tombée sous domination arabe.

Bref, il n'y a jamais eu une seule Gaule, susceptible de devenir un État unitaire et centralisé sous un roi franc. Tous ces territoires de la Gaule des Vᵉ et VIᵉ siècles que nous venons d'énumérer, pour ne rien dire de la Bretagne, ont connu une histoire propre et resteront, avec des frontières parfois modifiées, des *regna* — y compris l'Aquitaine, comme nous le verrons. En un mot, si l'Occident romain a fini par être composé de *regna*, la Gaule romaine devenue franque les a conservés.

Cela n'a pas été l'effet du hasard, mais de la force des structures en place (dont les idées politiques). Le « grand » *regnum Francorum*, celui du premier roi catholique parmi toutes les *gentes* — en ce sens reconnu comme le « nouveau Constantin » —, a été compris comme un pendant de l'Empire romain, qui lui aussi coiffait les royaumes sans avoir besoin de les administrer tous directement. Les Francs de ce royaume catholique se sont considérés à l'instar des Romains comme *populus* (*Reichsvolk*, « peuple impérial ») victorieux des *gentes*, peuple élu par Dieu pour apporter à ces dernières la foi catholique, et pour cela protégé par le Christ. Leur roi, reconnu en 508 par l'empereur *rex gloriosissimus* et en tant que tel *dominus* de tous les habitants de son *regnum*, fut de ce fait et à cause de sa catholicité considéré par l'épiscopat du royaume, à l'instar de l'empereur dans l'Empire, comme *pius princeps* de « ses » évêques dans son royaume (voir chap. X).

Ces Francs, auxquels quelques historiens modernes ont dénié la moindre idée de l'État, ont accompli sur la base de deux concepts romains, celui de *princeps* et celui de *regnum*, une œuvre politico-institutionnelle d'une grande portée. Ils n'ont ni anéanti ni totalement soumis les *gentes* vaincues, mais ils les ont intégrées dans leur grand royaume, le *regnum Francorum*, en leur laissant leur *exercitus* : l'armée avait le droit de combattre sous ses propres chefs, comme l'avaient fait sous les Romains l'*exercitus Gothorum*, troupe d'élite de cavalerie, mais aussi l'*exercitus Francorum* sous Childéric, le père de Clovis. Nous verrons donc combattre au service du royaume franc un *exercitus Burgundionum*, particulièrement efficace sous Dagobert Iᵉʳ, en Italie dès le VIe siècle, une armée d'Alamans et au VIIe siècle, contre les Avars et le royaume slave de Samo, une armée de Bavarois.

Le roi des Francs mobilisait ces armées selon les besoins d'une guerre donnée. Quand plusieurs d'entre elles étaient réunies en vue d'une campagne militaire, on parlait de « grande armée » (*grande hoste*), ce qui se produisit pour la première fois sous Dagobert Ier. Charlemagne en mobilisa deux en 778 contre les Arabes d'Espagne : l'une formée de Neustriens (avec Roland) et d'Aquitains, qui passa par les Pyrénées occidentales ; l'autre, de troupes fraîchement intégrées au « grand royaume » (« *vexientes de partibus Burgundiae et Austriae vel Baioariae seu Provinciae et Septimaniae et pars Langobardorum* »), qui passa par les Pyrénées orientales. Parmi les troupes lancées en 789 le long du Danube contre les Avars, une armée était composée de Francs rhénans (*Ribuarii*) avec les Frisons soumis, et de Saxons avec les Thuringiens. Louis le Pieux, en 815, réunit *Franci, Burgundiones, Alamanni, Baioarii* ainsi que le (sous-)roi d'Italie, Bernard, avec son armée. Ces structures militaires fondamentales étaient encore en vigueur dans le royaume franc oriental, devenu Empire ottonien et salien, l'armée s'y composant toujours de contingents de Souabes, de Bavarois, de Saxons, de Francs, etc.

Il est évident que l'exploitation des forces militaires des *gentes* intégrées n'était possible que sur une base durable, à savoir ce *regnum* que l'autorité franque concéda à chacun de ces peuples sans leur donner leur propre roi. Mais, tandis que bien souvent les *gentes* vaincues et anéanties par leur vainqueur « perdirent leur *regnum* avec leur roi » (comme l'expriment des textes des Ve-VIIe siècles) et disparurent de l'histoire, la sagesse politique franque laissa aux vaincus, outre le droit de combattre ensemble — mais selon les ordres du roi franc —, leurs usages juridiques (le *mos*) ; ceux-ci furent enfin transformés en une *lex* promulguée par le roi franc, qui recourut en la matière à des conseillers gallo-romains, comme il prit pour modèle les lois édictées par les rois wisigoths et burgondes.

Ainsi voyons-nous apparaître une *lex Alamannorum* et une *lex Baiuvariorum*, toutes deux tenant compte des usages du peuple concerné, mais aussi des droits spéciaux des représentants du roi franc et de l'Église, protégés par un *Wergeld* (à payer en cas d'homicide) fort élevé. Cela impliquait qu'on circonscrivît un territoire où la loi pût s'exercer. Il fut créé pour les Alamans sous la forme du *ducatus Alamannorum*, « duché » gouverné par un duc nommé par le roi mérovingien, puis plus ou moins héréditaire. Il en alla de même pour les Bavarois. Dans les deux lois, on appelait ce territoire *regnum*, malgré l'absence de roi. Les Francs se sont donc servis du terme romain dans un esprit novateur. Ils n'ont pas baptisé les régions annexées ou plus ou moins intégrées *provincia*, mais *regnum*, pour laisser leur identité politique aux *gentes* concernées.

Dans le cas des Alamans, les frontières de ce *regnum*, évidemment dessinées par les autorités franques, délimitèrent un territoire fort réduit par rapport aux régions occupées auparavant par les Alamans, mais seuls les habitants nés dans le *regnum* gardèrent le nom *d'Alamanni*; ceux qui habitaient plus au nord devinrent des Francs orientaux (relevant de la Franconie, issue de la colonisation franque le long du Main), et ceux qui habitaient plus à l'est devinrent des Bavarois. Quant à ces derniers, ils profitèrent d'un agrandissement considérable du *regnum Baiuvariorum*, soit par les ducs bavarois de la dynastie des Agilolfing (d'origine franque) qui étendirent leur pouvoir dans les vallées alpines au détriment des Slaves, soit, plus tard, par les conquêtes des Carolingiens sur les Avars. La législation des différentes *gentes* fut complétée par Charlemagne, surtout en 802, grâce à la publication d'une *lex Chamavorum*, d'une *lex Frisionum*, d'une *lex Thuringorum* et d'une *lex Saxonum*. Mais ne nous attardons pas sur les *gentes* à l'est du Rhin et concentrons-nous plutôt sur ce qui s'est passé en Gaule franque.

L'organisation territoriale du monde franc

Le *rex* reconnu par l'empereur et l'Église y avait laissé en vigueur la *lex Romana*, et pour l'Église, et pour les *Romani*, qui représentaient la majorité de la population. De même que les Burgondes et les Wisigoths, les « Romains » vivaient selon leur loi, comme évidemment les Francs. Ce système du « droit personnel » était remarquablement maîtrisé parce qu'il reposait non point sur un principe « tribal », comme on l'a cru, mais sur un système territorial et personnel. Entrons maintenant dans des détails de grande portée pour l'avenir de l'État gallo-franc et de ses élites : ils permettront de comprendre les structures de la Gaule occidentale et orientale, et au-delà le destin différent de la future France et de la future Allemagne ainsi que des régions « tampons ».

1. Le royaume gallo-romain au nord de la Loire avait été arraché à Syagrius — défenseur peu digne de confiance en raison de ses contacts avec les Wisigoths, et peu regretté par l'épiscopat — par un Clovis que saint Remi appellera, en lui rendant hommage après sa mort, *custos patriae*. Il le considérait donc déjà comme le défenseur d'une patrie commune aux Gallo-Romains et aux Francs. Dans ce *regnum*-là, il n'y eut donc pas de « vaincus ». Le roi franc put ainsi convoquer au service armé les *pagenses* gallo-romains, ce qui non seulement renforçait les armées franques face à celles des autres rois « barbares », mais fit aussi croire à ces hommes au service du *rex Francorum* qu'ils étaient les descendants des « conquérants de la Gaule » sous Clovis (au plus tard depuis le VIIe siècle) : ils auraient massacré les *Romani* ou les auraient chassés au sud de la Loire (ces « nouveaux

Francs » appelant *Romani* les habitants de l'Aquitaine). De cette « conquête » mythique, les sources autour de 500 ne disent rien.

Une nouvelle nation des « Francs » de langue romane, constituée des Francs et des peuples conquis, Romains, Gaulois et Germains, se forma ainsi, qui correspondait à une population gallo-romaine francisée sur le plan de l'armée et du droit public comme de la procédure judiciaire, et à une population d'origine franque romanisée sur le plan de la langue et du droit privé. Établie dans l'ouest de la Gaule septentrionale, en Neustrie, cette *natio* des Neustriens (ou *Franci/Francigenae/Franceis/François*) sera la souche des futurs Français, qui n'imposeront leur langue romane influencée par des éléments francs au reste du *regnum Francorum*/royaume de France qu'à partir du XIIIe siècle, ce processus ne s'achevant qu'au XXe siècle. Elle a pour origine une population gallo-romaine du nord de la Loire qui ne fut point vaincue, mais protégée contre les Wisigoths hérétiques et les Alamans païens par Clovis et qui, servant de plein droit dans l'armée des rois francs, se fit compter rétrospectivement parmi les acteurs de la conquête de la Gaule — conquête qui, si elle fut dirigée contre les Wisigoths et autres peuples barbares, ne le fut jamais contre les Gallo-Romains. Ceux-ci, depuis 508, étaient légalement les sujets du *rex gloriosissimus, dominus et princeps* Clovis, reconnu en tant que tel par l'Empire. Cette symbiose commença sous Clovis, qui fit de saint Martin, déjà patron des Gallo-Romains, celui des Francs en lui attribuant sa victoire sur les Goths.

C'est donc autour de saint Martin et de Clovis, autour de saint Denis et de Dagobert Ier qu'est né le *regnum* des « nouveaux Francs » *(Neustrasii Franci)*, nommé depuis le VIIe siècle *regnum Neustriae* (surtout dans le royaume franc de Bourgogne et en Austrasie ; les Neustriens, qui se prenaient pour les véritables Francs, préféraient quant à eux parler de *regnum Franciae*).

2. Le royaume de Cologne *(Francia Rinensis)* fut donné à Thierry, fils aîné de Clovis et d'une Franque originaire de la région, comme noyau du *regnum Austrasiae*, avec l'Auvergne, conquise en 507 par Thierry et les troupes du royaume de Cologne. L'Auvergne resta toujours austrasienne, et ses élites furent les meilleurs administrateurs sur le Rhin. À la mort de son père, Thierry reçut, en supplément, sa part du royaume de Clovis proprement dit, avec Reims pour capitale, Cologne étant réservée aux sépultures royales. Puis la capitale fut déplacée de Reims à Metz, au centre du *regnum*.

Deux corps de lois régissaient les Francs : la loi « salique » de Clovis, jusqu'aux Ardennes *(foresta Carbonaria)*, et au nord-est une loi appelée plus tard loi ripuaire, celle des *Franci Ribuarii*, qui vivaient au bord du Rhin. Le texte de cette dernière, rédigé au VIIe siècle, garantissait le droit de chacun d'être jugé selon sa propre loi. Cette *lex pro-*

pria, étendue aux ressortissants d'autres pays que la *Ribuaria*, fut celle des « *Franci, Burgundiones, Alamanni seu de quacumque natione* ». Vivaient selon la loi romaine les hommes d'Église, les *Romani* et les *regii homines* placés sous la protection du roi. Dès ses débuts, ce *regnum Francorum* ne fut ni un État unitaire ni un État centralisé, ne pouvant ni ne voulant l'être. Même les deux peuples dominants au sein des *Franci*, les *Austrasii* (gens de l'Est) et les *Neustrasii* ou *Neustrii*, étaient considérés comme deux *gentes* différentes. Ce qui les réunissait, c'était précisément l'État, ce grand *regnum Francorum* commun, malgré ses subdivisions politiques, les *regna*.

3. Le royaume des Burgondes, soumis en 534, a pu garder une personnalité politique et ses structures, y compris son patrice spécifique (voir chap. IX). De *regnum Burgundionum*, il est devenu *regnum Burgundiae*, royaume franc de Bourgogne, dans lequel des cités gallo-franques comme Sens, Auxerre, Troyes et Orléans (capitale d'un royaume issu d'un premier partage effectué à la mort de Clovis) étaient réunies aux anciens territoires burgondes. La capitale de l'ensemble fut transférée d'Orléans à Chalon-sur-Saône, en terre burgonde. Le roi mérovingien, descendant de la seconde épouse de Clovis — Clotilde, princesse burgonde —, portait un nom burgonde, Gontran *(Gunthramnus)*. Les Burgondes, qui avaient possédé une législation propre (la loi gombette) avant le royaume de Clovis, la conservèrent à côté de la loi salique pour les Francs et du droit romain pour les *Romani* et l'Église, le haut fonctionnaire mérovingien étant tenu de faire respecter la loi de chacun — *Franci, Romani, Burgundiones* ou autres *gentes*.

Notons que dans cette énumération, avec les *Franci* et les *Romani* (populations de base avec les lois de base, franque et romaine), les ressortissants du *regnum Burgundiae* apparaissent avant les autres *gentes*, nommées sommairement. En effet, dans la hiérarchie des *regna* du grand *regnum Francorum*, on cite toujours la Francie (ou Neustrie), l'Austrasie et la Bourgogne avant tous les autres. On finira par parler des *tria regna* comme du noyau franc du grand royaume. À la fin du VIe et au VIIe siècle, les *regna*, largement dominés par l'aristocratie régionale, étaient devenus l'espace d'existence politique réelle des hommes, au sein de l'État mérovingien.

4. L'Aquitaine n'a pu sauvegarder le *regnum* wisigoth qui, lui, fut le vrai vaincu en cette Gaule franque. Mais, si son territoire fut partagé entre les rois des *tria regna*, le « nouveau » personnel politique fut largement recruté dans les élites gallo-romaines locales, à telle enseigne que certains cantons n'ont pas vu un seul Franc pendant des années. Non seulement ces élites fournirent évêques, ducs et comtes dans les parties — séparées les unes des autres — de l'Aquitaine, mais

elles accomplirent de remarquables carrières à la cour de « leur » roi, à Metz, Rouen ou Chalon. En outre, la noblesse aquitaine eut une influence considérable dans l'évangélisation du nord et de l'est de la Gaule franque. Quant à la loi, elle était romaine pour tous ces *Romani.*

Mais on n'en resta pas là. Il fallut disposer de centres régionaux pour la défense contre les Basques *(Vascones)*, puis contre les Arabes. De grandes cités comme Bordeaux et Toulouse, cette ancienne capitale des Goths ceinte de superbes murailles romaines fort anciennes, devinrent des centres politiques. Pour se débarrasser de son frère cadet Caribert, qu'un parti de grands aurait voulu voir à la tête de la moitié du *regnum Francorum*, Dagobert Ier le fit roi à Toulouse. Après sa mort précoce, suivie par celle encore plus rapide de son fils, ce nouveau *regnum* ne disparut point : on le retrouve aux mains d'une dynastie locale qui l'étendra assez rapidement en direction de la Loire. Comme nous l'avons dit, le duc de cette « Aquitaine » unifiée et agrandie devint son *princeps* (et non pas son « roi », comme on a pu l'écrire) ainsi qu'un rival non négligeable des Pippinides.

5. La Provence, incorporée à leur royaume par les Francs en 537, nous prouve que la souplesse politique des Mérovingiens fut telle qu'ils ont pu garder des institutions romano-gothiques en dehors de leur système de comtés et *pagi*, regroupés en *regna*. En effet, l'administration romano-gothique fut maintenue sous un *patricius* ou *rector*. Charles Martel mit fin à cette exception, non sans rencontrer des résistances locales qui allaient occuper encore ses successeurs royaux. Finalement, la *Provincia* devint un *regnum*, qui avait le droit de combattre avec son propre *exercitus* dans la grande armée de Charlemagne en 778, comme d'ailleurs la Septimanie, arrachée par Pépin aux Arabes à l'aide des grands wisigoths locaux, qui purent garder leurs structures régionales — si bien qu'on parlait encore du *regnum Gothiae* sous Charles le Simple.

6. Le nombre des *regna*, même en Gaule, s'est encore accru aux IXe et Xe siècles, aussi bien du fait de la politique dynastique carolingienne que des besoins de l'organisation militaire. Aux « rois-adjoints » *(Unterkönige)* en Aquitaine, en Italie et en Bavière vinrent s'ajouter ceux d'Alamannie et de Souabe (Charles III le Gros), de Franconie et de Saxe (Louis le Jeune), de Lotharingie (Lothaire II), de Provence (Charles le Jeune), mais aussi de Bretagne (Nominoë), etc.

D'autre part, au sein même de la Gaule franque, on avait distingué (dès avant la création de la Lotharingie) sur le plan de l'organisation militaire de la noblesse « ceux qui habitent entre Seine et Loire » et ceux « d'entre Seine et Meuse », les autres vivant « entre Meuse et

Rhin ». Les premiers devinrent des « Neustriens » dans le nouveau sens du terme, une Neustrie « croupion » à laquelle avait été dévolu son propre roi en la personne de Charles, fils et homonyme de Charlemagne, puis en celle de Charles le Chauve sous Louis le Pieux. Les troisièmes furent nommés, d'après leur roi Lothaire II et son *regnum Lotharii*, « Lotharingiens » ou Lorrains. Quant à ceux fixés entre Seine et Meuse, ils ne manquèrent pas de former eux aussi un *regnum*, qui reçut le nom prestigieux de *Francia* pour la simple raison qu'il avait fini par être le dernier du royaume occidental où l'autorité directe du roi fût encore reconnue, les autres *regna* étant dominés par leur *princeps* respectif et par l'aristocratie régionale. Cette Francie allait être de plus en plus largement contrôlée par Hugues le Grand, déjà *princeps* de Neustrie, avant de devenir le noyau de la France capétienne quand son fils Hugues Capet aura été élu *rex Francorum*.

Les regna, *royaumes sans roi*

Ces *regna* des VIIe, VIIIe et IXe siècles sont devenus de véritables « patries » (*patriae*) où s'est formée une solidarité politique des habitants et surtout des élites, malgré les rivalités entre certains grands et leurs familles. Leur désir d'autonomie n'a pu être calmé que provisoirement dans le cas de l'Aquitaine, puis de la Bavière, par la concession d'un *rex* propre en la personne d'un prince carolingien. Ce qui n'a pas empêché les Aquitains, menés par un Carolingien, Pépin II, de guerroyer contre un Charles le Chauve qui avait pris à ce dernier son héritage, aidé en cela d'abord par son père, Louis le Pieux, ensuite par ses frères, Lothaire et Louis le Germanique. D'autre part, Charles dut concéder aux Bretons — à qui Louis le Pieux avait déjà octroyé leur propre duc pour les intégrer enfin dans l'Empire — leur propre roi, un roi breton. Cette royauté échoua finalement, mais les Bretons gardèrent leurs chefs sous d'autres dénominations : duc, comte, ou encore *princeps*.

Ce sont donc ces *regna* gouvernés par un *princeps* qui sont à l'origine des grandes régions de la France comme de l'Allemagne : la Bourgogne, l'Aquitaine, la Bretagne, la Gascogne, la Souabe, la Bavière, la Saxe, la Franconie, pour ne citer que les duchés. Soulignons qu'il faut bien parler pour chacun d'eux de *regnum*, et non point de *ducatus* (ce n'était avant la fin du XIe siècle que la désignation du pouvoir ducal) : ainsi, la seule mention « ancienne » de *dux Burgundiae* est un faux, le duc étant *dux regni Burgundiae*; de même, il n'y avait pas de *dux Lotharingiae*, mais un *dux regni Lotharii*; pas de *dux Bavariae* (sauf au « bas Moyen Âge »), mais un *dux regni Bavariorum*.

L'histoire de l'État en sa forme concrète dans le monde franc a été celle des *regna*, réunis et contrôlés plus ou moins efficacement pendant plus d'un demi-millénaire par le *rex Francorum* en tant que *prin-*

ceps, qu'il soit mérovingien, carolingien, ottonien ou capétien. La France, unifiée tardivement par les Capétiens, a « oublié » ces siècles marqués par de grandes régions semi-autonomes. Elle a préféré — et cela se comprend — le terme de « province » utilisé par l'Empire romain.

Ce serait une erreur de considérer les *regna* comme un facteur de déstabilisation de l'unité « nationale » du grand *regnum Francorum*. D'abord, cette unité préalable n'a jamais existé, contrairement au rêve gaulois des Français et au rêve germanique des Allemands. Le grand royaume franc coiffant la Gaule et la Germanie était un État multinational et multiculturel, utilisant le latin, comme l'Empire romain, pour administrer une population polyglotte. Si certains *regna* sont dus à la présence en Gaule de peuples et d'États antérieurs à la monarchie franque, d'autres ont été fondés par celle-ci comme moyen de gouvernement et d'administration. L'ensemble des *regna*, nous l'avons vu, a servi pour l'organisation militaire, y compris pour les unités de marche et de combat.

Au point de vue du contrôle de l'administration et de la justice par le gouvernement central, les *regna* ont été utilisés magistralement, avec les provinces ecclésiastiques, par le génie politique de Charlemagne. En 802, celui-ci avait limité l'institution des nouveaux *missatica* — circonscriptions dans lesquelles les *missi* ou représentants du pouvoir central surveillaient la justice et l'administration des comtes — aux seuls *tria regna*, donc au noyau franc, où les provinces ecclésiastiques furent de préférence choisies pour servir de cadre aux nouveaux *missatica*, leurs métropolitains respectifs y jouant un rôle actif. Les autres *regna*, « périphériques », formaient chacun une sorte de *missaticum* à part, où là encore les métropolitains, tel celui de Salzbourg (archevêché fondé par Charlemagne pour la Bavière reconquise), tenaient une place de premier plan. Chacun de ces *regna* avait à sa tête, soit un *dux/marchio* (voir plus loin), soit un *rex*, « roi-adjoint » (*Unterkönig*) de la famille royale, soit un groupe de comtes qui recevaient des instructions de la cour centrale sous forme de « mandats » (quelques-uns ont été conservés).

Les *regna* périphériques étaient rattachés militairement au gouvernement central par une construction astucieuse : les marches de l'Empire. Les Mérovingiens avaient déjà utilisé l'institution du *limes*, district de frontière militaire, selon le modèle du *limes* romain que l'Empire contemporain employait toujours, avec des colons d'État installés aux frontières pour les défendre : service militaire héréditaire contre terres héréditaires. Le système fut repris par les Francs, qui donnèrent à ces colons-soldats privilégiés le nom de *franci homines*. Ceux-ci étaient souvent commandés par un *centenarius* à la tête d'une *centena*. Le *Brittanorum limes*, mentionné au VIIe siècle, existait encore sous Pépin Ier, qui créa d'autres « centaines » contre les Aquitains, alors hostiles, en un glacis militaire sur la Loire et au sud du fleuve. Une lettre de 534/547 mentionne déjà un *limes Pannonie.*

Sous les Carolingiens, sinon plus tôt, le titre de chef d'un *limes* correspondait exactement au titre romain de *praefectus limitis.* Les comtes établis dans un des *pagi* frontaliers étaient appelés *tutores* ou *custodes* (*limitis*), mais aussi *marchiones/markiones* ou *marchisi*, le terme technique franc pour « frontière » étant *marca.* Au début, ils n'étaient que des comtes stationnés dans une « marche », le chef de celle-ci se voyant appeler tantôt *praeses marcae*, tantôt *praefectus limitis.* Ce n'est qu'au cours du IXe siècle que *marchio* devint le titre du chef de la marche, ce qui le mit sur un pied d'égalité — au-dessus des comtes — avec le *dux*, titre peu estimé par les Carolingiens après leur combat contre les ducs/*princeps.*

En liant les marches aux *regna* qu'il avait créés autour du noyau franc des *tria regna*, Charlemagne liait doublement ces *regna* périphériques au gouvernement central de l'Empire. D'un côté, ils furent coresponsables de la défense efficace de leur région contre des attaques venues de l'extérieur ; de l'autre, ils perdirent le commandement direct sur les nombreuses troupes frontalières et leurs fortifications (considérables, par exemple dans la *marca Hispanica*), désormais sous les ordres du seul *marchio.* Ce dernier était en contact direct avec le pouvoir central : les *marchiones* devaient en effet se réunir avec l'empereur en automne pour délibérer sur les campagnes de l'année suivante, comme nous l'apprend le *De ordine palatii* d'Hincmar de Reims.

C'est ce système savamment établi de *missatica*, de *regna* et de *marcae* qui nous permet de distinguer trois zones principales dans l'Empire franc au faîte de sa puissance, qui sont aussi les zones dans lesquelles s'accomplit le service dû au *princeps* par la noblesse, sa *militia* :

1° Le noyau de l'Empire, qui comprend les régions franques des *tria regna*, et que surveille directement la cour impériale par le biais des *missatica.*

2° La zone intermédiaire des *regna* des peuples non francs, contrôlée indirectement par la nombreuse noblesse franque qui y est établie et par une administration qui fait de chaque *regnum* un *missaticum.* Cela n'empêchera pas qu'une solidarité commune à toute l'aristocratie d'un *regnum* — qu'elle soit d'origine franque, autochtone ou mixte — ne se manifeste dans ces unités politiques, solidarité régionale qui finira par l'emporter sur les facteurs centripètes.

3° La zone vraiment périphérique des marches, originairement bien contrôlée par le pouvoir central. Mais la marche de chaque *regnum* deviendra, avec l'affaiblissement du pouvoir central, ou bien une sorte de *regnum* à part — sous la dynastie d'un *marchio* devenu chef héréditaire, reconnue par un des rois carolingiens —, ou bien une partie du *regnum* correspondant, sous un seul chef (*princeps*), que ce soit celui du *regnum* ou celui de la marche.

Les forces intermédiaires, installées par le pouvoir central, l'ont emporté, étant plus près des populations et représentant un recours plus efficace au moment difficile des invasions normandes, arabes et hongroises. L'Empire, qui n'avait jamais été un État unitaire centralisé, mais une sorte de compromis entre empire et conglomérat de forces régionales, s'est désagrégé exactement dans les parties qui l'avaient formé sous Charlemagne et ses successeurs : les *regna*. Mais cela s'est passé après un événement capital qui a changé les conditions de cette désagrégation en donnant naissance à des *regna* intermédiaires entre le « grand » *regnum* et les petits *regna*. Cet événement fut le partage de l'empire de Louis le Pieux entre ses fils en 843, à Verdun, qui eut notamment pour conséquence la naissance de royaumes d'étendue moyenne, qui finiront par s'appeler France et Allemagne.

Après Verdun, l'organisation en *regna* du monde franc s'est compliquée, en ce sens que le terme de *regnum*, au lieu de posséder deux significations territoriales, en revêt dorénavant trois, que nous avons proposé en 1981 de dénommer r1, r2 et r3 :

r1 : l'Empire entier (*Gesamtreich*, dans les textes *totum regnum*, ou *universum regnum*, ou *regnum Francorum*, ou *imperium Francorum*).

r2 : le « grand royaume partiel », formé des mêmes composantes (r3) que r1, mais en nombre réduit. Chacun des « grands royaumes » était gouverné par un fils de Louis le Pieux, à savoir : Lothaire Ier pour l'Italie, la Provence et une partie de la Bourgogne ainsi que les terres franques entre Meuse et Rhin, appelées plus tard (après lui et son fils homonyme Lothaire II) *regnum Lotharii* ou *Lotharingia* ; Louis le Germanique pour la *Francia (orientalis)*, la *Saxonia*, la *Thuringia*, la *Baoaria*, l'*Alamannia* ou *Suevia*, mais aussi l'*Avaria* (la future Autriche), la *Bohemia* et d'autres terres slaves (*Slavonia*) ; Charles le Chauve pour la *Francia* (*occidentalis*), la *Neustria*, la *Burgundia*, l'*Aquitania*, la *Septimania*, mais aussi la *Vasconia* et la *Britannia* (Gascogne et Bretagne), et surtout l'*Hispania*, à savoir les terres que les Francs avaient conquises en Espagne et qui constitueront un jour la Catalogne.

r3 : les « petits royaumes », qui ne disparaissent point ni ne tombent dans l'anarchie, mais qui vont soit jouer un rôle considérable dans leur r2 respectif, soit se mettre à part de manière plus ou moins prolongée, telles la Bretagne ou cette union de la Provence et d'une partie de la Bourgogne qui finira par s'appeler « royaume d'Arles ».

L'importance de r2 saute aux yeux : il représente entre autres le noyau de ce qui sera la France et l'Allemagne. Son chef étant en principe, selon les termes du partage, l'égal de l'empereur — hormis pour ce qui est des obligations et des droits de celui-ci en Italie et envers la papauté —, il est donc un (grand) *rex* de caractère impérial et l'exprime par des titres tels que *caesar, imperator, magnus rex*, plus rarement *augustus*. Chacun des trois frères pouvait « faire » des rois, soit au sein de sa propre famille, soit au sein de dynasties de peuples associés au monde franc.

Les Francs, ayant hérité de l'Empire des *regna* déjà établis en Gaule, leur ont laissé le caractère de *regnum*, soumis évidemment au seul roi franc. Ils ont ainsi créé un nouvel instrument politique, le « royaume sans roi ». Ce modèle, qui fut également appliqué aux régions soumises en Germanie, vit le jour dans le monde franc proprement dit au moment où le maire du palais austrasien continuait de diriger le *regnum* tandis que le *rex* Clotaire II se trouvait en Neustrie. Le *regnum* était devenu une notion administrative : ce que la *provincia* fut pour l'empire naissant des Romains, le *regnum* l'a été pour l'empire naissant des Francs, seul le *rex Francorum* restant toujours *rex* dans chacun de ces « royaumes sans roi », même si l'administration en était confiée à un *dux* ou à quelqu'un d'autre. Ce n'était pas la dissolution de l'Empire ou l'anarchie, mais une décentralisation poussée qui laissait aux différentes populations et à leurs noblesses respectives une marge assez large d'autonomie, tandis que la plus haute noblesse, proche de la dynastie royale/impériale et représentant l'autorité centrale dans les *regna*, formait une élite de l'Empire ou du « grand royaume » (G. Tellenbach appelait *Reichsaristokratie* cette élite d'Empire). On verra au chapitre IX que la plupart des chefs des petits royaumes, surtout s'ils avaient contracté une alliance matrimoniale avec la dynastie impériale, compteront parmi leurs descendants des rois, dans un royaume franc ou ailleurs.

Le caractère romain, étatique mais aussi dynastique du monde des *regna* francs est une évidence. Réginon de Prüm remarque dans sa *Chronique universelle*, au titre de l'an 888, qu'après la mort de l'empereur Charles III chacun des *regna* a élu un roi de sa propre chair. Ce qui n'est pas sans évoquer les « rois nationaux », désignation consacrée des Italiens pour leurs rois entre 888 et les Ottoniens. Or, aucun de ces rois non carolingiens n'était né sur le sol de son nouveau royaume ; tous, au contraire, étaient des Francs appartenant aux plus grandes familles issues de l'élite impériale. C'est à ces moments de crise que se montrait en plein jour la force durable derrière les dynasties qui étaient sorties de ses rangs : la *nobilitas*. Sa légitimité était irremplaçable pour les régions de l'Europe carolingienne sans « héritier légitime », comme dit Réginon : on choisissait le plus noble de ceux qui avaient prouvé leur valeur et étaient prêts à servir efficacement et loyalement ce qui serait leur nouveau royaume ; or, l'élite impériale était partout chez elle dans l'Empire.

LA *DIGNITAS*, FONDEMENT DE LA *NOBILITAS*

Le *regnum* est le cadre, mais d'où vient l'esprit qui doit animer les meilleurs ? d'où vient leur légitimité inhérente ? L'idéal de la *nobilitas* depuis ses origines romaines, c'est la *dignitas*, fondement de la valeur et de l'honneur du noble, source de ce qui sera un jour la « dignité humaine ». La noblesse de 888, éduquée selon la loi hiérarchique des *gradus dignitatis*, n'aurait d'ailleurs pas accepté de subir la domination de quelqu'un qui fût moins « digne » qu'elle : les signes extérieurs du rang expriment l'idéal du *nobilissimus* en matière d'origine, de rang et de mérites.

Avant même que le principat romain eût pu devenir cette « épine dorsale » de l'histoire de l'État en Europe, la Rome de la République, son génie juridique et son sens aigu du dévouement à la *res publica* lui avaient laissé un héritage infiniment précieux d'institutions et de valeurs. Dans le système de la magistrature élective, dont les rangs supérieurs donnaient accès à la *nobilitas* sénatoriale, figurait une notion sans équivalent dans l'aristocratie des cités grecques : la *dignitas*.

C'est grâce à Victor Poeschl et à Hans Drexler que nous avons compris sa place centrale dans ce que nous appelons le « modèle romain ». Ils ont su la situer dans l'échelle des valeurs romaines, si différentes de nos idées modernes — imprégnées de valeurs chrétiennes et du principe de l'égalité des hommes, du moins devant la loi. Pour les élites romaines de l'époque républicaine, chacun possédait une dignité qui lui était propre ainsi qu'à sa famille, et des droits y afférents ; plus encore que dans la naissance (prioritaire pour l'aristocratie grecque), cette dignité s'incarnait dans le mérite politique, dans ce que chacun avait effectivement accompli pour la *maiestas* du peuple romain. C'était là la première « méritocratie » de l'histoire.

« Il est vrai qu'une ascendance noble confère une dignité certaine, mais elle est liée immédiatement à la *res publica*. Il n'y a pas de membres de la *nobilitas* dont les ancêtres n'auraient pas servi le bien commun », écrit Poeschl. La dignité héritée doit être confirmée par de nouveaux mérites personnels au service de la *res publica*. Il n'est pas de dignité politique sans activité, sans office élevé et sans appartenance au Sénat. Il y a là un élément sacral qui détermine la dignité du « dignitaire » romain (pléonasme nécessaire en raison de l'inadaptation du terme « fonctionnaire ») : la notion de serviteur noble de la *res publica* est proche de l'idée d'un roi « premier serviteur de l'État » ; la fierté, le prestige du sénateur sont à la mesure de cette collectivité sublime qui est plus qu'une réunion des grandes familles (*gentes*), réunion qu'avait déjà connue le régime aristocratique grec. « "*Sanctus senatus*" restera un terme officiel, encore à une époque tardive. » Le « rationalisme » romain, préférant le mérite visible au charisme des ancêtres, n'exclut point le caractère sacré des institutions ni la *religio*, mot dont le sens premier (« conscience, attention scrupuleuse ») place de manière significative le devoir rempli devant l'affirmation de bonnes intentions — forme d'esprit que l'on retrouvera dans la catholicité « romaine ».

« Ni la naissance ni le rang obtenu ne suffisent sans la prestation personnelle », qui donne au *nobilis* dans la lutte pour l'influence politique le droit à une prétention personnelle légitime, tendant à l'augmentation de sa *dignitas* personnelle et, à travers elle, de celle de sa *gens*. Le mot de Cicéron à Brutus place même la *dignitas* devant la République : « [Fais-le] *ex tua dignitate et ex re publica.* » La *dignitas* se révèle ainsi être le bien le plus élevé d'un noble, plus important pour lui que sa vie. Elle nous rappelle le terme d'« honneur », dont nous verrons les significations différentes de celles du terme original, *honor*. Ainsi César affirme-t-il dans ses *Commentaires sur la guerre civile* qu'il a commencé cette guerre pour défendre sa *dignitas*, qui lui parut toujours le bien le plus cher, plus cher que la vie : « *sibi semper primam fuisse dignitatem vitaque potiorem* ». Ses adversaires, désireux de lui retirer son commandement militaire après la guerre des Gaules pour le juger sur certains délits, exigent qu'il évite de nuire à la « *res publica, pro sua dignitate* ». Le conflit entre *dignitas* personnelle — ambition qui pouvait devenir démesurée — et *salus publica* était donc « programmé ». Ce n'est certes pas un hasard si l'on cite parmi ceux qui ont défendu leur dignité Catilina et Marc Antoine, lequel était prêt à obéir au Sénat, à condition qu'il préservât sa dignité (« *sed ita, ut teneat dignitatem* »).

Malgré l'importance d'une ascendance élevée dans la société politique romaine, la *nobilitas* n'y a jamais été l'« aristocratie de naissance » des définitions modernes, et cet héritage romain restera significatif dans l'histoire de la noblesse, contrairement à ce que pensent ceux qui l'envisagent d'un point de vue purement généalogique. Plus qu'une noblesse de sang, c'était une noblesse de rang, attachée à remplir ses devoirs envers la *res publica*. Le devoir qui s'accroît avec le degré de dignité (*gradus dignitatis*) fait comprendre ce que le rang et ses titres et symboles ont pu revêtir aux yeux de ces hommes et de ces familles pour lesquels ils n'étaient pas de simples vanités. Nous sommes là au cœur même de ce qui fonde la noblesse et son honneur. Dès lors que son rang deviendra entièrement héréditaire (voir chap. XII), elle commencera à oublier la fierté morale du « service », et à se reposer sur sa seule lignée et sur les droits inhérents à ses titres hérités. Ainsi déclinera une noblesse en partie privée de sa dynamique éthique, laquelle avait été renouvelée entre-temps par l'idéal chevaleresque. Fondée sur le mérite et le service aussi bien que sur la naissance, la *nobilitas* est romaine, de nom et d'essence, et restera le modèle de toute noblesse authentique. Cet aspect moral sera d'ailleurs approuvé et renforcé par l'Église. Celle-ci, en affirmant par exemple avec vigueur que ce n'est pas la seule naissance élevée qui fait le roi, n'entendait pas signifier par là l'inutilité d'une très haute extraction (malentendu moderne), mais uniquement que cette dernière ne suffit jamais à elle seule pour rendre digne des plus hautes fonctions.

La limitation relative du poids de la naissance dans la noblesse — qui, pour supporter l'édifice de la société humaine, avait besoin du mérite, et donc du dévouement — ne doit pas faire oublier le caractère personnel de la *dignitas* romaine. Celle-ci n'est pas l'idéal de tous (cher à la Révolution), mais celui de chacun. Chacun est responsable de soi-même tout en cherchant l'aide divine; chacun doit défendre les droits que lui confère sa naissance, l'honneur de sa *gens* (lignée) et surtout son honneur à lui, de même que chacun doit « vivre » sa mort dans la dignité. Celui qui ne défend pas sa dignité de toutes ses forces la perd inéluctablement — et, pensait-on, à juste titre. Hans Drexler cite le cas de Lépide, l'un des hommes du second triumvirat, qui se jette aux pieds de son rival Octavien vers lequel se tournent ses soldats, et qui l'implore de lui laisser la vie sauve et ses propriétés : il fut « privé de sa dignité qu'il ne savait pas défendre » (« *spoliata quam tueri non poterat dignitas* »).

Louis le Pieux, lui, savait encore que la dignité une fois perdue ne se retrouvait pas et qu'il ne fallait jamais consentir à rendre les signes extérieurs de sa dignité, car ils en faisaient partie intégrante. Quand les évêques, l'ayant déposé, le pressèrent de leur remettre le *cingulum militiae* (voir chap. VI), symbole de l'exercice de sa haute fonction et de son rang, pour qu'il pût être fait moine, il se défendit de toutes ses forces, au point qu'Ebon, l'archevêque de Reims, qui lui devait sa charge, lui arracha le *cingulum*. N'ayant pas renoncé à sa dignité au moment du danger et d'une incarcération pénible, Louis pouvait être restauré dans sa fonction impériale et dans la *maiestas* de son rang. Ni le principe ni la forme extérieure de la *dignitas* n'avaient changé au IXe siècle.

Dès l'origine la *dignitas* demande à être non seulement défendue, mais aussi affichée jusqu'à l'ostentation. La dignité de l'apparition en public, de l'attitude, du geste, du style de vie — c'est-à-dire tout ce qui définira la noblesse européenne — forme un tout avec le mérite et la *virtus* intérieure. La « splendeur » est un terme essentiel pour comprendre l'histoire de l'idée impériale (*splendor imperii*) et celle de tous les princes qui n'auront été que ses héritiers. Comme le « service », valeur de la noblesse jusqu'à l'officier moderne, l'apparat, la nécessité de « tenir son rang » pour « en être digne » seront à jamais spécifiques des princes et d'une noblesse obligée de « vivre noblement » pour ne pas perdre son statut par « dérogeance ». Qu'on le perde en abandonnant le service (noble) dans un régiment d'élite, en acceptant un service rémunéré (= « ignoble ») auprès d'un roturier, ou en exerçant un commerce, cela n'est jamais que la persistance d'une norme romaine, qui remonte à la *dignitas* de vie du sénateur, surveillée par le *censor*. La « dignité » procède à la fois de l'être et du paraître. C'est de cela qu'elle a tiré sa force, et l'a gardée à travers deux millénaires.

Cette dualité, typiquement romaine là encore, a une origine double : d'une part, il fallait être riche, remplir les conditions minimales du *census* (contrôlé par les deux *censores*) pour être admis au sein des classes supérieures, celle des *equites* et celle des *senatores*; d'autre part, depuis la création* de leur magistrature (collégiale comme celle des consuls), les *censores* ne classaient pas seulement la fortune des *cives* selon cinq catégories d'imposition, mais veillaient aussi d'office aux bonnes mœurs des hommes prétendant à une *dignitas*, dans leur vie familiale comme dans leur vie publique. Ce *regimen morum* (gouvernement des mœurs) spécialement attentif à la vie des membres du Sénat, donc de la *nobilitas*, a permis aux *censores* non seulement de rayer des rangs sénatoriaux des membres indignes (à cause de leur *ignominia*), mais encore de les remplacer grâce à la *lectio senatus* (choix des nouveaux nobles, ainsi que reconnaissance de leur nouveau rang après vérification). Tant et si bien qu'ils ont protégé la dignité du Sénat et de ses membres en surveillant leur comportement, y compris en les empêchant de s'engager dans des activités ou des professions défendues aux sénateurs, comme le commerce. En revanche, la richesse foncière était autorisée au *nobilis* tout comme la possibilité de s'enrichir massivement, voire honteusement, à travers le gouvernement d'une province. On constate là aussi des liens directs avec la noblesse européenne, dans ses vertus et ses défauts, malgré toutes les nuances régionales.

La *dignitas* n'est pas la même pour tous les nobles. Elle est personnelle, nous l'avons dit, et proportionnelle au rang et au « titre » du noble, son *gradus dignitatis*. Il n'y a pas *une* noblesse, mais toute une hiérarchie noble, dans laquelle les familles trouvent la place qui convient à leur rang. La *nobilitas* romaine est donc dynamique, tournée vers l'avenir de l'homme, de sa famille et de Rome. Elle ne se contente pas des avantages procurés à qui hérite d'une haute fonction et des droits et terres qui y sont attachés, elle exige de chacun de ses membres qu'il se montre digne de ses ancêtres. Confronté à leurs images dans l'*atrium* de sa maison, le jeune noble doit relever un défi : parvenir, si possible, à un rang encore plus élevé que le leur. Ainsi, Tacite commence ses *Histoires* en rappelant sa propre carrière : l'empereur Vespasien avait fondé sa *dignitas***, Titus l'avait aug-

---

* En 366 av. J.-C.; 443 selon une tradition non confirmée, 403 selon d'autres.

** On voit bien là que, malgré la dignité héritée, sa *dignitas*, la vraie, ne commence pour lui qu'avec le début de sa carrière personnelle.

mentée, avant que Domitien ne la promût à son tour. Pour réussir, tous les moyens ou presque étaient bons, comme le prouve l'exemple de Cicéron qui mit à contribution, outre ses amis, tous les clients qui étaient ses obligés — tels ces fermiers d'impôts accusés d'enrichissement frauduleux dont il avait plaidé la cause — en leur écrivant : « *Ut dignitatem meam commendatam tibi habeas* », ce qui revenait à leur dire : « N'oublie pas ma promotion ! »

Ce carriérisme aiguisé par la pyramide des fonctions et des nombreux signes extérieurs qui y étaient attachés n'a pas changé à travers les âges. Les parents des jeunes nobles mérovingiens les faisaient présenter à la cour du roi par l'ami ou le parent le mieux placé ou le plus en faveur (ainsi le futur saint Arnoul, ancêtre des Carolingiens, le fut-il par un membre de la noblesse sénatoriale), pour qu'ils pussent, après avoir reçu l'enseignement requis à la Cour, entamer une carrière qui leur apporterait au moins la dignité déjà acquise par la famille. Le but des nobles était resté le même : illustrer toujours plus, par le mérite, la gloire de la lignée familiale.

La *dignitas* a été le moteur social par excellence du monde romain, menant à une personnalisation extrême de la vie publique, ce terrain où se donnait libre cours la concurrence des individus et de leurs familles. Selon les tenants d'une idée abstraite de l'État — concept selon eux d'origine « antique » et inaccessible aux Germains —, les Germains sont les responsables de cette personnalisation du pouvoir, laquelle serait à l'origine de la faiblesse du « Moyen Âge » et expliquerait la différence fondamentale entre le monde méditerranéen — créant de vrais États territoriaux (*Flächenstaat*) — et les essais en la matière des peuples germains, aboutissant au mieux à un *Personenverbandsstaat*, communauté politique qui ne serait qu'un tissu de relations d'hommes à hommes en lieu et place des institutions d'un État « à la romaine ». C'est là une construction moderne qui repose sur l'ignorance du monde romain. Car le système romain que nous avons rencontré dans les textes est, comme celui des Celtes et des Grecs, lui aussi personnalisé, depuis la communauté des lignages de la *nobilitas* et de l'appartenance individuelle (et « familiale » en même temps) au Sénat jusqu'au pouvoir personnel du *princeps*. Le *princeps* est entouré à sa cour par des « domestiques » qui sont dévoués à sa personne, à commencer par les affranchis qui lui doivent tout — la liberté et la carrière — et qui continuent à « appartenir », socialement, à leur maître. Des études récentes montrent le caractère comparable des relations entre protecteurs et obligés dans l'« État moderne », particulièrement en France. Voilà qui aide à comprendre l'unité de l'Europe ancienne, aristocratique et monarchique, dominée par un pouvoir personnalisé qui ne cède que tardivement et par étapes, du XVIIe au XIXe siècle, devant les forces bureaucratiques et la conception abstraite de l'État contemporain.

Chez les Romains, une reconnaissance personnelle est due par le client au patron qui le protège, mais aussi par le peuple à l'homme d'État qui réussit. Le *populus Romanus* peut procurer une position quasi royale aux chefs de la *nobilitas*, ce qui les rend aptes à incarner, à l'intérieur comme face au monde étranger, l'*auctoritas* du peuple romain et de son État, la *res publica*. Cela se passe d'une manière personnalisée qui est la caractéristique de tout le « modèle romain ». Les provinces que le Sénat a créées dans le monde méditerranéen sont pillées, dès l'époque de la République, par les sénateurs qui s'y font nommer gouverneurs, et par la meute des commerçants (appartenant à l'ordre équestre) qui les suit. Les généraux romains victorieux prennent les villes et pays « alliés » (contraints de chercher le « protectorat » romain) sous leur protection personnelle, un « patronage » qui reste acquis à leur lignée. Sparte et Pergame entrent ainsi dans la clientèle des *Claudii*, qui recevront les ambassades de ces villes et les présenteront au Sénat. Cette reconnaissance a fait dire à Max Weber : « Nulle part au monde ne fut réuni un patronage politique de telle envergure dans les mains de certaines familles, du point de vue juridique purement privé, de manière qu'avant la monarchie il y avait un pouvoir privé qui ne se trouve normalement que dans les monarchies. » Remarque pertinente, malgré cette erreur typiquement moderne de parler de « pouvoir privé » et de lier ce terme à la monarchie. Un pouvoir personnel n'est pas nécessairement un pouvoir privé !

Le Sénat, centre de la *res publica*, fut une des premières incarnations de l'État et de la chose publique en Occident. Ses membres étaient non pas des hommes « privés », mais des *homines publici* incarnant la chose publique. La force de nos idées centralistes est telle qu'il nous est difficile de concevoir la multiplication du pouvoir suprême en un groupe d'hommes politiques, éduqués selon les normes de la *dignitas* au service de la chose publique qu'ils représentaient, chacun comme un roi (selon le mot de l'ambassadeur de Pyrrhus, roi d'Épire, qui s'était trouvé au Sénat comme dans une assemblée de rois) ; ces sénateurs-rois gouvernaient en commun, dans le cadre d'un système subtil de distribution du pouvoir à temps, dans la capitale comme en province. Nous sommes dominés par des abstractions au point de croire que les Anciens l'étaient également, alors qu'ils savaient que le pouvoir doit s'incarner dans des hommes, évidemment responsables.

Cette personnalisation du pouvoir est l'essence même de la noblesse depuis l'époque de la première *nobilitas*, à laquelle les siècles de la République romaine ont inculqué la fierté de la *dignitas* personnelle combinée à l'idée d'un devoir public à remplir. Le phénomène connut une envergure unique du fait du prestige des hommes les plus puissants dans l'empire le plus puissant : Tite-Live l'a rappelé aux Romains qui, selon lui, ne se battaient plus pour la conquête du monde, mais pour la gloire de leur *dignitas* aux yeux « du genre humain, qui vénère votre nom et votre domination à l'instar des dieux ». La personnalisation du pouvoir, héritage « antique » et romain, ne mène pas nécessairement à l'anarchie.

L'exaltation des hommes d'élite et leur stimulation par une hiérarchisation des dignités furent une invention du génie romain. Encore fallait-il que l'éthique sous-jacente au système ne fît pas défaut. Et que ceux qui en profitaient ne perdissent pas de vue son but, le salut commun. C'est également un Romain, Sénèque, qui a vu où achoppait ce besoin de se mettre en valeur à tout prix : celui qui avait atteint la *consummatio dignitatis*, la plénitude des honneurs, n'avait travaillé que pour son épitaphe, qui faisait étalage des hauts faits, du rang et des titres du défunt. Or cette renommée, demande le philosophe, ne dépend-elle pas nécessairement du jugement d'autrui, jugement émanant d'hommes inférieurs par définition ?

Le christianisme a opposé à cette mise en avant du prestige social un bouleversement des valeurs, en donnant la primauté à l'*humilitas*, en contraste total avec la *dignitas*, qui n'avait vu que « bassesse » dans l'humilité ! Il est vrai que la spiritualité fait peu de cas du *decus*, à savoir tout ce qui est parure et ornement dans la vie. La recherche de la gloire, des honneurs, de la richesse est considérée par le Christ et l'Église comme particulièrement nocive pour le salut de l'âme. Elle incarne le « monde » au sens négatif du terme, avec son pouvoir temporel. Cela n'a pas empêché le haut clergé, de « bonne naissance », de goûter aux joies du pouvoir et du prestige — y compris ses signes extérieurs. Ainsi la *Vie de saint Gilles* blâme-t-elle, au XIe siècle, des clercs *nobilitate inflati*, pleins de suffisance et d'orgueil. Plus d'un millénaire d'histoire de l'Occident sera rempli de cette opposition entre temporel et spirituel, et malgré tout de la symbiose des deux éléments de la noblesse — laquelle, ne l'oublions pas, fut ecclésiastique et laïque à la fois, de l'évêque d'origine sénatoriale jusqu'au prince de l'Église. Partout se côtoyaient dévouement et prétention, devoir rempli et récompense exigée, ostentation du rang personnel et dignité sobre d'un Saint Louis, vrai roi pourtant.

Le christianisme a donc contribué à lutter contre le pouvoir personnel exorbitant de certains hommes et de leurs familles au sein de l'État en déclarant premier des péchés mortels la *superbia* (l'orgueil), suivie de près par l'*avaritia* (qui désignait alors moins l'avarice que l'esprit de lucre). L'ostentation trop insolente de l'orgueil appelait l'ire divine, surtout envers les hommes d'Église, et le châtiment du coupable — voire, s'il ne se repentait pas, sa damnation éternelle. Le ver était dans le fruit d'une jouissance « païenne » du pouvoir et du prestige. Ainsi une victoire sur l'ennemi était-elle obligatoirement due à la grâce divine. Le *Te Deum* après la bataille gagnée, comme l'invocation de l'aide de Dieu avant le combat, diminuaient sensiblement l'orgueil et la fierté du vainqueur. Mais, en compensation, Dieu, en lui accordant la victoire, ne le désignait-Il pas comme l'homme qu'Il aimait, qu'Il préférait au vaincu ? Les victoires ne cessèrent donc pas d'être la légitimation des futurs rois (tel Eudes) ou ducs (tel Richard de Bourgogne). Il en alla de même avec l'*humilitas*, exigée comme correctif dans la vie des grands de ce monde, qui se devaient d'en faire preuve encore et toujours envers les hommes d'Église ; c'est ainsi que le choix divin de Louis le Pieux (survivant à ses frères aînés) comme successeur de Charlemagne fut attribué à sa plus grande *humilitas* envers les prélats.

Ce lien spécifique entre les puissances légitimes sur terre et le Tout-Puissant, auquel on les a rattachées comme procédant de Sa volonté, donne son unité à l'âge de la monarchie chrétienne et de sa noblesse. C'est une période que les sociologues ont définie comme celle des « structures de domination », en les opposant aux « structures communautaires ». Du IVe aux XIe-XIIe siècles prédominèrent les premières, puis un système mixte prévalut jusqu'aux XVIe-XVIIe siècles, qui inaugurèrent un dernier sursaut du régime autoritaire, moins « absolu » qu'on ne l'a prétendu.

État et fonction publique

Reprenons le débat sur l'existence — ou l'absence — d'un État ou d'une administration digne de ce nom après la « fin de l'Empire romain » et dans le royaume des Francs. Il s'agit ici de la capacité d'une entité politique à se servir d'agents exerçant une fonction publique correspondant à ce qu'on désigne aujourd'hui par « office* » ou « charge publique ».

Princeps, nobilitas, dignitas sont des facteurs décisifs dans la répartition du pouvoir public légal (la *potestas*, d'origine et d'essence romaine) et le restent sans discontinuité, malgré les changements qu'imposent le jeu politique et les conditions différentes dans les royaumes d'Occident. Il est d'autres termes, comme celui de *res publica*, dont l'emploi confirme la survie de la notion de service public

* Pour ceux qui sont convaincus qu'il n'y aurait eu au « Moyen Âge » ni administration digne de ce nom ni notion de fonction publique, « office » est un néologisme emprunté au latin *officium* : « Dès la fin du XIIe siècle, il a le sens de "charge" et fournit le nom de certaines charges publiques [...] ([depuis] 1375) en relation avec *officier*. » Pour eux, il n'y a pas de territoire princier doté des rudiments d'une administration avant le XVe ou le XVIe siècle.

et de l'idée d'État. Certains érudits n'osent y croire, craignant d'être dupes de la rhétorique cléricale. Ainsi Léopold Genicot* donne-t-il plus de crédit aux éléments germaniques et chrétiens « fondamentaux » qu'à une notion comme *res publica*, « élaborée par des clercs » et n'ayant « peut-être pas exercé une forte influence sur les hommes politiques ». Or, Louis le Pieux est un homme politique et, comme l'a montré Yves Sassier, la désignation des fonctionnaires impériaux comme « *rem publicam administrantibus* » apparaît dans sa chancellerie dès 814, avant que *res publica* ne se diffuse chez les auteurs d'ouvrages politiques ou historiques qui soulignent, surtout sous Charles le Chauve, l'*utilitas* ou le *salus (rei publicae)*. Ajoutons à cela des annalistes parlant de rois qui s'occupent d'affaires « *publicis et ecclesiasticis* », ou bien « *non tantum publicis sed etiam ecclesiasticis et privatis rebus* ». Citons enfin ce texte liégeois selon lequel Aix-la-Chapelle, sous Otton III, est à la fois la résidence royale et le domicile de la chose publique (« *sedis regia et publicae rei domicilium* »).

Le service public (officium), *héritage du monde romain*

Pour qu'il y ait eu administration publique, il faut qu'il y ait eu l'*officium* de ceux qui s'en occupent. Le mot est employé tout naturellement dès 683 dans une loi du roi wisigoth Erwig qui, en connaissance d'une loi de Théodose II et Valentinien III de 425/450 (code Théodosien, IV, 10, 3) qui avait exclu les affranchis des *honores* et de la *palatina militia*, décrète qu'aucun serf ni affranchi ne peut être admis aux *palatina officia*. Les « offices palatins » étaient donc connus dans ce royaume, en pleins *Dark Ages*. À la *palatina militia* de l'Empire et aux *palatina officia* wisigothiques correspond le *palatinus honor* à la cour franque, employé indistinctement pour les grands, qu'ils soient laïcs ou ecclésiastiques. Le terme romain d'*aulici* (ceux qui servent à l'*aula principis*) se rencontre à la cour des nouveaux royaumes et recouvre des fonctions précises.

Parmi les dignitaires auliques, mentionnons pour l'instant le *comes palatinus*, qui dirige les affaires judiciaires : il est le successeur du *quaestor sacri palatii* romain. Pour l'établissement des actes confirmant les jugements du tribunal royal, il dispose d'un bureau séparé de celui du *cancellarius* carolingien qui, avec ses *notarii* (notaires), fait rédiger les diplômes royaux. Ce personnel carolingien succède aux *referendarii* (laïcs) des rois mérovingiens, dont le titre et les activités (variées, et même militaires) correspondent à ceux d'un fonctionnaire des cours

---

* Qui cite pourtant l'*utilitas publica* comme « l'objectif et la justification du pouvoir », la distinction entre *strata publica* et *via communis*, enfin celle entre le mérite acquis par les armes *(ars militiae)* et le mérite acquis par les *publicis administrationibus perfuncti*.

romaines, dont la dernière mention précisément remonte à la fin d'août 552 à Constantinople. Un texte hagiographique du VIIIe siècle reconnu pour la qualité de ses informations, la *Vita Boniti*, indique la carrière séculière de saint Bonnet : il servait à la cour austrasienne, où il fut nommé *princeps pincernarum* (chef des échansons) puis *referendarius*, avant de gouverner la partie austrasienne de la Provence, et enfin l'évêché d'Auvergne — carrière bien romaine. Ce texte donne des détails sur la fonction principale du référendaire : le futur saint reçoit de la main du roi l'anneau sigillaire qui lui permet d'apposer le sceau royal sur les actes royaux; par cette investiture, il accède au *referendarii officium*.

La *lex Romana Curiensis* (début du VIIIe siècle), en vigueur en Rhétie — l'ancien *ducatus Rhaetiae* romano-gothique, gouverné par une sorte de « dynastie épiscopale » —, reprend une loi de Valentinien III de 451, laquelle parle de ceux qui sont « *in administratione positis vel in quolibet officio militantibus* » [ceux qui sont « en poste dans l'administration ou qui servent dans quelque charge »] en une phrase très concrète : « *qui in miliciam agebat vel qualemcumque officium publicum gerebat, ut, dum in ipsa milicia vel officio erat* »... [« celui qui remplissait une fonction ou qui exerçait une charge publique quelconque, pour que, pendant qu'il était en fonction ou en charge, ... »]. La *militia principis* est l'administration romaine « militarisée » par les réformes du IVe siècle (voir chap. VI); c'est à elle qu'appartiennent ceux qui gèrent un *officium*, dont notre texte souligne le caractère public. On a voulu restreindre la survie d'institutions et de lois romaines à ce petit « État épiscopal » alpin, dont la quasi-autonomie fut reconnue par Charlemagne et dont les habitants, intégrés dans le *regnum Sueviae*, étaient encore régis au Xe siècle par le droit romain. Or, s'il était évident dans l'Empire romain chrétien que seul le *princeps* a le droit de créer un *officium*, cela se sait encore au Xe siècle, où interdiction est faite aux ducs de réunir les grands du pays en Istrie *(placitum tenere)* ou de créer un office *(officium constituere)* — mesures que se réserve en 973 Otton Ier, qui connaît ses droits de *princeps*.

Longtemps avant les « traités des offices » ecclésiastiques cités par l'historien du droit canon Peter Landau, il existait un traité sur les offices romains et francs, le *Decurio de gradus* (« Traité des rangs »), datant des VIIe/VIIIe siècles et dont les racines remontent au VIe siècle. Ce texte résume la hiérarchie des offices, du *decanus* (chefs de dix hommes) à l'*imperator*, avec de brèves définitions des tâches qui incombent aux titulaires de chacun d'entre eux.

Vers 841, Walahfrid Strabon, à la fin d'une étude remarquable sur la genèse des traditions liturgiques, compare les *dignitates* ainsi que les *ordinationes potestatum et officiorum*, donc les offices de la hiérarchie séculière et ecclésiastique, dans le désir visible de situer à leur place respective les différents rangs. Il y profitait de sa longue expérience à la cour de Louis le Pieux, où les prélats et les grands séculiers se côtoyaient quotidiennement. Loin d'être un jeu de l'esprit, comme on l'a cru, une telle hiérarchie comparée avait une utilité évidente pour la vie de cour.

Enfin, Hincmar de Reims, utilisant un traité perdu d'Adalard de Corbie, cousin et ministre de Charlemagne, nous informe dans son *De ordine palatii* sur les fonctionnaires du « palais » (ce terme désigne aussi le « gouvernement »), en les appelant *ministri* — signification politico-administrative donnée à un mot qui désignait normalement les serviteurs. Le maire du palais était *minister regis* au VIIe siècle, siècle qui connaît aussi le *ministerialis*. En 813, on parle des *ministri publici*, en 968 du *rei publicae minister*. C'est aux VIIe-VIIIe siècles qu'est né le terme de « ministre » au sens moderne. Il y aura, sous Charles le Chauve, un « premier ministre » (*archiminister*). Sous Charlemagne, le *ministerium* désigne aussi bien le territoire administré par un fonctionnaire — par exemple le *pagus* ou le comté — que sa fonction, son « office », avec les obligations qu'il comporte. Le mot pouvait revêtir un sens plus élevé (voir chap. X), *ministerium* étant alors compris comme le service dû à Dieu. Il n'était pas réservé au seul clergé, mais concernait depuis le VIIIe siècle plus spécialement le *princeps*. Cette idée fut propagée surtout par Louis le Pieux qui, en faisant participer à cette tâche sublime la *militia* qui le servait, fit beaucoup pour la dignité des grands, mais aussi pour leur fierté et leur puissance.

Revenons à l'*officium*, dont l'emploi ininterrompu est bien documenté grâce à l'excellent dictionnaire de Niermeyer. À côté de ses applications dans le domaine ecclésiastique et liturgique ainsi que dans le sens de « métier » (*cf.* l'adjectif *officialis*), on l'utilise au sens administratif surtout à la Cour et dans l'administration domaniale. *Officium* pouvait aussi indiquer le secteur de compétence de son détenteur (en 813), ou le secteur géographique (nous avons déjà signalé semblable usage du mot *ministerium*). En 1189, dans un diplôme de Frédéric Barberousse, *officium* désigne une « circonscription judiciaire ». Quand, vers 1300, le dominicain Jacques de Cessole intitula son livre comparant la société aux figures du jeu d'échecs (un des plus grands succès littéraires des XIVe et XVe siècles, avec entre autres quatre traductions françaises) *Libellus de moribus hominum et de officiis nobilium super ludo scacorum*, il partait du fait connu de tous, et depuis toujours, que les *officia* et les *nobiles* vont ensemble, les premiers étant réservés aux seconds.

Le terme n'a donc pas eu besoin de « renaître », ni d'être emprunté aux textes canoniques, puisqu'il fut employé sans discontinuer par une administration qui n'avait jamais cessé de fonctionner. L'office public n'est pas davantage une réinvention due à la « renaissance carolingienne »; c'est un phénomène pratique et administratif du monde franc, héritier du monde romain. Quand la chancellerie pontificale parle, sous Jean VIII (872-882), d'un haut fonctionnaire à la cour de Constantinople comme « *quidam senator saecularis administra-*

tionis fungens officio a secretis », on pourrait y voir l'influence du milieu romain ; mais elle dit aussi, dans une lettre adressée en 878 à l'Église de Poitiers à propos de celui qui exerce une fonction publique séculière, qu'il remplit un « office » dans le cadre de la *militia* (« *militare officium tenens* »), ce qui confirme le caractère administratif de la fonction.

La distribution des « honneurs » (honores)

Plus encore que par *officium*, l'idée et la réalité d'un service public sont pleinement exprimées par un terme chargé de plus de prestige : *honor*. Les *officia*, en effet, désignaient souvent des services moins importants, parallèlement à l'emploi du mot « officier » pour des services subalternes. Or, l'utilisation d'*honor* à travers les siècles permet de montrer d'une manière encore plus impressionnante la continuité ininterrompue des institutions romaines dans l'Europe post-romaine. En voici quelques exemples.

En 516-518, le roi des Burgondes Sigismond écrit à l'empereur Justin que déjà ses prédécesseurs devaient la distinction (*claritas*) de leur rang — plus encore qu'à l'ascendance de leurs pères — aux empereurs et aux *militiae tituli* que ceux-ci décernent, car, dit-il, l'Auguste est le *fons honorum*, la source unique de tous les « honneurs » élevés.

De même, trois siècles plus tard, Théodulphe, l'un des conseillers (d'origine wisigothe) de Charlemagne, voit en ce dernier le *largitor honorum*, celui « qui donne les *honores* ». À l'image du *princeps* de Constantinople, celui d'Aix-la-Chapelle nomme aux hautes fonctions, sans qu'il y ait eu le moindre changement conceptuel ni institutionnel.

Entre ces deux témoignages, les preuves ne manquent pas. En plein VIe siècle, Fortunat, un Italien au courant des usages d'un Empire qui est encore présent en Italie, dit du roi mérovingien, comme s'il s'agissait d'un fait tout à fait naturel : « le roi [...] par lequel sont données les hautes fonctions » (« *per quem donantur honores* »). Pour lui, il n'y a pas l'ombre d'un doute que le *princeps* franc a pris en Gaule la place du *princeps* romain, exerçant le même droit exclusif de nomination aux *honores* par une action souveraine mentionnée dans les mêmes termes. Fortunat parle des vraies carrières à la romaine de certains grands de la cour de Metz, capitale de l'Austrasie, ce qui prouve que le *cursus honorum* n'a pas disparu.

Au VIIe siècle, nous l'avons vu, les grands du royaume franc, désireux de maintenir le rang de leur famille, envoient leurs fils à la cour du roi pour qu'ils y reçoivent la formation requise et y obtiennent des *honores* — procédé alors courant : « *ut assolet fieri* » (« comme cela se fait »). C'est pourquoi nos sources hagiographiques, en relatant la jeunesse des saints, destinés alors par leurs parents à une grande carrière (ecclésiastique ou « temporelle »), ne cessent de parler de différents *honores*, compris comme des *gradus honoris* ou *gradus dignitatis* de la carrière à la romaine. On y trouve, de même que dans les actes mérovingiens, l'*honor patriciatus*, celui de *maior domatus* (sic) *palatii*, l'*honor ducati* (sic), enfin le *cometiae honor* (patrice, maire du palais, duc, comte; voir chap. IX). La nomination à ces offices se fait « à la romaine » par remise d'un codicille dont le texte, pour ce qui est du patrice, du duc et du comte, est parvenu jusqu'à nous (« *Carta de ducato et patriciatu et comitatu* ») :

« Il appartient particulièrement à la *clementia regalis* [terme originairement impérial, *clementia imperialis*] de chercher dans tout le *populus* des hommes bons et vigilants, et de ne pas attribuer légèrement la *iudiciaria[m] dignitatem* [fonction du *iudex*, terme romain de base pour celui qui gouverne les hommes et les juge], mais seulement après examen de la fidélité et de la valeur *(strenuitas)* [du candidat]. Après donc avoir reconnu ta fidélité et ta valeur *(utilitas)*, je te confère la fonction (*accionem* [= *actionem*]) de *comitatus* [respectivement *ducatus* et *patriciatus*], dans le *pagus* X, qu'avait dirigé jusqu'ici ton prédécesseur Y, pour que tu le diriges et l'administres, de manière que tu restes toujours fidèle à notre gouvernement, et que tu gouvernes tous les hommes qui vivent dans ce territoire (*omnis populus ibidem commanentes*) sous ta direction, que ce soient des Francs, des Romains, des Burgondes ou [des hommes] d'autres nations (*Franci, Romani, Burgundionis* [sic] *vel reliquas nationis* [sic]), d'une manière juste et selon la loi et la coutume qui sont les leurs, et que tu sois un remarquable protecteur (*maximus defensor*) des veuves et des orphelins. Les crimes des bandits et malfaiteurs seront sévèrement réprimés par toi, afin que les gens bien administrés sous ton gouvernement puissent se réjouir de la paix. Tout ce qui est dû au fisc dans le domaine de ta fonction (*de ipsa accione*), tu le livreras personnellement chaque année à notre trésor. »

On notera la précision technique (nom du prédécesseur), juridique (« personnalité de la loi » dans un cadre territorial) et fiscale (aspect le plus important dans l'immédiat pour le roi, ce qui s'exprime dans le fait que celui-ci ne parle pas de l'*honor* qu'il confère, mais de l'*accio*, terme technique pour l'administration du fisc). Cela n'exclut ni la sauvegarde de la paix, ni l'idée de justice, ni la haute tenue morale et chrétienne des principes de gouvernement. La place des *Romani* est immédiatement derrière les Francs, devant toutes les autres *gentes*!

La nomination royale concerne sans nul doute un office public dans le plein sens du terme, qu'il s'agisse des fonctions les plus élevées ou d'autres qui le sont moins. Eginhard parle des premières quand il évoque les pertes subies par la *nobilitas* franque en Saxe (bataille du Süntel en 782) : « *Functi summis honoribus viri consumpti sunt* » (« Y tombèrent des hommes en charge des plus hautes fonctions »). Les secondes sont définies, à la suite des tenants des grands offices, par Notger de Saint-Gall, vers 900, comme *publica benefi-*

*cia** : « Tous les évêques, ducs, comtes et abbés ["grands" ecclésiastiques et laïcs en parfaite symbiose] ainsi que ceux qui dirigent des églises royales, enfin tous les autres qui ont reçu en bénéfice une charge publique ».

Les destitutions par le roi se font en Gaule franque aussi librement que les nominations, relatées les unes comme les autres dans les termes romains usuels, dans les documents correspondants. Grégoire de Tours raconte que le *rector* de Provence est révoqué (« *remoto ab honore* ») par le roi franc, et qu'un autre est nommé à sa place (« *in loco eius subrogatur* »). Un roi mérovingien courroucé démet un duc : « *Rex in ira commotus E., [...] ab honorem [sic] (sc. ducatus) removet.* » Les dépositions se suivent dans la lutte, politiquement décisive, pour l'obtention de l'*honor* de *maior domus* (*palatii*). Un prédécesseur malheureux des Pippinides, Bertoald, voit arriver sa dégradation : « *sui gradus honorem* [...] *degradandum* », et Radon le remplace (« *hoc gradum honoris adsumpsit* »). La pleine application de l'institution romaine de l'*honor* a été un élément essentiel de l'histoire mouvementée des relations *princeps/nobilitas*.

La gestion arbitraire des *honores* par le *princeps/dominus* n'est pas allée sans susciter de résistances. Dans les nouveaux royaumes intégrés à l'Empire, la royauté devait rencontrer des difficultés à imposer aux aristocrates, voire aux hommes libres des populations d'origine barbare, ses prérogatives considérables de *princeps et dominus*, d'origine romaine. Certes, les *maiores natu* barbares avaient su profiter eux-mêmes — à condition d'accepter de servir le roi dans sa *militia* (voir chap. VI) — de la distribution des *honores* par le *princeps*, qui les fit monter en grade au sein de la *nobilitas*; mais pourquoi n'auraient-ils pas eu le droit de conserver l'*honor* ainsi obtenu dans leur famille?

Dans ce conflit « programmé » entre *princeps* et *nobilitas*, on peut observer la persistance du terme *honor* ainsi que la conscience du caractère public des fonctions en question. À un moment de faiblesse de la royauté, à Coulaines, en 843, Charles le Chauve a dû sanctionner des dispositions dont étaient convenus le jeune roi du (nouveau) royaume et ses grands. Charles fut obligé de proclamer (*adnuntiare*) comme loi cette phrase lourde de conséquences : « Désormais, personne, qu'il soit prélat ou laïc, ne devra plus être privé de son *honor*, sauf après jugement d'un tribunal. » C'en était donc fini, en principe, des destitutions par le *princeps/rex* selon son bon plaisir : il y fallait une décision de justice qui ne pouvait être rendue que par les propres « pairs » (*pares*) du jugé. Les nobles réunis à Coulaines s'étaient per-

---

* François-Louis Ganshof parle de « bénéfices-fonctions » ou de « bénéfices-pouvoirs », à distinguer des simples bénéfices qui ne comportent pas la *potestas* publique que confère le seul *honor*; l'élite politique du royaume, sa noblesse, se compose de ceux auxquels a été accordé un *honor*.

mis de rappeler au roi qu'ils avaient risqué leur vie et la fortune de leur famille dans les combats qui lui avaient permis d'obtenir et de garder son royaume. Les évêques et autres membres du haut clergé comme les titulaires laïcs d'un *honor* jugeaient donc équitable de pouvoir conserver cet *honor* aussi longtemps qu'ils ne commettraient pas une faute grave.

Un exemple de 864 est significatif. Bernard, petit-fils du célèbre Guillaume de Gellone, voulait assassiner Robert le Fort et Ramnulf de Poitiers, fidèles du roi Charles le Chauve, et ce dernier aussi peut-être. Le complot découvert, Bernard prit la fuite. Malgré la gravité du délit, le roi avait besoin du jugement des grands (« *iudicio suorum fidelium* ») pour reprendre les *honores* du coupable. Nous sommes ici à l'aube d'une nouvelle époque qui coïncide, et ce n'est pas un hasard, avec les prémices de la succession du fils dans l'*honor* paternel (voir chap. XII) ; cette exigence, déjà contenue implicitement dans le texte de Coulaines, trouvera une expression plus forte — quoique encore liée à des cas d'application précis —, trente-trois ans plus tard, dans le fameux capitulaire de Quierzy-sur-Oise. Auparavant, s'il arrivait qu'un fils de duc obtînt du roi le poste paternel, cela n'avait encore rien à voir avec une hérédité de la fonction : « *(filius) post patris obitum in eius honore (sc. ducis) est suffectus* ».

Les limites imposées par les grands au libre usage par le roi des *honores* expriment une crise de l'institution du *princeps* qui a d'abord frappé la royauté de la *Francia occidentalis*, de la future France, et l'a affaiblie profondément. C'était là la condition nécessaire à l'essor de la noblesse. Que le ton eût changé entre la royauté et les grands, Coulaines l'a montré par les termes que le roi a choisis pour y parler des grands : il oppose à la *regalis potestas* (puissance royale) l'*inlustrium virorum strenuitas*, la vigueur des « hommes illustres » — à savoir les titulaires d'un *honor* au moins de rang comtal, qualifiés d'« administrateurs de l'État » (*reipublicae administratores*). Le préambule d'un diplôme de 849 est significatif à cet égard : « Il convient à la sublimité royale d'honorer ses fidèles par de nombreux dons et des honneurs considérables » (« *honorare* [...] *honoribus ingentibus* »), phrase qui souligne le lien étroit entre les acceptions d'« honneur » et de « haute fonction publique ». On voit que le roi cherche à ménager ses grands les plus puissants, en les rendant encore plus puissants par cette distribution d'*honores*. Quand le roi n'aura plus assez de domaines royaux à octroyer, ni de comtés à sa disposition (ces derniers se transmettant de plus en plus de père en fils), il devra accorder aux grands des biens d'Église (surtout de grandes abbayes royales), où ils pourront « caser » les vassaux dont ils auront besoin pour la défense du royaume, surtout contre les Normands.

L'*honor*, comportant la délégation de la *potestas* publique à exercer au nom et à la place du souverain, était devenu un enjeu capital dans la répartition du pouvoir réel dans le pays. Contrairement à ce que pensent ceux pour qui il n'est d'État digne de ce nom que centralisé, ce n'est pas l'État qui disparaît : c'est le pouvoir public direct, l'État passant des seules mains du roi aux mains également des chefs régionaux qui, ne l'oublions pas, remplissent une fonction publique en défendant le pays contre les Normands. C'est pourquoi ceux qui réussissent dans cette tâche, comme Richard de Bourgogne et Robert de Neustrie (le fils de Robert le Fort), célébrés pour leurs victoires, parviennent au rang et statut de *princeps*. Au lieu d'un seul État, il y en aura plusieurs : les « principautés ».

En Francie orientale, la royauté n'avait pas encore dû consentir les mêmes concessions. Les *Annales de Fulda* mentionnent pour 865 la destitution d'un comte puissant, Werner, qui « *publicis privatus est honoribus* » — ce qui signifie qu'on lui enlève d'un coup, outre son comté, l'ensemble des charges publiques qui s'y rattachent. Le caractère public des *honores*, héritage romain entre tous, est ici rappelé. Adelheid Krah a étudié les différents procédés de destitution de grands, de Charlemagne au XIe siècle (jusqu'à la fin du Xe pour la Francie occidentale). Elle montre qu'à l'Est aussi la destitution d'un grand était une affaire qui regardait l'ensemble du royaume et de sa noblesse, et s'effectuait donc dans le cadre d'une assemblée générale où il fallait démontrer, devant le tribunal des grands, qu'il y avait eu effectivement faute justifiant la déposition du coupable. Le jugement se faisait normalement par le verdict des Francs (*iudicio Francorum*), c'est-à-dire des grands du royaume.

Curieusement, l'historienne n'a pas souligné une différence considérable entre le royaume oriental et celui de l'Ouest, où les *Franci* resteront le seul *populus* : à savoir l'élargissement, à l'Est, du *iudicio Francorum* au *iudicio Francorum, Alamannorum, Baioariorum et Saxonum*, la noblesse des *regna* des autres peuples entrant en scène à côté des nobles francs. Ce royaume oriental est un État fédéral, où le roi est obligé de chercher la reconnaissance de sa dignité dans chacun des *regna* ; c'est pour cette raison principalement que la dignité royale (et impériale, indirectement) n'arrivera pas à y devenir durablement héréditaire.

Cette divergence d'évolution entre l'Est et l'Ouest sera décisive pour l'histoire ultérieure de la noblesse. La royauté occidentale, devenue héréditaire et dominant de plus en plus la noblesse du royaume entier, créera au bout du compte une « noblesse royale » fort différente de celle de l'Est ; bien organisée en *Fürstenstand*, celle-ci imposera son autorité face au roi/empereur qui finira par présider seulement un ensemble d'États autonomes. L'*honor imperii*, qui restera brillant dans le protocole des États européens, sera vidé de contenu face aux détenteurs de grands *honores* que seront certains États, dont les chefs distribueront à leur tour tous les *honores* ; il faudra donc bien distinguer si un comte l'est par nomination impériale ou par celle du roi de Prusse.

Compte tenu du rôle fondamental de l'*honor* romain dans l'État franc, puis à travers l'histoire de l'Occident, il est surprenant que les rares études qui lui ont été consacrées n'aient guère remarqué sa portée sur le plan des institutions publiques. Les historiens du droit et des institutions mentionnent les différentes dignités (*patricius, dux, comes*), mais négligent le terme général d'*honor*, pourtant si souvent ajouté expressément au rang — de façon presque obligatoire à l'époque mérovingienne (*honor ducis* ou *ducatus*).

Une première explication de cet oubli tient à ce que l'emploi systématique d'*honor* dans les textes gênait ceux qui croyaient que la noblesse était d'origine et de caractère germaniques, et avec elle les titres qu'elle portait ; car, pour eux, les titres exprimés par des mots latins ne devaient être que les traductions ultérieures des désignations germaniques originales (*dux* pour *Herzog*, *comes* pour *Graf*, etc.), traductions dues à des moines ou à des clercs désireux d'exprimer en latin les titres prétendument germaniques des nouveaux maîtres, imaginés comme des conquérants venant de Germanie. Cette image hautement romantique que l'on trouve aussi chez Augustin Thierry, et qui a laissé des traces dans certains manuels d'histoire du droit français, n'aurait pas vu le jour si ces historiens avaient porté attention aux épithètes complétant la titulature d'un *comes*, comme *vir illuster*, qui prouvent que le terme *Graf* était bien la traduction de *comes*. Il est significatif que ce ne soit pas un historien ou un historien du droit, mais un archéologue allemand, Hans Zeiss, qui ait eu la perspicacité, et le courage, de publier en 1935 un article où il démontrait que le titre de *Herzog* ne figure pas dans les textes de cette haute époque, et que ce terme germanique est la traduction du titre ducal (*dux*), décerné par le roi mérovingien !

De l'ambiguïté du mot honor

Autre facteur ayant favorisé des malentendus : l'ambiguïté intrinsèque du sens du terme *honos/honor*, et cela dès la République romaine. Elle se retrouve d'ailleurs dans les mots vernaculaires correspondants — honneur, *onore, honour, Ehre* —, preuve supplémentaire qu'ils ont pour origine commune le latin *honor*. Les dictionnaires linguistiques insistent souvent sur la seule signification morale du mot, l'« honneur ». *Êra* (anglo-saxon et ancien haut allemand), *êre* (moyen haut allemand) signifient l'« honneur » de l'homme et du guerrier. Un philologue germanisant, Paul Klopsch, ne voit dans le latin de nos sources (ainsi que nous venons de le constater pour des titres comme *Herzog*) que des essais de traduction de « notions de droit germain ». À ses yeux, *honor* est une traduction pour « honneurs rendus », « don », voire « fief » et « propriété » (mais point pour « fonction » ou « charge publique » !). C'est un spécialiste du droit, Rudolf Buchner, qui a traduit correctement la phrase de Grégoire de Tours « *quos ab honore depellerit* » : « qu'il devrait destituer de leur office (*Amt*) ».

Ce qui a gêné les historiens et les philologues en Allemagne comme en France, c'est la connotation étatique évidente du terme *honor* et son emploi systématique pour évoquer l'octroi par le roi aux territoires de son royaume de chefs nommés et déposés à sa guise. Qu'en était-il alors de l'image de relations idylliques entre le « peuple » (ou le *Stamm*) et ses chefs ? Image soit romantique d'une origine germanique des institutions, soit dédaigneuse, refusant aux « Barbares » la faculté d'adapter à leurs besoins des éléments étatiques et institutionnels romains. La voie à suivre a pourtant été indiquée dès 1965 par D.H. Green, quand il a démontré que le terme anglo-saxon et haut-allemand *êra* est utilisé également « de concert avec *richi, gewalt* ou *maht* ». Il signifie « rang élevé » aussi bien qu'« autorité suprême » et s'emploie dans le sens de récompense reçue du seigneur ou de Dieu. Il correspond donc parfaitement aux termes latins *honoratus, honor, potestas*, si étroitement liés sur le plan institutionnel : on est « honoré » d'un *honor* et on exerce ainsi la *potestas* publique. Si *honor* est rendu par *êra*, le terme germanique garde donc la même double valeur que le mot *honor*, « technique » aussi bien qu'éthique.

Peut-on expliquer cette ambiguïté millénaire du terme *honor*? L'élite politique était composée de ceux qui avaient reçu un *honor*. Celui-ci était un élément tellement central dans la vie de ces hommes et de leurs familles qu'il en allait de même de sa dimension morale. Il s'agissait de leur *dignitas*, cette dignité qui fut la valeur suprême — personnelle et familiale — du noble romain, puis du noble tout court. Or, la *dignitas* était indissociable de l'*honor*, institutionnellement comme dans la conscience des hommes, ainsi que nous le prouve la formule *honor et dignitas*, reprise au VIIe siècle par le Pseudo-Frédégaire qui combine *gradum honoris* et *dignitatem* — alliance qui a survécu dans la formule allemande *Amt und Würde*. La dignité d'un noble (son « honneur ») était engagée par l'attribution d'un *honor* exigeant le dévouement entier du récipiendaire. Perdre cet *honor* par sa propre faute ne signifiait pas seulement une perte de pouvoir et de richesses : c'était aussi une honte. Voilà pourquoi l'« honneur » est resté si longtemps l'exclusivité de la noblesse, définie par l'*honor* qu'elle seule avait reçu. Celui qui n'a jamais reçu l'*honor*, dans le double sens du terme, ne peut pas le perdre ; il ne saurait non plus avoir le droit de le défendre, l'arme à la main.

Il faut donc se souvenir que toutes les charges publiques élevées attribuées aux dignitaires par le prince (empereur romain ou roi en Occident) s'appelaient *honores*, que ceux qui avaient reçu un *honor*, jusqu'au *vassus dominicus* carolingien, faisaient *ipso facto* partie de la *nobilitas*, et enfin que la *nobilitas* franque est l'héritière de la *nobilitas* romaine : comme celle-ci, elle a été une noblesse d'État, chacun de ses membres représentant l'État. La preuve de cette continuité institutionnelle nous est livrée, au-delà des mots et des concepts, par les réalités des obligations du noble et du pouvoir, comme nous allons le voir maintenant.

CHAPITRE VI

L'administration et l'armée : transformations et permanences

Les mêmes historiens qui déplorent la fin — accompagnée d'un siècle de turbulences — de la République romaine célèbrent la genèse de la *pax Romana.* Or la paix générale est à porter au crédit de l'Empire : elle n'a été possible que grâce à une force militaire à la solde des *imperatores* qui ont précédé et suivi Auguste, et à la prise du pouvoir par le *princeps.* Seules des provinces « domestiquées » (assez brutalement, si l'on pense à la péninsule Ibérique) purent finalement profiter des avantages d'un monde méditerranéen pacifié, d'où même la piraterie avait été éradiquée. Ainsi triomphait une autocratie militaire qui, pour gérer l'ensemble des conquêtes romaines, avait besoin d'une administration adaptée, la première « bureaucratie » qu'eût connue l'Europe.

L'administration prit tant d'ampleur que le seul département des bains publics et des aqueducs occupait, semble-t-il, près de cent mille hommes. Avec les routes et la sécurité des échanges maritimes en Méditerranée, elle est le symbole de la « paix romaine ». Les couches aisées, voire moyennes, des populations romanisées qui en profitaient célébraient par une impressionnante activité architecturale la « liberté » des cités et la diversité de leurs dieux dans l'unité du culte de l'État romain et de l'empereur. Les bâtiments publics faisaient de leur communauté locale (*municipium, civitas, polis*) une petite réplique de la grande *Urbs*, dont elle dépendait. La « grandeur romaine » des monuments n'appartient point à l'époque des vertus républicaines, mais au triomphe de l'autocratie.

Mais toute expansion finit par être victime de ses propres succès. Lorsque le butin des conquêtes cessa de nourrir la guerre qui, dorénavant défensive, coûtait de plus en plus cher, apparut le revers de la médaille : la nécessité de payer l'armée et l'administration par des impôts de plus en plus écrasants. Ceux-ci accablaient d'autant plus les cités et leurs magistrats qu'ils étaient répartis très inégalement, car les *nobiles* — qu'ils appartinssent aux *gentes* anciennes ou à l'élite militaire et administrative du *princeps*, nouvellement intégrée au Sénat — en étaient exemptés aussi bien que l'armée et l'administration. Tous les autres citoyens, y compris les propriétaires moyens, urbains ou ruraux, étaient défavorisés par la législation impériale. L'Empire avait ainsi instauré une profonde division des hommes : d'un côté, ceux qui supportaient le fardeau de la vie publique, tout en étant de plus en plus exclus de sa gestion; de l'autre, ceux qui contrôlaient, sous l'autorité du *princeps*, cette gestion militaire et administrative. Au « Bas-Empire », le fossé était devenu un abîme entre puissants et pauvres.

La monopolisation du pouvoir par le *princeps* et ceux qui le servaient correspond aux périodes de la naissance, de l'essor et de la crise d'un nouveau genre de *nobilitas*, organisée en *militia*, instrument d'une dictature militaire camouflée en *res publica* de *cives* libres. Cette alliance du monarque et de l'élite politique, née sous l'Empire romain chrétien, subsistera jusqu'à la fin de l'Ancien Régime.

L'élite militaire et administrative (*militia civilis* et *militia principis*)

Le nouveau monde, qui a aboli l'ancienne *libertas* du *civis* romain tout en la célébrant, se distingue de l'époque précédente — à prédominance aristocratique — par la concentration du pouvoir entre les mains d'une seule personne. C'est alors que naît une cour qui devient le cœur de l'État, de la nouvelle noblesse, puis de l'Église. La période de sa prépondérance coïncide avec celle de la noblesse qui, de servante, devient à son tour dominatrice.

Dans ce système, l'ensemble des « serviteurs » privilégiés du monarque font écran entre lui et le peuple, qui finit par ne plus avoir accès à la personne du prince, isolé dans ses palais. C'est cette structure politique qui s'est imposée en Europe sans distinction d'« ethnie » ou d'appartenance nationale : partout les hommes, libres ou non, sont séparés du *princeps* par la *nobilitas*. Nul rapport ici avec les anciennes libertés de l'aristocratie, voire des hommes libres des peuples de langue germanique. Certes, selon les époques et les lieux, il y a eu des formes de résistance contre le prince, voire un droit à la résistance, mais cela ne change rien au fait que la « noblesse » reste liée au prince, à sa cour, à son service et aux droits et avantages résultant de ce service; le noble qui y échappe devient à son tour un prince nanti d'une cour.

Cette noblesse est une noblesse d'État, d'origine romaine. L'ancienne *nobilitas* n'a survécu que dans la mesure où elle a accepté d'entrer au service direct du *princeps*, dans la *militia principis* — dont le nom trahit la militarisation accrue de l'Empire, qui s'accompagne de la « barbarisation » de l'armée et des élites à la tête de celle-ci. Elle a été attirée très tôt par la carrière qu'offrait le service impérial, soit dans l'armée, soit à la Cour ou dans l'administration des provinces impériales. En témoignent les mots déjà cités de Tacite : observateur perspicace et critique des empereurs, il n'hésite pas à reconnaître qu'il leur doit sa carrière et qu'ils représentent pour lui, malgré tout, la *res publica* et les honneurs qu'elle peut distribuer.

Sous un *princeps* devenu maître (*dominus*) de l'Empire et de ses habitants, ayant le contrôle de fait du recrutement du Sénat et, en tant que « Loi vivante », celui de la législation, la *res publica Romana* était devenue une monarchie, voire une monarchie militaire rappelant sous divers aspects les monarchies hellénistiques, dont elle avait pris pour modèle tant de formes extérieures d'une cour « orientalisée ». Du IIIe au Ve siècle, la vie politique et sociale de l'Empire s'est profondément transformée à la suite des réformes militaires, puis administratives, entreprises sous les empereurs Gallien (253-268) et Aurélien (270-275) ; les changements décisifs qui s'ensuivent sont connus comme les « réformes de Dioclétien et de Constantin* » (284-305 et 306-337).

Ces réformes ont vu le jour à une époque de fer, après les désastres du IIIe siècle causés par des attaques de l'extérieur, une crise économique et les ravages d'une soldatesque s'amusant à massacrer les empereurs qu'elle venait d'élire. C'est pour défendre les empereurs et l'Empire contre ces maux que l'administration civile fut soumise jusqu'aux moindres détails au modèle et à la discipline militaires. L'administration civile s'appelait désormais *militia* — on la désignait parfois comme *militia civilis* ou *inermis* (sans armes), pour la distinguer de la *militia armata* (code Théodosien, VIII, 4, 28) — et servait le *princeps* à la Cour, *in palatio militans* (code Justinien, III, 25, 1 ; X, 69, 1 ; XII, 19, 2) ou en province. En signe de ce service, le fonctionnaire arborait à la manière des soldats le ceinturon, *cingulum militiae* (en grec : *zone*).

Le cingulum, *signe de l'appartenance à l'administration*

À l'origine, le *cingulum* était une ceinture destinée au port d'armes qui avait permis de distinguer le soldat (*miles*), même non armé, des civils (*homines inermes*). Le soldat ayant prêté le serment

---

* On ne peut en effet délimiter la part respective des deux empereurs, malgré les informations conservées dans des sources postérieures — les lois du code Théodosien et du code Justinien, l'histoire d'Ammien Marcellin (écrite vers 400

militaire (*sacramentum*) devait porter le *cingulum* sur sa *tunica militaris*; en 385 encore, celui qui voulait devenir soldat était appelé « celui qui aspire au serment du *cingulum* ». « Devenir soldat », c'était, en bref, « être ceint » (*cingi*).

On voit ici la force de l'analogie militaire : le fonctionnaire civil met le ceinturon au moment de sa prise de fonction, et il doit y renoncer quand il prend sa retraite (*cingulum deponere*) ; rester en fonction se disait *in cingulo firmiter manere*, et en recevoir les avantages, *cingulo perfrui*. La perte de la fonction avec la dignité qu'elle confère (*cinguli privatio*) était une des sanctions graves, avec la confiscation des biens et l'exil. Pour la destitution (ou l'expulsion, frappant les Juifs : code Théodosien, XVI, 8, et en principe les esclaves), on parlait — à côté de *privari cingulo, solvi c., absolvi c., spoliari c.* — de *discingere*, expression si courante qu'elle fut utilisée aussi au sens d'« expédier » (ou de « régler ») une affaire.

Le *cingulum* symbolisait la *disciplina militaris* (notion que l'Europe a apprise des Romains), imposée à la *militia*, qu'elle fût militaire ou civile (code Théodosien, VI, 30, 18; code Justinien, VII, 1, 38; XII, 17, 3), et donc l'obligation d'obéissance et de service zélé (*obsequium*). Comme on ne pouvait exercer sa fonction qu'en portant le *cingulum*, ce terme en est venu à désigner aussi l'« office » (celui qui était exercé par son porteur), voire le ressort ou le territoire où s'exerçait cet office. L'empereur s'adressait en ces termes à un fonctionnaire : « les gens se trouvant sous ton ceinturon » (« *qui sub tuo sunt cingulo* »). Il y avait désormais en Europe un insigne de fonction semi-militaire et aucun fonctionnaire n'avait le droit de se présenter devant l'empereur sans *cingulum*.

Insigne honorifique des hauts dignitaires, le *cingulum* était orné en conséquence. Le préfet du prétoire (*praefectus praetorio*) en avait un en pourpre, fermé par une boucle en or. En principe, la pourpre était réservée à l'empereur. L'écu d'argent de la cité de Badajoz montre Théodose le Grand, en 394, entre ses deux fils qu'il vient de nommer corégents de l'Empire; ils portent le *cingulum* en cuir, orné de neuf *bullae* (capsules métalliques, ici en or). Le fonctionnaire qui apporte le décret de nomination arbore un *cingulum* approprié et ceux qui font partie du *consistorium* impérial sont dits « hommes illustres ceints dans notre saint consistoire » (« *illustres in sacro nostro consistorio cincti* »).

Il y avait aussi des dignités purement honorifiques (dont celle de *vir inluster*) qui ne conféraient pas le droit de porter le *cingulum*. En général, les hauts fonctionnaires en retraite étaient admis au Sénat (« *post finitam militiam senatorio consortio sociati* », code Justinien,

---

par un ancien militaire), et surtout le catalogue des unités de l'armée romaine (la *notitia dignitatum*) au début du ve siècle.

XII, 5, 5), moyen d'en recruter les membres parmi les serviteurs du prince. Les préfets du prétoire, après la perte de leurs attributions militaires sous Constantin, ne portèrent plus le glaive avec le *cingulum*, lorsqu'ils faisaient partie de la *militia inermis*. Mais si un haut dignitaire réunissait en sa personne l'autorité militaire et l'autorité civile dans sa province, il portait les deux. Dans les deux *militiae*, le système militaire de la hiérarchie des grades et de leurs symboles ainsi que des rémunérations échelonnées restait le même.

Tout ce système de titres fort recherchés est d'origine romaine et constitue l'héritage commun des armées modernes et des organisations paramilitaires des dictatures contemporaines. Tant d'États modernes ont suivi le modèle romain jusque dans l'administration civile, voire dans la formation de leurs élites — comme le fit, sous l'impulsion d'un autre empereur, la France. La militarisation de l'État n'est ni « médiévale », ni « moderne », ni « contemporaine » : elle est romaine.

Persistance du serment à la romaine

L'élément essentiel de la militarisation fut la personnalisation renforcée du pouvoir du prince, car la *militia* armée de l'Empire était liée par serment à la personne de son chef. Le *sacramentum* du soldat (d'où est issu le mot « serment ») était renouvelé chaque année, le 1er janvier (*solemne calendarum januarium sacramentum*), sous la forme d'un véritable serment d'allégeance : « Je jure de regarder le salut de l'empereur comme ma loi suprême et d'être toujours prêt à exécuter ses ordres. » Les soldats appartiennent à l'empereur, l'armée est sa chose.

Un regard sur les origines de ce lien, inconnu sous la République romaine, est révélateur. Le modèle romain s'inspire ici d'Alexandre le Grand. C'est en effet dans la monarchie macédonienne « de type militaire et personnel* » que l'on peut reconnaître le premier serment de fidélité à la personne du monarque, serment qui « souligne l'aspect personnel du lien qui unit les sujets » — représentés par une assemblée des guerriers macédoniens — à leur maître. Or, Pompée « le Grand », second exemple de serment personnel des troupes, a choisi son surnom de *Magnus* en souvenir d'*Alexander Magnus*, dont il ne lui eût pas déplu d'être la réincarnation. En 52 av. J.-C., Pompée lève des troupes qui « lui sont liées personnellement par un serment et qui constituent une véritable armée privée ». Il en ira de même pour César et pour l'héritier de son armée, son fils adoptif Octave/Octavien qui, « à la veille de la bataille

---

* Nous suivons ici les analyses de Jean Gaudemet.

d'Actium », a exigé « de l'Italie et des provinces un serment de fidélité à sa personne », ce qui « établissait un lien personnel entre Octave et les habitants du monde romain ». En ce domaine, l'Empire romain est donc l'héritier direct des premiers États militaristes que nous connaissions, ceux d'Alexandre et des diadoques.

Les empereurs ont fait jurer fidélité (à leur personne) parfois aussi à des civils qui, de ce fait, furent leurs « clients » d'office — c'est la conclusion de la longue lutte qui avait opposé les plus puissants Romains pour s'assurer la plus grande clientèle possible. « Le serment de fidélité qui, sous le Haut-Empire, [faisait] de tous les sujets les clients du prince, semble, au Bas-Empire, limité au serment des troupes » (André Piganiol). Mais l'empereur aurait-il omis de s'assurer la fidélité personnelle de la *militia inermis*, des hauts dignitaires qui le servaient à la Cour, et de ceux qui occupaient les plus hautes fonctions dans les provinces? L'entrée dans la *militia*, avec la réception du *cingulum*, devait être l'occasion de promettre l'*obsequium* strict qui était requis de chacun. Le *iudex* romain devait lui aussi prêter serment (le titre type du fonctionnaire impérial dans l'administration régionale, de celui qui gouvernait et jugeait, était *iudex*). Au surplus, au ve siècle, après la proclamation d'un nouvel empereur, celui-ci exigeait un serment de fidélité de la part des hauts fonctionnaires de la Cour et des dignitaires de l'Empire. C'est donc lors de l'avènement de l'empereur que s'instaurait un lien personnel supplémentaire entre lui et les grands.

Nous retrouvons ce même type de serment de fidélité appliqué par le roi franc, lorsqu'il sera devenu à son tour *princeps* et *dominus* dans son royaume*. C'est Charlemagne qui reprend cette conception quand il se fait jurer fidélité pour la seconde fois en 802, en alléguant son élévation à la dignité impériale, circonstance où les emprunts au modèle romain se sont multipliés. En fait, il y avait déjà eu un précédent byzantin au premier serment de fidélité exigé par Charlemagne en 789 : l'empereur Léon IV (775-780), voulant exclure de sa succession ses propres frères ainsi que les frères aînés de son fils Constantin, avait fait procéder à un serment de fidélité à sa personne et à celle de Constantin quand il nomma ce dernier coempereur — « serment de fidélité prêté à l'empereur par tous les sujets de l'Empire », sénat, armée et peuple. La raison qui poussa Charlemagne à exiger à son tour en 789 un serment général de tous (« *omnis homo in toto regno suo* ») était différente, mais non moins urgente : la conjuration des grands de Thuringe peu après la soumission de Tassilon de Bavière; les conjurés prétendirent ensuite, pour leur défense, ne pas avoir juré fidélité!

---

* Un historien du droit allemand, Schücking, traitant des royaumes barbares, a d'ailleurs donné à son étude le titre : *Der Regierungsantritt* (« L'avènement »).

Sous les Mérovingiens, il existait déjà un serment de fidélité liant les grands au roi. Au VIIe siècle, nous voyons en effet le *princeps* mérovingien exiger ce serment de tous ses sujets libres, et cela à l'occasion de l'avènement de son fils. Par mandat royal, il enjoint au comte local de réunir tous les hommes libres de sa circonscription — Francs, Romains ou autres — en des lieux appropriés des cités, bourgades et châteaux, « pour qu'ils promettent et jurent fidélité et *leudesamio* à notre fils sublime et à nous, en présence de notre *missus, vir inluster*, en saint lieu et sur les reliques que nous leur avons adressées par son intermédiaire ». Il s'agit là d'un serment liant individuellement chacun des hommes de toutes nationalités qui peuplent le royaume ; un serment « à la romaine », qui en fait les sujets du roi ; un serment devant Dieu, prêté sur des reliques apportées pour la circonstance.

Telles sont donc les bases, aussi romaines que chrétiennes, de l'État mérovingien — État aussi personnalisé que l'était déjà, sur le même plan, l'État romain. Que des grands, comptant parmi ces hommes ainsi liés de façon personnelle au roi leurs propres fidèles ou clients (comme dans l'Empire), en aient été fort gênés (la course à la clientèle n'a pratiquement jamais cessé) ou puissent avoir réussi par la suite à faire échouer de semblables tentatives royales d'imposer partout une autorité directe — les Carolingiens s'y essayèrent aussi —, cela ne change rien : le *princeps*, empereur ou roi, entendait introduire un élément supplémentaire de cohésion dans l'État territorial en le structurant par des relations personnelles, fondées sur la *fides*, dans toute la variété de ses formes. Punir durement le félon par la confiscation de ses biens ou par la peine capitale, gouverner avec ceux qui restent fidèles en leur accordant des récompenses, tel était le secret pour dominer la noblesse et, à travers elle, l'État personnalisé. Ce n'est donc pas par hasard que le droit du *princeps* à une obéissance stricte des hommes de sa *militia*, garanti par l'obligation personnelle du serment, s'exprime par le même terme dans le royaume franc et les États qui lui ont succédé que dans l'Empire romain : l'*obsequium*, terme officiel pour désigner ce que promet le vassal à son seigneur lors du serment « féodal ». Son sens premier d'« empressement », voire de « servilité », nous oriente évidemment plus vers des origines impériales et romaines, confirmées par les textes, que vers d'hypothétiques racines germaniques.

La fusion des élites militaires romaines avec les élites barbares

Rien ne caractérise mieux l'Empire chrétien centralisé et militarisé que le titre du chef d'une section de la cour impériale, *castrensis sacri palatii*, puisque la Cour était comprise comme le camp militaire (*castra*) de l'*imperator*. Ce « chef d'armée » était en effet loin de résider tranquillement dans une de ses capitales ; il parcourait l'Empire de Trèves à Niš, de Salonique à Césarée et Antioche, comme Constantin II en 337-338, ou de Milan à Paris, Reims, Saint-Quentin, Amiens et Trèves, comme Valentinien Ier en 365-367*. Le centre de l'État ne se trouvait plus à Rome, remplacée comme capitale par Constantinople et, même en Occident, par Milan, Trèves, Arles et Ravenne. « Rome » était devenu depuis Constantin un autre empire, qui s'était créé une autre noblesse.

Il était inéluctable que, sous un empereur de nouveau premier soldat de l'Empire, cette noblesse « de service » vît les chefs militaires, souvent d'origine barbare, dépasser dans la hiérarchie les hauts fonctionnaires de l'administration civile, voire le lustre des dignitaires à la cour impériale. C'est ce processus de centralisation, de « barbarisation » et de « démocratisation » des structures militaires qui permit une formidable ascension sociale de nouveaux venus (originaires soit de l'étranger, soit des classes inférieures) dans les rangs longtemps réservés aux élites romaines.

Avant les réformes des IIIe-IVe siècles, il n'y avait en matière d'armée que des légions aux frontières et des gardes à la Cour. Il n'existait pas de haut commandement militaire (à part l'empereur) parce qu'il n'existait pas de grands corps d'armée constitués. En cas de besoin, on formait des armées plus importantes à partir de détachements pris sur les légions.

La première unité de combat d'un nouveau genre fut créée par Gallien en 258. C'était un grand corps de cavalerie (*equites*) stationné à Milan, sous les ordres d'un *praefectus equitum* (qui reçut le rang militaire le plus élevé). Les empereurs Claude II *Gothicus* (vainqueur des Goths à Niš), Aurélien et Probus (sauveur de la Gaule après les raids des Francs et des Alamans) avaient chacun été *praefectus equitum* avant de prendre la pourpre. Dès ses débuts, le haut commandement militaire était donc proche de la dignité impériale. C'est encore Gallien qui semble avoir créé à la Cour l'unité d'élite des *protectores*, pépinière de hauts officiers, vite dépassée par les *protectores domestici*, abrégés en *domestici* (« ceux qui partagent la maison de l'empereur »). Ces derniers étaient recrutés parmi les seuls fils d'officiers, par faveur impériale, de sorte que leur chef, le *comes domesticorum*, commandait l'élite militaire à la Cour. Dioclétien fut *comes domesticorum* avant de devenir empereur.

C'est Constantin le Grand qui a créé un commandement militaire central, en retirant au pouvoir administratif incarné par le

---

* Longtemps avant les empereurs carolingiens ou ottoniens, les empereurs romains suivaient donc un « itinéraire », qui permet parfois de mieux dater tel ou tel acte émis par leurs services.

praefectus praetorio (titre qui, jadis, avait désigné un chef militaire) le commandement militaire dans la partie de l'Empire qu'il avait en charge. Les nouveaux chefs reçurent les titres de *magister peditum* pour l'infanterie et de *magister equitum* pour la cavalerie, le premier ayant le pas sur le second. En cas de division de l'Empire, ces deux *magistri militum* (*MM*) se retrouvaient dans chacune des cours impériales — on les appelait aussi, parce qu'ils se tenaient près de l'empereur, *MM in praesenti* ou *MM praesentales*. En 355 apparaît le *magister equitum per Gallias*, premier chef régional, pour les Gaules. Il n'y en aura qu'un à l'Ouest, mais plusieurs à l'Est. La structure du commandement ne commence vraiment à se dédoubler entre l'Orient et l'Occident qu'en 364, lorsque Valentinien Ier partage en deux l'Empire en divisant effectivement l'armée jusqu'aux unités de base, la moitié de chaque unité attribuée à l'Occident (que se réserve Valentinien) recevant le nom de *seniores*, la moitié échéant à l'Orient (remis à son frère cadet, Valens) celui de *iuniores*. Malgré de multiples déplacements de troupes, surtout d'ouest en est, les deux armées ne seront plus jamais complètement réunies, *seniores* et *iuniores* restant distinctes.

Le prestige des nouveaux *magistri militum* fut considérablement renforcé par Valentinien Ier, qui octroya le consulat — à ses côtés et à ceux de son frère Valens — à sept d'entre eux. Les *MM praesentales* (*MMP*) passèrent de la classe des *viri clarissimi* à celle des *viri illustrissimi*, avec les privilèges qui lui étaient attachés. Quand on leur octroya, en 372, le même rang que le préfet du prétoire et que le *praefectus urbis*, la préséance des plus hauts dignitaires civils cessa. En 443, sous Théodose II, les *MMP* obtinrent le nouveau titre de *vir eminentissimus*, déjà porté par le préfet du prétoire ; ils le partageaient avec le *praefectus urbis* et le *magister officiorum*, personnage dominant de la Cour. Celle-ci, outre ces chefs militaires, comprenait l'élite des deux *militiae*, comme l'a montré Roland Delmaire (1995) : on y trouvait l'administration militaire à côté de l'administration civile de l'État et de l'administration domestique du Palais. L'égalité de principe des fonctionnaires civils et militaires tourna même à l'avantage des militaires en Occident, quand le *MMP* de l'Ouest, Ricimer, institua par un édit de sa créature, Libius Severus (proclamé empereur en 461), la *praerogativa partis armatae*, une préséance des chefs militaires.

Le danger que représentait pour la monarchie la puissance d'un chef des armées unique avait déjà été perçu par Théodose le Grand, qui fut à l'origine d'une évolution différente à l'Est : il créa trois chefs régionaux (les *magistri equitum et peditum per Orientem, per Thracias* et *per Illyricum*), tandis qu'à la Cour deux *magistri utriusque militiae praesentales* collégiaux se partageaient le commandement des gardes, de l'infanterie et de la cavalerie. Le pouvoir militaire restera décentralisé en Orient, avec une multiplication encore accrue des *magistri* par la suite, ce qui finira par dévaloriser ce titre. En Occident, le prestige du *magister utriusque militiae* (*MUM*) sera souligné par le titre supplémentaire de *patricius*, qui deviendra synonyme de chef suprême de toutes les forces armées, sinon de l'État. Les vrais successeurs de Ricimer s'appelleront Odoacre et Théodoric.

Ce bouleversement de la hiérarchie de l'Empire par l'essor des militaires eut des effets d'autant plus importants sur l'histoire de la *nobilitas* que, dès le IIIᵉ siècle, la carrière militaire avait commencé à se « démocratiser ». C'en était fini des privilèges des fils de sénateurs, à qui jusque-là avait été largement réservé le poste de *legatus*, commandant une légion. En 260, un édit de Gallien les exclut même totalement des commandements militaires. Disparut aussi l'ancienne légion de six mille hommes, remplacée par une légion de mille hommes commandés par un *tribunus*. D'ailleurs, les légions avaient été dépassées, sur le plan de la valeur au combat et du prestige, par les *auxilia*, unités largement composées de Barbares et qui, de simples compléments, avaient fini par devenir des troupes d'élite sous des dénominations diverses, avant de constituer le noyau d'une armée « opérationnelle » : les *comitatenses*, troupes mobiles ainsi nommées parce qu'elles « accompagnaient » l'empereur dans ses campagnes. Les unités stationnées sur les frontières, les célèbres légions de jadis, furent transformées — sous le commandement d'un *dux* par région — en une milice locale de valeur inférieure : les *limitatenses* (de *limes*, « frontière protégée »). Quant aux *comitatenses*, leurs unités furent stationnées non plus sur les frontières, mais dans les grandes villes à l'intérieur de l'Empire. C'est de là qu'elles pouvaient, profitant de ce qu'on appelait la « ligne intérieure », gagner le plus rapidement les régions menacées. Dorénavant, les Barbares des troupes d'élite, forts de leur statut d'hommes privilégiés, payés par la population, résidaient en plein Empire : ils n'avaient certes plus besoin de le conquérir.

Du fait de ces changements, la carrière purement militaire s'ouvrit largement à de nouveaux *nobiles*, car les postes éminents conféraient un rang : celui de *comes rei militaris*, le rang de *spectabilis* ; celui de *magister militum*, comme nous venons de le voir, le rang de *vir illuster* — rangs qui signifiaient, au moment d'une retraite honorable, l'appartenance au Sénat et le rang sénatorial pour la famille. La noblesse sénatoriale changeait ainsi de caractère, surtout si l'on songe que les réformes eurent pour effet non seulement la « barbarisation » de l'armée, mais aussi celle de ses chefs. Cette évolution est capitale, si l'on veut comprendre le passage d'un Empire barbarisé à des chefs barbares romanisés, qui étaient désormais chez eux aussi bien à l'intérieur qu'à l'extérieur des limites de l'Empire, et qui pouvaient, sous l'autorité de l'empereur, s'affirmer les maîtres du monde romain.

L'ascension des chefs militaires barbares

Entre Constantin et Théodose Ier, alors que l'Empire était loin d'être complètement christianisé, les élites barbares se sont intégrées dans l'Empire avec une rapidité étonnante, même sur le plan culturel, grâce aux carrières que leur offrait l'armée romaine. Surtout au sein de l'armée, même un homme de la trempe de saint Ambroise a dû se résigner à côtoyer des chefs païens occupant les plus hautes dignités de l'Empire et qu'entouraient des rhéteurs romains également païens. C'est dire le chemin qu'il a fallu parcourir, à la fin du IVe siècle encore, pour éliminer la « réaction païenne », déjà victorieuse sous l'empereur Julien. Et, des deux côtés, les batailles décisives ont été menées par des chefs barbares, car les élites romaines et chrétiennes ont eu des alliés qui ne leur ont jamais fait défaut pour combattre des Barbares devenus trop encombrants : d'autres Barbares. Les grandes carrières de chefs militaires d'origine barbare provoquaient de terribles rivalités entre eux, en fonction de leur appartenance nationale — au IVe siècle, entre Francs et Alamans, puis entre Goths et Francs.

Quelques grands chefs francs de l'armée romaine

Suivons, au milieu de ces luttes pour le pouvoir des chefs barbares, l'ascension vertigineuse de certains chefs francs. Silvanus, premier (demi-)Franc à avoir atteint le grade de généralissime (*magister equitum et peditum*), avait repris aux Alamans la région de Trèves et s'était installé à Cologne, quand il apprit que ses rivaux alamans à la cour de Constance II à Milan l'accusaient de prétendre à la pourpre impériale. Dans l'incapacité matérielle d'aller se justifier à Milan, il accepta de se laisser acclamer Auguste. Après vingt-huit jours de règne, des soldats achetés par ses ennemis l'assassinèrent (août 355). Fils d'un militaire franc de haut rang appelé Bonitus, il était chrétien et, dit Ammien Marcellin, « malgré son origine barbare, parfaitement romanisé ». Ce n'est sans doute pas par hasard que, peu après sa mort, Cologne fut prise passagèrement par les Francs d'outre-Rhin.

Julien, nommé *caesar* pour l'Occident par Constance II, réorganisa la défense de la Gaule en s'appuyant sur Mérobaud et Teutomer, des généraux francs, et païens comme lui. Ils étaient à ses côtés quand il battit en 357, avec une petite mais excellente armée, les Alamans près de Strasbourg, et quand il fut acclamé Auguste à Paris, élevé sur le pavois selon le rite (celto-?)germanique qui entrait désormais dans le cérémonial romano-« byzantin ». Cette victoire fut la conséquence directe de l'ordre de Constance II d'envoyer en Orient une bonne partie de cette troupe d'élite qu'était alors l'armée des Gaules. L'ordre de l'empereur avait provoqué un début de mutinerie, les Francs refusant de voir femmes et enfants, abandonnés en Gaule, devenir les « esclaves des Alamans ».

Sous Julien devenu Auguste, les Francs n'hésitèrent pas à partir pour l'Orient avec leurs chefs Mérobaud et Teutomer, et ce d'autant plus qu'ils pouvaient emmener avec eux leurs familles. Mérobaud fut aussi l'un des deux officiers qui, en 363, accompagnèrent à Tarse le corps de leur empereur, mort en campagne. Valentinien Ier, empereur depuis 364, fit de lui en 372 l'un des deux *magistri militum praesentales* à la cour de l'empire d'Occident. À la mort de son maître en 375, alors que l'armée se préparait à désigner empereur un étranger à la dynastie, Mérobaud fit élire le jeune Valentinien II, fils cadet de Valentinien et demi-frère de Gratien, empereur d'Occident. Devenu l'homme le plus important après les empereurs, Mérobaud fut consul en 377 en même temps que Gratien et obtint un second consulat en 383.

Ce Franc parvenu aux honneurs les plus élevés est à l'origine des carrières fulgurantes de ses compatriotes, aux dépens des Alamans qui avaient été si influents sous Constance II. Ainsi le Franc Mallobaud commandait-il, avec Nannienus, les troupes qui battirent en 378 les Alamans près de Horbourg, en Alsace. Gratien nomma deux autres généraux francs, Bauto et Richomer, apparentés l'un à l'autre; ce dernier était peut-être le fils de Teutomer, l'homologue franc de Mérobaud.

Teutomer, comme son maître Julien, correspondait en Syrie avec le célèbre rhéteur païen Libanios. Richomer fit de même, allant jusqu'à procurer à Libanios le titre honorifique de préfet du prétoire. Envoyé en Orient pour y épauler dans sa lutte contre les Goths l'empereur Valens, qui succomba à la bataille d'Andrinople (378), Richomer se mit au service du nouvel empereur Théodose et verra arriver à l'Est, en 380, de nouveaux renforts sous les ordres de Bauto (*magister utriusque militiae*) et de son adjoint Arbogast, son fils (ou neveu). Une véritable dynastie franque était donc à la tête des armées romaines, à l'Est comme à l'Ouest — dynastie royale puisque le fils de Richomer, appelé comme son grand-père Teutomer, portera à sa mort en 421 le titre de *rex Francorum*. Bauto devint l'homme de confiance de Théodose, qui lui accorda pratiquement la régence de l'Occident, à l'exception de la Gaule, où l'usurpateur Maxime avait vaincu et tué en 383 l'empereur Gratien, abandonné par ses troupes. Mérobaud, resté fidèle à Gratien, fut contraint au suicide. La Gaule allait être reconquise par Arbogast qui, ayant battu Maxime, tua son fils Victor, vengeant ainsi Mérobaud.

On cherchera vainement cette famille, qui occupait les plus hautes fonctions de l'Empire, dans nombre d'histoires où les Francs sont présentés comme à peine sortis des forêts germaniques. Or Bauto correspondait, comme Teutomer et Richomer, avec Libanios, décidément ami de la famille, et en Occident avec le rhéteur Symmaque, chef du parti païen au sénat de Rome et, en 384-385, préfet de Rome. Symmaque avait d'ailleurs recommandé à la cour de Milan, où résidait Bauto, un jeune rhéteur africain, Aurelius Augustinus. Quand Bauto fut nommé consul pour l'Occident, le panégyrique en son honneur fut écrit et lu, le 1er janvier 385, par ce jeune homme, le futur saint Augustin, juste un an avant sa conversion. Après la mort de Bauto (vers 387), la cour de Constantinople recueillit et éduqua sa fille, Eudoxia. Mariée au fils aîné de Théodose, Arcadius, elle sera impératrice et mère de Théodose II; en 400, elle jouera un rôle capital dans la répression de l'influence germanique à l'Est.

Le frère (ou cousin) de Bauto, Arbogast, proclamé à la mort de Bauto chef de l'armée par la troupe, fut confirmé par Théodose comme généralissime. Au cours de ses combats en Gaule, il avait vaincu en 389 et 392, « avec une haine païenne », les Francs d'outre-Rhin conduits par Sunno et Marcomir, qui avaient livré des contingents importants à l'usurpateur Maxime. Saint Ambroise atteste son origine transrhénane royale en désignant comme *transrhenanus* celui qui fut son interlocuteur, voire son convive. Car le généralissime avait, comme tous les *magistri militum*, de hautes responsabilités en matière ecclésiastique, domaine où il se distinguait par sa modération. Ce qui ne l'empêcha pas, en païen convaincu qu'il était, d'installer un jour ses chevaux dans la cathédrale de Milan. Cet homme, le plus puissant d'Occident, régent pour le jeune Valentinien II, s'était fait construire à Cologne, face à la région de ses origines et de ses ennemis, un magnifique palais dont subsistent des mosaïques.

La fin de cette première alliance romano-franque fut tragique, en raison du paganisme (romain) d'Arbogast. Quand, en 392, le jeune Valentinien II, devenu majeur, fit notifier à Arbogast au palais impérial de Vienne un codicille de destitution, le généralissime le déchira en présence de l'empereur, déclarant que ce dernier ne pouvait lui retirer une dignité qu'il ne tenait pas de lui. L'empereur voulut tirer l'épée d'un de ses gardes contre l'insolent. On l'en empêcha : tous étaient dévoués à Arbogast. Peu après cet affront, Valentinien fut retrouvé pendu : suicide ou assassinat? Saint Ambroise, ancien haut fonctionnaire romain, menant sa propre enquête, ne conclut pas à la culpabilité d'Arbogast, qui de son côté envoya une délégation du clergé des Gaules auprès de Théodose pour se disculper. Puis, incertain des réactions de l'empereur et influencé peut-être par son entourage païen face aux mesures décisives prises alors par Théodose contre le paganisme, il choisit la révolte.

Arbogast fit empereur une de ses créatures, Eugenius, rhéteur pseudo-chrétien favorable aux païens, que son oncle Richomer lui avait recommandé. C'est contre cet usurpateur, qui occupa l'Italie et menaça l'Empire chrétien de Théodose avec son armée d'Occident largement franque et commandée par Arbogast, que Théodose, en 394, livra la bataille décisive de la Rivière-Froide, près des défilés qui contrôlent la route de Ljubljana à Aquilée, la porte de l'Italie. Richomer, chef de la cavalerie, mourut avant le combat et fut remplacé par un autre Germain, Stilicon le Vandale. Après deux journées d'affrontements meurtriers pour les Francs comme pour leurs adversaires, parmi lesquels émergèrent les Wisigoths d'Alaric, la victoire resta aux chrétiens. Arbogast, devenu le champion des païens romains, se donna la mort.

Est-ce à dire que les actions héroïques des chefs francs de l'armée romaine ne furent qu'un épisode sans lendemain ? que Constantinople et les Francs en Gaule les avaient oubliées ? qu'elles étaient ignorées de l'entourage de Childéric et de Clovis, un siècle plus tard ? Bien au contraire, à la cour de Constantinople, on n'oublia pas le mariage de l'empereur Arcadius avec la fille du Franc Bauto, consul à ses côtés. Constantin X Porphyrogénète, empereur et érudit, savait au Xe siècle qu'un édit du « grand et sacré Constantin » stipulait qu'un empereur romain ne devait jamais contracter d'union avec une femme de nation « étrangère à l'ordre romain », à la seule exception des Francs — c'est qu'il y avait eu un précédent en la personne de la mère de Théodose II. La position exceptionnelle des Francs se confirme d'ailleurs lorsque Constantinople s'allie avec Clovis contre les Goths ; quant à Procope, au VIe siècle, il distingue bien les Francs, premier peuple de l'Occident et dorénavant catholique, des autres Barbares.

De véritables dynasties de généraux francs

Les Francs ont-ils occupé des positions élevées dans l'armée romaine entre la fin du IVe siècle et Clovis ? Après 394 émergent sur le devant de la scène d'autres nations barbares (surtout les Goths), et entre 413 et 436 se produit une éclipse des *magistri militum* germains, même en Occident (comme le note Alexander Demandt). C'est alors que les Illyriens des Balkans et les Isauriens d'Asie Mineure, voire des Huns et des Alains, placent les leurs aux postes importants. Mais les dynasties de généraux francs n'ont pas disparu, ainsi que le prouve le destin des descendants des Mérobaud, Teutomer et autres Arbogast.

En 443, nous rencontrons Mérobaud (II), *magister utriusque militiae* en tant que successeur de son beau-père Flavius Asturius. Comme lui, il est victorieux des bagaudes en Espagne, ces bandes de paysans malheureux et de déserteurs de l'armée qui dominaient de larges parties du plat pays, surtout en Gaule. Ce Mérobaud, fils du premier, est encore plus romanisé que son père et homonyme : c'est un authentique poète latin dont des œuvres, y compris des poèmes panégyriques à la gloire du grand Aetius, sont parvenues jusqu'à nous. Ce n'est guère un hasard s'il célèbre particulièrement, parmi les victoires d'Aetius, celle remportée en 438 sur les Wisigoths, ennemis et rivaux des Francs. En l'honneur de Mérobaud, poète chrétien d'origine franque devenu *patricius*, et qui finira comme membre du Sénat, vivant à Ravenne, l'empereur et le Sénat ont fait ériger sur le forum de Trajan une statue avec une inscription dont le texte nous est conservé et qui souligne son origine nobilissime (le haut rang du père et donc une seule génération y ont suffi).

Pareil amour des lettres se rencontre dans la postérité du grand Arbogast (Ier) chez Arbogast (II) qui, comme Mérobaud (II), était chrétien. Vers 470, Trèves est gouvernée, avec sa région, par un *comes*, Arbogast, *vir spectabilis*. Le chaînon manquant entre les deux homonymes a pu être trouvé en la personne d'Arigius/Aredius, un *nobilis* de Trèves qui avait épousé une dame de famille sénatoriale, Florentia ou Florentina, union dont naquit Arbogast (II). Ce dernier reçut une éducation littéraire si raffinée que l'évêque très noble et l'auteur renommé que fut Sidoine Apollinaire a pu affirmer que les lettres latines ne risquaient pas de périr tant qu'il y aurait des hommes aussi cultivés qu'Arbogast. Ces louanges sont confirmées par un poème d'Auspice, évêque de Toul, adressé à Arbogast. Auspice souligne aussi ses vertus de gouverneur, de soldat et de chrétien, et fait allusion à l'espoir que son héros caresse de devenir évêque, fin de carrière de tant d'autres aristocrates romains de l'époque. On trouve en effet un porteur de son nom si rare sur la liste épiscopale de Chartres, vers 490, ce qui permet de supposer que l'ancien *comes* serait devenu évêque dans le royaume de Clovis.

D'autres personnages portant les noms caractéristiques d'Aredius et d'Arbogast dans les deux générations suivantes figurent au nombre des élites en Gaule. En 500, selon Grégoire de Tours, Aredius, *vir inluster*, sauva Gondebaud, roi des Burgondes, par des conseils qu'il donna à Clovis après un prétendu changement de camp. Il apparaît effectivement comme *vir illustrissimus* à la cour de Gondebaud et correspond avec Avitus, évêque de Vienne; on note vers 515 son influence dans les affaires ecclésiastiques. Au milieu du VIe siècle, un noble franc, Arbogast (III), est envoyé par les Mérovingiens comme évêque en Alsace pour y rétablir le christianisme dans la population, formée pour une large part d'Alamans, et pour la gagner au gouvernement franc. Cet Arbogast va faire construire à l'emplacement du *castrum* romain la première cathédrale de Strasbourg. Il sera vénéré comme saint, et ses reliques — que se disputeront des monastères fondés par lui — auront été à l'origine déposées au cimetière gallo-romain de sa cité.

Voilà donc trois (ou quatre) générations d'une très noble famille, aussi franque que romaine, de généraux et d'administrateurs. Entre Constantinople, Milan, Vienne, Cologne, Trèves, Chartres, Lyon et Strasbourg, cette famille est passée de la cour impériale romaine à la cour royale des Burgondes et des Francs, sans jamais cesser d'appartenir aux élites sociales et intellectuelles, tant païennes que chrétiennes. Son itinéraire va du dernier champion du paganisme romain au héraut des missions chrétiennes, dont le nom a survécu dans l'anthroponymie alsacienne. Tout cela s'est passé au sein d'une noblesse mixte romano-barbare, dans une Gaule où un Empire romain barbarisé s'est transformé en un royaume franc romanisé.

Cet exemple permet de mieux comprendre le monde d'un contemporain d'Arbogast (II), Childéric, père de Clovis et général romain qui portait, dans sa tombe de Tournai, le *paludamentum* et d'autres insignes de son rang. La *Belgica secunda*, qu'il administrait en tant que *dux* romain avant son successeur Clovis, était toute proche de la *Belgica prima* et de sa capitale, Trèves, gouvernée vers 470 par Arbogast (II). L'homme par lequel nous connaissons la fonction romaine de Childéric et de Clovis (l'*administratio Belgicae secundae*), (saint) Remi, était le fils d'un autre général romain, Aemilius, qui, de même qu'Arbogast (II), était *comes rei militaris*, commandant le puissant *castrum* de Laon, non loin de Reims. Aemilius avait deux fils, Remigius et Principius. Le premier devint évêque de Reims, le second évêque de Soissons, ministère où lui succédera son fils Lupus. Ainsi s'explique le ton presque familier adopté par Remi quand il félicite en 481 ou 482 le jeune Clovis au moment de son avènement, tout en lui donnant des conseils sur la façon de choisir son entourage, y compris les prêtres.

Childéric avait fait ses preuves en contribuant avec ses Francs de Tournai, sous le commandement du général romain Egidius, à la défaite des Wisigoths en 463, près d'Orléans. En 470, il avait battu, en allié du *comes* romain Paul, les Saxons païens près d'Angers. Remi, lui, représentait, outre l'épiscopat d'origine sénatoriale, une des familles locales les plus riches et les plus influentes, dont les possessions se trouvaient surtout en Porcien, région située entre Laon et Rethel. Remi, une fois que la royauté fut passée du fils d'Egidius — Syagrius, peu estimé par l'évêque et nombre de ses collègues — à Clovis, éleva d'ailleurs Laon, qui n'avait pas été *civitas*, au rang d'évêché (le premier fondé par un roi franc). Le territoire de ce nouveau diocèse fut pris tout simplement sur celui de l'Église rémoise.

Remi, en tant que fils du général Aemilius, connaissait de près l'organisation militaire d'une Belgique Seconde dont il était le chef spirituel. Selon Michel Rouche, il devait sa dignité épiscopale, acquise à un âge beaucoup plus précoce qu'il n'était d'usage, à Egidius, chef militaire et allié de Childéric. L'alliance historique de Childéric et Clovis avec ce métropolitain se comprend ainsi par son milieu social et géographique. Remi défendit, peu de temps après la mort de Clovis, la mémoire de ce roi contre les reproches de trois prélats concernant une ordination faite sur la recommandation royale : « Moi, écrit-il, j'ai fait Claudius prêtre [...] sur le témoignage du roi précellentissime [qualificatif romain officiel], qui était non seulement *praedicator* de la foi catholique, mais son défenseur » — lui, le « protecteur de la patrie (*custos patriae*) et triomphateur des païens ». Le vieil évêque voit donc en Clovis le sauveur d'une patrie déjà commune aux élites gallo-romaines et franques, confirmant ainsi que la Gaule n'a pas été conquise par les Francs, mais que ceux-ci l'ont défendue contre Wisigoths hérétiques et Alamans païens.

Un siècle après la défaite de 394, les Francs avaient retenu la leçon. On ne les trouvera plus du côté du paganisme, comme Arbogast (Ier), ni de l'arianisme, comme les Goths leurs ennemis, mais du côté de la foi catholique en tant qu'alliés de l'épiscopat gallo-romain. On peut donc se demander si ce n'est pas la position éminente de certains chefs barbares dans l'armée et l'administration romaine (y compris leurs compétences ecclésiastiques) et leurs relations avec les représentants marquants des élites romaines qui leur ont donné les moyens de « fonder des États » sur le sol romain.

L'*exercitus Gothorum*, qui flanquait en Gaule méridionale ce qui subsistait de l'*exercitus Gallicanus* (romain) du IVe siècle, l'*exercitus Francorum* — terme technique utilisé par Clovis dans sa lettre aux évêques — en Belgique Seconde, l'*exercitus Burgundionum*, instrument du *magister militum per Gallias* burgonde, formaient le noyau des États, chacun doté de son roi respectif, qui dominaient la Gaule de la seconde moitié du Ve siècle. L'importance militaire et politique de ces « armées d'intervention » à dominante barbare a été soulignée par Lucien Musset, surtout celle de l'armée stationnée en Gaule septentrionale et d'abord sous commandement romain. Cette partie de la Gaule formait « une sorte d'enclave romaine autonome qui [dura] un quart de siècle, de la mort de Majorien en 461 à la victoire de Clovis ». En 461, en effet, Ricimer, *magister utriusque militiae* en Italie, favorable aux Wisigoths, avait destitué Egidius, *magister militum per Gallias* nommé par Majorien en 457. Egidius résista au complot romano-wisigothique en défendant cette enclave à l'aide des Francs de Childéric — dont le fils allait éliminer Syagrius, lui-même fils et successeur d'Egidius. Or, dans ce changement de pouvoir, « le cœur de l'État mérovingien coïncida presque exactement avec le foyer de fidélité romaine ». On comprend mieux la transformation politique de la Gaule romaine en Gaule franque : « Le haut Moyen Âge n'est pas la substitution d'un germanisme triomphant à une romanité assassinée » (Lucien Musset).

Plus ou moins solidaire des élites régionales, Clovis, *rex* reconnu par l'Empire, déborda parents et rivaux en éliminant les autres chefs saliens. Par ailleurs, s'arrangeant avec les forces gallo-romaines qui ne demandaient que cela, il se créa une cour à la romaine (Remi, dans sa lettre, ne l'avait-il pas déjà suggéré ?), la troisième après celle des Goths et celle des Burgondes, mais la première à être catholique. D'une manière plus générale, ces cours annoncent en Occident le passage d'une lutte sauvage entre chefs militaires barbares pour le pouvoir à la cour de l'empereur, processus condamné à l'échec, à la consolidation régionale — les grandes provinces offrant des garanties de stabilité politique aux élites de leurs populations respectives. Là où l'intégration des Barbares sur le plan religieux permit une osmose des élites d'abord et des populations ensuite, dans le royaume de Clovis puis ailleurs, on est en droit de parler du « modèle franc », greffé sur le « modèle romain ».

Les chefs goths, partenaires de l'Empire

Il n'y avait pas que les Francs Saliens, déjà bien installés en Gaule et plus avancés dans leur romanisation. Il y avait également ce royaume franc de Cologne qui apparaît dans les textes sous le nom de *Francia Rinensis*. Son importance historique réside dans la continuité politique de ce qui ne sera rien d'autre que le royaume d'Austrasie, qui se partagera la Gaule avec le royaume neustrien fondé par les Francs Saliens de Clovis. Ces Francs restés plus près du Rhin avaient occupé, au ve siècle, un territoire romain plus vaste que la Gaule intérieure — à savoir celui des armées romaines stationnées sur le Rhin, avec leurs centres à Mayence, Andernach, Bonn, Cologne, Xanten, Nimègue, mais aussi Aix, Tongres, Trèves et Metz. Or nous retrouvons, dans cette *Francia orientalis*, les traces de la dynastie des Teutomer-Richomer-Teutomer (II), dont le dernier est désigné, lors de sa mort en 421, dans les annales consulaires comme *rex Francorum*, fils de *Richimeris quondam* et d'Ascyla.

Il faut rapprocher cette dynastie d'une autre, qui gouverne l'Austrasie de 511 à 555 et dont les membres portent, de père en fils, les noms de Teutrich, Teutbert et Teutbald. Le premier d'entre eux, fils aîné de Clovis d'un premier lit, se distingue de ses demi-frères — nés du second mariage du roi avec Chrotchild/Clotilde, princesse burgonde — sur plusieurs points. Plus âgé, il a déjà combattu à côté de son père en 507 à Vouillé et, après la victoire, a même dirigé sa propre campagne de conquête de l'Auvergne, et cela avec des contingents de Francs rhénans. En 511, à la mort de Clovis qui a été, entre 507 et 511, élevé sur le pavois par ces Francs qui avaient perdu leur propre roi, Teutrich/Thierry hérite la *Francia Rinensis* et l'Auvergne en plus de sa part de la Gaule clodovésienne, qui a Reims pour capitale. L'ancienne capitale du royaume de l'Est, Cologne, conserve son statut. Quant à l'Auvergne, elle fera partie de l'« Austrasie », comme on appelle ce royaume depuis la fin du VIe siècle. Des nobles auvergnats d'origine romaine y joueront un rôle considérable. Le plus puissant roi de cette lignée des « Teut- » a été Theudbert/Thibert, fils de Thierry et premier roi franc à avoir osé frapper des monnaies d'or à sa propre effigie. Dans une lettre célèbre à l'empereur Justinien, il énumère les provinces de son royaume très étendu, qui inclut une partie de la Germanie. Tout porte à croire qu'un lien dynastique, par les femmes, existait entre la dynastie des Richomer-Teutomer et la première dynastie mérovingienne des Austrasiens, qui a tant insisté sur la première syllabe caractéristique du nom royal. Le soin apporté au choix des noms de souverains transparaît clairement quand le prénom du dernier roi des Francs rhénans, Sigebert, est repris par la seconde lignée mérovingienne en Austrasie, à partir de 561. Ce passage du généralissimat, puis du généralat romain au principat royal fait partie d'un contexte plus large sur lequel nous aurons l'occasion de revenir.

Par ailleurs, Stilicon, Vandale fils d'une Romaine, généralissime en Occident sous Honorius — qui succéda en janvier 395 à Théodose à l'Ouest, tandis que son frère aîné Arcadius lui succédait à l'Est —, s'occupa de réorganiser l'armée. Il y parvint si bien qu'il devint le véritable détenteur du pouvoir, cherchant visiblement à dépasser sur ce point Bauto. Il épousa Serena, nièce favorite de Théodose, et maria l'une de ses filles à Honorius, tout en arrangeant les fiançailles de son fils Eucherius avec la sœur de l'empereur, Galla Placidia. Il n'oublia pas de légitimer sa position en entretenant d'excellentes relations avec le Sénat à Rome, qui s'en montra flatté. Longtemps tenu à l'écart des décisions politiques par les empereurs, le Sénat connut une revanche tardive au Ve siècle, quand les « patrices » barbares de l'armée soumirent à son approbation des mesures importantes, y compris leur choix d'un nouvel empereur. Mais Stilicon, trop habile et trop pressé à la fois, laissa en suspens trop de problèmes qui se posaient de toute part.

À Constantinople, inquiets de l'essor du patrice, Rufin, le tout-puissant *magister officiorum* († 395), puis Eutrope, *praepositus sacri cubiculi* — un eunuque dominant Arcadius, à qui il fit épouser Eudoxia —, se servirent d'Alaric, nommé *magister militum per Illyricum*, et de ses Wisigoths pour créer des difficultés au généralissime. Alaric avait perdu la moitié de ses Goths dans la grande bataille de 394, sans recevoir de Théodose la récompense espérée, à savoir la dignité de *magister militum*. Il était bien choisi pour faire pression sur Honorius, dont il attendait qu'il le nommât généralissime, comme son rival direct Stilicon. S'ensuivit une lutte d'influence acharnée à l'Ouest comme à l'Est. Eutrope, qui s'était trop appuyé sur un chef militaire goth, Tribigild, fut exécuté en 399, tandis que Gainas, un Goth nommé généralissime par Arcadius, entrait à Constantinople avec ses troupes, exigeant une église pour qu'elles pussent y pratiquer le culte arien. Mais il était allé trop loin, et la population, excitée par son évêque Jean Chrysostome, massacra les sept mille hommes de la garnison gothique, le 12 juillet 400.

Ce tournant dans l'histoire de la partie orientale de l'Empire, qui mit un terme à la prépondérance des chefs d'armée germains, a laissé un document : le discours, en 399, de l'évêque Synésios de Cyrène adressé à l'empereur (dont l'épouse franque s'était rangée du côté du parti antigermanique) et exigeant le bannissement de l'armée de tous les Germains au motif que, inaccessibles à la civilisation, ils allaient jusqu'à se moquer de la toge romaine, peu pratique pour tirer l'épée ! Comme il demeurait impossible de recruter une troupe authentiquement romaine, toute la question était alors de trouver des remplaçants pour les Goths et autres Germains : ce furent surtout les Isauriens, en Asie Mineure, qui avaient eux aussi mené des séditions ; non moins barbares que les autres soldats, ils avaient sur eux un avantage décisif : leur religion orthodoxe.

En 408, une violente réaction antigermanique comparable à celle de 400 à Constantinople balaya Stilicon, qui fut massacré avec sa nombreuse garde personnelle, avec aussi les femmes et les enfants des soldats barbares de l'armée « romaine » en Italie. Les Barbares survivants se rallièrent aux troupes d'Alaric, et participèrent au sac de Rome en 410. Le roi mourut peu après, alors qu'il faisait route vers l'Afrique, indispensable grenier à blé qu'il voulait reconquérir pour « son » empereur, Attalus, élu par le Sénat romain sous sa pression, dans l'espoir qu'il le ferait *magister utriusque militiae*. À son rival également malheureux, Stilicon, on a reproché d'avoir dégarni les îles Britanniques et le Rhin des troupes dont il avait besoin en Italie, permettant ainsi la « grande invasion » des Vandales, Suèves et Alains qui frappa la Gaule en 407. La même année, un usurpateur qui devait son ascension aux troupes de Bretagne, Constantin III, s'établit à Arles.

On rencontre alors un antigermanisme bien compréhensible chez des auteurs comme Rutilius Namatianus, Gaulois devenu *praefectus urbis*, ou comme l'historien chrétien Orose, qui salue la nomination en 412 d'un *magister militum* romain, Constance, et porte un des rares jugements hostiles aux chefs barbares, ces « *barbari comites* » pernicieux qu'on a dû tolérer trop longtemps... L'espoir de retrouver une armée plus « romaine » subsistait, même si elle devait faire appel à des soudards hunniques. Mais la réalité politico-militaire de l'armée postconstantinienne était tout autre. Comme l'a montré l'historien militaire Hans Delbrück : « L'armée romaine n'a jamais été vaincue par les Germains, elle a été remplacée par eux. » Aucun des militaires barbares n'envisageait de faire disparaître l'État romain, cette grande machine qui payait les soldats et distribuait les honneurs et le pouvoir !

Même à l'Est, l'ambiance antigermanique du règne d'Arcadius cessa sous Théodose II (408-450), règne où l'on compte de nouveau environ une moitié de *magistri militum* d'origine barbare. Parmi eux émergea une dynastie mi-gothique, mi-alanique (les Alains n'étant pas des Germains), représentée par Plintha, Ardabur et Aspar, élevés successivement aux honneurs du consulat en 419, 427 et 434. C'est à ce moment que les Huns, après quelques raids (396-398, 404-405 et 408) et des services rendus (en battant le Goth Gaida), devinrent une vraie menace, obligeant l'empire d'Orient à doubler le tribut annuel qu'il leur versait — de 350 livres d'or (en 431) à 700 (en 438). Après de terribles invasions dirigées par Attila, qui avait assassiné son frère Bleda en 445, l'empereur dut tripler le tribut, porté à 2 100 livres d'or, en 447. Et il alla jusqu'à nommer Attila *magister militum* d'honneur.

Le danger des Huns maîtrisé grâce aux mérites d'Aetius, le grand généralissime de l'Ouest, l'Est put se libérer de l'emprise des généraux ariens, dont le dernier fut le puissant Aspar. En 471, l'empereur Léon le remplaça par l'Isaurien Zénon. Bien qu'orthodoxe, ce dernier usurpa à son tour la pourpre impériale et s'arrangea avec un autre usurpateur à l'Ouest, Odoacre. Puis, les Ostrogoths redevenant gênants dans la *pars Orientis*, Zénon se débarrassa de leur principal chef, Théodoric, éduqué à la romaine et déjà parvenu aux honneurs du consulat, en lui attribuant l'Occident à la place d'Odoacre. Les deux adversaires se neutralisèrent ainsi, jusqu'à la victoire de Théodoric sur Odoacre, qui y laissa la vie. Fort de son succès, Théodoric allait réussir à donner une ampleur exceptionnelle à la coopération romano-gothique.

Cette politique, que le nouveau maître de l'Italie sut mettre en œuvre avec beaucoup d'éclat, nous fournit l'occasion de quelques remarques plus générales sur le « phénomène gothique ». Chez les Goths, outre la simple conquête du pouvoir, on trouvait une véritable fascination pour la grandeur de l'Empire. Ils ambitionnaient de surpasser toutes les autres *gentes* en devenant des sortes de partenaires des Romains, rêve qui se réalisa temporairement avec Théodoric, les Goths constituant comme les Romains un *populus*, à la différence des autres peuples qui restaient des *gentes*. D'ailleurs, ces chefs étaient parfois des prétendants dans le plein sens du terme.

Athaulf, successeur d'Alaric, épousa Galla Placidia, à la romaine, avec les épithalames de rigueur. Après avoir vaincu en 413, au service d'Honorius, l'usurpateur Jovin, il se prit pour le sauveur de Rome. Il entra à Narbonne vêtu en général romain et y fut reçu par les magistrats. Saint Jérôme, selon Orose, apprit d'un notable de Narbonne que ce roi souhaitait restituer « toute sa grandeur au nom romain avec le concours des forces des Goths » (programme repris par Théodoric le Grand). Mais pour Honorius, fils d'un Théodose le Grand, et son entourage, il était impossible d'accepter Athaulf dans la famille impériale, non point parce qu'il était barbare, mais bien parce qu'il était hérétique. Son excellent *magister militum*, Constance, un Romain qui avait battu et tué l'usurpateur Constantin III en 411, exigea d'Athaulf qu'il libérât Galla Placidia, qu'il considérait comme une captive et non comme une épouse du Goth. Athaulf, pour sa part, imita Alaric : il replaça sur le trône Attalus, qui le nomma aussitôt *magister militum*. Toutefois, sa mort en Espagne mit fin aux espoirs des Wisigoths, dont les rois Ségéric puis Vallia durent composer avec Constance et livrer Galla Placidia (que le Romain allait épouser), pour obtenir en 416 un *foedus* leur assurant l'approvisionnement.

Après avoir combattu en Espagne, pour le compte de l'Empire, contre Vandales et Alains, les Wisigoths conclurent sous leur roi Théodoric Ier en 418 un nouveau *foedus* avec Constance, qui les établit d'une façon durable en Aquitaine Seconde. On leur donna un territoire assez étendu, qu'ils allaient élargir en faisant de Toulouse la capitale de ce qu'ils nommeraient assez tôt *patria Gothorum*. Ils y recevaient un tiers des revenus des domaines romains comme base de subsistance. L'État romain imposait ce régime de l'« hospitalité » *(hospitalitas)* à certaines de ses provinces parce qu'il ne trouvait plus d'autres moyens de payer ses défenseurs.

Considérés comme des « fédérés » *(foederati)* romains, les Wisigoths — reconnaissant la souveraineté romaine, plusieurs fois contestée et réaffirmée — fondèrent ainsi sous des rois assez remarquables le premier royaume barbare viable sur le sol romain. Outre le rôle politico-militaire considérable qu'il jouera en Gaule au ve siècle, il sera avec son organisation et ses conseillers royaux d'origine romaine, instigateurs d'une importante législation, le modèle institutionnel dont profiteront les royaumes des Burgondes et des Francs. On trouve dans leur législation, en particulier dans le *Codex Euricianus* (469-475), des éléments mi-romains, mi-barbares qui précèdent les institutions du futur « monde féodal ». Avec le régime fondé en Italie par Théodoric le Grand, les Goths auront été une sorte de catalyseur entre les institutions romaines et les États barbares.

Le même évêque qui avait pleuré la destruction de la Gaule sous les coups des Barbares, lors de l'invasion de 407, célébra le roi des Goths comme un sauveur. Ce dernier, « colonne de l'Empire », fit empereur Avitus, un sénateur qu'il avait choisi comme précepteur de son fils. Sa cour fut la première cour digne de ce nom d'un roi barbare sur le sol romain, avant celle de Théodoric le Grand, qui fut roi « romain », *Flavius Theodoricus rex* (sans mention du peuple ostrogoth). Dans les deux cas, il faut souligner l'élément culturel, la *civilitas* appréciée par une élite qui, comme ce fils de roi à Toulouse, comme Théodoric à Constantinople, avait reçu une éducation adéquate. C'est ainsi que s'expliquent les témoignages d'auteurs romains en Espagne, en Gaule méridionale et en Italie, qui transforment l'antithèse Romains/Goths en synthèse *Romania-Gothia.*

Il a fallu pour cela un siècle de changements profonds à l'Est comme à l'Ouest, époque marquée par une crise finalement maîtrisée du principat impérial à Constantinople et par un déclin irréparable de la dignité impériale — et de ses représentants — en Occident. Le magistériat militaire, incarné par le pouvoir presque illimité du *patricius*, généralissime en Occident, devint ainsi au ve siècle le vrai partenaire occidental du *princeps* oriental et de sa cour, tandis que l'empereur occidental finit par devenir le jouet de ces deux forces politiques. Même parvenus au principat royal, les Goths, profitant des alliances nouées avec des patrices de l'Ouest, comme le puissant Ricimer (lui-même allié à la puissante dynastie d'Aspar à l'Est), avaient visé trop haut en rêvant d'une égalité entre *Romania* et *Gothia* au sein du vaste monde romain.

C'était sur le plan « régional » — nous l'avons dit au sujet des Francs —, dans les grandes unités de l'Empire, que l'apport des éléments germains avait ses chances, s'ils fusionnaient avec l'immense majorité des habitants d'une Espagne « wisigothique », d'une Gaule « franque », d'une Italie « lombarde », d'une Grande-Bretagne « anglo-saxonne ». De nouvelles identités « nationales » ont ainsi pu se constituer, renouvelant de vieilles traditions préromaines sous forme de véritables alliances (ibéro-gothique, gallo-franque, italo-lombarde et britanno-anglaise), tout cela sur le fond latin commun d'un Empire romain qui avait donné sa langue aux éléments pré-romains et qui le faisait maintenant pour les éléments « post-romains ». L'Empire leur a surtout laissé ses structures politico-sociales, dont la hiérarchie militaire et administrative de la *militia* n'était pas la moindre. Les autochtones (« Gaulois », « Ibères »,

« Britanniques ») déjà romanisés sur le plan linguistique et social se sont mêlés aux nouveaux venus, romanisés à leur tour sur le plan linguistique et militaire, qui leur ont facilité l'accès au sein de l'élite sociale comme au pouvoir politique.

La noblesse au service du prince

Nous venons de voir la place des chefs militaires romains d'origine barbare, arrivés au pouvoir « régional » après avoir gravi les échelons d'une hiérarchie romaine qui, elle, restait « universelle ». Nous allons maintenant voir que c'est la *nobilitas* qui incarne cette symbiose.

Le cingulum, *symbole de l'autorité de la noblesse*

Un texte du XIIe siècle nous révèle, dans les termes du Ve, la conscience toujours vive qu'ont les porteurs du *cingulum* de leur droit exclusif de diriger les hommes, conscience exprimée avec force quand ce « privilège » est contesté. Otton, évêque de Freising et cousin de l'empereur Frédéric Ier, dont il est en train d'écrire l'histoire du règne, voit menacer l'ordre du monde dirigé, sous Dieu, par l'empereur et les nobles qui prétendent non seulement au monopole du pouvoir, mais aussi, en toute logique, au monopole du savoir, qui ouvre la voie aux carrières du pouvoir. Devant les changements révolutionnaires qu'il observe en Italie, Otton s'exclame : « Voilà un peuple qui admet aux études des jeunes d'une condition inférieure, voire de simples gens de métier, que les autres nations tiennent à l'écart comme la peste des études libres et honorables. Or, il n'hésite même pas à les laisser parvenir à la carrière des dignités exprimées par le *cingulum militiae (ad militiae cingulum vel dignitatum gradus)*. »

Comment ce prélat et historiographe en est-il venu à parler de la carrière des nobles au XIIe siècle comme de *dignitatum gradus*, le terme précis utilisé dans l'Empire romain à propos de sa *nobilitas* ? Si l'on refuse d'admettre que l'« Antiquité » puisse être présente au XIIe siècle autrement que par transmission livresque, on pensera qu'il s'agit là du fruit d'une lecture, due peut-être aux études parisiennes de cet auteur, qui recourt à cette formule pour briller par sa rhétorique. C'est oublier que l'autre terme technique employé par Otton, *militiae cingulum*, ne peut ici, dans la logique de ce refus, signifier que le symbole de la condition de « chevalier ». Or, quel est le lien entre le chevalier maniant les armes et l'admission aux études, aux « arts libéraux » des « clercs » ? Si l'évêque n'avait pensé qu'aux hommes de basse extraction qui peuvent parvenir aux prébendes, voire à la haute cléricature, par leurs études, il aurait parlé à la rigueur de *dignitatum gradus*, mais non du *cingulum militiae* et des pouvoirs de ceux qui le portent. Pour ceux qui croient à un « Moyen Âge » dominé par le monde germanique — lui-même largement dominé par les vertus guerrières —, il suffisait, pour exercer une carrière politique, d'appartenir à la noblesse et d'être un guerrier valeureux et fidèle. Pour le minimum d'aptitudes intellectuelles que requérait le gouvernement de grands États au « Moyen Âge », le concours des prélats devait suffire.

On comprend mieux le sens de la phrase d'Otton si l'on sait qu'à la cour mérovingienne, la formation qui préparait les fils de la *nobilitas* à leurs futures responsabilités comme évêques et abbés ou comme ducs, comtes et dignitaires de la Cour était commune à tous, le choix d'une carrière ne s'effectuant qu'en fin de parcours. Les élites qui gouvernaient le monde depuis la création de la *militia* militaire et administrative au service du *princeps* avaient eu besoin de facultés très diverses pour parvenir aux fonctions élevées qui les faisaient gouverner, juger et mener au combat (entre autres) les hommes. Pour cela, il fallait, selon l'évêque, être au nombre de ceux que Dieu avait destinés, par une naissance noble, à cette haute tâche. C'est à eux que la formation indispensable pour la remplir devait rester réservée. Otton savait de quoi il parlait : né près de Vienne car fils du margrave d'Autriche (et petit-fils de l'empereur Henri IV), il étudia à Paris, devint moine cistercien, puis abbé de Morimond (diocèse de Langres) et enfin puissant prince ecclésiastique de l'Empire (et seigneur fort strict, l'abbaye de Tegernsee en fit l'expérience), avant de retourner à Morimond pour y mourir. Il défend ici comme Hildegarde de Bingen, abbesse noble du même XIIe siècle, un monopole qui est alors en vigueur depuis presque un millénaire. Il s'agit bien là d'un statut social et juridique, dont on pouvait être déchu, comme cela est arrivé — selon le récit d'un autre contemporain, Suger de Saint-Denis — à Thomas de Marle, condamné *in absentia* par le légat du pape : « *cingulum militarem ei licet absenti decingit* ».

Quel a été le rôle du *cingulum militiae* (ou *cingulum militare*) dans la vie et la conscience des grands ? Remarquons que les textes ne parlent point du *cingulum militis*, mais bien du *cingulum militiae*, car, depuis le IVe siècle au plus tard, il est porté non plus par les seuls soldats, mais par tous ceux qui font partie d'une des deux *militiae*, donc par toute l'élite qui, dans l'armée ou dans l'administration, voire dans les deux, sert le prince. Nous en savons la cause : la « militarisation » de l'administration romaine, qui a soumis les fonctionnaires à une organisation et à une discipline militaires, mais qui n'en a pas fait des soldats.

L'érudit Alcuin exprime, en 801, ce qui est à ses yeux une évidence, à savoir le fossé qui sépare les membres de la *militia*, hommes puissants et nobles, des *milites*, simples soldats (qu'ils combattent à pied ou à cheval). Il définit d'ailleurs ces derniers comme « *gregarios, id est ignobiles milites* ». Ce n'est qu'au Xe siècle que le terme *miles/milites* pourra désigner aussi les membres de la *militia*, la signification de *miles* dérivant alors de *militia*.

Le service de Dieu

Cette élite, nous pouvons mieux la cerner quand quelques-uns de ses membres troquent la haute *dignitas* de leur rang contre l'*humilitas* du moine ou de l'ermite. Parmi ces conversions nobles émerge celle, spectaculaire, de saint Thibaud de Provins († 1066), fils du comte Arnould, apparenté à la maison de Blois-Champagne. Avant la fête de Pâques, date à laquelle il devait ceindre le *cingulum militiae* , il quitte avec son ami Gauthier sa maison, ses parents, ses serviteurs et renonce aux richesses et aux honneurs pour devenir *miles Christi*. Jean Heuclin termine par cet exemple sa précieuse étude sur les conversions d'aristocrates à la vie érémitique à partir du VIe siècle dans la Gaule du Nord. Le pourcentage de nobles parmi les ermites fut considérable, qu'il s'agisse d'Aquitains allant vivre dans un Nord ingrat et encore incomplètement christianisé, d'hommes de cour renonçant à une carrière dans le monde (carrière laïque ou dans le clergé séculier, lié aux affaires politiques), ou d'hommes poursuivis par les puissants du moment, motifs généraux et personnels ne s'excluant point.

Heuclin, tout en admettant les deux types de motifs, considère la démarche religieuse des ermites comme une « affaire privée et non publique. L'ermite était un hors-la-loi ». Or la législation, surtout depuis Dagobert Ier, soumet la vie solitaire des nobles à l'approbation royale, puis épiscopale, ce qui contredit le caractère « privé » du choix. S'il ne faut pas confondre la fuite devant les impôts, le service militaire ou les ennemis dangereux avec une impulsion religieuse qui amène des familles nobles entières à « quitter le monde », il ne faut pas non plus perdre de vue que le monde entier reste celui de Dieu. On peut servir Dieu de différentes manières, la notion de service (*militare*) demeurant essentielle chez ceux qui ont été éduqués noblement et qui savent passer de la *militia principis* à la *militia Christi*. Il ne s'agit pas ici de choix « privé » : la religion privée n'est pas encore inventée. Il y a d'ailleurs souvent eu un vrai « partage du travail » entre membres d'une même famille, le fait d'être représenté dignement auprès du Seigneur par un saint homme s'inscrivant dans une stratégie globale.

Le noble en tant que modèle sublime de renoncement — à un rang éminent — apparaît, avec le *cingulum* pour symbole, dans un texte italien du xe siècle, la *Vita sancti Alexii*. Ce texte est d'autant plus précieux qu'il mêle des éléments romains d'Orient (traditions grecques du VIIIe siècle) et romains « de Rome », et que son contenu a été adapté, après son succès en Italie et dans l'Empire ottonien, par un des plus anciens textes français, la *Chanson de saint Alexis*.

La tradition latine (Italie du xe siècle) fait d'Alexius le fils du premier conseiller d'un empereur chrétien à Rome. Le jeune *nobilissimus* épouse une jeune fille de naissance impériale. Mais, sur le lit nuptial, au lieu de consommer le mariage, il dépose « sa bague d'or » (« *anulum suum aureum* »), signe du rang sénatorial, et le baudrier, signe de son rang dans la *militia* (« *et rendam, id est caput baltei quo cingebabatur* »), pour que son épouse les garde aussi longtemps que Dieu le voudra. Et il renonce au monde, en donnant aux pauvres tout ce qu'il possédait. Ses parents le font rechercher, mais leurs émissaires en Orient ne le reconnaissent pas, car il mendie devant les églises. Alors qu'il cingle vers Tarse, son navire est mené à Ostie par les vents. Alexius se rend au palais de son père, mais ce dernier ne le reconnaît pas quand il implore et obtient le droit de mendier dans sa maison. Assis dans un coin sous un escalier, il est la risée des serviteurs, qui l'aspergent d'eau de vaisselle. Au moment de sa mort, l'empereur et le pape, informés par un signe divin, accourent pour honorer le saint homme.

C'est l'abîme entre sa haute naissance et l'humilité extrême de son existence librement choisie qui a fait d'Alexis le symbole de l'*humilitas* qui rachète le péché d'orgueil de la *nobilitas*, dont il devient le saint par excellence à partir de l'an mille environ. Ainsi Meinwerk, évêque de Paderborn, tombé malade en Italie dans l'armée de l'empereur Henri II, implore-t-il, sur le conseil d'un Romain, l'aide d'Alexis en promettant de construire une église en son honneur dans sa cité épiscopale (1014). Guéri, il s'exécute.

Les versions les plus anciennes de la *Chanson de saint Alexis* (où l'on dit du saint : « *Riche om fut, de grant nobiliteit* ») s'adressent déjà, comme dans les chansons de geste, à leur public par un « *Aiez senhior* », preuve qu'un public noble est visé. L'auteur français, n'ayant pas compris que la bague indiquait le rang, en fait une alliance, mais il interprète bien le *balteus* comme l'insigne de l'*honour*. Rien n'a donc changé, sur ce point, en un demi-millénaire. Le *cingulum militiae*, symbole du rang et de l'éclat connu de tous dans le monde des puissants, n'avait jamais disparu. Le succès de la légende d'Alexis jusqu'en Bohême et en Pologne — dont le saint missionnaire, Adalbert (d'une famille princière de Bohême), a choisi Alexis comme modèle — montre que la conscience de l'unité de la *nobilitas* romano-chrétienne resta vivante à travers l'Europe, de Constantinople à Paris, et à travers les siècles, des premiers empereurs chrétiens jusqu'aux Ottoniens et aux Capétiens. Les nobles, membres de la *militia* portant le *cingulum militiae*, ont connu l'unité d'un Empire chrétien fondé par Dieu.

L'importance d'Alexis, et de son culte dans l'aristocratie, réside également dans un détail de sa légende qui a passionné les nobles et suscité bien des controverses chez les érudits : l'abandon de l'épouse après un mariage non consommé. Acte cruel, disent les uns non sans raison, d'autant plus que l'époux laisse sa femme sans nouvelles jusqu'à sa mort, tout en étant près d'elle sans qu'elle le sache. Extrême sacrifice de soi-même et de son amour envers les êtres les plus chers, parents et épouse, disent les autres. Le point essentiel pour nous est le *status* du noble laïc, le mariage constituant la barrière la plus évidente entre celui qui appartient à la *militia* du *princeps* et celui qui fait partie de la *militia* de Dieu. Le noble, destiné à gouverner, s'unit ou bien à une église (évêché ou abbaye), ou bien à une épouse noble (la cour mérovingienne lui laissait le choix, au terme de l'éducation commune aux élites). Aussi le droit canon considère-t-il qu'en abandonnant son église un membre du clergé, outre qu'il s'expose à une condamnation à une dure pénitence, retourne « *ad militiam vel ad nuptias* », formule employée aussi bien par le pape Léon Ier en 458-459 qu'au synode de Ver, en 844. Du point de vue « temporel », le célibataire, à travers les siècles, n'est pas vraiment un homme complet : il reste « [vieux] garçon ». L'idée de ne pas avoir accompli ce qu'exige son statut s'exprime, dans le milieu noble, par le terme « bachelier » (XIIIe siècle : « jeune homme noble qui n'est pas [encore] chevalier », et qui n'est donc pas encore entré dans la *militia*), celui-là même que les Anglais utilisent encore pour désigner le célibataire (*bachelor*).

Renoncer à son rang et à la faculté (et au devoir) de le maintenir à travers sa progéniture, selon l'idéal romain de la *dignitas* conçu sous la République, était un geste de dévotion et d'humilité extrêmes, voire l'acte d'un saint qui, tel Alexis, rachetait par là des âmes. L'abandon volontaire de ses droits symbolisé par la remise du *cingulum* était d'autant plus méritoire que c'était là l'une des sanctions, temporaire ou définitive, que l'Église imposait aux coupables. Dans les cas graves, les grands étaient déclarés incapables d'exercer leur pouvoir. Les canons synodaux exprimaient cet état par la formule « *non licebit eos ultra milicie cingulum sumere* », formule romaine restée inchangée. Ainsi, en 850 encore, un synode décréta que les grands condamnés à une pénitence publique n'auraient pas le droit de porter le *cingulum* de leur *militia saecularis*, en précisant qu'ils ne devraient exercer aucune activité au service de l'État (« *nullamque reipublicae debent administrare dignitatem* »). En matière de fonctions au sein de la haute administration, la *militia* franque était l'héritière directe de la *militia* romaine. Quant à l'Église, elle avait recueilli le pouvoir qui avait été jadis celui du *censor* romain :

le *regimen morum*. Sanctionner la faute de qui s'était vu confier une responsabilité publique plus ou moins étendue pouvait aller jusqu'au cas extrême de la suspension de l'empereur, comme cela arriva pour Louis le Pieux ou Henri IV. Cette suspension des fonctions, ou bien leur retrait définitif, s'exprimait toujours au xe siècle, sous Atton, évêque de Verceil, comme chez les Romains et sous Théodoric, par la « perte du ceinturon » (*cinguli* [...] *amissio*).

Continuité de l'usage du cingulum

On n'avait jamais cessé de remettre le *cingulum militiae* au noble qui entrait en fonction, ni de le lui reprendre au moment de son départ. On cite souvent comme un des témoignages les plus précoces sur le *cingulum militiae* dans le monde romano-chrétien un sermon du Pseudo-Augustin, daté du début du ve siècle (W n° 1 *), où l'auteur distingue le *miles Christi* de celui qui est muni de *militiae suae cingulo*, lequel indique son rang dans le monde (*dignitatis suae*). Le membre de l'armée ou de l'administration est fier d'appartenir à sa *militia*, tandis que les *milites Christi* sont toujours les soldats du Christ — selon l'image créée par saint Paul, qui ne connaissait pas encore le *cingulum* porté par le fonctionnaire dans l'administration civile.

Ce n'est plus le cas pour Abbon, abbé de Fleury, qui cite ce texte vers l'an mille (W n°s 26-27) : le *cingulum militiae* est le signe aussi bien de la *militia* de celui qui le porte que de son rang personnel. Mais il ajoute : « Quant à nous [les moines, mais aussi les membres du clergé], nous avons le ceinturon de notre propre *militia...* » Ce n'est plus maintenant le guerrier fidèle du Christ qui porte les armes de la foi, comme chez saint Paul et le Pseudo-Augustin : c'est le membre d'une *militia Dei*, certes, mais aussi d'une *militia principis* du haut clergé qui finira par devenir plus puissante et plus fière de son rang que la *militia* temporelle.

L'image (empruntée à l'État, comme d'ailleurs sa hiérarchie) domine tellement l'esprit des clercs que c'est désormais cette *militia* « profane » qui requiert une épithète pour être identifiable : *militia saecularis* ou *mundana* (458-459, W n° 2), ou bien *armata militia* (Eudes de Cluny, *Vita sancti Geraldi*, avant 942, W n° 15). Cette dernière expression est le terme officiel pour désigner l'armée, après que l'administration romaine est devenue une *militia*. On le rencontre dans la loi d'Honorius de 431 qui interdit aux juifs l'accès à l'*armata militia*; ceux qui s'y trouvent devraient en être

---

* Nous mettons ici à profit les travaux de Mme Maria Van Winter, auteur en 1976 d'un précieux répertoire des mentions du *cingulum militiae* [désigné par W + n°].

exclus, « *absolvi cingulo* », quels que soient leurs mérites (code Théodosien, XVI, 8).

On peut démontrer la continuité de l'usage du *cingulum* dans le cadre non seulement du « haut Moyen Âge », mais dans celui de l'Empire romain chrétien et des royaumes fondés sur son sol. Citons d'abord Cassiodore, témoin idéal du fait de ses origines, de son action politique et administrative, et de la collection de ses lettres et actes (*Variae*), le fonds documentaire le plus riche qui nous soit conservé de toute la littérature administrative romaine. Or, ces textes dépeignent l'administration sous Théodoric le Grand et ses successeurs goths en Italie (488-537), après la prétendue « fin de l'Empire » en 476.

La *gens* de Flavius Magnus Aurelius Cassiodorus Senator, à laquelle le Sénateur a consacré un *Ordo generis Cassiodororum* perdu, est le type même de ce qu'a pu être la haute noblesse sénatoriale, servant le *princeps* au sein de la *militia*. D'origine syrienne, elle a donné aux empereurs d'Orient des fonctionnaires éminents, avant de faire souche en Calabre, près du détroit de Messine, que l'arrière-grand-père de Cassiodore défendit victorieusement, en 455, contre les Vandales. Le grand-père, ami d'Aetius, mena avec le fils de ce dernier une ambassade couronnée de succès à la cour d'Attila. La carrière du père débuta sous le roi Odoacre : *comes rerum privatarum, comes sacrarum largitionum*, gouverneur de Sicile. Passé très tôt du côté de Théodoric, auquel il assura sans coup férir la Sicile, il fut nommé *praefectus praetorio* et *patricius*.

Son fils et homonyme, après avoir été son conseiller, fit carrière grâce à un panégyrique en l'honneur de Théodoric, qui le nomma *quaestor* (506-507) pour qu'il rédigeât ses actes et ses décrets dans un latin parfait. Il servit sous plusieurs rois, qui le firent successivement *consul* (514), *magister officiorum* (523-527), *praefectus praetorio* et *patricius* (533-537). Cet homme remarquable trouva le temps d'écrire une *Chronique d'Adam* en 519 et, entre 526 et 533, une *Historia Gothorum* en douze livres, connue de nous par l'abrégé qu'en a donné Jordanès. C'est à ce monument d'érudition, encore actif sur le plan littéraire à l'âge de quatre-vingt-treize ans, que nous devons de conserver — grâce aux copies qu'il fit réaliser dans les deux abbayes qu'il avait fondées sur son domaine de Vivarium — toute une partie de la littérature romaine. C'est grâce à cet homme, l'un des premiers « Européens », spécialiste chevronné de la langue administrative romaine, que nous connaissons la nature de l'État romano-gothique de Théodoric et de ses successeurs, et le rôle évident qu'y jouait le *cingulum militiae*.

Cassiodore énumère dans les livres 6 et 7 des *Variae* les formules romaines de nomination pour soixante-douze fonctions d'État, ce qui en dit long sur la prétendue « fin de l'État » et sur le caractère d'une administration militaire et civile englobant dans un seul cadre les deux *populi* éminents, Goths et Romains, qui devaient dominer les autres *gentes*. Même après la mort de Théodoric et le renforcement d'un « parti gothique » antiromain, l'édit du roi Athalaric de 533-534 cite comme autorité une *Sanctio Divi Valentiniani* de 389 et parle des ennemis de l'État (*reipublicae*), de la *maiestas regii nominis*, de *fisco nostro*. De hauts fonctionnaires dans les provinces (*iudices*), coupables d'avoir fermé les yeux sur des expulsions illégales de propriétaires, sont menacés dans cet édit de perdre leur rang et leur fonction (« *cinguli honore priventur* »). Les mentions du *cingulum* dans ces actes de Théodoric n'ont pas un caractère simplement rhétorique, car ces actes émanent du chef, reconnu par l'empereur, de l'Occident romain, qui porte le titre de *princeps*, dont l'effigie apparaît sur les monnaies et qui parle de la *potestas principis*, exercée *in imperio nostro*. Un chef qui utilise les expressions réservées à l'empereur (*clementia nostra, nostra serenitas*), entouré qu'il est, comme l'empereur, par un *consistorium aulicum*. *Cingulum* est ici l'insigne du pouvoir légal attribué par le prince, insigne sans lequel on ne peut exercer de hautes fonctions dans l'armée, dans l'administration et à la Cour.

Dans l'Occident romano-gothique, on entre dans la *militia principis* (du *rex*) en ceignant le *cingulum*. Ainsi le Goth Colosseus, après une belle carrière, fut-il nommé en 507-511 chef militaire et civil de la *Pannonia Sirmiensis*, région stratégique autour de Sirmium (Sremska Mitrovica, sur la Save), où les Goths avaient jadis été installés par Constantinople. Perdue par les « Barbares » (ni romains ni gothiques), cette région fut reconquise par les troupes de Théodoric et passa ainsi de l'empire d'Orient à la *pars Occidentis*. Or cette nomination introduisit ce Goth dans la catégorie des *illustres* ; il était désormais *inlustris cinguli dignitate praecinctus*, pour défendre et diriger en justice cette province qui lui était confiée, et pour « montrer aux Barbares avec leurs coutumes perverses la justice des Goths », lesquels réunissaient en eux la sagesse romaine et la force des non-Romains (« *Romanorum prudentiam* [...] *et virtutem gentium* »). La « promotion » de Colosseus fut solennellement annoncée par lettre spéciale : *Universis Barbaris et Romanis per Pannoniam constitutis*.

C'est là, après un cas sous Odoacre, un des premiers exemples du passage d'un grand d'origine barbare dans la *nobilitas* romaine grâce à la nomination à une fonction comportant l'« illustrat », par un *princeps* royal, également d'origine barbare. C'est aussi le modèle de la procédure qu'appliqueront aux grands d'origine barbare Clovis et ses successeurs, celui-ci étant reconnu *rex* à la même époque, en 508, par l'empereur Anastase. Le document, dû à Cassiodore, précise dans sa formule de nomination les conséquences de l'attribution du rang de *comes primi ordinis*, échelon supérieur de la *comitiva* : il a la préséance sur tous ceux qui n'ont reçu que l'*honor* de la *spectabilitas*; le roi, « par la faveur de sa majesté [*sic*] », lui donne sur sa demande le droit d'accéder à son *consistorium* et de fréquenter ainsi les hauts dignitaires qui ont accédé à l'ordre sénatorial, et qui font partie des *illustres* et des *proceres* conseillant le prince (« *otiosi cinguli honore praecincta dignitas* »). Qu'il soit digne, lui conseille Cassiodore, de tant d'honneurs, en évitant que la lumière de ses vertus ne corresponde pas à l'éclat du *cingulum*! Il s'agit donc d'un *otiosum cingulum*, rang honorifique qui exclut les servitudes d'une fonction précise.

Notons que les rois régnant depuis Odoacre comme *princeps* dans la Ville éternelle ont eu la faculté de créer — par leurs nominations à de hautes fonctions — des sénateurs romains, faculté que ne pouvait avoir un *rex* vivant loin de Rome, comme celui des Francs. Sauf à Rome, les voies de la *nobilitas* et du Sénat se sépareront donc, ce qui, partout ailleurs, n'enlèvera rien à la légitimité de la *nobilitas* des grands, francs et autres, laquelle sera reconnue par le protocole aussi bien impérial que papal. Chez Cassiodore, la nomination au rang plus élevé encore de *patricius*, qui a le pas sur les « *praefectorios et aliarum dignitatum viros* » (comme le préfet de Rome ou le préfet du prétoire), comporte le privilège de garder son rang à vie. Au cas où le dignitaire est nommé par le *rex* dans deux charges importantes à la fois, par exemple *comes sacrarum largitionum* (préposé entre autres au commerce et aux monnaies) et *primicerius* (exerçant des fonctions éminentes à la Cour), il reçoit avec ces deux *honores* et ces deux *dignitates* le ceinturon approprié : il aura donc la « *duarum dignitatum gloriosa quidem cura* », *cura* étant le terme technique pour désigner l'exercice effectif d'une haute fonction.

Restons à la même époque de la *res publica*, et passons au royaume des Burgondes, situé dans le « monde romain » toujours présidé par l'empereur à Constantinople. Plusieurs de ses rois ont servi l'Empire comme *magister militum per Gallias* : Gundioc (463), ses fils Gundobad (472) et Chilpéric (474), ainsi que Sigismond, qui succéda à son père Gundobad en 516. Ces *magistri militum per Gallias* avaient, en principe, des compétences sur toute la Gaule. Sur le plan régional, ils ont effectivement « tenu » la frontière sur le haut Rhin, près de Bâle, contre les Alamans, leurs ennemis de toujours. De plus, Gundobad et Chilpéric ont porté le titre de *patricius* (472-474 et 474 respectivement), et le premier a obtenu vers 500 le titre de *rex gloriosissimus*, nouveau rang suprême. On comprend que Sigismond s'adresse vers 516-518 à l'empereur, *domno imperatori*, dans deux lettres (nous avons déjà cité l'une d'elles) en des termes particulièrement dévoués! Il définit ce qu'a pu être le roi d'un peuple barbare (« *gens nostra* » : il en fait partie), mais dont il est le chef reconnu *rex* par l'empereur. Ce peuple est devenu « *populus meus* » : idée inimaginable en Germanie libre, mais les peuples des monarchies européennes « appartiendront » à leurs monarques jusqu'au XIXe siècle, époque où les rois en Allemagne s'adresseront « *an mein Volk* » — autre preuve de l'origine non pas germanique, mais bien romaine de ces monarchies romano-germaniques qui naissent aux Ve-VIe siècles avec leur *nobilitas* respective.

Ce peuple des Burgondes et son roi (ou ses rois) dominent légalement une fraction du sol romain, qui est leur *patria nostra* mais qui continue à faire partie des territoires placés sous l'autorité impériale, l'empereur la faisant « administrer » par le roi (« *per nos administratis* »). Ces relations sont dominées par les obligations personnelles du roi en tant que *miles* de l'empereur; comme ses prédécesseurs, il est animé de la *Romana devotio* et, comme son père, « *devotissimi fidelissimique vobis et proceris vestri* » (« un de vos grands, très dévoué et très fidèle »), prêt à l'*obsequium* du fidèle (tout un pan de la structure « féodale » dévoile ici son origine romaine). Son rang de roi, dans une *patria* dont il est le chef reconnu par l'ensemble de la population, mais aussi la place qu'il occupe parmi les autres rois, dépendent entièrement de ce qui lui est accordé par l'empereur, qui pour lui est le *fons honorum*. Dans un monde où l'empereur est le maître des nations, le roi compte donner les premières preuves de son service (« *meae militiae rudimenta* »).

C'est là un document capital quant à l'élargissement du rôle de la *militia principis* et de ses obligations de fidélité personnelle envers l'empereur, qui apparaît comme une des origines de la vassalité sur le plan « international ». Selon cet arrangement avec un chef barbare établi avec ses troupes en terre d'Empire, le *princeps*, par une sorte de suzeraineté, confère l'exercice légitime du gouvernement direct dans leurs territoires à de tels chefs barbares qui se reconnaissent ses « vassaux » (*miles*) loyaux. Les termes et les obligations sont loin d'être seulement rhétoriques. L'empereur, ayant ainsi fait accepter par ces chefs locaux les formes romaines du pouvoir public, les incite à maintenir ces structures dans leurs États respectifs et à les introduire dans les idées et les pratiques des élites barbares. C'est là l'une des clés de la survivance de la *nobilitas* romaine. Après avoir porté ses fruits chez les Goths en Italie, anéantis par la reconquête romaine, et échoué partiellement face aux Lombards, l'application de ce système de gouvernement en Gaule burgonde se révélera un succès non négligeable pour la préservation du « monde romain » (*orbis Latinus*). Là, les rois, portant le *cingulum* impérial qui les place bien au-dessus de la *nobilitas* sénatoriale locale, sont amenés à sauvegarder la position des élites romaines régionales qui, d'impériales, deviennent royales, en gardant leur *dignitas* respective — jusqu'au titre de *vir illustrissimus* que le roi peut décerner.

Qu'en est-il de l'usage du *cingulum* en Gaule septentrionale, dans le monde franc proprement dit? Ne devrait-on pas s'attendre là à une disparition rapide des éléments administratifs romains au sein d'une aristocratie essentiellement guerrière et pour laquelle ne comptent que les armes? Or l'abbé de Saint-Martin, le grand Alcuin, explique vers 800 le rôle des dignitaires laïques, non point par leur activité militaire, mais par « le don de la richesse et le don de l'administration » que Dieu leur a faits. La *militia*, formée de ceux qui portent le ceinturon, est là pour gouverner, chez les Francs comme ailleurs. Mais ne s'agirait-il pas de l'effet des réformes carolingiennes, fondées sur une nouvelle connaissance livresque de l'« héritage antique »? Par chance, nous disposons dès le VIe siècle d'un remarquable témoin vivant dans la même région (le duché mérovingien de Poitiers-Tours), en la personne de Fortunat. Venantius Honorius Clementianus Fortunatus s'est en effet fixé à Poitiers, après un pèlerinage en 565 sur la tombe de saint Martin à Tours.

Ami de la reine Radegonde (veuve de Clotaire Ier, fille du roi de Thuringe, ayant reçu une éducation parfaite dans un palais franc, en pleine « barbarie » mérovingienne), poète de cour recherché, Fortunat correspond, par lettres et poèmes, avec les grands de la cour de Metz, capitale d'une Austrasie dont le duché de Poitiers fait alors partie. Parmi ses amis figure le duc Loup, dont il célèbre les exploits contre Saxons et Danois, et qu'il compare à Scipion, Caton et Pompée. Il vit dans un monde dominé par l'idée de la carrière, exprimée par les *cingula celsa*, correspondant à un *honor* élevé. C'est ainsi que Fortunat s'adresse à « *Iovinum inlustrem ac patricium et rectorem Provinciae* », qui gouverne la part austrasienne de la Provence. Il chante la gloire d'un autre Gallo-Romain, Mummolenus, « *nobilitate potens* ».

La carrière de ce fils de Paeonius, *comes civitatis* d'Auxerre (dont il s'était arrogé le comté), a frappé Grégoire de Tours qui la définit ainsi : « *gradatim proficiens, ad maius culmen evectus est* ». Il avait donc gravi à la romaine les *gradus dignitatis* avec leurs *cingula* respectifs, jusqu'au rang élevé de *patricius*, le *culmen puissantpatriciatus*. On lui associe les épithètes les plus distinguées, tout comme à Parthenius, puissant ministre royal : « *illustrissimus vir Parthenius patricius ; domino inlustri magnificentissimo atque praecelso Parthenio magistro officiorum atque patricio* ». Toujours en Gaule franque, une inscription trouvée près de Tourbes (Var) nous fait connaître un *Ennodius praeclarus rector* ayant porté les *patricia cingula*, personnage qui appartenait aux Ennodii, une des plus grandes familles romaines de Gaule.

Nous pouvons encore donner un autre exemple, authentiquement franc celui-là. Fortunat nous a en effet laissé un poème esquissant toute une carrière, celle du *domesticus* (autre charge d'origine romaine) Conda. Y figurent tous les éléments de la *dignitas* romaine qui s'acquiert, au-delà d'une naissance noble, surtout par le mérite personnel, qui amplifie la gloire des ancêtres. Comme Tacite faisant carrière sous trois empereurs, Conda a servi trois rois d'Austrasie en augmentant ses *cingula* par le mérite de son *obsequium* : le premier roi le nomme *tribunus*, et le deuxième *comes*; sous le troisième, Theudebald, il est *domesticus* à la Cour, et une sorte de *tutor* du jeune roi. Après la mort précoce de ce dernier, il conserve ses *honores* pour servir sous deux autres rois encore, Clotaire Ier (pour le compte duquel il combat les Saxons, malgré un âge déjà avancé) et Sigebert Ier. *Semper maiora mereri* fut sa devise, vœu réalisé grâce aux services qu'il aura librement rendus. Peut-on imaginer survie plus forte des idéaux de la *nobilitas* romaine que chez ce noble franc du VIe siècle, vivant à Metz? C'est à tort que l'on a parlé de « Barbares affublés » d'une quincaillerie romaine, de « grands enfants » attirés par des métaux mirobolants : la noblesse franque a su conserver non seulement les formes romaines extérieures, mais également l'esprit qui animait la *nobilitas* romaine depuis ses origines.

Conda, le Franc, n'est pas un cas isolé. Retenons d'abord l'unité profonde de la *militia* qui permet à Conda, en gravissant les *gradus* de sa carrière, de vivre à la Cour parmi les commensaux du roi et les grands (« *egregios inter residere potentes* »), tout comme ce fut le cas des hommes de la cour romano-gothique dont nous parle Cassiodore. Longtemps avant les Carolingiens, on n'exerçait plus le pouvoir public en Gaule franque sans ceindre le *cingulum*. Ainsi procéda la reine veuve Bathilde, d'origine anglo-saxonne, quand elle dut assumer en 657 la régence de son fils. Après sa chute, qui l'obligea à prendre le voile à Chelles, elle ne pouvait plus garder ce symbole du pouvoir; aussi en fit-elle cadeau à ce couvent où se retireront plusieurs reines franques. Émouvante démonstration de la force d'une tradition romaine qu'avait déjà suivie l'ancêtre des rois, Childéric, quand on déposa dans sa tombe, avec l'anneau sigillaire, le *cingulum* et le *balteus*. Bathilde pouvait aussi se référer à un modèle romain féminin, comme l'a montré Jean-Pierre Laporte en étudiant une chemise de la reine (baptisée « chasuble » beaucoup plus tard) sur laquelle furent reproduits en broderie des colliers et une immense croix pectorale, parure qu'elle avait portée aux moments de sa gloire et de sa puissance, à la manière des dames de la cour de l'impératrice Théodora, représentées à Saint-Vital de Ravenne. Un modèle qui n'étonne pas, quand on sait que son conseiller et ami fut (saint) Éloi, grand orfèvre, entre autres.

Un siècle plus tôt, une autre reine franque connaissait déjà l'importance des normes romaines en matière de port des vêtements d'apparat et du *cingulum*. Frédégonde, en chassant de sa cour l'ex-*domesticus* (dignité romaine) Léonard, « *nudatum vestimentis* », c'est-à-dire privé des vêtements correspondant à son rang, l'oblige à se démettre aussi du *balteus* qu'il avait reçu des mains du roi Chilpéric. Plus officielle est, en 626, la définition du titulaire d'une fonction publique que donne un synode réuni à Clichy près de Paris : il est placé « *in quolibet gradu vel cingulo* ». *Cingulum* revêt ici le sens abstrait de « rang » et du pouvoir qui s'y attache, comme dans l'Empire romain.

Le monde latin avait retrouvé un centre authentique et vigoureux en Occident, à Rome, l'ancienne capitale, grâce à une papauté qui correspondait avec les autorités de l'Empire (« byzantin » pour les modernes) et des nouveaux États des rois barbares dans les plus pures formes de la langue administrative romaine. Grégoire le Grand, en 600, félicite ainsi un correspondant dont il vient d'apprendre qu'il a été nommé *praefectus* : « *praefecturae vos suscepisse cingula cognoscentes* ». Plus tard, la papauté, ayant étoffé ses pouvoirs spirituels de droits impériaux à la suite de la fausse Donation de Constantin, combine très habilement les deux en des gestes qui impressionnent les rois barbares. En 853, le futur Alfred le Grand étant arrivé à Rome, Léon IV écrit au père de celui-ci, le roi Aethelwulf : « Nous avons reçu aimablement votre fils Alfred, en décorant celui qui est quasiment notre fils spirituel de l'*honor* et des vêtements correspondant au *cingulum* du consulat, comme cela est l'usage pour les consuls romains. » Celui qui peut ceindre de la couronne impériale le front des plus grands rois dispose de toute une gamme d'autres honneurs romains, qui lui permet de révéler à son tour leur usage et leur prestige aux grands des peuples non romains. Nous précisons « à son tour », puisque ce n'est pas seulement à cette époque tardive et par le biais un peu artificiel de la cour pontificale que le *cingulum* et les dignités authentiquement romaines continuèrent à désigner les élites de l'Europe.

Si donc, en Occident, même les empereurs et les rois portaient le *cingulum* en signe de leur pouvoir, c'est qu'ils étaient les héritiers de l'Empire romain, soit directement par Constantinople (comme nous l'avons vu pour Odoacre, Théodoric, Gundobad et Clovis), soit indirectement par l'empereur d'Occident, ou le *rex Francorum* de rang impérial, ou bien encore le pape. Nous avons pu constater la vigueur avec laquelle Louis le Pieux défendit en 833 son *cingulum militiae* jusqu'à subir la contrainte physique d'évêques qui cherchaient à l'exclure du gouvernement. Amené à résipiscence, il déposa son *cingulum* sur l'autel et troqua l'habit séculier contre l'habit de pénitent. Une fois libéré, Louis le Pieux, avant de reprendre le pouvoir, dut rendre l'habit qu'on lui avait imposé contre sa volonté. Alors seulement, il put être solennellement réinvesti dans sa dignité, en ceignant le *cingulum* en présence des évêques et des autres grands. Quelques années plus tard, en 838, nous le voyons remettre le *cingulum* à son fils Charles, pour qu'il puisse prendre en main le gouvernement d'une partie de la Neustrie. Charles n'est pas « armé chevalier » : il est investi de sa haute fonction, comme tous les grands du monde romain et du monde franc, chacun à sa place et selon son *honor*.

Un autre cas datant du IXe siècle est exemplaire pour illustrer les forces qui légitiment une royauté chrétienne, et le rôle central qu'y joue le *cingulum*. Il met en scène ce roi des Bulgares qui avait adopté la foi chrétienne sous le nom chrétien de Michel, en obligeant ses sujets à faire de même (864). Michel s'était adressé pour cela au pape et à Louis le Germanique, donc au monde franc (qui ne pourra pas maintenir ses positions au sein d'une Bulgarie retombée dans le giron de l'empire d'Orient). En 889, son successeur le roi Boris Ier se fit moine — librement, à la différence de Louis le Pieux —, en laissant son royaume à son fils aîné, Vladimir. Voyant que celui-ci compromettait l'œuvre de conversion de son peuple, « *sacrum habitum deposuit et militiae cingulum resumpsit* » : ce n'est qu'après avoir quitté l'habit monastique et après avoir retrouvé, à travers le *cingulum*, son pouvoir royal, en 893, qu'il put combattre ce fils indigne et faire roi son fils cadet, Siméon. Puis Boris Ier regagna son monastère, après avoir de nouveau déposé le ceinturon.

On ne saurait mieux démontrer l'extension auprès des peuples extraméditerranéens, au moment même de leur christianisation, des structures institutionnelles romaines, dont le *cingulum militiae* se révélait un élément central. C'est ainsi que sont nés les États de l'Europe, devenant du coup aptes à durer dans des structures désormais stables, parce que romano-chrétiennes. Voilà la différence qui sépare un système fondé sur la continuité et le transfert institutionnel, et une « renaissance » un peu artificielle comme le fut le rêve d'Otton III de recréer un Empire à Rome sous une forme combinant les usages alors en vigueur à Constantinople et ce que l'on croyait savoir encore d'un passé lointain.

Le port du *cingulum*, malgré toutes les adaptations qu'il subit suivant les pays et les époques, restait un attribut « naturel » de l'autorité publique, comme l'indique l'auteur de la quatrième *Vie de saint Lambert*, au milieu du XIIe siècle : « *abiecto milicie cingulo, calcata mundane potencie gloria* ». Le *cingulum militiae* ne désignait ni le métier des armes ni le soldat, mais l'homme qui exerçait la *potentia mundana*, le pouvoir dans le monde. C'est dire que le rang social et politique élevé des membres de cette *militia* allait de soi pour les hommes des siècles qui nous occupent. Au XIIe siècle encore, Otton de Freising note le fossé qui sépare les soldats servant à cheval — gens de naissance relativement modeste (« *ex mediocri stirpe* »), nommés par les Normands *vavassores* et qui appartiennent à l'*ordo militum* — de la classe « sublime » des « hommes illustres », dont lui-même fait partie et dont il connaît le prestige. Indications précieuses qui prouvent que la *militia* est encore conçue comme la classe des gouvernants, signalée par un *cingulum* symbolisant le rang de qui le porte, tandis que la grande nouveauté, l'*ordo militum*, celui des *novi milites*, existe déjà comme « ordre » établi, mais de rang « médiocre ».

Il faut ici évoquer le problème des origines de l'*ordo militaris* en faisant un détour par l'étude de l'idéologie de la guerre. Jean Flori a publié en 1983 un remarquable essai, *L'Idéologie du glaive*, avec pour sous-titre *Préhistoire de la chevalerie*, qui montre bien qu'on ne saurait parler de « chevalerie » jusqu'à l'an mille environ. Pour l'auteur, en effet, il n'existe pas d'éthique propre aux *milites*, car les traités théologiques parlent soit de la guerre en général, qu'elle soit juste ou non, soit de la tâche respective des évêques et des laïcs, à savoir du *princeps* et des grands. Déjà, Fulgence de Ruspe s'occupe des « laïcs qui ont une fonction dans la société, particulièrement ceux qui gouvernent qui gèrent, qui œuvrent au service de l'État ». C'est exactement là la définition de la *militia principis*, qui la distingue de ses « subordonnés » qui sont « ici des soldats (*milites*) », souligne Flori. À ces derniers, Fulgence n'interdit pas la carrière des armes, mais il leur recommande « de se contenter de leur solde, de ne pas commettre d'exactions », et ajoute : « Heureux l'État s'il mérite d'avoir de tels soldats ! » En passant du VIe siècle à Grégoire le Grand, Flori constate que celui-ci ne parle pas des *milites*, sauf en ce qui concerne les cohortes d'anges... Dans les hiérarchies du monde, que Grégoire connaît si bien, les soldats sont quantité négligeable.

Sous les Carolingiens, « le mot *miles* se teinte de plus en plus de colorations subalternes ». Certes, on a besoin d'eux, tout comme des paysans, mais pas plus qu'eux ils ne comptent socialement, et moins encore idéologiquement. Ils ne sont pas là pour penser, mais pour obéir. « Les deux ordres [laïc et ecclésiastique], écrit Flori, ne sont considérés qu'au niveau des dirigeants. » Ainsi raisonne Agobard de Lyon qui songe, en parlant de l'*ordo militaris*, « surtout aux chefs [des] troupes, aux *duces*, aux *comites*, aux *principes* ». Il n'y a donc « aucune trace d'une idéologie relative aux *milites* » jusqu'à la fin du IXe siècle. Ceux qui en développent une, au Xe siècle, ce ne sont pas les guerriers, mais « le *princeps*, ou le *judex* du pays ». Ainsi, « "le duc d'Aquitaine se donne un pouvoir analogue à celui des rois carolingiens" [Bonnaud-Delamare], en reprenant à son compte l'éthique royale »... Et vers l'an mille enfin, pour Adalbéron de Laon, les *nobiles* ne sont pas des *milites*, mais des seigneurs.

Bien qu'identifiant le *cingulum militiae*, ou *cingulum militaris*, avec le monde de la guerre et des soldats, Jean Flori est donc parvenu, par un procédé différent du nôtre, à un résultat qui confirme notre analyse selon laquelle le monde est continûment dominé par les porteurs du *cingulum*, des hommes destinés à gouverner les masses et à administrer leurs États. Car cette continuité du *cingulum* des nobles et des puissants est institutionnelle ; elle ne doit rien (ou presque) à la littérature et aux constructions des théologiens ou des historiens. Les siècles précédant le XIIe n'ont pas pastiché les Romains ; ils ont simplement continué à appartenir au monde romain en utilisant la langue administrative de l'Empire chrétien et en gardant ses usages, et avec eux sa hiérarchie étatique et ecclésiastique. Maintes variations de détail prouvent qu'il s'agissait d'une continuité vivante, et non d'une imitation servile ou livresque.

C'est pourquoi la « renaissance carolingienne », ainsi nommée d'après la Renaissance italienne, n'en était pas vraiment une. Les modèles des Carolingiens étaient réels — qu'ils fussent éternels comme Dieu et l'Empire créé par Lui, la Bible, David et l'histoire des rois de Judée, ou contemporains comme Constantinople ou la Rome des papes — et se manifestaient partout où des installations (palais, fortifications, routes) ou des mots et des usages furent réutilisés. La Bible était la parole même de Dieu, la Loi suprême et omniprésente, dont étaient imprégnées, à travers sa traduction latine, les institutions de l'État et de l'Église. Elle racontait l'histoire voulue par un Dieu qui donnait des signes en élevant les rois ou en les humiliant. Il fallait « réformer » le monde selon la volonté divine, faire connaître la Bible selon son vrai texte, les lois et le droit canon selon les meilleures formulations, juger les hommes selon la bonne loi, fêter Pâques à la bonne date. Telles étaient les idées qui guidèrent les grands Carolingiens. Dans ce monde, l'essor de la lignée de Charlemagne répondait au dessein de Dieu. Or, le rang des hommes portant le *cingulum* procédait lui aussi de la volonté divine, comme nous l'avons vu : Dieu, qui faisait les rois, faisait également les *nobiles*. L'Empire romain chrétien, création divine, n'avait pas disparu : l'*arx Romana* était toujours debout et devait durer jusqu'à la fin des temps, jusqu'à l'avènement du seul *rex regum* — le Christ.

CHAPITRE VII

Le partage du pouvoir entre le roi et la noblesse

Nous avons vu comment le *princeps* s'est rendu maître de la chose publique et de la distribution des fonctions publiques (*honores*), tant dans l'armée que dans l'administration, pour former une *militia principis*, dont les membres portaient — en signe d'une discipline stricte, mais aussi de l'autorité que les *honores* leur conféraient — le *cingulum militiae*. Venons-en maintenant au fer de lance du système étatique romain : la faculté impartie aux agents de l'État de contraindre légalement les hommes à obéir, c'est-à-dire la « capacité de commandement légal », selon la formule de Raymond Aron.

Expression de ce pouvoir public, la *potestas publica* est la clef de voûte de l'immense édifice du premier État en Occident. Elle est d'ailleurs proche de l'*imperium* (commandement suprême) : en effet, si les *magistratus* détenaient la *potestas* publique, et certains une *maior potestas*, les premiers d'entre eux (*dictator, consul, praetor*) disposaient de l'*imperium*, par lequel ils pouvaient annuler une mesure prise par d'autres magistrats. Pour Cicéron, *imperia* et *potestates* sont la marque distinctive des autorités civiles et militaires. *Potestas* désigne le pouvoir régulier lié à une fonction, le pouvoir de contrainte du magistrat/dignitaire dans le domaine de sa compétence, y compris les plus hautes charges (*summae potestates*). La *potestas* a donc un rayon d'application plus large que l'*imperium* : imposant le respect de l'*ordo*, elle est le contraire de l'anarchie. C'est pourquoi Auguste, désireux de souligner sa fidélité aux lois et règles de la *res publica* et à l'autorité du Sénat, a choisi le terme de *potestas principis* comme expression de la plus haute autorité légitime, ce qui ne l'a pas empêché de se faire attribuer la *tribunicia potestas* en tant que représentant du *populus*, ainsi que la dictature à vie qui lui donne l'*imperium* et en fait donc le seul chef des armées.

Cette relation spéciale avec l'armée restera le propre de toutes les monarchies issues du modèle romain. L'armée, devenue « professionnelle », appartient à son *imperator*, qui assure aux futurs vétérans leur lopin de terre, mais elle est personnalisée dans un *princeps* qui intègre le titre d'*imperator* à son nom — *caesar imperator augustus** —, et exclut ainsi qu'un autre chef militaire puisse porter ce titre. Investi de l'*auctoritas* que lui a accordée le Sénat (représentant de la *nobilitas*), l'*imperator*, quasi-propriétaire de l'armée qu'il avait déjà « héritée » de César par son adoption, l'est maintenant de façon institutionnalisée.

Dans les faits, le principat des empereurs s'est créé une administration à part, à côté de celle — conservée — des *magistratus* sous autorité sénatoriale. Les gens du *princeps* ne sont plus élus, mais nommés par lui; parmi eux, on trouve des *liberti* (affranchis) qui doivent leur « liberté » à celui qui reste leur maître. Cet État dualiste serait à demi « privatisé » si le caractère public de son chef n'était pas garanti, au-delà des magistratures qu'il assume, par l'essence sacrée de sa personne, qui le place à la tête d'une vraie monarchie.

Deux éléments constitutifs élargirent en ce sens la portée de la notion de *potestas principis*. L'un était le modèle, puissant sur le plan du droit privé, de la *patria potestas*, qui s'imposait à toute la *familia* — l'épouse, les enfants, les serviteurs et dépendants, les « clients » — et dont les prérogatives étaient presque illimitées, du moins en théorie. Les *principes* de la fin de la République avaient une clientèle énorme; celle de César sera plus importante encore. Son héritier, Octavien, se fit élire *pater patriae*, d'où le rayonnement accru de sa « paternité ». Les *cives* de la *res publica* pouvaient se considérer comme ses clients, c'est-à-dire les protégés de sa bienveillance paternelle. Des villes entières s'empressèrent d'ailleurs de se déclarer ses obligées.

L'autre élément constitutif était l'origine divine de tout pouvoir suprême. Ce serait une erreur que d'oublier l'élément religieux comme facteur de légitimation du pouvoir chez les Romains. Cette erreur est à la source des idées anachroniques selon lesquelles la *ratio* romaine de l'organisation politique et le rationalisme moderne seraient pratiquement sur le même plan, de sorte que l'humanité aurait connu une malencontreuse éclipse, nommée « Moyen Âge », pendant laquelle la religion aurait égaré les esprits, avant que le « peuple » ne retrouve sa place. Dans la Rome « païenne » comme ailleurs, l'origine du pouvoir de vie et de mort (*potestas vitae necisque*) était divine. À l'époque républicaine, le peuple romain a vécu sous la protection de ses dieux, dont la *Roma* divinisée. Auguste s'est du reste fait élire *pontifex maximus* de ces cultes. La divinisation de la personne du *princeps*, qui en faisait un *dominus*

* Il finira par être le « nom » de tous les empereurs (*nomen* signifie « nom » et « titre »).

vénéré selon le modèle des cultes monarchiques orientaux, a renforcé le caractère sacré de la *potestas* impériale. Le culte personnel des empereurs a connu une popularité très large, comme le prouvent des milliers de textes et les monuments archéologiques.

Le *populus*, qui avait confié ses pouvoirs au *princeps* (une fois pour toutes, selon la doctrine des juristes du IIe siècle), ne constituait guère un danger pour sa personne, non plus que le Sénat — au contraire de l'armée, jadis source de la puissance de son *imperator*. Cette armée en fit un jouet des « putschs » du IIIe siècle, à tel point que les empereurs cherchèrent un dieu suprême « populaire » dans l'armée, qui pût les protéger des épées des soldats tout en leur apportant la victoire. Après *Sol invictus*, ce fut le Christ.

Le triomphe du christianisme — assuré, ne l'oublions pas, et par des empereurs comme Constantin le Grand, Constance II et Théodose le Grand, et par leurs armées victorieuses sur des empereurs païens — renforça le caractère sacré du *princeps*. Le *piissimus princeps*, sauveur de l'Église par la volonté divine, n'était-il pas l'instrument de Dieu, maître de l'univers ? Cette splendeur impériale d'origine divine alimentait la fierté des membres de la *militia*, rejaillissant sur ceux qui exerçaient la *potestas* au nom d'un élu du Tout-Puissant. Le servir, n'était-ce pas aussi servir Dieu ?

Nous reviendrons plus loin sur la « sacralisation » du *princeps* chrétien et de la *nobilitas*, mais il nous faut montrer l'ancrage du terme *potestas* dans un monde romain devenu le monde du Dieu révélé par l'autorité de la Bible latine. La *potestas* terrestre reflétait la *potestas* suprême du Tout-Puissant. Car la Bible ne parlait évidemment pas de l'*imperium* de Dieu, ni de Dieu comme *imperator* — notions trop étroitement romaines et temporelles, et d'ailleurs anachroniques quant à l'Ancien Testament : ce n'est que dans le Nouveau Testament qu'apparaît l'*imperator*. Au VIe siècle, Grégoire de Tours (qui n'oublie pas l'antidote de la *potestas* : l'*humilitas* qui seule, avec le Christ, peut sauver les hommes) exprime le fondement divin de tout pouvoir par « *unum regnum, una maiestas, una potentia* ». Voilà transfigurés les termes essentiels de la langue politique romaine : le chrétien ne peut plus les penser autrement qu'avec pour arrière-plan le « royaume des cieux », la majesté et l'omnipotence de Dieu. Notons que certains empereurs, comme Louis le Pieux, parlent parfois de *potentia*, terme du symbole de Nicée, à la place de *potestas* pour exprimer la précellence de leur pouvoir.

L'origine romaine de l'idée de pouvoir était si évidente pour l'Occident qu'un adage du XVIIe siècle affirme encore que, s'il faut parler en hébreu avec Dieu (*ob sanctitatem*), en grec avec les érudits (*ob sapientiam*), en espagnol avec les grands (*ob maiestatem*), en allemand avec les héros (*ob gravitatem*), en français avec l'aimée (*ob suavitatem*), il faut parler en latin avec tous : *ob potentiam*. L'État, le pouvoir étaient l'affaire de Rome. Mais d'une Rome devenue l'Empire que Dieu avait choisi comme siège de la foi et de son Église.

Le pouvoir légal

La récurrence du terme *potestas* dans les actes, chartes et autres documents carolingiens et postcarolingiens cités dans le dictionnaire de Niermeyer pourrait faire penser à une influence de la « renaissance carolingienne ». Mais ce concept est présent dans la vie publique précarolingienne. Nous avons montré le caractère foncièrement romain du pouvoir de Théodoric, qui prit aussi le titre de *princeps*, son État romano-gothique ayant été reconnu par l'empereur comme partie intégrante de la *res publica*. Or, cet État, ses institutions et sa cour à Ravenne ont pu être une sorte d'intermédiaire entre l'Empire et d'autres royaumes fondés sur le sol romain, sortis de la *res publica*, tout en reconnaissant la suprématie de l'empereur.

En ce qui concerne le royaume franc, ce passage au-dehors de l'Empire se lit ainsi, rétrospectivement et sous la plume d'un auteur d'origine italienne, Jonas. Vers 659, celui-ci a essayé dans sa *Vita Johannis abbatis Reomensis* d'expliquer la situation en 539, lors d'un conflit entre rois mérovingiens ; il dit que ces rois francs gouvernent la Gaule « *sue dictione, sublato imperii iure* », car « *postposita Rei publice dominatione, propria fruentur potestate* ». C'est là l'un des nombreux exemples prouvant que le VIIe siècle ne sait plus ce qui s'est passé autour de 500 : le texte ne mentionne ni la reconnaissance par l'empereur du roi des Francs, reçu au sein de la hiérarchie impériale comme *rex gloriosissimus*, ni la reconnaissance par le roi de l'origine impériale de sa nouvelle dignité, avec la *potestas principalis* sur l'ensemble de ses sujets, romains ou barbares. Ce qui reste connu, en revanche, c'est que les rois francs disposent de la *propria potestas*, c'est-à-dire d'un pouvoir étatique. Ce pouvoir n'est plus romain, mais il s'exprime en des termes romains.

En Espagne — où l'on a contesté ouvertement les prérogatives impériales longtemps avant que les Carolingiens le fassent en Gaule —, vers 600, le grand Isidore de Séville († 636), célébrant à la fin de son *Histoire des Goths* les mérites de leurs rois, parle de leur *regia maiestas*, de leur *imperium*, qu'ils exercent comme *princeps populorum* et *pater pauperum*. Il déclare le roi Suintila parvenu à sa dignité *gratia divina*, comme ce sera le cas plus tard (mais après intervention papale) des Carolingiens. Isidore se réfère toujours dans ses datations aux années de règne de l'empereur, et donne à Suintila l'épithète de *gloriosissimus*, celle qui correspond exactement à sa place dans la hiérarchie romaine, où seuls comptent les titres reconnus par l'empereur. Sa rhétorique trouve ainsi ses limites face aux faits. Pour l'Espagne et son Église, le roi est *gloriosissimus princeps* et sa grandeur procède de l'usurpation rhétorique de titres impériaux, donc de l'*imitatio imperii*. Même ceux qui contestent Rome l'imitent comme modèle du pouvoir et du prestige étatique. Comme Théodoric l'était en Italie, le roi en Espagne est un *princeps* aux attributs quasi impériaux, habilité à nommer des grands à de hauts offices et à leur conférer la *potestas publica*.

Il en allait de même dans le royaume franc, où l'épitaphe de Genesius, évêque de Clermont, « *vir gente Romanus, nacione clarus* » (« de naissance noble »), date la mort du prélat « *imperante principi Francorum rege* ». En Gaule, le roi franc avait pris la place de l'empereur. Selon la littérature hagiographique, le roi mérovingien est *princeps et dominus*, *rex et princeps*, *reverentissimus* ou bien *religiosissimus princeps* (deux épithètes que le protocole impérial réserve en principe aux évêques, particulièrement aux patriarches). Les évêques lui donnent son titre officiel, *gloriosissimus princeps*, mais aussi *piissimus princeps*, théoriquement réservé à l'empereur. Les pères du synode d'Orléans, en 549, adoptent les honneurs impériaux de « *clementissimus princeps dominus triumphorum titulis invictissimus* [...] *rex* ». Le synode de Mâcon en 585 y ajoute les attributs impériaux de *serenitas ac maiestas*, et celui de Paris, en 614, compare le roi à David, conformément au privilège impérial.

Dans chacune des grandes parties du monde romain qui ne relevaient plus, en Occident, de l'obédience directe de l'empereur, le roi correspondant avait donc hérité de lui la *principalis potestas*. Plus encore que sur leur royauté, les rois francs eux-mêmes insistent sur leur qualité de *princeps*, car elle leur assure un pouvoir bien supérieur à celui d'un roi germanique. Ils la rappellent sans cesse quand ils parlent dans leurs lettres et diplômes de leurs prédécesseurs et de leurs successeurs futurs, surtout par la formule « *clementia principalis* », renvoyant à la vertu impériale de *clementia*, celle du bon empereur qui, *pater patriae*, aime ses sujets comme un père sachant pardonner. On est loin du roi barbare des historiens du droit qui ne connaît que son épée de conquérant.

Certes, les actes mérovingiens conservés sont postérieurs aux premiers textes synodaux. Mais le plus ancien original parvenu jusqu'à nous, un acte de Clovis II émis en 654, commence précisément par « *oportit climenciae princepali* » (« il convient à la clémence du prince »), formule visiblement en usage depuis longtemps. La légitimité officielle du roi des Francs repose non pas sur le droit du conquérant, mais sur la *potestas* légale du *princeps* et *dominus* sur tous ceux qui habitent son *regnum*. Vers 600, alors que la chancellerie pontificale de Grégoire le Grand réserve toujours le titre de *princeps* au seul empereur, la Gaule est convaincue du *principatus* de ses rois, comme l'est la péninsule Ibérique de celui des siens. Grégoire de Tours connaît le principat du roi des Vandales comme celui du roi des Francs : du *principatus regis Francorum*, il fait même un *principatus Galliarum* et parle, sur le plan général, de *regni principatus*. D'autres *gentes* peuvent avoir des rois, mais seuls les rois disposant du *regni principatus* disposent de la plénitude des pouvoirs publics, de la *potestas principalis*, sur toutes les *gentes* qui leur sont soumises, y compris les *Romani* ainsi que les évêques. Ne leur manque que le titre impérial romain, donc universel; mais, longtemps avant la doctrine des canonistes des XIIe-XIIIe siècles, ils sont déjà « empereur [*princeps*] dans leur royaume ».

Le pouvoir de juger et d'administrer les hommes

Dans cette victoire du « modèle romain » du *princeps* chez les rois de l'Occident, la *potestas principis* est présente dès le début, à savoir dans la législation « barbare » des Ve-VIe siècles qui, ne l'oublions pas, est l'adaptation, sur ordre du roi, de la législation romaine entreprise avant la codification impériale du code Justinien. La *lex Burgundionum* (« loi gombette ») parle vers 500 des bases divines et morales de la *potestas terrenae dominationis* des rois des Burgondes : l'amour de la justice qui plaît à Dieu confère la *potestas* légitime. Dans cet exorde solennel de sa loi, le roi Gundobad (Gondebaud) ne mentionne pas l'origine précise de ses droits, la nomination impériale (pourtant bien soulignée dans les lettres que les rois de l'Occident envoient au *princeps* impérial). Mais la suite du texte précise que cette *potestas* réside essentiellement dans le pouvoir de juger et d'administrer les hommes. Le législateur s'adresse aux *administrantes ac iudices*, qui auront à appliquer les deux lois de son royaume : celle des Romains, appliquée par les *Romani comites*, et celle des Burgondes, appliquée par les *Burgondiones comites*.

Ces rois n'ont donc pas inventé un autre État; ils ont perpétué la vie publique en harmonisant les intérêts des uns et des autres, et en sauvegardant droits et habitudes des deux aristocraties sous un seul *princeps*. Non seulement les royaumes occidentaux ne forment pas un monde sauvagement soumis par les Barbares, mais on y trouve des conceptions politiques et une réflexion sur la légitimité de l'État chrétien et sur les devoirs qui en résultent : le roi chrétien agit au nom de Dieu, Roi des rois — et cela, comme le montre l'exemple burgonde, dès la fin du Ve siècle. La *potestas* n'est pas une nouveauté due à l'Église romaine qui aurait mis fin, par une nouvelle éthique politique, à la prétendue barbarie antérieure, mérovingienne ou autre.

Les deux volets du pouvoir : potestas principis *et* publica potestas

Revenons sur la légitimation de la royauté de Pépin. Les Annales du royaume écrites à la Cour ne mentionne pas un fait essentiel que leur auteur a cru devoir « négliger », après l'avènement royal de Pépin. Ce fait, c'est que Pépin, et son frère Carloman jusqu'en 747, avaient été *princeps Francorum* et avaient déjà, en tant que tels, exercé la *potestas principalis*.

Avant eux, Grimoald, préparant la première usurpation pippinide, avait obtenu de « son » roi austrasien le titre de *princeps*, de sorte qu'il y avait désormais deux *principes*, l'un royal, l'autre non. Charles Martel et ses fils avaient repris ce titre qui symbolisait le pouvoir suprême et chrétien (le *princeps* catholique étant le contraire du tyran et de l'usurpateur) en en faisant cette fois un véritable titre royal sous sa nouvelle forme, *princeps Francorum*, et cela avec le consentement de l'épiscopat et de la noblesse en plein royaume des Mérovingiens. Les chefs d'État « délégués » convoquèrent ainsi les synodes de réforme ecclésiastique des années 740 en se parant du titre prestigieux de *princeps* dans les actes synodaux, sans plus mentionner le titre de *maior domus*, et Charles Martel disposait des biens de l'Église pour la défense du royaume en tant que *princeps* *.

Vers 750, le problème des Pippinides n'était pas de gouverner le royaume et de diriger son Église en se prévalant d'une *potestas* légale, car leur pouvoir était déjà reconnu par le pape. Mais ce pouvoir, ils l'exerçaient en tant que *subregulus*, le titre de *rex* étant porté par un autre. Il leur fallait donc déloger les Mérovingiens de manière élégante. L'intérêt de la papauté coïncidait sur ce point avec celui des Pippinides. N'avait-elle pas cherché leur appui depuis l'époque de Charles Martel ? Il ne s'agissait pas de la question du pouvoir légitime face au pouvoir de fait, mais de réserver de nouveau l'emploi du titre de *princeps* au seul *rex*. Pépin et ses brillants conseillers voulaient ainsi faire coup double : éliminer le Mérovingien, *rex* n'exerçant plus la *principalis potestas*, que lui avait ravie le *princeps* pippinide, et éliminer, au profit de la *regalis potestas* rétablie, une *principalis potestas* qu'avait exercée Pépin, mais qu'exerçaient toujours d'autres grands non royaux comme les ducs d'Aquitaine et de Bavière. Mais la tentative de nier la signification prestigieuse du titre de *princeps* et d'abaisser par là tous ceux qui le portaient dans le monde franc, comme en témoigne la suppression très précoce du titre ducal par les Carolingiens, ne connut pas un succès durable.

---

* Ce que ne signale évidemment plus Hincmar de Reims, qui fulmine contre ces « usurpations » d'un prince qu'il voue après sa mort à de terribles châtiments divins.

Il en fut de même de la substitution de la *regalis potestas* à la *principalis potestas* des empereurs et des rois mérovingiens opérée par Pépin quand il se démit expressément de son titre de *princeps*. Au début du IXe siècle, l'histoire de l'essor pippinide écrite à Chelles sous l'influence de l'abbesse Gisèle, sœur de Charlemagne (histoire connue sous le titre erroné d'*Annales Mettenses priores*), souligne le caractère de « principat » de la domination pippinide du VIIe au IXe siècle, et fait du roi Pépin, lors de sa consécration par le pape en 754, un *piissimus princeps* dans la plus pure tradition romaine et mérovingienne. En pleine époque mérovingienne, il existait donc une *principalis potestas*, que ce fût celle du *princeps* et roi mérovingien dans les différents *regna* et leurs synodes respectifs, du *princeps Francorum* et maire du palais, ou du *princeps* en Bavière ou en Aquitaine.

Peut-on concevoir que le *princeps* authentique, roi et successeur de Clovis, n'ait pas eu le caractère sacré que les synodes « carolingiens » et bavarois du VIIIe siècle attribuent à leur *princeps* non royal respectif? C'est ce que semblent croire ceux qui persistent à parler d'une royauté mérovingienne fruste et plus germanique que chrétienne, et pour qui la véritable christianisation de la royauté ne date que des Carolingiens. La recherche récente a esquissé une autre image du roi mérovingien, conçu — même chez Grégoire de Tours qui le critique — comme le guide (avec les évêques) du peuple chrétien, tel ce roi modèle que fut Gontran. Même l'idée du *ministerium* du roi face à Dieu était mérovingienne. Ce sont les Mérovingiens qui ont christianisé le nord-est de la Gaule et qui ont inauguré une série de synodes généraux depuis 511. Le synode diocésain est lui aussi une création de la Gaule mérovingienne, comme l'a montré Odette Pontal.

Nous ne reviendrons pas sur l'histoire de la *principalis potestas* non royale, déjà abordée au chapitre V, mais il nous faut démontrer la présence, du Ve au VIIIe siècle, de l'autre volet du pouvoir légal : la *publica potestas* que le *princeps* délègue par l'attribution d'un *honor*.

Les premiers législateurs barbares emploient le terme *potestas* dans son sens romain et comme une chose qui va de soi. Dans le fragment du code d'Euric — publié moins de quarante ans, comme le souligne Karl Friedrich Stroheker, après le code Théodosien (le premier que connut l'Empire) —, le règlement des obligations du *buccelarius* (garde personnel des chefs militaires romains et barbares) envers son maître (*patronus*) prévoit qu'après sa mort sa fille reste *in patroni potestate*. Ces chefs exercent sur leurs hommes une *potestas* légale, confirmée par le *rex/princeps*. D'autres sources de la même époque, toujours en Gaule, attestent la vitalité du terme *potestas*. Arbogast, *comes* de Trèves, ayant parcouru le *cursus honorum*, reçoit les épithètes « *praecelsus et spectabilis* » : la dignité de *comes* est son *ordo potestatis*, comme l'exprime son correspondant. On ne sait pas avec certitude si ce *comes* a terminé sa carrière au service de Rome ou au service des Francs. Pareille incertitude* vaut pour le *comes* d'Autun, Attalus, auquel Sidoine Apollinaire écrit au sujet de son « *novum ius potestatis adeptae* ».

Les hauts dignitaires exercent la *potestas*, c'est-à-dire le pouvoir politique et judiciaire, après leur nomination par le *princeps*. Les rois francs connaissent si bien la *iudiciaria potestas* qu'ils étendent son application aux parties de la Germanie qu'ils contrôlent, comme l'a vu dès 1952 le baron von Guttenberg : elle est exercée par le *iudex publicus*, qu'il soit *comes* ou *grafio*, selon la formule « *Iudex hoc est comes aut grafio* ». Le dignitaire, qui est « *iudiciaria potestate accinctus* », porte le *cingulum* pour remplir ses fonctions publiques (*functiones publicae*), parmi lesquelles la collecte des redevances et des impôts. La *potestas publica* romaine est donc pleinement appliquée dans le royaume franc, y compris en Germanie conquise, et spécifiée selon le rang du fonctionnaire. Ainsi, en 586, la *potestas ducatus* de Beppolenus, *dux* du *Britannorum limes*, est élargie à d'autres cités par le roi Gontran. Le terme exprimant le pouvoir public est appliqué aussi bien à un territoire qu'au rang de son détenteur. Comme dans l'administration romaine, *iudex* est un terme général qui ne désigne pas seulement le « juge », mais le haut fonctionnaire provincial, dont l'activité judiciaire n'est qu'une des obligations.

La *potestas publica* exercée par les dignitaires nobles a certainement renforcé le pouvoir de l'ancienne aristocratie germanique, comme la *principalis potestas* l'a fait au profit des rois barbares. Si le roi germain n'était qu'un *primus inter pares* au sein de son aristocratie, cette dernière — tout en guidant les peuplades, surtout à la guerre — ne jouissait pas en fait de droits exorbitants, liée qu'elle était aux hommes libres (au plein sens du terme), qui décidaient eux-mêmes, lors des assemblées politico-judiciaires, de la paix et de la guerre ainsi que d'autres graves questions. Nous pouvons mesurer le changement qu'entraînait l'entrée dans le monde de la *potestas* à la lumière d'un cas significatif : le passage tardif dans l'orbite romano-chrétienne du peuple saxon, longtemps demeuré libre et païen.

L'aristocratie saxonne était relativement faible au regard du pouvoir des nobles chrétiens : « Contrairement au reste de l'Europe du VIIIe siècle, la noblesse** saxonne n'a pas encore le monopole du pouvoir politique » (Eric J. Goldberg). Christianisme, seigneurie

---

* Selon nous, c'est déjà le *rex* des Burgondes qui l'a nommé comme un de ses *comites Romani*.

** Notons toutefois que l'aristocratie saxonne n'était pas encore une noblesse.

rurale et noblesse allant de pair, créer une noblesse en Saxe signifiait écraser le paganisme, mais aussi piétiner la liberté et les droits des hommes libres. La splendeur de la *nobilitas* fut à ce prix. À telle enseigne que, des décennies après la lutte acharnée des Saxons contre les Francs catholiques, la révolte des Stellinga (nom sous lequel s'étaient ligués libres [*frilingi*] et semi-libres [*lazzis*]) devait encore être brutalement réprimée. Or, les aristocrates saxons, que Charlemagne avait mis trente ans à soumettre totalement, choisirent l'Église et le roi franc, s'allièrent aux familles franques, s'enrichirent et firent une carrière telle que leurs descendants composèrent plus tard l'entourage d'Henri Ier, roi de Germanie, puis d'Otton Ier, empereur d'Occident.

Également rapide fut l'intégration des Normands. Saxons et Normands sont des exemples qui permettent de saisir la différence entre aristocraties païennes et noblesse chrétienne, ce modèle romain qui, se fondant au début sur des régions en majorité romanisées, finit par gagner l'Europe entière.

La noblesse investie de l'autorité publique

Le IXe siècle apporta à ce modèle de la distribution de la *potestas publica* par le *princeps* des changements qui sont à l'origine d'une augmentation décisive du nombre des détenteurs légitimes de la *principalis potestas*. Louis le Pieux entreprit en effet des réformes importantes dans l'Église de son empire, cherchant la coopération, « le partage des responsabilités » (Olivier Guillot), non seulement avec l'épiscopat, mais avec l'ensemble de la *nobilitas*. L'atteste une loi de 823-825, émise « *divina auctoritate** » et « *humana institutione* », qui définit la tâche du *princeps*, élu par Dieu pour prendre soin de la sainte Église et assurer le gouvernement du *regnum*. L'empereur garde la direction** de ce double *ministerium* — défense de l'Église, et garantie de paix et de justice dans l'État pour protéger le peuple entier —, mais il l'exerce désormais conjointement avec les grands, ecclésiastiques et laïcs, accordant à chacun sa part selon son rang respectif, « en sorte, ajoute-t-il, que chacun de vous à sa place et en son ordre soit reconnu avoir une partie de notre ministère » (« *ut unusquisque vestrum in suo loco et ordine partem nostri ministerii habere cognoscatur* »). Dans cette coopération, l'empereur est l'*admonitor*, tous les autres étant ses *adiutores*, ses aides, dont il exige un rôle actif. Il ne s'adresse pas au peuple, objet passif de sa sollicitude, mais aux seuls détenteurs d'un *honor*, qui,

---

* Le *princeps* parlant au nom de celle-ci après avoir entendu les recommandations de l'Église.

** « *Summa huius ministerii in nostra persona consistere videtur.* »

grâce à leur parcelle de *potestas*, peuvent devenir les « partenaires » du *princeps*.

Cette consigne nouvelle sera presque immédiatement prise à la lettre par le haut clergé, qui formulera (à la demande de l'empereur) des critiques dès 827-829, puis par les grands. Leurs initiatives, qui coïncidaient évidemment avec leurs intérêts, étaient désormais un droit. Si l'on se rappelle que les détenteurs d'un *honor* étaient presque tous devenus, sous Charlemagne, des vassaux directs du roi, y compris ceux qui, n'étant pas des comtes, portaient la désignation officielle de « vassal royal » — *vassus* (ou *vasallus*) *dominicus* —, on peut dire que Louis le Pieux a fait le premier pas vers la réciprocité effective des obligations entre « seigneur » et « vassal », qui sera le fondement de ce qu'on appelle le « monde féodal ». Ceux qui, en 843, à Coulaines, reconnaîtront le jeune roi Charles en son nouveau royaume franc occidental ne le feront que contre la reconnaissance expresse non seulement de leurs droits, mais aussi de leurs mérites et services rendus, auxquels il était redevable de son royaume. Pour eux, il n'était que justice que le roi ne fût pas ingrat et admît, entre autres, que le fils d'un de ses valeureux vassaux ne pouvait « perdre », à la mort de son père, le fief détenu par ce dernier. Ce fut, dans le seul royaume franc occidental, le deuxième pas vers une transformation de la *militia regni*.

Cette ascension de la *nobilitas*, à savoir de ceux qui détenaient les *honores*, était décisive sous l'angle du caractère de la *potestas* dont ils étaient désormais investis. Selon la loi de l'empereur Louis, le *ministerium* envers Dieu était celui du *princeps* en premier lieu, mais y participaient, chacun à sa place, tous ceux auxquels il avait confié de hautes responsabilités. Il est donc inexact d'affirmer qu'il n'y a pas eu de doctrine du pouvoir en général et des obligations morales qu'il comporte, et que le « Moyen Âge » n'aurait connu comme littérature en ce domaine que les « miroirs de princes » — textes pleins de généralités pieuses, souvent écrits par des confesseurs de roi pour l'édification et, à la rigueur, l'exercice du pouvoir « tout personnel » de leur maître (sans référence à l'idée d'État). En fait, on écrivit encore des « miroirs » à l'époque « moderne », comme le firent Bossuet ou Fénelon, et on en avait écrit, dès le IXe siècle, à l'intention aussi de grands non royaux, voire de la *nobilitas* en général. Tel fut le cas de Jonas, évêque d'Orléans, sous le législateur de 823-825. La carrière de Jonas ayant commencé sous Charlemagne, qui avait étendu le concept de *ministerium* à l'ensemble des hauts fonctionnaires (en tant que devoir, et non pas en tant que droit), les maîtres à penser, proches de la Cour et envoyés comme *missi* dans les provinces (y compris Jonas), n'avaient sans doute pas manqué de réfléchir, au service de Charlemagne comme de Louis, sur la formation et l'inspiration des grands laïques.

Or, on constate depuis la fin du VIIIe siècle une évolution parallèle des termes *ministerium* et *potestas* vers une acception concrète, significative pour l'histoire du droit et des institutions. *Ministerium*, mot définissant l'activité humble du serviteur, voire de l'esclave, et qui depuis Grégoire le Grand pouvait aussi exprimer les devoirs sublimes du roi envers Dieu, prit alors une signification « médiane » en désignant les obligations du haut dignitaire, surtout du comte, envers le *princeps*. Les grands des Francs, devenus par trop indépendants face au roi mérovingien ou au maire du palais, voire dangereux quand ils formaient des factions, réapprirent à obéir sous Charles Martel, Pépin et Charlemagne, et à considérer leur position de force envers les autres hommes comme un devoir à accomplir envers Dieu et le prince, auxquels ils devaient la « foi » (*fides*). Pour ne pas laisser de doute sur ce point, Charlemagne a commencé à désigner le comté confié à un comte comme son *ministerium*. Presque immédiatement, ce mot a signifié à la fois la fonction et le territoire où elle s'exerçait. Les limites du comté sont ainsi devenues les limites géographiques de la *potestas publica* du *comes*. Ce qui était son *ministerium* du point de vue royal est devenu sa *potestas*, de son propre point de vue et de celui de qui lui devait obéissance. Or, la loi générale solennellement promulguée par l'empereur Louis, qui la fit placer en tête d'un corpus de lois des deux premiers empereurs des Francs, avait fait du *ministerium* des grands une parcelle du *ministerium* impérial, une *pars* qu'ils exerçaient désormais à sa place (*in suo loco*). Le sens attribué à cette *potestas* allait glisser inexorablement de *potestas publica/potestas iudiciaria* vers *potestas principalis* : n'était-elle pas une partie de la tâche impériale, donc de la *potestas* suprême ?

Cette amorce d'une généralisation du principat est le début d'une nouvelle époque. La *potestas principalis* va « descendre » du *comes* jusqu'au maître d'une petite forteresse. La multiplication de ceux qui disposaient d'elle sur un territoire limité géographiquement, où ils exerçaient le pouvoir direct suprême, changea le paysage politique. La *postee*/« pôté » (*potestas*) était née. Nous voyons ici que la *potestas*, de l'empereur et du roi jusqu'à leur représentant local, a toujours désigné l'ensemble du pouvoir public et de la faculté légale d'exiger l'obéissance des hommes libres. Auguste Dumas a eu raison d'attribuer à la *iudiciaria potestas*, exercée par le *iudex publicus* (terme « emprunté » aux Romains), « tout le pouvoir que comportait l'autorité publique », mais il ignorait comment un pouvoir seulement délégué par le roi s'était transformé en un pouvoir qui impliquait une part de souveraineté. En fait, cette nouvelle conscience des droits du « seigneur » n'était pas le résultat d'une « usurpation », mais la conséquence d'une législation impériale qui soulignait un nouveau devoir des grands, tout en donnant naissance à un nouveau droit dont la légitimité était difficilement contestable.

Notons encore que ceux qui ont traduit *iudex* par « juge », contrairement à la signification du terme dans le code Théodosien et le code Justinien, ont commis la même erreur que ceux qui ont traduit *iudiciaria potestas* par « haute justice », erreur qui faisait disparaître d'un seul coup l'État (incarné par la *potestas*) au « Moyen Âge » : ne subsistait que le « seul » droit à exercer la (haute) justice.

Potestas peut ainsi signifier, et le pouvoir en soi, et le territoire sur lequel il s'exerce*. On ne peut parler de « propriété », car la *potestas* s'applique non pas à la simple disposition des biens au sens économique, mais à la seigneurie sur les hommes libres qui y habitent, y compris les propriétaires terriens. Lui est soumis un territoire, gouverné par son maître ou par le représentant de celui-ci.

La *potestas* est donc le pouvoir de la noblesse dans toute son étendue, du *princeps*, issu de la *nobilitas*, au dignitaire, nommé par le *princeps* et qui, le cas échéant, devient à son tour *princeps/dominus* sur un territoire limité. La *potestas* est le pouvoir étatique, incarné dans des hommes qui, pris collectivement, forment l'État en commun avec le roi, lequel reste le *princeps* suprême de tous. Là où se trouvent ces *homines publici* se trouve l'État. Au « Moyen Âge » comme à Rome, l'État est donc partout, dans ceux qui l'incarnent, mais aussi en des lieux symboliques, tel le palais impérial d'Aix-la-Chapelle.

On peut trouver une doctrine de l'État et du pouvoir, légitime et bien appliqué, dans des textes de la pratique juridique, en plein domaine d'application de la *potestas*, par exemple dans les préambules (*arengae*) des actes, textes que l'on a longtemps négligés en les prenant pour des platitudes pieuses. L'*arenga* contient parfois une affirmation du rang (et du devoir qu'il implique), ou une promesse faite au destinataire, que ce soit une église ou un vassal. Le *princeps*, roi ou « prince », y parle de la *potestas* que Dieu lui a confiée, et y affirme la conscience de son devoir de bien l'utiliser, tel Ramnoux (*Ramnulfus*), comte de Poitiers, qui se considéra comme le vrai maître de l'Aquitaine après avoir envisagé un instant (vers 888) de se faire élire roi. En 903, il définit clairement la tâche des *principes saeculares* qui, en faisant observer les lois (*legalia praecepta*), devaient triompher de l'erreur et du mensonge ainsi que

---

* La connotation étatique de *potestas* trouve sa confirmation dans la signification concrète et territoriale du terme. Cette connotation est supérieure à celle de *praecaria* ou *beneficium* (qui ne concernent que la propriété de terrain, durable ou non), mais comparable à celle d'*honor*, car l'*honor* est une *dignitas* de caractère public qui confère le droit à disposer d'une partie de la *potestas* publique, l'*honor* et « sa » *potestas* étant limités aux hommes ayant la dignité requise.

chercher ce qui est juste, et cela au moyen de leur *iudiciaria potestas*. Appliquant ces principes, Ramnoux jugea un homme important, le vicomte de Limoges, Aldebertus, dont il démontra la culpabilité par enquête judiciaire (« *legali examine constrictus* ») ; il le fit *principali iudicio*, c'est-à-dire qu'il rendit son jugement en tant que détenteur de la plus haute autorité séculière, la *potestas principalis*, qui seule lui permettait de rendre un jugement sans appel (*principale iudicium*).

Cette même autorité, exprimée par le même terme, mais dans une acception qui en souligne l'étendue territoriale au lieu du contenu juridique, est mentionnée entre 881 et 899 dans la liste des localités devant la *decima* à l'abbaye de Hersfeld, en Hesse : il y a là des villages situés « *in potestate Ottonis ducis* ». Il s'agit du duc de Saxe, Otton, père du futur roi Henri Ier. Il est à la tête d'un *regnum* carolingien, comme Ramnoux de Poitiers, ce qui lui vaut le titre de *dux* (*regni*), et il est le chef d'une dynastie liée par alliance aux Carolingiens, sa fille Oda ayant épousé Zwentibold (fils du roi/empereur Arnoul, et roi de Lotharingie).

À la même époque se place l'administration du bassin d'Aurillac par Géraud (le futur saint). Après avoir été éduqué à la cour du duc d'Aquitaine, Géraud hérite non seulement les terres de sa fort noble famille, mais devient « *senior*, détenteur de la *potestas* », comme le constate Claude Carozzi à la lumière de la *Vie de saint Géraud* rédigée par saint Odon de Cluny. Cette vie, écrite par un abbé fils d'un autre grand, Abbon, lui aussi éduqué jadis à cette même cour, nous livre un détail fort précieux quant au statut des différents détenteurs de la *potestas*, définie par Odon comme *potestas dominandi*, le droit et le pouvoir de gouverner les hommes. Nous apprenons ainsi que Géraud appartient à une famille de *vassi dominici* (vassaux directs du roi, implantés dans les différents comtés pour surveiller les autres grands et même le comte local). En ce IXe siècle, quand l'autorité royale n'atteint plus guère les régions éloignées, le duc local cherche à consolider son pouvoir en invitant ces représentants directs du roi à passer de la vassalité royale dans sa vassalité ducale, en tant que détenteur de la *principalis potestas*. La réponse de Géraud est fort significative, car elle traduit une adaptation au changement institutionnel. Il se refuse à renoncer à sa fidélité envers le roi, mais il admet que son neveu soit le vassal du duc.

On saisit là la hiérarchie des détenteurs de la *potestas*, qu'ils exercent à des niveaux différents : chacun domine des terres où il gouverne personnellement, et d'autres encore où il ne gouverne qu'indirectement à travers un vassal, investi sur place de l'autorité publique. Ces hommes qui forment toujours la *militia regni*, sinon la *militia regis*, représentent l'État. Chacun d'eux est devenu *princeps* et *dominus* dans sa *terra*, sur laquelle il détient la *potestas*. C'est pourquoi, en simplifiant, on appelle cette terre sa *potestas*, sa *postee* (pôté). Le nombre infini des textes qui en parlent prouve l'omniprésence dans la France « féodale » de la *potestas*, dans son sens le plus concret et le plus local. Loin d'avoir disparu, l'État est seulement plus proche des hommes qu'il gouverne et qu'il protège. Il serait erroné de mal juger cet État : pour s'en tenir aux résultats, on observera que la Gaule a décliné sous l'administration oppressive du Bas-Empire, mais que la plupart des régions françaises ont connu, comme l'a constaté Robert Fossier, un essor économique et démographique indéniable à l'« époque féodale » (x^{e}-xiie siècle), avant d'être incorporées dans le domaine royal.

Quelques exemples montreront la réalité de la *potestas* en tant qu'autorité publique dans la meilleure tradition romaine. Que le détenteur soit roi ou *dux*, son pouvoir porte le nom de *potestas*, comme il est dit vers 880 au sujet du comté d'Autun : « *cuius tunc potestatis erat* ». Qu'il s'agisse de la *principalis potestas* souveraine ou de la *publica potestas* des hauts dignitaires, nous la trouvons partout, notamment dans les comtés pyrénéens vers l'an mille : les comtes, « gouvernant des territoires fort restreints qu'ils connaissent à merveille, alliés par le sang à tous les lignages dominants du pays », ont pu « ajouter toutes les terres de l'ancien fisc royal » à leurs biens patrimoniaux, et « disposent en outre des droits et cens attachés à l'exercice de la fonction souveraine » (Pierre Bonnassie). Car, dans une région demeurée « fidèle à la loi wisigothique, ils continuent à bénéficier du prestige et des prérogatives fort étendues que celle-ci, dans la plus pure ligne de la tradition romaine, conférait aux représentants de la *potestas publica* ». Ces comtés « sont restés des oasis d'ordre et de paix civile » au moins jusqu'au milieu du xie siècle.

La *potestas publica*, c'est l'État et la légalité. Les prétendus inventeurs de la souveraineté, comme Jean Bodin, n'ont pas d'autre mot pour désigner le pouvoir public ; quant au néologisme *potestas absoluta*, il se trouve déjà chez des juristes du xiiie siècle, de même que « souveraineté », mot vernaculaire employé par des juges à propos des seigneurs de l'époque.

Ces vertus d'une tradition romaine toujours vivace n'étaient pas réservées aux seuls pays de droit wisigothique, et le reste du monde franc ne « sombrait » pas « dans le chaos des luttes lignagères ». Sans nier les différences de détail en matière législative suivant les régions, il nous faut rappeler que le droit d'exercer la *publica potestas* découlait de la nomination du dignitaire *ad hoc* par le *princeps*, et cela dans toute l'étendue des Empires romain et franc, et même dans les régions limitrophes dont les chefs avaient rallié le « système romain » de l'ordre public en acceptant un titre romain comportant la *principalis potestas*, qui leur donnait le droit de nommer des fonctionnaires investis de la *publica potestas*.

Le sens comme la place de la *potestas* dans le monde de Dieu n'échappèrent pas aux contemporains, tel ce savant du XIIe siècle qui — entre le Christ et saint Paul d'un côté, Luther et Bodin de l'autre, qui tous exigent qu'on donne ce qui leur est dû à l'empereur ou aux *potestatibus*, à l'*Obrigkeit* ou au roi — constate : « *potestas est ordo* ». Elle est l'expression terrestre, avec les imperfections inhérentes à ce bas monde, de l'ordonnancement divin de l'univers.

Abus du pouvoir légal et pouvoir illégal

La *potestas*, dans sa « pureté » de principe, ne saurait faire oublier une autre forme de pouvoir dur et souvent injuste, voire illégal. Les contemporains, confrontés à des situations parfois terribles, ne pouvaient guère être dupes d'une façade parfois brillante. L'État lui-même, tant romain que franc, en fut témoin, qui nous a laissé une kyrielle d'édits fulminant contre les négligences, fraudes et abus, et menaçant de peines sévères les coupables. Reste à juger du succès qu'il a obtenu, mais aussi à évaluer sa propre responsabilité puisqu'il a accordé des faveurs et des avantages souvent honteux aux puissants.

Le pouvoir des puissants (potentes)

Les termes les plus fréquemment employés pour désigner les riches et les puissants étaient *potentes* ou le comparatif *potentiores*, de sens très voisin, le second mot s'appliquant aux gens les plus puissants. La notion de *potentiores* ou de *potentes* — dont le singulier, *potens*, était souvent opposé à *pauper* — compte parmi les plus intéressantes de la nomenclature sociopolitique latine. Elle évoque celle de *potestas*, ne serait-ce que par le biais de *potentia*, dont les variations — *summa potentia* ou *omnipotentia* (divine), et *summa potentia principis* — ont une valeur prestigieuse. Mais, dès que l'on quitte le domaine religieux ou la personne de l'empereur pour le domaine sociopolitique, *potentia* perd nettement de son lustre, comme l'a montré Jörg Schlumberger en 1989.

Pour Cicéron, auquel on doit la seule définition du terme, *potentia* désigne les moyens de pouvoir dont on dispose personnellement, y compris la faculté de « réduire les moyens des autres pour augmenter son propre pouvoir ». Les *potentes* dont il parle tiennent donc souvent le mauvais rôle, et sans scrupule. Salluste condamne Crassus et Pompée comme deux *potentes* menaçant par leurs actes égocentriques la *res publica*. Si la *potentia caesaris* est une valeur sublime, les *potentes*, bien que devant leur pouvoir à la faveur de l'empereur, sont souvent stigmatisés pour leurs abus de pouvoir. Ils sont donc, en principe, loin de jouir du prestige de ceux qui, par leur *honor*, exercent la *potestas publica*. Il semble que les *potentes/potentiores* relèvent d'une catégorie plus sociologique qu'institutionnelle, ce qui n'exclut pas qu'ils aient pu jouer un rôle politique considérable.

En 1980, Andreas Wacke a comparé les *potentiores* aux *honestiores*, qui disposent eux aussi d'avantages, mais selon des critères moraux. Ils sont d'ordinaire opposés aux *humiliores* ou *tenuiores*, c'est-à-dire aux hommes plus modestes, plus faibles. Les *honestiores*, eux, ne se distinguent pas par leur force ou leur puissance personnelle, comme les *potentes*, mais par l'*honor/honos*, mot contenu en *honestior*, et par la *dignitas*, si proche de l'*honor*. Il s'agit essentiellement des *senatores* et des *equites*, les deux classes supérieures, et, à un niveau moindre, des *decuriones*, ceux qui, à travers l'Empire, dans les provinces et les villes, exercent la *potestas publica*. Ce n'est pas cela qui caractérise les *potentes*, même si quelques-uns ont pu occuper une de ces fonctions. La vraie différence, Wacke la définit ainsi : l'État accorde aux *honestiores*, comme récompense des services rendus à la *res publica* et en respectant leur rang, certains privilèges, par exemple l'exil au lieu de la peine capitale ; en revanche, l'État se voit obligé de combattre les abus des *potentes/potentiores* pour protéger d'eux et de leur puissance les *humiliores*. D'où la connotation positive du mot *honestiores* et la connotation négative du mot *potentiores*.

Les *potentes/potentiores* pouvaient être très puissants en tant que *privati potentes*, ce qui leur valait parfois d'être mentionnés immédiatement à côté de hauts dignitaires. Plus encore, d'anciens gouverneurs de province ainsi que d'anciens juges s'enfuirent sous la protection de *potentiores* chez qui ils trouvèrent refuge. Le pouvoir de ces derniers, aussi illégal qu'effectif, était tel qu'il fut souvent impossible à un État romain affaibli de demander des comptes aux fuyards à qui ils donnaient asile. Saint Augustin cite un évêque qui a fait attribuer à un *potens* une propriété qu'il venait d'acquérir, pour éviter d'avoir affaire au fisc.

Il est certain qu'il y a eu dans l'Empire romain un pouvoir à part, à côté du système de la *potestas principis* et de la *publica potestas*. La puissance réelle des *potentes/potentiores* était fonction de l'étendue de leurs domaines et de leur influence, mais aussi de leurs méthodes habiles et sans scrupule. Ces personnages puissants, au moins sur le plan local, ont été responsables de la triste division des hommes (indépendamment de leur statut légal) en *potentes* et *pauperes*, entre ceux qui pouvaient régler leurs affaires à leur guise, tout en s'immisçant dans celles des autres, et ceux qui étaient incapables de se protéger des abus des puissants, sinon en se soumettant à leurs oppresseurs.

Dès la fin de la République, comme l'a montré Jörg Schlumberger, certains auteurs se méfiaient des *potentes* et le problème légal de la protection des *humiliores* face aux *potentiores* avait déjà été vu par Auguste, avant d'être abordé dans les *Digesta* de Justinien : le mal était donc ancien. Il n'en est pas moins vrai que ce combat législatif s'étend surtout entre Dioclétien et le code Justinien, ainsi que l'atteste la cinquantaine de lois dirigées contre les abus des *potentes* que nous avons conservées. Dioclétien et Constantin sanctionnaient leurs interférences dans le cours de la justice, aux dépens de *cives* plus faibles. De véritables *patrocinia potentiorum* se servaient en effet de leurs propres *actores* et *procuratores*. Afin de combattre les pressions exercées sur les juges, Constantin porta l'instance compétente pour connaître de ces affaires au niveau du *vicarius* d'abord, puis à celui du *praefectus praetorio*, la décision impériale étant l'ultime recours. Au IVᵉ siècle, les *defensores plebis* avaient pour mission de défendre les *cives* peu fortunés contre ce qu'on n'hésitait pas à nommer *potentiae terror*. Des lois de Théodose Iᵉʳ et Théodose II cherchèrent surtout à éviter la mainmise des *potentes* sur les terres des petits propriétaires. Mais il fallut combattre aussi les tentatives des *potentiores* de se décharger de leurs impôts* sur les *inferiores*, ou bien encore la fuite de *curiales* sous la protection des puissants, car ces *honestiores* étaient incapables d'assurer le recouvrement des impôts des cités. Ils allaient jusqu'à épouser des esclaves, afin de perdre leur statut et d'échapper ainsi à leurs obligations devenues héréditaires. Une autre loi sanctionnait les *decuriones* réfugiés dans les résidences des puissants, les *gremia potentissimorum domorum*, terme qui laisse deviner leur prestige (fût-il de mauvais aloi).

Mais c'est en vain que l'État, à partir de la seconde moitié du IIIᵉ siècle au plus tard, essaya de prohiber le phénomène nouveau du *patrocinium* (« patronage »), avatar de la clientèle, à savoir le passage de paysans libres ou de villages entiers sous la protection d'une *potentia* privée. Contre la soumission économique et juridique des faibles, le *potens* se chargeait de payer les impôts à leur place — ce qu'il cessait bientôt de faire, bravant tranquillement l'autorité de l'État ou se montrant confiant en la compréhension de fonctionnaires corruptibles ou bien socialement proches (voir plus loin un exemple emprunté à l'Italie carolingienne). Une loi de 441 constate qu'un nombre toujours décroissant d'*infirmiores* acquittaient encore les taxes, tandis que les *potiores*, *validiores* et *locupletiores* (trois catégories d'hommes plutôt puissants ou riches) refusaient de le faire.

---

* À ne pas confondre avec le versement de contributions par les *servi* et *coloni* vivant sur les grands domaines des sénateurs, qui eux de toute façon étaient exemptés d'impôts.

Ceux qui les payaient encore finirent par devenir indépendants de leur *civitas* en obtenant le droit à l'« autopragie », qui leur permit de canaliser les impôts directement vers l'administration provinciale. Celle-ci, pour se procurer la rentrée d'au moins une partie des revenus fiscaux, n'hésita pas à concéder aux riches des avantages, car ils échappaient par cet arrangement au contrôle non seulement des *defensores*, mais aussi des évêques, reconnus par l'État comme les protecteurs les plus influents des pauvres.

Nous assistons sur ce plan à l'essor d'un monde qu'on a appelé « médiéval » et qui est en vérité l'œuvre de l'Empire chrétien romain. L'État, dominé par de hauts dignitaires richissimes, se fait le complice de toute une classe d'hommes riches que, de toute manière, il n'arrive plus à contrôler. En même temps, il s'en remet de plus en plus, pour limiter les abus les plus criants, au soutien de l'épiscopat, dont l'influence, puis le pouvoir sur le plan local prennent une autre dimension. Et cela à l'époque où le recrutement des évêques parmi les hauts fonctionnaires (en retraite), voire les sénateurs, devient la règle. Le pays est désormais presque inaccessible à l'administration, car les grands propriétaires locaux, les *potentes*, obtiennent — sauf pour les graves délits — la juridiction sur les hommes de leurs vastes domaines (c'est là l'amorce de ce qui sera la « basse juridiction du Moyen Âge »). Ils s'entourent d'une suite armée en fortifiant, si besoin est, leurs « résidences » : de propriétaires, les voilà devenus à partir du IVe siècle des sortes de « seigneurs » locaux. L'on devine la suite : le *potens*, quasi légitimé par l'État et la *nobilitas*, ajoute l'acceptation sociale à sa puissance; la notion de *potentes/potentiores* ne fait plus seulement référence à des hommes qui continueront à être condamnés par la législation, tant romaine que franque, mais aussi à des gens devenus plus ou moins respectables.

Du pouvoir de fait au pouvoir public

L'administration romaine a perdu sa bataille contre les *potentes*, mais la face du monde ne s'en est pas trouvée bouleversée. Tandis que les évêques issus de grandes familles richissimes s'engagent à aider les populations urbaines, dans les campagnes, des *potentiores* prennent de plus en plus de responsabilités ou en reçoivent, accédant à la hiérarchie administrative et à l'honorabilité. Ainsi en va-t-il encore dans le cadre de l'Empire romain, mais aussi dans les nouveaux États des rois barbares, où les *potentes* savent se rendre utiles, par exemple en ralliant avec leur suite armée les troupes du roi des Wisigoths. Leur nouveau pouvoir local, plus proche de ceux qu'ils dominent, est intéressé au bien-être de leurs « sujets », car le laboureur est devenu une denrée rare et précieuse. De leur côté, les *pauperes* et les *inferiores* voient d'un œil différent celui qui d'oppresseur s'est transformé en protecteur, en un maître préférable au pouvoir lointain d'une administration qui exige toujours plus d'impôts en donnant toujours moins de protection. La renommée des *potentes* s'est ainsi améliorée, sans que le terme en soi perde sa mauvaise réputation.

Le « pouvoir parallèle » des *potentes*, en principe illégal, et sa fusion avec le pouvoir officiel et légal expliquent le flou qui règne, et dans nos sources, et chez les spécialistes modernes, quant au statut de cette « classe » si importante. L'impression que donnent les textes législatifs, c'est qu'y sont nommés *potentes* tous les puissants dès lors qu'il y a un motif de les blâmer. Sur le plan religieux, saint Paul, qui enseignait pourtant l'obéissance face aux autorités publiques, a réuni dans une même réprobation les deux catégories (Co I, 26-27) : Dieu élisant les humbles, on trouvera parmi les élus peu de *potentes* et peu de *nobiles* (en grec *dynatoï* et *eugeneis*). Mais aucun reproche, qu'il fût moral, religieux ou juridique, ne pouvait entamer la pensée hiérarchique romaine, devenue une mentalité (« *römisches Rangdenken* » selon Alexander Demandt), ni la fierté de familles qui avaient réussi, d'une façon ou d'une autre, à obtenir un statut supérieur.

Les belles promesses impériales s'étaient donc révélées trompeuses. Le chemin de la vertu politique était barré par les structures sociales d'un Empire dominé par les riches et les puissants, qui devenaient toujours plus riches au milieu de l'appauvrissement général. Il faut lire à cet égard les pages assez dures de Michel Rostovtzeff. Malgré toutes les lois prises contre des abus trop criants, une profonde complicité unissait l'État et ses organes légaux, d'un côté, et les puissants et les riches en dehors des structures proprement étatiques, de l'autre. Cet État était inéluctablement devenu l'allié, officieux ou officiel, des *potentes*, en partageant avec eux la domination et l'exploitation des masses.

Il semble évident, dans ces conditions, qu'il faut compter avec un recrutement à deux niveaux pour ce qui sera la noblesse aux IVe-VIe siècles : l'un privilégie la carrière dans la *militia*, administrative et surtout militaire, donc la *publica potestas*, et l'autre l'ascension sociale au sein d'un monde rural qui profita alors du déclin des villes, en établissant un pouvoir de fait des *potentes*, légitimé après coup par les autorités, qu'elles fussent romaines ou barbares. Ceux qui détenaient le pouvoir légalement et s'enrichissaient furent rejoints par ces *potentes privati* qui, tôt ou tard, occuperaient les rangs — au moins moyens ou inférieurs — de la *nobilitas* dans les États successeurs de l'Empire. Ils s'y intégrèrent comme les Barbares, qui formaient la suite armée des chefs militaires et qui s'étaient implantés, grâce au régime de l'*hospitalitas*, dans les provinces. Cet ensemble de *potentes* parvint à un rôle public non négligeable, derrière les *optimates* proches du roi et les titulaires des plus hautes fonctions de l'armée et de l'administration.

Ces données de l'histoire politique et sociale du monde romain, nous les retrouvons dans le monde franc. Considérons l'un des documents les plus importants de l'histoire institutionnelle franque, l'édit de Paris de Clotaire II (18 octobre 614). Au moment où l'ensemble du royaume franc avait retrouvé la *monarchia regni*, à savoir le gouvernement d'un seul roi — cas fort rare —, il fallait que Clotaire, roi jusqu'alors de la seule Neustrie, fixât par une sorte de loi fondamentale les droits et les devoirs de la noblesse des royaumes jusque-là gouvernés par des rois différents (Neustrie, Austrasie et Bourgogne). Cette loi fut publiée par le roi sous forme d'édit, déclaré loi à durée illimitée. Pour se mettre d'accord avec tous les grands, il avait convoqué, à Paris d'abord et à partir du 11 octobre, le plus grand concile mérovingien (12 métropolitains et 60 évêques). Celui-ci venait de se terminer, quand Clotaire fit publier cette loi fondamentale avec le consentement de ses prélats et des autres grands (« *cum ponteficibus vel tam magnis viris optematibus aut fidelibus nostris* »), celui qui y contrevenait s'exposant à la peine capitale. On retrouve là la hiérarchie habituelle qui sépare les *optimates* du reste de la *militia* (à savoir les autres fidèles aptes à participer à la préparation d'une loi).

Mais dans le corps du texte on définit différemment ceux qui, partout dans le royaume, partagent l'exercice de l'autorité publique avec le haut clergé : « *episcopi* [...] *vel potentes* ». Ceux-ci ont d'ailleurs en commun de disposer de leurs propres *agentes*, donc de fonctionnaires non royaux : « *agentes igitur episcoporum aut potentum* ». De deux choses l'une : ou bien l'ensemble de la *militia* laïque peut, contrairement à l'usage ancien, tomber sous la rubrique de *potentes*, ou bien son cercle est élargi, au-delà des hauts dignitaires (qui se distinguent dans le texte comme *iudex publicus* et *persona publica*), à tous les hommes puissants, que leur pouvoir soit d'origine publique ou non. Ce qui le fait penser, c'est la clause mentionnant la masse de ceux qui servent dans les grands domaines, ecclésiastiques et laïcs : « *homines ecclesiarum aut potentum* ». Le fait que d'autres textes reconnaissent formellement les *agentes* des propriétaires locaux ne laisse plus guère de doute : le roi et son entourage admettent au nombre des nobles du royaume des « grands » locaux, même s'ils n'appartiennent pas à la *militia principis*, donc à la *nobilitas* authentique. Là où les évêques sont protégés contre les tentatives de leurs clercs de chercher protection ou avancement auprès du roi ou d'un grand sans en informer leur ordinaire, la loi dit : « *ad principem aut ad potentiores quasque personas* ». On choisit donc le terme le plus souple, qui inclut et les nobles de droit et les nobles de fait, au sens social.

Quant à l'image négative du mot *potentes*, une loi importante de Charlemagne montre qu'elle restait disponible pour la rédaction des textes législatifs. En 802, devenu *serenissimus et christianissimus imperator*, et conscient que cette dignité suprême avait encore accru ses responsabilités envers Dieu, l'empereur voulut améliorer son gouvernement, et surtout la protection de l'Église, des pauvres, des veuves et des orphelins. Par le *Capitulare missorum generale*, il créa l'institution des *missatica*, dans le cadre desquels les meilleurs de ses *optimates* — choisis parmi les archevêques, évêques, abbés et « *laicos* [...] *religiosos* » — devaient examiner régulièrement si la loi était effectivement appliquée au profit du peuple entier. Toute faute découverte que les *missi* ne pouvaient pas corriger ou juger avec les comtes sur place devait être soumise, par le biais d'un rapport, au jugement de la cour impériale. L'empereur mesurait bien le danger de déni de justice qu'impliquaient la corruption et la collusion parmi les grands et les riches. « En aucune façon, édicta-t-il, la voie droite de la justice ne doit être entravée, ni par la flatterie, ni par l'argent, ni pour favoriser des liens familiaux, ni par peur des hommes puissants (*timore potentum*). » Ces *potentes*, qu'ils fussent romains ou francs, opprimaient plus faibles qu'eux.

Une loi antérieure, due à Pépin, roi d'Italie et fils de l'empereur, avait déjà œuvré dans un sens voisin. Elle nous montre la collusion des agents publics avec des gens riches, visiblement plus proches de leur milieu que le peuple, qui en fait les frais. Le roi doit interdire aux *iuniores comitum*, les agents des comtes, et plus spécialement aux vassaux les plus puissants de ces comtes, d'exiger des travaux agricoles plus lourds et fort divers aux petits propriétaires et aux laboureurs des terres de l'Église, qui mériteraient une sollicitude spéciale du roi. Cette attitude oppressive, accompagnée d'autres *machinationes*, avait déjà obligé un grand nombre de victimes, qui n'en pouvaient plus, à quitter leurs terres, abandonnées depuis. En revanche, les gens des *potentiores et ditiores* se trouvèrent avantagés par une sorte de connivence ou *mutua dilectio* entre ces derniers et les agents comtaux. Ces *potentes* fortunés et probablement liés aux vassaux comtaux par des liens matrimoniaux allaient bientôt former avec eux une seule classe, soit en recevant à leur tour un fief du comte, soit en lui « offrant » une de leurs terres et en la reprenant en tant que fief.

C'est donc une autre façon de transmuer un pouvoir de fait en pouvoir public et d'accéder ainsi à l'un des rangs (inférieurs) de la noblesse. Face à une telle connivence, les rois d'Italie au xe siècle suivent, comme le montre Giovanni Tabacco, l'exemple d'autres rois (Charles le Chauve, avant les Ottoniens) en confiant aux évêques — vassaux les plus sûrs et, du fait de leur nomination, plus sensibles à l'influence du roi — une partie considérable des compétences publiques (droits comtaux, fiscaux, de marché, de battre monnaie, etc.), y compris celles pour faire ériger des châteaux forts permettant de défendre le pays « contre les Hongrois et les *mali christiani* », à savoir les envahisseurs païens et les bandits chrétiens (*latrones*). Il en va pareillement en France occidentale et ailleurs. La lutte contre les *raptores, praedatores* et autres *latrones* fut un souci constant, même pour Charlemagne. Ses successeurs, moins puissants, furent obligés de recourir officiellement à l'aide, ne serait-ce que spirituelle, des évêques. Le fauteur de troubles récalcitrant malgré plusieurs convocations était menacé d'interdit par l'évêque, et, en dernière instance, d'anathème. Ces prélats seront finalement de vrais « commissaires de paix », enregistrant d'office tous les coupables, convoquant des plaids obligatoires *(placita)* pour tous les *rei publicae ministri* et *vassi dominici*.

C'est de ces mesures royales du IXe siècle qu'est né le mouvement de paix des Xe-XIe siècles, où les évêques ont joué un rôle considérable, la paix publique (*pax regis*) étant devenue aussi l'une de leurs compétences. L'épiscopat nous fait connaître dans ses écrits les couches sociales au sein desquelles on doit chercher les coupables. Il s'agit d'hommes armés, souvent de groupes organisés, et il n'est pas rare que leurs membres, voire leurs chefs, appartiennent à des familles dont on aurait pu attendre qu'elles défendissent le pays et ses habitants au lieu de les opprimer. En effet, le clergé se plaint à la même époque, entre 840 et 950, du peu d'empressement de la noblesse à combattre les Normands — ennemis, il est vrai, fort dangereux. Il y a même eu des cas de coopération entre Normands et nobles locaux, situation qu'il ne faut toutefois pas généraliser, beaucoup d'autres étant tombés en défendant le pays contre les Scandinaves. Le bilan devient d'ailleurs plus positif dans la mesure où le dignitaire royal se transforme au Xe siècle en *princeps* héréditaire des terres qui lui avaient d'abord été confiées par le roi sa vie durant. Il sera désormais de son intérêt de garantir le bien-être et la capacité de payer des impôts de ses sujets, considérés auparavant comme exploitables à merci.

C'est là un processus analogue à celui que nous avons observé aux IVe, V^e^ et VIe siècles. On ne constate toujours pas là d'« anarchie féodale », mais le passage à la « petite monarchie » de la seigneurie. Les petits « rapaces » qui continuent à piller sont mis à raison ou éliminés par l'alliance des chefs territoriaux, de l'épiscopat et, enfin, de la royauté. Les mauvais *potentes* disparaissent et les bons survivent, par une conversion à la *potestas* légale accompagnée de leur prise de possession de terres ayant caractère d'*honor* public, ce qui en fait des membres authentiques de la *nobilitas*. Cette évolution se reflète dans celle de la notion de *potens/potentes/potentiores*, qui perd sa connotation péjorative. C'est là un bel exemple de la manière dont il faut envisager chaque terme institutionnel ou social dans une perspective historique, ses variations de valeur n'excluant pas certaines constantes de sa signification.

Les nuances chronologiques s'accompagnent de nuances sociales et de rang. Ainsi le roi carolingien distingue-t-il entre les *potentiores*, regroupés avec l'élite des *episcopi*, *abbates* et *comites*, d'un côté, et de l'autre les *minus potentes*, regroupés avec les *pauperes*. Les litiges des seconds peuvent être tranchés sous l'autorité du comte palatin, tandis que les affaires des puissants sont du seul ressort du monarque, même si les membres des plus grandes familles prétendent au droit de n'être jugés que par le seul roi, entouré de leurs propres pairs. Ces gens font partie des *potentiores personae* du fait de leur naissance élevée, sans appartenir nécessairement à la *militia* royale. Ils ont souvent obtenu l'immunité pour leurs domaines privés, constitués en alleux : ils y règnent seuls sur les habitants, le comte ou ses agents n'y ayant pas accès. Ainsi vivent-ils plus libres et indépendants, moins exposés à des sanctions, ce qui n'exclut pas du tout que le roi écoute leurs conseils (éventuellement appuyés par un parent évêque ou abbé). Mais on en arrive là à la noblesse héréditaire, et à la puissance reconnue d'une lignée.

Les *potentes*, en position sinon hostile, du moins marginale face au régime de la *potestas publica*, ont ainsi fini par être reconnus — sous certaines conditions — par la *principalis potestas*, dans l'Empire romain chrétien comme dans l'Empire franc. L'importance de la *potestas* comme essence du pouvoir étatique s'est révélée aux moments des grandes crises : s'il n'y a pas eu d'« anarchie » bien qu'une part croissante du pouvoir soit passée aux mains des *nobiles*, voire des *potentes*, cela est dû largement à la force de la *potestas* qui garde son caractère public dans l'esprit des nobles. Il en va de l'intérêt personnel du détenteur du pouvoir local qu'il instaure l'ordre et la paix dans un territoire dont il est devenu le responsable au plein sens du terme et où il remplace *de facto* et *de iure* le roi, qui ne garde que ce que l'on nommera la « suzeraineté ». On assiste ainsi à une multiplication des principautés sous la forme d'une juxtaposition de chefs investis par la volonté divine de la *principalis potestas*. Cette juxtaposition reste une réalité même quand elle prend la forme d'une hiérarchie — les chefs des plus petites principautés reconnaissant alors comme « seigneur », conformément au lien de vassalité, le chef d'une principauté plus grande, qui lui se reconnaît le vassal du roi ou de l'empereur. Ce « système féodal » ne change que peu de chose au fait que le « petit seigneur » demeure maître en sa « pôté », sa *potestas*.

Résumons l'essentiel de cette révolution : la *nobilitas* avait, dans son ensemble, toujours représenté une force considérable, vu le rôle (« monopolisateur » du gouvernement sur place) qu'elle jouait à la

Cour et dans les provinces. Certains de ses membres ont réussi à devenir *princeps* à leur tour; dirigeant un État plus ou moins grand, ils avaient leur propre cour et nommaient d'autres hommes à des fonctions qui les faisaient accéder à une *nobilitas* élargie. Le roi avait perdu le monopole de création des nobles.

Terminons sur un cas instructif pour le « jeu » politique entre *princeps* et *nobilitas*, puisqu'il se place à une époque qui a connu un certain équilibre dans le « partage » du pouvoir entre le roi et la noblesse, époque qui a vu revivre, vers 900, l'élection effective du roi par les grands. Les événements en question nous permettent de nouveau d'analyser les problèmes liés à la légitimité du pouvoir et à la valeur du terme *potens*. Charles III (« le Simple ») avait choqué les grands du royaume, très attentifs à leurs privilèges acquis à Coulaines en 843, en faisant de son favori Haganon, issu de son royaume lotharingien (un « étranger » donc), l'un des grands de la Cour. Flodoard de Reims évoque avec sa précision habituelle la situation psychologique en 920 : « Presque tous les *comites* rejettent ce roi parce qu'il a fait cet Haganon *de mediocribus potentem.* » Ce sont les *comites*, donc les détenteurs de la *potestas* légale, qui se détournent d'un roi qui a fait *potens* un homme de rang inférieur et étranger au royaume occidental, où les relations entre roi et noblesse sont régies par les règles définies à Coulaines. Le souverain abandonné trouve refuge auprès d'Hervé, archevêque de Reims, et de sa puissante *militia* rémoise, pendant sept mois, « jusqu'à ce que les *principes* du roi le restituent en son règne ». Cette expression en dit long sur la pensée de l'auteur : la légitimité est du côté des *principes/comites*, qui ont rappelé à l'ordre un roi qui avait osé imposer un favori étranger et indigne.

Quand Charles revient à la charge, par un subterfuge, en faisant d'Haganon un « grand du royaume occidental » et en confisquant l'abbaye de Chelles à sa propre tante pour la donner au favori, les grands le déposent tout simplement et élisent un autre roi, Robert de Neustrie, frère du roi Eudes, mort en 898. Nous avons là un exemple parfait de déchéance royale, la *nobilitas* s'estimant fondée à la prononcer quand le gardien de la légitimité crée un *potens* au lieu de gouverner avec le concours de ceux qui détiennent les *honores*, et donc la *potestas* légale, ou bien quand il dispose, pour accorder un *honor* à l'indigne, d'une terre qui ne lui appartient pas. La légitimité est du côté des détenteurs légitimes de la *publica potestas* qui, réunis, peuvent renverser un roi coupable et en élire un autre. En changeant quelques règles depuis Louis le Pieux, l'État a su rester vivant sans perdre ses structures essentielles. Là où se trouve la *potestas* et où il y a respect réciproque du roi et des grands, l'*ordo* est sauf.

TROISIÈME PARTIE

Les structures hiérarchiques de l'État et de l'Église (IVe-XIe siècle)

CHAPITRE VIII

Le statut des élites

Il est difficile aujourd'hui de nous représenter la catégorisation brutale des êtres humains selon leur « condition » dans l'Europe ancienne. On constate partout un éventail de statuts qui s'étend de la divinisation du souverain au refus de reconnaître toute dignité humaine à ceux qui, au-dessous encore des masses tenues en peu d'estime, sont des esclaves sans droits, vendus comme une marchandise, ou sont des parias, exclus de la communauté humaine. Ces « normes » qui régissent le statut des hommes n'ont pas été « inventées » par les civilisations de la Méditerranée gréco-romaine, mais remontent aux débuts des civilisations du Proche-Orient, de l'Asie et de l'Amérique centrale.

L'histoire des grandes civilisations a été dominée par le pouvoir des monarques et l'orgueil des élites. Car ces civilisations sont issues des grands empires, dont l'émergence est liée à la « thésaurisation » des céréales au profit des masses. Celle-ci a amené en peu de temps, avec le contrôle de la production, de la conservation et de la distribution, l'essor de véritables États pourvus d'une administration dont les fonctionnaires savaient écrire et compter pour collecter les impôts (au moins depuis le IIIe millénaire av. J.-C.). Si l'on néglige les « primitifs », groupes humains plus petits et aux ambitions plus modestes (quoique avec des chefferies et des indices d'inégalités), l'alternative plus tardive à la puissance organisée et structurée des empires et royaumes anciens a été celle de communautés dans lesquelles des élites bien armées ont élargi la base du pouvoir politique, comme dans le cas de la *polis* grecque ou de la *civitas* romaine.

L'Empire romain a été un compromis entre ces deux modèles : structures monarchiques avec leurs techniques de soumission d'un côté, structures de « liberté » aristocratiques et « civiques » de l'autre. Il a imposé la séparation de principe des *honestiores* et des *humiliores*. Les premiers comprenaient les officiers, les fonctionnaires de l'État, les *sacerdotes* des cultes publics, et les *possessores* auxquels l'État déléguait des droits sur les hommes vivant sur leurs terres; les *humiliores*, qui travaillaient, supportaient en outre la presque totalité des impôts, toujours plus lourds. C'est dire l'importance de l'« état » (*status*) ou de la « condition » (*condicio*, à ne pas confondre avec *conditio*) de l'individu, les deux termes pouvant signifier aussi bien le « statut » subi dès la naissance (*natio*), noble, libre ou non libre, que la « condition » atteinte par le mariage, l'enrichissement ou la carrière.

La hiérarchie des titres

L'Empire chrétien, dans lequel le clergé prit la place des *sacerdotes* païens, a certes fait beaucoup pour les pauvres, mais sa législation a approfondi l'abîme entre les « conditions » en décrétant, pour des raisons fiscales, l'hérédité des métiers dans les villes et l'attachement à la glèbe des ruraux, ce qui accrut leur dépendance vis-à-vis des propriétaires. En ce qui concerne les *honestiores*, le *dominus* transforma la *nobilitas*, jadis si fière, en une *militia principis* tenue à l'*obsequium*, mais il a récompensé ses services par une palette plus large de titres et d'honneurs, avec, à la clé, des carrières prometteuses dans la hiérarchie politique romaine. Le titre, avec le statut qu'il conférait — source de pouvoir politique et de prestige social —, était au centre des structures de la monarchie chrétienne et de sa noblesse. Les fondements divins du pouvoir impérial donnaient encore plus de consistance aux prérogatives du *princeps*, élu du maître de l'univers pour dominer ce qui devait être le dernier empire avant la fin du monde.

Une longévité étonnante

Les membres de la *militia principis* étaient eux aussi des élus de Dieu, chacun servant à sa place le prince et le Seigneur éternel. La hiérarchie de leurs titres s'est révélée étonnamment stable et durable, ce qui ne veut pas dire que ces normes juridiques encadraient une société quasi monolithique et immuable. Le monde socio-économique, bien que dominé par la hiérarchie politique, était trop puissant pour ne pas y apporter des variations multiples. L'homme cultivé pouvait être un grand propriétaire romain disposant de centaines d'esclaves, mais aussi un esclave grec acheté par ce propriétaire pour instruire ses enfants. Un esclave riche pouvait posséder à son tour une cinquantaine d'esclaves. Certains esclaves suivaient leur maître dans son ascension; parmi ceux de l'empereur romain, devenus *liberti* par sa grâce, plusieurs prirent les rênes de l'administration ou, au XIIᵉ siècle, en tant que *ministeriales* de l'empereur, et quoique d'origine non libre, se virent élever au rang de *dux Apuliae*.

Dans cette société de l'Europe ancienne en apparence immobile, les uns s'appauvrissaient, régressant au-dessous de leur « état » de naissance, tandis que d'autres s'élevaient, *supra natales* comme on disait de ceux qui profitèrent de la conjoncture plus favorable du XIᵉ au XIIIᵉ siècle. Dans les villes marchandes, voire industrielles, en plein essor, comme dans les campagnes, certains s'enrichissaient par la vente de leurs produits, dont le rapport dépassait largement les quelques deniers dévalorisés qu'il leur fallait verser au seigneur. Parmi les *ministeriales* déjà mentionnés, serfs ou bien affranchis, quelques-uns mirent leur efficacité et leur habileté aussi bien guerrières qu'économiques au service du seigneur sans oublier leur propre intérêt. Leur nouvelle richesse leur permit de prétendre à des alliances matrimoniales, elles aussi *supra natales*. Tout n'était donc pas stable et figé dans la société des « états », d'autant qu'il fallait compter avec les accidents de la vie, telles la blessure qui rendait le guerrier impotent et la captivité qui appauvrissait sa famille quand celle-ci prenait en charge sa rançon. Au nombre de ces accidents figurait la mort du mari, qui transformait le *status* de la femme — pas toujours en sa défaveur, puisque après avoir subi la domination de son père, puis celle du mari, il lui arrivait de disposer de plus de droits et de libertés en état de veuvage.

Voilà qui nous rappelle que le christianisme et son influence dans l'Empire ont suscité l'émergence de nouvelles catégories sociales (*genera hominum* ou *ordines*), comme celles des « clercs » et des « laïcs », des « vierges » et des veuves. Un temps durant, des veuves actives dans les communautés chrétiennes sous le titre de diaconesses purent même se rapprocher du clergé, avant d'en être exclues par le haut clergé. Aussi le christianisme a-t-il jugé et classifié les *ordines* différemment de Cicéron qui, dans son *De officiis*, avait partagé les hommes selon leurs *artes* (activités professionnelles) en « honnêtes » ou « sordides ». Il les classait selon leur vertu, qui pouvait impliquer la continence ou un dévouement plus ou moins grand au service de Dieu et de l'Église. Cette « ecclésialisation » (*Verkirchlichung*) de la société et de ses normes permet de deviner le pouvoir montant de l'épiscopat. Elle concernait aussi le vêtement en tant que signe visible de l'état de chacun, l'*habitus* trahissant le *status*, comme dans le cas du moine, de la vierge (consacrée) et de la veuve. Tout cela, y compris la genèse d'une civilisation du renoncement (sexuel), s'est passé du IIᵉ siècle au début du Vᵉ, en pleine « Antiquité ».

Il ne faut cependant pas sous-estimer la force « idéologique » dans l'ancienne Europe de principes presque immuables qui ont imposé à travers les siècles des règles sociales strictes. Car, si l'on y regarde de plus près, on constate que l'on doit distinguer celui qui a profité de la faveur d'un maître puissant — et dont l'ascension est dans ce cas légitime, ou du moins admise — d'un autre qui s'est élevé sans faire allégeance au système rigoureux mis en place par l'État, l'Église et leurs élites. Les esclaves romains ayant participé au soulèvement des gladiateurs, combattants d'élite et donc dangereux, furent crucifiés et exposés le long des routes romaines. Les Saxons de condition modeste qui avaient pris part à la révolte des Stellinga contre Louis le Germanique, séduits par les émissaires de Lothaire Ier qui souhaitait déstabiliser le gouvernement de son frère en Saxe, furent soumis et punis, soit par la peine capitale, soit par des mutilations : ils avaient osé humilier des *nobiles*. Les auteurs ecclésiastiques furent unanimes à les condamner : Nithard, en *Francia occidentalis*, dit de Louis qu'il éliminait les séditieux « *nobiliter, legali tamen cede* » (agissant en vrai roi, il était en droit de les massacrer), et l'Annaliste de Xanten sur le Rhin constate que Louis soumit « *nobiliter* » ces « *servos Saxonum superbe elatos* » (séduits par la *superbia*, péché mortel), en les réduisant à leur condition « naturelle » (« *ad propriam naturam reduxit* »). Tel était le « statut » acquis à la naissance ! En 1038, deux mille paysans mobilisés, sous prétexte de « paix de Dieu », par l'archevêque de Bourges contre un seigneur laïc rival, furent massacrés en tant que *plebeia multitudo*. Les paysans qui, en 1078, essayèrent de défendre la cause de l'empereur Henri IV furent considérés comme *coniurati populi*, parce qu'ils n'avaient pas le droit de faire la guerre et que Charlemagne avait strictement interdit les conjurations. Ils furent donc exécutés ou castrés. La révolte des paysans de 1525 culmina avec le massacre à Saverne d'environ dix-huit mille paysans alsaciens (dont beaucoup après leur capitulation) par les lansquenets d'Antoine, duc de Lorraine.

L'homme n'était pas autorisé à sortir de sa condition ni à se soustraire aux règles de conduite qu'elle impliquait, et c'est l'Église qui le cas échéant le condamnait, y compris Martin Luther. Les restrictions imposées allaient jusqu'à la réglementation des vêtements qu'on avait le droit de porter selon son état. On était donc né esclave, libre ou noble, *natione*. Cette signification de « nation », strictement personnelle, restait en usage : ainsi un évêque mérovingien est-il déclaré par une inscription « *vir gente Romanus, nacione clarus* » : la *gens* désigne sa nation, la *nacio* son état de noble. Au XIIIe siècle encore, on parle de la « *noblece de nacion* » d'un individu. La hiérarchie sociale était d'autant plus rigide qu'elle était considérée, on l'a dit, comme établie par la « nature » (Aristote) et/ou par les dieux, enfin par le Dieu des chrétiens. Vouloir s'élever au-dessus de son état (*status*) n'était pas seulement un délit grave; c'était aussi, dans le monde de Dieu, un péché. Les termes *status* et *condicio* avaient la même signification dans l'Empire romain et dans l'Empire franc, comme l'ont toujours « état » et « condition » aux Temps modernes. La séparation des hommes selon leur « condition », qu'elle fût celle d'un groupe ou d'un individu, qu'elle fût l'« acquis » de la naissance ou la conséquence des aléas de la vie (endettement, captivité, condamnation déshonorante), était d'autant plus rigoureuse que ses manifestations étaient visibles, gloire étalée ou honte reconnue au grand jour.

Le christianisme n'a-t-il rien pu faire, ou rien voulu faire, en faveur des faibles et des méprisés? Son mérite reste la reconnaissance de la valeur de l'âme individuelle, libre et aimée de Dieu, qui a constitué un progrès énorme. La dignité du pauvre est rehaussée, selon les mots du Christ, par la patience qui endure les humiliations de ce monde, et par la récompense suprême du paradis que le riche est censé atteindre plus difficilement. Mais il n'est pas question de contester l'État, ni les lois, ni l'ordre social — le Christ a reconnu l'autorité de l'empereur, et saint Paul l'autorité publique (romaine).

Certes, les empereurs eux-mêmes ont, dans l'Empire chrétien, donné aux évêques des moyens pour aider les pauvres, et leur ont demandé d'intervenir en faveur des hommes opprimés par les *potentes*. Plus remarquable est ce qui se passe du IVe au VIe siècle, moment de faiblesse des statuts juridiques acquis. Peter Brown* a montré comment les évêques abandonnent alors le style grandiloquent des fonctionnaires urbains, qui célébraient toujours les droits (devenus inopérants) des *cives*, pour un style influencé par la langue de l'Ancien Testament, surtout celle des Psaumes, qui connaissent le cri des pauvres; ainsi prennent-ils en compte la situation des *pauperes* du Ve siècle, de *cives* jadis fiers de leurs droits et qui, dans les villes comme dans les campagnes, avaient appris à courber l'échine devant les *potentes*, riches et puissants, pour obtenir aide et protection. À côté des masses urbaines qui continuent à se faire « nourrir » par l'empereur ou, dans les provinces, par des aristocrates, de nouveaux pauvres se tournent vers l'évêque, et celui-ci leur parle une langue vraie, leur offrant le grand espoir de l'au-delà, mais aussi une aide matérielle ou son appui au tribunal contre les astuces des *potentes* : les exhortations de certains empereurs n'étaient pas toutes inopérantes.

Le groupe, qu'il soit familial (au sens élargi de l'époque, la mai-

---

* Peter Brown, *The Making of Late Antiquity,* 1978 (édition française : *Genèse de l'Antiquité tardive,* 1983).

sonnée sous la coupe du *pater familias*), professionnel ou religieux, a joué un rôle fondamental dans l'Empire romain, tout comme dans l'Empire carolingien. Qu'on pense à la continuité, démontrée par Otto Gerhard Oexle, entre les corporations romaines (*collegia, coniurationes*), comme celle des bateliers, et les « ghildes » carolingiennes. Le *status* reconnu au groupe n'est pas le moindre facteur qui détermine la vie de ses membres. Mais ceux qui se distinguent par un titre bénéficient d'un *status* individuel et de l'*habitus* correspondant. Le terme général pour désigner le titre romain est *nomen*, qui signifie également le nom personnel. Tite-Live aussi bien que Cicéron distinguent ceux qui possèdent un *nomen magnum* ou *clarum*, ou tout simplement un nom (*nomen habere*), de ceux qui n'en ont pas, la masse anonyme (*vulgus sine nomine*). Les hommes « sans nom » sont aussi des gens « non titrés ». Nous avons dit que *nobilitas* a pour origine étymologique le nom/renom du *nobilis*. Le Romain « qui compte » a trois noms : le *nomen (gentis)* qui indique sa *gens* (*Claudia* par exemple), le *praenomen* (prénom) et le *cognomen* (surnom). Le *nomen* en tant que titre, comme dans *nomen imperatoris*, se retrouve dans le mot latin de *nomenclatura*, passé en russe.

Dans le monde latin comme dans le monde chrétien, le « titre » a donc un sens très large. Ainsi que l'a montré Arno Borst, chez Alcuin (*magister* lui-même) le *nomen imperatoris* ou le *nomen magistri* doivent être entendus au sens de mission, de tâche à remplir qui donne sa dignité au titre, lequel est d'origine divine en dernier ressort. Si le Christ est appelé *noster rex, noster imperator*, dans les *libri Carolini*, œuvre dogmatique publiée sous l'autorité de Charlemagne, le « nom » du roi terrestre s'en trouve rehaussé. Pour Alcuin, l'expansion du *nomen Christi* signifie celle du royaume de la chrétienté (*christianitatis regnum*), donc aussi celle de l'*imperium christianum* gouverné sur terre par Charlemagne, même avant qu'il ait reçu le titre impérial. Devenu empereur, celui-ci fait jurer fidélité en 802 non plus au roi, mais au *piissimus imperator*, sur le *nomen caesaris*. Le « nom » indique la *dignitas* aussi bien que la *potestas* impériale et contient l'obligation du *nominis officium*, l'obligation morale de se montrer digne de son titre par son mérite, en conformité avec l'idéal romain.

Une distance énorme sépare les non-nobles, qui ne comptent qu'au sein de leur groupe, des hommes distingués individuellement par un titre auquel est associé un rang, et avec lui du prestige social, voire un pouvoir politique. Les strates de la noblesse se reconnaissent en ce « décorum » : le lien linguistique entre *decus* (ornement) et *dignitas* n'est pas un hasard — l'un est la face visible de l'autre. Le signe extérieur (le titre comme l'attribut qui l'accompagne) s'identifie au contenu. Or, les titulatures, titres et épithètes ont connu une longévité étonnante : à l'époque moderne, les États ont fixé leurs hiérarchies en des « annuaires » de la Cour, de l'armée et de la marine qui énuméraient les noms des gradés. Sur le plan international, le « Gotha » a acquis une célébrité méritée. Depuis 1763, l'éditeur Perthes à Gotha (Thuringe) publie le *Hofkalender*, ou *Almanach de Gotha*, qui donne l'état des maisons souveraines et princières en Europe, et les *Taschenbücher*, qui présentent dans des séries séparées les familles des comtes, des barons et de la noblesse ancienne issues du Saint Empire. L'*Almanach* mentionne également les hauts représentants des États (membres des gouvernements, diplomates, y compris les nominations et décès récents).

Continuité des règles d'attribution et des usages

Les titres romains ont survécu à la « fin de l'Empire », de même que les notions clés de la vie publique qui ont connu un usage ininterrompu du IVe aux IXe et Xe siècles.

Faut-il séparer les titres « romains » des titres et symboles « germaniques » ? On a prétendu qu'après la « fin de l'Empire » les titres et attributs romains n'étaient employés que d'une manière artificielle, formelle et compréhensible aux seuls clercs. Rappelons que ces « Germains » furent les contemporains conscients et actifs de l'Empire dès l'époque d'Auguste et surtout celle de Constantin, empereur qu'ils vénérèrent dès le IVe siècle, comme Karl Hauck l'a prouvé. Les honneurs et distinctions des Romains leur étaient familiers, car des fils de rois et d'autres grands ayant servi dans l'Empire les avaient rapportés dans leur patrie. La fascination qu'exerçaient sur eux les torques et bracelets d'or (signes de rang) qu'ils reçurent des empereurs fut l'une des voies de l'intégration des chefs barbares dans le monde romain.

Le royaume franc est né en Gaule romaine. C'est là que se trouvaient ses assises politico-géographiques, sociales et institutionnelles. Nous connaissons la date d'introduction en Gaule des *honores* romains, avec les titulatures qu'ils comportaient, grâce à la « Table claudienne de Lyon ». L'empereur Claude a fait édicter en 48 le sénatus-consulte *De iure honorum Gallis dando* (Du droit des *honores* à accorder aux Gaulois). Tacite (*Annales*, 11, 24) a repris ce texte en le transformant (on en a récemment trouvé le texte original gravé). L'interprétation des deux versions par Michael von Albrecht (1971) nous permet de voir combien la décision de l'an 48 a favorisé l'évolution de la conception de la *res publica* et de ses élites vers un empire « universel ». L'État romain est « nationaliste » à ses débuts. Or, l'empereur Claude (historien, auteur d'une histoire des Étrusques) rappelle aux sénateurs que les *cives* romains ont admis parmi eux des étrangers et d'anciens ennemis : Étrusques et Samnites, puis Gaulois d'Italie et de la *Provincia* en

Gaule, de sorte que des hommes originaires de Lyon ont déjà rang de sénateurs de Rome. Pourquoi n'en serait-il pas ainsi pour des Gaulois de la Gaule chevelue qui, après avoir combattu César pendant dix ans, sont restés fidèles à Rome depuis un siècle? Des hommes de la plèbe ont été admis aux *honores* de l'État et des cultes romains. Pourquoi ne pas incorporer au Sénat les meilleurs éléments des provinces, évidemment hommes de bien et fortunés (« *bonorum* [...] *virorum et locupletium* »), selon la politique inaugurée par le *divus Augustus* et Tibère? Tandis que Tacite évoque l'*amor patriae* pour Rome que ressentent déjà certains en Gaule et en *Hispania*, Claude, au lieu d'en appeler aux sentiments, préfère l'histoire et les institutions romaines, qu'il voit comme un processus de renouvellement nécessaire.

Avec le *ius honorum*, les titres de la *nobilitas* romaine font leur apparition en Gaule, et vont s'y acclimater définitivement. C'est le droit accordé (individuellement) aux aristocrates des provinces soumises qui a permis à un État conquérant parmi d'autres de se muer en un empire universel, et à sa *nobilitas*, implantée un peu partout, de devenir un phénomène européen. C'est ce caractère supranational qui, trois siècles plus tard, permettra à l'Empire de s'identifier plus facilement à une religion universelle. Et ce libre choix d'une patrie offert aux élites prêtes à vouer fidélité annonce l'idée française d'une patrie ouverte aux étrangers en vertu de sa mission universelle.

Cette unité du monde romain des titres et des rangs apparaît comme une évidence lorsque l'on sait que les papes du ve siècle s'adressaient par les mêmes formules aux hauts militaires alors responsables des affaires ecclésiastiques, qu'ils fussent d'origine barbare ou non, de confession arienne ou catholique. Ils leur demandaient d'enquêter sur des élections épiscopales irrégulières survenues dans la région qu'ils contrôlaient, et leur donnaient du « *filius noster* » même s'ils étaient ariens.

Dans un monde dominé par l'administration, le rang renforçait les structures politiques, comme en témoignent les actes de la pratique administrative quotidienne. Les diplomatistes l'ont bien noté. « Les chancelleries des souverains barbares des vi^e et viie siècles n'avaient pas rompu avec les traditions de l'administration romaine », observe Peter Classen; « l'on retrouve dans les actes rédigés par leurs soins des formules empruntées notamment aux usages de la chancellerie impériale, sous une forme plus ou moins modifiée ». S'appuyant sur un acte sur papyrus* émanant de la chancellerie d'un *comes sacri stabuli*, Jean Vézin établit une « parenté

* Ce document a été découvert par Jean Mallon.

évidente avec la présentation matérielle d'actes originaux émanés de la chancellerie mérovingienne ». Il aurait pu verser au dossier une pièce de la fin du VIIe siècle en provenance d'Espagne : un texte sur parchemin, rédigé à l'instigation d'une haute autorité wisigothe, qui emploie les lettres allongées utilisées dans les deux autres documents. Les trois textes se distinguent pourtant des *litterae caelestes*, utilisées pour les seules copies des rescrits impériaux, preuve qu'il y avait deux niveaux d'actes et d'écritures diplomatiques : l'un impérial, l'autre réservé aux autorités provinciales*.

Les gouvernements des nouveaux royaumes sont les héritiers de l'administration romaine et, mieux encore, ses continuateurs directs : les mêmes scribes spécialisés étaient maintenant au service des élites politiques du monde romano-barbare, scribes surveillés par des membres de la *nobilitas* restée présente dans toutes les cours de l'époque. Les rois, souvent issus de la classe des généraux barbares, n'ont eu qu'à demander à leurs bureaux de continuer à observer les règles de l'administration impériale, et cela en leur attribuant les titres correspondant à leur rang dans la hiérarchie romaine — titres qui étaient les seuls à être appréciés et recherchés par les élites des *gentes*. Quelques variations de détail selon les différents royaumes ne changent rien à ces principes.

Tournons-nous maintenant vers le milieu chargé à titre professionnel de la rédaction des textes officiels, milieu spécialisé dans l'emploi des titulatures : celui des « notaires » (*notarii*). Leur présence à la cour mérovingienne ne saurait nous étonner, ni le fait que les plus haut placés parmi eux portent le titre de *referendarius* à l'instar de leurs collègues de la cour de Constantinople (où il apparaît en 427) et des cours romano-gothique (Ravenne) et vandale. Ce sont tous des laïcs formés pour leurs tâches administratives (on est encore loin de l'époque où, mis à part les juifs, seuls les clercs savent écrire). C'est parmi les notaires qu'on trouve les premières listes de titres et grades; ainsi dans le bureau des *notarii* impériaux dirigés par le *primicerius*, les mêmes qui expédient les *sacrae epistolae* contenant les nominations des dignitaires par l'empereur, ou dans le bureau du *quaestor*, avec ses *scrinia memoriae*, bureaux auxquels se substituent parfois ceux des *magistri militum* pour enregistrer des nominations sur leur propre liste, le *laterculum minus*.

C'est vers la fin du IVe siècle, alors que la bureaucratie romaine s'étend et que les titulatures se compliquent, qu'est apparu le premier manuel latin qui, aux recettes rhétoriques empruntées à Cicéron et Quintilien, ajoute une section « *De epistolis* ». Cette *Ars rheto-*

---

* Aujourd'hui, la recherche s'accorde sur le fait que les actes royaux, évidemment en latin, relèvent du même niveau que ceux émanant de la haute administration dans les provinces romaines.

rica de C. Iulius Victor sera utilisée, directement ou indirectement, tout au long de l'époque « médiévale ». Elle recommande de prêter attention au rang du destinataire (aussi bien au début, dans la *praefatio* [avec la *salutatio*], qu'à la fin, dans la *subscriptio*) et de distinguer trois cas, selon qu'on s'adresse à son supérieur, à son égal ou à son inférieur : « *Epistola, si superiori scribas, ne iocularis sit; si pari, ne inhumana; si inferiori, ne superba.* » Il convient d'éviter toute arrogance envers les humbles, et surtout tout ce qui pourrait être interprété comme une audace ou une licence vis-à-vis des puissants. Au VIIIe siècle, à Bénévent (au service du duc lombard), rien n'a changé en ce qui concerne l'attention portée à la *dignitas* du destinataire, car, dit l'auteur, il y a une grande différence selon qu'on écrit à un noble, à un vénérable vieillard ou à un magistrat. Ainsi, le genre épistolaire latin chrétien, dont les premiers textes conservés ne datent que du IIIe siècle, souligne les qualités du destinataire par des épithètes recommandées (*sanctissimo, dilectissimo*), tandis que le scripteur fait normalement preuve de modestie, voire d'humilité, se désignant comme *peccator, vilissimus* ou *humilimus*. Aux IVe, V^e^ et VIe siècles, dans cette « société d'ordres » avant la lettre, un terme fréquemment utilisé à l'adresse d'un supérieur est *parvitas mea*, « ma petitesse ». Saint Augustin, écrivant à une dame fort noble, donne l'exemple d'un protocole soigné. L'évêque lui fait l'honneur de l'appeler « ma fille » tout en énumérant les titres qui sont la preuve de sa très haute noblesse : *domina, inlustris* et, plus encore, *praestantissima*. Ces usages de respect obligé devant la « condition » du destinataire perdureront jusqu'à la génération de nos grands-parents, et cela dans toutes les langues européennes : héritage de la société romaine d'une époque tardive qui, bien que longtemps considérée comme celle de la « barbarie » et de la « fin de l'Empire », a su combiner la politesse antique et l'humilité chrétienne, selon l'heureuse formule de Diehl (1952).

Le langage de la société hiérarchisée des monarchies chrétiennes apparaît en particulier dans les formules des diplômes royaux carolingiens et postcarolingiens, qui du IXe au XIe siècle procédaient, selon l'expression de l'historien américain Geoffrey Koziol, d'un « rituel de la supplique ». Ce rituel recourait toujours aux mêmes termes, le solliciteur soulignant sa propre « petitesse » ainsi que la *serenitas* et *clementia* du souverain. C'est en réponse à des suppliques (*supplicatio ad principem*) que les bureaux des empereurs romains, à partir du règne d'Hadrien et surtout des IVe-Ve siècles, ont émis des milliers de rescrits (*rescripta*). *Supplicare* (« supplier ») veut dire à l'origine « plier les genoux », donc demander instamment une faveur, une grâce à un souverain ou à un supérieur. Cette attitude, « normale » dans une société hiérarchique, se multiplie à l'infini quand les évêques se voient reconnaître ce même pouvoir par les empereurs chrétiens, et plus encore en vertu de l'*imitatio imperii* de l'évêque de Rome, et cela dès le ve siècle, quand les rescrits pontificaux sont entérinés par le droit canon, selon un procédé comparable à l'intégration de rescrits impériaux à caractère normatif dans un des codes impériaux. Ainsi les hommes, habitués à plier les genoux devant les dieux et les empereurs, puis devant Dieu et les images des saints (pratique fort discutée lors de la « querelle des images »), ont-ils appris à le faire devant le pontife romain.

Le « titre » constitue un facteur politique de première grandeur : élever l'un signifie abaisser l'autre. Mais le prestige du titre s'accroît du fait de son ancrage dans un contexte spirituel : tout pouvoir provient de Dieu, et donc aussi le titre qui l'exprime. Cet ancrage le légitime et atténue l'humiliation infligée à l'homme de rang inférieur. Il rend plus compatible le monde de la discipline romaine, qui exige des membres de la *militia* une stricte obéissance, l'*obsequium*, avec la fierté des aristocraties, qu'elles soient d'origine germanique ou non. La « fidélité germanique » envers le seigneur a d'ailleurs été souvent louée. Quant à l'avidité avec laquelle les chefs germains se seraient rués, selon certains, sur des objets étincelants pour s'en couvrir, elle a porté moins sur les objets que sur les titres et les décorations, car ils savaient bien qu'ils constituaient les clés du prestige et du pouvoir, et avec eux de toutes les richesses. Le titre et son contenu concret, le pouvoir légal de disposer d'autres hommes, a été l'outil le plus puissant dont ait disposé le monde romain pour conquérir et transformer le monde barbare. Et, ajoutera-t-on, pour le christianiser, la conversion étant souvent motivée chez le païen par la perspective d'accéder à un rang supérieur. La lutte, du IXe au XIIe siècle, entre les grands et la royauté se jouait autour de l'« image » d'un *princeps* élu par Dieu (*Dei gratia*) ; elle se termina en France par une nouvelle monopolisation de l'image sacrée du *princeps* au profit de la royauté (« *the rehabilitation of royal dignity* » — Geoffrey Koziol). C'est dire la portée du *gradus dignitatis* et du *Dei gratia* comme garants du pouvoir légitime. Ce *status* commun aux élites européennes est l'héritage de l'Empire.

Un manuscrit du VIIIe siècle, conservé à l'abbaye de Fulda, en pleine Germanie — contrée où les études font alors des progrès rapides sous l'impulsion carolingienne —, nous fournit la copie des *formulae Andegavenses* qui, écrites vers 579, reflètent dans leurs actes la vie administrative en Anjou autour de 575, soixante ans seulement après la mort de Clovis. Cette compilation d'actes de vente et d'actes de donation trahit la main professionnelle d'un notaire pour lequel ce qui avait changé, c'était surtout la datation des actes qui s'effectuait désormais en fonction des années de règne non plus de l'empereur, mais du roi franc (*domnus noster*), et plus précisément de celui parmi les Mérovingiens auquel appartenait alors Angers. La *curia publica* de la *civitas* existe toujours, les actes continuent d'être enregistrés dans les *gesta municipalia*, et les personnalités qui s'en occupent portent les titres et attributs correspondants : *vir magnificus* pour le *prosecutor; vir laudabilis* pour le *defensor*, l'un des responsables de la *curia publica* qui se réunit au *forum*, pour y ouvrir les *codices publici*. En matière de contrats de mariage et d'échange de terres, le droit privé romain vaut pour les « Francs » comme pour les « Romains » (*Romani*), mais le droit public franc est surtout appliqué dans la procédure. Le droit franc s'est vite adapté sous l'impulsion d'un *rex et dominus* et de ses conseillers gallo-romains. Au tribunal (*placitum*, d'où « plaid »), le *comes* est entouré par les *Rachinburgen* (de *Ragin*, germanique pour *Rat*, « conseil »), qui sont ses assesseurs et cojuges. Les titres et épithètes des chefs sont romains : le comte est *inluster vir*, l'évêque *apostolecus vir domnus episcopus*, un abbé *vir venerabilis*. Quant aux autres hommes éminents qui représentent l'État, ecclésiastiques et laïcs, ils sont définis comme « *venerabiles atque magnifici rei publici* [*sic*] *viri* », à savoir membres du haut clergé et de la noblesse laïque, ces derniers recevant le titre romain de *magnificus vir*.

Soixante-quinze ans plus tard, au milieu du VIIe siècle, ce monde de la routine administrative gallo-romano-franque n'a toujours pas disparu en région parisienne, comme l'attestent les actes cités par Marculfe. Là où la *consuetudo Romanorum* est appliquée, la *curia civitatis* se maintient ; le *defensor* est *vir laudabilis*, le *prosecutor* est *vir magnificus*. Les *gesta municipalia* existent toujours, les *codices publici* étant ouverts par les *curiales*, qui sont restés *viri laudabiles*. Par la suite, malgré la disparition de l'administration proprement municipale et d'une partie des rangs et titres de ses membres, on retrouve les élites urbaines sous la désignation de *boni homines* dans les tribunaux présidés par le comte ou par l'évêque, ou par les deux à la fois. Ni l'État (*res publica*), ni l'autorité publique (*potestas publica*), ni ceux qui les représentent à un rang élevé (avec le *status* approprié) n'ont disparu de cette Gaule franque qui est tout simplement un État romano-franc au sein du « monde romain ».

RIVALITÉS ENTRE GRANDS

Une inflation de titres

L'immense appareil administratif de l'Empire a toujours eu pour vocation d'exécuter les volontés du *princeps*. Même les plus hauts dignitaires restent personnellement responsables devant lui, le *princeps* pouvant s'adresser directement à des fonctionnaires de tous les niveaux. Ces derniers, payés par l'État et ayant effectué des études de droit, sont encadrés par une hiérarchie stricte. L'administration centrale se compose de vingt-deux dignitaires principaux, les *optimates,* dont la plupart font partie du *consistorium,* le conseil suprême permanent qui entoure l'empereur. Nous retrouverons cette élite à la cour des Mérovingiens, comme d'ailleurs — quoique rarement — le titre du dignitaire le plus puissant à la Cour, le *magister officiorum.* Ce dernier, à la cour impériale, est responsable de tout ce qui concerne l'ordonnancement de la Cour et du cérémonial. Mais il commande aussi la garde impériale et dirige jusqu'au VIIe siècle, qui voit le morcellement des grands départements, les services bien organisés des postes impériales, réservés à l'acheminement public des personnes, des objets et des informations. Leur sont rattachées les relations internationales avec le corps des *agentes in rebus,* actifs comme courriers et/ou agents secrets. Le *quaestor sacri palatii* est responsable des affaires juridiques et de la préparation des lois, le *comes sacrarum largitionum* des finances publiques, le *comes rerum privatarum* des finances et des domaines de l'empereur; sous sa présidence, le *praepositus sacri cubiculi,* un eunuque, a en charge les appartements privés du prince.

Le *praefectus urbi* de Rome et celui de Constantinople occupent une position particulière entre la Cour et le gouvernement territorial de l'immense Empire (ils président le Sénat respectif des deux villes), et plus encore le *praefectus praetorio* (PPR). Le titre de « préfet du prétoire [impérial] », de caractère militaire à l'origine, a été conféré par Auguste à deux *equites* de la « garde prétorienne » nommés à sa tête. Des attributions de plus en plus importantes, surtout en matière de justice, où le PPR agissait à la place de l'empereur, lui valent sous Hadrien déjà le prédicat d'*eminentissimus.* Constantin lui retire ses compétences militaires, qui passent aux *magistri militum,* et l'installe à la tête de l'administration civile des grandes unités administratives de l'Empire. De rang désormais sénatorial, il devient hiérarchiquement le premier de tous les dignitaires : il porte la pourpre et se voit souvent distinguer par l'élévation au consulat et, à partir du Ve siècle, au patriciat. Les compétences de la préfecture prétorienne sont très larges, particulièrement sur le plan des finances et impôts. Les provinces — plus petites et plus nombreuses à compter des réformes constantiniennes — sont gouvernées par des *praesides* et regroupées en « diocèses », dont plusieurs, sous l'autorité d'un *vicarius,* forment une *praefectura praetorio,* qui peut représenter jusqu'à un quart de l'Empire : vers 400, on dénombre celles de l'*Oriens* (la plus importante), de l'*Illyricum,* de l'*Italia* et des *Galliae.*

La titulature de base de la *nobilitas* sénatoriale, dont est dérivée celle des plus hauts fonctionnaires du *princeps,* remonte au IIe siècle.

C'est alors qu'est créé pour tous les sénateurs le prédicat de *vir clarissimus,* « v.c. » (ou *clarissimus vir,* « c.v. »), avec respectivement *clarissima femina* (« c.f. ») pour leurs femmes et *clarissimus puer* ou *clarissima puella* (« c.p. ») pour leurs enfants. Ce n'est qu'en 365 que le titre de *spectabilis* apparaît dans les textes. Il faut attendre 400 environ pour que les *spectabiles* (« révérends » ou « admirables ») et, plus haut encore, les *illustres* forment deux classes de sénateurs au-dessus des *clarissimi.* La désignation d'*illustris* soulignait auparavant l'éminence de certaines familles ou personnalités. Désormais formalisée en titre, la dignité de *vir inlustris* (ou *inluster,* ou *illustris,* « v.inl. »), avec celle d'*inlustris femina* (« inl.f. »), récompensait ceux à qui avait été accordé un *honor* de première classe *(praefectus praetorio, praefectus urbi, comes rerum privatarum, comes sacrarum largitionum),* ainsi que les *magistri militum,* les chefs de l'armée. Celle de *vir spectabilis* (« v.sp. ») et de *spectabilis femina* (« sp.f. ») honorait les fonctionnaires de la seconde classe de sénateurs, surtout les proconsuls, les vicaires des grandes provinces, et les *comites* et *duces* de l'armée.

Cette hiérarchie de rangs multiples, précisés par des épithètes ajoutées à la fonction *(honor)* et qui créent de nouveaux degrés de noblesse *(gradus dignitatis),* est donc fort tardive, puisqu'elle prend forme peu avant et après la prétendue « fin de l'Empire en 476 ». Loin de décliner, l'exubérance des titres s'accroît. Dès le milieu du ve siècle, les *illustres* deviennent si nombreux qu'eux seuls gardent le droit de siéger au Sénat, les *spectabiles* et *clarissimi* en étant exclus. C'est alors que les plus hauts dignitaires furent appelés *viri gloriosi* ou *gloriosissimi,* surclassant les *illustres/illustrissimi.* À l'Est, l'inflation des titres obligera Justinien (527-565) à une nouvelle sélection qui n'admettra plus au Sénat que les seuls *gloriosi.* Du fait de ces retouches impériales, il existe désormais une large *nobilitas* authentique mais non sénatoriale, subdivisée selon le prédicat respectif de chacun en *clarissimi, spectabiles* et *illustres.* Et, au sommet, on trouve les grades les plus élevés des *illustres,* à savoir les *(illustres) magnifici* et *gloriosi* avec les titres de *vir magnificus/magnificentissimus, vir gloriosus/gloriosissimus,* et encore *vir praecellentissimus* ou *vir excellentissimus,* tous ces *viri primi ordinis* ayant droit à l'adresse *excellentia vestra.*

Les chefs barbares ont eu tout naturellement accès aux titres les plus élevés du fait de leur carrière militaire : devenus *magister militum praesentalis* (MMP), ils avaient droit au « gloriosissimat ». C'est vrai pour Stilicon, généralissime (MMP), mais aussi *patricius* en tant que parent de l'empereur. Après lui, le généralissimat implique la dignité de *patricius,* qui lui est réservée en Occident. Ricimer, patrice tout-puissant et faiseur d'empereurs, et ses successeurs Gondebaud et Oreste sont des *gloriosissimi* en tant que patrices militaires. Un pas décisif sera franchi avec l'adjonction du grade de *gloriosissimus* au titre de *rex,* titre romain accordé à un roi barbare nommé au gloriosissimat.

Cette initiative romaine va bouleverser les données de la royauté dans le monde barbare. Le premier à comprendre son caractère novateur fut le grand juriste et historien Theodor Mommsen. N'était-il pas le seul à connaître la masse enfin ordonnée par ses soins des inscriptions latines dont il a lancé l'édition monumentale par l'Académie de Berlin, et en même temps l'éditeur pour les *Monumenta Germaniae historica* d'une grande partie des textes des ve et vi[e] siècles dans la série des *Auctores antiquissimi*? L'auteur du *Römisches Staatsrecht* n'eut donc pas de difficulté à distinguer entre Odoacre et Théodoric d'un côté qui, en Italie, avaient été successivement reconnus *rex* romain par l'empereur, et de l'autre des rois liés à l'empereur par un *foedus.* Pour les premiers, Mommsen est clair et net : « Sous ces rois, l'Italie a été considérée comme partie intégrante de l'État romain non seulement à Constantinople, mais aussi à Rome et à Ravenne. » En effet : « Depuis l'apparition d'Odoacre en 476 jusqu'à la capture de Vitigès [dernier roi des Ostrogoths] en 540, l'Italie et les régions qui y étaient attachées sous ses rois n'étaient pas moins romaines que plus tard sous Justinien... » *Flavius Odoacer rex* et *Flavius Theodoricus rex,* reconnus chacun par l'Auguste comme chef légal de l'administration romaine restée en place en Occident, étaient donc des sortes de « partenaires » de l'empereur, gouvernant en son nom leur *pars (Occidentis) rei publicae.*

Mommsen n'est pas moins clair quant au contenu et aux conséquences politico-juridiques du *foedus,* à propos des rois barbares en contact direct avec l'Empire. Les rois en question, pour conclure le *foedus,* doivent faire leur *commendatio* à l'empereur, en se déclarant son vassal *(miles)* et en lui promettant par serment *fides* et *obsequium* (selon un modèle repris pour la vassalité). Font partie de ces obligations le devoir de bien conserver et défendre les terres du fisc impérial concédées — notamment les *castra* et autres installations militaires, les ponts et les routes —, et surtout la prestation sur demande des troupes fédérées pour les opérations de l'armée impériale : elles combattent dans ses rangs sous le seul commandement de leur roi ou du chef que celui-ci leur donne.

Le roi ainsi fédéré est seul maître dans les territoires que lui a concédés l'Empire, et d'où l'administration romaine se trouve donc exclue. Ces territoires bénéficient d'une totale immunité. Les sujets barbares vivent selon le droit qui leur est propre (*suis legibus uti*) sous la domination de leur roi. La succession de ce dernier peut être héréditaire dans la *stirps regis,* en fonction de modalités choisies par les fédérés ; le successeur a seulement l'obligation d'annoncer à l'empereur son avènement en lui prêtant hommage pour être reconnu par lui. D'autre part, le *foedus* étant un contrat à durée illimitée, le roi fédéré dispose des terres qui lui sont concédées en pleine propriété, à cette seule réserve près que jamais elles ne pourront être aliénées en dehors de l'Empire. Les rois fédérés sont donc nécessairement des vassaux impériaux ; leur *regnum,* même sorti du territoire de la *res publica,* reste lié à l'Empire. Ainsi s'explique qu'un *rex* reconnu par l'Empire soit *ipso facto* propriétaire légal du fisc impérial dans son *regnum,* ce fisc étant passé — dans ses limites inchangées et avec tous ses agents et règlements — au successeur légitime de l'empereur.

La « famille des rois »

Odoacre finit par être reconnu en 480 *rex* romain et chef de l'Occident, avec le pouvoir de nommer le consul d'Occident de cette année-là ainsi que, en tant que *rex praecellentissimus,* le préfet du prétoire pour l'Italie en lui donnant le titre de *patricius* (rang élevé qui désignait une sorte d'*alter ego* du *princeps*). Le *rex* romain se comprend donc comme un partenaire de l'empereur au sein même de la *res publica* romaine, dont il gouverne la *pars Occidentis.* Il en va ainsi, et davantage encore, de Théodoric qui, arrivé en Occident avec le rang d'un véritable consul de l'Est et le titre de patrice et *gloriosissimus,* a toujours visé le principat de fait et de droit sur l'Occident entier, pour être une sorte de collègue de l'empereur d'Orient dans un Occident qu'il entendait guider au-delà des frontières de l'Italie en s'assurant la primauté parmi les rois barbares en dehors des frontières de l'Empire.

Dans ces compromis et ces constructions juridiques, il y a un point de divergence entre l'empereur à Constantinople et le *rex* « romain » à Ravenne : l'hérédité. Elle est possible, et même expressément admise, nous l'avons vu, pour un roi fédéré d'un royaume vassal de l'Empire, mais pas pour le *rex* en Italie, au sein même de la *res publica.* Celle-ci peut bien lui décerner à la rigueur, à titre individuel, l'*honor* sublime de *rex gloriosissimus* qui reste un grade élevé dans la hiérarchie impériale, mais elle ne saurait admettre l'installation d'une royauté héréditaire de type germain.

Aussi Odoacre, sentant la rupture imminente avec l'empereur Zénon qui ne lui a jamais fait parvenir les insignes royaux, la consomme-t-il de son côté en faisant proclamer César son fils Thela, ce qui est une usurpation. Même Théodoric, envoyé par Zénon pour déloger Odoacre d'Italie, a difficilement obtenu la reconnaissance officielle de sa royauté romaine. Ce n'est qu'après sa victoire face à ce dernier sur l'Adda, en 490, que le Sénat romain a abandonné la cause d'Odoacre pour se déclarer en sa faveur. Mais la délégation du Sénat qui demande à Constantinople la remise à Théodoric de la *vestis regia* (preuve, s'il en était besoin, du caractère romain de cette royauté) rentre bredouille en 491, l'empereur Zénon étant mort avant d'avoir accordé une réponse favorable. La démarche répétée en 492 auprès de l'empereur Anastase (491-518) n'aboutit pas davantage, et Théodoric finit par commettre une usurpation comparable à celle d'Odoacre en se faisant proclamer *rex* par son armée. Ce n'est qu'en 497 qu'Anastase lui transmet enfin, en réponse à une nouvelle ambassade du Sénat, les insignes désirés *(ornamenta palatii)*, à condition que son titre de *rex* se limite à la seule préfecture d'Italie, et non à l'Occident entier.

L'empereur a joué un rôle capital dans un règlement des affaires occidentales qui correspondait aux intérêts de Constantinople, comme l'a noté Hans Constantin Faussner. Ce n'est certes pas un hasard si, presque à la même époque, Anastase a nommé Gondebaud *magister militum Galliarum* et l'a reconnu *rex gloriosissimus*. Non seulement ce dernier accède ainsi à une dignité presque égale à celle de Théodoric, mais il lui bloque le chemin vers la Gaule, où c'est lui dorénavant qui représente l'Empire, rendant impossible le rêve politique d'une domination solitaire en Occident à laquelle songeait Théodoric. Celui-ci est bien obligé de reconnaître la nouvelle donne hiérarchique créée par l'empereur : dans ses lettres aux autres rois d'Occident, il appelle *filius* le roi de Thuringe et même Clovis, son beau-frère et roi des Francs, mais il donne du *frater* au roi des Burgondes. C'est que celui-ci est en Gaule (du Sud-Est) ce que lui-même est en Italie. Avec des nuances toutefois : le roi des Burgondes est un roi fédéré et vassal de l'empereur. Il incarne même le cas « classique » du *rex* vassal. Il avait succédé à Ricimer comme généralissime d'Occident, donc *patricius* et *vir gloriosissimus*. Rentré dans son royaume, il sert l'empereur en tant que *magister militum Galliarum*. Son statut est bien défini dans une lettre adressée à l'empereur par saint Avit, métropolitain de Vienne : Gondebaud est « *domnum meum suae quidem gentis regem, sed militem vestrum* »; le voilà vassal de l'empereur, mais roi de sa *gens*. Or, Théodoric n'est ni vassal, ni *rex Gothorum* — le titre de *rex gentis* est au-dessous de ses prétentions —, mais *Flavius Theodoricus rex*, l'empereur ne pouvant s'immiscer dans son gouvernement italien. Cela n'empêche que Gondebaud est législateur en son *regnum* et porte fièrement dans sa loi (la loi gombette) le titre de « *vir gloriosissimus Gundobadus rex Burgundionum* ». Son fils Sigismond, ayant reçu le patriciat du vivant de son père, se déclare en une lettre à l'empereur son *miles* fidèle, désireux de lui rendre l'*obsequium*. Il sait, et il le dit, qu'il doit tous ses rangs et titres éminents au seul *fons honorum* qu'est l'empereur.

Nous comprenons mieux maintenant pourquoi Théodoric a ouvertement contesté les positions impériales. Sous couvert d'une grande déférence, il déclare qu'il se considère aussi supérieur à tous les autres rois que l'empereur peut l'être à son égard. Mieux encore, il désigne ses Goths comme *populus* et partenaire du *populus* romain au-dessus des *gentes*, ce qui revient à contester la maîtrise romaine de l'Empire, qui est transformé à l'Ouest, selon le roi, en un *condominium* romano-gothique.

Reste le problème de la succession de Théodoric, héréditaire selon ses plans, inacceptable en principe pour l'empereur. Les raisons ne manquent donc pas à Anastase pour isoler les Goths, aussi bien Théodoric en Italie que les Wisigoths en Espagne et en Gaule, dont l'aide militaire avait été nécessaire pour venir à bout d'Odoacre. L'empereur va trouver des alliés en la personne de Gondebaud le Burgonde et surtout de Clovis le Franc. Ce dernier, *dux Belgicae secundae* romain après son père Childéric, a mis fin au *regnum* de Syagrius, qui n'avait jamais été reconnu par l'Empire, et rêve depuis longtemps de bouter hors de Gaule les Wisigoths hérétiques. Comme il est entré en conflit avec Gondebaud en 500, l'empereur doit d'abord les réconcilier. Ce n'est pas trop difficile pour Anastase, qui peut promettre à Clovis la reconnaissance de sa position en Gaule du Nord et de l'Ouest (après sa victoire escomptée sur les Wisigoths), tout en faisant miroiter aux Burgondes — pour qu'ils oublient la domination des Francs dans ces parties de la Gaule — le butin qui les attend en Gaule méridionale, le littoral méditerranéen s'offrant à eux au détriment des Wisigoths en Languedoc et en Provence.

Ces circonstances éclairent la portée du triomphe de Théodoric en 508, quelque peu éclipsé par la victoire de Clovis sur les Wisigoths en 507 : les armées du Goth écrasent les Burgondes et les Francs. Suprême récompense pour Théodoric, vrai maître de l'Occident romain, il salue les habitants de la Provence revenus au sein de la *res publica* et de sa *libertas*, en renouvelant la préfecture du prétoire pour la Gaule et en la confiant au vieux patrice Liberius. Pour l'empereur, cet échec partiel n'est que partie remise, et une raison supplémentaire de cultiver son alliance avec Clovis.

Ce qu'il fait dès 508 en lui adressant les insignes de la dignité royale (romaine), identiques à ceux que Théodoric avait reçus en 497 (comme l'a noté Karl Hauck). Il ne faut pas voir là seulement la récompense accordée par l'empereur à un roi barbare allié et victorieux des Goths en 507. En fait, c'est la reconnaissance de Clovis comme un *rex* de rang égal à celui de Théodoric. Elle bénéficie d'une solution juridique spéciale, que rendent possible des circonstances extraordinaires et qui est profitable à l'empereur comme à Clovis. Car ce dernier ne sera ni roi au sein et sur les terres de l'Empire, comme Odoacre et Théodoric, ni roi vassal de l'empereur comme Gondebaud de Burgondie ! La seule obligation due à l'empereur par Clovis (et ses successeurs) dans son *regnum,* dont il disposera librement en ce qui concerne sa succession, est de reconnaître sa suprématie sur tous les rois, reconnaissance implicitement contenue dans l'acceptation des hautes dignités romaines octroyées par l'empereur. En effet, l'ambassade impériale de 508 que Clovis reçoit à Tours, près de l'église Saint-Martin — « son saint », auquel il attribue sa victoire sur les Wisigoths et la conquête de l'Aquitaine —, lui apporte une tunique pourpre et un diadème avec un codicille impérial qui le nomme *rex gloriosissimus.*

Trois ans plus tard, les évêques réunis au synode convoqué par Clovis en 511 à Orléans le saluent deux fois par son titre dorénavant officiel : *gloriosissimus rex,* et *dominus.* Ce constat ainsi que le déroulement des cérémonies qui accompagnent l'événement historique de 508* permettent de sonder sa profondeur complexe. D'autres textes qui suivront de peu la mort du roi en 511 confirment ces observations :

1. Le roi franc a été fait *rex gloriosissimus* par l'empereur, qui est ainsi son *pater* en tant que « créateur » du rang prééminent qu'il occupe au-dessus de la presque totalité de la *nobilitas* romaine. Clovis est donc entré dans cette fameuse « famille des rois » autour de l'empereur, leur père commun : quel triomphe pour lui de ne plus devoir subir l'affront de son ennemi Théodoric qui avait osé lui adresser des lettres où il le nommait son *filius,* de façon à marquer sa subordination, tout en lui concédant l'*excellentia vestra* pour montrer que lui, le soi-disant *princeps* de l'Occident, pouvait lui décerner ce titre ! Désormais, le vrai *princeps* l'ayant fait *rex* et *dominus* des Romains dans sa partie de la Gaule, il est le *filius* légitime du successeur de Constantin le Grand.

2. Non seulement Clovis égale Théodoric, mais il le supplante, car il est catholique et peut suivre les traces de Constantin en élevant comme lui une église aux douze apôtres dans laquelle il se fera enterrer avec son épouse catholique Clotilde, auprès des reliques de Geneviève, première sainte franque.

3. La portée de sa reconnaissance comme *rex gloriosissimus* et *praecellentissimus* dépasse donc les cas observés avant 508. Premier et seul roi barbare ayant reçu le baptême d'un évêque catholique, premier *rex* catholique, ce *dominus* des évêques de son *regnum* est aussi leur *pius princeps.* Les Églises en Occident, comme l'écrit à Clovis en recevant la bonne nouvelle Alcimus Ecdicius Avitus (apparenté à Sidoine Apollinaire et à l'empereur Avit), évêque de Vienne dans le royaume des Burgondes, n'auront plus besoin de se

---

* *Cf.* Karl Hauck.

tourner vers les « Grecs » pour trouver un prince catholique. Il peut lui déclarer : « Votre foi est notre victoire. » Il ne doute point qu'elle sera suivie de beaucoup d'autres, car son exemple et ses actions ne manqueront pas de mener à la conversion d'autres *gentes.* Ce que Constantin a été pour l'Empire, Clovis le sera pour les *gentes.* Face au *princeps-imperator* à l'Est, chef des évêques dans son empire, la Gaule possède un *princeps-rex,* chef des évêques dans son royaume.

4. La reconnaissance de cette nouvelle royauté n'est contestée ni à l'intérieur du *regnum,* ni à l'extérieur. Pour Remi de Reims, en 512, Clovis (mort depuis peu) était *praecellentissimus rex.* Les évêques s'adresseront à ses successeurs sous la forme *domino gloriosissimo atque praecellentissimo,* et leur donneront du *piissimus* [comme à l'empereur] *ac praecellentissimus domnus rex.* Le roi parle de sa *clementia principalis* (attribut impérial) et de sa *celsitudo.* S'adressant à un autre roi mérovingien, il lui donne du *domino glorioso atque precellentissimo* ainsi que de la *vestra gloria,* et qualifie la lettre de son homologue de *sacris vestris litteris,* désignation des lettres impériales. En 557, Childebert Ier est qualifié par le pape Pélage Ier d'*excellentia vestra,* et son ambassadeur, Rufin, de *vir magnificus* et *vir inlustris,* ce qui constitue une pleine reconnaissance des titres accordés par le roi franc en conformité avec la hiérarchie romaine. Childebert II est pour l'exarque de Ravenne, en 585, *excellentissimus et praecellentissimus, gloria vestra, excellentia vestra, vestra gloriosa christianitas,* ayant une *christianissima voluntas vestra.* L'empereur Maurice l'appelle *vestra gloria, gloria tua, vir gloriosus.* Le pape Grégoire le Grand lui accorde l'*excellentia,* comme à ses fils Thierry et Theudebert. La reine Brunehaut est également titrée *excellentia vestra.*

5. Malgré tout, leur royaume ne fait pas partie de l'Empire. On ne saurait voir dans l'acte constitutif de 508 une nomination de Clovis à une espèce de « gouvernorat » à la place de l'empereur, soit comme *consularis* (titre qui pouvait désigner depuis le IVe siècle le « lieutenant » de l'empereur dans une province), soit comme *patricius.* Dans les deux cas, le roi serait une sorte de sujet de l'empereur. Or, le *rex gloriosissimus* n'est pas le *patricius* de l'empereur, ne fût-ce que parce qu'il nomme son propre *patricius.* D'autre part, Clovis n'est pas nommé *consularis,* mais sa prééminence est indiquée dans le texte de Grégoire de Tours — qui utilise là une source contemporaine — par des acclamations (*vocitare* est la forme intensive de *vocare*) comme pour un *consul* ou pour l'*augustus : « tamquam consul aut augustus est vocitatus ».* Ce nouveau *rex* se voit donc accorder, et par les membres de l'ambassade impériale, et par le peuple réuni à Tours en cette occasion, les honneurs les plus élevés que Rome pouvait décerner. Il s'agit, comme Karl Hauck l'a montré, d'une sorte de triomphe accordé au vainqueur des Wisigoths,

les ennemis de l'Empire : ayant revêtu les vêtements d'apparat envoyés par Anastase (la tunique de pourpre, la chlamyde et le diadème) dans la basilique de Saint-Martin devant les murs de Tours, Clovis, de là, fait son entrée à cheval dans la ville, dans le cadre de son *processus consularis* qui est en même temps l'*ingressus regis,* l'entrée solennelle du nouveau roi. C'est alors qu'il distribue au peuple des monnaies romaines et, mieux encore, des monnaies d'or impériales, démontrant ainsi que son principat égalait celui de Théodoric, qui avait fait de même lors de son *adventus* à Rome en 500. Ces actes accomplis, nous dit le texte, Clovis partit immédiatement de Tours et se rendit à Paris pour y constituer sa *cathedra regni,* à savoir une *sedes regni* sur le modèle de Ravenne, comme il convenait à un *rex gloriosissimus.* Preuve qu'en effet l'événement de Tours a changé la *Selbstdarstellung* (selon le mot de Hauck) de sa royauté, l'image qu'elle se faisait d'elle-même et qu'elle présentait aux autres. Ressort ainsi l'envergure historique d'un astucieux règlement de droit international entre l'Empire et le royaume franc qui a permis au roi une démonstration de splendeur impériale (*splendor imperii, cf.* Herwig Wolfram) en dehors de l'Empire, mais avec le plein assentiment de l'empereur. C'est là la preuve formelle de l'appartenance au monde romain, à la « famille de l'empereur » et au monde chrétien d'un souverain autonome du royaume franc.

Il ne faut donc pas isoler Clovis et les Mérovingiens dans l'histoire française, mais les replacer dans ce monde romain, parmi les hommes les plus éminents dans la hiérarchie romaine des rangs et des dignités. Dans les lettres et les préceptes qu'il écrit pour les rois ostrogoths de l'*Occidens,* Cassiodore donne l'attribut de *gloriosus/gloriosissimus* aux plus hauts dignitaires romains ou goths, mais aussi à des rois wisigoths. C'est là le point de vue « romano-gothique » de Théodoric que nous connaissons déjà par ses lettres, écrites également par Cassiodore.

Tournons-nous vers les dignitaires authentiques, nommés par l'empereur ou officiellement reconnus par lui et la « chancellerie » pontificale. Est bien sûr *excellentissimus* le grand Bélisaire, *patricius* et généralissime, qui a une suite personnelle de sept mille cavaliers d'élite payés par lui. Quant à Narsès, cet ancien eunuque devenu en Italie son collègue, rival et successeur avec le nouveau titre grec d'exarque (transcrit en latin par *praefectus Italiae,* ou *proconsul et praeses Italiae*), il est *patricius* et n'a pas besoin de porter le titre de *magister militum.* On s'adresse à lui par la formule *excellentia vestra.* Ses successeurs en Italie impériale sont les exarques de Ravenne, avec le grade d'*excellentissimus.* Grégoire le Grand, vers 600, dans sa correspondance largement conservée, accorde évidemment — comme au roi franc — l'*excellentia* à l'exarque de Ravenne (autorité qui à ses yeux doit agréer les élections papales), mais aussi à l'exarque (et *patricius*) de l'Afrique, au *patricius Romanus* (le *praefectus urbi*), au préfet du prétoire (PPR) de l'*Illyricum* (auquel il donne également du *vestra gloria* ou de l'*eminentia vestra*), au PPR *Africae* ainsi qu'au PPR *Italiae* qui, comme nous l'avons vu pour le roi des Francs, peut avoir droit à *christianitas vestra.*

Le niveau suprême de la hiérarchie immédiatement au-dessous de l'empereur — celui des patrices, des généralissimes, des préfets du prétoire, des exarques, et des *reges* reconnus fils de l'empereur — forme ainsi un ensemble identifiable par son « excellence », mais il ne faut pas oublier une distinction importante : tous les dignitaires qui résident sur le sol de l'Empire sont des sujets de l'empereur, alors que ceux qui vivent en dehors de ses frontières, comme les rois des Francs, n'en sont ni les sujets ni les « fonctionnaires ». Dans une lettre déjà citée qu'il adresse en 585 au roi franc Childebert II, l'exarque de Ravenne lui parle des empereurs romains qui sont *patres vestri,* mais *piissimi domini nostri.* L'empereur est dans les frontières de l'Empire le *dominus* de tous, et donc aussi de l'exarque de Ravenne, *vir excellentissimus*; au contraire, pour le *rex excellentissimus* d'un *regnum* situé hors des frontières de l'Empire, il est le Père.

La « famille des rois », qu'a étudiée Franz Doelger, est donc loin d'être un simple jeu de l'esprit. En réunissant les *reges* reconnus par l'Empire sous leur *pater,* elle assurait une forme subtile de « souveraineté » au roi franc tout en le liant à l'empereur et au monde romain par la relation qui existe entre un père et son fils, car ces rois, en acceptant leurs titres romains éminents, reconnaissaient du même coup la suprématie de l'empereur. Ils n'étaient pas sous sa domination directe, non plus que leur propre *nobilitas* nommée par eux, mais faisaient partie du « monde romain » sous l'autorité incontestée de l'empereur; leur *nobilitas* pouvait ainsi faire partie de la *nobilitas* romaine, qui était en train de devenir européenne.

Ce témoignage décisif, venant d'un des homologues romains du roi franc, n'est pas isolé. En 556, le pape Pélage Ier parle au roi Childebert Ier, *« domino filio gloriosissimo adque praecellentissimo »,* de la personne de l'empereur comme étant le père du roi : *« pater vester, clementissimus imperator ».* C'était là une évidence pour les rois de l'époque, qui s'adressaient en conséquence à l'Auguste — tel Theudebert Ier, par deux fois au milieu du VIe siècle, à Justinien Ier : *« domino inlustro et praecellentissimo domno et patri ».* Or, il s'agit là d'un roi franc des plus conscients de son pouvoir et de son indépendance, au point qu'il osa battre des monnaies d'or où figurait sa propre image, privilège impérial. C'est lui aussi qui osa nommer, selon l'usage réservé à l'empereur, un *magister officiorum* au rang de *patricius.* Dans une de ses lettres, Theudebert, questionné par Justinien sur l'étendue de son royaume, ne se fait pas prier pour faire étalage du nombre des *gentes* qui, grâce à l'aide de Dieu, sont soumises à sa *dicio*, à sa *dominatio*, voire à sa *maiestas* ! Toute cette fière puissance ne l'empêche pas de parler, comme il se doit, de l'*augusta celsitudo* de l'empereur.

Parmi d'autres indices de la souveraineté des rois en dehors des frontières romaines, n'oublions pas le fait que, dans leur *regnum*, on date les actes d'après l'année de leur règne, et non plus du règne de l'empereur ou selon les consuls romains de l'année. Il en va ainsi depuis le Ve siècle pour les Vandales et les Wisigoths (depuis que ces derniers, en 475, se sont séparés de l'Empire), à la différence du monde romano-ostrogoth — y compris la Provence, réintégrée à la *res publica* et dont la situation est sur ce plan restée floue sous la domination franque (nous traiterons plus loin du patriciat provençal). En Gaule franque du Midi, la datation selon l'année consulaire s'est maintenue un peu plus longtemps qu'ailleurs.

Le prestige de la hiérarchie politique romaine l'a finalement emporté même chez les *gentes* qui s'étaient d'abord montrées récalcitrantes à son égard, comme les Lombards, ces tard-venus en Italie*. Chez leurs rois, le titre d'*excellentissimus* apparaît en 688, associé comme jadis chez Théodoric le Grand au surnom romain de *Flavius : « Flavius [...] vir excellentissimus rex »*. Or, c'est à cette époque que la conversion des Lombards au catholicisme trouve son accomplissement (synode romain de 680). Dans les additions à l'*Edictus Rothari* en 713, le roi Liutprand s'intitule *« christianus ac catholicus princeps »*. En 721, il est *« excellentissimus rex Deo dilectae et catholicae gentis Langobardorum »*. Toute la *gens* était désormais entrée dans l'ordre romain et catholique, au point qu'on accorde aux hommes libres le titre romain de *vir honoratus*.

L'application des titulatures a été aussi stricte dans les pays de l'Occident septentrional admis — après la conversion de leurs monarques et leur reconnaissance par l'empereur et le pape — au sein de l'aire romano-chrétienne que dans ceux du monde méditerranéen. Aldhelm († 709), issu de la famille royale de Wessex, éduqué entre autres par Théodore de Tarse**, archevêque de Canterbury (668-690), et qui fait vers 690 une visite au pape Serge Ier, écrit au roi de Wessex dans le plus pur style protocolaire : *« domino gloriosissimo occidentalis regni sceptra gubernantem ». Rex gloriosissimus* restera l'épithète royale par excellence sous les Carolingiens comme sous leurs successeurs en France et en Allemagne. On ne devrait pas la traduire par « très glorieux », car il ne s'agit pas d'un qualificatif, mais d'une indication de rang.

---

* Voir Paul Koch et Karl Brunner.

** En Cilicie, au sud-est de l'Asie Mineure.

Comment situer dans l'histoire de l'Europe chrétienne cette victoire du protocole romain ? Quand l'empereur, accaparé par des voisins plus dangereux et plus proches de Constantinople, n'est plus parvenu à « dompter » les puissances barbares, il les a intégrées dans la hiérarchie des rangs et titres du monde romain, profitant de ce que plusieurs des nouveaux chefs barbares, ou leurs pères, avaient servi l'Empire à des postes élevés. Ce serait une erreur de ne voir là qu'une manœuvre habile pour « sauver la face ». Car il ne s'agissait pas seulement de « coiffer » un monde de toute manière perdu pour l'Empire par un souverain théorique et un système de titres purement fictifs, mais de procéder à une intégration en profondeur qui a favorisé entre autres la position de l'épiscopat déjà présent dans les pays concernés et celle des populations romaines, autorisées comme l'Église à vivre selon le droit romain. Cette politique impériale a permis non seulement à la classe sénatoriale dominante en Gaule de rester en place par la simple reconnaissance du nouveau *princeps* (royal) au lieu de l'ancien (impérial), mais aussi à des populations fort différentes de garder leurs droits et usages sous l'égide des autorités publiques.

Les titres romains du monde mérovingien ne sont ni des inventions de scribes gallo-romains nostalgiques, ni des vanités de Barbares se parant de titres et d'épithètes auxquels ils ne comprenaient rien. Les souverains francs étaient conscients des devoirs sublimes de leur charge et cherchaient à répandre cette conscience parmi les dignitaires du royaume dans le codicille de leur nomination, en n'y oubliant ni la paix publique, ni la protection des faibles, ni le recouvrement des impôts. Le génie romano-chrétien, qui a survécu grâce aux élites gallo-romaines, hispano-romaines, etc. — élites restées partiellement en fonction dans les nouveaux royaumes sur le sol de l'Empire —, a réussi à effectuer la symbiose des éléments romains et germaniques dans une vie publique commune, acceptable par l'ensemble de la population. Cela n'aurait pu se faire sans que les structures hiérarchiques de l'Occident aient été sauvegardées. Les titres romains des rois et hauts dignitaires ne sont pas seulement la preuve de cette pérennité, ils en ont été l'instrument. Le mérite en revient d'abord aux empereurs romains de Constantinople qui ont réussi à assimiler les chefs et rois barbares dans leur prestigieuse hiérarchie de rangs, en leur accordant le droit de s'en servir à leur tour, à condition de préserver les cadres de vie essentiels de leurs nouveaux sujets et de « leur » épiscopat. C'est ainsi que le monde romano-chrétien a survécu aux bouleversements politiques, survie à porter au crédit tant des « élèves » barbares que de leurs « maîtres » romains.

Le pape, nouvelle source de légitimation du prince

Pour que l'Occident ait pu « oublier » les origines de ses États chrétiens, il a fallu une révolution due à la papauté qui, non sans usurpation du point de vue impérial, a fini par séparer l'Orient et l'Occident chrétien sur le plan politique et ecclésiastique. On y reviendra au chapitre XI, mais il nous faut montrer ici la façon dont la papauté a réussi à se libérer de l'autorité impériale. Les conséquences de cette séparation seront fondamentales pour les titres des élites de la chrétienté et les rivalités les opposant, mais aussi pour l'histoire ultérieure de la *nobilitas* et de ses titres dans un Occident désormais coupé de l'empereur. À sa place, en Occident, il y en aura deux : la papauté et un nouvel empire occidental d'origine franque.

Au début du VIIIe siècle, l'évêque de Rome était toujours placé sous le contrôle du *princeps*, son élection devant être soumise à l'exarque de Ravenne pour examen et approbation. La domination de l'empire d'Orient, œuvre du fondateur de la Nouvelle Rome, Constantin, fut contestée au VIIIe siècle à la suite de graves dissensions dogmatiques (querelle des Images) et par suite du peu de zèle mis par l'empereur à défendre l'Église romaine contre les Lombards et les Arabes. Ce rôle de protecteur put être repris par le *regnum Francorum* sous une nouvelle dynastie qui devait la légitimation de sa dignité royale à la papauté.

On n'a pas assez remarqué que la contestation de la domination du monde romain par l'empereur et de son autorité politique sur l'évêque de Rome avait commencé avec la légitimation papale des Pippinides. Certes, Constantinople avait d'abord dissimulé l'aspect « subversif » de cette mesure en mettant l'accent sur le conseil moral, donné par la plus haute autorité spirituelle, de procéder à un changement dynastique. C'est pourquoi certains nient qu'il y ait eu usurpation dès ce moment. Mais c'est oublier que seul l'empereur pouvait faire, reconnaître ou légitimer un roi chrétien. Ses droits en ce qui concerne la hiérarchie romaine des rangs étaient ainsi ouvertement mis en cause, d'autant plus que le pape Zacharie avait osé condamner — sans en avoir la compétence — la dynastie royale catholique la plus ancienne d'Occident, qui avait été reconnue, sinon créée, en 508 par l'Empire.

Le sacre solennel du nouveau roi par Étienne II, en visant la création de toute une dynastie royale, constituait une sorte de déclaration de guerre à l'empereur, guerre de titres avant de se transformer en guerre ouverte. Du point de vue de l'Empire, la papauté n'avait pas seulement incité un maire du palais à se faire *rex* à la place du représentant légitime de la dynastie seule reconnue par Constantinople. Elle avait aussi titré ce nouveau *rex* à la manière d'un empereur *(magnus imperator)* : *magnus rex*, ce qui le plaçait au-dessus de tous les autres rois et en faisait l'autorité politique incontestable de l'Occident. Elle lui avait décerné, en se référant à la volonté du *populus Romanus*, le titre de *patricius Romanorum*, avec usurpation du nom de « Romains » (les droits du peuple romain étant normalement passés à l'empereur) et du privilège impérial de nommer sur le sol romain un *patricius*. Enfin, elle avait cessé de dater ses actes d'après l'année de règne de l'empereur, et mentionnait à la place le règne du roi franc et *patricius Romanorum*.

Cette suite d'usurpations constituait une révolution qui mit fin, en ce qui concernait l'Occident, au monopole de l'empereur comme source unique de nomination et de légitimation des plus hauts dignitaires du monde chrétien. Ce changement radical s'exprima aussi sur le plan des symboles, domaine où excellait la papauté. Adrien Ier proclame en 778 au sujet de Charlemagne : *« Ecce novus christianissimus Dei Constantinus imperator his temporibus surrexit »* (« Voici que surgit un nouveau Constantin empereur très chrétien de Dieu »), mélange habile du titre de Constantin et de celui que Charlemagne n'arborait pas encore. Voilà un « nouveau Constantin » par la grâce de l'évêque de Rome ! En agissant ainsi, le pape fait du *princeps* de l'Empire chrétien un empereur « d'Orient » ou « des Grecs ». Désormais, il y a deux autorités occidentales alliées qui contestent l'autorité suprême de la Nouvelle Rome, tout en la réclamant pour elles-mêmes en Occident.

Car le prix payé par le nouveau maître, puis empereur, de l'Occident pour sa double et bientôt triple promotion est élevé. L'acceptation par le *rex Francorum* des « bienfaits » du pape implique en effet la reconnaissance de son *auctoritas* : celui qui « fait » les rois est le véritable empereur en Occident. Le transfert d'une grande partie des territoires impériaux en Italie, occupés après les Lombards par les Francs, à la papauté témoigne des conditions imposées par une Église romaine qui ne voulait pas voir sa servitude constantinopolitaine remplacée par une servitude franque. Elle a, dans les louanges adressées par Adrien à Charlemagne, « joué » contre l'empereur à la fois « son » *patricius* franc et le prestige du grand Constantin. Car c'est à travers sa personne auguste qu'elle peut frapper à la racine les prétentions, et de l'Orient face à l'Occident, et de « ses » empereurs face à l'Église romaine.

La « vision papale » du nouvel ordre des choses en ces années décisives nous est connue par la « Donation de Constantin », prétendument destinée au pape Sylvestre Ier. Les auteurs de ce faux justement célèbre ont été fort malhabiles sur le plan technique (ce qui plaide en faveur d'une rédaction hâtive), mais extrêmement habiles en ce qui concerne le contenu, malgré ses invraisemblances criantes. Par le truchement de la prétendue volonté testamentaire de Constantin, ils ont cherché à séparer Rome et l'Italie, sinon l'Occident entier, de l'Orient, et cela au profit de l'Église romaine. Dans ce but, ils ont remplacé le mythe de la victoire de la foi grâce à l'intervention du Christ en faveur de l'armée de Constantin *(« In hoc signo vinces »)* par un autre mythe au centre duquel ne se trouvent ni le Christ ni Constantin, mais saint Pierre et son successeur, le pape Sylvestre Ier.

Ce n'est en effet pas un Constantin vainqueur, héros célébré comme un « sauveur » par les chrétiens contemporains, qui entre en scène, mais un Constantin malade par sa propre faute, la lèpre étant la conséquence de son paganisme ; effrayé face à la mort, il est sauvé par Sylvestre qui lui recommande, pour guérir, de prier sur la tombe de saint Pierre, et qui lui sert de guide (« mon maître ») en l'instruisant dans la vraie foi. « Il nous a enseigné très clairement tout ce que notre Sauveur a accordé de puissance dans le ciel et sur la terre à son apôtre, le bienheureux Pierre, lorsque [...] il lui dit : "Tu es Pierre, et sur cette pierre je bâtirai mon Église..." » Matthieu XVI, 18 est cité pour souligner que ce n'est pas à l'Empire, mais à saint Pierre que le Christ a confié son Église, et qu'en toute logique c'est saint Pierre qui, en guérissant Constantin, a provoqué sa conversion et par là même la victoire du christianisme. L'empereur, ayant compris que saint Pierre a été « constitué vicaire de Dieu sur la terre, de même les pontifes, qui tiennent la place de ce même prince des apôtres », lui reconnaît donc « une puissance supérieure » à celle de son empire. Par décret impérial, il attribue « à la très sainte chaire de saint Pierre », entre autres, « la puissance, la gloire, la dignité, la force et la distinction impériale ».

Au milieu du XVe siècle, Lorenzo Valla n'aura pas de difficulté à montrer, à côté des anachronismes linguistiques et de contenu de la Donation, ce qu'il peut y avoir de ridicule dans le fait que l'empereur donne à saint Pierre ce que Dieu lui avait déjà donné. Ce qui compte pour les faussaires, ce sont les titres de droits que seul l'empereur romain pouvait décerner. Plus habile encore que la donation du palais du Latran, à Rome, voire de l'Italie et des « régions occidentales », avec les insignes impériaux (etc.), est l'explication de son action par l'empereur : « [La vérité nous ayant été révélée par le pape,] nous avons jugé logique de transférer notre Empire et notre pouvoir royal dans les régions d'Orient et d'édifier une cité portant notre nom dans un très bon endroit de la province de Byzance, et d'y établir notre Empire ; car là où le prince des prêtres et le chef de la religion chrétienne a été installé par l'empereur céleste, il n'est pas juste que l'empereur terrestre conserve le pouvoir. » Dans ce passage, on a radicalement refait l'histoire en transformant la Rome déchue du IVe siècle en un centre du monde qui relie le ciel et la terre, tandis que la capitale de l'Empire chrétien et de l'Orient est reléguée au second plan et que Constantin, fondateur de l'Empire chrétien, n'est plus qu'un exilé qui n'est allé en Orient que pour laisser la place au véritable empereur.

Charlemagne a été conscient de l'astuce du pape. Plusieurs indices le montrent. Mécontent du déroulement de la cérémonie de son couronnement en tant qu'empereur, arrangée par Léon III, il choisit, après le temps de la réflexion, une titulature impériale qui en dit long sur ses intentions : « *Karolus serenissimus augustus a Deo coronatus magnus pacificus imperator Romanum gubernans imperium, qui et per misericordiam Dei rex Francorum et Langobardorum* ». Ce titre dissocie sa nouvelle dignité — qu'il doit à Dieu, et non à saint Pierre — de la papauté comme des Romains de Rome, en ne parlant que de l'ensemble de l'Empire selon une formule proche du titre de Justinien Ier. L'idée sous-jacente est pleinement confirmée par une bulle (*bulla*, sceau en plomb ou en or, ce dernier métal étant réservé aux empereurs) qui montre au revers une porte de cité accompagnée des mots « *renovatio Roman*[i] *imp*[erii] *Roma* ». Rome est de nouveau la capitale d'un Empire à rénover; son empereur est plus que l'empereur des seuls Romains de Rome. Charles se donne en 806 les titres d'« *imperator Caesar Karolus rex Francorum et Romani rector imperii pius felix victor ac triumphator semper augustus* », et aime à mentionner les provinces romaines sous son gouvernement : *Gallia, Germania, Italia, Pannonia, Noricum*, enfin *Istria* et le *regnum Hispaniae*. Parmi les prérogatives impériales introduites en 801 figurent l'indiction justinienne dans la datation des actes, le crime de lèse-majesté, les peines d'exil et de privation de la vue, et la proscynèse (prosternation).

Dès avant le couronnement impérial, la cour carolingienne a conscience de la rivalité inévitable des trois figures de proue du monde chrétien, comme l'indique la lettre adressée au roi (juin 799) par Alcuin : « *domino pacifico David* [deux attributs impériaux] *regi* ». Jusqu'ici, écrit-il, il y avait trois personnes les plus élevées dans le monde (« *tres personae in mundo altissimae* ») : le pape, l'empereur et le roi (des Francs). Face à l'« *apostolica sublimitas* » et à l'« *imperialis dignitas et secundae Romae saecularis potentia* », c'est la troisième qui l'emporte : « *tertia est regalis dignitas* », le Christ ayant fait de Charlemagne le « *rector populi christiani* ». Celui-ci est plus puissant, supérieur en sagesse et plus digne en son gouvernement que le pape et l'empereur (« *potentia excellentior, sapientia clarior, regni dignitate sublimior* »), et c'est donc de lui que dépend le salut des Églises du Christ. D'ailleurs, la quatrième puissance, non mentionnée parce que non chrétienne, n'a-t-elle pas reconnu le roi comme principal représentant du monde chrétien? Haroun al-Rachid, son homologue pour le monde islamique, voyant en Constantinople son ennemi immédiat, a exprimé sa préférence pour le Franc par de somptueux présents, dans la tradition des grandes monarchies de l'Orient, entre autres un éléphant.

Non content d'être l'égal du *basileus* de Constantinople, Charles prétend donc à la première place des trois « grands ». En 794, il convoque le premier synode général de l'Occident à sa nouvelle *sedes regni*, Francfort, nommée d'après le nouveau peuple élu, les Francs. Il y conteste personnellement (dans les *Libri Carolini*) la domination de Constantinople sur le plan dogmatique, sans pour autant ménager la papauté puisqu'il fait condamner par le synode des décisions conciliaires de l'empire d'Orient déjà acceptées par le pape. Sa cour semble être devenue la première instance de l'orthodoxie, comme le souligne Josef Fleckenstein. En 795, à la mort du pape Adrien Ier, le *magnus rex* honore le défunt*, mais célèbre aussi l'éclat d'une autre résidence, destinée à être la capitale de la Gaule et de tout le *regnum Francorum*, Aix-la-Chapelle. Ce pape avait nommé le roi *triumphalissimus* et lui avait écrit, lors de la campagne ibérique contre les Arabes, qu'il était l'homme voué à propager la foi *(« dilatatio fidei »)*, sa propre tâche consistant à prier pour la victoire de ses armées. Charlemagne a rassemblé des éléments symboliques à Aix-la-Chapelle pour en faire, comme l'a dit un poète de sa cour, une *« Roma secunda »*, affront direct à Constantinople qui l'était depuis un demi-millénaire, voire une *« Roma ventura »*, affront à la Rome papale qui avait transformé l'*Urbs* païenne en capitale de la chrétienté, nouvelle et seule Rome pour l'éternité. Pourtant, Adrien Ier n'a pas refusé d'envoyer à son puissant allié de superbes mosaïques de Ravenne, des marbres et des colonnes, pour son palais et la chapelle palatine. Il a même donné son consentement au transfert de la statue équestre de Théodoric le Grand — elle ne faisait désormais plus face au palais de Ravenne, mais à celui d'Aix-la-Chapelle —, figure choisie comme symbole d'un chef germain d'Occident, bien qu'il ait été hérétique. Le nouveau maître de l'Occident, entouré des meilleurs esprits de l'*orbis Latinus*, comptait donc être un véritable empereur, le nouveau Constantin et le nouveau Justinien.

Véritable *princeps*, le souverain veut l'être également face à l'Église, y compris celle de Rome. Il fait même construire un autre « Latran » à Aix-la-Chapelle, à proximité du palais impérial. Rome aurait pu redouter cette *renovatio imperii*, en vertu de laquelle une sorte d'évêque de cour pouvait résider en ce second Latran. Mais la

---

* La dalle funéraire envoyée à Rome portait une inscription d'Alcuin, écrite dans une *capitalis quadrata* classique et dorée, sur une pierre de la région (« noire belge »), et contenant un passage qui en dit long sur l'assurance de cette nouvelle puissance européenne : « *Hadrianvs Karolvs, rex ego tvque pater* » (« C'est moi le Roi, c'est toi le Père » [mon père spirituel]).

réponse de la papauté a été admirable. Évitant une confrontation ouverte avec son puissant protecteur, elle a tout simplement ignoré le synode de Francfort, dont les décisions, jamais « reçues » par Rome, n'ont pu être avalisées par le droit canon. De même, les papes ont ignoré le nouveau Latran en refusant d'aller à Aix-la-Chapelle. Pour qu'un pape s'y rende, il a fallu que ce « Latran » se transforme en une annexe cédée à l'Église de Rome.

Comme l'ancienne Rome, la nouvelle fait sentir au parvenu qu'on ne change pas à sa guise les titres et leur hiérarchie, établie par une histoire séculaire voulue par Dieu. Pour ne pas trop dépendre de la légitimation papale, pour être un véritable empereur, au moins en Occident, Charlemagne a dû obtenir la reconnaissance officielle de son titre impérial par l'empereur romain, seul à le porter jusqu'alors, sans interruption depuis Constantin. Les tractations ont duré si longtemps que le grand empereur n'en aura pas vu l'issue heureuse : c'est son fils et successeur Louis qui a reçu l'ambassade grecque chargée de lui remettre — après s'être pliée à la proscynèse — une lettre de l'empereur, dorénavant « d'Orient », accordant au nouveau « collègue » occidental l'adresse de *frater*.

La hiérarchie des rangs a désormais deux têtes, mais qui sont loin d'être véritablement égales. L'Occident doit reconnaître que seul l'empereur oriental a le droit (de continuer) de se nommer empereur romain *(basileus toon Romaion)*, toute allusion à l'Empire romain devant disparaître des titulatures et symboles carolingiens. Charlemagne s'était déjà exécuté en ne conservant à son successeur que le titre d'*augustus*, et il avait eu l'occasion de tirer la conséquence de ses différents échecs en transformant l'inscription de la « bulle » impériale en *renovatio regni Francorum*, reprise par son fils. Il convient à cet égard de se remémorer les vraies sources et bases du pouvoir du souverain. Il est certes *princeps* (ce qu'était déjà le roi mérovingien), et aussi *princeps* impérial, empereur, mais il n'est plus reconnu empereur de l'Empire romain. À long terme, les titres ne trompent pas. Pour qu'ils restent reconnus, il faut que leur détenteur détienne effectivement le pouvoir, la *potestas* dont le titre est l'expression.

Ce serait toutefois une erreur que de sous-estimer le prestige de l'Occident et de sa dynastie impériale, ainsi que ses conséquences pour les rangs de la *nobilitas*. D'autant que, désormais, il y a une histoire autonome de la *nobilitas* en Occident, car elle possède un *fons honorum* distinct de celui de l'Orient, *fons* qui en décidant des promotions à certains titres accorde l'entrée dans la *nobilitas*. L'essor des élites politiques en Occident aura dorénavant ses propres fondements, à savoir impériaux, pontificaux et francs.

CHAPITRE IX

Rang et dignités : des Mérovingiens aux Carolingiens

La relation étroite entre titres romains et francs observée au niveau des *excellentissimi* se retrouve-t-elle parmi les élites ? N'y a-t-il pas un abîme entre la cour impériale et l'administration développée de l'Empire d'un côté, et de l'autre des cours royales et des structures régionales plutôt frustes en Occident ? Certains historiens parlent des cours barbares comme de grandes fermes avec riche propriétaire et personnel de la maisonnée. C'est oublier que, dans certaines cités de la Gaule franque, le *comes* réside dans l'ancien *praetorium* romain *. C'est oublier également que la royauté franque a changé depuis la nomination impériale de Clovis en 508 ; ayant alors reçu des pouvoirs (la *potestas principis*) inconnus auparavant, elle n'a plus grand-chose en commun avec la domination des rois francs précédents. À commencer par les moyens administratifs dont elle dispose.

La cour mérovingienne

Noblesse et culture

La cour mérovingienne a dispensé aux jeunes nobles une formation appropriée, leur permettant de faire carrière dans la hiérarchie de l'État (aux titres latins) ou dans celle de l'Église. Les grands royaumes n'auraient pas pu être gouvernés sans des élites capables et bien instruites. Ceux qui, à la suite des humanistes des XVe-

---

* Comme l'a montré, en 1975, Carlrichard Brühl dans son livre *Palatium und Civitas*.

XVIe siècles, ont vu dans la « fin des écoles publiques romaines » la fin de toute culture ignoraient sans doute que les écoles publiques ne sont apparues en Occident qu'au IVe siècle. Les élites de l'époque « classique » ne connaissaient que des écoles privées. Une formation surtout rhétorique et juridique servait de base à toute carrière politique. Du fait des changements survenus dans les conditions de carrière au sein même de l'Empire, les chefs militaires purent accéder au rang de *gloriosissimus* aussi bien que les dignitaires de l'administration civile, pour les dépasser ensuite, la séparation des deux *militiae* étant largement abolie. D'autre part, une nouvelle *militia*, l'Église, s'était établie dans les structures de l'Empire chrétien ; le corps épiscopal devint un pilier de l'État, qui exerçait même des fonctions sur le plan fiscal. Le prestige de la dignité épiscopale était tel que les familles les plus brillantes la recherchaient, ne fût-ce que pour couronner un *cursus honorum*. Ces évêques d'élite combinaient leur formation juridique et littéraire « classique » avec la connaissance de la Bible et des écrits des Pères de l'Église. La culture avait changé de caractère, mais elle n'avait pas disparu.

Il en va de même dans la Gaule des Ve, VIe et VIIe siècles avec ses royaumes barbares où le haut clergé, souvent d'origine sénatoriale, et l'enseignement des élites redevenu « privé » (l'enseignant était parfois un prêtre, rémunéré le cas échéant) atteignent un niveau intellectuel assez remarquable. Pour former les élites, l'école de loin la plus efficace est la cour du prince (il y en a plusieurs dans le royaume franc), c'est-à-dire là où l'on a le plus besoin de gens capables. L'histoire de la civilisation aulique reste à écrire pour ces siècles.

Nous connaissons assez bien la cour d'Austrasie, à Metz, dès le VIe siècle, grâce à Venance Fortunat. Les poèmes et les lettres, parfois panégyriques, que cet auteur venu d'Italie a adressés aux grands, indistinctement d'origine franque ou gallo-romaine, nous révèlent, outre leurs carrières à la romaine, leur ouverture aux choses de l'esprit. Arnoul, le futur saint, évêque de Metz, fut présenté à la Cour par un proche parent, d'origine sénatoriale, Gundulf. Formé à la Cour, il finit par administrer de larges parties de l'Austrasie, y compris la Thuringe, avant de devenir un des hommes les plus puissants du royaume et de finir sa carrière comme évêque.

Il existe d'autres exemples de la formation aulique sous les Mérovingiens. Les parents très nobles du futur saint Ermeland (VIIe siècle), voyant leur fils assez instruit *litterarum doctrinis* (par un *praeceptor* qu'ils ont payé) pour être apte à servir dans la *militia* du roi, le font recevoir à la Cour au moyen d'une *commendatio* au roi (« *regiam introduxerunt in aulam, regi Francorum eum magno cum honore militaturum commendaverunt* »). Cette formation devait lui permettre de réussir une carrière dans la *militia* et de parvenir à un *honor* digne du rang de ses parents (« *ad debitum progenitorum pervenit honorem* »). On retrouve là l'idéal romain de la *dignitas* des ancêtres, qui doit toujours être confirmée par la carrière des jeunes pour que la *gens* conserve sa puissance et son rang. Autour de 800, l'attitude de ces parents est toujours jugée parfaitement normale, comme le montre la version conservée du texte, en latin amélioré, de la main d'un des conseillers de Charlemagne.

Les meilleurs textes hagiographiques*, presque contemporains des personnages dont ils racontent la vie, confirment que la Cour est le lieu des « études supérieures ». Il faut être *aptus* pour y accéder. Sous les Mérovingiens, l'« aptitude » (mot familier dans la vie professionnelle du XXe siècle) était déjà un terme technique dans la routine de la formation des élites aux besoins d'une administration continuant celle de l'Empire chrétien.

Le caractère authentiquement « technique » et administratif de ces débuts de carrière ressort d'un texte du VIIe siècle sur le futur saint Wandrille (Wandregisilus). Ce jeune homme de haute noblesse « suit des études dès sa prime jeunesse, comme cela est l'usage chez les hommes séculiers » (« *iuxta mores secularium* »). À la Cour, il apprend le métier des armes (« *militaribus gestis* ») aussi bien que celui de l'administration (« *aulicis disciplinis* »), grâce à quoi il est « formé dans toutes les disciplines nécessaires pour les affaires du monde » (« *cunctisque mundanarum rerum disciplinis imbutus* »). Après sa période aulique, il est nommé dans l'administration fiscale, l'*exactura* — ce terme romain, qui n'a jamais cessé d'être utilisé, l'est toujours sous le roi Pépin, celui qui fait rentrer les impôts étant *exactor rei publicae gentis Francorum*. À la jeune fille (une *nobilissima*) que les parents, jouant de leurs relations à la Cour, lui avaient demandé de prendre pour fiancée, puis d'épouser, le jeune homme préfère finalement une église abbatiale. Un de ses contemporains, après avoir été confié à un « *vir potens* [...] *causa nutriendi* » (un homme d'influence pour qu'il surveille ses études et sa carrière), est à même de devenir *pincerna regis* (échanson du roi). Il reçoit alors *vestis* et *cingulum*, le vêtement et le ceinturon de sa dignité, tout cela en pleine continuité de l'Empire romain au royaume franc.

Ces témoignages sont sans ambiguïté et l'on a pu parler d'« automatismes sociaux » au sein de structures qui résistent aux change-

* Nous devons la reconnaissance de la valeur du témoignage hagiographique aux travaux de Martin Heinzelmann, résumés dans l'article « Studia sanctorum », publié dans les *Mélanges Pierre Riché* (1990), cet auteur auquel on doit les premières remarques sur le niveau intellectuel, jusqu'alors sous-estimé, des grands laïcs francs.

ments (Heinzelmann). Pour les grands du royaume des Francs, noblesse et culture vont ensemble : « *quippe ut nobilissimus, nobiliter educatus est* », ou : « *quantum [...] nobilior natalibus, adeo in nutriendi cura fuit parentibus sollicitior* » ; l'effort pour bien faire éduquer les fils augmente à proportion du degré de noblesse (*gradus nobilitatis*) des parents. *Commendare* ou *tradere* signifie confier le jeune homme à l'enseignement d'un clerc ou dans un monastère, ou bien le recommander au roi. Ces termes associent donc à un sens « pédagogique » (*ad erudiendum*) un sens politique qui va jusqu'au serment de fidélité prêté au roi. Dans les deux cas, on nomme *nutritor* celui qui prend en charge un jeune. L'enseignant devient « *nutritor ac doctor filiorum nobilium* » et le roi qui, à sa cour, fait préparer au gouvernement les fils de sa *nobilitas* est appelé, en la personne de Dagobert Ier, *enutritor Francorum*. C'est précisément sous Dagobert (629-639) que l'on trouve une élite de dignitaires formés à la Cour, où ils « militent » dans des positions élevées avant de devenir des évêques remarquables, restés proches de la politique, y compris dans ses combats pour le pouvoir, comme le futur saint Ouen à Rouen, le futur saint Didier à Cahors et d'autres. C'est alors que le nombre des évêques d'origine franque, ayant fait carrière à la Cour, augmente et que la « symbiose romano-franque » trouve son plein accomplissement. Quant aux *Franci*, dont le roi est le *nutritor*, précisons que ce sont ceux qui ont coutume, dans la Neustrie du VIIe siècle, d'élire leur maire du palais, et qui un siècle plus tard éliront roi Pépin.

À côté du roi, n'oublions pas l'évêque *nutritor*. La cour de Neustrie, à Paris, nous en fournit un cas fort instructif. Il s'agit de Landri, évêque de Paris de haute noblesse († 657), auquel le moine Marculfe (peut-être de Saint-Denis) a dédié vers 650 une collection de modèles d'actes. Marculfe recommande de ne pas écrire pour ceux qui dominent déjà la rhétorique et la dictée des actes, mais pour préparer les jeunes (« *ad exercenda initia puerorum* »). Il est donc l'un de ceux que des prélats proches de la Cour ont mis à la disposition des rejetons des grandes familles en tant que *nutritores*. Le moine a réuni dans ce « manuel pratique », en guise de modèles, trente-sept préceptes ou jugements royaux et cinquante-deux actes non royaux. Utilisant des actes authentiques, il y remplace les noms par *ille* (« un tel »), créant ainsi un « formulaire » précieux, encore employé au VIIIe siècle, quand les notaires du clergé de la « chancellerie » pippinide l'ont remanié et amplifié. Marculfe, en présentant les « *negotia hominum, tam in palatio quam in pago* », dans ses deux livres sur les *praeceptiones regales* et les *cartas pagenses*, fournit la preuve de la distinction opérée entre administration centrale et administration locale, et, dans une moindre mesure, entre affaires publiques et affaires privées, ce qui montre le niveau non négligeable de cet enseignement. Sa dédicace à l'évêque est un modèle d'humilité et illustre le prestige dont jouissait alors un prélat de cette envergure : « *Domino sancto, meritis beatissimo et apostolico [...] Domino ac reverentissimo pape Landerico Marculfus, ultimus ac vilissimus omnium monachorum* ». Landri, évêque proche de la Cour et *nutritor* influent, est non seulement *papa* et *apostolicus*, mais il reçoit le prédicat spirituel de *beatissimus* et le rang très élevé de *reverentissimus*, tandis que l'auteur se nomme « le dernier et le plus méprisable des moines ». C'est le plus pur style de la rhétorique épistolaire romaine que Marculfe enseigne ainsi en le pratiquant.

Cette formation commune aux grands, qu'ils fussent ecclésiastiques ou laïques, avait donc lieu à la Cour. « Palais » et « école » vont ensemble, parce qu'on y cherche l'*eruditio palatina*, celle-ci gardant son caractère pratique et visant l'acquisition de compétences précises, nécessaires. Le futur saint Austrigisile est « *in pueritia* [...] *sacris litteris institutus* », puis, une fois arrivé à l'*etas robustior*, il est confié au roi Gontran : « *sub seculari disciplina prudenter militavit* ». Il n'y a pas séparation de principe entre la formation des futurs membres du haut clergé et celle des futurs ducs, comtes, *domestici* ou *referendarii*. Ces derniers, qui mènent à la bataille les armées de Dagobert Ier, illustrent le niveau de l'enseignement des laïcs à la Cour : ils dirigent la rédaction par des scribes *(notarii)* des actes et lettres du roi, travail qui sous les Carolingiens sera confié au clergé de la « chancellerie ».

Autre exemple significatif de la culture des nobles laïques : la chronique attribuée jadis à un (Pseudo-)Frédégaire, un texte du VIIe siècle, en latin « mérovingien », qui donne des vues politiques pénétrantes et des aperçus pris sur le vif, source précieuse pour la pensée politique de la noblesse laïque. Le célèbre Leodegarius (saint Léger), homme d'Église et homme politique par excellence, est un pur produit de cette formation commune aux grands, aux évêques et à des fonctionnaires qui, une fois évêques, continuent leurs activités politiques. Il fut présenté au roi Clotaire Ier, qui le confia à Didon, évêque de Poitiers et oncle de Léger, pour des études que les puissants laïcs ont l'habitude de suivre (« *ad diversis studiis quae saeculi potentes studire solent* »).

L'enseignement « préparatoire » revient à un prêtre, *vir eruditissimus*. Puis c'est la Cour, où ceux qui sont proches du pouvoir se créent, comme *nutritores* des jeunes nobles, une clientèle — ce que pouvaient surtout faire les maires du palais qui, de chefs de la *schola*, sont devenus les vrais chefs de la cour d'un des *regna* du grand royaume franc, et enfin les chefs du *regnum*. La *schola*, notion fort discutée, représente à la fois l'ensemble des jeunes à la Cour et l'institution où l'on enseigne à ceux-ci une grande variété de disciplines. Sous les Carolingiens encore, toute la Cour mérite, grâce à Héric d'Auxerre, d'être nommée *schola*, en tant qu'« école de tous les jours dans toutes les disciplines, scolaires comme militaires » (« *ut merito vocitetur scola palatium, cuius apex non minus scolaribus quam militaribus consuescit cotidie disciplinis* »).

Loin de se scandaliser comme ceux qui trouveront, après les réformes grégoriennes, que ce système ne respecte pas les règles canoniques, Hincmar de Reims l'approuve en expliquant qu'ainsi la Cour peut servir de modèle de rigueur à tous : « *Et ideo domus regia scola dicitur, id est disciplina.* » Une discipline, explique-t-il, qui corrige la façon de se vêtir, de se comporter, de s'exprimer et d'agir (« *quae alios habitu, incessu, verbo et actu atque totius bonitatis continentia corrigat* »), ce qui constitue l'un des premiers témoignages de l'idéal de la culture aulique, celui d'un raffinement du comportement. Cet idéal unit l'adaptation chrétienne de la *dignitas*, exigée du *nobilis* romain, et la *disciplina*, à laquelle doivent se conformer l'armée puis aussi l'administration romaines. Qui aurait cherché chez ces Barbares les débuts de la civilisation courtoise en Occident ? Et une influence sur elle de l'Église un demi-millénaire avant les réformes du XIe siècle ? Car cette culture aulique est aussi le produit de la vie commune à la Cour des futures élites de l'Église et de l'État, de l'unité d'une *nobilitas* qui domine tous les domaines jugés importants et procure à ses enfants une formation dans ces divers domaines. C'est à la Cour que s'échangent informations et connaissances, que se nouent intrigues et alliances, et que se forgent les carrières.

Si les grandes familles voulaient que leurs fils effectuent, dans la plus pure tradition romaine, une carrière correspondant au rang paternel et leur procuraient à cette fin une formation adaptée, on peut supposer qu'elles avaient conscience de la nécessité d'un « monopole du savoir » pour conserver le monopole du pouvoir au service de leur *princeps*. Nous en trouvons une confirmation chez Thégan, le très noble chorévêque de Trèves, lorsqu'il reproche à Louis le Pieux d'avoir élevé un *libertus* venant d'un fisc royal d'outre-Rhin, Ebon, à la dignité archiépiscopale. S'adressant dans un style déclamatoire à ce parvenu, il lui lance : « L'empereur t'a fait libre, mais il ne t'a pas fait noble, car cela est impossible ! » En dénonçant la stratégie des parvenus, tel Ebon, Thégan proclame clairement qu'à ses yeux ils attentent à un privilège essentiel de la *nobilitas*, à savoir un enseignement destiné à l'élite sociale. Ces hommes de rien cherchent non seulement à bien marier leurs enfants, mais aussi à leur faire suivre des études pour leur assurer une carrière (« *aliquos eorum liberalibus studiis instruunt* »). En fait, la notion d'« études libérales » signifiait pour les contemporains qu'elles étaient réservées aux hommes bien nés.

Cette réprobation à l'endroit des parvenus va perdurer, au moins dans les terres du Saint Empire au nord des Alpes, où, au XIIe siècle encore, Otton, évêque de Freising et cousin de l'empereur Frédéric Ier, est scandalisé de voir les Italiens admettre aux « *honestiora et liberiora studia* » des jeunes de condition inférieure, voire des hommes exerçant des métiers mécaniques méprisables et que les autres peuples rejettent comme des pestiférés — concession qui finira par ouvrir à ces parvenus toutes les carrières, y compris de hautes fonctions dans la hiérarchie de l'État (« *ad militiae cingulum vel dignitatum gradus* »). On ne saurait mieux prouver le lien étroit entre études et carrière : qui voulait s'assurer l'exclusivité du rang devait veiller à l'exclusivité de la formation. C'est par cette porte que s'élèveront au service des rois et des princes — en France et en Italie à partir du XIe siècle, en Allemagne à partir du XIIIe — les non-nobles, inaugurant ainsi le déclin du pouvoir noble.

Dans l'Europe ancienne, la noblesse n'avait donc pas seulement le monopole du pouvoir, mais aussi celui du savoir. Ce n'est que beaucoup plus tard que le niveau intellectuel des grands laïcs a baissé, à cause d'une moindre qualité de l'enseignement et surtout de la séparation entre formation ecclésiastique et formation séculière. La « renaissance carolingienne » voit un comte Nithard rédiger des Mémoires politiques et militaires, et réfléchir sur la *res publica* et la « science politique »; la noble Dhuoda énumérer à l'intention de son fils, un laïc, ses devoirs envers Dieu, sa famille et le roi; les *missi* « mixtes », évêques (ou abbés) et comtes, contrôler au nom de l'empereur l'administration de l'Empire et diriger un tribunal de recours.

Au IXe siècle, le roi anglo-saxon Alfred le Grand fait éduquer son fils Aethelward « *cum omnibus pene totius regionis nobilibus infantibus* [...]. *In qua schola utriusque linguae libri, Latinae scilicet et Saxonicae, assidue legebantur, scriptioni quoque vacabant, ita, ut antequam aptas humanis artibus vires haberent, veneratoriae scilicet et ceteris artibus, quae nobilibus conveniunt, in liberalibus artibus studiosi et ingeniosi viderentur* ». On enseigne les arts libéraux aux jeunes nobles, y compris l'écriture, et les disciplines pratiques nécessaires à l'aristocratie. Le modèle de la cour mérovingienne a visiblement inspiré — jusque dans les termes utilisés depuis Alfred le Grand — les royaumes anglo-saxons, et il y est encore florissant au Xe siècle : ces royaumes associent « études » et entraînement, et ont recours de surcroît à la langue anglo-saxonne dans l'enseignement comme dans l'administration, grande originalité par rapport au continent qui ne connaît que le latin.

Au Xe siècle toujours, les pères respectifs des futurs saint Odon et saint Géraud d'Aurillac sont des exemples de laïcs d'un niveau intellectuel et moral remarquable (ce sont des spécialistes du droit), mais c'est déjà le déclin. Au XIe siècle, l'Église obtient le monopole presque complet du savoir, ce qui rendra encore plus difficile pour l'État l'adhésion aux exigences de la réforme grégorienne, selon laquelle le haut clergé ne doit plus servir le roi. La carrière ecclésiastique, surtout dans le Saint Empire, est restée étroitement liée à ce service, même si la formation préalable, échappant au cadre des écoles épiscopales spécialisées et de la Cour, se fait « internationale » au XIIe siècle : n'allait-on pas faire ses études en France, avant de devenir évêque de Freising ou archevêque de Mayence ou de Cologne ? À la même époque, les chansons de geste et la poésie aulique en langue vernaculaire trahissent la genèse d'une civilisation laïque plus autonome, plus riche, voire plus raffinée, évolution que suivra l'essor des études juridiques. Le pouvoir saura toujours trouver des gens aptes à le servir, et il se libérera de l'emprise de la noblesse.

Une cour hiérarchisée

Parmi les hommes les plus importants à la cour du *princeps/rex* franc*, il convient de distinguer les *optimates* et les *proceres*, qui occupent une place à part des *potentes* locaux. Leur titre est identique à celui employé pour le groupe correspondant à la cour impériale. Ce parallélisme est-il une pure coïncidence, ou un simple emprunt de vocabulaire à caractère littéraire ?

Des textes de la pratique administrative nous permettent de situer ce groupe entre le roi et le reste de la *nobilitas*. Trois actes du roi Childebert III de 691, 692-693 et 697** présentent la même structure dans l'énumération des grands qui entourent le roi pour rendre un jugement de la Cour. Figurent en première position les noms des évêques (au nombre, respectivement, de trois, douze et huit), « *apostolecis uiris* [...] *patrebus nostris* [...] *episcopis* », suivis par le premier groupe des grands laïcs, définis comme *optimates* (« *inlustris uiris* [...] *optimatis* ») et cités par leur nom (au nombre de trois, douze et cinq). Ce n'est que derrière eux, qui ne portent pas d'autre titre, que viennent dans l'ordre les *comites*, les *graviones*, les *domestici*, les *referendarii* et les *senescalci*, toujours cités nommément,

* On a beaucoup progressé sur cette question grâce aux travaux de prosopographie de Karin Selle-Hosbach et Horst Ebling, élèves d'Eugen Ewig, qui ont recensé les dignitaires (*Amtsträger*) de l'époque mérovingienne (de 511 à 613 pour l'une et de 614 à 741 pour l'autre), en exploitant à côté des chroniques et de l'hagiographie une partie au moins des actes et diplômes. Leurs listes donnent, séparément pour la Cour et les provinces, les noms selon les titres obtenus, y compris quelques-uns au-dessous de *comes*.

** Originaux reproduits en fac-similé selon une transcription nouvelle par Jean Vézin et Hartmut Atsma.

liste qui se termine par la mention du responsable de l'enquête juridique comme de l'émission de l'acte, le *comes palatii nostri* (comte du palais). Dans le troisième acte, les *optimates* sont précédés par le maire du palais, Pépin, « *inlustri uiro Pippino, maiore domus nostro* », et l'on mentionne, après le comte palatin, la présence d'autres fidèles : « *vel cunctis fedilebus* [sic] *nostris* ». Dans ce même document, il est question d'« *agentes inlustri viro Drogone, filio itemque inlustri viro Pippino, maiore domus nostro* », lequel a confisqué le domaine d'un monastère. En dehors de ce fils de Pépin, Dreu, mêlé à l'affaire litigieuse qui est jugée contre lui, un autre, Grimoald, se range en quatrième et dernière position des *optimates*.

C'est dire le niveau politique de ces *optimates*, que confirme un acte royal conservé dans le recueil de Marculfe. Thierry III reprend, en préambule de ce texte relatif à la donation qu'il consent à Saint-Denis en 688 de la grande *villa* de Lagny (ayant appartenu à différents maires du palais : Ébroin, Waratton, Ghislemar, puis Berchaire), la formule employée pour les préceptes : « *una cum consilio ponteficum uel obtimatum nostrorum* ». Qu'il s'agisse de prononcer un jugement ou de conseiller le roi en une autre affaire, il semble bien que ce sont les évêques et les *optimates* qui dominent, les autres fonctionnaires et le reste des *fideles* n'étant même pas mentionnés dans cette formule liminaire.

Une autre formule très fréquente chez Marculfe et dans les documents est « *una cum nostris procerebus* », formule volontairement sommaire, sans énumération de rangs ni de noms. Un texte de 709 nous indique que le roi est entouré de ses *fedilebus* (sic), mais précise que le jugement a été prononcé « *cum nostris procerebus* ». Eux seuls décident donc avec le roi. Mais ce terme général de *proceres* n'est pas un pendant exact de celui d'*optimates* : il définit un ensemble plus large, qui n'exclut que les autres fonctionnaires. La philologie latine confirme la nuance entre *optimas* et *procer*. *Procer*, c'est l'homme de haute taille ; les *proceres* formaient, dans la République romaine, la jeunesse des élites, les rejetons du patriciat, mais aussi ceux des plébéiens les plus distingués qui pouvaient entrer, à la fin du IVe siècle av. J.-C., dans les *centuriae procerum* de la cavalerie d'élite. Quant à *optimas*, dérivé d'*optimus* (« le meilleur », cf. l'*aristos* grec), ce terme a fini par désigner à Constantinople et dans le royaume franc celui « qui compte parmi les plus puissants », étant à l'apogée de sa carrière (contrairement au *procer*). Le parti des *optimates*, opposé aux *populares*, a été celui des conservateurs, qui prônaient un régime dominé par la seule *nobilitas* sénatoriale.

On peut donc distinguer différents niveaux hiérarchiques au sein de la cour mérovingienne, manifestement bien organisée :

— les évêques, présents à la Cour et au tribunal royal ;

— les *optimates*, dignitaires laïcs de « première classe » à la Cour et au tribunal royal ;

— les autres dignitaires « titrés », du *comes* au sénéchal, qui forment avec la catégorie précédente (voire avec la première) les *proceres* ;

— les autres *fideles* présents à la Cour ou au tribunal royal.

Cette hiérarchie étatique est moins éloignée de celle des Romains que ne l'ont cru ceux qui ne voyaient dans les temps mérovingiens qu'une époque « barbare » ou « germanique ». Mais elle témoigne aussi d'une spécificité franque : la place de premier plan accordée à l'épiscopat (le haut clergé gardera d'ailleurs cette place de « premier état » jusqu'à la fin de l'Ancien Régime). En effet, si l'Empire romain chrétien avait honoré l'épiscopat des dignités les plus élevées et lui avait octroyé des droits considérables qui aboutirent à la formation d'une *potestas episcopi,* il ne l'avait pas associé au *consistorium principis* ni à la direction de l'État. C'est le royaume franc qui a su développer des structures correspondant à sa naissance, consécutive à l'alliance du roi franc avec un épiscopat catholique d'origine largement sénatoriale. Les deux partenaires ont continué leur coopération dans des formes institutionnalisées. L'évêque n'est pas seulement puissant dans sa cité et protégé par un *Wergeld* élevé ; il peut aussi, ayant été formé à cet effet, faire partie de l'élite politique de la Cour, et en ce sens de la *nobilitas,* tout en ayant le pas sur les *optimates.* La formule « *episcopi vel optimates* », fréquente dans les actes, ne permet pas de déterminer si les évêques constituaient la couche supérieure des *optimates,* ou bien un groupe à part. Mais chez Marculfe une autre formule accentue la nuance : le roi étant « réuni en notre palais avec nos seigneurs et pères, les évêques, ainsi qu'avec plusieurs de nos *optimates* » (« *una cum domnis et patribus nostris episcopis cum plures obtimatibus nostris* »).

Mais qui sont ces *optimates,* pour ce qui est de leurs titres et fonctions personnels ? En anticipant sur l'évolution des élites politiques sous les Carolingiens, nous pouvons constater que ces derniers n'observent plus la hiérarchie romaine. En effet, l'ascension des Pippinides correspond à un déclin de l'institution des *optimates.* Dès 744, Pépin, *princeps Francorum,* dégrade les *optimates,* qui jusque-là ont toujours précédé les *comites,* en les nommant après eux : « *una cum consensu episcoporum [...] seu comitum et optimatum* ». Charlemagne, en 801, parle encore plus nettement des « *[comites] seu reliquis obtimatibus* » (« les comtes et les autres *optimates* »). En 802-803, il énumère « *episcopi, comites, abbates et optimates regis* ». Sans égard pour la belle ordonnance mérovingienne, *optimates* est employé dans le sens de *proceres,* qui inclut les dignitaires au-dessous du *comes.* Dans les *placita* (jugements), les *optimates* disparaissent tout simplement, la composition du tribunal royal étant définie, par exemple en 775, d'une manière volontairement simplifiée : « *nos [...] una cum fidelibus nostris, id sunt Ghaerardo [...] comiti-*

bus, Haltberto [suivent les noms d'autres *fideles*] *et a Anselmo comite palatio* [sic] *nostro* ». Il n'y a plus que des *fideles,* et parmi eux la seule catégorie supérieure des *comites.* Pas plus que les *optimates,* les évêques ne sont mentionnés (c'est l'époque où les comtes s'approprient les droits et les domaines épiscopaux pour leur *comitatus,* domaine comtal qui permet la reconstitution du réseau comtal, largement usurpé par les évêques à la fin de l'époque mérovingienne), sauf lors de jugements dans certains cas particuliers. Il est clair que le terme *optimas* a perdu son éclat*, quand Dhuoda, en 841-843, désigne dans son *Liber manualis* ceux qui sont appelés à siéger au conseil du roi par le terme général de *magnati* (les « grands »).

Dès le milieu du VIIIe siècle, les Pippinides ont, dans le cadre de leur combat contre les ducs — devenus des *principes* presque autonomes, comme en Aquitaine et en Bavière —, aboli le titre de *dux.* Cette suppression et la disparition presque simultanée du *dux* et des *optimates* à la tête des dignitaires donnent à penser que les *optimates* mérovingiens ne forment qu'un avec les *duces* et les *patricii* (voir plus loin), à l'exclusion des *comites* qui n'en font pas partie.

Un texte décisif nous livre la hiérarchie des « juges » (comme chez les Romains, le *iudex* était un haut dignitaire administratif et judiciaire) et leur bipartition de principe chez les Mérovingiens : la *lex Ribuaria* parle des jugements « *ante centenario vel comite, seu* [sic] *ante duce, patricio vel rege* ». Il y avait donc, d'un côté, l'administration locale des *pagi* régie par les comtes et celle des *centenae* régie par les *centenarii* (agents spéciaux du roi), et, de l'autre, l'administration régionale ou centrale, à la Cour, confiée à des dignitaires d'une classe supérieure, parmi lesquels le patrice avait la préséance sur le duc. Le *comes* d'un style nouveau des Carolingiens, dont nous verrons les différents niveaux, a balayé la classe des *optimates,* des patrices et des ducs. Il y a donc eu une véritable révolution des titres et, avec eux, des structures politiques et administratives; il s'agit d'une reprise en main par les Pippinides de la haute *nobilitas* et d'un épiscopat qu'ils ont su « discipliner ».

Il ne faudrait pas déduire de ce qui précède que tous les ducs étaient mentionnés dans les actes royaux comme étant des *optimates.* Leur nombre (supérieur à cinquante) était trop élevé, et un duc, tout comme un évêque, vivant loin de la Cour n'appartenait

* On ne doit pas être dupe des rares répétitions d'anciennes formules (dues à l'inadvertance de scribes copiant des « formulaires » mérovingiens?), ainsi quand est mentionné en 768 le conseil des « *pontefices vel seniores optimates nostri* », ou quand en 771 un jugement débute par « *una cum obtimatibus vel pontificibus* », ou encore quand est énumérée selon l'usage mérovingien la hiérarchie des titres (mais sans les noms de ceux qui les portent), y compris ceux qui ont été abolis entretemps.

certainement pas à la plus haute catégorie. Certains des comtes qui furent nommés dans le tribunal de Pépin (maire du palais, puis roi) détenaient des comtés proches de Paris, ce qui leur permettait, si nécessaire, d'être présents à la Cour (située alors dans un des palais royaux au nord de Paris). Or, le terme d'*optimas* était lié à la Cour, ce que confirment la loi wisigothique, qui parle d'« *optimates palatii* », ainsi que des textes francs faisant état de « *palatini optimates* » et, plus précisément encore, de « *viri incliti obtimates aulae* ». Il y avait même parmi eux un groupe plus élevé, comme le suggèrent la phrase « *quidam ex primis palatii optimatibus* » et un texte carolingien où il est question de « *seniores optimates nostri* ». Il pourrait s'agir de hauts dignitaires de la Cour, tandis que les autres, tels les comtes de Pépin déjà cités, ne se rendaient à la Cour qu'en cas de besoin. Leur poids politique n'était pas secondaire pour autant, car ils représentaient l'élite de la *nobilitas* des provinces. Tout comme le roi et les évêques, ils parlaient au nom du pays, et non pas seulement au nom du roi.

Être *optimas* mérovingien signifiait appartenir à l'élite de ceux qui, portant le titre de duc ou de patrice, étaient appelés par le *princeps* franc en son conseil, à l'image des *optimates* de la cour impériale romaine. Cela n'allait pas sans une certaine souplesse dans l'emploi du terme : le *princeps*, empereur ou roi, avait évidemment le droit de modifier la composition de son entourage. De même que *princeps* était le terme générique pour la catégorie hors pair des hommes qui portaient comme titre de fonction (*honor*) celui d'*imperator* ou de *rex* — au-dessus des hiérarchies dépendant de leurs nominations —, *optimas* était celui qui regroupait les plus hauts dignitaires, à savoir ceux qui formaient autour du *princeps* son conseil, mi-« gouvernement », mi-tribunal suprême. Ces hommes revêtaient comme titre de fonction celui de *dux*, de *patricius* ou d'une charge élevée à la Cour, et comme attribut exprimant leur *dignitas* respective au moins celui de *vir inluster*. L'admission par le roi mérovingien d'un *comes* parmi eux devait donc s'accompagner de son élévation au rang de duc.

C'est la *sublimitas* des grades supérieurs qui distingue des personnalités ayant le pouvoir et la responsabilité de juger les hommes. Les *optimates* mérovingiens ne portent pas un titre honorifique sans importance : ils constituent, conformément à une tradition bien romaine, une réalité sociale et politique autour du *princeps*. Si d'autres notions, d'ailleurs tout aussi latines, comme *primores* ou *primates*, ne sont que des périphrases plus vagues et générales — quasi littéraires en comparaison des termes techniques employés dans les actes, tels *optimates* et *proceres* —, il n'en va pas de même pour des termes comme *antrustiones, leudes, pueri, vassi*, etc. Ils s'appliquent à des hommes appartenant à l'entourage immédiat du roi, auquel ils sont liés par un serment spécial. Ils ont leur place dans la genèse de la vassalité, car ils ne font pas partie — ainsi qu'on l'a cru parfois pour les leudes et notamment les antrustions — des *optimates,* élite politique du royaume que l'on ne trouve pas dans l'intimité du prince comme « compagnons » ou gardes du corps, ni comme serviteurs ou agents spéciaux. Certes, la faveur royale permet à des serviteurs et confidents d'effectuer de belles carrières, mais dans l'ensemble le roi respecte la hiérarchie des titres, de sorte que la fierté de la *nobilitas* comme son influence sont préservées.

DES TITRES CLÉS DU MONDE FRANC

Patrice et maior domus *(majordome, puis maire du palais)*

Les titres des hommes les plus puissants après le *rex* — sinon à sa place —, *patricius* et *maior domus,* doivent être traités ensemble, tant l'ascension du second était liée aux attributs du premier. Le titre de *patricius,* dont on a mal mesuré l'importance pour la Gaule franque, a été marginalisé par ceux qu'il gênait, car ils ne pouvaient pas le « germaniser » comme *dux* et *comes,* inexactement transformés en « traductions » des mots *Herzog* et *Graf.*

Quant au titre de *maior domus,* lui aussi d'origine romaine, il ne s'inscrivit pas tout de suite dans la hiérarchie des fonctions étatiques. Le terme, familier aux Romains du IVe au VIe siècle*, désignait le responsable de la maison d'un *dominus.* Il était le supérieur *(maior)* des serviteurs, et quelquefois non libre lui-même.

On trouve le *maior domus* dans la loi salique, donc très tôt, parmi les serviteurs non libres ayant droit à un *Wergeld* de 75 sous au lieu de 35 pour le simple valet. Plusieurs rois barbares appelaient *maior domus* le chef du personnel de la Cour**. Le code Justinien (VII,

---

* Voir Karl Heinz Haar, 1968.

** Karl Heinz Haar voyait dans les *maiores domus* à Ravenne, chez un Théodoric qui avait gardé sa place à l'administration romaine, un service personnel, voire un conseil composé de confidents goths, ce qui « germaniserait » le terme. Mais l'un d'eux ayant reçu le prédicat de *vir sublimis,* cela contredit l'hypothèse qui en ferait des « chefs du service de la maison » au sens « privé ». L'historien les situe en dehors de la hiérarchie romaine, mais doit admettre qu'ils en reçoivent les titres, même celui de *vir illuster.* Il distingue un niveau d'« organisation étatique » et un autre d'« organisation non étatique », attribuant la première aux « Romains » et la seconde aux Goths. En s'en tenant trop étroitement au terme de *maior domus,* il oublie que la cour impériale avait également besoin de serviteurs dans une sphère intime, que les modernes s'imaginent comme « privée », autour du *princeps.*

37, 3, 531) nous apprend que le *comes rerum privatarum* est également (premier) *curator dominicae domus.* Sans quitter les appartements du prince pour le domaine politique, nous constatons que les notions de *domus regia* et de *domus dominica* coïncident, à la seule différence que la seconde est confiée à un *curator* et non à un *maior* (ce dernier est plusieurs fois présenté comme ayant la *cura* de la *domus* royale). Autre analogie : à côté du premier *curator,* employé comme *comes rerum privatarum* par l'administration du fisc impérial, il y a un autre *curator dominicae domus,* au rang de *vir illuster* (comme le *maior domus*). Enfin, la cour romaine a son propre *curator* pour l'impératrice *(vir illuster curator divinae domus serenissimae augustae),* ce qui correspond exactement au *maior domus* de la reine mérovingienne.

À la cour vandale, le *maior domus* peut dépasser ses fonctions proprement palatines en occupant des emplois publics, comme celui d'agent de relations avec l'Église catholique. Le roi des Burgondes a plusieurs *maiores domus* à sa cour, qui, avec d'autres *consiliarii,* sont des intermédiaires entre la Cour et les *comites* et *iudices* locaux : ainsi préparent-ils la décision royale relative aux requêtes de ceux qui voudraient obtenir des terres du fisc (*cf.* les attributs du *comes rerum privatarum et curator*). Chez les Lombards, romanisés tardivement, le *sacrum palatium* réorganisé à la romaine comprend aussi un *maior domus* qui, prolongeant l'administration centrale en province, juge à la place du roi (« *in curte domni regis* ») : il a le prédicat de *(vir) illuster.* Quant au royaume franc, on y trouvait un « majordome » pour le roi, un pour la reine et d'autres pour certains princes mérovingiens ; c'est dire que la tâche du *maior domus* n'y était donc pas initialement politique, encore moins en dehors de la Cour, ce qui n'empêchait pas, comme dans les royaumes déjà mentionnés, l'attribution de missions politiques à ces hommes de cour.

En comparaison des débuts modestes du *maior domus* qui, même en poste à la Cour, n'émergea pas tout de suite parmi les comtes et autres dignitaires, la place du *patricius* était depuis longtemps déjà éminente. Au moins cinq types de patriciat ont eu une importance pour la Gaule franque du Ve au VIIIe siècle :

— le patriciat impérial, nommé aussi « constantinien » ;
— le patriciat de Provence ;
— le patriciat burgonde ;
— le patriciat franc ;
— le patriciat romain, créé au VIIIe siècle.

Le patrice de l'Empire romain chrétien, créé par Constantin (d'où la dénomination de « patriciat constantinien » pour le distinguer de celui des patriciens de la Rome ancienne, les descendants des sénateurs, ou *patres*), venait en tête de la hiérarchie de la cour impériale. Nommé en principe à vie, le détenteur de ce titre était considéré comme un « parent » du *princeps*. Il pouvait exercer une haute fonction comme celle de consul, puis, également à la Cour, celle de *magister militum praesentalis*, généralissime auprès de l'empereur. Aux VIe-VIIe siècles, le *Traité des offices* et d'autres textes définissent encore le patrice comme celui qui « siège à côté du roi » (« *patricius qui ad latus regis sedet* ») ou qui est le premier après le roi (« *patricius, sub rege* »). En fait, tous les patrices ont pour origine commune le patriciat impérial, mais par des intermédiaires régionaux différents.

Parmi les *patricii* nommés par l'empereur, nous trouvons, dans l'est de l'Empire, l'Alano-Goth Aspar († 471), son neveu, l'Ostrogoth Théodoric le Louche (471-476 et 478-480), enfin le futur Théodoric le Grand (de 476 à 478 et à partir de 483 jusqu'à sa conquête de l'Italie, de 490 à 493). En Occident, au Ve siècle, le titre est réservé au seul généralissime, tel Ricimer, dont la puissance dépasse celle des empereurs. Lui ont succédé son neveu, le Burgonde Gondebaud (472-474), le Romain Oreste (474-476), père de l'empereur enfant Romulus Augustule, le Romano-Skire Odoacre (476-493), *rex* reconnu maître de l'Occident romain, comme son successeur, le Goth Théodoric. Les chefs militaires romains qui sous Justinien reconquirent l'Italie, Bélisaire et Narsès, ont été évidemment *patricius*, comme après eux, de 555 à 751, l'exarque de Ravenne qui, en tant que lieutenant de l'empereur, gouvernait les parties romaines de l'Italie.

Le patriciat de Provence a pour origine le règne de Théodoric Ier en Occident romain. En 500 (?), le *princeps/rex* nomme *patricius* un fidèle serviteur romain d'Odoacre, Liberius, dont il avait fait son préfet du prétoire à la tête de l'administration restée romaine de l'Italie. Nous avons déjà évoqué son extraordinaire carrière sous plusieurs rois et empereurs jusqu'à un âge très avancé. Quand, en 507-508, la Provence, enlevée par Théodoric aux Francs de Clovis, est formellement réintégrée dans la *res publica*, Liberius est nommé préfet du prétoire pour les Gaules (*praefectus praetorio Galliarum*). Limité à la Provence sur le plan territorial, son titre était en pratique *praefectus Provinciae et patricius*, ce dernier mot concernant sa dignité personnelle. Toutefois, la probité du patrice Liberius en Provence ayant laissé un excellent souvenir, son titre subsista dans cette région, et ses successeurs sous le régime romano-gothique portèrent le titre de *praefectus* (ou *rector*) *Provinciae et patricius*, ce qui, sous une forme abrégée, devint *patricius Provinciae*.

Comme l'a vu Rudolf Buchner, la cession de la Provence aux Francs par les Goths en 536-537, reconnue par Justinien, a fait des rois francs les successeurs légitimes, en Provence, et des rois romano-ostrogoths et de l'Empire. Les Mérovingiens ont respecté cet héritage romano-gothique en gardant en Provence, outre le titre de son chef administratif, la séparation qu'avait établie Rome entre administrations civile et militaire, contrairement à la Gaule franque où les comtes associaient les deux compétences. Les rois étaient fiers d'être en Provence *princeps* à la place de l'empereur : ainsi Clotaire II put-il faire frapper à Arles et à Marseille des monnaies d'or à son nom, à la romaine. Leur autorité, à la différence de celle de Théodoric, était catholique : la *Vie de Césaire d'Arles* (542-549) parle d'un « règne catholicissime » (« *gloriosissimi Childeberti catholicissimum in Christi nomine regnum* »).

Dans le royaume franc, les peuples vivaient selon leur loi respective; les Romains de Provence gardèrent tout simplement leur régime romain, et ce sous l'autorité d'un *rex* d'autant plus strict que seul le *princeps* nommait et, le cas échéant, destituait le *praefectus*. Le partage de la Provence entre les frères mérovingiens en trois parties, neustrienne, burgonde et austrasienne, ne toucha ni l'application de la loi ni l'administration fiscale. Ce sont en effet les Pippinides qui, comme en d'autres occasions, abolirent les structures romano-mérovingiennes. Ils abandonnèrent ou modifièrent les institutions romaines, déclenchant ainsi plusieurs révoltes de l'aristocratie régionale — par exemple sous le patrice Anténor, au début du VIIIe siècle, et encore au milieu de ce même siècle, quand à la résistance contre le centralisme des maires du palais se joignirent les ducs d'Aquitaine, de Bavière et d'Alémanie, tous prêts à « servir » le roi mérovingien, mais pas le maire du palais. Cette résistance provençale fut anéantie sous les coups de Charles Martel et de ses successeurs, et le pays intégré dans le système franc de l'administration comtale.

Le patriciat provençal, qui combinait la dignité de patrice avec les compétences civiles d'un préfet du prétoire romain, constitue donc un bon exemple de la souplesse des structures mérovingiennes. Celle-ci a également permis aux Burgondes, après la conquête franque de leur royaume en 534, de conserver leur propre patriciat. Il s'agissait en l'occurrence d'un patriciat militaire. Gondebaud, déjà nommé *patricius* en Italie, devint, après son retour en *Burgundia, rex et magister militum Galliarum* comme ses parents et successeurs. Le fils de ce législateur et *vir gloriosissimus rex Burgundionum*, Sigismond, reçut du vivant de son père le titre de patrice de l'empereur Anastase, et il pouvait écrire à ce dernier avant 518 : « *Vobisque commendanda quin etiam meae militiae rudimenta, quae genitore meo superstite nutristis* ». L'origine romaine du patriciat militaire des rois burgondes était ainsi rappelée des deux côtés. L'originalité burgonde tient à ce que le *rex gloriosissimus* nomme à son tour *patricius* le chef de son armée, pour une large part romaine. Dans ce royaume où l'administration locale est aux mains d'un *comes* romain responsable de la population romaine et d'un *comes* burgonde en charge de la population barbare, et où l'égalité du statut des deux populations est garantie (« *Burgundio aut Romanus una conditione teneatur* »), on a pu admettre les Romains dans l'armée. Ainsi s'explique que ce patriciat militaire comprenne des *patricii* portant des noms romains et appartenant largement à la *nobilitas* sénatoriale.

Le partage du pays entre trois rois mérovingiens après 534 n'a pas fait disparaître cette armée romano-burgonde si efficace au service des Francs, qui l'ont utilisée dans leurs guerres en Italie dès 538. Lors du second partage du *regnum Francorum* en 561, l'ancienne *Burgundia* retrouve son unité sous le roi franc Gunthramnus (Gontran), qui en fait un *regnum Burgundiae* franc en transférant la capitale d'Orléans à Chalon-sur-Saône. Ce petit-fils de Clotilde, princesse burgonde, porte lui-même un nom burgonde. Il nomme en 561 le patrice Celsus, qui en 568 enlève Arles aux Austrasiens. En 570, son successeur Amatus tombe, l'année même de sa nomination, en défendant la *Burgundia* contre l'irruption des Lombards. Gontran nomme alors *patricius* le *comes* d'Auxerre, Eunius Mummolus, qui écrase les Lombards au cours de plusieurs campagnes jusqu'en 574 et bat en 576, près de Limoges, l'armée neustrienne de Chilpéric. De 629 à 639, Dagobert Ier, roi en Neustrie comme en *Burgundia*, s'est encore servi de l'armée d'élite de ce *regnum* qui lui a apporté la victoire contre les Gascons et, par la seule menace de l'utiliser, la soumission des Bretons. C'est alors que nous apprenons son nom : *exercitus Burgundionum*, institution qui rappelle l'*exercitus Gothorum* et l'*exercitus Francorum* du VIe siècle. Le rôle de ces patrices militaires et de leurs troupes d'élite romano-burgondes change un peu l'image qu'on s'est faite d'un monde mérovingien dont les guerriers auraient été presque exclusivement francs.

Face au nombre assez élevé de *patricii* en Gaule mérovingienne et à la majorité de noms romains parmi eux (environ trente-cinq sur quarante-cinq), on a eu tendance à localiser leurs fonctions largement dans le sud-est de la Gaule. Cette limitation n'est guère applicable au cas du patrice Parthenius qui en 544 domine l'Austrasie quand Aratus l'intitule « *domino illustri magnificentissimo atque praecelso Parthenio magistro officiorum atque patricio* », et mentionne les responsabilités qu'il exerce du Rhône au Rhin et jusqu'en Germanie. Lorsque meurt Theudebert Ier (533-548), le roi d'Austrasie qui l'a nommé *magister officiorum*, la populace tue cet homme, haï à cause de sa politique fiscale rigoureuse, dans une église de Trèves où il s'était réfugié. Ses attributions fiscales et à la Cour excluent que son patriciat ait eu pour modèle le patriciat burgonde, de caractère militaire. En revanche, elles rappellent celles d'un patrice en Provence, et en effet Césaire, évêque d'Arles, lui écrit avant 542, au sujet d'un de ses esclaves favoris à Arles, en lui donnant de l'*illustrissimus vir patricius*. Theudebert, le roi qui dans une lettre fameuse à Justinien a décrit fièrement l'étendue de son royaume, et qui a fait frapper des sous d'or portant son nom et son image, usurpant un droit réservé à l'empereur, a donc à la même époque, comme l'a souligné Eckhardt (1959), décerné la titulature romaine officielle de *magister officiorum et patricius* à Parthenius, nouveau chef de sa cour et de l'administration centrale de l'Austrasie. Or, l'homme choisi (ou, selon certains, son épouse) a pour grand-père Avitus, ancien empereur d'Occident. Le roi le plus puissant de l'Occident catholique ne pouvait pas mieux exprimer sa prétention de traiter d'égal à égal avec l'Empire. Il y aura un autre patrice nommé Agricola, comme le fils d'Avitus, sous le règne en Austrasie de Clotaire Ier (555-561). Loin d'avoir été un phénomène régional propre au Sud-Est, ce patriciat a donc joué un rôle brillant en Austrasie. Un patriciat franc, puissant à la Cour, ne serait-il pas à la source du pouvoir et des épithètes auxquels les maires du palais sont parvenus?

Comme l'a démontré Jean Durliat, Eckhardt était sur la bonne voie en voyant dans la création de ce patriciat par le roi austrasien Theudebert une autre usurpation visant à égaler l'empereur. Il a analysé le texte où le contemporain Procope confirme du point de vue de Constantinople toute la dimension, pour le droit international, de l'affront commis par le roi franc. Personne, dit Procope, pas même le roi des Perses, n'avait osé battre des sous d'or à son effigie et à son nom royal. Or, Theudebert l'a fait avec l'« or des Gaules », celui de la Provence qui était restée territoire romain. Il l'a fait à Marseille, donc dans la partie austrasienne de la Provence, et cet acte a été parfaitement compris, en Occident, comme un signe de la souveraineté complète de son royaume face à l'Empire : Theudebert s'estimait *princeps* à l'égal de celui de Constantinople, ayant droit aux sous d'or comme à son propre *patricius*. Et il a trouvé des imitateurs chez les rois wisigoths et anglo-saxons, qui ont eux aussi introduit au VIe siècle l'office de *patricius*. L'Occident savait tout le poids du *rex-princeps*, tout en respectant l'autorité tutélaire du *pater* que restait l'empereur. Quant au royaume franc, son ascension s'est faite en deux étapes : la première avec Clovis, la seconde avec Theudebert, qui a préparé indirectement, comme nous allons le voir, l'essor ultérieur du *maior domus*.

Au VIe siècle, chez Fortunat et Grégoire de Tours, les maires du palais sont mentionnés « avec des comtes et d'autres grands de l'entourage des reines et des rois » (Ingrid Heidrich), sans qu'ils soient distingués d'eux, tandis que ce même Grégoire parle du *culmen dignitatis* du patrice. Mais il y a eu symbiose des deux fonctions et titres dans quelques cas significatifs. Protadius, encore un

Romain, *dux Ultraiuranus* en *Burgundia* et favori de la reine Brunehaut, a été nommé coup sur coup en 604 et 605 *patricius* à la Cour et *maior palatii* par Thierry II, à l'instigation de sa mère. On le compte parmi les patrices burgondes, mais ses compétences fiscales ne ressortissent pas au patriciat militaire burgonde et rappellent celles du patrice franc qu'a été Parthenius. Comme celui-ci, il est haï en tant qu'impitoyable collecteur d'impôts et tué à l'occasion d'une mutinerie des troupes de Thierry.

Un autre maire du palais fort puissant, en Neustrie cette fois, Erchinoald (641-v. 658), apparenté à la mère de Dagobert Ier et dominant le jeune Clovis II — auquel il marie son esclave anglo-saxonne, Bathilde —, est nommé *maior domus* ainsi que *patricius* dans les *Gesta abbatum Fontanellensium**. Ce témoignage est confirmé par la *Vita* et les *Virtutes* (miracles) de saint Furseus, presque contemporains des événements, qui parlent d'« *inluster vir Erchynoaldus patricius* », mais aussi d'« *inluster vir Erchenaldus maior domus* ».

Un texte de la même époque que les précédents et provenant de l'abbaye de Nivelles, proche des Pippinides, donne au pendant austrasien d'Erchinoald, Grimoald, maire du palais, d'un côté le titre d'« *inluster vir* [...] *maiorum domus* », et de l'autre celui de « *reverentissimus patricius* », avec un prédicat parfaitement approprié à ce haut rang. Ce que confirme une lettre de 644-655 dans laquelle Didier de Cahors nomme Grimoald « *domino inlustri [...] et in Christo filio [...] totius aule immoque regni rectorem* », avec les épithètes d'« *excellentia vestra vel eminentia* ». C'est le niveau suprême des *gradus nobilitatis* qui convenait au patrice, appliqué au maire du palais au moment où il n'était plus seulement *rector* de la Cour, mais aussi du royaume. Il n'est donc pas surprenant que Charles Martel, *maior domus* arrivé au faîte du pouvoir, soit titré en 724, dans une lettre du pape Grégoire II, « *Carolus excellentissimus filius noster patricius* », ce qui définit son rang dans la hiérarchie impériale : en tant que patrice, il est *excellentissimus* — comme l'exarque de Ravenne, lui aussi *patricius*.

La place officielle du patriciat franc dans la structure de l'Austrasie est prouvée par un texte de la loi ripuaire qui parle des témoins obligés de venir au tribunal, « *ad mallo ante centenario vel comite, seu ante duce, patricio vel rege* ». En droit franc de l'époque de Dagobert Ier, dans une « *lex Salica revisa* » (Ruth Schmidt-Wiegand) pour le *ducatus Ribuariae* sur le Rhin, le patrice se situe au-dessus du duc et il est, comme le patrice impérial, le plus proche du *princeps*. En terre franque, le patrice a servi en quelque sorte de catalyseur entre

* Source tardive, mais précieuse par les documents de l'abbaye de Saint-Wandrille qu'elle utilise.

la hiérarchie romaine de la Cour et cet élément nouveau qu'a été en Occident le titre de *maior domus,* qui, à son apogée, est le résultat d'une symbiose : les deux titres ont d'abord été attribués au même personnage, puis il y a eu fusion.

Un florilège des titres et épithètes des Arnulfiens/Pippinides le montre bien : après Pépin l'Ancien († 640), *vir clarissimus,* et Grimoald l'Ancien († 656), *vir inluster, reverentissimus patricius* et donc *excellentia vestra,* Pépin II († 714) est *inluster vir,* mais aussi *gloriosissimus, inclitus* dans les *Gesta abbatum* de Saint-Wandrille, et *inclitus, religiosus, excellentissimus* dans la *Vita Ansberti. Après l'intermède de l'inluster vir* Grimoald II le Jeune († 714) — il n'est que maire du palais délégué en Neustrie par son père Pépin II qui résidait en Austrasie —, Charles Martel est *inluster vir, patricius excellentissimus* et *domnus gloriosus* pour Grégoire II, ainsi que (*vir*) *precelsus, vir egregius,* l'attribut du patrice étant appliqué à celui qui est le maître du peuple franc à la place du roi. Son fils Carloman sera *vir inclitus.* Enfin Pépin III (le Bref) est *praecelsus,* et pour le pape Zacharie « *dominus excellentissimus atque christianissimus maior domus* », ou encore « *excellentissimus maior domus gentis Francorum* ». Il est reconnu *princeps Francorum* par Zacharie, qui parle de son *principatus* au moment où l'usurpation des compétences impériales par la papauté est déjà en cours.

La dette de l'élite des cours mérovingiennes envers Rome est considérable. Ce sont des patrices nommés *maior domus* et des maires du palais nommés *patricius* qui ont servi les rois de cette dynastie aussi longtemps que ceux-ci ont gardé le contrôle de leurs royaumes respectifs. Le *maior domus* a alors pu parvenir aux titres et aux postes les plus élevés dans l'État. Dans la mesure où il arrivait à dominer au moins une partie de la noblesse dans « son » royaume, il a fini par s'imposer contre le roi comme représentant des forces politiques d'un *regnum,* en ayant pour ainsi dire changé de camp. Ce n'est pas le titre et le rang qui ont fait le pouvoir de leur détenteur, mais ce dernier qui a conféré à son titre une envergure insoupçonnée en « politisant » ce qui n'était au début qu'un poste administratif à la Cour. Seul le *maior domus* franc a pu parvenir à la dignité de *princeps* non royal, puis à la dignité royale, et enfin impériale.

Nous venons d'analyser les circonstances qui ont conduit à attribuer au roi Pépin et à ses fils Charles et Carloman le titre de *patricius Romanorum.* Aux yeux de Constantinople, le patriciat impérial était usurpé par le pape et le « peuple de Rome ». Pour la papauté, ce titre symbolisait la substitution de la protection de l'Église de Rome par le roi des Francs à celle de l'empereur, mais aussi la reprise par Rome de ses droits imprescriptibles, assumés par le successeur de saint Pierre; c'est en effet à saint Pierre que l'empereur céleste, le Christ, avait confié son Église et l'Empire sur terre, et c'est lui qui pouvait par les mains de son successeur élever le roi franc au rang de *patricius Romanorum*. Du point de vue franc, le roi franc prenait la place de celui qui avait été jusqu'alors le *patricius* romain en Italie, l'exarque de Ravenne. Il pouvait de ce fait s'attribuer, éventuellement, un droit de regard sur les élections papales. Les auteurs qui veulent que le titre de *patricius Romanorum* ait remplacé celui de *patricius Francorum* oublient l'incompatibilité des deux titres, et surtout le désir des Pippinides d'occulter au plus vite les structures mérovingiennes et leurs dignités inférieures parce que non royales. La nouvelle dynastie a fini par éliminer les titres d'*optimas, dux, princeps* et *patricius* en ne laissant subsister que celui de *comes*. Son propre principat sur les Francs disparut alors, remplacé par la royauté du nouveau *Dei gratia rex Francorum.*

Comte (comes) *et duc* (dux)

Sous l'Empire chrétien, le *comes* avait le pas sur le *dux,* alors qu'à l'époque du royaume franc le duc devint supérieur au comte. Ces deux *honores* sont comme l'épine dorsale des Empires romain et franc, et cela sur le plan de l'administration civile aussi bien que du commandement des armées. Comment expliquer cette inversion de la position hiérarchique des deux fonctions?

Le *comes* était au début, étymologiquement, celui qui « accompagne » un magistrat ou un préfet de province et qui lui sert de conseiller. L'empereur Claude avait recours, lors de ses voyages, à un *comes Augusti* comme conseiller juridique. Sous Marc Aurèle apparaît un collège (*comitatus*) de *comites* aux tâches militaires : ils forment autour de l'empereur, au moins jusqu'au règne de Septime Sévère, une sorte d'état-major général. Constantin reprend l'institution du conseil des *comites,* des confidents auxquels il confie des missions de contrôle dans les provinces (*comites provinciarum,* aux compétences judiciaires). Le *comes Orientis* devient, au IVe siècle, une institution importante et durable. On note une fréquence accrue de l'emploi du titre, qui, même de façon purement honorifique, est fort recherché en raison des privilèges et avantages fiscaux qu'il comporte.

On trouve des *comites* en fonction à trois niveaux hiérarchiques, à la Cour comme dans les provinces : le *comes portus* surveille les ports, le *comes formarum* le réseau des aqueducs, le *comes commerciorum* les échanges aux frontières. À la Cour, le *comes sacri stabuli* (on le retrouvera en 683 à la cour wisigothique, ainsi qu'à la cour franque où il sera le prédécesseur lointain du « connétable ») est responsable des écuries, et le *comes sacrae vestis* de la garde-robe impériale. Au niveau le plus élevé, les *comites consistoriani* sont les membres du consistoire qui entourent le *princeps* en conseil; les principaux sont le *quaestor sacri palatii* pour la justice, le *magister officiorum* à la tête de la Cour et de l'administration centrale, le *comes rerum privatarum* pour les domaines et finances de l'empereur, et le *comes sacrarum largitionum,* « ministre des finances » aux larges compétences (le titre provient des largesses impériales distribuées aux troupes). La cour romano-gothique de Ravenne conservera les deux derniers titres en y ajoutant le *comes patrimonii* pour le fisc, office qui apparaît en 592 à la cour des Wisigoths.

Sur le plan militaire, le titre de *comes rei militaris* est conféré à des chefs du rang de *spectabilis,* mais les *magistri militum,* généralat créé à la Cour par Constantin, vont s'élever au premier rang des *comites,* comme *illustres,* puis *gloriosi.* Enfin, on trouve en dehors de la Cour des *comites* au pouvoir militaire et politique considérable, tel le *comes Africae.* Sa compétence est en principe celle d'un *dux,* chef militaire local, mais sa situation ultra-marine en a fait le chef de *comitatenses,* troupes d'élite, ce qui lui a procuré le rang supérieur. Au Ve siècle, le statut du *dux* s'améliore : certains parviennent au clarissimat des *comites,* jusqu'à en prendre le titre.

Ce n'est qu'au IIIe siècle que ce nouveau titre de *dux* devint un rang précis dans la hiérarchie romaine, le mot ayant eu auparavant le sens général de « guide » ou de chef militaire. À côté de la nouvelle armée de campagne, les *comitatenses,* qui « accompagnaient » l'empereur dans ses opérations de grande envergure et n'étaient plus stationnées aux frontières comme l'étaient les légions, les réformes de Dioclétien et Constantin avaient laissé la défense des frontières à des milices locales (les *limitanei*) de moindre valeur et commandées par des *duces* ou *duces limitum.* Mais leurs responsabilités pouvaient dépasser le territoire d'une seule province et se révéler parfois assez étendues. Eugen Ewig a étudié en Gaule plusieurs de ces commandements, au début purement militaires, en observant les liens qui se sont tissés entre eux et les *regna* barbares nouvellement établis dans le pays :

— le *tractus Aremoricanus et Nervicanus* s'étendait au IVe siècle de Bordeaux jusqu'au département actuel du Pas-de-Calais. Destiné surtout à la défense des côtes, il avait le port militaire de Boulogne-sur-Mer comme centre, mais celui-ci semble avoir été déplacé plus tard au Mans, où le *ducatus Cenomanicus* et son *limes Britannicus* contre les Bretons sous un *praefectus limitis* seront l'« héritage » franc du *tractus*;

— le *ducatus Belgicae secundae* allait de l'embouchure du Rhin jusqu'à celle de la Somme et ne laissait au *tractus Aremoricanus* que les terres jusqu'aux cités de Rouen et d'Amiens-Beauvais. C'est là que, après le tournant de la victoire romano-germanique en 451 sur les Huns, Aetius a établi des fédérés francs à Cambrai et à Tournai. Le roi franc résidant à Tournai, Childéric et son fils Clovis ont été avant et après 482 *dux Belgicae secundae*;

— l'installation officielle des Wisigoths dans l'*Aquitania secunda* à partir de 419 a enlevé au *tractus Aremoricanus* le contrôle de la côte de Bordeaux jusqu'à l'embouchure de la Loire;

— le *tractus Argentoratensis* et le *tractus Mogontiacensis* forment à Strasbourg et à Mayence des centres de défense de la *Germania prima* et de la *Germania secunda*;

— le *ducatus Riparensis* devait protéger trois provinces : la *Maxima Sequanorum* (Besançon), la *Lugdunensis prima* (Lyon) et la *Viennensis* (Vienne). Il fut réorganisé par Aetius qui, en 442, installa les troupes fédérées du roi des Alains, Goar, à Orléans, et les Burgondes en *Sapaudia* (Savoie) avec Genève comme capitale;

— le *ducatus Arvernus* (Clermont-Ferrand) a gardé son propre *dux* après la prise de contrôle par les Wisigoths qui y ont nommé Victorius *dux Arvernorum*. Cela vaut d'être noté, car Clovis, après sa victoire de Vouillé sur les Wisigoths en 507, en marchant sur Bordeaux, fait conquérir l'Auvergne par son fils aîné Thierry, qui la contrôle entièrement en 515-516 : elle fera toujours partie, avec d'autres cités de l'Aquitaine orientale, du royaume de la lignée de Thierry, la future Austrasie;

— près des Gaules, le *ducatus Raetiae primae* perdure sans modification de ses frontières au sein de l'État romano-gothique de Théodoric et devient ensuite un petit État presque autonome sous la « dynastie » des évêques de Coire, toléré à cause de l'importance des passages alpins qu'il contrôle avant d'être intégré par Charlemagne dans le système comtal franc. Mais le pays gardera le régime du droit romain, comme en témoigne la remarquable *lex Romana Curiensis* du VIIIe siècle.

Tout cela prouve à quel point l'organisation militaire de la Gaule, passée partiellement dans les mains de fédérés (Wisigoths, Francs, Alains, Burgondes), a influencé sinon déterminé l'organisation du royaume franc, y compris ses partages. Eugen Ewig suggère qu'en 511 le royaume de Childebert Ier correspond à ce qui subsistait du *tractus Aremoricanus,* et que le centre militaire qu'était devenu Orléans — d'abord sous les Alains, puis sous Childéric, père de Clovis et général romain — a formé le noyau du royaume de Clodomir, Thierry ne conservant que ce qu'il possédait déjà, à savoir l'ancien royaume de Cologne avec la *Belgica secunda* (l'héritage direct de Clovis qui y avait été *dux*) ainsi que l'Auvergne. La formule de Grégoire de Tours sur un partage « *aequa lantia* » a suscité des interprétations « germaniques » erronées, puisque *lancea,* mot latin d'origine celtique, désigne une arme romaine qui est devenue un symbole romain du pouvoir à partir de Constantin. Grégoire ne pouvait ignorer que le partage de 511 était fort inégal. Selon l'hypothèse d'Ewig, il voulait indiquer que, sur la base des territoires déjà constitués militairement et administrativement, on avait cherché à partager équitablement le « reste ». C'est dire aussi combien les notions romaines de *dux* et de *ducatus* étaient familières aux chefs barbares en Gaule comme ailleurs (à preuve les « duchés » établis par Constantinople à Venise, à Rome et à Naples, et le système de duchés que créeront les Lombards en Italie).

Quand l'administration civile et l'administration militaire sont séparées aux IVe-Ve siècles, le *dux*, responsable de la défense des provinces frontalières, gagne en importance, ajoutant au sein d'un territoire fort étendu des compétences civiles et juridiques à ses tâches militaires. Il faut voir là l'explication de l'inversion de la valeur respective des titres de comte et de duc, d'autant plus que c'est à la même époque qu'apparaît le *comes civitatis* qui, lui aussi, réunit des compétences militaires et juridico-administratives, mais sur un plan plus local. Dietrich Claude (1982) voit en lui une sorte de « commissaire » installé par l'empereur dans des régions menacées, institution qui par son efficacité sur place était adaptée aux besoins d'une décentralisation nécessaire, les liens étant largement interrompus avec les grandes unités de l'Empire et leurs centres lointains. Hans Hubert Anton (1987), qui en décèle les premiers exemples en Gaule, à Autun, Marseille et Trèves, observe que le pouvoir administratif était conféré au *comes* de façon formelle, donc romaine, et que le dignitaire nommé appartenait à l'aristocratie sénatoriale.

Un des exemples les mieux connus est celui du *comes Trevirorum* Arbogast. Nous connaissons déjà ce petit-fils du grand Arbogast (I), généralissime franc de l'Occident romain à la fin du IVe siècle. Arbogast (II), issu d'une grande famille romanisée, a échangé vers 477 des lettres avec Sidoine Apollinaire qui a tenu sur lui des propos flatteurs déjà rapportés. Semblables louanges figurent dans une lettre-poème qu'Auspice, évêque de Toul, lui a adressée. Nous ne savons malheureusement pas avec certitude qui a nommé ce *comes spectabilis,* titre qui plaide en faveur d'une nomination romaine. Nous ignorons aussi l'étendue de son pouvoir, entre le *regnum* de Syagrius et la *Francia Rinensis*.

Quoi qu'il en soit, le *comes civitatis* s'est imposé en Occident également par la juxtaposition de populations romaines et barbares dans des cités dominées par un *rex* d'origine barbare. Ainsi, Théodoric crée en Italie un *comes Gothorum* comme juge des affaires opposant des Goths. Mais il existe aussi des *comites civitatis* pour les Romains, tel un *comes Provinciae* aux compétences juridiques et administratives, ainsi qu'un *comes* d'origine gothique de la province frontalière de *Pannonia Sirmiensis,* aux pouvoirs civils et militaires. Le *regnum* voisin du roi des Burgondes semble être le premier à avoir installé de manière systématique une administration locale de *comites civitatum aut pagorum,* autour des cités, mais aussi des *castra* ou d'autres centres, et cela en juxtaposant deux comtes, l'un romain pour la population romaine, l'autre burgonde pour la population barbare. Cette séparation ne se retrouve pas dans le royaume des Wisigoths, où la « territorialisation » du droit s'est imposée très tôt. C'est dans le *codex Euricianus,* qui date peut-être du règne d'Alaric Ier seulement, en tout cas de 500 environ, que figure la première mention législative du *comes civitatis.* Et c'est ce royaume qui le premier a généralisé le système du *comes civitatis,* y compris son intégration dans une hiérarchie qui le place au-dessous du *dux.* En effet, dans les lois de Léovigilde, le *comes* dispose dans sa cité des compétences militaires, administratives et judiciaires, mais on peut faire appel des décisions de son tribunal auprès du *dux.*

C'est sur ces bases romaines, burgondes et wisigothes que les rois francs ont développé leur propre système comtal en Gaule. Si les compétences de ce *comes* d'un genre nouveau sont étendues, le rayon géographique de son autorité est limité à une seule *civitas,* mais celle-ci garde souvent l'étendue qu'elle avait au début de la Gaule romaine, à savoir le territoire de l'ancienne *civitas* celtique. Ajoutons que cela se passe au moment où dans plusieurs cités resurgit l'ancien nom de tribu gaulois à la place du nom donné par les Romains à la ville, ainsi à Paris, Angers ou Tours, comme l'a montré Michel Rouche. Les Francs sont donc passés du *comes civitatis* romain au *comitatus,* le « comté » territorial franc qui s'adapte aux anciennes unités celtiques pour les *pagenses* de ces *pagi* servant sous leur ancien nom de *Turones,* d'*Andegavenses,* etc., dans le contingent de « leur » comte de l'armée du roi franc. Cela explique également le succès de la nouvelle institution.

L'alliance de la royauté franque avec l'aristocratie sénatoriale catholique ne concerne donc pas seulement l'épiscopat des Gaules, mais aussi les chefs de l'administration civile issus de la même classe dans une grande partie de la Gaule franque où les comtes n'étaient pas des Francs, comme l'a déjà montré Godefroid Kurth. Les rois ont d'ailleurs développé ce nouveau *comitatus* en le subdivisant, au VIe siècle, en différents *pagi* (jusqu'à quatre, six ou plus par *civitas*) dont on trouve les noms dans les testaments de très grands propriétaires, surtout en Gaule occidentale, pour définir la situation géographique des domaines. *In pago X, in comitatu Y* sont des formules qui prouvent l'existence des premières subdivisions administratives de ce qui deviendra la France.

Dans le nord-est de la Gaule franque, des *pagi* plus petits apparaissent, dirigés par un *grafio* (le *Graf* allemand); les porteurs de ce titre nouveau viennent derrière les *comites* dans la hiérarchie romano-franque. Indépendamment de cette nuance de titre, celui de *grafio* ayant disparu assez tôt, deux classes de comtes se sont formées selon l'importance de leur territoire : les uns sont responsables de toute une *civitas* (« comte de cité »), les autres d'un *pagus* plus petit. Là où la puissance de l'évêque dans la cité, d'origine romaine et qui va croissant sous les rois francs, prime sur celle du *comes* (il arrive que celui-ci soit nommé par l'évêque), les comtes de *pagus* sont subordonnés directement à cet évêque, et ils deviendront plus tard ses vassaux *(Vasallengraf)*.

L'inversion hiérarchique s'est donc produite au ve siècle dans le cadre du « monde romain » et des titres accordés soit par l'administration impériale, soit par les *reges* reconnus par l'Empire. Il ne s'agit pas d'un changement provoqué par des Germains dont, après la « fin de l'Empire », le *Herzog* aurait été supplanté par le « *grafio/Graf* ». Ce second titre est intégré dans la hiérarchie romano-franque au-dessous de celui de *comes*. Quant au premier, les sources contemporaines ne le connaissent pas. Les rois barbares en terre romaine ont gardé la hiérarchie administrative et militaire romaine, et n'y ont apporté que des retouches mineures. Le *ducatus* mérovingien, au sens de la fonction et au sens territorial, a dû s'adapter aux situations locales, preuve supplémentaire de la souplesse politique des rois de cette dynastie.

Parfois deux *pagi*, chacun ayant son comte, suffisent pour établir un *dux* : ainsi le *Sundgau* et le *Nordgau* (le midi et le nord de l'Alsace) forment-ils le *ducatus Alsatiensis*, lequel existe encore au xe siècle sous ce nom — longtemps après la disparition des derniers ducs — comme unité territoriale qui doit livrer quarante cavaliers lourdement armés à l'armée ottonienne pour ses campagnes en Italie. Autre exemple : les comtés de Tours et de Poitiers sont réunis en un *ducatus* qui, comme celui de l'Auvergne, appartient — à de rares interruptions près — à l'Austrasie. Le nombre des ducs mérovingiens a ainsi pu être assez élevé. Pour la seule armée qui en 590 marche contre les Lombards, Grégoire de Tours parle de vingt *duces*, et l'*exercitus Burgundionum* lancé en 635 par Dagobert Ier contre les *Vascones* en compte dix, dont les noms et « nationalités » sont connus (huit *ex genere Francorum*, Chramnelenus *ex genere Romano*, Aigyna *genere Saxonum*, et enfin, supérieur aux ducs, Willibadus *patricius genere Burgundionum*). Ce passage nous apprend la situation relative des *comites*, car le texte ajoute que faisaient aussi partie de l'armée « *comitebus plurimis qui docem super se non habebant* ». Il y avait donc des comtes dont le comté ne relevait pas d'un duché et qui amenaient leurs propres troupes, et d'autres comtes qui étaient subordonnés à « leur » duc et qui marchaient sous ses ordres. Enfin, il existait des comtés sans comtes, administrés directement par le *dux*, qui pouvait en détenir plusieurs.

Dans ce système mixte, certains « duchés » portaient un nom de région, comme le *ducatus Campaniensis* (précurseur de la Champagne du XIIe siècle) et, dans le *regnum Burgundiae*, le *ducatus Ultra-*

ioranus, situé au-delà du Jura, en Suisse actuelle. En revanche, il ne faudrait pas déduire de la mention d'un « *dux* » *Austrasiorum* l'existence d'un *ducatus* austrasien : il s'agit là du « chef » pippinide de tous les Austrasiens, qu'il soit maire du palais ou non. De même, le titre de *dux Burgundionum* donné pour l'année 697 au Pippinide Dreu (Drogo), titre incertain quant à la tradition du texte, se réfère à la partie du royaume de *Burgundia* alors sous contrôle pippinide, et non à un « duché de Bourgogne » (plus tardif). Encore différente est l'origine du nom de *ducatus Dentelini,* choisi en mémoire d'un ancien détenteur et utilisé pour simplifier la dénomination d'un territoire objet de conflits et de tractations entre Austrasiens et Neustriens.

À partir des VIe-VIIe siècles, un type de duc maître de toute une région, sinon d'un peuple, joue un rôle capital dans la structuration du royaume franc. Ainsi en va-t-il dans le *ducatus Tolosanus,* qui continue en quelque sorte le *regnum Tolosanum* éphémère que Dagobert Ier avait constitué à l'intention de son frère cadet Caribert avec pour capitale Toulouse (dont le nom rappelait celui de l'ancien royaume wisigoth en Gaule) et qui comprenait l'Aquitaine ainsi que Cahors, Périgueux et Saintes, enfin Javols et probablement aussi Rodez et Albi. Ce *regnum* s'est révélé utile pour la défense contre les dangereux *Vascones,* mais il disparaît avec la mort précoce de Caribert et de son fils en 632. Vers 660, le maire du palais Ébroïn reconnaît comme *patricius* le *dux* de Toulouse, Félix, qui contrôle un territoire s'étendant jusqu'aux Pyrénées et qui réussit, en se comportant en *princeps,* à exercer une « suzeraineté » sur les Basques. Son successeur Loup (Lupus) peut déjà convoquer (avec l'autorisation royale) vers 674 un synode « aquitain » à Bordeaux. Sa politique d'expansion vers la Loire a rencontré des résistances locales, comme à Limoges. C'est ainsi qu'est né un nouveau *ducatus Aquitaniae,* devenu un *principatus,* duché héréditaire qui a pu constituer une *patria* pour ses habitants, les *Aquitani.*

Ce genre de duché plus étendu, voire « national », rappelle les duchés mérovingiens « périphériques » en Germanie. Leur genèse procède de l'intégration habile des *gentes* d'outre-Rhin, dont nous avons parlé ailleurs. Loin d'être des créations spontanées des *Stämme,* ces duchés ont reçu un *dux* des Mérovingiens à une date relativement tardive. Le premier en Bavière est Garibald, nommé par le roi austrasien vers 555; en Alamannie, Leutefred, destitué par le roi en 587; en Franconie, Hruodi, probablement institué par Dagobert Ier; en Thuringe, Radulf, nommé par le même Dagobert. Le premier et le dernier de ces *duces* venaient de Gaule franque. Mais ces duchés avaient en commun leur étendue et le substrat d'une *gens* ayant droit à sa propre loi rédigée sous la direction du roi franc. Il n'est donc pas étonnant d'y voir naître des principautés héréditaires, d'autant plus que Dagobert a soutenu ce processus pour les détacher de l'Austrasie (arnulfienne) rebelle à son gouvernement. Nous avons déjà évoqué, pour mieux définir les *optimates*, la suppression du titre ducal par les Carolingiens dans leur combat contre les principautés. Cette évolution s'accompagne de l'extension du réseau comtal, phénomène qui précède, en Bavière et en Alamannie, la chute de leur *princeps* respectif.

Duces et *comites* se sont partagé l'administration locale de la Gaule franque. Dans l'ensemble, ce réseau était suffisamment dense, surtout si l'on pense à des territoires directement contrôlés par d'autres agents du roi ou par les évêques. Le *comes civitatis*, inaugurant la série des comtes de « comté » du royaume franc, est à l'origine d'un réseau administratif qui préfigure les départements de la Révolution. Joseph Calmette rappelait en 1948 que « le comte [du IXe siècle] est le préfet du régime » (son autre titre était d'ailleurs *praefectus*). La notion et l'institution comtales domineront l'Europe, du *county* anglais (et américain) au *comitat* des Hongrois et des Polonais. Même s'il faut admettre l'origine tardo-romaine du *comes civitatis*, le système des comtés est, dans son principe et dans son application largement étendue, une autre grande spécificité de l'époque mérovingienne, un héritage qu'elle a laissé à l'histoire administrative de l'Europe.

Les titres des grands dans l'Occident carolingien et postcarolingien

Pourquoi a-t-on appelé Charlemagne *pater Europae*? Si on le considère comme le père fondateur de l'Europe, faut-il en conclure que celle-ci n'existait pas auparavant? Ou au contraire n'était-elle pas plus étendue quand l'empereur d'Orient présidait la « famille des rois », y compris le roi mérovingien? Mais cet Empire romain, avec sa capitale située au point de jonction entre l'Europe et l'Asie, ignorait superbement l'Europe (et jusqu'à sa notion) dans sa géographie politique. Il divisait le monde qu'il croyait dominer en *Oriens* et *Occidens*. Le premier correspondait à l'*orbis Graecus*, avec de larges parties de trois continents; le second à l'*orbis Latinus*, avec une partie de deux continents — la partie africaine lui fut arrachée par la poussée arabe en même temps que la presque totalité de la péninsule Ibérique. L'*Occidens*, devenu un seul continent, s'identifia finalement à l'*Europa*, terme qui acquit alors une valeur affective.

Quand les Arabes s'attaquèrent à la Gaule franque, ses défenseurs, commandés par Charles Martel, furent appelés *Europenses* par un évêque qui écrivait en Espagne musulmane. La dynastie issue du vainqueur de Tours/Poitiers (732) rechercha l'hégémonie sur ce qui était resté de l'Occident chrétien. Dès la fin du VIIe siècle, la famille des Pippinides est définie dans la *Vie de sainte Gertrude*, une des leurs, comme une des familles les plus en vue en « *Europa* ». Il y a donc chez les contemporains la conscience d'une Europe qu'ils identifient de plus en plus au royaume de cette dynastie qui refuse, à la différence des Mérovingiens, de reconnaître la prééminence de l'Empire. Sous Pépin et Charlemagne, elle fonde, alliée aux papes, un Occident indépendant sur le plan théologique et politique, qui aura ses propres *auctoritates* suprêmes comme *fons honorum*. La *nobilitas* de l'Occident s'est ainsi séparée de celle de l'Orient et a vu ses structures transformées.

Les titulatures ducales

La carrière des nobles dans l'État et dans l'Église se fait désormais au sein d'un monde qui s'appelle *Europa* et dont Charlemagne a été le père. Mais, bien que celui-ci ait voulu être dans cette « Europe » le seul *princeps* face à celui d'Orient, la seule autorité capable de nommer des rois et d'attribuer la *principalis potestas*, il n'y est pas parvenu. La papauté, alliée mais aussi rivale, avait son mot à dire, ainsi que Constantinople qui restait malgré tout présente en Occident. Chacune de ces trois autorités prétendait à la suprématie en distribuant des titres élevés, véritable surenchère dont profita la *nobilitas* : l'heure du principat non royal avait sonné.

Les prodromes de cette évolution remontent au VIIe siècle. Pour l'évêque de Rome, patriarche de l'Occident et autorité ecclésiastique incontestée, il est tentant de profiter de son prestige et de celui de saint Pierre chez les peuples occidentaux qui vivent en dehors des limites de l'Empire. Normalement, il n'agit que comme un notaire enregistrant les rangs distribués par l'empereur. Mais on observe que Grégoire le Grand déjà accorde le titre de *rex* à un roi anglo-saxon dès avant sa conversion, ce qui constitue une entorse au droit exclusif de l'empereur de reconnaître un *rex*. Au VIIIe siècle, le Saint-Siège procède à la légitimation de la dignité de *princeps* du duc d'Aquitaine, reconnu (à juste titre d'ailleurs) comme champion de la chrétienté dans sa lutte contre les Arabes d'Espagne. À la même époque, il fait de même à l'égard des ducs bavarois, sujets du *princeps* franc, mais fort dévoués au siège du Prince des apôtres. Le pape leur accorde les droits d'un *princeps* sur « ses » évêques, en réglant la fondation d'évêchés en accord avec son légat pour la Germanie, Boniface, qui traite le duc comme un souverain indépendant. Nous avons la preuve du courroux des Pippinides face à la présence d'un représentant du pape comme protecteur du duché lors d'une campagne franque contre la Bavière. On comprend mieux les voyages assidus des rois anglo-saxons et des ducs de Bavière sur la tombe des apôtres : c'est une manière de combiner profit spirituel et profit politique, de toute façon indissociables.

On sait que les principautés aquitaine et bavaroise ont été écrasées par Pépin et Charlemagne. Ceux-ci s'étaient assuré, en aidant l'Église romaine contre les Lombards, le « monopole » des légitimations papales, reconnaissant ainsi implicitement l'autorité de Rome. Or, l'action commune des deux alliés est dirigée, au-delà du problème lombard, contre l'empereur. C'est lui qui a décerné au roi lombard le rang d'*excellentissimus* ; c'est lui qui a créé un nouveau principat en Italie du Sud, considérée comme terre grecque et impériale, accordant aux ducs lombards de Bénévent et de Spolète des titres d'envergure royale. Dès 715, le duc de Bénévent peut s'intituler « *nos domnus vir gloriosissimus summus dux gentis Langobardorum* ». Voilà donc des motifs supplémentaires pour la papauté de combattre l'ennemi lombard et un Empire devenu hostile au lieu de protéger et de favoriser l'Église de Rome. Cette lutte pour la domination en Italie n'est toujours pas terminée après cette « première manche » à la fin du VIIIe siècle, favorable à la papauté et aux Francs.

On n'a pas assez pris garde à la réaction que la victoire de Pépin, puis de Charlemagne, a provoquée en Italie méridionale — région traitée à tort comme marginale, vue de l'ouest, car située à la jonction des deux empires rivaux. Après la chute du royaume lombard, Arichis, duc lombard de Bénévent, marié à une princesse royale lombarde et défendant son autonomie face à Charlemagne, prend le titre de *princeps gentis Langobardorum*, qu'il ajoute au rang élevé que ses prédécesseurs devaient à Constantinople et qui, grâce à lui (et parfois à ses armées), perdure en Italie. Le *princeps* de Bénévent perpétue à la fois l'héritage lombard, à la place du roi lombard, et l'héritage impérial, en « remplaçant » en Italie l'exarque de Ravenne. Ce refus partiel et fort habile de la victoire papale et carolingienne par les deux vaincus, l'Empire et les Lombards (ou du moins certains d'entre eux), explique l'acharnement avec lequel Charlemagne a combattu, sans résultats satisfaisants, ce prince qui seul, mais appuyé par Constantinople, a osé le défier. Il y aura des Lombards loyaux (ou assez loyaux) au régime franc, ceux du Nord, et des Lombards plus ou moins déloyaux (en tout cas plus indépendants), ceux du Midi. Arichis de Bénévent était si fier de son rang, reconnu par le *basileus*, qu'il fit exposer dans les églises — en tant que *princeps* — son image selon l'usage des empereurs, si bien que Charlemagne dut la faire remplacer par la sienne propre. Le mauvais exemple bénéventin fut suivi par le duc de Bretagne quand il tenta d'obtenir son indépendance de l'Empire franc, avant de réussir à se faire reconnaître roi vassal par Charles le Chauve. Il lutta alors pour acquérir la domination sur « ses » évêques, comme il convenait à un vrai *princeps*, en exigeant de la papauté sa propre province ecclésiastique, séparée de celle de Tours.

Ce qui se passait en Italie méridionale allait avoir des répercussions sur tous les titres et honneurs, et plus particulièrement le titre ducal et les titres féminins. En effet, Pépin et Charlemagne essuyèrent leurs premiers revers en Italie quand ils voulurent faire disparaître le titre ducal et avec lui les « principautés » dangereuses. La tradition lombarde d'un pays jadis gouverné par des ducs régionaux se raviva, et parallèlement s'éleva le niveau général des titulatures. Évrard, gendre de Louis le Pieux et beau-frère de Charles le Chauve par son épouse Gisèle, fut nommé duc de Frioul, où il gouverna en vrai prince autonome, avec une cour brillante et ouverte aux savants. Le titre ducal dépassa même les frontières de l'Italie, l'empereur Lothaire Ier ayant été maître à la fois de l'Italie, du futur royaume de Bourgogne et de la future Lotharingie. Ce n'est pas un hasard si c'est sous Lothaire que des ducs furent de nouveau nommés au-delà des Alpes, tant à Vienne qu'à Lyon. Le particularisme « italien » jouissait d'une telle reconnaissance que Charles le Chauve n'hésita pas à nommer son beau-frère Boson « duc d'Italie » (*dux Italiae*). Certes, le titre de remplacement introduit par les Carolingiens, *marchio*, sur lequel nous reviendrons, fut maintenu en Italie en faveur des titulaires des anciens duchés, mais ces « marquis » étaient de véritables princes, qui allaient montrer un esprit assez indépendant sous les rois « nationaux » (originaires pourtant du nord des Alpes) du xe siècle et sous les empereurs ottoniens et franconiens. Le symbole en restera le pouvoir de Mathilde de Toscane, fatal à Henri IV.

Les titulatures féminines

Voici venu le moment de parler de l'essor des titres féminins et du pouvoir qui s'y attachait souvent. L'antériorité de l'Italie du Sud en matière de titulatures « féminisées » d'un *honor*, comme *ducissa* ou *comitissa*, a été suggérée par Weyprecht-Hugo, comte Rüdt de Collenberg († 1994) dans une étude dont nous avons utilisé le manuscrit. Dans la liste chronologique des titres féminins qu'il a pu trouver, les premiers exemples proviennent d'Italie du Sud. Ils nous révèlent le rang brillant reconnu aux épouses des ducs lombards de Spolète et de Bénévent. En 751, un acte concernant l'abbaye de Farfa est octroyé par « *nos domnus Lupo et domna Hermelinda gloriosi et summi duces* ». L'église Saint-Grégoire de Bénévent reçoit en 755 un précepte de « *nos gloriosissima domina Scaumberga et dominus vir gloriosissimus Liutprandus summi duces Langobardorum* ». Le gloriosissimat d'origine constantinopolitaine et le *summus dux* sont partagés entre le prince et son épouse, elle aussi *gloriosissima* ainsi que *gloriosus et summus dux* (forme masculine !).

Le fait que le premier exemple de « féminisation » de titres de dignitaires (en rupture avec la magistrature romaine, réservée aux hommes) nous vienne de la partie orientale de l'Empire dans une lettre du moine Nilus à Stephanidí Kometísse, dès avant 527, confirme l'origine « orientale » de ces titulatures, que Collenberg a bien vue en signalant l'emploi de *ducissa* pour la femme de l'exarque de Ravenne. On peut y ajouter la situation d'une *patricia* (« proche de l'empereur ») de la cour de Constantinople, à qui les rois francs du VIIe siècle s'adressent dans leurs lettres avec la même déférence qu'à l'impératrice, pour que leurs ambassadeurs réussissent leur mission grâce à l'entremise de ces dames illustres. Le fait que l'impératrice ait rang de *consors regni* et apparaisse en tant que telle sur les monnaies impériales permet de mieux comprendre les titulatures spolétines et bénéventines. Quant au refus de telles pratiques par un Occident romain toujours fidèle au principe de l'exclusivité masculine des *honores*, il s'est exprimé par le scandale qu'a provoqué Irène, première impératrice à régner seule, et par l'indignation de la papauté, qui en profita pour justifier l'attribution du titre impérial — selon la bonne tradition romaine — à un homme, Charlemagne. Et que dire d'un autre scandale, au sein même de l'Église romaine, suscité par la puissance illégitime d'une femme comme Marozia, au Xe siècle — un cas qui, en Occident, fut considéré comme un signe éclatant de la décadence de la première Rome ?

Scandale ou non, les titres « féminisés » sont le prélude au triomphe de l'hérédité aussi bien qu'à la montée du principat non royal, la femme du *dux* ou du *comes* devenant *ducissa* ou *comitissa* par analogie avec la *regina*, épouse du *rex*. L'idée dynastique prend son essor dans un monde où le pouvoir n'est plus acquis par la nomination du *princeps* ni par l'élection des grands (deux processus largement réduits au droit de confirmer l'héritier), mais où il est transmis par la femme et non plus seulement par l'homme. Dans ce monde, le pouvoir a son centre à la Cour, donc dans une centaine de cours, qui dorénavant porteront toutes l'empreinte de l'épouse du prince (*domina*) et de son entourage féminin ; la civilisation courtoise y créera le culte de la « dame ».

La préhistoire de la « dame », une des plus brillantes créations de la noblesse, commence donc au milieu du VIIIe siècle avec *domina Hermelinda* et *domina Scaumberga*, respectivement duchesses de Spolète et de Bénévent. L'authenticité de ces titres féminins lombards nous est confirmée par Paul Diacre (lui-même d'origine ducale) qui, entre 760 et 770 et à Bénévent même, dans la dédicace de son *Historia Romana* à l'épouse du duc Arichis (fille du roi déchu des Lombards, Desiderius), parle de « *domnae Adelpergae eximiae summaeque ductrici* », ainsi que d'« *Adelberga christianissima Beneventi ductrix* ». Plus encore que celui de *dux*, le titre de *ductrix* exprime qu'il s'agit, au-delà de la « femme du duc » (*ducissa*), d'une épouse qui, partenaire dans le gouvernement, prend souvent une part active au pouvoir et a rang avant tous les fidèles de son mari, ce qui sera la position de la *domina* (« dame ») vénérée par les vassaux du XIIe siècle. On mesure la distance qui sépare celle-ci de la femme romaine, qui subissait la domination presque totale de son époux. Rome faisait bien participer l'épouse du sénateur (la *matrona)* aux titres, attributs et honneurs de son mari, mais pas à son pouvoir, dont l'exercice (la *potestas publica*) était réservé aux hommes. On relève toutefois l'exception orientale de Zénobie (d'origine arabe), reine de Palmyre jusqu'en 272, la gloire spirituelle d'Hélène, mère de Constantin, ou la figure exceptionnelle de Théodora, la femme de Justinien. Un essor plus durable de l'influence des impératrices et de leur entourage féminin s'observe dans l'Empire chrétien en relation avec le désir du *princeps*, depuis Constantin, de fonder une dynastie.

En Occident, où l'hérédité des rois (reconnus par Rome) était assurée depuis Clovis, la position des reines a pu bénéficier du modèle byzantin. Les cas où elles ont exercé un pouvoir réel à la Cour et sur la noblesse ont été assez précoces et fréquents : il n'est que de citer Clotilde, fille de roi, la terrible Frédégonde, la puissante Brunehaut, fille de roi, reconnue aux moments de sa gloire par la papauté même, ainsi que Bathilde, régente pour son fils, qui a porté le *cingulum* et qui, après sa chute, a su se ménager une digne retraite comme abbesse de Chelles, l'abbaye qu'elle avait fondée et qui restera réservée aux princesses et aux reines veuves des Carolingiens. Chez ces derniers, Berthe, l'épouse de Pépin, a joué un rôle politique avant d'être contrainte par son fils Charlemagne à une retraite fort honorable.

C'est après Charlemagne, dont les épouses sont restées effacées sur le plan politique, que le statut de l'impératrice a beaucoup changé. On l'observe dans le cas de Judith, *imperatrix* fort influente (au grand scandale d'une partie de la *nobilitas*), mais déjà aussi dans le cas de la première épouse de Louis le Pieux, Ermengarde, première impératrice d'Occident, à qui le pape apporte à Reims, en 816, une couronne prétendument d'origine constantinienne pour la sacrer *augusta*. On est loin de la femme considérée par l'Église romaine comme soumise et inapte par essence à guider les hommes (à la seule exception des abbesses, souvent « aidées » par un clerc dans la direction de leur couvent), quand cette même Église commence à respecter une princesse dans sa dignité, voire dans son pouvoir.

Le phénomène a évidemment commencé par les reines, qui avaient droit à un statut d'exception : celui-ci a été « imité » dès le début du xe siècle, quand une abbaye du comte de Flandre (abbé laïc) a dû admettre la visite de la comtesse dans le cloître, privilège réservé jusqu'alors aux seules reines — il est vrai que la comtesse était de naissance royale. Ce siècle a vu des conquêtes spectaculaires des reines et des princesses quant à leur rôle politique et à leur prestige. On leur accorde, en tant qu'épouse modèle et mère, un « état » qui leur permet d'accéder à la sainteté, sans martyre et en dépit de la perte de leur virginité. Au milieu du siècle, Adson de Montiérender présente Clotilde, épouse de Clovis, comme l'instrument divin de la conversion du roi et comme l'élue de Dieu en tant que mère de tous les rois et empereurs futurs de l'Occident ; à partir de quoi il crée toute une théorie de la reine sainte qui doit être fille de roi et mère de roi avant d'être veuve, chaste, fondatrice de monastères et protectrice des moines. C'est ainsi qu'il propose cette reine, dont il fonde le culte, comme modèle à sa propre reine, Gerberge, fille d'un roi (Henri Ier de Germanie), épouse puis veuve d'un roi (Louis IV) et enfin mère d'un roi (Lothaire III), tout comme Clotilde, fondatrice de monastères qu'il énumère, pour que Gerberge protège également des moines, y compris ceux de sa propre abbaye de Montiérender.

Cette théorie que nous avons mise en lumière s'est propagée peu après à la cour ottonienne, d'où était issue Gerberge. En serviteur fervent des Ottoniens, Gerbert (le futur pape Sylvestre II grâce à Otton III) a utilisé la formule d'Adson, qui était son ami, sur Clotilde : « *Romanorum imperatorum mater et regum Francorum genetric* », en l'appliquant à Adélaïde, impératrice et reine (d'Italie, puis de Bourgogne, enfin de Germanie) : « *omnium regnorum mater* » (« mère des royaumes »). Une fois veuve, elle aussi a effectivement fondé des monastères et protégé nombre de moines, surtout ceux de Cluny — dont l'abbé, le futur saint Odilon, lui a érigé un *epitaphium* (une *Vita* remarquable) immédiatement après sa mort en 999. Ayant très tôt fait l'objet d'un culte en Alsace, elle sera déclarée sainte en 1097 par Urbain II. Peut-on imaginer fusion plus éloquente du titre le plus élevé, de la sainteté et de la condition de femme* ?

La titulature et le prestige des épouses des rois et des grands ont eu des effets sur le comportement de ceux-ci en ce xe siècle. Le roi Raoul désigne son épouse Emma, fille du roi Robert Ier, comme « *nostri imperii consors* » (suivant en cela la tradition de l'empire d'Orient), car elle a défendu seule et longtemps la ville de résidence

* Patrick Corbet a consacré à ce phénomène son remarquable livre : *Les Saints ottoniens. Sainteté dynastique, sainteté royale et sainteté féminine* (1986).

de son mari, Laon, et elle a mis à la raison des vassaux récalcitrants. Une autre reine du même nom fit battre des pièces avec pour exergue *Emma regina**. Cette Emma était la fille « impériale » d'Adélaïde et l'épouse du roi Lothaire III qui l'avait reçue comme fiancée des mains d'Otton le Grand à Cologne, en 965, lors d'une cérémonie solennelle. Son mari la cite dans un diplôme comme un des « grands » de son royaume, et lui confie la « garde » de Verdun. Elle s'était engagée activement dans la grande politique grâce à ses relations familiales avec les impératrices Adélaïde et Théophano.

Après les entrevues des mères de Lothaire et d'Hugues Capet, Gerberge et Hathui — qui exerçaient la régence pour leurs fils mineurs —, avec leur frère Brunon, archevêque de Cologne et *dux* de Lotharingie, se sont tenues d'autres réunions diplomatiques de grande importance et entièrement féminines ; on les connaît par les lettres de Gerbert. On y rencontre une autre princesse, Béatrice, sœur d'Hugues Capet et duchesse de Haute-Lorraine, où elle gouverne d'une main énergique à la place de son fils mineur, ce qui lui vaut la désignation de *dux*. Rien là d'anecdotique, car Béatrice a été un instrument essentiel de l'appui que la candidature royale de son frère a trouvé à la cour impériale. Ce *dux* féminin (qui n'a cédé que contre son gré le pouvoir à son fils devenu majeur) s'inscrit dans la ligne directe des duchesses lombardes citées plus haut.

Le rôle prestigieux des princesses ottoniennes, à la tête de grandes abbayes féminines comme Essen ou Quedlinburg, atteste que la considération dont jouissaient les représentantes des maisons impériales et royales n'était pas due au seul hasard des minorités de princes et des régences qui en résultaient. Lors de sa campagne romaine en 997, c'est Mathilde, abbesse de Quedlinburg, que le jeune Otton III nomme régente de Saxe en lui conférant le titre (analogue à celui de *patricius*) de *matricia*. Ce que rappelle fièrement l'inscription sur le couvercle de son cercueil en plomb, qui mentionne qu'elle fut *« Ottonis maximi imperatoris filia unica »*.

Tout cela frappe par son caractère européen. Aux abords de l'an mille, la « famille des rois », présidée par l'empereur, existe à nouveau, mais elle est occidentale. Rois et reines reconnaissent à Otton le Grand une position quasi patriarcale, comme l'historien suisse Reto Bezzola l'a démontré. Les princesses ottoniennes sont fort recherchées, en France comme en Angleterre, et des auteurs nés en Gaule, tels Adson de Montiérender vers la fin de sa vie, Flodoard de Reims, Abbon de Fleury, Gerbert d'Aurillac ou Odilon de Cluny, expriment admiration et respect à l'égard d'une dynastie visiblement protégée par Dieu. Mais la précellence revient toujours

---

* Ces monnaies ont été étudiées par Françoise Dumas.

à l'empereur, à Constantinople, et la preuve nous en est donnée par le choix des épouses royales : les Ottoniens aussi bien que les *reges Francorum* (Hugues Capet pour son fils et *consors regni* Robert II) cherchent à obtenir en mariage une fille née dans la pourpre impériale. Le « sang » apporté à une dynastie par la femme issue d'une autre dynastie a en effet un pouvoir de légitimation proportionnel à la place qu'occupe dans la hiérarchie des titres et des rangs cette dynastie et à son ancienneté.

Création d'une noblesse impériale

La transformation du royaume franc en empire d'Occident a eu des effets considérables sur les titres et les attributs, puisqu'elle a entraîné la création d'une noblesse impériale. Le contraste est grand avec l'époque pré-impériale qui, sous Pépin et au début du règne de Charlemagne, avait connu une rigueur marquée sur le plan des titres. Pour rétablir la *disciplina* d'une *militia principis* reprise en main par le roi, les plus haut placés devaient se contenter du titre de *comes* — les titres les plus élevés, comme *princeps* ou *nobilissimus*, étant strictement réservés au roi et aux membres de sa dynastie. Mais, une fois l'Occident « libéré » de l'Orient, le nouveau *patricius Romanorum* tend à mettre l'accent sur des institutions et traditions de la Rome ancienne, la vraie, face à la « seconde Rome » : c'est l'un des aspects de ce qu'on désignera plus tard comme la *renovatio imperii Romani*.

Le titre de *nobilissimus* en offre un exemple significatif. Dans le protocole du principat d'Auguste, c'est l'attribut réservé au *Caesar*, fils ou fils adoptif de l'empereur, une titulature qui lui donne le pas sur les *nobiles* du Sénat. Par la suite, il est accordé également à d'autres parents du *princeps*. Au VIe siècle, au moment de l'« inflation » des *illustrissimi*, certains hauts dignitaires peuvent être *nobilissimi* (notons qu'à la même époque les évêques reçoivent le titre de *vir reverentissimus*). On trouve aussi ces *nobilissimi* sous les Mérovingiens, mais le terme est peut-être utilisé au sens général de « très noble », correspondant à l'emploi de *nobiliores*. Ainsi, dans la tradition locale d'Auxerre, le puissant Savari, évêque d'Auxerre et d'Orléans et titulaire d'une « principauté épiscopale », est « *genere nobilissimus* ».

Les Pippinides ont rétabli l'emploi précis que le terme avait à l'époque d'Auguste. Dès 799, Gisèle, sœur de Charlemagne et abbesse de Chelles, réserve dans un acte concernant Saint-Denis cette épithète aux seuls membres de sa famille, celle du *magnus rex*. Elle fait signer ses neveux, à Aix-la-Chapelle : « *Signum + Ghysile, nobilissima filia Pippini regis. S. + Caroli, nobilissimi filii domni Caroli, precellentissimi regis. S. + Pippini, nobilissimi filii*, etc. *S. + Chlodoici, nobilissimi filii*, etc. » L'idée qu'un fils de roi surclasse tous les grands est confirmée par un acte original de l'abbesse d'Argenteuil Théodrade, fille de Charlemagne et de Fastrade : elle échange, en 824, des *mancipia* avec Einhard (le biographe de Charlemagne, Éginhard) et est alors titrée « *nobilissima abbatissa* », et encore « *praecellentissima Theodrada abbatissa* », ce qui correspond à sa naissance royale de rang impérial. On retrouvera ce principe à la cour de Louis XIV.

Après 800, sous des Carolingiens devenus empereurs, cet exclusivisme disparaît, et la *nobilitas* connaît une véritable « impérialisation », avec un protocole franchement augustal. Ceux qui ont l'honneur d'approcher la personne sacrée de l'empereur reçoivent des titres et attributs de plus en plus sonores. La très noble abbesse de Remiremont, Téathildis, s'adresse ainsi à la seconde épouse de Louis, l'impératrice Judith : « *divina annuente gracia gloriosissime domine Iudit imperatrici nobilissime progenite sancteque religionis defensatrici semper auguste* ». L'impératrice est qualifiée d'auguste protectrice de la foi, et sa naissance (elle est la fille du comte Welf, famille désormais liée aux empereurs) de « nobilissime ». Comme à Constantinople, les proches conseillers de l'empereur peuvent s'attendre à l'expression d'une déférence profonde. Ainsi s'adresse la même abbesse au sénéchal de l'empereur, Alard, qui pourtant lui est apparenté : « *eximio viro adque per omnia magnifico, summis palacii dignitatibus sublimato [...] domino Adalardo Teathildis humillima ancilla ancillarum Christi* », ou encore : « *venerabili viro inclito [...] domino, [...] alumna vestra* ». Alard est *vir magnificus*, voire *inclitus*, ce qui correspond à *vir gloriosus* : on prend donc soin de donner les prédicats des dignitaires constantinopolitains de première classe à ceux qui sont « sublimés par les plus hautes dignités au palais » (d'Aix-la-Chapelle). Le sénéchal est également *venerabilis vir*, car il est abbé (laïc) de plusieurs grandes abbayes royales qui, depuis le IXe siècle, sont attribuées de préférence aux membres de familles ayant réussi à s'allier par mariage à la dynastie impériale (Alard a marié sa nièce au jeune Charles le Chauve).

Nous reviendrons sur le pouvoir et les titres de ces hommes et de leurs familles, qui seront les principaux bénéficiaires de cette surenchère des titres et attributs. On leur confie la garde des fils royaux en tant que régents, comme c'est le cas pour Hugues l'Abbé. Dès 878, il est « *strenuus, nobilis, regali prosapia editus atque excellentissimus abbas* » pour le pape Jean VIII, qui attribue à ce cousin de Charles le Chauve et régent pour son fils Carloman une origine royale et l'épithète d'*excellentissimus*, longtemps réservée aux rois. Hugues, également chef d'armée victorieux des Normands, est mentionné à sa mort en 886 comme « *Hugo excellentissimus abbas* ». Il s'agit de la titulature officielle qui est aussi accordée à ses successeurs en Neustrie, ainsi à Robert Ier, fils de Robert le Fort et frère d'Eudes, roi non carolingien comme ce dernier et ancêtre des Capétiens. Lui aussi a arboré, comme son fils Hugues le Grand, père d'Hugues Capet, le titre d'*excellentissimus comes*. Cette épithète royale, comme Karl Brunner l'a observé, a d'abord été portée par celui qui était le premier après le roi, ou *secundus a rege*, ce qui était effectivement le cas des Robertiens. Désormais, la couche la plus élevée de la *nobilitas* se reconnaît à des titres qui sont des indicateurs précis de la hiérarchie politique. Le phénomène ne se résume pas à une surenchère de titulatures octroyées par une monarchie affaiblie qui veut gagner le concours de grands devenus irremplaçables. La dynastie impériale, qui utilise son « capital » de distinctions tout comme les empereurs de Constantinople l'ont fait, accorde à ceux qu'elle honore ainsi une légitimité sur laquelle ils vont construire un pouvoir durable qui mènera parfois à la dignité royale.

Ces épithètes brillantes*, qui se terminent en *-issimus* et sont indissociables de la genèse des principautés, du IXe au XIe siècle, sont le fondement des structures des élites politiques qui domineront encore l'Occident aux XIIe et XIIIe siècles. Karl Brunner observe que le prédicat d'*illustrissimus*, jadis accordé exclusivement aux membres de la famille impériale, se trouve presque toujours attribué à des marquis, pour lesquels *gloriosus/gloriosissimus*, longtemps réservé aux rois, n'est pas rare non plus. Comme il remarque que *gloriosus* est appliqué surtout aux comtes, il faut en déduire que *comes* était alors le plus haut rang accessible aux grands. Les Carolingiens ont laissé cette haute distinction à une élite de comtes qui disposaient de plusieurs comtés ou qui étaient comtes d'une *civitas* dont dépendaient plusieurs *pagi* (comme à Tours, Poitiers ou Reims), administrés par de « petits comtes » ou plus tard par un *vicecomes* nommé par le « grand comte », et non par le roi. L'envergure des *comites gloriosi* est perceptible dans l'exemple que cite Brunner de ce *comes gloriosus* auquel s'adresse un autre grand du royaume, à savoir Eginhard, confident de Charlemagne et de Louis le Pieux ainsi qu'abbé (laïc) de plusieurs abbayes : « *magnifico et honorabili atque inlustri viro N. glorioso comiti* », dans la version officielle, et, en plus familier, entre grands de la Cour : « *dilectissimo fratri M. glorioso comiti* » (« à mon cher frère, M., comte glorieux »).

Le noyau relativement stable de la « haute administration » du royaume était formé par ces comtes, selon un système de rangs rappelant celui du « Bas-Empire », quand *comes*, dans ses applications multiples, était déjà devenu le titre de base des hauts dignitaires. Au IXe et au Xe siècle, un grand, élevé à un rang supérieur ou sup-

* En dehors de nos travaux, nous citerons des exemples empruntés à la thèse de Régine Le Jan-Hennebicque et aux recherches de Karl Brunner.

plémentaire, gardait ce titre, pour s'appeler *comes et marchio, comes et dux, comes et abbas (abbacomes)*. Ces derniers titres nous amènent à un moment où le principe de la dépendance directe de tous les *comites* du royaume par rapport au roi a fini par perdre de sa rigueur.

Ainsi, *marchio* est devenu un rang intermédiaire appliqué à celui qui commandait les comtes établis dans une marche *(marca, limes)* destinée à la défense d'une des frontières de l'Empire, mais plus tard aussi à celui qui commandait tout un *regnum*, comme la Bavière, et ses comtes. Cet emploi s'est généralisé sous l'empereur Charles III le Gros († 888), qui a nommé *marchio regni*, entre autres, Bernard en Aquitaine, ancêtre des ducs d'Aquitaine du xᵉ siècle, et Bérenger en Italie, que nous voyons dans un *placitum* présider le tribunal royal composé de plusieurs comtes, lui seul portant, à leur tête, le titre de *marchio*; après la mort de Charles III, il finira par devenir *rex* en Italie — contesté, il est vrai — et enfin empereur. C'était donc ce haut dignitaire ayant rang « entre le roi et les comtes », dans une marche ou dans un *regnum*, qui avait droit à la qualification quasi royale d'*illustrissimus* ou de *gloriosissimus.*

Il en allait ainsi dans les royaumes francs occidental et oriental, avant que ne resurgisse, en Italie et en Lotharingie d'abord, le titre ducal, qui échut souvent à un *marchio regni* ou à son fils et successeur qui devenait ainsi *dux (regni)*, maître d'un « royaume ». Ce dernier ne doit donc pas être confondu avec le *dux* mérovingien, dont le *ducatus* était plus petit. Un *regnum* carolingien pouvait inclure plusieurs anciens duchés mérovingiens, d'où le rang élevé de ces hommes, qui n'ont pas manqué de reprendre le titre de *princeps (regni)*, qu'avait déjà porté le duc de Bavière Tassilon. Ces « grands-ducs » reçurent le prédicat de *gloriosus/gloriosissimus*, comme Richard le Justicier, *marchio (regni) Burgundiae* avant de devenir *dux* dans le royaume de Bourgogne (et non du « duché de Bourgogne », désignation qui n'apparaît qu'au xiᵉ siècle). Son fils Raoul, gendre du roi Robert Iᵉʳ, sera élu roi par les grands du royaume franc occidental.

De ces familles de *marchio/dux*, souvent apparentées aux Carolingiens, sont issues des dynasties dont certaines — Robertiens, Widonides (les « Guy »), Ottoniens — ont fini par devenir royales et/ou impériales. La structure romaine sous-jacente de la hiérarchie des titres n'a donc jamais exclu l'intégration de nouveaux titres, comme ceux de *maior domus regiae* sous les Mérovingiens et de *marchio* sous les Carolingiens. C'est là la preuve d'une structure vivante, capable de s'adapter et de se renouveler, donc d'une continuité vraie, et non de la simple reprise de titres morts trouvés dans des documents. L'instrument romain assez souple d'une hiérarchie des rangs a bien continué à servir.

Dans l'Empire franc comme dans l'Empire romain, il fallait sauver l'essentiel, à savoir les prérogatives du *princeps*; dans les deux cas, le monde politique qui suivit reposait sur ces structures « de compromis » : la domination directe du *princeps* fut remplacée par une « suzeraineté » indirecte, qui laissait au *princeps* le monopole du *fons honorum*, de la source de légitimité. Les rangs comme les titres et les attributs n'étaient pas immuables, mais, en s'inscrivant dans la durée, ils devenaient vénérables. Des régimes politico-religieux comme la monarchie égyptienne, l'Empire romain (avec sa *nobilitas*) ou la papauté ont eu pour dénominateur commun une volonté de durer qui s'appuyait sur une véritable sacralisation du pouvoir. Cette volonté de durer est particulièrement manifeste dans l'apparat quasi liturgique des dignités et symboles de rang. Il fallait servir, rester fidèle à ce monde de formes vénérables, pour durer avec lui.

On pourrait suivre les titres des grands du IXe au XIe siècle, *regnum* après *regnum*, comme Karl Brunner a eu le mérite de le faire. Nous nous limiterons à une énumération chronologique pour montrer la cohérence et la précision des titulatures de la « haute noblesse ». Nous avons vu qu'Alard le sénéchal fut l'un des premiers à accumuler les superlatifs sur sa personne. Il parle de lui, en tant qu'abbé de Saint-Martin, comme « *ego Adalardus rector humillimus beati Martini ecclesiae* » (841) et est appelé par les autres « *praepollentissimus* ». Le grand Raban Maur écrit à un comte Évrard, vers 846/847, en ces termes : « *reverentissimo atque probatissimo viro Heberardo comiti* [...] *salutem* », ce qui nous rappelle que les adresses épistolaires ont été plus variables et ont, comme formes de politesse, parfois précédé les titulatures officielles, plus strictement réglées. Le pape Jean VIII désigne en 878 les trois grands qui dominent alors avec Boson en Gaule franque (parmi eux, Hugues l'Abbé) comme les « *illustrissimi regni Francorum* », donnant à ce titre la valeur d'un terme générique pour ceux qui partagent le pouvoir avec le roi ou qui doivent décider qui sera roi. La même année, Boson, le favori de Jean VIII, est invité par des grands et surtout des évêques de la Gaule du Sud-Est pour se faire élire roi, et le synode réuni à Mantaille lui donne du « *clarissime princeps* ». Boson répond, comme il se doit, en « *humilis Christi vernaculus* » (« humble esclave du Christ »), ce qui annonce la formule de légitimation qu'il emploiera une fois roi : « *misericordia Dei, gratia Dei* » (Brunner).

Suivons maintenant l'évolution en Neustrie. En 865 déjà, Actard, évêque de Nantes, procédant à Blois à un échange de terres avec Robert le Fort, l'appelle « *illustrissimus vir* ». Son successeur en Neustrie, Hugues l'Abbé, est en 878 « *venerabillimus abba et rector* » à Saint-Martin de Tours, et pour l'empereur Charles III, en 887, le successeur d'Hugues — Eudes, fils de Robert — est « *praestantissimus vir* [...] *religiosus abbas* ». Ce dernier, devenu roi, donne en 891 à Richard (le Justicier), abbé laïc de Sainte-Colombe de Sens, du « *reverendissimus comes et abbas* » et appelle son propre frère Robert « *illustrissimus marchio* » (893), ou encore « *inclitus abba* » (896). Robert s'intitule en 900, à Tours, entouré de six évêques, « *domnus Rotbertus gloriosissimus abbas* ». Son vassal Garnegaud, vicomte de Blois, parle de lui en 902 comme d'un « *precellentissimus comes* »; Walon, évêque d'Autun, en 918, comme d'un « *nobilissimus [et] illustris marchio* »; et Teudo, vicomte de Paris, en 925, comme d'un « *praestantissimus marchio* ». Pour Charles le Simple, Robert est « *dilectissimus* » (914), « *carissimus et fidelissimus* » (917).

On le voit bien : pour les hommes de ce rang, le superlatif est pratiquement obligatoire. Son emploi se poursuit au xe siècle avec deux césures : en 936, quand Hugues le Grand, fils de Robert Ier, arrache à Louis IV le titre de *dux Francorum* et s'interpose entre le roi et tous les autres grands (ses vassaux vicomtes en profiteront pour accéder au titre comtal) ; et en 956, quand la mort d'Hugues, qui laisse en la personne d'Hugues (Capet) un fils mineur, crée un vide dont ses vassaux tirent parti pour gagner en indépendance. Cela se reflète dans les titulatures : le *-issimus* commence à s'appliquer aux grands vassaux de ceux qui sont déjà *princeps*, ce qui montre qu'ils sont en train de le devenir eux-mêmes.

Quant aux grands parmi les grands, il a fallu trouver de nouvelles expressions de leur précellence. Dans un diplôme de Louis IV de 936, Hugues le Noir, fils de Richard de Bourgogne, est « *eximius* », Hugues le Grand est « *dux* [...] *egregius* ». Un diplôme de 946 fait les deux « *regni nostri principes* ». Deux autres de 948 et 949 font du premier un « *inclitus marchio* » et un « *precelsus marchio* ». En 955, Hugues le Grand est qualifié dans un diplôme du roi Lothaire de « *dux inclitus noster* », et en 956 il est pour le jeune souverain, qu'il domine alors, « *Hugo dux Francorum et pene totius imperii potentissimus* ».

Pour ce qui est de la « nouvelle vague » de grands moins importants qui profitent d'un statut plus élevé, signalons un document antérieur à 937 provenant de Saint-Aignan d'Orléans, où l'abbé accorde au puissant seigneur de Déols, Ebbon, l'attribut d'« *illustrissimus vir* ». En 950, l'épithète de *nobilissimus* est donnée au comte Thibaud de Blois*. La même année, Louis IV, qui s'appuie sur le puissant comte Arnoul de Flandre, fait de lui un « *comes et marchio nobilissimus nosterque consanguineus clarissimus* ». Il est normal qu'un autre de ses parents, le comte Renaud de Roucy, figure dans des diplômes de Louis IV et de Lothaire (949 et 956) comme « *comes nobilissimus* ».

---

* *Cf.* Régine Le Jan, « *Domnus, illuster, nobilis* au xe siècle », *Mélanges Riché*, 1990.

L'essor de Thibaud de Blois et de Foulque le Bon d'Anjou bénéficie de la mort d'Hugues le Grand en 956 : en 958, tous deux contrôlent ensemble le *regnum* de Neustrie et sont désignés comme « *nobilissimi comites.* » Ils se partagent la suzeraineté sur la Bretagne. On ne s'étonnera pas que l'évêque de Rennes intitule en 971 le comte Geoffroi, successeur de Foulque, « *magnificentissimum et decentissimum comitem* », et que celui-ci se voie célébrer en 973 par l'évêque d'Angers en raison de ses exploits militaires : « *fortissimo duce ac nominatissimo in universo mundo comite* » (« un comte chef d'armée connu dans le monde entier pour sa bravoure »). Hugues Capet devenu majeur impose de nouveau sa suzeraineté sur le comte, qui l'appelle avant 985 « *famosissimus marchisius* ». Quant à Thibaud, qui s'était rendu maître de Chartres et de Châteaudun vers 960, il s'intitulait en 973 *princeps*. Son successeur Eudes Ier réussit à épouser Berthe, princesse royale burgonde. En 988, on le nomme à Chartres « *generosissimus patricius* », le titre comtal ne suffisant plus à exprimer son rang et son pouvoir. Son successeur Eudes II est gratifié avant 1011 par son vassal Josselin d'un « *senior* [...] *meus Odo, comes inclitus* ».

Toutes ces distinctions subtiles d'échelons nobiliaires permettent de réfuter quelques thèses toujours discutées et selon lesquelles :

— une vraie noblesse n'aurait pas existé avant le XIe, voire le XIIIe siècle ;

— la noblesse serait principalement une affaire de guerriers, germaniques ou autres ;

— elle serait enfin un phénomène essentiellement germanique, un *Adel* existant au moins depuis Tacite.

L'aristocratie germanique

Le moment est donc venu de parler des termes germaniques relatifs à l'aristocratie, et de l'intégration des élites d'outre-Rhin dans les structures hiérarchiques du royaume franc. Résumons d'abord ce que nous savons déjà sur les structures franques face au monde germanique. Nous avons constaté l'existence d'une seule hiérarchie de titres convoités par l'ensemble des élites, qui sont loin d'être purement guerrières. On y trouve des conseillers à la Cour, clércaux et laïques, des grands dans les provinces, ducs et comtes comme évêques et abbés, enfin des femmes illustres. Cette *nobilitas* est une *militia principis* qui porte le *cingulum* de son rang ; elle n'est pas un rassemblement de soldats, montés ou non, ce qui n'exclut pas des carrières brillantes de chefs militaires, dans le monde romain comme dans le monde franc. Les guerriers ne sont donc pas à l'origine de la noblesse européenne, contrairement à ce qu'a laissé croire la notion trompeuse de *Kriegeradel* (« noblesse de guerriers »).

Certes, une élite des Germains a bien existé, des *nobiles* et *principes* de Tacite aux *maiores* ou *meliores natu* des Francs chez Grégoire de Tours. Ce dernier auteur, de naissance sénatoriale, réserve évidemment l'épithète *nobilis* à la *nobilitas* (gallo-)romaine, et précise, quand il parle d'un « *nobilissimus* » franc (tantôt un roi, tantôt le fils d'un Franc de haute naissance) : « *in gente sua* » (« dans son peuple »). Cette aristocratie germanique correspond à celle d'autres Indo-Européens, celtes, slaves ou grecs. Elle n'a rien à voir avec la noblesse qui, elle, est une *nobilitas* aux origines institutionnelles romaines, avec ses titres précis, exprimant un rang individuel, une fonction *(honor)* source de pouvoir public *(potestas publica)*, tout cela acquis par une carrière ou — plus tard seulement, et surtout en Occident — par naissance (hérédité) ou mariage. Nous avons vu que Clovis a refusé de reconnaître l'*Adel* aristocratique et héréditaire des *maiores natu* francs en l'ignorant dans la loi salique, et qu'il a imposé aux hommes de cette élite franque qui voulaient un pouvoir public correspondant à leur naissance de prendre le *cingulum militiae* en jurant au roi/*princeps* un *obsequium* strict.

Ne serait-il pas naturel que ce procédé, appliqué également par les fils et petits-fils de Clovis aux élites d'autres *gentes* (Alamans, Bavarois, etc.), assujetties à la seule hiérarchie des rangs de la *nobilitas* romano-franque, ait été appliqué par les Carolingiens aux élites saxonnes ? Les Saxons avaient des *edelinge* au-dessus des *frilinge* et des *lazzi*, c'est-à-dire des « nobles » au-dessus des hommes libres et des semi-libres (« lites »), qui formaient de véritables « états » représentés à l'assemblée de Marclô par des élus respectifs. Non seulement Nithard les mentionne encore au milieu du IXe siècle (*edhilingui, frilingi, lazzi*), mais la législation franque les mentionne dès 782 (*nobiles, ingenui, liti*), notamment à cause des taxes plus élevées qu'ils devaient payer. On accordait à un *edeling* un *Wergeld* énorme de 1 440 sous (environ 700 bœufs), soit huit fois ce que « valait » un lite.

La structure sociale extrêmement rigide des Saxons fut donc largement respectée malgré la sévérité de la législation de Charlemagne, surtout en matière d'évangélisation. Le serment d'un *edeling* valait douze fois plus devant le tribunal que celui d'un lite ; le mariage d'un non-noble avec une fille noble était, comme auparavant, sanctionné par la peine capitale. Il faut dire que, lors de l'intégration des Alamans et des Bavarois déjà, la législation franque avait respecté certaines traditions d'une *gens* étrangère. Dans le cas des Saxons, particulièrement difficile, le conquérant a cherché à gagner les élites et y a pleinement réussi. Face à une population saxonne qui défendait farouchement sa liberté et son paganisme, les élites — à de rares exceptions près, comme Widukind — ont coopéré avec les Francs et ont adopté la foi catholique, condition de leur entrée dans la *nobilitas*. Car c'est là le point essentiel qui assure la suprématie du premier *rex gloriosissimus* et *dominus*, Clovis, sur les Romains et leur *nobilitas* en Gaule : on ne parvient pas au pouvoir public sans prendre le *cingulum* de la *militia* du *princeps*. Il y avait donc en Saxe d'une part les *edelinge*, reconnus socialement et comme *Grundherren* (« seigneurs ruraux »), et d'autre part des *comites* saxons pleinement intégrés à la *nobilitas* en tant que fidèles du roi, qui agissaient à côté de leurs homologues francs, y compris dans d'autres régions que la Saxe.

Nous en arrivons ainsi à la délicate question du terme allemand *Adel*, aujourd'hui utilisé comme synonyme de *nobilitas*, parce qu'il a servi « depuis toujours » à traduire la notion latine. Or, il a pour inconvénient de recouvrir deux phénomènes fort différents, comme nous venons de le voir : l'aristocratie ancienne des peuples germains (tels les *edelinge* des Saxons), qui était héréditaire, et la *nobilitas* romano-franque, qui ne l'était pas malgré sa fierté de *gens* noble, mais qui l'est devenue entre le VIIe et le XIIe siècle.

Les *edelinge*, bien documentés, ont fait l'objet d'études sérieuses sur les termes apparentés en ancien haut allemand et en moyen allemand. Friedrich Maurer en a donné en 1968 toute une liste, d'où émerge dans les anciennes « gloses » (glossaires latino-germaniques) *adallîh*, avec les interprétations latines *ingenuus* (« indigène », de statut « libre »), *nobilis, illustris*. Cette dernière n'est autre que l'épithète romano-franque réservée au rang comtal, le terme allemand rendant compte ici de l'importance sociale d'un membre de la *nobilitas* franque, alors que les deux premières peuvent aussi bien exprimer la haute naissance d'un *edeling* « pré-romano-franc ». Le substantif *adallihheit*, lui, n'apparaît qu'aux XIIe-XIIIe siècles, époque où il peut déjà signifier une des attitudes ou qualités particulièrement « nobles », comme la *liberalitas*, ou la « libéralité » (*milte*), trait spécialement attribué à Frédéric Barberousse. On note par ailleurs toute une série de mots composés, tels *adalthegan* (« homme bien né »), *adalcunni* (« naissance noble »), ou encore *adalsangeri* et *adalmeistar* pour un chanteur ou un artisan/sculpteur de talent. En moyen allemand, mentionnons *adelerbe, adelherre, adelkint, adelsun, adelvater, adelfrouwe*, termes réservés aux membres d'une famille noble, et l'adjectif *edele* (« de haute naissance »), qui revêtira plus tard le sens de « doté de qualités exquises », comme l'exprime Gottfried de Strasbourg au XIIIe siècle par l'idée des *edelen herzen*, les « cœurs nobles ».

Ce n'est pas l'idéal d'une ascendance « nordique » qui hante les esprits (elle n'existe pas), mais celui de la noblesse suprême évidemment incarnée, comme Maurer le rappelle à juste titre, par le roi David et sa famille. Le *Heliand*, écrit en saxon vers 830 (peut-être par un Anglo-Saxon) à l'intention des Saxons à évangéliser, célèbre cette famille, et notamment le Christ (*Heiland*, le « Sauveur » en allemand, *Heliand* en vieux saxon), surnommé *Adalboranan*, « celui qui est né noble ». Au milieu du xe siècle, la poétesse Hrotsvit, elle-même de sang ottonien, donc royal, parle dans ses poèmes de la descendance noble de David en termes latins et saxons : le père de Marie, Joachim, est issu de la lignée royale du grand David (« *ortus regali David de germine magni* »), sa mère Anne est « *praenobilis* » par son propre père, de même ascendance, et Marie est « *nobilis virgo* » issue d'une dynastie royale, « *regalem progeniem* ». L'idéal de noblesse suprême était donc judéo-chrétien, à telle enseigne que la noblesse d'un saint évêque dépassait en « valeur » les autres et était recherchée par toutes les dynasties royales.

Dans le groupe linguistique *adel/edel*, dont Herta Zutt (1956) a suivi l'évolution jusqu'au XIIIe siècle, les variantes incluent des termes techniques, comme *edelknecht* pour le jeune noble qui, en cette époque de chevalerie, n'est pas « chevalier » — à la différence de l'*Edelmann*, qui correspond au « gentilhomme » des Français.

L'évolution des mentalités nobles a été étudiée à partir des traités consacrés à la noblesse au « bas Moyen Âge »*, mais on n'a pas prêté assez d'attention à l'emploi des termes et à leurs significations dans la pratique du pouvoir et de l'administration, réalité qui n'apparaît guère dans les poèmes ni dans les traités. Il faut signaler à cet égard l'étude d'Otto P. Clavadetscher — *Nobilis, edel, fry* (1974) —, qui montre clairement que dans la région examinée, la Rhétie et sa capitale Coire, le terme *nobilis* reste strictement réservé à la plus haute noblesse incarnée par le comte, et en second lieu par les comtes locaux, ainsi qu'à leur descendance directe, dont les très nobles lignées (« *edelfreie Geschlechter* ») se distinguent par un pouvoir propre; or ce pouvoir n'est rien d'autre que la *potestas publica* de l'*honor*, royal à l'origine (carolingien, puis ottonien) et devenu héréditaire. Le lien n'est d'ailleurs pas nié, car ces familles ne connaissent au-dessus d'elles que l'autorité du roi et sont donc, comme le souligne l'auteur, « *reichsunmittelbar* » (« immédiates »). Elles sont nettement différenciées des titulaires de pouvoirs nouveaux que sont les « ministériaux », d'une naissance inférieure — dans des textes allemands, on les nomme en 1299 « *edel vry her* » et au XIVe siècle « *erwirdige herren* », voire « *edlen hohwirdigen* [...] *fryen herren* » (« vénérables », « libres »). Voici qu'apparaît pour les « nobles authentiques » le terme *Fri-*; on le retrouvera dans *Freiherr* (« baron »), avec des nuances pour ce qui est d'autres nobles de familles anciennes n'appartenant pas aux grandes familles comtales. Au XIIIe siècle encore, ces dernières adoptent les prédicats

* Klaus Schreiner, *De nobilitate*, 1970.

d'*illuster* et de *spectabilis* pour se distinguer. Clavadetscher croit à un emprunt au droit romain, qui serait alors de retour en Italie. En fait, ces épithètes correspondent exactement à celles des comtes carolingiens et ottoniens, qui ne sont pas tombées dans l'oubli.

Joseph Morsel*, qui travaille depuis longtemps sur la noblesse allemande du « bas Moyen Âge », surtout en Franconie, a mis à profit la statistique lexicale et judicieusement limité son approche à un groupe familial bien défini. Il a pu ainsi découvrir que le mot *Adel*, au sens général du terme, a pris son essor en Allemagne vers 1400 seulement; en Franconie et en Souabe, il a d'abord eu une signification plutôt individuelle, pour désigner un membre de la haute noblesse, avant de devenir un terme générique relatif à l'ensemble de la noblesse, « *der Adel* ».

Au terme de cette analyse des titres, on aura compris à quel point il importe de considérer les titulatures qui suivent des règles strictes dans leur contexte. Ainsi, tout ce qu'on a dit sur l'égalité ou l'identité du *nobilis* et du *liber*, en se fondant sur la conception germanique d'une liberté qui à elle seule aurait déjà valu « noblesse » (laquelle perdait du même coup sa spécificité), se heurte aux évidences contenues dans les titulatures de base, qu'a relevées un chercheur proche des documents comme Jean-Louis Kupper (Liège, 1981) : le *nobilis* précède toujours le *liber* et l'« on ne parle jamais de *liber vir* ou de *nobilis homo* », car on est *homo liber*, mais *vir nobilis*. Ce terme de *vir*, symbole d'éminence depuis les titres des sénateurs romains, suffisait déjà à « classer » son homme. Si donc tous les nobles sont libres (« jamais nous n'avons rencontré un noble qui ne le fût point », dit Kupper), cela ne signifie évidemment pas que l'inverse soit vrai ! L'histoire des titres s'identifie largement à celle de la noblesse, qui n'est pas l'histoire des vanités, mais du pouvoir. La place des porteurs de titres est à la tête d'une société rigoureusement hiérarchisée selon le « statut » de chacun. C'est dire que leur étude doit partir, quelle que soit l'époque en question, de la position du *princeps*, source de tous les honneurs, pouvoirs et dignités.

---

* « Die Erfindung des Adels » (« L'invention de l'*Adel* »), dans *Nobilitas*, 1997, actes d'un colloque de 1994.

CHAPITRE X

La christianisation de l'État

Si l'on veut comprendre l'Église du Ier millénaire, il faut éviter de parler de « l'Église et l'État », car cette formulation présuppose deux entités séparées, voire opposées, qui se seraient combattues à travers les siècles avec pour enjeu la domination des esprits et des existences. Pour des Allemands fervents de *Machtpolitik,* c'était le « *Kampf des geistlichen und weltlichen Rechts* » de H. von Schubert (il s'agissait moins de la « lutte du droit canon et du droit séculier » que de celle des papes et des empereurs). Pour des Français épris de liberté, de nation et de raison, c'était la lutte contre les empiétements d'une autorité religieuse, sinon ultramontaine. Pour l'historien de l'Église, celle-ci s'opposait à l'État pour conserver sa liberté et sa pureté (*libertas Ecclesiae*). Chacun oublie la spécificité d'une époque lointaine qui a vu naître dans le monde romain une Église puissante à la place de communautés chrétiennes dispersées et menacées. Les hommes de ce temps pensaient et vivaient l'unité du pouvoir et du sacré dans la coopération du *princeps* et de l'Église, les deux forces qui représentaient la volonté divine sur terre.

Il est donc doublement erroné d'imaginer une Antiquité quasi « moderne » et laïcisée, et un « Moyen Âge » dépourvu d'État ou — si l'existence de celui-ci est admise — doté d'un État impuissant. En effet, dans cet État chrétien, le *princeps,* sa *nobilitas* et l'Église contrôlaient aussi bien le monde d'ici-bas que l'accès à l'au-delà. Jamais système politique n'a été plus puissant, aux dépens des populations soumises.

Fusion de l'Église et du pouvoir politique

Si, de nos jours, le pouvoir de l'État en Occident est (heureusement) limité par les libertés du citoyen et sa participation à la nomination et au contrôle des agents du pouvoir public, à l'âge de l'État chrétien, il y a une liaison étroite, presque une fusion, de l'Église et du pouvoir politique. *Princeps* et *Ecclesia,* aux forces inégales mais considérables, se sont mutuellement renforcés, exerçant une domination presque complète sur les hommes, chacun dans son domaine, mais aussi dans celui de l'autre. C'est le *dominus* sur terre qui, en la personne de l'empereur Théodose Ier, met fin au paganisme, en détruisant systématiquement les temples des « païens ». De l'autre côté, saint Ambroise, ancien *praefectus urbi* avant d'accepter l'évêché de Milan, capitale de l'empire d'Occident, se fait l'interlocuteur courageux de Théodose, imprégnant à jamais le dialogue empereur/Église de la force de sa personnalité et de ses idées. L'empereur se reconnaît pécheur pour avoir ordonné un massacre, et devient ainsi le modèle du souverain chrétien humble devant Dieu et l'Église, malgré sa puissance.

L'Église dominant (grâce au *princeps*) sans concurrence païenne ou hérétique l'ensemble de la population de l'Empire, et l'Empire chrétien apprenant les idéaux de la vraie foi se sont créés mutuellement. Ils sont étroitement associés jusque dans la vie et la formation d'hommes comme Ambroise de Milan et Grégoire Ier le Grand. Il y a certes une distinction à établir entre l'Église et l'Empire, chacun ayant ses droits, ses lois et ses règles, mais il ne faut pas perdre de vue que, pour une part non négligeable, l'Église doit ses droits, ses lois et ses règles à l'empereur ou à l'« imitation » des structures de l'Empire.

Les fondements bibliques et romains de l'État

Henri-Irénée Marrou a parlé de la « parenthèse constantinienne », période qui s'identifie pour lui avec la domination chrétienne en Europe. Cette formule résume les conclusions de notre première et de notre deuxième partie, où nous avons démontré l'unité historique de la monarchie chrétienne et de sa noblesse entre Constantin et les XVIIe-XVIIIe siècles. Avant de devenir un jour le début d'une « parenthèse » historique, l'œuvre de Constantin marque une césure historique, non point entre « Antiquité » et « Moyen Âge », mais entre le monde romain préchrétien, dans lequel les chrétiens n'étaient qu'une secte orientale parmi d'autres, et le monde romain chrétien, dont la Bible (surtout l'Ancien Testament) fut un des piliers. Rome, *caput orbis* d'un Empire païen, est remplacée par Constantinople, capitale d'un Empire chrétien qui réunit pour la première fois les évêques pour des conciles généraux dans les palais impériaux qui entourent la ville. Il est significatif que les évêques n'aient pas présenté un des leurs comme chef commun de l'Église de l'Empire, tant il était entendu que ce chef existait déjà en la personne de Constantin, salué par eux comme *sôtêr* (« protecteur ») envoyé par Dieu et comme *summus episcopus* devant faire de son empire un empire chrétien, et des églises dans le vaste Empire une Église unitaire de l'Empire romain.

L'unité de l'Église n'existe alors qu'en théorie, car ses membres, unis dans le Saint-Esprit, n'ont ni dogme unique bien défini ni organisation unitaire. Or, Constantin a besoin de cette double unité pour sauver l'Empire et son unité. Il ne se contente donc pas de faire construire d'immenses basiliques en l'honneur du seul Dieu dans l'ancienne et dans la nouvelle Rome, ni d'accomplir des gestes purement symboliques. Il prend en main les affaires des évêques afin de leur faire élaborer un dogme unique, reconnu par tous, et de leur donner une Église fortement structurée. La foi destinée à sauver l'Empire est de toute évidence une affaire d'État, comme l'avaient été les cultes publics exercés par des *sacerdotes* que, au cours du IVe siècle, l'Église va remplacer. La compétence impériale en matière de religion, de culte public et de son organisation va de soi. Dans l'État chrétien que le *princeps* va fonder, il n'y a pas d'« affaires religieuses », l'État lui-même procédant du divin, puisque Dieu a créé l'Empire, qui a enfin trouvé sa destination : être le cadre de l'humanité chrétienne, c'est-à-dire de l'Église de Dieu. Le Christ, venu sur terre sous le règne d'Auguste, donc au moment de la naissance de l'Empire, y reviendra le jour du Jugement dernier, qui marquera la fin ainsi que l'accomplissement de l'histoire humaine. En attendant, l'empereur élu par Dieu est une sorte de relais entre Dieu et les hommes.

Indépendamment de ses faiblesses humaines, Constantin a su réformer un monde sclérosé et créer un modèle étatique qui, après quelques crises politiques et dogmatiques, triomphera des siècles durant à partir de Théodose Ier. Face à une historiographie de l'Église qui voudrait ne rien devoir aux empereurs, il faut donc rendre justice à l'œuvre du *princeps* au sein de l'Église, même si ses motifs n'étaient pas complètement désintéressés. Dans la lutte contre le paganisme et les hérésies, ce sont les empereurs qui ont accompli le gros du travail; sans eux, l'Église n'aurait jamais dominé à ce point les esprits. Leur rôle décisif dans le combat pour l'unité de l'Église et de la foi a été récemment souligné par un théologien orthodoxe, Jean Meyendorff. Dans un livre au titre évocateur, *Imperial Unity and Christian Divisions. The Church, 450-680 A.D.* *, il observe que les histoires de l'Église « ont presque toujours été des histoires du christianisme occidental, avec quelques brèves et superficielles mentions de l'Orient ». Elles évitent de s'appesantir sur la suprématie de l'empereur sur les évêques, ou bien la condamnent comme le résultat de prétentions « césaro-papistes »,

* Éd. française : *Unité de l'Empire et divisions des chrétiens*, Paris, 1993.

terme anachronique (le pouvoir impérial dans l'Église de l'Empire étant plus ancien que celui du pape) destiné à contourner le phénomène dans le monde « byzantin », comme si l'Occident n'avait pas connu cette « Église du *princeps* », ainsi qu'il faudrait la nommer. De même, le reproche adressé aux évêques de l'époque constantinienne d'avoir accepté docilement un protecteur impérial trop exigeant par une historiographie qui se fonde ou bien sur les idéaux des premières communautés chrétiennes, ou bien sur les normes que l'Église romaine a instituées depuis les réformes grégoriennes jusqu'au *Corpus iuris canonici*, ne tient pas compte des conditions historiques de la naissance de l'Empire chrétien et de son épiscopat.

Comment mettre sur le même plan l'Église préconstantinienne, avec ses 10 à 20 % de croyants au sein de la population de l'Empire, dispersés entre des communautés chrétiennes petites et peu nombreuses en Occident, plus importantes et fort nombreuses en Palestine, en Asie Mineure, en Afrique du Nord, et la situation de ces mêmes communautés dans des conditions subitement transformées, quand il fallut accueillir des millions d'habitants de l'Empire désireux de suivre l'exemple de l'empereur? Pour réussir, l'épiscopat dut alors coopérer avec l'administration impériale. Cet épiscopat avait besoin d'hommes capables de maîtriser l'intégration et l'évangélisation de ces masses, à l'image de ce préfet païen du nom d'Ambroise auquel le peuple de Milan offrit la dignité épiscopale, tant il avait confiance dans ses facultés et sa probité, et qui, l'ayant acceptée, fut baptisé sur-le-champ et reçut l'une après l'autre les ordinations nécessaires. C'est lui qui sut gagner à la foi un autre païen fort doué, et futur saint également, Augustin.

Il faut replacer l'essor de l'Église de l'Empire dans son contexte, celui d'un monde où des masses rurales (les *pagenses*) étaient toujours largement « païennes », de même que, pour des motifs tout à fait différents, les « intellectuels » des élites urbaines. Quant aux membres de la *nobilitas*, comment auraient-ils pu ne pas voir, dans les privilèges considérables accordés aux évêques par l'empereur, l'occasion d'une « carrière » inédite, mais aussi d'une tâche à leur mesure? Leur recrutement finira par donner un nouvel influx à la vie des cités, et une envergure sans précédent aux dirigeants de l'Église, désormais issus de la couche sénatoriale, plus riche, plus indépendante et mieux formée. En dépit des profiteurs qui ne manquent jamais au moment des bouleversements, on ne doit pas sous-estimer le bilan dans l'ensemble très positif de la nouvelle élite sociale chrétienne.

Les évêques du IVe siècle étaient des *cives* de l'Empire. Chez ceux qui rejoignirent l'Église sous Constantin et après lui, la foi dans l'éternité de l'Empire non seulement n'avait pas disparu, mais était devenue une certitude. Dès avant Constantin, certains chrétiens étaient parvenus à la conclusion que la puissance de la Rome impériale n'avait pu se faire sans la volonté divine. Vers 200, l'apologiste chrétien Tertullien avait la conviction que c'est Dieu qui « attribue les États » (« *regna dispensat* ») et que les armées romaines avaient été l'instrument de son ire en anéantissant *Iudaea*, coupable d'avoir supplicié le Christ. Si donc les uns condamnaient l'« Empire du mal » dont la fin entraînerait celle du monde, d'autres se mirent à rêver d'une alliance entre la foi et l'Empire. Quand ce moment arriva avec Constantin, on crut comprendre le sens caché de l'histoire des Romains : Dieu leur avait donné tant de victoires pour préparer la puissance de la Rome d'Auguste en vue de la venue du Christ; Il avait fait de Constantin l'instrument de sa volonté, et de l'Empire le cadre de son Église.

Divinisé jadis à la manière des idoles païennes, l'empereur (ainsi que tout ce qui touche sa personne) demeure sacré, mais au sens chrétien du terme. Il reste *pius* — ce qu'il était depuis que le Sénat avait attribué cette épithète à l'empereur Antonin († 161) — et *felix*, depuis le règne de Commode (180-192), mais ces termes prennent une signification différente : *infelix* désigne désormais celui qui a perdu son âme, tel le tyran, celui qui n'est pas *pius princeps*. Appliquant lui-même des formules liturgiques, le prince se prête à un rituel par lequel il implore la protection divine pour l'ensemble de l'Empire et de ses habitants, tandis que la liturgie appliquée par le clergé l'implore pour sa personne, sa famille et son entourage. L'Église rend à la personne sacrée du *princeps* des honneurs hors du commun, tel celui de l'*Adventus* solennel qui rassemble le clergé et le peuple chrétien.

Les traducteurs romains de l'Ancien Testament montrent, par le choix des termes latins, qu'ils étaient parfaitement conscients que, comme jadis les Juifs, *populus Dei* convaincu de sa supériorité sur les *gentes* « païennes », le *populus Romanus* se sentait très supérieur aux *gentes* « barbares », ce qui en fit l'héritier des Juifs, devenus indignes de leur élection divine. Le nouveau *populus Dei*, dans son Empire chrétien, se trouve donc face à des *gentes* doublement marginales, en tant que païennes et en tant que barbares, selon le double sens pris par le terme. L'empereur est l'incarnation de « la continuité [...] des voies choisies par Dieu pour le salut du nouveau peuple élu », écrit Gilbert Dagron. L'Empire chrétien « s'est toujours regardé au miroir de l'Ancien Testament », ses empereurs se situant « dans une ligne idéale qu'inaugure David, que prolonge Auguste et qui doit s'achever à la fin des temps ». Comment reprocher à des évêques, *cives* de cet Empire romain, d'avoir obéi à un empereur qui, visiblement inspiré par Dieu, était en train d'accomplir la mission historique des Romains et de leur Empire?

Même les chrétiens les moins informés de ces idées, mais qui avaient vécu la fin des persécutions grâce à la reconnaissance impériale de leur culte, puis sa victoire éclatante grâce aux mesures impériales contre les autres cultes, devaient être certains d'avoir vu en tout cela la main de Dieu.

Si l'on replace les Romains devenus chrétiens dans leur propre monde romain, on constate qu'ils étaient préparés à une vision fort complexe de l'État et de son chef prestigieux. Poursuivis à cause de leur refus du culte impérial, ils ont pourtant toujours reconnu le principe du pouvoir impérial, en suivant le mot du Christ clairement rappelé par saint Paul, qui les exhortait à obéir aux autorités étatiques, c'est-à-dire romaines. La genèse de l'Empire chrétien n'était pas simplement une symbiose des idées gréco-romaines et de celles du judaïsme, comme l'expliquent les historiens des idées, mais la symbiose du modèle impérial romain et du modèle biblique du royaume de David. Si tous deux procèdent d'un héritage en partie commun — celui des grands empires de l'Orient ancien, avec une royauté souvent déifiée —, il n'en reste pas moins que le système étatique de l'Empire romain a fait naître de cette symbiose une civilisation politique qui diffère sensiblement du modèle universel d'une royauté sacrée que propose Jean-Paul Roux.

Les particularités de l'Empire romain et de sa *nobilitas* convertis au christianisme sont à la base de l'originalité de l'Europe chrétienne et de la civilisation qui en sortira. Car le monde romain n'était pas un royaume quelconque d'une *gens* quelconque, mais l'empire du *populus Romanus*, dirigé, sous l'autorité de l'empereur, par sa *nobilitas*. La dignité impériale romaine, à la différence de la royauté sacrée définie par sa durée grâce à son hérédité, n'était pas héréditaire, malgré tant d'ébauches de dynasties depuis les Julio-Claudiens. L'idée de la *res publica*, qui avait remplacé le régime royal à Rome par celui des *magistratus* qui la servaient le temps de leur mandat, n'était pas devenue lettre morte. La *libertas* des *cives Romani* avait survécu dans une *nobilitas* dont était issu le *princeps*, qui réunissait en sa personne tant de magistratures à vie. Si lui-même était un *dominus* déifié selon le modèle oriental, son Empire n'a jamais été une monarchie comme les grands empires orientaux ou les États hellénistiques autoritaires. La *nobilitas*, malgré sa dépendance à l'égard de l'empereur en tant que *militia principis*, a su garder sa *dignitas*, toujours renouvelée par le *cursus honorum* des membres des familles qui la formaient. Son poids, en dépit de la faiblesse du Sénat face à l'empereur, est resté considérable, à la Cour comme dans les provinces et dans l'armée, et il le sera encore au sein d'un épiscopat vite pris en main par la noblesse sénatoriale. Il ne suffit donc pas d'évoquer l'hellénisation du christianisme et la christianisation de l'Empire, il faut aussi considérer la romanisation de l'Église (nous ne parlons pas ici de celle, importante mais plus tardive, réussie en Occident par l'Église romaine). Elle a commencé très tôt et ira jusqu'à la transformation de l'image du Christ.

Les chrétiens romains ne pouvaient penser leur fidélité à leur foi qu'en termes romains. Depuis Tertullien au plus tard, ils avaient développé, à côté du modèle du « roi » biblique et du *rex regum* divin, un « modèle impérial » du Christ, car ils voulaient être — à la manière de la *militia* impériale — les soldats du Christ *imperator*, le véritable empereur, *princeps principum, imperator imperatorum.* Saint Augustin voit tous les fidèles réunis aux légions des anges sous un seul empereur : « *adiunctis* [...] *legionibus et exercitibus angelorum* [...] *sub uno imperatore* ». Si Virgile a donné à Rome un « *imperium sine fine* », un Empire éternel, on croit désormais à l'« *imperium sine fine Christi* », l'Empire éternel du Christ remplaçant l'Empire païen. Les membres de la nouvelle *militia Christi* ont donc choisi un autre empereur, dont ils sont les soldats (*milites*) fidèles. Pour ne pas le trahir, ils refusaient naguère de se prosterner devant l'image de l'empereur. Car, d'après Lactance, celui qui accomplirait ce geste serait puni comme déserteur : « *tamquam desertor domini et imperatoris et patris sui* ». Selon les Actes des martyrs, saint Sperat confesse durant son interrogatoire : « *Cognosco domnum meum, regem regum et imperatorem omnium gentium.* » Si les chrétiens ont été persécutés, c'est, entre autres, parce qu'en employant des termes latins réservés à la personne sacrée de l'empereur, ils déclaraient leur fidélité à un autre empereur, d'essence transcendante, et considéraient comme une félonie d'offrir des sacrifices au *princeps* et *dominus* : du point de vue de l'État, c'était de la haute trahison.

Mais toutes ces données se retournent dès que l'empereur est non seulement chrétien, mais envoyé par Dieu pour assurer la victoire de la foi. L'empereur est christianisé, tandis que le Christ, empereur des empereurs, est « impérialisé ». À côté ou à la place du Christ biblique, puis du Christ berger portant l'agneau sur l'épaule, il y aura un Christ vainqueur (*victor* étant un terme central du culte impérial), bref une image du Christ « romanisée ». Nombre de métaphores et d'analogies le prouvent*. Pour faire comprendre la puissance du Christ, on reprend des symboles impériaux : le Christ apparaît dans les cieux entre sept candélabres, comme c'était l'usage pour l'empereur; ses pieds brillent comme de l'or, ce sont les « pieds d'or » de l'empereur que baisent ceux qui sont admis à la proscynèse; son trône, avec ses pierres précieuses, est évidemment celui de l'empereur; on lui adresse comme à celui-ci des acclamations, y compris celle de « *dignus es* »; impériales aussi sont les *turi-*

* Nous les empruntons à Eric Peterson, auquel nous devons déjà les citations sur le Christ empereur.

bola, coupes en or remplies d'encens. Bref, le culte du seigneur terrestre se retrouve dans le culte du Seigneur aux cieux, comme les légions de l'empereur dans celles des anges. Ces images figurent déjà dans l'Ancien Testament, et tirent leur origine commune du culte des grands rois orientaux, source de l'Ancien Testament comme du cérémonial impérial romain. Quand on sait l'importance du décorum et du rituel dans le monde antique, on comprend la facilité avec laquelle les honneurs voués aux empereurs païens ont pu survivre sous les empereurs chrétiens qui, en tant qu'élus du Tout-Puissant, les méritaient beaucoup plus.

Certes, la *militia Christi* n'est pas identique aux *militiae principis* qui doivent « militer » *(militare)* sous l'empereur en portant le *cingulum militiae*, mais elle aussi sert le *princeps* s'il est un *pius princeps* et elle aussi porte le ceinturon, le *cingulum militiae*. Or, ce dernier n'est plus le modeste insigne du simple soldat employé comme symbole par les chrétiens préconstantiniens, c'est maintenant un ceinturon différencié par la couleur et la largeur selon le rang dans le clergé, assimilé aux emblèmes et aux titres des dignitaires impériaux. Les prélats de l'Empire chrétien vénèrent le *princeps*, qu'ils appellent *piissimus princeps*, et le reconnaissent comme leur *dominus*. Cela vaut également pour les prélats du royaume franc, qui agissent ainsi à l'égard d'un *rex Francorum* dès qu'il est reconnu *rex gloriosissimus* par l'empereur. Ils le saluent de ce titre précis, et l'appellent *dominus*, rendant grâces au Seigneur de leur avoir donné un prince si pieux. Ils savent que chaque évêque a comme maître sur terre un *princeps*, qu'il sert dans les limites de son *regnum*, même s'il s'agit d'un royaume issu des partages mérovingiens et même s'il doit changer les frontières de son diocèse pour les adapter aux frontières de ce royaume. Telles sont les réalités politico-institutionnelles de l'Église dans le monde romano-franc, réalités absentes du droit canon, car celui-ci date d'une autre époque.

Venons-en à présent au contenu hébraïque et biblique de la symbiose de Rome et d'Israël. Les rois de l'Ancien Testament préfigurent le rôle d'intercesseur des empereurs entre Dieu et les hommes, et parmi eux David est le modèle absolu du monarque. Lui aussi avait été soldat (lorsqu'il vainquit Goliath), puis chef militaire, enfin roi comme véritable fondateur du grand royaume de Judée, dont les dimensions nouvelles l'obligèrent à donner à cet État une capitale, une administration et une armée de métier. Il est en outre le fondateur de Jérusalem, la cité sacrée qui avait été sa propriété personnelle. L'empereur chrétien, nouveau David, fonde Constantinople, cité qui lui appartient et à laquelle il donne son nom, tout en la vouant à Dieu. De David, dont le nom est interprété comme « chef d'armée » ou comme « chéri de Dieu », Hincmar de Reims, citant des textes anciens, dira qu'il fut *rex* et *propheta*

— et ainsi une préfiguration du Christ (« *praefigurans Dominum nostrum Jesum Christum* ») —, ce qui lui permit d'être le seul homme roi et prêtre à la fois (« *rex simul et sacerdos* »).

Le royaume de Judée, qui a duré quatre siècles, ayant subi un premier avertissement avec la captivité babylonienne, se verra infliger avec la destruction de Jérusalem le châtiment mérité pour la trahison de Jésus, descendant de David. Voilà le *populus Romanus* (élu par Dieu) et son empereur appelés à ouvrir une nouvelle ère davidique, même si « *novus David* » n'apparaît dans la titulature officielle qu'avec l'empereur Marcien (450-457).

Pour les hommes de cette époque, David, véritable surhomme, était l'auteur des Psaumes. Pour eux, il y dialoguait avec Dieu, lui rendant grâces sur le mode de l'hymne, mais aussi plaignant les misères de son peuple et les siennes propres, et priant pour la délivrance. Ce corpus de cent cinquante poèmes souvent de grande beauté et cités dans le Nouveau Testament, auquel ils semblaient déjà renvoyer par des allusions à une royauté davidique dont serait issu le Messie, contenait en quelque sorte l'essentiel pour qui croyait en Dieu. Faut-il s'étonner que le psautier ait été le livre qui accompagna les grands du monde chrétien à partir du xe siècle, souvent sous forme d'extraits enluminés de façon toujours plus riche ? Avec sa force physique et son courage, son amour de Dieu et sa piété profonde, David sera le modèle de tous les souverains de l'âge chrétien.

Parmi les influences que la royauté sacrée a subies sous et après David, celles de l'Égypte et de Babylone sont évidentes du fait de l'assez longue soumission du peuple hébreu à ces deux empires. Ces variantes de la royauté sacrée ou sacralisée — royauté fondée par les dieux (mais sans roi divinisé) et responsable des cultes à Babylone, roi-dieu institutionnalisé en Égypte — ont laissé des traces dans les royautés bibliques. Vu la richesse politico-religieuse de l'héritage révélé qu'a recueilli le nouveau David, il ne suffit pas de parler d'éléments « païens » chez les empereurs chrétiens, car une partie non négligeable de cet héritage a été confirmée et légitimée par la Bible même, donc par Dieu. Pendant toute l'époque de la monarchie chrétienne, les textes de l'Ancien Testament seront cités et appliqués, restant la source fondamentale de la place du prince dans le monde prérévolutionnaire, face à une Église qui s'est construite sur la base du Nouveau Testament.

L'empereur, maître de l'Église et des dogmes

Pour saisir la genèse de « l'Église du *princeps* », examinons l'idée que les grands empereurs chrétiens, Constantin, Théodose et Justinien, ont pu se faire de leur mission, et la manière dont ils ont essayé d'assurer la victoire complète et l'unité dogmatique de l'Église tout en l'intégrant dans les structures de l'Empire, afin de faire profiter celui-ci et son chef de la protection divine.

Après sa victoire en 312 au Ponte Milvio à la tête de troupes dont quelques unités portaient le *labarum* orné du chrisme, Constantin légalise la « secte des catholiques » (*catholica secta*, en 323, terme utilisé jusqu'au ve siècle) jusqu'alors interdite, tout en y ajoutant dès 313 une protection spéciale du clergé, molesté par des donatistes schismatiques et des fonctionnaires romains païens. En 330, le clergé devient un « état » favorisé qui jouit de l'*immunitas plenissima*. Mais l'empereur a aussi convoqué dès 314 un concile des évêques de sa part de l'Empire, à Arles. Il y apprend le désaccord sur la date pascale, essentielle pour le service de Dieu au moment voulu à travers l'année, et le déchirement causé par des hérésies comme celle des donatistes. Il inaugure alors une coopération directe avec les évêques, dans laquelle il se pose en maître, par deux constitutions de 319 définissant ceux « *qui clerici appellantur* » par leur *ministerium*, le service de Dieu et de l'Église.

Ayant vite reconnu le danger que les hérésies représentaient pour une Église qu'il voulait aussi unie que l'Empire, Constantin prend des initiatives vigoureuses pour arriver à une clarification du contenu d'une doctrine chrétienne unique, qui permette l'élimination de cultes locaux, voire hérétiques. Une fois tout l'Empire soumis à son seul gouvernement, c'est lui qui convoque l'ensemble de l'épiscopat (au moins en principe) à la résidence impériale de Nicée en 325. C'était en soi une démonstration de l'importance et de l'unité de l'Église, événement capital de son histoire. Le programme que Constantin, bien conseillé par Hosius, évêque de Cordoue, impose à l'assemblée (comme Clovis le fera en 511 au synode d'Orléans) réussit à donner à la chrétienté l'essence de sa doctrine qui, abstraction faite de quelques retouches ultérieures, reste toujours valable, toutes confessions comprises. L'empereur, transformant les *canones* du concile en loi contraignante, peut poursuivre les récalcitrants. Il accorde au clergé les droits et les moyens nécessaires aux tâches publiques qu'il lui octroie. Cette œuvre, menée à bien avec autorité, traduit la claire conscience qu'a Constantin de sa mission : il s'est senti mandaté par Dieu.

Une autre étape est atteinte avec Théodose le Grand, après de graves crises comme l'apostasie de l'empereur Julien et la domination — appuyée par plusieurs empereurs — de l'arianisme, épisode qui montre toute l'influence impériale non seulement sur l'Église, mais aussi sur son dogme. Des synodes ont condamné Athanase sous la pression du *princeps*, qui l'exila, comme d'ailleurs un évêque de Rome qui s'était prononcé en sa faveur. Grâce à Théodose Ier, la doctrine sera de nouveau « catholique », c'est-à-dire universelle, en renouant pour l'essentiel avec les canons du concile de Nicée, conformément à une décision personnelle de l'empereur, prise après d'assez longues hésitations et rendue publique dans l'édit de Thessalonique du 27 février 380. Théodose y stipule que tous ses sujets doivent vivre selon la *religio* des *christiani catholici*, définie par lui sous la forme d'un *credo* personnel (« *credamus* ») : « *secundum apostolicam disciplinam evangelicamque doctrinam Patris et Filii et Spiritus Sancti unam Deitatem sub parili maiestate et sub pia trinitate* ». Tous ceux qui ne se rallient pas à cette profession de foi seront condamnés comme hérétiques. Ils n'ont plus le droit de nommer « Église » leurs « conciliabules », et seront poursuivis par décision impériale « prise selon la volonté divine » (« *post etiam motus nostri, quem ex caelesti arbitrio sumpserimus* »).

Le document qui a légalement créé l'Église catholique, désormais seule admise, émane d'un empereur qui l'impose en s'affirmant inspiré par Dieu. Le même jour, un autre édit déclare sacrilège chaque écart ou offense commis à l'encontre de la *divinae legis sanctitatem*. Certes, l'empereur, en définissant cette loi divine, n'a pas manqué de citer les autorités romaines et conciliaires, mais c'est son autorité propre qui lui donne force de loi. Ce n'est qu'après une nouvelle loi (au début de 381, avertissement lancé aux hérétiques quant aux conséquences juridiques de leur éventuel refus de se soumettre), déclarée telle par l'empereur, qu'un concile général est convoqué à Constantinople pour l'entériner. Les canons de ce concile de 381 — qui, seuls, comptent pour le droit canon — comportent, il est vrai, un complément important (canon 3) dû au grand pourfendeur des ariens qu'a été Grégoire de Nysse.

L'historien ne doit pas négliger la façon dont l'unité dogmatique a été rétablie dans l'Église de l'Empire : par une décision personnelle d'un empereur qui est aussi à l'origine de la contrainte religieuse « médiévale » en tant qu'organisateur de la poursuite systématique des hérétiques donatistes et manichéens. En 382, il crée à cet effet le nouvel office des *inquisitores*. Dès ses débuts, l'inquisition est un instrument de l'État chrétien qui y recourt de concert avec l'Église.

Plus connue est l'action de Théodose sur le plan de l'élimination du paganisme. L'empereur Constance II avait ordonné la fermeture des temples païens (en décembre 354), qui fut suivie, le 19 février 356, par l'interdiction officielle des cultes païens. Gratien, en 382, refusa de porter les vêtements de *pontifex maximus*, titre impérial maintenu jusqu'alors, mais qui pouvait être interprété à tort comme signifiant qu'il était toujours le protecteur des cultes de la Rome païenne. Sous l'influence d'Ambroise, évêque de Milan, il proscrivit ces cultes publics à Rome et rejeta, à Milan, la demande d'une ambassade du Sénat de Rome de préserver au moins l'autel de la déesse *Victoria*, symbole de l'Empire romain, dans la curie du Sénat. Mais c'est encore Théodose qui écrase le paganisme, d'abord sur le champ de bataille, puis en ordonnant de détruire systématiquement les temples ou de les transformer en églises. Mettant fin à une longue phase de coexistence du paganisme et du christianisme jusque dans l'administration et surtout dans l'armée, il a fondé l'Empire catholique.

Cent cinquante ans plus tard, Justinien le Grand, qui souhaite restituer à cet Empire son unité et son éclat, entame la *renovatio imperii* sur trois plans : rétablissement de l'administration impériale directe de l'Occident par la reconquête de l'*orbis Latinus*, donc reconstitution de l'unité territoriale de l'Empire ; réunification de l'Église de l'Empire par un arrangement conclu avec l'Église romaine, c'est-à-dire celle de l'Occident, à laquelle il fait des concessions importantes ; unification et codification du droit et de la législation par le biais du monumental code Justinien.

Une lettre de 530 destinée à Tribonien, juriste et l'un des maîtres d'œuvre du code, nous livre la conception que Justinien avait de son pouvoir personnel. L'Empire qui est le sien, il le doit exclusivement à Dieu : « *Deo auctore nostrum gubernantes imperium, quod nobis a caelesti maiestate traditum est.* » Dans ses tâches — mener des guerres victorieuses, assurer la paix et maintenir l'État (« *statum rei publicae* ») —, il se fie, plus encore qu'à ses armées et à ses propres capacités, à l'aide divine : « *ad Dei omnipotentis [...] adiutorium [...] omnem spem ad solam referamus summae providentiam Trinitatis* ». On constate là l'assurance d'un homme qui sert de truchement entre Dieu et le genre humain. L'empire de Dieu est à lui sur terre. Quant à l'Église, qui lui doit obéissance, elle est son aide la plus précieuse, ses prières étant plus importantes que toutes les armes. Justinien est un *autokrator*, mais non un tyran qui ne croit qu'à son propre pouvoir. Il est vraiment un *piissimus princeps*. Aussi le pape Vigile loue-t-il Dieu en 540 d'avoir donné à l'empereur l'esprit non seulement impérial, mais aussi sacerdotal (« *non imperialem solum sed etiam sacerdotalem [...] animum* »), ce qui fait véritablement de lui un nouveau David, « *rex et sacerdos* ». L'empereur le sait si bien qu'il se déclare dès 535 dans une de ses novelles maître de l'Église et des dogmes, comme le note Christian Schweizer.

Naissance de l'Europe chrétienne

La période qui s'étend du IVe au XIe siècle est celle qui a connu le plus grand nombre de saints, où ont été définis la plupart des dogmes chrétiens fondamentaux, où l'on a évangélisé l'Empire, puis le reste de l'Europe, à l'Est comme à l'Ouest, après que cet Empire chrétien eut repoussé les attaques terriblement dangereuses des « païens » qui arrivaient de toutes parts : Germains, Huns, Avars, Arabes, Normands, etc. C'est alors que l'Église a reçu ses structures essentielles, qu'elles fussent provinciales, diocésaines ou paroissiales, de même qu'une immense richesse (foncière et autre) qui lui a permis de jouer le rôle que l'on sait dans l'aide aux misérables et aux faibles. Tout cela est dû, en grande partie, à la piété des empereurs, des rois et des nobles, ainsi qu'aux évêques et aux abbés, en large majorité d'origine noble, qui ont même accepté de mourir les armes à la main pour défendre leurs ouailles dans un monde dangereux. C'est à cette époque qu'ont été créées presque toutes les nations chrétiennes en Europe.

On ne connaissait alors ni « Église médiévale » ni « Église ancienne ». Pour Orose, l'historien le plus lu à l'époque, et de loin, la *media aetas* va des premiers empires jusqu'à la venue du Christ, sous Auguste. Depuis la création de l'Empire romain et l'apparition du Christ, les hommes vivent dans le monde moderne, celui du dernier des empires, qui durera jusqu'à la seconde venue du Christ, au moment du Jugement dernier. On ne saurait comprendre les idées et les actes des hommes de ces siècles si l'on ignore cette vision chronologique et eschatologique. Dans ces « Temps modernes » d'Orose et de l'historiographie subséquente, il y avait un seul Dieu aux cieux, une seule Église sur terre, guidée par le Saint-Esprit et protégée soit par le *princeps* élu par Dieu, soit par ceux auxquels l'empereur avait fini par déléguer le pouvoir suprême, ces rois qui se considéraient également comme les élus de Dieu.

Le pouvoir du *princeps*/empereur ou du *princeps*/roi était incontesté en principe : tous, y compris le clergé, devaient lui obéir, et le *princeps* devait respecter et honorer les évêques de l'Église de Dieu. Le même empereur qui pouvait exiler sur les rivages de la mer Noire un pape romain n'éprouvait pas la moindre gêne à descendre de son cheval pour guider celui du pontife lorsqu'il le rencontrait (service du *strator*). Ce n'est que bien plus tard, quand la papauté aura contesté l'origine divine du pouvoir impérial en prétendant qu'il était délégué par elle, qu'un empereur refusera ce service pour éviter que ce geste puisse être interprété comme celui d'un « vassal » du pape. Mais à l'époque dont nous parlons prévalait l'*harmonia* ou la *symphonia* des deux pouvoirs, chacun ayant besoin de l'autre pour être protégé l'un des périls de ce bas monde, l'autre des dangers du péché et de ses conséquences dans l'au-delà —, mais aussi pour gouverner l'Église avec l'appui du *princeps*, et pour gouverner l'État à l'aide des évêques et des abbés.

La compatibilité du pouvoir du *princeps* dans l'Église et de son respect de la personne des évêques et de leur pouvoir est illustrée par un exemple qui prouve cette autre unité, profonde, du monde romain et du monde franc qui, on l'oublie trop souvent, étaient contemporains. En 448, l'évêque d'Auxerre, le futur saint Germain, meurt à Ravenne, résidence impériale de Galla Placidia, mère et tutrice du jeune Valentinien III. Ces deux derniers, aidés par six évêques, avaient entouré de leurs soins l'homme vénéré venu les informer de la situation de l'Église dans les îles Britanniques (qu'il avait visitées deux fois pour y combattre les hérésies) et dans les Gaules. Né à Auxerre, Germain avait suivi des études générales en Gaule et des études de droit à Rome, où il fut avocat auprès des tribunaux du *praefectus praetorio* et du *praefectus urbi*. Marié avantageusement, il fit une carrière militaire jusqu'au rang de *dux*, probablement du *tractus Armoricanus* en Gaule septentrionale (ce qui le mit déjà en contact avec les problèmes britanniques), avant d'être élu évêque d'Auxerre en 418 et de donner sa vraie mesure. À ce grand prélat mourant, l'impératrice doit promettre de faire transférer son corps de Ravenne à Auxerre. À sa mort, le corps du saint homme est embaumé, puis placé dans un cercueil de cyprès. Arrivé le 22 septembre à Auxerre, il y est exposé plusieurs jours dans la cathédrale Saint-Étienne avant d'être inhumé dans la petite basilique funéraire dédiée à saint Maurice d'Agaune, que Germain avait fait construire au nord de la cité.

Cette première basilique sera agrandie vers 530 par la reine Clotilde, veuve de Clovis. Germain n'avait-il pas joué par deux fois un rôle dans la vie de sainte Geneviève, selon la *vita* de la sainte (chap. 13), écrite sur ordre de la reine veuve, responsable de l'église des Saints-Apôtres, où Clovis avait été enterré auprès de Geneviève? Germain l'avait en effet recommandée aux Parisiens lors d'une visite à Paris, en 444/447*, désarmant ainsi l'hostilité de certains de ses concitoyens. Plus tard, menacée de mort par ses ennemis, elle fut sauvée par l'intervention de l'archidiacre d'Auxerre, considéré comme le porte-parole du saint évêque (il venait de mourir), quand il souligna les mérites de la sainte.

Le 6 janvier 860, nous retrouvons ce même monde des souverains élus de Dieu, et des saints qu'ils vénèrent, quand Charles le Chauve fait procéder au transfert du corps de saint Germain, placé en un lieu provisoire pendant les travaux de construction de la nouvelle basilique qui lui est dédiée. Une première translation, en 841, avait déjà été opérée sur l'ordre du jeune roi par l'évêque Héribald (d'origine bavaroise), qui fit alors ouvrir le cercueil de cyprès. Belle continuité de vénération d'un saint romain par le *princeps*, qu'il soit romain ou franc. L'oncle du roi, le comte guelfe Conrad, abbé laïc de Saint-Germain et grand personnage de la Cour, a fait reconstruire avec sa femme Aëlis l'église abbatiale. Où est le Moyen Âge, où est l'Antiquité? Où sont les Romains, où sont les Ger-

* La date diffère selon les auteurs : 444 (Ralph W. Mathisen), entre 446 et 447 (René Borius), 446/447 (Eugen Ewig).

mains? La victoire de l'Église est écrasante depuis Constantin et depuis Clovis : leurs successeurs règnent à l'Est comme à l'Ouest, entourés d'une *nobilitas* épiscopale et laïque.

Dans ce monde chrétien aux fondements bibliques et romains, les changements concernent surtout l'organisation de l'Église : une sous un seul empereur, elle se double quand il y a deux empereurs, et se multiplie ensuite. On a parlé de « morcellement en nations » : « Byzantine, franque, burgonde, wisigothique, suève, lombarde, autant d'Églises que de peuples organisés, chacune étant placée sous l'autorité du prince*. » Mais ce « morcellement » signifie un enrichissement pour l'Église, par les rencontres de tous ces éléments, comme par exemple « la jonction gauloise des Églises barbares déjà romanisées » (Le Bras). L'Occident surtout est gagnant dans l'affaire, avec l'entrée en scène des « insulaires » et de l'Espagne aux alentours de 600. On sait le rôle des Irlandais, puis des Anglo-Saxons en la matière, ainsi que l'importance de « la belle série des conciles ibériques » (depuis celui de Tolède en 589) à côté des conciles impériaux en Orient, si bien qu'« on pourrait dire qu'à la phase méditerranéenne succède la phase atlantique ».

C'est que l'appareil d'État romain était déjà supranational en Occident : « Il ne s'identifiait à aucune des nationalités qu'il contrôlait** », remarque Paul Veyne qui, avec sa verve personnelle, fait justice de toute cette littérature cherchant les causes de la « fin de l'Empire » et de sa « décadence », et qui insiste sur le fait qu'au lieu d'« invasions » il faut parler de « coups d'État » internes de chefs romains d'origine barbare. Abandonnant la décadence « à ceux qui veulent que tout se mérite », il ironise sur cette « cause » majeure qu'aurait été la corruption de l'appareil d'État qui, en vérité, existait déjà sous le Haut-Empire. D'ailleurs, « presque tous les empires, pour administrer, se sont servis, sous le nom de services publics, de véritables rackets qui pillaient les populations et, pour ce faire, les tenaient en main, contre tolérance de l'appareil d'État et remise audit appareil d'une partie des spoliations ». Pourquoi ne pas s'occuper plutôt, dit Paul Veyne, « du vrai problème, qui n'a plus rien à voir avec la chute de Rome : les innovations, les mutations et la créativité du monde romain [...], les nouvelles structures mentales, sociales, religieuses »?

Mais toutes les structures n'étaient pas nouvelles, même s'il y eut changement de « personnel » et d'esprit. Si le culte officiel des dieux protecteurs de Rome et de l'Empire avait été une affaire d'État —

* Gabriel Le Bras (1955), à la lumière du *Stato e nazione nell'alto medioevo* d'Ernesto Sestan (1952).

** Préface à l'édition française du livre de Peter Brown, *The Making of Late Antiquity*, 1978 (*Genèse de l'Antiquité tardive*, 1983).

le droit public réglant le statut, les droits et les obligations des *sacerdotes* —, cela devait être plus vrai encore du culte de Dieu, maître de l'univers, protecteur de l'Empire et de l'empereur. Ce n'était pas une faveur de l'empereur que de privilégier les évêques : il en allait de son devoir public de régler ce domaine essentiel pour le salut de l'Empire. Comme le montre la byzantiniste Évelyne Patlagean, les prières pour le salut du *princeps*, mais aussi l'aide aux pauvres, avaient été des activités étatiques et une « manifestation traditionnelle de la vertu impériale » à l'époque païenne. Il ne s'agissait pas de nouveautés inventées par l'Église, mais d'attributions que l'empereur devenu chrétien transféra aux évêques, de sorte que les droits et privilèges qu'il leur accorda n'en étaient que le corollaire logique. C'est dit *expressis verbis* dans une loi de l'empereur Marcien de 451 : puisque c'est son devoir d'aider les indigents (« *humanitatis nostrae est prospicere egenis ac dare operam* »), il garantit aux églises, auxquelles il a délégué ce devoir, les revenus nécessaires *de publico*, c'est-à-dire payables par le fisc. Le monopole exercé sur la bienfaisance par l'Église incita les empereurs, puis les rois et les nobles, à lui consentir des dons considérables « pour les pauvres », qui lui permirent de rassembler au passage une fortune immense. L'Église nommait ses richesses les « possessions des pauvres » et dans ses conciles, à partir de 506, elle accusa celui qui mettait la main sur ses biens d'être « *necator pauperum* », l'« assassin des pauvres ».

Les *sacerdotes* païens avaient joui d'un *status* public ; les prêtres de la nouvelle religion protégée par Constantin en bénéficièrent davantage encore, ce qui obligea les personnalités restées païennes à les respecter, et interdit les tracasseries auxquelles se livraient à leur égard les fonctionnaires païens. Devenue gardienne de la seule religion admise, la religion d'État, l'Église chrétienne monopolisa les droits attachés au *sacerdotium*, à commencer par ce terme prestigieux. *Sacerdotium* et *regnum* s'étaient côtoyés dans la Rome païenne et avaient trouvé une synthèse en la personne de l'Auguste, à la fois *imperator* et *summus pontifex*. Ils coexistèrent dans l'Empire devenu chrétien avec ses *sacerdotes*. Ces prêtres de la nouvelle religion prirent dans l'État romain la place des prêtres de la religion ancienne, place que leur offrirent les empereurs du IVe siècle. Nous savons, grâce à un texte signalé par Martin Heinzelmann, qu'ils en étaient conscients. En 541, le concile d'Orléans (canon 13) statue que les privilèges garantis par le droit romain (la « *lex saeculi* ») aux « *paganis sacerdotibus et ministris* », donc aux « prêtres » païens, doivent demeurer valables pour les prêtres de la vraie religion. Dans le monde romain, le *sacerdos* reste *sacerdos* quant au prestige, aux privilèges et à la position sociale, comme le *princeps* reste *princeps*.

Le monde romain est devenu chrétien en profondeur, mais il n'a pas aboli ses structures pour autant. Il est « normal » que le *pontifex* (titre païen qui reviendra au pape romain) ait le droit, réservé aux plus hauts dignitaires impériaux, de se faire conduire en voiture dans les rues de Rome, et que les évêques disposent pour leurs déplacements des postes impériales. Mais il l'est tout autant qu'il y ait ingérence directe de l'empereur dans les affaires ecclésiastiques : sa législation fixe « le statut patrimonial des clercs » et règle « les immunités fiscales et le dispense de charges civiques », comme le rappelle Jean Gaudemet. Elle définit le recrutement du clergé, comme le montre Karl Leo Noethlichs, contrôle qui ne disparaît ni sous le *princeps* mérovingien, ni sous Charlemagne, dont les capitulaires s'occupent de la formation du clergé et limitent le recrutement des moines.

Le *princeps* a donc compétence dans les affaires religieuses et par conséquent dans celles de l'Église. C'est le *princeps*/empereur, et après lui le *princeps*/roi, qui convoque les synodes supra-locaux et qui peut même, à la fin du VIe siècle, déléguer ce pouvoir à l'évêque de la plus ancienne église des Gaules, Lyon — à condition qu'il en informe préalablement le *rex*, qui n'est autre que le roi franc du *regnum Burgundiae.* Ce ne sont pas de vains mots si le pape Vigile, en 545, définit la fraction des évêques de Gaule, auxquels il s'adresse, comme ceux qui sont placés sous le règne et sous l'autorité (« *sub regno vel potestate* ») du roi Childebert, « *gloriosissimi filii nostri Childeberti regis Francorum* ». L'Église du *princeps* est une donnée commune aux mondes romain et franc.

Regretter cette « déviation » de son chemin évangélique d'une Église « séduite » par le pouvoir, c'est oublier l'intégration des évêques par la loi dans la hiérarchie d'un Empire qui leur donne une place privilégiée, à eux qui dès 318, par une loi de Constantin, avaient reçu l'*audientia episcopalis*, la compétence de juger en dernière instance certains procès de droit privé. C'était là une offre, et non pas une obligation, l'État voulant faire profiter ses *cives* du prestige moral et de la probité des évêques. On a dit que leurs activités dans le « monde » et leurs contacts de plus en plus fréquents avec les grands auraient créé chez eux le désir de titres et d'insignes avec le cérémonial s'y attachant. Cette interprétation s'appuie sur le fait qu'au IIIe siècle Paul, évêque d'Antioche, avait osé, entre autres méfaits, se faire élever dans sa cathédrale un trône correspondant à son rang « dans le monde » — rang qu'il devait à la reine de Palmyre — au lieu de la simple *cathedra* d'évêque, ce qui lui valut d'être jugé et déposé par ses confrères. De ce cas exceptionnel, on ne saurait tirer d'enseignement valable pour l'ensemble de l'Empire devenu chrétien. En fait, les évêques comprenaient leur rôle comme une tâche immense, et non comme une tentation. Le monde était dominé, guidé, administré par l'État et l'Église, les deux étant incarnés par les hommes élus par Dieu et l'empereur, chacun à sa place selon son rang dans l'*ordo* voulu par Dieu.

Les temps avaient véritablement changé quand, au moment même d'une grave crise politique et militaire, l'Empire avait misé sur le Christ vainqueur et s'était tourné vers la foi catholique pour en retirer une confiance et une fierté nouvelles. Et cet Empire-là allait finalement l'emporter sur ses ennemis, à l'Est et à l'Ouest. Ce sont les évêques qui, sous l'empereur, se sont occupés de la chose publique, qui ont permis la naissance de l'Europe chrétienne, et non point une minorité de moines absorbés par le salut de leur âme et résignés au sort de l'Empire, qui semblait condamné. Cette *Ecclesia militans*, combattant pour le *princeps*, a montré la voie à suivre quand Ambroise de Milan, Hilaire d'Arles et Aurélien de Vienne ont élaboré à l'intention du maître de l'État l'image du *princeps christianus*.

Les structures de l'« Église du *princeps* »

L'impression d'une entrée en scène inévitable des évêques dans l'État romain se confirme quand on se tourne vers l'organisation géographique et territoriale de l'Église dans l'Empire devenu chrétien. Au temps des persécutions, les différentes communautés chrétiennes, qui disposaient chacune d'un évêque à leur tête, n'avaient pu trouver une organisation générale, malgré des contacts entre certaines cités qui remontaient à l'époque des lettres de saint Paul. Des groupements d'évêchés se formèrent pourtant sur le plan provincial : ils s'adaptaient tout naturellement au réseau administratif de l'Empire. Les églises des métropoles des provinces politiques jouissaient d'une sorte de préséance, et dès l'époque préconstantinienne on appelait leurs évêques « métropolitains », voire « exarques » pour les évêques des plus grandes d'entre elles. Le concile de Nicée confirma et généralisa en 325 cette adaptation à l'organisation politique, sans officialiser le titre de métropolite qui n'apparut que dans la législation justinienne.

Les titres et dignités ecclésiastiques

Après Nicée, les empereurs pouvaient adresser leurs constitutions « à tous les évêques dans les provinces respectives » (« *universis episcopis per diversas provincias* »). En de rares occasions, l'Église donnait à des diocèses des frontières différentes de celles des provinces de l'État, lequel les nommait alors « *fines ecclesiasticae* ».

Certains évêques jouissaient d'un prestige particulier dû à l'origine apostolique de leur église : Rome, Alexandrie et Antioche sont mentionnés à Nicée et resteront en première position devant Éphèse, Corinthe ou Thessalonique. Dans son édit de 380, Théodose accorde le titre de *vir apostolicae sanctitatis* à Petrus d'Alexandrie et à Damase de Rome*. Ces prélats « apostoliques » ont parfois pris le titre d'*archiepiscopus* qui apparaît officiellement dans les actes du concile de Chalcédoine en 451, et à compter de 456 dans les lois impériales. Ont droit à la désignation de sièges archiépiscopaux dans les novelles de Justinien de 535, 545 et 546 : Rome, Alexandrie, Antioche et, de surcroît, Jérusalem et Constantinople. L'essor, à partir du ve siècle, de la capitale dans cet illustre cercle montre bien le poids de l'influence impériale qui culminera quand Justinien élèvera en 535 son lieu de naissance, Tauresium en Asie Mineure, au rang d'un archevêché comme « Prima Justiniana », créant pour lui une sorte d'autocéphalie.

Quant au terme de « patriarche », il n'apparaît qu'en 477, non dans les actes des conciles, mais dans une loi de l'empereur Zénon. Le mot avait désigné auparavant le chef de la communauté juive, dont le patriarcat avait été supprimé par Théodose II. En ce qui concerne Jérusalem, il ne faut pas oublier que les Romains l'avaient détruite pour fonder sur ses ruines une colonie nommée Aelia Capitolina. Ce lieu sacré entre tous, mais condamné à cause de la résistance juive aussi bien que de la trahison envers Jésus, ne reçut longtemps que des honneurs officieux et des dons de vénération personnelle des empereurs, et n'apparaît donc pas dans les codes impériaux. C'est une novelle de Justinien qui accordera à son évêque le titre archiépiscopal, faisant de Jérusalem le dernier patriarcat.

On ne saurait mieux exprimer la différence entre la plus ancienne cité du christianisme, sans importance politique ou administrative, et Constantinople, élevée par les seuls empereurs aux plus hautes dignités ecclésiastiques (il est vrai qu'on y prétendait posséder depuis 356 les reliques de saint André, crucifié le 30 novembre 60 à Patras, l'apôtre venant aussitôt après Pierre et Paul). En 381, le concile de Constantinople conféra à l'évêque de cette ville, résidence de Théodose Ier, une prééminence honorifique sur les autres *archiepiscopi* en le plaçant immédiatement derrière l'évêque de l'ancienne Rome, qui protesta en vain. Le concile de Chalcédoine subordonna en 451 les églises d'Éphèse, de Césarée et d'Héraclée à l'évêque de Constantinople, en accordant à celui-ci (canon 26) la

---

* Ce dernier était de surcroît appelé *pontifex,* titre qui en principe restera réservé dans la législation romaine aux évêques de l'*Urbs* romaine, ancienne capitale de l'*orbis Romanus* et lieu de la mort et des tombes des apôtres Pierre et Paul.

consécration des métropolites d'une grande partie de l'Orient chrétien. Léon le Grand († 461) déclara en pure perte ce canon non valable. Le titre de « patriarche œcuménique » octroyé au début du VIe siècle dans les documents impériaux à l'évêque de la capitale, qui ne le porta qu'un peu plus tard, fut contesté sans relâche par l'Église romaine qui ne pouvait accepter la Seconde Rome comme son égale par le rang, et moins encore la reconnaître comme « universelle ». Dans l'organisation de la hiérarchie ecclésiastique aussi bien que sur le plan des titulatures, Rome restait impuissante devant la volonté du *princeps* et des conciles convoqués par lui, mais la papauté tiendrait un jour sa revanche, au moins en Occident.

Ce réseau des métropoles et évêchés n'a-t-il pas été largement détruit à l'époque des « grandes invasions » et sous les Mérovingiens ? En fait, en Gaule et dans la péninsule Ibérique, qu'on nous dit anéanties par la terrible invasion de 407, le réseau épiscopal fondé sur les provinces de l'État n'a pas été ébranlé, sauf localement, si bien que la série de synodes provinciaux fréquentés par les évêques n'a pas connu d'interruption. Émergent parmi eux les synodes qui, de 506 à 533, ont été convoqués à Agde, Arles, Carpentras, Orange, Marseille par le primat des Gaules, Césaire d'Arles. Dès que les synodes prennent une dimension « nationale » à l'échelle d'un *regnum* entier, c'est le *princeps/rex* qui les convoque, même s'il est arien — tel le roi des Wisigoths qui est allé jusqu'à confirmer, comme l'empereur, les décrets des synodes catholiques qu'il avait convoqués et où les évêques réunis ont prié Dieu pour le salut du *dominus noster rex*, prières obligatoires aussi dans les églises romaines sous un autre arien, Théodoric le Grand. Le caractère étatique, voire administratif des affaires religieuses s'affirme dans le monde romain, où nous voyons dès le Ve siècle l'évêque de Rome s'adresser par un *filius noster* à des généraux romains d'origine barbare et de foi arienne, pour les prier de s'occuper d'une élection épiscopale irrégulière dans leur province. Ils avaient dans leurs compétences les affaires religieuses : cette coopération administrative allait de soi.

Un document capital illustre la continuité romano-franque en Gaule, c'est la *Notitia provinciarum et civitatum Galliae**, en abrégé *Notitia Galliarum*. Ce document administratif de 400 environ, qui figure dans de nombreux manuscrits du VIe au XIe siècle, énumère cent quinze *civitates*, sept *castra* et un *portus*, ordonnés selon les dix-sept provinces de la Gaule sous leurs cités métropolitaines respectives, liste utile pour les églises (y compris pour la question de leur âge et rang dans leur province). Nous y voyons les premiers rois

* Ce texte a été édité de façon critique par Theodor Mommsen en 1894.

francs catholiques procéder à des retouches d'un réseau épiscopal qui dans son ensemble n'a pas changé, sauf en Gaule du Nord-Est où quelques évêchés ont été rétablis ou transférés sous les Mérovingiens.

Des sièges vacants surgissent de nouveau pendant les luttes politiques qui accompagnent l'essor des Pippinides, lesquels toutefois rétablissent l'ordre, mais aussi le réseau métropolitain, qui avait souffert. En leur donnant le titre prestigieux d'*archiepiscopus*, le nouveau maître de l'Occident, Charlemagne, fait des métropolites ses « fonctionnaires » les plus importants, et de leurs provinces la base du réseau de ses *missatica*, où ses représentants (*missi*) doivent contrôler l'administration des comtes dans les cités et *pagi* de la Gaule. Dans la plupart des cas, c'est l'archevêque qui préside le *missaticum* de sa province ; c'est par ses bureaux que passent les lois, voire les ordres de mobilisation, textes qu'il fait copier et distribuer à ses évêques suffragants, lesquels les transmettent à leur tour aux comtes et abbés. Ce sont ces *metropolitanae civitates* de son empire, avec à leur tête celle de Rome, qui d'après le testament de l'empereur héritent des deux tiers de son trésor (le dernier tiers allant aux siens et aux pauvres). De ses « trois tables d'or d'une taille et d'un poids considérables », il fait don de l'une, « de forme quadrangulaire, sur laquelle est tracé le plan de la ville de Constantinople », à la basilique du bienheureux apôtre Pierre ; une autre, d'argent massif, « de forme ronde, sur laquelle est représentée la ville de Rome », est attribuée à l'évêché de Ravenne. Tels sont les métropolites, garants, pour l'empereur qui va quitter ce monde, de l'avenir d'un Empire voué à Dieu, et dans lesquels il voit les cohéritiers de cet Empire : ainsi se confirme l'*harmonia* des deux pouvoirs.

L'influence de l'empereur, prédominante dans le domaine de la hiérarchie ecclésiastique, s'exerce aussi dans celui des titres portés par le haut clergé, dont nous avons déjà cité plusieurs exemples. Nous avons vu l'importance des titres dans le monde politique romain. Au clergé, ils étaient accordés en fonction du rang qu'occupait l'intéressé. C'est à l'évêque qu'étaient réservés dans la hiérarchie impériale des titres comme *vir sanctus, vir apostolicus* ou *venerabilis vir*, qui finira par devenir leur prédicat officiel. Il existe certes une différence entre la hiérarchie des titres réservés au clergé et la hiérarchie romaine des carrières au sein de l'État, mais l'Église et l'État ne constituent pas deux domaines distincts puisque c'est l'État qui prescrit le prédicat des évêques, et que plus largement c'est l'Empire qui attribue aux hommes d'Église, sans en faire des fonctionnaires, leur place dans la hiérarchie impériale.

On sait qu'avant 392 déjà des évêques appartenaient à l'une des classes des *viri illustres* (donc au-dessus des *spectabiles* et des *claris-*

simi), car une loi de cette année-là donne ce rang au patriarche des Juifs. Une loi de 442 parle de l'« illustrat » des évêques et même de quelques prêtres et diacres (c'est-à-dire de personnages haut placés de l'entourage des patriarches). Cette *dignitas* ne correspond pas à un *honor* étatique, simple titre honorifique, mais à un *gradus*, source de *potestas* dans l'Église. La preuve en est que, vers 370, un procès contre Damase, élu récemment évêque de Rome, est jugé par l'empereur (par *relatio ad principem*). La juridiction compétente dans son cas n'est plus celle des autres *cives*, à cause de son *gradus*, équivalent à celui de *vir illuster*. Dès le IVe siècle, les empereurs ont donc, d'une manière générale, fixé le *status*, le rang, de l'épiscopat à un niveau fort élevé, se réservant de le moduler selon l'importance de l'évêché. En effet, l'Empire avait accepté telle quelle l'organisation du clergé chrétien, en entérinant les *gradus clericatus* par analogie avec les *gradus dignitatis* de la hiérarchie romaine.

La législation distingue, depuis la fin du IVe siècle, le *sacerdotium* du haut clergé du *ministerium* du bas clergé. Le premier se compose des évêques et des prêtres, le second regroupe *diaconi, subdiaconi, exorcistae, lectores* et *ostiarii*. En dehors de ces *ministri* du bas clergé, on trouve les moines et les moniales. Les prêtres sont parfois distingués comme *secundi sacerdotes* des évêques — eux-mêmes *episcopus, antistes* (chez les païens : « préposé au temple »), *sacerdos*, ce dernier titre étant utilisé aussi pour les évêques de rang supérieur. Au VIe siècle, l'épithète pour les évêques est *vir reverentissimus*, ce qui les classe au niveau des *illustrissimi*. En 535, l'évêque de Carthage, métropole africaine, a droit au *vir sanctissimus sacerdos*, et l'évêque de l'archiépiscopat créé par Justinien, à *viro beatissimo archiepiscopo Primae Justinianae*. Les patriarches sont *vir apostolicae sanctitatis*, dépassés par celui auquel les empereurs réservent depuis 425 le *venerabilis papa*, à savoir le *vir beatissimus et sanctissimus archiepiscopus et patriarcha veteris Romae*. L'empereur s'adresse à lui, comme au patriarche de Constantinople, sous la forme : *sancte et religiosissime pater* ou *sanctitas vestra*. On en arrive ici au niveau du *gloriosissimus*, donc de l'exarque ou du roi, voire à un niveau quasi impérial.

Ce qui frappe dans ces épithètes accordées par l'empereur, c'est leur contenu spirituel, comme s'il osait décerner à certains dignitaires du clergé un satisfecit, interférant ainsi dans le domaine propre de l'Église. Justinien attribua en 533 à l'évêque de Constantinople, sa capitale, le titre de patriarche œcuménique, qui longtemps n'apparut que dans les textes impériaux; ce n'est qu'en 587 que l'évêque ajouta *oïkumenikos* à son titre. L'empereur sacré revendiquait donc la haute main sur la hiérarchie des titres ecclésiastiques, alors même qu'il savait pertinemment que l'Église de Rome n'accepterait jamais cette « promotion » de l'Église de la

Seconde Rome. Or le même empereur, quand il eut besoin du pape pour la réunification de l'Empire et de son Église, lui accorda en 535 avec l'adresse *summus pontificatus apex* (« sommet suprême du pontificat ») la désignation de *fons sacerdotii,* par analogie avec le *fons honorum* impérial. Justinien reconnaissait ainsi au souverain pontife le droit de nommer aux plus hautes fonctions sacerdotales. Mais il était sans doute sous-entendu que ce droit ne concernait que l'Occident, dont l'évêque de Rome était le seul patriarche. L'épithète d'œcuménique conférée par l'empereur à l'évêque de sa propre capitale montre bien que la suprématie papale ne pouvait s'exercer dans l'*orientalis tractus,* expression qui apparaît au VIe siècle.

Ce n'est pas un hasard si c'est un empereur de la *pars Occidentis,* Valentinien III, qui dans son édit de 445* a sanctionné le pouvoir universel de l'Église romaine, et sans le limiter expressément à l'Occident. Dans sa novelle du 8 juillet 445, l'empereur, réfutant les prétentions de certains évêques en Gaule, déclare qu'« ils devront considérer comme une loi tout ce que l'*auctoritas* du siège apostolique a sanctionné et sanctionnera ; de la sorte, tout évêque qui négligerait de venir comparaître en jugement devant le pontife romain [...] sera désormais contraint de s'y rendre par l'intervention du gouverneur de cette province » (traduction d'Olivier Guillot). Non moins importante, dans le même édit, est la loi, de validité illimitée (*« perenni sanctione censemus »*), qui décrète qu'il ne sera permis ni aux évêques de Gaule ni à ceux d'autres provinces de toucher à une coutume ancienne sans l'autorité du pape (*« viri venerabilis papae urbis aeternae »*). En Occident au moins, les décisions du primat romain avaient dorénavant force de loi.

En Orient, le primat le plus en vue du fait de ses liens étroits avec la personne sacrée du *princeps* est évidemment le patriarche de Constantinople, qui joue un rôle actif dans le cérémonial de la Cour. Depuis le milieu du Ve siècle, c'est lui qui salue le nouvel empereur par l'*acclamatio* (qui remplace celle de l'armée ou du peuple). Et lorsqu'il n'y a pas d'empereur (père ou oncle) pour couronner un nouvel empereur, c'est le patriarche qui le fait. Ces règles ont été suivies à Rome, en 800, par le pape qui procéda à l'*acclamatio* et couronna Charlemagne, mais celui-ci put couronner empereur son fils à Aix-la-Chapelle, en 813, en se référant expressément au consensus des grands francs. Ce n'est que plus tard que la papauté imposa son monopole du couronnement de l'empereur, reconnu pour la première fois par l'empereur Louis II. Ce n'est pas

* L'Église catholique, malgré sa réticence face aux « prétentions impériales », n'hésite pas à citer ce document comme preuve du pouvoir universel du pape, voire de l'origine de l'*auctoritas* publique dont il est investi dans l'Empire.

pour rien que Hincmar de Reims, qui avait une autre idée de la grandeur du *regnum Francorum*, nomma ironiquement *imperator Italiae* ce fils de Lothaire Ier au pouvoir limité à l'Italie. Mais il y avait aussi un royaume franc dont Hincmar savait pertinemment que son fondateur, Clovis, premier roi catholique, ne devait pas grand-chose à la papauté (qui se trouvait, au moment de son baptême, dans le *regnum* de son ennemi Théodoric). De ce triangle des *auctoritates* qui prétendirent dominer la hiérarchie ecclésiastique, Constantinople, Rome et Aix-la-Chapelle, ne subsistèrent finalement que les deux premières, l'une pour l'Orient, l'autre pour l'Occident.

Les insignes de rang ou de fonction épiscopaux

L'étude des symboles du pouvoir passés de l'Empire à l'épiscopat renforce notre impression quant à la puissance du pouvoir impérial dans l'« Église du *princeps* ». À côté de ce que l'Église a pu s'approprier par simple imitation des fastes de l'État (*imitatio imperii*), il faut insister sur ce qu'elle a reçu des mains de l'empereur. Pour Theodor Klauser qui fut un des premiers à étudier ce qu'il appelait les « droits d'honneurs épiscopaux » (*bischöfliche Ehrenrechte*), l'analogie de certains d'entre eux avec les droits, insignes et titres de la *nobilitas* impériale était si frappante qu'il alla jusqu'à voir dans les évêques des sortes de fonctionnaires. Or, ces derniers étaient payés par l'État et immédiatement révocables, tandis que les dignitaires ecclésiastiques, tout en servant leur *princeps*, appartenaient à une *militia* à part, celle du Christ.

Louis Duchesne a signalé dans ses *Origines du culte chrétien* (5e éd., Paris, 1925) les premières preuves de la provenance impériale du pallium, ce vêtement liturgique consistant en une « bande de laine portée par le pape comme symbole de la succession apostolique et décernée par lui à certains évêques », selon la définition du *Dictionnaire historique de la langue française* (1992). À l'origine, ce mot désignait un manteau en laine porté de préférence par les philosophes ; c'est pourquoi l'art chrétien montre Jésus, le maître de la vraie philosophie, vêtu d'un pallium. Au sens d'une bande de laine à la fonction symbolique, il a en effet servi au pape pour signifier la dépendance des évêques métropolitains de l'Occident à l'égard de l'Église romaine — tant les « archevêques », ainsi désignés par Charlemagne, que les « primats » des Gaules ou de Germanie nommés par le pape. C'est par l'envoi du pallium de la part du pape, ou par sa remise à Rome, qu'un évêque pouvait se considérer comme reconnu et légitimé par saint Pierre, car le pallium avait été préalablement déposé sur la tombe du prince des apôtres. Or les hauts dignitaires impériaux arboraient une écharpe identique, le *lorum*, visible sur les diptyques consulaires en ivoire du ve siècle. Une loi impériale en confirme l'identité avec le pallium, désigné comme un insigne de rang qu'ils portent sur la poitrine (*« palliis pectore contegentes conditionis suae [...] testentur »*, code Théodosien, XIV, 10, 1, 1).

Au VIe siècle, on voit le pape demander à l'empereur l'autorisation de décerner le pallium à des évêques de l'Occident ; il agit alors en tant que délégué de l'empereur aux affaires ecclésiastiques en Occident. Au VIe siècle toujours, le patriarche de Constantinople, Anthimos, rend son pallium (en grec *omophorion*) à l'empereur au moment de démissionner. De même, des agents impériaux reprennent son pallium à Paulos, patriarche d'Alexandrie, en signe de sa déposition, tout comme au pape romain Silverius en 537. Le pallium est donc un insigne de rang ecclésiastique, accordé par l'empereur et de valeur juridique précise. Voilà qui confirme à l'évidence ce que nous avons dit sur la libre disposition par l'empereur des hautes dignités ecclésiastiques et des titres correspondants. Le pallium, même quand il émane directement de l'empereur, garde sa valeur spirituelle, comme le prouve l'exemple de Maurus, évêque de Ravenne, qui, se sentant mourir en 671, ordonne à ses clercs de demander le pallium à l'empereur (*« pallium ab imperatore petite »*), et le reçoit. Les évêques ne pouvaient porter cet insigne de rang mais aussi de fonction que lors de leurs séjours à la Cour, et dans l'exercice de leurs activités liturgiques dans leur diocèse.

Il est impossible d'énumérer ici tous les exemples, certains ou probables, de l'origine impériale des insignes de rang ou de fonction épiscopaux. Klauser en cite un autre : les *campagi*, ces souliers d'apparat ornés de pierres précieuses et de perles. Lors du procès du pape Martin Ier, condamné à Constantinople pour haute trahison en 653, le tribunal de la Cour, avant de le livrer pour être exécuté au *praefectus urbi*, lui fait ôter le pallium, qui est « annulé » par des incisions, et les *campagi*, dont les lanières sont découpées. Il ne s'occupe pas de ses vêtements ecclésiastiques, comme la *sacerdotalis stola* qui lui est enlevée à la préfecture. C'est que seuls le pallium et les *campagi* sont des insignes de rang d'origine impériale. En effet, ces souliers précieux sont portés comme tels par l'empereur et les plus hauts dignitaires impériaux, ainsi que par certains évêques, comme le prouve une mosaïque de Saint-Vital de Ravenne dès le VIe siècle.

Cette hiérarchie impériale des *dignitates* et des titres et symboles attachés à un rang précis accordé à de hauts dignitaires des cultes reconnus par l'Empire s'étendait au patriarche juif et, peut-être même, aux prêtresses du culte d'Isis. Ce qui sera en Occident le symbole de l'unité de l'Église, guidée par un pape qui se considère comme le véritable empereur, a été auparavant le symbole de l'unité de l'Empire et de sa *nobilitas* sous le *fons honorum*, l'empereur étant source unique de tous les honneurs. Tandis que des évêques recevaient le pallium en signe de reconnaissance impériale de leur dignité publique, le clergé recevait l'étole (*stola*), ainsi que l'a également observé Duchesne. Des clercs devenus évêques gardaient l'étole en y ajoutant le pallium, le rang supérieur n'annulant pas le rang inférieur.

Dans le riche héritage des insignes et symboles du prestige suprême échu à la papauté après sa séparation de l'empereur au VIIIe siècle émerge un vrai symbole de ce qui sera la *potestas episcopalis*, à savoir le trône épiscopal. L'Ancien Testament connaît le trône comme attribut du roi, et le trône de Dieu comme image de sa royauté universelle et de sa gloire immarcescible. David est imaginé assis sur le trône de Dieu comme son lieutenant, trône qui deviendra celui du Messie. Le monde ancien distinguait le trône du souverain, la tribune du juge et la *cathedra*, la chaire, du maître. L'évêque des origines chrétiennes utilise la *cathedra* lors du sermon, mais aussi en tant que juge. *Cathedra*, outre son sens de « siège de l'évêque », peut désigner au figuré la fonction épiscopale, comme dans la *cathedra Petri* de Rome, dès le IIIe siècle. Au IVe siècle, avec la prise en charge par les évêques de fonctions publiques, la *cathedra* garde son nom, mais elle est remplacée par le trône des dignitaires impériaux. De dimensions plus modestes que le trône impérial, il est caractérisé par son podium, lui aussi plus ou moins élevé selon le rang de l'intéressé, et par son dais en soie (le mot français « baldaquin » [XIVe siècle] vient de l'italien *baldacchino*, issu lui-même de Baldacco, le nom italien de Bagdad, fameuse pour ses soieries).

Là encore, le symbole étatique dévolu à l'origine au détenteur de la *potestas publica* exprime la réalité de la *potestas* exercée par l'évêque — soit publique, soit en son église —, évolution irréversible malgré le refus déjà mentionné de certains évêques comme saint Martin de Tours, saint Hilaire de Poitiers, saint Fulgence de Ruspe et saint Augustin. Assis sur un trône orné de pierres précieuses gravées et sur des coussins de pourpre, portant en plus du pallium et des *campagi* un *camelaucum* — couvre-chef d'apparat des hauts dignitaires de l'État (coiffé par exemple par Cassiodore, ministre de Théodoric), qui évoluera vers la mitre et la tiare, d'origine assyrienne — et une bague en or réservée au rang sénatorial, ces nouveaux « sénateurs » de l'Église, d'ailleurs recrutés de plus en plus parmi les familles sénatoriales, courent le risque de s'éloigner de leurs ouailles par ce faste. Il faut tout de même noter les exceptions heureuses de ceux qui utilisent leur pouvoir et leurs moyens au profit de leur *plebs* et de leur cité. De toute façon, ce sont désormais des personnalités peu accessibles, qui donnent audience comme les dignitaires de l'État, et cela dans un bâtiment séparé de leur « cathédrale » — bâtiment qui de simple maison deviendra une résidence, voire un palais : les cours épiscopales seront un élément capital de la culture européenne.

Pouvoir temporel et pouvoir spirituel

En analysant l'intégration de la hiérarchie des rangs et droits des Églises dans l'État romain à l'initiative impériale, nous avons souligné la force légitimatrice du *princeps*, mais il nous faut aussi en indiquer les limites. La nouvelle religion que l'Empire avait faite sienne n'était pas sa création, à la différence des cultes romains « païens ». C'est au contraire Dieu, adoré désormais par l'empereur, qui avait fondé l'Empire et fini par écraser ses anciens dieux (romains) et leur culte. Le modèle qu'Il avait imposé, c'était la royauté de David. Ceux qui servaient le Christ, même honorés et distingués par l'empereur, n'étaient pas les créatures de ce dernier : leur maître était l'empereur des empereurs, le Christ. Ils avaient donc droit, avec les saints, intermédiaires puissants entre Dieu et les hommes, à une vénération particulière.

Malgré la continuité du droit public romain dans les affaires religieuses, le caractère « binaire » de l'ordre des choses humaines devait s'imposer inéluctablement. C'est la grandeur d'Ambroise de Milan de l'avoir appris à Théodose, et la grandeur de cet empereur d'avoir compris et accepté la leçon. Celui-ci est le premier empereur à avoir saisi qu'il avait rang de fidèle au sein de l'Église et avait besoin d'elle en tant que pécheur. Son exemple a été sciemment « imité » par Louis le Pieux, qui voulut être un nouveau Théodose, comme plus tard par saint Henri II. L'on parvint ainsi à un compromis : le cadre légal de l'Empire, y compris « son » Église, était l'affaire de l'empereur, mais le contenu spirituel relevait de l'Église. Il ne faut donc pas oublier que la hiérarchie des rangs et des titres ecclésiastiques, tout en ayant un côté « administratif », revêtait surtout un caractère spirituel.

Les évêques étaient les pères vénérés des grands de ce monde, lesquels se montraient fiers d'être appelés « mon fils » par eux. Être *filius noster* du pape était une distinction fort recherchée par les grands, y compris l'empereur. De cette autorité spirituelle qu'incarne le Saint-Père, Charlemagne était conscient quand il se définit comme *rex* et le pape Adrien Ier comme *pater,* en un sens à la fois personnel et spirituel. De toute manière, c'est l'évêque qui jugeait les grands, qui les louait, les exhortait, les critiquait, les menaçait des conséquences de leurs méfaits qui risquaient de leur barrer le chemin du ciel, voire de les condamner aux enfers. Tel était le devoir du bon évêque, qui savait qu'il serait jugé, lui, pour avoir négligé d'avertir à temps le prince. Le saint homme reconnu comme tel était recherché par les rois, qui désiraient l'avoir pour guide et conseiller, ou pour parrain de leurs enfants, afin que son charisme pût s'étendre à toute leur famille. Il n'y avait pas « lutte de l'Église et de l'État », mais processus de fusion, l'Église ayant fait oublier à l'État son héritage préchrétien.

Après la fusion de la *nobilitas* christianisée et du haut clergé « anobli », les idées religieuses, politiques et sociales restent essentiellement les mêmes, à commencer par le modèle biblique, évoqué au IXe siècle par Hincmar. Évêque pourtant combatif face aux rois, celui-ci souligne combien le roi et l'évêque s'entraident, comment l'onction du premier par le second suit l'exemple des rois hébreux, le modèle commun à tous étant David. C'est dans ce monde chrétien que le « dimanche » *(dies dominica),* le jour du Seigneur, a été instauré en 321 par une loi de Constantin, avec interdiction du travail servile (sauf dans l'agriculture) et introduction d'une prière solennelle des soldats qui, en latin (langue militaire même en Orient), doivent rendre grâces à Dieu et prier pour l'Empire, l'empereur et sa famille ; c'est là l'origine de la prière pour le chef d'État dans les églises, qui a joué un rôle considérable du monde franc jusqu'à nos jours. Défense est faite aussi de juger les hommes un dimanche, disposition étendue par Théodose aux fêtes de Noël, du Nouvel An, de l'Épiphanie et de la semaine pascale. Enfin, Constantin a décidé que les oraisons des clercs leur vaudraient en tant que service de l'État l'exemption de certaines obligations civiques, ce qui a pris forme de loi sous son fils Constantius (code Théodosien, XVI, 2, 16) : « sachant que notre *res publica* est mieux soutenue par le service des prêtres que par nos efforts et notre sueur ». En est issu un système d'immunités, de dons et de récompenses qui a fondé la richesse de l'Église.

C'est un édit de l'empereur Justin II (565-578) qui rend obligatoire dans tout l'Empire la célébration de la fête de Noël le 25 décembre (instituée par l'Église de Rome au IVe siècle pour supplanter la fête de *Sol invictus* fixée au solstice d'hiver depuis Aurélien [270-275], elle est concurrencée en Orient par l'Épiphanie [6 janvier] comme jour de la naissance de Jésus, dans le but de mettre un terme à la fête de la mise au monde d'Aion par la déesse vierge Korê). Les grandes fêtes de l'année ecclésiastique et celles de certains saints influent sur le choix de la date des actes solennels du *princeps* et de ses décisions politiques et militaires : on couronne à Noël (jour auquel on pardonne aux adversaires politiques), à l'Épiphanie, à Pâques, à la Pentecôte et à la Chandeleur (jour où l'on aime convoquer les grandes assemblées depuis les Carolingiens). L'Assomption était le jour prescrit pour commencer les campagnes militaires, mais c'est un 15 août également que l'empereur Frédéric II édicte en 1235 la paix générale pour l'Empire (*Reichslandfrieden*). La spiritualisation du combat tient au fait qu'il était considéré comme un jugement de Dieu. Aussi se battait-on sous la protection de « son » saint patron. Si c'était saint Pierre, on choisissait le 22 février ou le 1er août, qui était également le jour de la fête des Maccabées. Charlemagne et son frère se firent sacrer rois à la Saint-Denis, saint au soutien duquel leur dynastie attribuait sa dignité royale. Par ailleurs, les papes choisissaient le Jeudi saint pour lancer l'anathème.

La présence constante de Dieu et des saints confère aux actions des dirigeants de l'État et de l'Église la signification d'un combat pour la foi. C'est le même monde qui voit l'empereur Frédéric II reprendre la tradition impériale de Théodose et mettre le glaive de la justice séculière à la disposition des inquisiteurs de l'Église, et le roi Louis VIII poursuivre *manu militari* les cathares qui contestent la doctrine de l'Église dans le Midi, région où Louis XIV agira de même contre les huguenots. L'État était dans l'Église, et l'Église dans l'État, y compris quant à la carrière des nobles — et ce sous Richelieu encore, dont Roland Mousnier dit « qu'il exerça des fonctions et remplit des missions de plus en plus hautes dans l'Église et dans l'État, alors inséparables ».

Après ces exemples de l'alliance inextricable du spirituel et du temporel, on ne saurait s'étonner des initiatives royales prises à l'époque mérovingienne à propos du rôle des monastères sur le plan politique, économique et spirituel. Dagobert Ier, dotant le monastère de son saint patron, Denis, en ornements et en revenus, y fit introduire — en « imitant consciemment des modèles byzantins » — la *laus perennis,* psalmodie continue de moines qui se relaient. Le modèle immédiat, que le roi avait ordonné de suivre, était la liturgie en usage depuis 515 au monastère de Saint-Maurice d'Agaune, dans le Valais, où elle était arrivée d'Orient « grâce aux relations qui existaient entre saint Avit [évêque de Vienne] et la cour de Constantinople » (Robert Folz).

Mais c'est la reine Bathilde qui, lors de la régence (657-664/667) qu'elle exerça au nom de son fils Clotaire III, inaugura une politique abbatiale de grande envergure. Elle limita, voire réduisit à néant la *potestas* du responsable respectif de chacun des six monastères ou églises de renom qu'elle désignait comme *seniores basilicae* (Josef Semmler). Elle imposa une règle mixte, bénédictine et colombanienne, à Saint-Denis, Saint-Germain d'Auxerre, Saint-Médard de Soissons, Saint-Pierre (de Sens?), Saint-Aignan d'Orléans et Saint-Martin de Tours. Bathilde exigea de plus une discipline rigoureuse qui faisait des « basiliques » élues une force spirituelle au service de Dieu et du salut du royaume. Par l'immunité et la riche dotation qu'elle leur accorda, elle en fit pratiquement des « monastères royaux ».

Au sujet de la politique abbatiale d'une reine qui fonda aussi Chelles et Corbie — abbayes, de femmes pour la première et d'hommes pour la seconde, qui seront des centres brillants sous les

Carolingiens —, Olivier Guillot note qu'ainsi « le pouvoir du roi sur le monachisme prenait une dimension nouvelle : un pouvoir protecteur qui [...] pouvait laisser place, le cas échéant, à une emprise et à des confiscations ». Ce qui arrivait, en effet, sous les maires du palais pippinides. Mais il ne faudrait pas mettre l'accent sur les seuls inconvénients du système. Fondations et privilèges s'accompagnèrent, comme Guillot n'omet pas de le rappeler, d'un « prodigieux essor » du monachisme au VIIe siècle, qui fut doté par la royauté d'« un patrimoine qui représentait, vers la fin du siècle, à peu près un cinquième de la fortune agraire du royaume ». Ces monastères et leur administration modèle contribuèrent à l'essor démographique du VIIe siècle et furent, après l'éclipse due aux troubles de la fin du VIIe et du début du VIIIe siècle, à l'origine d'un essor économique qui vit la naissance des premières « villes » dynamiques auprès des monastères (par exemple Abbeville, près de Corbie).

Pour qu'on cesse de ne voir dans cette grande époque de l'Église qu'un passage douloureux pendant lequel elle aurait subi les entraves du pouvoir temporel, évoquons des exemples de ce qu'elle doit aux mérites des empereurs et rois (sans revenir sur ceux de Constantin et autres Théodose). Qui a protégé la Gaule du Nord et son épiscopat menacés par les Wisigoths hérétiques et les Alamans païens, sinon Clovis, appelé pour cela *custos patriae* par saint Remi? Qui a imposé la foi catholique à la Saxe, sinon Charlemagne, célébré par les Saxons comme leur apôtre, derrière lequel ils marcheront vers le Christ lors du Jugement dernier? Qui a organisé les missions en Scandinavie, sinon Louis le Pieux? Qui a arraché la péninsule Ibérique aux Arabes, sinon les efforts réunis des rois et nobles du nord de l'Espagne et de France? Et, à l'intérieur de l'Église, qui a dicté, sans discontinuer, des réformes à des évêques et des moines passagèrement oublieux de leurs devoirs, sinon le *princeps*? Citons à cet égard Carloman, *princeps Francorum*, convoquant des synodes en ce sens immédiatement après sa prise de pouvoir; son frère Pépin, devenu roi, et le fils de celui-ci, Charlemagne, réorganisant leurs églises et l'enseignement du clergé; ou Louis le Pieux imposant, avec l'aide de saint Benoît d'Aniane, comme seule règle monastique la règle bénédictine dans une version fort stricte, ou faisant des chanoines des réguliers.

Le *princeps* a pu être un véritable bienfaiteur de l'Église. Robert II, Henri II et Henri III ont assumé ce rôle, favorables qu'ils étaient à Cluny et aux réformes. Un bel exemple anglo-saxon a été signalé en 1991 par Josef Semmler : au Xe siècle, le roi Edgar, ayant réunifié les *regna* de Mercie et de Northumbrie avec le Wessex, suggéra une réforme pour mieux servir le Christ, et trouva comme aides des *spirituales patres* déjà engagés dans la rénovation de la vie monastique — parmi eux figurait Dunstan, archevêque de Cantorbéry. Ils comparèrent le roi au Bon Pasteur qu'avait été le Christ. La chancellerie royale reprit la parole de Jérémie qui avait été revendiquée par Louis le Pieux : le roi a autorité « sur les royaumes et les peuples afin qu'il arrache et détruise, qu'il dissipe et disperse, qu'il reconstruise et plante ». Des monastères en ruine furent restaurés, d'autres fondés, les clercs sans discipline étant chassés et remplacés par des moines *regulari norma servientes* pour lesquels une règle unique (*una consuetudo*) fut établie au synode de Winchester (vers 970-973), selon le modèle conçu par Louis le Pieux aux synodes d'Aix-la-Chapelle de 816 à 818. La reine veilla enfin à la fondation de couvents réformés de religieuses.

Soit à l'initiative du *princeps*, soit sous sa protection irremplaçable, l'Église renoua donc à plusieurs reprises avec la règle dont elle n'aurait jamais dû s'écarter, et à travers de telles réformes elle retrouva ces élites bien formées qui lui avaient parfois fait défaut.

CHAPITRE XI

La foi et la politique

Après avoir démontré l'indéniable primauté du *princeps* dans l'Église, nous allons mettre l'accent sur l'essor du pouvoir épiscopal dans le monde politique. Il y a eu interaction entre les deux phénomènes. La délégation par le *princeps* de plus en plus de droits et de pouvoirs publics aux évêques a inéluctablement concentré dans leurs mains tant de *potestas publica* qu'ils sont devenus des acteurs politiques de première grandeur. L'État s'est christianisé, l'Église s'est « politisée », et c'est ainsi qu'est née leur symbiose. Le résultat en a été l'apparition de la *potestas episcopi* : il faut entendre par là aussi bien le pouvoir de l'évêque au sein de son Église que le pouvoir de l'épiscopat dans le monde politique. Il s'établira un certain équilibre, voire une certaine concurrence, entre *potestas publica* et *potestas episcopi*, qui coexisteront sous la *potestas principis*. En Occident, la papauté, expression la plus puissante de la *potestas episcopi*, finira par prétendre à la *potestas principis*.

Les pouvoirs des évêques

Les canonistes parlent peu de la genèse de la *potestas episcopi* au sein de l'Empire. Y verraient-ils un don divin direct? D'où venait-elle, en ce qui concerne sa part de pouvoir public, sinon de l'empereur, qui seul pouvait la déléguer? D'où venait la richesse matérielle des églises, sinon des largesses de l'État et des dons des grands de ce monde? Au moins le *princeps* considérait-il les fonds « prêtés » aux églises comme restant dans le domaine public (dont l'Église faisait partie), liés aux tâches officielles confiées aux prêtres et aux évêques, et révocables en cas de nécessité publique : alors, le clergé devait participer aux travaux de fortification, aux *munera sordida*, dont il était en principe exempt. En tant que *civis Romanus*, même l'évêque de Rome était comme tout autre prélat le sujet de l'empereur, qui pouvait le faire arrêter au Latran et condamner à mort — ce fut le cas en 653 pour Martin Ier, qui, grâce à l'intercession du patriarche de Constantinople, fut exilé à Chersonèsos, sur les rives du Dniepr.

Les évêques ne pouvaient ni ne voulaient se tenir à l'écart de l'Empire, qui était le leur. Ils se sont intégrés dans ses structures pour en devenir la nouvelle élite, sous l'autorité de l'empereur. Si la foi chrétienne est issue de l'Orient ancien, l'Église, elle, qui s'est développée du IVe au VIIe siècle, ne se comprend que dans le cadre de l'Empire romain.

L'essor politique et économique de l'épiscopat *

D'une communauté de croyants, l'Église s'est transformée au sein de l'Empire romain et des États qui lui ont succédé en une force dominant les masses urbaines et dotée d'une grande puissance économique. Le sol qui a nourri cette croissance a été celui de l'Empire, avec ses lois, ses institutions, ses *gradus dignitatum*, ses terres et ses hommes.

Pour assurer l'exercice du pouvoir spirituel des serviteurs de Dieu, l'empereur érigea des églises et leur attribua les moyens nécessaires. L'État construisit des églises « *expensis publicis* ». Les paiements effectués par le préfet du prétoire en vue de ces constructions ont été parfois interprétés comme des dons privés, à tort : en 411, comme l'a montré Jean Durliat, le préfet ordonne à l'évêque de Narbonne de commencer des travaux dont l'État paiera durant deux ans les artisans et les matériaux. En dehors des dépenses afférentes aux terrains et aux bâtiments, il fallait disposer de revenus réguliers : c'était l'*immunitas*, les « immunités » qui garantissaient aux églises une grande autonomie de leurs domaines ainsi que de gros avantages sur le plan fiscal, l'État renonçant à une notable partie de ses revenus en leur faveur. Il y avait donc une autolimitation du pouvoir impérial et de ses agents au profit de l'Église. L'aide aux pauvres et aux faibles (veuves et orphelins) comme aux malades étant une activité primordiale des communautés chrétiennes, il était naturel que l'État se déchargeât largement sur l'Église de ses propres responsabilités en la matière.

Ainsi transformée en véritable service public, l'Église vit ses attributions croître très vite. En raison de l'autorité morale dont jouis-

* Sur les débuts de l'essor de l'Église, *cf.* les travaux récents d'auteurs comme Karl Leo Noethlichs, Martin Heinzelmann, Friedrich Prinz, Jean Durliat et Christian Schweizer.

saient les évêques, l'empereur employa ces derniers à combattre les abus en tout genre. Il fit d'eux des juges incorruptibles en matière de droit privé, mais aussi des sortes de « commissaires » publics chargés de contrôler des instances publiques, administratives, politiques et surtout fiscales. L'évêque étant responsable des chrétiens de « sa » cité, l'extension de ses attributions fut particulièrement significative sur le plan local où, en tant que « père » de ses ouailles, il dépassa rapidement toutes les autres autorités. Il y avait donc partage des tâches publiques entre l'État et l'Église, les devoirs de l'un comme de l'autre ayant pour contrepartie leur pouvoir, et *vice versa*.

Nous avons déjà parlé de la portée de cette évolution sur le plan social, mais sans aborder les débuts de ces changements, moins bien connus que leur évolution ultérieure. L'étendue des responsabilités des évêques chrétiens dans les cités de l'Empire et des moyens que l'État avait mis à leur disposition est révélée par l'ordre de l'empereur Julien, au moment de ses mesures antichrétiennes en 362, de rendre aux cités les possessions qu'elles avaient dû céder aux églises afin de permettre à celles-ci, entre autres, de s'acquitter des fonctions d'ordre social qui leur avaient été confiées. Une loi* de l'empereur Honorius de 409 charge l'évêque et son clergé d'élire, de concert avec les *possessores* et les *curiales* de la cité, le *defensor* destiné à protéger la population des abus des *potentes*. Autour de 500, l'évêque tient une place essentielle dans le domaine du ravitaillement de la population : c'est lui qui, d'office, nomme aussi bien les agents d'achat pour les céréales que les fonctionnaires responsables des vivres. Plus important politiquement, l'évêque coopère avec le gouverneur de la province ou les défenseurs des cités, en matière de paiement et de ravitaillement des soldats. Les évêques sont donc les médiateurs essentiels entre la population romaine et les Barbares.

On a pu montrer que les lois justiniennes de 554 pour l'Italie étaient déjà largement appliquées sous l'administration romano-gothique, à la fin du ve siècle. Ennodius rapporte que le *princeps ecclesiae* de Pavie, Epiphanius († 496), dirige d'office l'approvisionnement, et de la population, et de la garnison gothique dans la ville. D'une manière plus générale, c'est tout le domaine des impôts et du cours des céréales qui va passer de plus en plus sous le contrôle des évêques, jugés plus aptes à agir dans l'intérêt des habitants, sans chercher à s'enrichir personnellement. Aussi les édits romano-gothiques s'adressent-ils, sur ces points, aux *episcopi et honorati*, ou encore aux *cives atque episcopi*. Le roi Théodoric a

* Elle nous est parvenue dans une version peut-être ultérieure, ce qui jette un doute sur l'époque de son entrée en vigueur.

confié à l'évêque Aemilianus la construction d'un aqueduc : « *cura ex nostra auctoritate suscepit* ». Comme l'observe Martin Heinzelmann auquel nous devons ces exemples, ce n'est pas seulement à partir de Justinien et dans le seul empire d'Orient, mais également en Occident que l'évêque est devenu un rouage essentiel de l'administration romaine.

Ces activités sociopolitiques de l'épiscopat n'apparaissent guère dans les textes de l'administration impériale qui, normalement, ne s'adresse qu'à ses propres fonctionnaires, les églises étant obligées de se doter d'une administration qui leur soit propre. C'est ici qu'apparaît en pleine lumière la situation politico-institutionnelle des membres du haut clergé. Tout en exerçant des fonctions publiques essentielles — et cela non seulement sur initiative « privée » ou à la demande de la population, mais en vertu de la mission que leur ont confiée les autorités —, ils ne sont pas des fonctionnaires de l'État. Mais, grâce aux fonds reçus de l'État et à ceux donnés par des fidèles aisés (y compris l'évêque en personne, qui offrait souvent une partie considérable de sa fortune), l'Église est devenue une administration à part qui, tout en restant *militia Christi*, a juridiquement et sur le plan temporel le caractère d'une *militia* placée sous l'autorité suprême du *piissimus princeps*.

La preuve en est que le *privilegium fori* — disposition capitale du droit canon qui garantit la compétence de la juridiction ecclésiastique lorsque des membres du clergé sont impliqués — trouve son origine, le terme y compris, dans la législation militaire. Les soldats ne pouvaient être convoqués et jugés que par le juge militaire (code Justinien, III, 21, 2), même dans des affaires les opposant à des civils. Le clergé était une autre *militia*, séparée en droit des hommes qui n'y appartenaient pas. « Si les évêques n'ont jamais fait partie de la hiérarchie officielle des dignitaires de l'Empire » (Martin Heinzelmann), il n'empêche que qualifier l'Église de « service public » n'était pas une simple « prétention » impériale : l'Église était bien une institution publique de l'Empire. Toutes les tâches publiques confiées aux évêques par l'empereur dès le IVe siècle ont amené une « revalorisation formidable de la fonction épiscopale ». Les évêques, acceptant les droits et privilèges, ont pris une place de choix dans la société politique du fait de leurs liens avec l'État, sans parler de leur prestige spirituel. Céder des revenus publics aux églises signifiait que leur perception incombait à ces mêmes églises, qui devaient aussi être capables de prendre en charge les tâches administratives correspondantes. Une loi de 423 somme les *venerandae ecclesiae* de maintenir en bon état ponts et voies publiques sous leur compétence locale. Une novelle de Justinien place l'évêque à la tête des *possessores* de la cité : « *sanctissimus* [titre élevé] *civitatis episcopus et reliqui possessores* ».

L'administration municipale et étatique représentée par les *curiae* des cités, mal protégées contre les *potentes* par des *defensores* eux-mêmes impuissants et parfois appauvris, avait un besoin urgent de l'aide des institutions que les évêques s'étaient créées, d'abord pour régir les propriétés de l'Église, puis pour faire front aux obligations publiques qu'ils avaient acceptées dans « leur » cité. Mamertus, *nobilis* et évêque de Vienne, dispose vers 470 d'un *consiliarius in iudiciis*, qui préside le tribunal épiscopal et qui est son propre frère, d'un *vicarius* chargé de l'administration des églises qui lui sont subordonnées, d'un *procurator* pour les finances de l'évêché, d'un *villicus* qui en régit les domaines, et d'un *tabularius (in tributis)* pour s'occuper des impôts. Ce dernier n'encaissait pas seulement les impôts dus à l'Église, mais aussi ceux dus à l'État, qu'il reversait au fisc après déduction des dépenses publiques de l'évêché. La liste de ces « fonctionnaires » nous est donnée par un autre évêque « nobilissime », Sidoine Apollinaire, qui avait auparavant exercé les plus hautes fonctions de l'État (*praefectus urbi* à Rome) et qui appliquait les méthodes de l'administration étatique à celle mise en place dans les évêchés par ses confrères issus de la même *nobilitas* romaine. L'État, que ce fût l'Empire ou le royaume franc, était heureux de pouvoir utiliser une administration « supplémentaire » ou « parallèle », plus efficace et plus honnête.

Mais le revers de la médaille ne se fit pas attendre. Non seulement l'administration urbaine des cités ne pouvait plus disposer des biens que l'État avait attribués à l'Église (ce qui conduisit parfois la législation impériale à rebrousser chemin), non seulement le gouvernement épiscopal jouissait d'un pouvoir supérieur à celui du comte local et en arriva dans quelques cités à nommer le *comes* ou à se faire jurer fidélité par ce dernier, mais encore la domination des finances publiques par les évêques était telle qu'un *princeps*, le roi mérovingien Chilpéric, se plaignit que son pouvoir était passé aux évêques : « *periet* [sic] *honor noster et translatus est ad episcopus* [sic] *civitatum* », en précisant que le fisc était appauvri, les ressources royales ayant été transférées aux églises.

Même exagéré, un tel constat reste significatif de l'essor politique et économique de l'épiscopat. Ce sont les évêques nobles qui font construire des monuments et bâtiments publics au profit des cités, comme jadis le firent leurs ancêtres païens; ce sont eux qui réunissent dans leurs greniers le blé pour le distribuer aux pauvres en temps de disette ou pour influer sur les prix. Bienfaiteur des pauvres et père de sa cité *(pater pauperum, pater populi)*, l'évêque en deviendra le maître incontesté. Les abus ne manquent pas dans cette « cléricalisation » de la société qui voit reconnaître aux prélats le droit d'exiler, de faire mettre en prison ou d'enfermer dans un monastère. On commença à nommer ce nouveau pouvoir temporel *dominium* ou *principatus*. Ainsi, Grégoire de Tours — qui prônait la doctrine selon laquelle le monde doit être gouverné, sous les auspices de Dieu, par le *rex* et l'*episcopus* — s'attendait à être reçu dignement par un *adventus* (à la manière d'un roi) quand il rentrait en sa cité, et n'hésitait pas à faire enfermer dans un monastère celui qui avait osé ne pas assister à l'événement.

Les prétentions de la papauté

Sur le plan spirituel, nous négligerons ici les antécédents de la prêtrise dans l'Orient ancien et hébreu, avec ses lévites, ses grands prêtres et ses prêtres dans le Temple de Jérusalem, ainsi que le *ministerium* de l'organisation intérieure de l'Église ancienne avec ses diacres, pour mettre l'accent sur le pouvoir de contrôle étendu de l'épiscopat et sur le principe spirituel fondamental de la tradition apostolique, fondée sur le rôle éminent dévolu aux apôtres par le Christ, son charisme institutionnalisé étant respecté même par les grands de ce monde.

Maître de sa cité, l'évêque est aussi dans son diocèse, grâce à ses compétences juridictionnelles, le maître de son clergé, un « monarque » dont la puissance ne trouvera ses limites qu'avec l'essor des chapitres cathédraux. Pour désigner l'ensemble des droits acquis par les évêques, la *potestas episcopi,* on s'est servi d'un terme qui avait exprimé jusqu'alors un pouvoir public, réservé au seul État et aux seuls dignitaires de l'État ayant reçu un *honor,* à savoir la *potestas (publica)*. Ce n'est guère un hasard si l'application de la *potestas episcopi* non plus à la seule autorité de l'évêque au sein de l'Église, mais au rôle public, voire politique de celui-ci, a revêtu l'aspect d'un programme sous la plume d'un évêque de Rome de l'envergure de Grégoire le Grand. Vers 600, il parle de sa *potestas* — mieux encore, de sa *temporalis potentia,* son pouvoir temporel. Un seuil était franchi : la *potestas episcopi* était reconnue à côté de la *potestas publica*. Et c'était un pouvoir public personnel. Les synodes avaient beau rappeler qu'un évêque n'est que l'administrateur des biens ecclésiastiques, les évêques pouvaient même devenir *princeps* de « leur » cité. Quand celle-ci est Rome, l'emploi du terme *temporalis potentia* prend toute sa signification : il inaugure une autre époque de l'histoire non seulement de l'Église, mais de l'Europe.

Grégoire le Grand, après une carrière de haut fonctionnaire rompu aux arcanes de l'administration, a été un moine animé par une foi fervente, avant de parvenir à la tête de l'Église romaine tout en restant moine en son for intérieur. Ses œuvres, qui font une large place aux miracles (ce qui a amené les modernes à le sous-estimer alors qu'il n'entendait que montrer l'action de Dieu, omniprésent), sont complétées par une immense correspondance, heureusement conservée en grande partie. Elle le fait apparaître comme un des premiers papes entretenant des relations politiques « internationales », strictement respectueux des droits et de la grandeur de l'empereur, mais nouant des liens avec les *gentes* en dehors de l'Empire en Occident, pour les rattacher à son patriarcat. L'autorité spirituelle de cet évêque de l'*Urbs* déchue en tant que capitale de l'Empire païen, mais devenue siège du successeur des saints apôtres Pierre et Paul martyrisés à Rome, se double de la puissance d'un pape en train de devenir le maître politique du *ducatus* impérial de Rome, et qui sait organiser en *massae* bien administrées les immenses domaines de son Église.

Désormais, le modèle de la « principauté ecclésiastique » existe. Il dépasse le caractère local (non négligeable) du pouvoir de l'évêque d'une cité moins importante (en Gaule par exemple) et laisse entrevoir la place que l'Église pourra acquérir par sa *temporalis potentia*. Le mot et ce qu'il recouvre s'incarnent dans un pape qui, avant Charlemagne, aura été l'un des pères fondateurs de ce qui sera l'Occident catholique. Le génie politique romain a trouvé en la personne de grands administrateurs entrés dans l'Église un nouveau terrain pour s'exprimer. C'est cette double « Rome » — l'État romain, avec pour centre Constantinople, et l'Église qui sera « romaine » — qui a fait l'Occident chrétien. Et sa puissance, il la doit pour partie à ces hommes de la *nobilitas* romaine qui, formés juridiquement dans la *militia principis*, sont passés dans la *militia Christi*.

La Rome des papes fut en effet le centre de la résistance ecclésiastique occidentale à la piété un peu trop envahissante des empereurs. C'est le pape Gélase (492-496) qui, dans une lettre à l'empereur Anastase (l'allié de Clovis), essaya de transformer la défense légitime de l'autorité spirituelle du pape en une manifestation de sa supériorité sur l'empereur. En fait, l'édit de Théodose de 380 avait déjà reconnu l'autorité de saint Pierre et de ses successeurs, seuls habilités à transmettre la vraie religion : « *quam divinum Petrum apostolum tradidisse [...] usque ad nunc [...] quemque pontificem Damasum sequi claret* » (Justinien citera cette phrase de nouveau). Mais Gélase, lui, déclare : « Il y a deux choses par lesquelles ce monde est principalement régi : l'*auctoritas* consacrée des pontifes et la *potestas* des rois » (traduction d'Olivier Guillot). L'*auctoritas* — notion réservée au Sénat, puis au seul empereur, et appliquée enfin par Valentinien III (445) à la papauté en tant qu'autorité suprême de l'Église — devient l'« *auctoritas sacra pontificum* » dans le monde, ce qui amoindrit l'empereur, auquel le pape ne laisse que la « *regalis potestas* » (même pas *principis* !). Gélase ne défend plus là la seule autonomie spirituelle de l'Église : il affirme aussi la supériorité de principe de l'évêque sur l'empereur, faisant valoir qu'« au Jugement dernier les pontifes auront à répondre des rois eux-mêmes ».

Nous connaissons le climat psychologique qui a entouré les proclamations papales du ve au viiie siècle, grâce à Wilhelm Pohlkamp (1992), qui a daté et analysé les textes romains consacrés aux alentours de 400 et 500 à saint Sylvestre, textes précurseurs de la fausse Donation de Constantin. Il s'agit des *Actus Silvestri,* dont la version la plus ancienne inclut déjà le récit de Constantin malade de la lèpre, baptisé et guéri par Sylvestre, et fait procéder l'empereur, de concert avec le pape, à une refondation de la Rome chrétienne sur le Forum romain. Avant 500, les « faux symmachiens » inventent une correspondance du pape avec les pères du concile de Nicée, et les actes d'un synode romain par lesquels le pape approuve les canons. Tant le tournant constantinien que les fondements dogmatiques du christianisme sont liés à l'Église romaine. Mieux encore, une rédaction « eusébienne » légèrement postérieure donne à tout cela le cachet de l'autorité d'Eusèbe de Césarée, dont des versions grecques des écrits se diffusent en Orient peu après 500. La « fausse Donation » a d'autant moins suscité la critique des Carolingiens qu'elle contenait des parties (sauf précisément la Donation) qui étaient déjà largement répandues et tenues depuis longtemps pour des faits historiques. La propension de l'ancienne Rome à « corriger l'histoire » des origines catholiques était d'autant plus grande que la foi de ses habitants dans son bon droit historique et spirituel était sincère. Du point de vue occidental, la Donation a réparé le préjudice que l'empereur avait fait subir à l'Occident, et remis Rome à sa place. Les convictions profondes peuvent créer des mythes forts et durables.

Mais la doctrine papale n'a pu avoir des effets tangibles qu'avec la séparation de la papauté, alliée aux Carolingiens, et de l'*auctoritas,* et de la *potestas* de l'empereur. Les deux alliés se sont légitimés réciproquement, chacun conférant à l'autre une *auctoritas* impériale ou quasi impériale, et pouvant ainsi créer des rois en leur attribuant la *potestas principalis*. Grégoire VII déclarera que le pape est le véritable empereur. Urbain II (1088-1099), ancien moine de Cluny, collectionnera même les rois vassaux. La doctrine du pape empereur passe du décret de Gratien (xiie siècle) dans le *Corpus iuris canonici*. À la même époque, l'image des deux glaives (apparue au xie siècle) devient la « théorie des deux glaives », le pape étant censé disposer à la fois du *gladius temporalis* et du *gladius spiritualis*. Ce n'est que du pape que l'empereur aurait reçu le glaive temporel, dont la doctrine impériale prétend qu'il le tient directement de Dieu. Le trône apostolique romain, qui réunit la *potestas* l'*auctoritas* et le *sacerdotium* universel, jouit selon Bernard de Clairvaux de la *plenitudo potestatis*. Innocent III (1198-1216) se considère comme le *caput et fundamentum Christianitatis,* auquel, en tant que vicaire du Christ, est confié le monde entier *(totum seculum)*. Il distingue pourtant sa *spiritualis plenitudo* dans l'Église de sa *latitudo temporalium,* au sein de laquelle il distingue encore sa *plena potestas in temporalibus* dans le *patrimonium Petri* de sa juridiction suprême en cas de trône vacant, d'hérésie ou de grave péché d'un prince (*ratione peccati*).

Dans la pratique, le pape arrive plus facilement à contrôler l'empereur, qui lui devait son titre, que des rois rejetant la thèse papale selon laquelle ils étaient redevables des leurs à l'empereur. Quand Boniface VIII (1294-1303) réitéra cette doctrine, comme celle des deux glaives, dans la bulle *Unam sanctam* (elle faisait du roi de France un arrière-vassal de la papauté), Philippe le Bel lui montra par l'expédition d'Anagni qui disposait vraiment du *gladius temporalis.* L'on ne saurait pour autant oublier que les luttes épiques entre théoriciens papaux, impériaux et autres appartiennent à une époque où le pouvoir des deux « autorités universelles » (en Occident) était sur son déclin.

L'exagération passagère des prétentions de la papauté et avec elle de la *potestas episcopi* née dans le cadre de l'Empire romain chrétien ne doit pas conduire à négliger les moyens restés à la disposition de l'État, même en Occident, pour contrôler l'épiscopat :

1° nommer et, si besoin, destituer des évêques;

2° les utiliser comme instruments du pouvoir public;

3° considérer les terres remises aux églises comme partie intégrante du domaine public, comme des prêts consentis aux églises pour qu'elles puissent remplir leurs tâches publiques, prêts révocables en cas de nécessité.

Il va sans dire que ces moyens ont été vivement contestés et condamnés par l'Église, même si, loin de constituer une nouveauté, ils faisaient figure de « mauvaise coutume » introduite par l'État romain ou franc.

Le rôle public du haut clergé

Le caractère public de l'Église, institution essentielle de l'État romain chrétien, était une évidence et a été l'une des causes du rôle public du haut clergé. Si les possessions de l'Église formaient un secteur à part, cela n'a pas empêché qu'elles soient nommées conjointement avec celles du fisc dans les textes impériaux comme dans les textes francs. Une novelle de Justinien déjà citée était très claire sur ce point : les droits et les richesses des églises étant le résultat des largesses impériales, dans le passé et dans le présent (« *ecclesiis abundantia et status ex imperialibus munificentiis perpetuo praebetur* »), il était normal que l'État pût s'en servir à titre de récompenses. La novelle précise : *sacerdotium* et *imperium* ne se distinguent guère (« *nec multa differant* »), et il en va de même de leurs possessions — *sacrae res* d'un côté, *communes* et *publicae* (*res*) de l'autre. L'évidence du caractère éminemment public des *sacrae res* pour un Romain trouve son origine dans la place qu'elles avaient toujours eue à Rome. Mais voilà aussi reconnue officiellement la juxtaposition théorique du pouvoir épiscopal et du pouvoir impérial par l'emploi des notions de *sacerdotium* et d'*imperium*, inséparables de l'Empire chrétien longtemps avant qu'elles ne désignent la lutte entre pape et empereur en Occident.

Comme en d'autres domaines de la vie publique, le principe formulé par Justinien fut valable également dans l'État franc. En 544, le roi Clotaire Ier imposa aux églises de son royaume le paiement d'un tiers de leurs revenus, et tous les évêques signèrent l'acte, à l'exception de celui de Tours, qui reprochait au roi de remplir ses greniers au préjudice des pauvres. Argument moral qui permet de voir qu'il n'y avait pas d'argument juridique à lui opposer. Martin Heinzelmann note que le caractère public des propriétés de l'Église se retrouve dans l'édit de Clotaire II de 614, dans la loi des Bavarois et dans un capitulaire carolingien de 810, les *Brevium exempla*, qui énumèrent ensemble *res ecclesiasticas* et *fiscales* (voir à ce sujet Jean Durliat). Et Charles Martel, nous l'avons dit, agissait en *princeps Francorum* quand il utilisait des terres d'Église comme base de la défense du royaume contre les Arabes.

La désignation, voire la nomination des évêques par le roi a servi d'argument en faveur du caractère « germain » de son pouvoir. Or, les rois ne faisaient que suivre là l'exemple de l'Empire chrétien. Normalement, ce n'était pas l'empereur en personne qui s'occupait de cette question (sauf en ce qui concernait la capitale), mais l'administration impériale, qui cherchait souvent à imposer dans les provinces des hommes capables et dignes de confiance, choisis parmi les élites régionales. Le roi, dont on sait qu'il a pris jusqu'aux formes et formulaires des actes de la haute administration provinciale, ne fait que continuer l'usage qu'elle a inauguré. Le droit de pourvoir aux sièges épiscopaux est un devoir du *princeps* franc, qui se vante de remplir cette tâche « essentielle et noble » de son office, comme le déclare la préface d'un diplôme mérovingien : « *nihil tamen tam principale quam principe dignum est* ».

Les nobles désireux d'accéder à un siège épiscopal s'adressent à la Cour pour l'obtenir (parfois en offrant de payer la nomination), s'ils n'ont pas l'avantage d'y avoir reçu une formation les faisant membres d'une élite apte à se voir confier un évêché ou une abbaye. En général, les candidats aux successions épiscopales appartiennent à l'une des grandes familles du diocèse, ce qui fait espérer au clergé et à la population de la cité le règne d'un bienfaiteur riche. C'est alors une vraie « élection épiscopale » par le clergé et le « peuple » (*populus*), évidemment représenté par la noblesse, sinon par le roi lui-même. Pouvoir présenter un candidat apte par son âge et sa formation était très important pour ces grandes familles, comme nous l'apprend l'exemple de saint Didier. Ce haut fonctionnaire à la cour mérovingienne, que le roi voudrait garder, obtient son congé pour se faire élire évêque de Cahors comme successeur de son frère (une famille authentiquement romaine de hauts dignitaires). Il sera un évêque modèle, sans perdre le contact avec les hommes de la Cour.

L'élection épiscopale, influencée ou non par la Cour (par exemple celle de Ravenne) ou l'administration romaine ou par le roi, était donc beaucoup plus une affaire de routine qu'un sujet d'affrontement entre l'Église et l'État. Nous ne sommes pas à l'époque de la querelle des Investitures où papauté et royauté, sous prétexte d'« élection libre », se disputeront leur droit respectif. Quand la papauté l'aura emporté, c'est elle qui finira par nommer les évêques, aux dépens des chapitres locaux qui avaient monopolisé ce droit au détriment du bas clergé et du « peuple ». Du Xe au XIIe siècle, l'influence très ancienne des grandes familles locales prit une nouvelle forme en la personne des maîtres des nouvelles principautés qui prirent sur ce point, comme *princeps* régionaux, la place du *princeps* royal et imposèrent comme évêques des parents, des amis ou des vassaux. Il arrivait au comte d'Anjou, mais aussi à Hugues Capet, de faire élire évêque le fils d'un des vicomtes ou comtes au nombre de ses vassaux.

Les relations entre le *princeps* et l'épiscopat changèrent de caractère et d'intensité après la révolution que constitua la séparation de l'Occident, orchestrée par la papauté et les Carolingiens, de l'Empire désormais « d'Orient ». Jusqu'alors, si l'État s'était servi des évêques comme d'un instrument dans certains domaines et pour mieux administrer les provinces, les évêques n'étaient pas des partenaires du *princeps* dans le gouvernement de l'État, qui était l'affaire de la cour impériale, où leur rôle restait effacé. Mais en Occident, à la cour mérovingienne déjà, des évêques réussirent à former un groupe à la tête des *optimates*, ce qui leur assurait une influence certaine à la Cour. En 614, le roi Clotaire II parvint même à faire d'un synode général un instrument de l'unité du grand royaume qu'il avait pu constituer sous un seul roi. Cela resta sans lendemain à cause des luttes neustro-austrasiennes et entre maires du palais pour le pouvoir.

Quand les Pippinides en sortirent vainqueurs, ils misèrent, pour réformer le royaume et y affermir leur pouvoir, sur une coopération étroite avec l'épiscopat et l'Église de Rome. Pour cela, il leur fallut d'abord soumettre des principautés ecclésiastiques — l'historiographie carolingienne appelait *tyranni* ces évêques puissants. Ils réformèrent ensuite l'épiscopat sur le plan spirituel et reconstruisirent le réseau des provinces ecclésiastiques sur le plan administratif. Les frères Carloman et Pépin, qui avaient la haute main sur cette politique, convoquèrent en leur qualité de *princeps* (*Francorum*) les synodes de réforme. Ils s'entourèrent par ailleurs de tout un personnel de clercs d'élite auxquels ils confièrent la « chancellerie » pour délivrer leurs actes. Ces clercs étaient liés au prince par un serment de fidélité, et reçurent à leur tête un *capellanus*, le futur « archichapelain ». Cette fonction, exercée par des hommes remarquables comme Fulrad, abbé de Saint-Denis, a fait date sur deux plans : elle était une sorte de ministère des affaires ecclésiastiques qui disposait d'une grande influence sur la nomination des évêques (le *princeps* étant conseillé en la matière par cet adjoint aussi compétent que fidèle), et elle se spécialisa dans les relations avec la papauté et plus généralement dans les affaires d'Italie.

Le « modèle carolingien » : symbiose entre l'État et l'épiscopat

Cette collaboration nouvelle avec l'épiscopat et le pape fit ses preuves dans la politique d'évangélisation entamée en Germanie et en Saxe par les Pippinides en collaboration avec les missionnaires anglo-saxons, eux-mêmes en relations étroites avec la papauté. Les rivalités entre l'épiscopat franc (guidé par le remarquable Chrodegang, issu de la « chancellerie » de Charles Martel et nommé évêque de Metz par Pépin) et les Anglo-Saxons (guidés par Winfrid, appelé Boniface par le pape) n'ont été qu'une péripétie en regard du grand succès qu'avaient remporté les Carolingiens, alliés du pape et nouveaux maîtres en Occident. Désormais, outre le haut clergé immédiatement au service du *princeps* à la Cour, il faut compter avec l'épiscopat comme groupe « dirigé » par l'archichapelain, mais formant un élément puissant, sinon dominant aux assemblées générales du *populus* franc. C'est dans ces instances que l'épiscopat délibère séparément de la *nobilitas* laïque des nouvelles lois, avant de décider en réunion commune avec les grands et le roi de leur forme définitive, qui sera publiée par le souverain. Plus encore que d'une coopération, on peut parler d'une identification très large du haut clergé avec un Empire franc qui était devenu le sien.

Énumérons quelques formes et conséquences de ce « modèle carolingien », dont on peut dire qu'il a créé une symbiose entre l'État et l'épiscopat.

Louis le Pieux, loin d'être un monarque pusillanime qui aurait abandonné le pouvoir impérial au clergé, a rénové les structures internes de l'Église avec encore plus d'efficacité que son père Charlemagne, et en laissant des traces durables, comme l'a démontré Josef Semmler. L'historiographie de l'Église ne s'étend guère sur les succès du *princeps*. Certes, elle n'oublie pas de citer les réformes de la vie monastique et canonique (*institutiones Aquisgranenses*) menées par saint Benoît d'Aniane*, mais elle parle moins du fait qu'il soumit en 792 l'abbaye qu'il avait fondée dans le domaine paternel d'Aniane en Septimanie, et où se pratiquait la stricte observance de la règle bénédictine, à l'autorité du roi d'Aquitaine, Louis, et qu'il imposa au monachisme de l'Empire — sous l'égide personnelle de ce roi devenu empereur — cette règle, la seule que reconnût la loi impériale. Le jeune empereur fit de l'*una regula* un élément de son programme de l'unité *d'Ecclesia* et *res publica* dans le cadre de sa *renovatio regni Francorum.* Il nomma Benoît chef de la *monachorum causa* et des *missi monastici* qui devaient veiller à ce que seuls les monastères ayant adopté la règle de saint Benoît d'Aniane aient le droit de porter le nom de bénédictins. Il fonda à son intention un monastère modèle, nommé plus tard Cornelimünster, à Inden près d'Aix-la-Chapelle, pour l'avoir près de lui. Il convoqua les synodes d'Aix-la-Chapelle de 816, 817, 818-819; celui de 816 créa les *institutiones Aquisgranenses* qui réglaient la vie des chanoines réguliers dans tout l'Empire. Il s'assura enfin personnellement, et au-delà de la mort du saint en 821, que les décisions des synodes étaient observées dans des centaines d'églises par un clergé souvent récalcitrant. Ce succès, le *princeps*/guide l'obtint sans participation de la papauté, à telle enseigne qu'une partie importante du droit des ordres et congrégations catholiques a des origines impériales.

Sur un plan plus général, une Église placée dans l'Empire et dans les différents *regna* sous le contrôle de leur *princeps* respectif est devenue sous les Carolingiens une Église *de* l'Empire. Sous le Saint Empire, la *Reichskirche* finira par incarner l'Empire, en commun avec les princes séculiers et les villes, face à l'empereur qui ne sera plus qu'un partenaire dans l'ensemble *Kaiser und Reich.*

Grâce à Josef Semmler, on connaît mieux les étapes de l'appropriation par le roi de monastères devenus des abbayes royales, sous Pépin et Charlemagne, puis d'évêchés, essentiellement sous Louis le Pieux (le vrai fondateur, longtemps ignoré, de l'Église impériale). L'un des moyens les plus efficaces d'y parvenir était la protection royale d'une église : la confirmation par un diplôme de la *tuitio* royale ou impériale (Louis a émis des douzaines de ces privilèges dès 814-815) la plaçait *ipso facto* dans la *Munt* de son protecteur, tout en la libérant entièrement des ingérences des agents publics grâce à l'*immunitas* dont elle jouissait. Quant aux évêques, ils devinrent les plus fidèles vassaux du roi et gouvernèrent de petits États avec un nombre croissant de vassaux épiscopaux. La royauté gardera un droit de regard sur ces « États » presque autonomes à travers l'influence du *princeps* et de son archichapelain sur l'élection

* Witiza/Euticius, fils d'un comte wisigoth qui, participant à la campagne italienne de Charlemagne en 773-774, se fit moine quand il y perdit son frère.

des évêques, et par la création sous Charlemagne de l'*advocatia* (l'« avouerie »), l'*advocatus* (en allemand *Vogt*) étant chargé des questions juridiques et militaires sous l'autorité de l'évêque, mais recevant son *honor* directement des mains du roi. Le droit qu'a le souverain de disposer des revenus de « ses » églises pendant les vacances de sièges (qui ont tendance à se prolonger de manière étrange, comme à Reims avant l'élection d'Hincmar) et lors de ses séjours dans la cité épiscopale a pour conséquence que des rois de plus en plus dépourvus d'un domaine suffisant, pour l'avoir distribué aux grands, tel Charles le Chauve, se reposent matériellement sur ces églises.

L'influence du corps épiscopal n'en devient que plus grande. Ainsi, la royauté en difficulté utilise l'épiscopat du royaume occidental pour combattre les brigands qui mettent en péril la paix publique. S'inspirant de mesures prises par Charles le Chauve, le roi Carloman (879-884) fait des évêques de véritables commissaires de paix qui doivent recenser les fauteurs de troubles et les menacer d'anathème. C'est sur ces autorisations royales que se fonderont les activités des évêques lors du « mouvement de la Paix » des xᵉ-xiᵉ siècles, qui voit le passage de la « paix du roi » (*pax regis*) franque à la « paix de Dieu » (*pax Dei*, ou *treuga Dei*), laquelle est marquée par la coopération efficace de l'épiscopat et des nouveaux princes territoriaux.

Enfin, les évêchés « royaux » constituent avec leur vassalité (énorme en ce qui concerne l'église de Reims) le gros des armées des derniers rois carolingiens, là où ceux-ci gardent encore le contrôle de la nomination des évêques. Mais, à la différence du royaume ottonien qui réussit laborieusement à préserver ce droit du roi en Germanie et même en Lotharingie, le royaume occidental, la future France, voit se réduire la zone des « évêchés royaux » presque à la seule *Francia* entre Seine et Meuse, la plupart des autres évêchés tombant sous la coupe des principautés en plein essor, donc des ducs, voire des comtes. C'est toujours la protection qui fait le maître ; elle est efficace par exemple contre les Normands, qui sont vaincus en 911, à Chartres, par les princes de Neustrie, de Poitou et de Bourgogne, et non par le roi. Il ne s'agit donc pas d'anarchie, les évêques recevant confirmation par le *princeps* de leurs immunités — ainsi par le duc d'Aquitaine qui, à sa cour, est entouré de « ses évêques ».

Dans les régions proches de la frontière lotharingienne, les derniers Carolingiens, grâce à l'aide ottonienne*, gardent le contrôle

* Les armées d'Otton Iᵉʳ sauvent Louis IV en 946, et celles de son frère Brunon, archevêque de Cologne et duc de Lotharingie, aident sa sœur, la reine Gerberge, pendant la minorité de son fils le roi Lothaire.

de Langres, Reims et autres Laon et Soissons. On retrouvera ces évêchés restés royaux aux mains des « pairs de France » ecclésiastiques. L'appui ottonien doit permettre au roi de *Francia orientalis* de ne pas voir l'influence des grands laïques sur les évêchés s'étendre dans son royaume, à travers la Lotharingie. L'aide était d'ailleurs réciproque : une armée de Lothaire venue à la rencontre de celle de son oncle Brunon a permis en 957 de prendre en tenaille Regnier III (« au Long Col »), qui sera exilé en Bohême. Ce puissant comte de Hainaut avait osé imposer son neveu Baldéric comme évêque de Liège. Après la mort de Baldéric en 959, Brunon fait « élire » à Liège le doyen de la collégiale de Bonn. Liège restera un pilier de l'influence impériale en Lotharingie.

Plus important encore pour l'histoire générale et la place qui y revient aux évêques, l'épiscopat carolingien, devenu pour ainsi dire un « corégent » du roi, a pu acquérir une sorte de dimension « nationale », au sens aristocratique de l'époque. Le même Hincmar de Reims qui a sauvé en 858 Charles le Chauve, face à son « contre-roi » Louis le Germanique qui résidait à Sens, a obtenu que l'épiscopat reste fidèle à Charles. Il a su ainsi donner à cette solidarité autour du royaume occidental le mythe politique dont il avait besoin : ce royaume est déclaré le véritable (et donc le seul) héritier légitime du royaume de Clovis, dont Louis le Pieux — qui portait son nom — serait le descendant direct, ce royaume de saint Remi et de saint Denis dont Charles le Chauve, premier roi occidental, est l'héritier. La future France doit la conscience de son identité politique à son épiscopat, et c'est ce dernier qui, par l'élection d'Hugues Capet, a décidé qui sera roi. Les évêques, en défendant ce roi contre des dangers émanant d'une papauté influencée par les Ottoniens, sont à l'origine du « gallicanisme » aussi bien que de la continuité capétienne.

Les conséquences de la montée en puissance des évêques dans le gouvernement d'un *regnum* ne sont pas moindres dans le Saint Empire, qui puise sa force dans son épiscopat (*Reichskirche*), avant d'être largement dominé par les chefs de cette Église qui finiront par être ceux « qui font le roi » (*Königsmacher*), en s'assurant la haute main sur les élections royales. Là aussi, la création d'une « identité nationale » a été l'œuvre d'une historiographie essentiellement épiscopale, avec pour figure de proue Otton de Freising, dont plusieurs idées — comme celles selon lesquelles les *Franci Theutonici* auraient été les vrais Francs et Henri Ier le premier roi de Germanie — ont survécu jusqu'à l'époque contemporaine en Allemagne.

Au IXe siècle, les évêques du royaume occidental étaient convaincus de l'excellence de « leur » pays. Une preuve en est la légende pseudo-dionysienne, qui semblait donner à la Gaule une sorte d'antériorité catholique longtemps avant Clovis, son autorité religieuse ne lui venant pas de la papauté, mais directement de l'Athènes de l'apôtre saint Paul. Et cela grâce à la confusion en une seule personne de trois homonymes : Denys l'Aréopagite, mentionné dans les Actes des apôtres (XVII, 34), disciple de saint Paul et, selon l'*Histoire ecclésiastique* d'Eusèbe, premier évêque d'Athènes; saint Denis, martyr parisien; enfin, un auteur nommé Dionysos Presbiter, qui écrivait vers la fin du Ve siècle. Un corpus de textes de ce dernier donne l'impression, par certaines allusions, d'avoir été rédigé par un contemporain des apôtres. Deux de ces écrits traitent de la « hiérarchie céleste » et de la « hiérarchie ecclésiastique » dans le but évident de démontrer leur caractère éternel et leur liaison étroite, en se réclamant de l'autorité apostolique. Or, on a identifié à tort leur auteur avec l'Aréopagite. Le retentissement de l'œuvre (philosophiquement remarquable, car l'une des meilleures illustrations du néo-platonisme) de ce dernier en Occident résulte d'une autre fausse identification de ce « Pseudo-Aréopagite » avec le martyr de Paris. Celui-ci était selon Grégoire de Tours un des sept évêques missionnaires en Gaule sous l'empereur Dèce (249-252). Une première *passio* (vers 520?) en fait l'élève du pape Clément, un disciple de saint Pierre. La *Vie de Geneviève* la connaît déjà et mentionne une première basilique érigée vers 460 sur sa tombe, noyau de l'abbaye de Saint-Denis. À l'époque de son grand abbé Fulrad, premier (archi-)chapelain du clergé aulique des Carolingiens, une seconde *passio* l'identifie avec un ami de saint Paul et fait de lui le « céphalophore » qui porte sa tête après sa décapitation. Une *vita* du saint due à un autre grand abbé dionysien, Hilduin (814-855/861), issu de la plus haute noblesse franque, place son martyre au *Mons Martyrum* (Montmartre) et le donne de surcroît comme l'auteur du corpus pseudo-dionysien. Hilduin, fort érudit et archichapelain de Louis le Pieux, tenta un premier essai de traduction latine de ce texte grec qui impressionna l'empereur. Aussi Charles le Chauve en demanda-t-il l'édition latine intégrale au maître irlandais de son école palatine, Jean Scot Érigène, un des grands philosophes de l'Occident, qui fait ainsi connaître au monde latin le néo-platonisme.

Il ressort de cette légende que les Carolingiens du IXe siècle croyaient tenir en la personne de saint Denis non seulement un saint protecteur, mais aussi le premier témoin savant de la tradition apostolique en Occident, l'abbaye de Saint-Denis devenant aux côtés de Rome une source indépendante de savoir théologique comme le sera plus tard, toutes proportions gardées, la Sorbonne. Aux XII-XIIIe siècles, quand la France est célébrée comme l'héritière de la *fides* et de la *militia* d'Athènes et de Rome, on pense à saint Denis, « l'Aréopagite, évêque d'Athènes, disciple de saint Paul et martyr en France », un saint présent en son abbaye qui, elle, incarne avec ses tombes royales mérovingiennes, carolingiennes et capétiennes l'histoire du peuple franc (et français) élu par Dieu, Paris étant un centre spirituel du monde catholique dès avant Clovis, premier roi catholique, en un « cumul » unique parachevé par Saint Louis*. Où est le « Moyen Âge », voire le « Moyen Âge germanique », dans la pensée d'hommes francs d'origine noble, comme Hilduin/*hild-win* et son élève Hincmar/*ingo-mar*, qui ont fondé l'idéologie historique de la *Francia* (*occidentalis*), ainsi que l'a bien vu J.-M. Wallace-Hadrill ? Leur monde est « antique », hébréo-gréco-latin, uni à leur fierté franque. Ils sont les témoins de la force d'intégration de l'Empire chrétien, et de l'unité de l'Église et de l'État, qu'il soit romain ou franc.

Plus près des réalités, il ne faut cependant pas passer sous silence la tare de la « simonie » — Simon le Magicien ayant voulu acheter aux apôtres le pouvoir de conférer le Saint-Esprit —, les rois vendant leur droit de disposer des évêchés au plus offrant. La condamnation du procédé apparaît comme une constante de l'histoire de l'Église à partir de 300, Grégoire le Grand le déclarant hérétique. Il est significatif que Clotaire II, dans sa confirmation du synode de Paris (614), n'ait pas accepté la clause qui s'opposait à la *datio pecuniae*. Combattre la simonie fut le but principal de la réforme grégorienne, qui déclara non valables les dignités ainsi obtenues. Et de cette lutte est né le refus de l'influence des laïcs. Une lettre d'Yves de Chartres de 1098 en offre un exemple cynique. Parce qu'un autre avait payé plus cher, Philippe Ier a éludé un candidat, le poète Baudry, abbé de Bourgueil, arrivé à Noël à la Cour pour « prendre son bien », que la reine Bertrade lui avait promis. Le roi conseilla à Baudry d'intenter un procès canonique au candidat plus heureux, pour obtenir l'évêché après la condamnation du coupable. On ne doit pas taire non plus qu'après la victoire de la réforme la vente de prébendes a repris de plus belle au sein de l'Église, y compris à la curie romaine, ce qui a suscité les reproches d'autres réformateurs jusqu'à Wyclif, Hus et Gerson. Exigence et trahison de la pureté spirituelle se trouvent donc des deux côtés : chacun, prince et évêque, a cherché à occuper le terrain de l'autre, dans une compétition permanente qui a connu des complicités aussi bien que des confrontations.

À côté des écarts et des collusions, il faut voir aussi le désir souvent sincère de chacune des deux parties d'aider l'autre. Citons ainsi Charlemagne épaulant un clergé mal préparé à ses tâches, Henri III (ennemi de la simonie) relevant une papauté en crise,

* Nous sommes redevable de cette vue d'ensemble à un article d'Alexandre Patchovski.

tous ces confesseurs royaux remettant sur le droit chemin un roi en pleine dérive morale, l'épiscopat faisant roi Hugues Capet pour maintenir l'intégrité du royaume, ou l'épiscopat de l'Empire unifiant ce qui allait devenir l'Allemagne.

Établissons le bilan de la *potestas episcopi* :

1° Le terme de *potestas*, en tant que compétence liée à un office, a été repris par l'Église très tôt, en Orient comme en Occident, car il faisait de l'évêque une sorte de « monarque » au-dessus du clergé et des fidèles qui lui étaient confiés. L'épiscopat « monarchique » a transformé les communautés chrétiennes en *Amtskirchen*, chacune étant dirigée par un dignitaire investi de la *potestas* que lui donne sa fonction.

2° Le monde terrestre — devenu depuis la christianisation une *civitas terrena*, image imparfaite de la *civitas caelestis* — doit être gouverné, au service commun de Dieu, par le *princeps* et l'*episcopus*, donc par la *potestas principalis* et la *potestas episcopalis*, qui se complètent réciproquement.

3° La *potestas episcopi* sera donc plus qu'un élément rapporté à côté de la *potestas principis*, tant il y aura d'interférences entre les deux, ce phénomène étant caractéristique de l'histoire européenne. On ne comprend ni l'une ni l'autre, si l'on ne les envisage pas dans leur complémentarité.

4° Les évêques ont fini par définir clairement l'aspect « temporel » de leur pouvoir (y compris la détention de terres immenses avec tous les droits qui y étaient attachés) comme une *potestas terrena* parallèle à la *potestas* spirituelle dont ils étaient investis. Il y aura même des « principautés épiscopales », tel le duché (« byzantin ») de Rome devenu *patrimonium Petri*, telles aussi les principautés de plusieurs évêques en Gaule franque.

5° Le rôle actif du haut clergé dans l'État romain chrétien, et plus encore dans l'État franc, surtout sous les Carolingiens, a été tel que toute étude de la *potestas publica* doit prendre en considération les personnalités ecclésiastiques qui y ont participé.

On voit le caractère de plus en plus hybride de la notion de *potestas* dans les faits, celle-ci combinant d'une part la *potestas publica* étatique, exercée aussi bien par la noblesse que par des « ministres » et *missi* appartenant au haut clergé et fidèles du *princeps*, et d'autre part la *potestas terrena* exercée par l'épiscopat. Une séparation nette des droits et responsabilités « temporels » et « spirituels » devenait de plus en plus difficile, les évêques agissant à la fois au service du roi et dans l'intérêt de leur église. Mais, sur le plan théorique, les prétentions des deux parties se sont heurtées et ont engendré des conflits de principe, puis des luttes acharnées. Cela surtout à partir des réformes des XIe-XIIe siècles, quand l'Église a voulu éliminer empereurs et rois — désormais simples « laïcs » — de ses structures de direction tout en sauvegardant la *potestas episcopi*, encore renforcée, sur le plan temporel. C'était sonner le glas de l'Église du *princeps* en Occident.

C'est Grégoire VII qui a placé la *potestas episcopi* au-dessus de la *potestas principis*, non seulement sur le plan spirituel, mais aussi sur le plan politique. En prétendant être le véritable empereur, il aura été la victime illustre du pouvoir de séduction que l'Empire et sa hiérarchie ont exercé sur les évêques chrétiens. Il a voulu dominer les rois et être leur *pater*, à la manière de l'empereur romain (d'Orient) jusqu'au VIIIe siècle. Si l'Église avait dévié de sa voie en succombant à la tentation du pouvoir, Grégoire VII y a mis la touche finale, en outrepassant le noble but qu'était le combat pour la *libertas Ecclesiae*. Désormais, la *nobilitas* qui avait servi Dieu et le *princeps* aussi bien dans l'Église que dans le gouvernement et la défense de l'État se voyait coupée en deux : clergé d'un côté, laïcs de l'autre. Cette scission marquait les débuts d'une « société laïque ».

Pour mesurer l'abîme entre ces mondes, évoquons Charles le Chauve chevauchant à bride abattue vers l'abbaye de Saint-Denis afin d'arriver à temps à l'une des grandes fêtes liturgiques de l'année et d'y prier Dieu pour son royaume, ce qui était son devoir suprême. Personne n'aurait alors eu l'idée de l'accuser d'intrusion dans le domaine religieux, parce que le caractère spirituel de la royauté créée par Dieu était hors de discussion, et avec lui le rôle d'intermédiaire du *princeps* entre ses sujets et Dieu, rôle défini par Constantin le Grand. Aussi le scandale que Charles le Chauve suscita en se proclamant abbé de cette même abbaye de Saint-Denis fut-il moins grand qu'on n'aurait pu le supposer. Nous touchons là à une variante inattendue des relations *princeps/Ecclesia* qui a été mal jugée : l'abbatiat laïc.

La puissance abbatiale : une troisième force dans l'État

L'abbatiat laïc est une originalité de la hiérarchie politique occidentale, qui confirme la rupture avec la hiérarchie impériale désormais « d'Orient » sous les Carolingiens. On enregistre les premières nominations d'un fidèle laïc ou d'un simple « clerc » à la tête d'un évêché ou d'une abbaye sous Charles Martel. Ce procédé apparaît d'autant plus scandaleux qu'il y a eu cumul de plusieurs évêchés et abbayes entre les mains d'un seul de ses proches : Hugues, prêtre et neveu de Charles, reçut à partir de 719-723 les diocèses de Rouen, de Bayeux et de Paris ainsi que les abbayes de Saint-Wandrille et de Jumièges. L'image exécrable de Charles dans la tradition de l'Église est donc compréhensible, mais unilatérale.

Car, d'un autre côté, certains évêques avaient fondé de véritables principautés en Neustrie et en Bourgogne, abus qu'avait déjà combattu Ébroïn, maire du palais neustrien. Ces « États épiscopaux » furent écrasés par Charles lors de sa prise de pouvoir en Neustrie vaincue, plus spécialement après sa victoire sur les Arabes à Tours et Poitiers. À ce moment, il s'arrogea le droit du *princeps* de disposer de terres d'Église (restées publiques) en cas de nécessité d'État. La papauté ne critiqua pas, d'ailleurs, cette mise au pas des évêques. Quant aux abus de Charles qui prolongea l'aliénation des terres d'Église au-delà de l'état d'urgence, ils furent « régularisés » ensuite, surtout par Pépin qui reconnut le droit de propriété des églises en transformant les terres concédées aux vassaux pippinides, puis royaux, en « précaires » *verbo regis* : ces vassaux continuèrent de les détenir (éventuellement pour deux ou trois générations) par « décision du roi », mais ils durent reconnaître par le paiement d'un cens annuel que l'Église en demeurait propriétaire.

Restait l'abus principal : l'attribution d'églises épiscopales ou abbatiales à des hommes qui en étaient peu dignes par leur comportement et/ou par leur qualité de laïcs. Cette pratique n'avait point cessé sous Pépin : saint Boniface se plaignit amèrement des *falsi sacerdotes*, et le pape Zacharie encouragea Boniface, en 751, à intervenir auprès du roi afin de mettre un terme aux activités nocives pour l'Église d'« hommes comme Milon et de sa sorte ». Or, ce Milon était membre d'une puissante « dynastie épiscopale » (c'est tout dire !) en partie d'origine romaine et politiquement très proche de Charles. Il fut, après son père Liutwin, évêque de Trèves, mais aussi de Reims. Charles avait confié cette dernière cité à Liutwin après en avoir chassé l'évêque Rigobert qui avait osé lui en fermer les portes en 717, en pleine guerre contre les Neustriens. Même les synodes de réforme de Pépin ne purent toucher à la position de Milon, qui n'était que *clericus*, donc ni prêtre ni évêque consacré. Son successeur (vers 762) Weomad, évêque régulier de Trèves et personnage qui comptait sous Charlemagne, appartenait à la même famille.

Si ensuite les évêchés échappèrent généralement aux « laïcs » parce qu'ils étaient devenus des instruments irremplaçables de l'administration sous Charlemagne, tel ne fut pas le cas des abbayes, en raison de leur importance économique et « industrielle », surtout sur le plan militaire : les moines étant les ingénieurs de l'époque, certains monastères « royaux » (pris par le roi sous sa protection ou « offerts » au roi par leurs fondateurs) étaient devenus des lieux de production d'armes et de moyens de transport pour l'armée, bref de véritables arsenaux royaux. Les rois disposaient de « leurs » abbayes à leur convenance, les confiant de préférence à des fidèles dévoués et de grand mérite, qu'ils fussent prêtres ou non.

Citons le cas d'Éginhard, architecte et conseiller de Charlemagne avant d'être son biographe. Plus influent encore au début du règne de Louis le Pieux, il reçut, en dehors de terres à Michelstadt qui lui permirent de fonder avec sa femme Imma une église (à quoi succéda la fondation du monastère de Seligenstadt), les abbayes de Saint-Pierre-Saint-Bavon de Gand, de Saint-Servais de Maëstricht (qu'il ne garda pas longtemps), de Saint-Cloud, de Fontenelle près de Rouen, enfin de Saint-Jean de Pavie et de Saint-Pierre de Fritzlar : il était ainsi chez lui en plusieurs *regna*, tout en y exerçant un contrôle au service de l'empereur. Ce qui avait été un signe de puissance royale était devenu un signe de faiblesse quand des rois comme Charles le Chauve se virent obligés, face aux difficultés politiques et militaires, de donner de grosses abbayes à de grands vassaux laïques pour leur permettre de défendre le royaume ou tout simplement pour s'assurer leur concours et celui de l'importante clientèle dont ceux-ci disposaient.

Un exemple montrera le niveau politique des personnages concernés, exemple qui constitue une bonne introduction à l'histoire politique du « monde carolingien » et de sa haute *nobilitas.* Alard « le Sénéchal » (de Louis le Pieux) appartenait à la famille des comtes de Paris, si puissante que ses membres choisirent, après le partage de 843, le *regnum* où ils comptaient dominer, tel son frère Gérard (le « Girard de Roussillon » des chansons de geste) en Provence. Déjà puissant à la fin du règne de Louis le Pieux, Alard le fut encore plus sous le jeune Charles auquel il avait permis, avec d'autres, de sauvegarder son royaume occidental face à Lothaire Ier. Il lui fit épouser en 842 sa nièce Ermentrude, pour mieux le dominer. Abbé laïc de Saint-Martin de Tours et d'autres abbayes, il les fit distribuer à sa parentèle par le roi, quand il déplaça le centre de ses activités vers la Lotharingie.

En effet, Alard se fit donner l'abbaye de Saint-Quentin après la mort au combat du vieil abbé laïc, Hugues, fils naturel de Charlemagne, sous les coups des fidèles aquitains du roi déchu Pépin II (en 844, auprès d'Angoulême). Établi à Saint-Quentin, il y prépara le rapprochement entre les ennemis de 840-843, l'empereur Lothaire et Charles le Chauve. Après une première rencontre des deux frères à Péronne en 849, il réussit à sceller leur alliance trois ans plus tard à Saint-Quentin. Comme récompense, il reçut de Lothaire coup sur coup entre 853 et 856 les riches abbayes d'Echternach, de Saint-Vaast d'Arras et de Saint-Maximin de Trèves, avec le comté de cette cité. Il était désormais l'homme le plus puissant de ce qui allait devenir la Lotharingie, comme l'était en Bourgogne rhodanienne son frère Gérard, qui résidait à Lyon en tant qu'*illustrissimus dux et marchio*. Après la mort de l'empereur, en tout cas avant 857, Alard ajouta une autre grande abbaye, Stavelot, à un ensemble déjà impressionnant.

Alard était passé en Lotharingie en plein accord avec Charles le Chauve. C'est alors qu'il transmit ses possessions ligériennes à des parents, les frères Vivien (II) et Renaud, nommés abbés, l'un à Saint-Martin de Tours et l'autre à Marmoutier. Vivien (Ier) et d'autres fidèles de Louis le Pieux — parmi lesquels les frères Guillaume, comte de Blois et de Châteaudun, et Eudes, comte d'Orléans, à la fois beau-frère d'Alard et père de la reine Ermentrude — étant tombés au combat, en 834, contre les ennemis widonides* de Louis le Pieux, Alard avait fait nommer Eudes, le fils de Guillaume, comme successeur de son père dans ses comtés ainsi qu'à Angers, après quoi il lui avait fait obtenir le titre de *missus* en Bourgogne avec le comté de Troyes (en le remplaçant comme comte d'Angers par un autre membre de son « clan », Robert, cousin d'Ermentrude, qui reçut aussi l'abbaye de Marmoutier et fut désigné comme *missus* royal de la région en 853).

Mais les rivaux du groupe Alard/Eudes/Robert, les Guelfes et Rorgonides, finirent par profiter de l'absence d'Alard en Lotharingie pour s'imposer à la cour du roi. Robert et Eudes « invitèrent » alors Louis le Germanique à prendre le pouvoir dans le royaume de son frère Charles le Chauve. Séjournant à Troyes, dont Eudes était comte, Louis y distribuait déjà les *honores* quand il fut obligé de rebrousser chemin, à cause de la fidélité à Charles de l'épiscopat mené par Hincmar, et de la présence des troupes des Guelfes en Bourgogne. Les « rebelles » se retirèrent près du Breton Salomon afin de poursuivre leur « opposition armée » contre le roi, qui essaya en vain de les impressionner par la convocation d'un synode réuni à Savonnières, en 859 — la lettre synodale donne la liste des chefs de la rébellion, avec à leur tête Robert le Fort et Eudes de Troyes.

Après être tombé en disgrâce auprès de Lothaire II parce qu'il souhaitait marier sa fille à un fils rebelle de Louis le Germanique, Alard, de nouveau exilé, fut reçu (avec ses alliés conradiens) à bras ouverts par Charles le Chauve en 861 dans son royaume, au moment même où il restituait à Robert le Fort tous ses comtés et abbayes, en y ajoutant d'autres. C'est ce dernier qui dirigeait maintenant la défense du royaume à l'ouest — il y sera nommé abbé de Saint-Martin de Tours —, tandis qu'Alard l'assurait dans le Nord, sur les rives de la Seine et de l'Oise. C'est autour de ce noyau ligérien que les « Robertiens » (les fils de Robert le Fort, Eudes et Robert) construiront à partir de 886 leur « État neustrien ».

Cet exemple montre, à travers le rôle politique joué par leurs « abbés », ce qu'étaient devenues les grandes abbayes royales. Beau-

---

* Sous le terme générique de Widonides (en allemand *Widonen*), les historiens désignent l'un des plus puissants groupes familiaux du monde franc, au sein duquel apparaissent régulièrement les noms de Gui (*Wido*), Garnier, Lambert.

coup plus riches que les comtés en terres disponibles pour y installer des vassaux, elles étaient aussi plus utiles économiquement et techniquement pour les armées de l'époque. On assiste donc, comme l'a bien vu l'historien Jan Dhondt, à la création de grandes unités de défense du royaume, réunissant une ou deux abbayes importantes et plusieurs comtés. Or, les évêques (Hincmar le premier) et finalement le roi se sont inquiétés de la puissance « abbatiale » des grands, devenue une sorte de troisième force dans l'État.

On a cru remédier à cette situation préoccupante par la nomination à de tels postes clés de clercs militairement doués, qui ne pouvaient avoir d'héritiers légitimes. Étant temporaire, leur pouvoir de commandement assorti de moyens territoriaux considérables ne pouvait inquiéter ni le roi, ni les évêques, ni les autres grands. Ainsi, après la mort au combat contre les Normands de Robert le Fort, en 866 à Brissarthe, le roi donna à un clerc, le Guelfe Hugues l'Abbé (*Hugo abbas*), l'abbaye de Saint-Martin de Tours et les comtés de Robert. En négligeant les fils de ce dernier — Eudes, qui aurait pu succéder à son père, et Robert, trop jeune —, il coupa court à l'ascension des Robertiens. Après la mort de Charles le Chauve et de Louis le Bègue, en 877 et 879, les grands de *Francia* entre Seine et Meuse, refusant qu'Hugues l'Abbé eût un monopole sur le pouvoir militaire, avaient fait donner une position comparable à un autre *abbas*, à savoir Gauzlin (Josselin), abbé de Saint-Denis et d'autres abbayes, qui les conduisit au combat contre les Normands avant de diriger, devenu évêque de Paris, la défense de sa cité contre ces mêmes Normands — défense qu'il devait confier sur son lit de mort à un comte qu'il avait lui-même fait nommer, Eudes, fils de Robert le Fort. Transmission de pouvoir hautement symbolique, survenue presque au moment de la mort de son « collègue » et ennemi Hugues l'Abbé, ce double événement étant commenté de façon fort significative par un annaliste du royaume oriental : « *Hugo et Gozilin, abbates et duces praecipui Galliae regionis, in quibus omnis spes Galliorum contra Nordmannos posita erat, defuncti sunt* » (« Les deux abbés-ducs, dernier espoir des habitants du royaume occidental contre le danger normand, ne sont plus »). Ce qui signifiait que le champ était libre pour Eudes et les « abbés héréditaires ».

Car il y a eu d'autres cas d'une portée historique comparable. L'abbaye Saint-Hilaire de Poitiers et celle de Brioude ont constitué la base du pouvoir de leurs « abbés », futurs ducs d'Aquitaine, comme l'a bien vu Jean-Pierre Brunterc'h, et les abbayes Sainte-Colombe à Sens et Saint-Germain d'Auxerre ont joué un rôle similaire pour le premier duc de Bourgogne, Richard le Justicier (« *reverendissimus comes et abbas* »), ainsi que l'a montré Olivier Guillot. Comme dans le cas des Robertiens, l'abbatiat laïc des IXe-Xe siècles est à l'origine des grandes principautés du xe siècle, souches historiques des provinces françaises. Cet abbatiat héréditaire aura été une véritable révolution politique, provoquée et subie par une royauté carolingienne à court de ressources. En ont profité les chefs des « grands commandements » (Jan Dhondt), ces puissants abbés auxquels la légitimation carolingienne ne fit pas défaut.

Réginon, abbé de Prüm et historiographe bien informé des affaires ligériennes, déclare au sujet du grand commandement sur la Loire que l'empereur Charles III (le Gros) confia en 886 à Eudes, avec l'abbaye Saint-Martin de Tours : « *ducatus quem tenuerat [Hugo abbas] Odoni traditur* » (« la charge de duc qu'avait tenue [Hugues l'Abbé] est remise à Eudes »). C'est dans un acte solennel en faveur de Saint-Martin de Tours qu'Eudes exprima sa gratitude envers cet empereur avec lequel il voulait partager le mérite spirituel d'une donation : « *gloriosum et a Deo electum imperatorem domnum et seniorem nostrum Karolum* ». Mais, dans cet acte, il n'oublia pas de mentionner son père Robert (« *genitorem nostrum [...] gloriosum [...] comitem et [...] abbatem* ») qui avait déjà été « *eiusdem loci abbas* », indication claire d'une volonté de considérer que cette abbaye était destinée à être dirigée par sa famille. Mais cet Eudes était aussi l'« héritier » de Gauzlin et il finira par réunir sous sa coupe les abbayes de Saint-Denis et de Saint-Amand, pour ne pas parler d'autres plus petites. Élu roi en 888 parce qu'il avait seul les moyens et les compétences militaires pour battre les Normands, il confia ses comtés et ses abbayes à son frère Robert, qu'il nomma *marchio* de Neustrie, rendant ainsi cet ancêtre des Capétiens plus puissant que tous les autres grands du royaume.

Si Robert est en 895 « *domnus abbas et comes* », son titre abbatial prend une autre allure dans un diplôme d'Eudes de 896 : « *venerandus vir [...] Rotbertus inclitus abba basilicae [...] beati Martini* ». Le rang de l'abbé dépasse celui du *marchio/comes*, et cela par légitimation royale, Eudes élevant son frère au même rang que celui dont avait joui Hugues l'Abbé (il était *inclitus* ainsi qu'en 878 *venerabillimus* [sic] *abbas*, titre qu'on lui accordait encore après sa mort lors de mentions de sa personne). Aussi Robert s'intitule-t-il fièrement en 897 : « *ego in nomine summi Salvatoris Dei, Rotbertus misericordia Dei comes et abbas* », et il signe en 900 : « *† Signum sanctae Crucis domni Rotberti gloriosissimi abbatis* », épithète quasi royale déjà portée par Hugues l'Abbé, mais accordée au chef d'une « maison », donc d'une « dynastie abbatiale ».

C'est à ce moment, après la mort d'Eudes, que Robert est reconnu par le roi Charles le Simple abbé de Saint-Martin de Tours (et d'autres abbayes) ainsi que maître de la Neustrie. Il agit en *princeps*, entouré à Tours de six évêques. En 914, il fait suivre son titre de *gloriosus abba* par celui de *marchio* en plusieurs *regna*, c'est-à-dire de *trimarchio*. On mesure sa position exceptionnelle aux titres que lui accorde entre 908 et 918 le roi carolingien qui, grâce à son appui, a pu pacifier la Normandie et acquérir la Lotharingie : « *vir specialius venerabilis; dilectissimus nobis marchio atque abbas monasterii Aniani [...] confessoris* [Saint-Aignan d'Orléans, où Robert avait succédé à Hugues l'Abbé] ; *abbas cœnobii Xristi martyris Dionysii atque demarcus carissimus et fidelissimus noster Rotbertus* [reconnaissance solennelle de sa maîtrise sur Saint-Denis] ; *Rotbertus venerabilis marchio, nostri quidem regni et consilium et iuvamen nobiscum simul abbas* » (de Saint-Germain-des-Prés). Ce véritable « *secundus a rege* » (« appui du royaume ») « donne conseil et aide », en bon vassal, au roi qui s'accroche à une abbaye royale, perdue, tel une sorte de co-abbé sans pouvoir. Ces titres permettent d'imaginer le prestige « abbatial » dont bénéficie la position quasi royale du Robertien, lequel domine de très haut ses nombreux vassaux qui, pour leur carrière, dépendent de son bon plaisir. Il en va de même pour d'autres abbés-ducs, abbés-marquis ou abbés-comtes qui ont le pas sur les comtes « ordinaires ».

L'essor de ces « grands » à la tête d'un ensemble d'abbayes et de comtés qui formera une principauté n'a pas été le fruit d'une usurpation. Il a été légitime, ou du moins légitimé par les Carolingiens, comme leurs titres en témoignent. L'abbatiat laïc a transformé la structure politique du royaume qui sera la France. Mais ces hommes « vénérables » étaient-ils encore des « abbés laïcs » tels que les décrivit une certaine historiographie ? L'évolution de leur image, mais aussi de leur comportement, n'a pas été assez remarquée. En fait, on était loin des cas « sauvages » d'expulsion des moines ou des clercs par un « abbé » prédateur occupé de chasse et habitant le monastère avec femme et enfants.

L'expulsion des réguliers a été fréquente dans le cas d'« évêques-abbés » qui en profitaient pour installer leurs propres vassaux sur les terres de « leurs » abbayes. Ce qui obligera leurs successeurs, aux xe-xie siècles, à des restitutions aux monastères rétablis par la réforme monastique, appuyée par une noblesse laïque qui avait besoin des prières de moines authentiques ! Quant aux abbés laïcs, plusieurs avaient régularisé la situation en divisant les possessions de leur abbaye en une *mensa abbatis* et une *mensa conventualis*, ce qui permit à ces communautés de perdurer, dirigées par un abbé régulier, un prieur ou un « doyen ». Rappelons que la grande époque de l'enluminure des manuscrits à Saint-Martin de Tours, dont sont issues les admirables bibles dédiées à Charles le Chauve, correspond aux abbatiats de comtes comme Vivien et Alard.

Enfin, dans la mesure où l'abbatiat laïc était « héréditaire » — non en droit, mais en fait —, l'abbé, d'exploiteur, s'est transformé en protecteur. Il était en effet de son intérêt d'obtenir une bonne gestion économique du monastère par des moines dont les prières assureraient son salut ainsi que celui de sa famille et de ses vassaux. Il cherchait à ne pas déplaire au saint patron de l'abbaye, qui en était le vrai propriétaire : aussi lui arrivait-il de plus en plus de restituer des terres à la mense conventuelle, ce qui ne l'empêchait pas de se faire accorder, à lui ou à ses vassaux, des « précaires* ».

On comprend que le prédicat de *venerabilis* dû aux abbés réguliers que l'on donnait à ces comtes ait reçu l'assentiment de leur communauté, d'autant qu'ils finirent par s'en rendre dignes. Être appelé *venerabilis comes* était devenu un honneur qui les distinguait des comtes qui n'y avaient pas droit. L'*abbacomes* présidait aux réunions solennelles de la communauté et, surtout dans les abbayes de chanoines comme Saint-Martin de Tours, il pouvait offrir des canonicats fort recherchés aux membres des familles de ses vassaux et leur ouvrir une carrière qui mènerait, pour certains, à la dignité épiscopale ou archiépiscopale : ce seront ainsi d'anciens chanoines de Saint-Martin de Tours qui sacreront les premiers rois non carolingiens du royaume occidental.

D'usurpateur d'une dignité ecclésiastique, voire monastique, l'abbé laïc était dorénavant le protégé du saint patron de son établissement religieux, qu'il vénérait comme le sien propre. Les Robertiens sont devenus de la sorte les protégés de deux des trois principaux patrons du royaume franc, saint Martin et saint Denis, ne laissant aux Carolingiens « que » saint Remi. Car Eudes avait pris soin, en 896-897, avant de renoncer à la succession royale de son frère Robert en faveur du Carolingien Charles le Simple, de faire stipuler que Saint-Denis resterait aux Robertiens, qui s'y feraient désormais enterrer. La dynastie « capétienne » elle-même doit ce surnom à son abbatiat de Saint-Martin de Tours, église dont elle conservera le patronage. Saint Martin aura donc été lié aux *reges Francorum* de Clovis jusqu'au dernier de ceux-ci, qui portait le nom du premier, Louis. Comment mieux illustrer que par cet « héritage abbatial » les sources politiques et spirituelles de la dynastie qui créera la France ?

Les contemporains non seulement ne trouvaient plus à redire à l'abbatiat du prince, mais le célébraient en la personne d'Hugues Capet en tant qu'abbé : Helgaud de Fleury en apporte la preuve dans sa biographie de Robert II. Hugues, se rendant à l'église pour y prier, observe en chemin un couple qui fait l'amour (nous citons la traduction de Bautier et Labory) : « Prenant leur faiblesse en pitié, il ôte de ses épaules un vêtement de fourrure qui était de très grand prix et l'étend, dans sa bonté, sur ces pécheurs » (rappel, bien

* Terres confiées le temps de deux ou trois vies humaines contre le paiement d'un cens annuel, qui n'était pas toujours ponctuel.

sûr, du célèbre geste de saint Martin). Puis il s'en va prier pour le couple, se fait apporter un autre vêtement et interdit de parler à quiconque de cet incident. Et Helgaud de s'exclamer : « Quel pieux abbé ! Quel religieux moine ! » (pour s'être montré discret sur un péché, selon la règle de saint Benoît). Helgaud finit par une allusion claire à l'abbatiat héréditaire, le fils de l'abbé-duc, le roi Robert, ayant eu selon lui de pareilles vertus (« *quasi hereditario iure* »). Une telle symbiose du temporel et du spirituel en une personne laïque n'a pas été prévue par le droit canon, moins encore si elle s'étend à toute une dynastie. Elle suppose une communion profonde dans la foi — comme pratique de vie — des rois, du haut clergé et de toute la noblesse chrétienne.

Pouvoir temporel et spiritualité

Quand l'empereur Frédéric Ier proclama la sainteté de Charlemagne (la cérémonie eut lieu le 29 décembre 1165, le diplôme de Frédéric datant lui du 8 janvier 1166), il déclara en préambule que depuis son avènement il avait le désir de suivre les traces de ses prédécesseurs, surtout celles du plus grand et du plus glorieux des empereurs, Charles, qui lui offrait presque une règle de vie (« *forma vivendi* »), un modèle de gouvernement. Frédéric, en effet, mourra à la croisade (1190), entreprise à un âge avancé, imitant en cela la *forma vivendi* d'un autre qui fut plus grand que lui. Il ne s'agissait donc pas là d'un simple morceau de rhétorique destiné à la canonisation d'un prédécesseur.

Ce texte qui a de multiples modèles, français (Pseudo-Turpin) et anglais, attestés ou vraisemblables comme l'ont montré Robert Folz et Jürgen Petersohn, affirme que le véritable but de Charles était la vie éternelle, et que ses actes n'étaient pour lui que le moyen d'y parvenir. Parmi ses mérites émergent sa volonté de propager la vraie foi et la fondation d'évêchés, d'abbayes et d'églises, qu'il enrichit de bienfaits, en deçà des mers comme au-delà (en Terre sainte). Charles est donc présenté comme un véritable apôtre, dont le désir constant de mourir pour la conversion des infidèles fait un quasi-martyr. Au nombre de ses vertus figure la contrition du héros, qui reste conscient de ses fautes et faiblesses, *humilitas* et *maiestas* étant inséparables. Vers l'an mille, Brunon de Querfurt s'était plaint de son époque misérable où « après Constantin le Grand, empereur saint, et Charles, “meilleur modèle de piété”, aucun roi ne montr[ait] plus d'ardeur à convertir les païens selon l'ordre de Dieu ». Un siècle et demi avant que fût célébrée la *forma vivendi* de Charlemagne, il avait donc été rendu hommage à cet « *optimum exemplar religionis* ».

La vénération sincère de ce prédécesseur illustre n'excluait pas les prétentions des successeurs ; elle en était au contraire le fondement. Le but de la canonisation était d'instaurer le culte de saint Charles à Aix-la-Chapelle pour contrer la revendication de « Charlemagne » et de son empire par les Français. L'empereur allait être pour le Saint Empire l'incarnation de la dignité royale et impériale ; la châsse en or contenant ses reliques (le *Karlsschrein*) figurera au couronnement à Aix-la-Chapelle de tous les « rois romains » élus. Même la papauté, qui n'avait jamais reconnu la canonisation opérée par un « antipape », déclara en 1202 avec Innocent III que l'Église romaine aurait transféré l'« *imperium Romanum* [...] *a Graecis in Germanos* [...] *in persona magnifici Karoli* ». Cela raya des mémoires la translation *ad Francos* et fit du grand empereur un « Allemand ». Le pape, comme ses successeurs jusqu'à Boniface VIII, jouait ainsi la carte de l'empereur germanique, obligé de la papauté, contre une France qui se montrait un peu trop indépendante sous Philippe II — ce qui ne fit que s'accentuer sous Philippe le Bel. Comment mieux démontrer que la sainteté des rois pouvait donner lieu à des revendications politiques et être l'enjeu de luttes, souterraines ou ouvertes, entre les États chrétiens ?

Quant aux rois de France, ils ont reconnu la sainteté de Charlemagne en revendiquant leur part de l'héritage, ainsi la capitale et la tombe de leur prédécesseur à Aix-la-Chapelle, ville qu'ils comblèrent de dons et de privilèges, surtout Charles V et Louis XI. L'usage voulut bientôt que chaque roi, après son sacre à Reims, fît solennellement envoyer à Aix-la-Chapelle un drap symbolisant le linceul de son prédécesseur, pour en couvrir la tombe de Charlemagne. Napoléon, qui fit d'Aix-la-Chapelle un évêché, déclara : « Pour le pape, je suis Charlemagne. » Ce que les Bourbons en la personne de Louis XIV avaient revendiqué en vain, lui l'avait réalisé : l'Empire était français — pour dix ans, il est vrai.

La sainteté des grands

Le « roi saint » constitue donc un phénomène particulier* qui vit souvent des rois martyrs de la foi, ou bien confesseurs, devenir le saint patron d'un royaume, d'une dynastie, enfin de toute une nation née dans le cadre d'un royaume chrétien. Citons notamment Édouard le Confesseur pour l'Angleterre, saint Étienne pour la Hongrie, saint Olaf (Olav Haraldson, 1015-1030) pour la Norvège, ou encore saint Vladimir pour la Russie kiévienne. Comme ce dernier, plusieurs sont à l'origine de la conversion de leur peuple ou

* Robert Folz l'a étudié dans l'Occident du VIe au XIIIe siècle.

de leur pays, tel Clovis (qui lui aussi sera « saint Clovis* »). Ce rôle souvent décisif pour l'expansion de la foi fait des rois du Ier millénaire chrétien des protagonistes de l'histoire de l'Église.

Si le roi saint est une catégorie hagiographique que l'Église doit aux nouveaux royaumes intégrés dans le monde romain et catholique, cela vaut aussi pour les « reines saintes ». De ce « type de sainteté », Étienne Delaruelle disait en 1953 qu'il constitue, par « le groupe de saintes Geneviève**, Clotilde, Radegonde [...] une véritable révolution [...] dans l'histoire de la spiritualité*** ». Étant épouse et mère, la reine sainte dépasse les catégories de la sainteté féminine « normale », fondées sur le martyre ou la virginité. Mais elle aussi a pu contribuer à l'évangélisation d'un peuple par son influence sur un mari païen. Tel fut le cas de Clotilde, évoquée au milieu du xe siècle par une *vita* que lui a consacrée Adson de Montiérender. Celui-ci l'adressa à Gerberge qui, comme Clotilde, était épouse d'un Clovis (Louis IV) et mère d'un Clotaire (Lothaire III). Clotilde, reine modèle, aurait été prédestinée par Dieu dès avant la création du monde pour convertir son mari et être mère de tous les rois francs et empereurs romains (« *Romanorum imperatorum matris et regum Francorum genitricis* »). Adson n'écrit-il pas que les rois des Francs (occidentaux) seront les maîtres de l'Empire romain jusqu'à la venue de l'Antéchrist et la fin des temps ? Mais ici, il développe à l'intention de Gerberge toute une doctrine selon laquelle c'est en imitant Clotilde qu'une reine peut accéder à la sainteté. Comme Clotilde, elle devra être fille de roi et mener, devenue veuve, une vie exemplaire tout en fondant et dotant églises et monastères.

Ces idées, transmises par Gerberge à la cour de son frère Otton le Grand, y furent effectivement appliquées par les épouses d'une nouvelle dynastie royale et impériale qui avait, elle aussi, été appelée par Dieu à un grand destin pour la chrétienté. Citons l'impératrice Adélaïde, que Gerbert, ami d'Adson, qualifia d'« *omnium regnorum mater* » (« mère de tous les royaumes »), allusion à l'*imperatorum matris et regum genitricis*. En effet, elle avait été reine d'Italie, puis de Bourgogne, enfin de Germanie, ainsi que grand-mère maternelle de Louis V, dernier roi carolingien. Elle aussi, comme Clotilde, était fille de roi, veuve pieuse, fondatrice de monastères (avec une ferveur qui inquiétait Otton II) et protectrice des moines

---

* Voir à ce propos Colette Beaune, *Naissance de la nation France,* 1985.

** Qui n'était pas reine, mais une aristocrate franque comme l'a montré Martin Heinzelmann.

*** N'oublions pourtant pas sainte Hélène († 330), mère de Constantin : convertie sous l'influence de son fils, elle participa activement à la fondation de grandes églises à Rome, Constantinople et Jérusalem, où on l'a associée à l'*inventio crucis,* la découverte de la Sainte Croix, comme le relate Ambroise de Milan qui nous dévoile aussi ses origines modestes — autre miracle, pour l'époque.

— surtout ceux de Cluny, dont l'abbé Odilon lui consacra une *Vita* remarquable après sa mort en 999. Ayant fait l'objet très tôt d'un culte en Alsace, elle fut canonisée en 1097 par Urbain II.

Cette sacralisation d'une dynastie (mérovingienne, carolingienne, puis ottonienne) à travers celle d'une reine est l'expression d'une découverte fondamentale : la *potestas,* accordée par Dieu aux rois, ne provient plus d'une élection par le Sénat, l'armée ou les grands, mais se transmet par les femmes. C'est donc la femme dans sa pureté de mère nobilissime qui, instrument de Dieu, « crée » un fils destiné à prendre en main la *potestas* légitime sur les hommes. En mettant en évidence ce fait indéniable, Adson a considérablement renforcé la *dignitas* spirituelle des reines et des princesses dans la société catholique. Il était admis que le *princeps piissimus* et *rex* avait en tant que tel une « connotation sainte » : cela vaut dorénavant — au moins potentiellement — pour la *regina,* épouse et mère. C'est le xe siècle, décrié à tort comme « siècle de fer », qui a produit toute une série d'épouses et de princesses saintes*.

Dans un autre contexte de piété populaire, cette série s'est poursuivie avec des figures comme sainte Hedwige († 1243) de Trebnitz, duchesse de Silésie, de la famille des ducs d'Andechs-Méran, et sa nièce, sainte Élisabeth de Hongrie, fille du roi André II et épouse du landgrave de Thuringe et de Hesse. La « sanctification » par légitimation divine n'a donc jamais été limitée aux seuls rois et reines. Elle a alimenté — notamment par le biais de princesses royales mariées à des grands du royaume — la fierté des dynasties princières non royales, qui cherchaient à se réclamer d'un saint ancêtre royal. Ainsi, au xe siècle, la généalogie des comtes de Flandre par Witger rattache cette maison, au-delà des Carolingiens dont le comte Baudouin avait épousé une princesse, à saint Arnoul, nom porté par le fils de Baudouin. Aux saints rois et aux saintes reines s'ajoutent de saints princes non royaux, dont plusieurs sont devenus les saints patrons de principautés et de leur population entière, qui trouvait à travers eux son identité politique et spirituelle, les deux aspects étant inséparables. On pourrait dresser une longue liste de ces saints de haute naissance, tels Adalbert, issu d'une maison ducale de Bohême mais devenu par son martyre en évangélisant les Slaves d'Occident *sanctissimus patronus Adalbertus* de la Pologne (voir Alexander Gieysztor), *Wenceslaus dux* qui fera de la Bohême une *familia sancti Wenceslai* (voir František Graus), ou Simon, comte de Valois et de Bar-sur-Aube.

La noblesse revendique la sainteté d'un des siens, ou au moins se réfère à celle d'un évêque vénérable dont elle attribue le nom, le cas

* Voir à ce sujet le livre de Patrick Corbet.

échéant, à un fils (de préférence destiné à la carrière ecclésiastique), ou encore à celle d'un évêque qui entre dans la famille en tant que parrain d'un des leurs*. La palette des noms donnés par la famille, qui revêtaient déjà une signification pour l'individu et sa lignée un peu partout dans le monde préchrétien, s'enrichit à partir de la christianisation par l'apport des noms de saints à côté de ceux des ancêtres et de la parentèle. Au IVe siècle, Jean Chrysostome conseillait de ne pas donner aux enfants les noms des grands-pères et aïeux ou de ceux qui se distinguaient par une origine noble, mais les noms de saints hommes. Même si, comme dans d'autres domaines, le refus d'un monde jusqu'alors nécessairement « païen » et de ses usages par des évêques intransigeants ne s'est imposé ni dans la noblesse romaine ni dans celle d'origine germanique ou autre, les noms de saints ont connu un grand succès, dans le menu peuple surtout, qui espérait y gagner un protecteur.

Dans la noblesse, le choix des noms était dominé par la référence aux ancêtres du côté masculin ou féminin, car elle disposait d'autres moyens de gagner la protection du saint choisi, par la fondation et la dotation d'églises ou de monastères, mais aussi par d'énormes aumônes. C'est ainsi qu'Anségise, abbé de Saint-Wandrille, mais également proche des ancêtres carolingiens et conseiller de Louis le Pieux, consentit en 833 pour le salut de son âme des legs considérables à quatre-vingt-neuf églises et monastères de Tours à Aix-la-Chapelle, de la mer du Nord à Lyon et en Alsace. Ce n'est pas l'« abbé » qui le fit, mais l'un de ces grands personnages que nous avons déjà rencontrés en la personne de ces évêques gallo-romains qui, commensaux du roi, aspiraient à l'être aussi du Christ, à travers une vie d'ascèse et de charité.

Si, du point de vue des modernes, la piété des nobles était « élitaire » (comme le dit Michaela Diers dans son livre sur Bernard de Clairvaux, en 1991), ce n'était que normal pour une *nobilitas* née d'un Sénat dont les membres s'étaient vu désigner comme « la meilleure part de la race humaine » ou, par un orateur de Gaule, comme « la fleur du monde entier ». Constantin avait rehaussé leur statut personnel tout en commençant leur intégration dans la *militia principis*, et leur fierté ne pouvait que s'accroître avec le christianisme et les rangs qu'il leur octroya. Devenus évêques, leurs idées restaient celles de nobles romains : *dignitas* personnelle, *familiae dignitas*, *auctoritas* et *virtus*, comme l'ont souligné Gunther Gottlieb et Martin Heinzelmann, et il en fut ainsi jusqu'à Hildegarde de Bingen, au XIIe siècle. Pour les hommes dont nous parlons, l'origine divine de ce qui leur était donné, quand bien même il s'agissait

---

* Ce phénomène a été traité par l'historien autrichien Michael Mitterauer (1993).

d'une transmission héréditaire, allait de soi : dans un monde ordonné par Dieu, ils occupaient la place qu'Il leur avait assignée. Dépassant la sacralisation ancienne des empereurs, christianisée depuis Constantin, on était arrivé à sanctifier des dynasties entières, conçues comme un instrument de gouvernement terrestre par Dieu.

La vision d'une destinée divine des rois francs de Clovis à Louis (Clovis) le Pieux fut officiellement évoquée par Hincmar lors du sacre à Metz de Charles le Chauve comme roi de Lotharingie. De Charlemagne, nous connaissons la conviction que sa race avait été élue pour fonder un royaume régénéré qui plût à Dieu. Son règne ne se comprend qu'à travers cette certitude spirituelle qui s'appuyait sur les succès remportés par quatre Pippinides, succès qui ne pouvaient être que le fruit de la volonté divine. D'où l'assurance de ses interventions directes dans des affaires ecclésiastiques, y compris la formation des clercs et des questions touchant au dogme.

La proximité, sinon la fusion du temporel et du spirituel est confirmée par cette découverte d'Arnold Angenendt : les missions évangélisatrices pouvaient avoir comme « chef spirituel » *(geistliche Patrone)* non seulement le pape, mais aussi un empereur ou un roi. Il y a donc eu à partir de Constantin le Grand un phénomène de « spiritualisation » du *princeps* chrétien qui allait au-delà de la sacralisation de sa dignité. Dieu était partout, mais Il l'était d'une manière plus intense encore en la personne de ceux qu'Il avait destinés (ainsi que leur lignée entière) à diriger les hommes. S'ils se montraient dignes de cette vocation, ils pourraient parvenir à la *sapientia* spirituelle, celle du roi Salomon, à laquelle était lié le privilège de contempler Dieu !

Vers 775, le clerc irlandais Catwulf encouragea ainsi Charlemagne à se faire initier à la sagesse divine et à la littérature séculière, à l'exemple de David et de Salomon, ce qui en ferait un meilleur guide des hommes dont il était responsable devant Dieu. Le roi prit très au sérieux ce conseil, y compris celui d'appliquer la loi de Dieu au peuple de Dieu (*« legem Dei constituere super populum Dei »*). Des auteurs proches de la cour franque comme Smaragde de Saint-Mihiel, Jonas d'Orléans, Hilduin de Saint-Denis et Hincmar de Reims ont œuvré en ce sens auprès de Charlemagne, Louis le Pieux et Charles le Chauve, nommant parfois le premier « nouveau David », le deuxième « nouveau Salomon », et le troisième les deux à la fois. Ce n'était pas là simple courtisanerie. Leurs idées ont influencé la conception que se faisaient ces souverains de leurs devoirs et de leurs droits en matière ecclésiastique, car elles émanaient de clercs érudits, suivis en cela par Sédule Scott, poète d'origine irlandaise qui vivait au milieu du IXe siècle à Liège, d'où il adressait ses éloges pleins d'allusions théologiques et morales à Lothaire Ier et à Charles le Chauve. Et ce sont d'autres clercs qui, dans des miniatures d'une grande beauté ornant les bibles et les merveilleux livres liturgiques dédiés à Charles le Chauve, ont montré ce dernier assis sur son trône, avec la main de Dieu au-dessus de sa tête qui le désignait comme son élu, ou bien en nouveau Salomon rendant des jugements dignes de la *sapientia Salomonis*. Telle a pu être la *pietas* des *piissimi principes*, dont les meilleurs ont été cités en exemple par l'Église (romaine) : Constantin et Théodose, mais aussi Charlemagne et Louis le Pieux.

Cette sanctification du *princeps*, qui a été largement acceptée par l'Église (mais pas toutes les conséquences que les princes en tiraient), ne doit pas être confondue avec les essais plus ou moins timides de « cléricalisation » du roi, phénomène surestimé et appartenant à l'époque post-grégorienne qui a fait des rois de simples laïcs. Ces deux phénomènes n'ont en commun que la notion fort discutée de *rex et sacerdos*, qualité accordée au roi David selon Hincmar de Reims, mais pas aux rois ordinaires.

En fait, le *princeps* chrétien depuis Constantin n'était pas clerc et ne voulait pas l'être. Le *piissimus princeps* était *summus episcopus*; c'est lui qui « faisait » les évêques et les patriarches quand il le jugeait nécessaire ou utile. Si la papauté a défendu le caractère sublime et exclusif de la prêtrise et de la tradition apostolique de l'épiscopat, dans les faits, le *princeps* jouissait d'une autorité réelle dans l'Église, jamais contestée chez les Grecs et qui resta valable aussi en Occident jusqu'au XIe siècle. Ainsi, en 548, le pape Vigile, après avoir refusé d'admettre un édit de Justinien dans le débat nestorien, a été amené à Constantinople et a dû céder. Rappelons toutefois la règle qui prévalut tout au long du Ier millénaire : Dieu a accordé le rôle de guide au *princeps* et à l'évêque, rôle que le premier exerce dans le siècle et le second au sein de l'Église, tous deux faisant partie de la *nobilitas* élue. Mais à partir du XIe siècle, la cléricalisation de la chrétienté s'est imposée en Occident, et avec elle l'idée de l'égalité — au sens négatif — de tous les laïcs. L'Église romaine et le clergé refusent au *princeps* et aux grands toute participation au sacré dont ils avaient assuré la victoire dans le monde romain par la ferveur de leurs combats victorieux et par leurs dons en faveur du clergé, leur coserviteur de Dieu. Désormais, le clergé se pose en maître exclusif*.

---

* Le droit canon n'a cependant jamais pu se libérer de son modèle impérial. Aussi admit-il la *maiestas* impériale comme reflet de la *maiestas* divine dans la décrétale *Vergentis* du 25 mars 1199 qui poursuivait l'hérésie comme crime de lèse-majesté, car il était beaucoup plus grave de léser la majesté éternelle que la majesté temporelle.

Clergé et noblesse, intermédiaires entre Dieu et les hommes

Le principe autocratique impérial avait fait des *cives* du *populus Romanus* des sujets qui ne participaient pas à l'administration de leurs affaires, celle-ci étant réservée à la *militia* de l'empereur. Le principe autocratique papal fait des fidèles, jadis membres des communautés chrétiennes, des « moutons » du *grex* confié à ses pasteurs, c'est-à-dire à la *militia* du pape, les prêtres et les évêques (domestiqués, comme jadis le Sénat par l'Auguste). Par *imitatio imperii*, le pape s'est déclaré seul vrai empereur dans l'ordre du spirituel et du temporel. Comme l'empereur, et plus encore que lui, le pape pouvait invoquer la volonté divine pour justifier son pouvoir total. L'Église romaine est dans ses structures essentielles une réplique de l'Empire romain. Le sort commun, avec un décalage chronologique, de la monarchie autocratique et de la monocratie papale dans l'histoire contemporaine ne manque donc pas d'une certaine logique. Il en ira de même pour la fin des prérogatives de la noblesse et du clergé.

Si l'époque du christianisme dominant est celle des princes et des prêtres, le problème de leurs prérogatives respectives s'est bien posé à elle. Son histoire se divise en Occident, avant le déclin commun, en trois périodes : celle de l'Église du *princeps*, celle de l'Église romaine, et celle des Églises divisées, plus ou moins dépendantes des États européens. La notion même d'époque du christianisme dominant est claire : un christianisme qui n'est qu'un libre choix religieux ne veut ni ne peut dominer, et n'a donc pas besoin de l'État, alors qu'un christianisme qui veut dominer seul ne peut y arriver sans le pouvoir de l'État. Le *princeps* romain a créé ce christianisme uni et souverain qui ne pouvait être qu'une Église du *princeps*. La seule autre solution était la soumission des États sous un évêque réunissant en sa personne l'héritage « universel » de Rome (*caput mundi*) et l'héritage impérial : ce programme immense a pu triompher temporairement dans les textes, mais presque jamais sur le plan politique et social. Ce constat souligne la faiblesse inhérente à une foi contraignante qui dépend du concours du pouvoir étatique.

La *nobilitas* chrétienne est née dans la phase de l'Église du *princeps*. Placée entre *rex* et *sacerdos*, elle était consciente de ses responsabilités et cherchait, comme les rois, sa voie vers la vie éternelle par une sorte de « sanctification », que ce fût par la fuite du « monde » ou bien par une vie dans ce monde au service du seigneur terrestre et, à travers lui, du Seigneur céleste, tout en honorant, dotant et défendant les églises, et en combattant les ennemis du Christ. Le *nobilis*, qu'il fût dignitaire de l'Église ou de l'État, n'était-il pas un intermédiaire entre le haut et le bas ? Le millénaire qui s'étend de Constantin à Luther fut l'âge des intermédiaires, dont les hommes avaient besoin pour vivre sous leur protection, ici-bas et dans l'au-delà. Vue ainsi, la communauté des puissants, solidaire sur terre selon le modèle des anges et des saints, a été, autour de ses princes et avec eux, un phénomène social « sacré ».

La *nobilitas* chrétienne revêt trois aspects essentiels : institutionnel, personnel et sacré, ce dernier étant à la fois le fondement et le couronnement des deux autres. Les institutions définissent celui qui remplit les conditions requises pour être *nobilis*, par des notions dont nous avons vu l'omniprésence et la cohérence : *dignitas, honor, militia, cingulum militiae, potestas, status, gradus dignitatis*. Le contenu personnel et familial, de la *gens* jusqu'à la lignée, est le substrat humain du cadre institutionnel, une réalité aussi vivante que nécessairement chrétienne. La communauté des saints (*communio sanctorum*), que forment l'Église et les croyants, est guidée par le clergé *et* la noblesse séculière sous l'autorité du prince : ils en constituent l'élite voulue par Dieu. Leur *fides* envers Dieu et le *princeps* est l'âme des institutions. C'est pourquoi la formule *Dei gratia* associée à un titre réunira évêques, princes et grands jusqu'aux comtes et seigneurs, dès qu'ils ont acquis le statut de *princeps*.

Cette formule exprime l'élection divine depuis saint Paul (I Co xv, 10) : « *Gratia autem Dei sum id quod sum**. » Les Actes des apôtres (xx, 28) font annoncer par saint Paul aux futurs évêques la mission que leur donnera le Saint-Esprit de diriger l'Église de Dieu (« *vos Spiritus sanctus posuit episcopos regere Ecclesiam Dei* »). Ce qu'on a appelé « formule de dévotion » n'apparaît dans une titulature épiscopale qu'avec Grégoire de Nysse († 395) : « *Gregorius divina gratia Nisenae sedis episcopus* ». Au concile d'Éphèse de 431, elle fait partie de la titulature officielle des évêques. À Rome, on en a le premier exemple en 540 avec le pape Vigile : « *Deo iuvante per ipsius gratiam Vigilius episcopus* ». Grégoire le Grand, après avoir appliqué la formule, la remplace par « *servus servorum Dei* », combinant ainsi la plus haute dévotion avec la plus haute exigence envers soi-même.

Pour le *princeps*, cette élection divine est évidente depuis Constantin qui s'est fait représenter sur un médaillon où la main divine sortant des nues le couronne — d'où la formule « *A Deo coronatus* » (en grec *theosteptos*), qui sera reprise dans la première titulature impériale de Charlemagne; de même le caractère impérial de la royauté du jeune Charles le Chauve s'exprime-t-il par des images le montrant sous la main divine. L'empereur Marcien (450-457) annonce quant à lui son avènement au pape Léon Ier par la

---

* La formule de l'apôtre est reprise par un prétendant à la couronne vacante du royaume franc occidental, Boson, le 25 juillet 879 : « *Ego Boso Dei gratia id quod sum* », moins d'un trimestre avant de se faire élire premier roi non carolingien.

formule : « *Ad hoc maximum imperium venimus Dei providentia et electione senatus excellentissimi cunctaeque militiae.* » De leur côté également, Léon Ier (457-474) et Justin Ier ne voient dans leurs électeurs que des instruments de la volonté divine. Que ce soit le père ou l'oncle qui fasse empereur son coempereur ne change rien. Justin II déclare lors du couronnement de Tibère II : « C'est Dieu qui te fait cette grâce, [...] pas moi. »

L'origine divine du pouvoir impérial est donc une doctrine essentielle. Le roi des Vandales, *dominus et clementissimus,* ou encore *invictissimus rex,* et pour ses sujets *dominus noster* à l'instar de l'empereur, interdit de nouveau dans un édit d'Hunéric du 20 mai 483 les évêques catholiques (« *episcopos homousianis* ») dans les provinces qu'il doit à la grâce divine (« *in provinciis a Deo nobis concessis* »). Dans une loi qui détourne contre les catholiques la législation impériale antiarienne, il est question de sa *maiestas,* de sa *pietas,* et des régions « *quae propitia Divinitate imperii nostri regimine possidentur* ». Les évêques francs comparent Clotaire II à David sur le trône divin, *rex* et *sacerdos,* mais leur *rex christianissimus* n'utilise pas le *Dei gratia.* Chez les Carolingiens, l'emploi de cette formule aurait été lié à la reconnaissance papale de la royauté de Pépin, mais, comme l'a montré Georges Tessier, il a fallu pour cela attendre Charlemagne qui, dès son premier diplôme, s'intitule *Carolus gratia Dei rex Francorum* ; son frère Carloman l'imita. Vers 775, le clerc irlandais Catwulf lui écrit que Dieu l'a fait roi (« *ipse te exaltavit* ») pour qu'il protège les hommes à sa place (« *in vice illius* »), l'évêque ne prenant que la seconde place. Chez Louis le Pieux, le *Dei gratia* (ou bien *divina ordinante providentia, Dei misericordia*) n'était pas une simple « formule », quand il fait signifier le 1er mars 834 son retour à la dignité impériale après sa déposition humiliante du 1er octobre 833 par la titulature solennelle « *Hludowicus divina repropitiante clementia imperator Augustus* ».

Conformément à l'ordonnancement du monde évoqué depuis Grégoire de Tours jusqu'à Adalbéron de Laon vers l'an mille, le *Dei gratia* n'a placé comme intermédiaires entre Dieu et les hommes que le seul *princeps* et le seul *episcopus.* Mais, le 13 janvier 859, la veuve du comte Hardouin, d'une grande famille il est vrai, s'intitule « *Warimburgis, gratia Dei comitissa* ». Les premiers exemples de *Dei gratia comes* s'observent, en effet, au IXe siècle. C'est d'ailleurs Louis le Pieux qui parle, dans une loi de 823-825, de la part de gouvernement que les dignitaires de l'Empire exercent, chacun à sa place, sous l'impulsion de l'empereur. Une fois institué le principe de la délégation de pouvoir, ceux qui en étaient les bénéficiaires ont senti le besoin de se légitimer en invoquant eux aussi son origine divine. Pourquoi alors un Guillaume Sanche, duc de Gascogne, n'agirait-il pas ainsi, qui au Xe siècle, comme nous l'apprend Charles Higounet, fait frapper des monnaies à son nom et proclame la *pax regni nostri,* à savoir la paix dans son *regnum,* à la place de la « paix du roi » carolingienne ? C'est lui, le duc, qui est responsable devant Dieu du *regnum* (unité territoriale carolingienne), et non plus le roi, incapable d'assurer la paix dans l'ensemble des *regna* du grand *regnum Francorum.* On pourrait citer des centaines de cas d'application du *gratia Dei* à des chefs non royaux : là où il y a un pouvoir effectif et reconnu, il provient de Dieu ; aussi son détenteur est-il habilité à adjoindre *gratia Dei* à son titre *(princeps, dux, comes* ou *dominus).* Curieuse « dévotion » que celle-là, qui signifie : moi et Dieu, et rien d'autre.

Le pouvoir légal chrétien se fonde donc sur l'invocation de son origine divine, reconnue par l'Église qui se fait donner et confirmer des terres et des droits par ceux qui s'en réclament. Cela ne se trouve guère dans le droit canon, qui voudrait faire procéder le pouvoir des rois et des princes du seul empereur, lui-même tenant le sien du pape, qui représente saint Pierre et, à travers lui, le Christ. Or, le *Dei gratia* employé par les puissants de ce monde se réfère directement à Dieu, sans faire intervenir le pape. Des canonistes n'admettent cette légitimation immédiate que pour l'empereur, et à la rigueur pour le roi, qu'ils considèrent comme « empereur en son royaume ». Le *gratia Dei* a été la manifestation d'un pouvoir qui ne reconnaît que Dieu au-dessus de lui et ne tolère pas d'autres pouvoirs au-dessous, ce qui n'est rien d'autre que la souveraineté. Si le droit canon a cherché à préserver l'unité (au moins théorique) du pouvoir, l'Empire en Occident n'a pas su le faire, d'où un émiettement du pouvoir favorable à toute une partie de la noblesse qui est ainsi devenue une nouvelle couche sociale, politique, voire religieuse, un « état » placé au-dessous du roi mais au-dessus des « petits nobles ».

L'Église a dû s'adapter au monde dynastique et « féodal ». Elle n'a plus en face d'elle un *princeps* et sa cour, mais des centaines de princes en Europe et leurs cours respectives. Ce n'est pas avec une seule *beata stirps,* mais avec des centaines qu'il lui faudra communiquer, car ces dynasties, par la volonté divine, font naître des nations*. L'histoire de l'Europe et de sa noblesse est celle des seigneurs ou princes territoriaux, tous *Dei gratia,* qui ont fini par décider de la « confession » (catholique ou non) de leurs sujets.

La mémoire des morts

Il nous faut à présent évoquer un autre aspect de la spiritualité vécue en commun par princes, évêques et nobles : l'attitude devant la mort. L'Empire païen a connu, en dehors des images des

* Comme l'a bien vu Jean-Marie Mœglin dans sa thèse, *La Généalogie des Wit-*

ancêtres rassemblées dans la demeure des *nobiles*, la fête de la *cara cognatio*. Les membres de la famille se réunissaient au mausolée pour un repas auquel on faisait participer les morts en introduisant par un tube les mets dans les tombes. Cet usage était si populaire qu'il se maintint dans l'Empire chrétien et que saint Augustin rapporte dans ses *Confessions* le regret de saint Ambroise de voir à cette occasion les chrétiens se livrer à des beuveries comme les païens.

Le processus de spiritualisation de la mémoire des morts qui s'ensuivit a peut-être été la forme la plus efficace de christianisation en profondeur de la société romaine, d'autant plus qu'elle s'associait avec l'idée de largesse au profit des pauvres, l'*éléèmosinè* (« miséricorde », « charité », d'où l'« aumône »). Plusieurs motivations y présidaient : le désir de faire participer les pauvres aux repas des riches, le souci du sort de l'âme du défunt, la volonté de voir dans le pauvre le Christ, selon ses propres mots — ce qui permettait au riche de racheter une partie de ses fautes par l'« aumône » —, enfin la foi dans la force des prières pour le salut des âmes des morts et des vivants. De plus, depuis Tertullien, à la commémoration de la mort du Christ durant la messe pouvait se combiner celle de la mort d'un être cher, ce qui fit des églises le lieu privilégié du souvenir, de la *memoria* des défunts. L'usage de faire célébrer des messes spéciales tant de jours après le décès et à chaque anniversaire de celui-ci allait de pair depuis le IVe siècle avec celui de noter sur des diptyques en ivoire les noms de ceux qui y participaient en apportant leurs dons, noms qui seraient récités dans les prières à la fin de la messe. Tout un groupe de diptyques du VIIe siècle est conservé en Occident, où les noms des donateurs* sont précédés par ceux des trois grands évêques de l'Occident, Hilaire de Poitiers († 367), Ambroise de Milan († 397) et Augustin d'Hippone († 430). Nous voici déjà dans le monde franc, où en 616 un évêque aussi noble que riche, Bertrand *(Bertramnus)* du Mans, fonde dans son testament des communautés de prière tant à l'église cathédrale que dans l'église où il sera enterré, afin de commémorer sa mort. Son nom fut inscrit dans leur *liber vitae*, le « livre de vie » (éternelle), et il y eut une donation de domaines destinée à assurer des aumônes régulières aux pauvres, afin qu'eux aussi priassent pour la remise de ses péchés.

Dans ce mouvement irrésistible, l'action du pape-moine Grégoire le Grand a marqué un tournant : vers 600, dans le quatrième

---

telsbach : propagande politique et construction d'une histoire nationale (1180-début du XVIe siècle).

* Ils ont pu être déchiffrés, en tête de noms à usage liturgique, par Jean Vézin sur le fameux « ivoire Barberini » (Paris, musée du Louvre), datable immédiatement après l'an 662 et attribué par Heinz Thomas à la Provence austrasienne.

livre de ses *Dialogues,* consacré à saint Benoît et aux moines — l'un des livres les plus lus des siècles qui suivront —, il évoque la possibilité de soulager les peines des âmes au « purgatoire » grâce aux prières des moines. C'est là l'une des causes du succès inouï du monachisme qui, d'une réunion de ceux qui se détournaient du « monde », allait se transformer en un « service public » indispensable à la société chrétienne. Mais ce succès tient aussi à l'idéal de « fraternité » dont l'accomplissement fut l'œuvre des moines, qui pratiquaient cette *fraternitas* devant la mort dans les prières de leur communauté. Leur *confraternitas,* concrétisée dans des « livres de confraternité » ou « livres de vie », s'est étendue à d'autres communautés auxquelles ils s'allièrent, aux évêques, enfin au *princeps* et à sa *nobilitas,* dans la mesure où ils étaient devenus les meilleurs protecteurs des moines. Cette action en faveur du sort de l'âme de l'*autre* s'accompagnait d'un service régulier d'aide aux pauvres d'une ampleur sans précédent*.

Ce nouveau monachisme a déployé une activité inlassable sur deux plans à la fois, spirituel et « matériel », qu'il a reconnus comme indissociables. Soulager la misère des pauvres lui permit d'accumuler des « trésors dans le ciel » pour apaiser la peur des riches et des puissants conscients de leurs fautes et désireux de sauver leur âme ainsi que celles de leur parentèle. Les monastères sont devenus le fer de lance de l'amour du prochain et l'espoir de ceux qui étaient restés « dans le monde », à savoir le « clergé séculier » et ses frères et cousins qui appartenaient à la *militia* du *princeps.* Élites en tête, le monde franc a tiré sa force spirituelle de sa confiance en l'intercession des saints gagnée par les prières des moines.

Avant de développer cet aspect spirituel de l'histoire politique de l'Empire franc et des États qui lui ont succédé, il nous faut revenir au monde barbare. Son intégration dans le monde romano-chrétien est en effet due pour une large part aux Francs, qui ont pleinement rempli leur rôle d'intermédiaires entre le monde méditerranéen et romain d'un côté et le monde barbare des *gentes* de l'autre. Pour mesurer l'œuvre accomplie par l'évangélisation romano-franque qui a précédé la symbiose de ces peuples et de leurs élites en une civilisation commune, il faut rappeler leur attachement aux morts et aux ancêtres. Ainsi ce mot attribué à Radbod, vieux chef frison qui, près d'être converti, apprend que ses ancêtres, sans baptême, sont irrémédiablement voués aux enfers : « Alors, dit-il, je préfère être là avec eux que sans eux aux cieux de votre religion. »

Il est intéressant de suivre les étapes qui aboutiront aux formes

* *Cf.* l'analyse prosopographique et statistique sur base électronique de dizaines de milliers de noms notés dans les « livres de vie », travaux dirigés par Joachim Wollasch, Karl Schmid (†) et Otto Georg Oexle.

chrétiennes du culte des morts, à partir de l'accompagnement dans la mort des êtres chers chez les chefs barbares, qui recevaient un mobilier funéraire destiné à la vie dans l'au-delà, y compris des armes précieuses et des insignes de pouvoir en or. Même après la conversion, des formes syncrétistes se maintinrent : on continuait à protéger le mort des forces mauvaises par des amulettes ou, procédés nouveaux, par des médaillons contenant de saintes reliques, par des croix placées de préférence sur la bouche, ou par le croisement des bras du défunt. Les élites adoptèrent les inhumations *ad sanctos,* d'abord dans les cités, puis au VIIIe siècle dans des résidences rurales, qui reçurent des chapelles fondées par le propriétaire. La protection du mort étant désormais assurée par la localisation de sa sépulture, dans une église ou à proximité, le mobilier funéraire, mal vu de l'Église, fut remplacé par une forme spirituelle de *vademecum* : la prière pour l'âme du défunt, que garantissait une fondation destinée au salut de son âme. Les premiers exemples, au début du VIIIe siècle, ont été trouvés par Wolfgang Haubrichs (1981) à l'abbaye de Wissembourg, en Alsace, où des laïcs demandent à être inscrits dans le *liber vitae* des moines. Ce sont des laïcs encore qui encadrent la vie spirituelle des populations converties : des monastères réservés aux élites, fondés sous la protection des Mérovingiens mais surtout des Carolingiens*, ont transformé le monde germanique en offrant une carrière monastique et ecclésiastique aux fils des aristocraties alamannique, bavaroise, thuringienne et saxonne comme à ceux des Francs orientaux, et à leurs familles les prières** des leurs.

La civilisation du souvenir des morts et de la prière liturgique est inséparable de l'évangélisation en profondeur du monde franc et de la politique carolingienne. On sait que Pépin ne rêvait que de terminer une fois pour toutes la querelle pluricentenaire des Neustriens et des Austrasiens en remplaçant ces deux *regna* par une seule grande *Francia* qui s'étendrait de la Seine jusqu'au-delà du Rhin. Pour y parvenir, il lui fallait s'assurer l'unité spirituelle des serviteurs de ce grand royaume, mais aussi des prières pour sa personne et sa famille. En 750, alors qu'il n'est pas encore roi, il fait parvenir à l'abbaye de Flavigny des tablettes en ivoire contenant le texte du don d'un vivier « *ad opus fratrum* », pour le repas quotidien

---

* Par des moines irlandais (Luxeuil, Saint-Gall), anglo-saxons (Echternach, Fulda), gallo-francs (Wissembourg, Prüm, Corvey [« nouvelle Corbie »], Ratisbonne), aquitains (Pirmin à Murbach en Alsace, à Hornbach au Palatinat, et à Reichenau) et tant d'autres.

** À Fulda, elles sont documentées d'une façon exemplaire dans les *Annales nécrologiques* par 4 300 entrées datées de 779 à 1065. Leur édition en 1978, dirigée par Karl Schmid, en cinq gros volumes, a changé nos idées sur l'histoire spirituelle et politique de l'époque (voir Michel Parisse, *Francia,* 7, 1980, pp. 551-565).

des moines à qui il demande de prier quotidiennement « *tam pro me quam et pro omni progenie mea praesenti et futura* ».

Louis le Pieux distingue en 819, dans sa *Notice du service des monastères*, trois catégories d'établissements : ceux qui doivent « *dona et militiam* » (contributions financières et service militaire), ceux qui ne doivent que les « *dona sine militia* », et ceux qui ne doivent que les « *orationes pro salute imperatoris vel filiorum eius et stabilitate imperii* » (prières pour l'empereur et ses fils et pour le salut de l'Empire). Pour les trois catégories toutefois, le service essentiel est celui des prières. En 828, par exemple, les moines de Fulda (première catégorie) promettent de prier en carême pour l'armée franque en campagne contre les Bulgares, pour son chef Louis (le Germanique) et pour l'empereur, leurs prières représentant au total mille messes et autant de psautiers. À l'époque, le monastère, un des plus grands de l'Empire, comptait six cents moines, dont les prières formaient l'intercession auprès de Dieu et en même temps un « sacrifice » offert au Seigneur dans le cadre du service liturgique permanent qui, lui, fit des princes les « débiteurs » des moines.

Ainsi se manifeste l'union de la liturgie et de la politique, de l'Église et de l'État au temps de l'Église du *princeps*, l'alliance d'une dynastie et d'un monachisme tous deux en plein essor étant appelée à transformer la hiérarchie des valeurs spirituelles et sociales au xᵉ et au xɪᵉ siècle. Après l'époque des fondateurs, de Pépin à Louis le Pieux — organisateur d'un monachisme bénédictin de stricte observance —, le monde franc connaît une période de contacts quasi permanents entre rois et moines, les monastères étant devenus les lieux de rencontre préférés des monarques entre eux. Mais pas seulement de ceux-ci, car l'élite de leur noblesse les accompagne lors de leurs visites. Les souverains, leurs familles et leurs grands s'y font inscrire dans les *libri vitae* afin de bénéficier des prières des moines pour eux et leurs défunts.

Le désir des grands de s'assurer par leurs dons le concours des « meilleurs saints » et des « meilleurs moines » pour leur bien-être ici-bas et dans l'au-delà a eu pour conséquence de véritables campagnes de propagande hagiographique : par cette littérature abondante de *vitae*, de *miracula* et de *translationes* des reliques de saints (destinées à provoquer de nouveaux miracles en présence des masses qui suivaient l'événement), on cherchait à prouver que le saint dont on se réclamait était le plus « puissant », que ce fût pour obtenir une intervention divine favorable ou une guérison (on notait une « spécialisation » selon les maladies), ou pour frapper ses ennemis. Les monastères devinrent des buts de pèlerinage le jour de la fête de leur saint patron, dont ils conservaient des reliques.

Ce qui avait existé dans les cultes païens antiques se retrouvait dans le monde chrétien romain et franc, à savoir une approche naïve de la divinité, à qui l'on proposait ouvertement une sorte de marché résumé par la formule « *do ut des* ». Il fallait essayer de mettre Dieu de son côté et d'obtenir son aide en priant (ou en faisant prier) pour l'intervention favorable des saints. Le succès, et au premier chef celui des armes, était interprété comme un signe d'élection divine. Quant au saint médiateur de la grâce du Tout-Puissant, il arrivait qu'il devînt le saint protecteur de toute une dynastie, tels saint Martin, saint Denis ou saint Remi, ou bien, sur un plan local, le saint de l'église fondée ou richement dotée par un seigneur. C'est dire combien la mort, le souci de l'âme, la présence de Dieu et de ses saints ainsi que l'espoir d'obtenir leur secours ont dominé le cœur des hommes, et surtout celui des puissants. Ce monde dont on a dit qu'il ne mesurait guère le temps, se fiant à la levée du jour et à la tombée de la nuit, observait pourtant les heures de prière rappelées par les cloches des églises, dont l'usage se répand en Gaule depuis le VIe siècle.

Ce qui avait commencé comme un beau mouvement de spiritualité et de solidarité finira dans la routine et la « spécialisation » des acteurs. Les uns paient, les autres prient machinalement afin d'être payés. Pour être certains de leurs prières, les donateurs ont l'idée de prévoir des paiements échelonnés comme une sorte de rente, versée seulement à ceux qui remplissent leur « service » de prière à la date voulue, les absents ne recevant rien (sauf s'ils se font remplacer par des gens loués).

Mais pendant longtemps des hommes savent que Dieu est présent et s'adressent à Lui en conséquence. Le noble invoque Dieu avant le combat et est exhorté à demander pardon, voire à jeûner après le combat si les tués sont des chrétiens (comme après la terrible bataille fratricide de Fontenoy-en-Puisaye en 841, où est tombée la fleur de la noblesse franque). Revenu chez lui, il fait inscrire, avec une offrande, la mort en bataille de ses compagnons d'armes ou amis dans l'abbaye où il a déjà préparé sa tombe par des dons appropriés. Les contacts entre laïcs et clergé sont nombreux jusqu'au jour où le noble doit agir en instance de mort. Si possible, il se fait porter en son abbaye ou en celle de son seigneur, s'il n'a pas déjà pris l'habit de moine, quittant le monde dès avant sa mort. Il lui faut maintenant se pourvoir du salut éternel en s'assurant les prières des moines par des dons substantiels. Il y a parfois conflit entre le mourant et ses proches lorsque ces derniers refusent leur assentiment (nécessaire) à un don qui leur semble exagéré. L'abbé, présent, fait alors dresser une sorte de procès-verbal. En cas d'échec, il restait toujours la possibilité qu'un des parents revienne sur son refus, car longtemps seule comptait la réalité du don. Depuis le XIIe siècle, on commence à prendre plus en considération les intentions pieuses du mourant : normalement, les membres de la famille et surtout l'époux ou l'épouse se rendent à l'église aux anniversaires de la mort, et y font des dons pour le salut de l'âme de leur cher défunt (son nom apparaît donc à la date de sa mort dans les « livres de vie »).

La *memoria*, dans sa combinaison d'éléments liturgiques, religieux mais aussi juridiques, a ainsi eu des répercussions considérables dans la vie publique, donc dans celle de la noblesse, car elle constituait des groupes d'hommes et leur donnait une durée. Or, celle du groupe linéaire de l'ascendance d'un grand ne pouvait qu'augmenter son prestige, son degré de *nobilitas* par ancienneté. Pour le noble, la *memoria* des ancêtres était en même temps un culte de sa « maison » où se mêlaient la piété familiale et le souci de la gloire et du rang de la lignée. Voilà encore réunis le spirituel et le politique, décidément indissociables.

Les fondements de l'Europe chrétienne

La spiritualité a dominé l'évolution des normes morales et politiques; elle a bouleversé celles-ci, comme le feraient plus tard les idéologies en transformant des théories en un mouvement de masses. L'initiative dans la vie spirituelle et liturgique changea de camp dans le monde franc. Rappelons-nous l'époque où les élites sénatoriales avaient choisi la carrière épiscopale, qui donna un sens nouveau à leur existence en faisant d'eux des guides actifs. L'essor de l'épiscopat au « Bas-Empire » et sous les Mérovingiens en fut la conséquence logique, et les évêques gardèrent une place de choix sous les Carolingiens. Les moines, à condition qu'ils appartinssent à une élite par leur assiduité dans la prière comme dans l'administration de leurs domaines et dans les services rendus aux armées royales, étaient devenus les interlocuteurs préférés des rois et des grands, qui participaient activement aux indispensables réformes monastiques. L'ampleur du phénomène clunisien des Xᵉ-XIᵉ siècles ne se comprend qu'en constatant l'influence qu'à travers leur activité inlassable sur plusieurs terrains à la fois les moines ont exercée sur la noblesse, sur les élites qui décidaient des courants sociopolitiques. Maintenant, la fleur de l'aristocratie se retrouvait dans les monastères clunisiens, ou les cofondait, comme saint Odon.

Cluny, en reprenant le flambeau du monachisme bénédictin de stricte observance de saint Benoît d'Aniane, porta la *memoria* à un degré incomparable, qui nous a laissé du Xᵉ au XIIᵉ siècle le nom d'environ 48 000 moines pour les neuf monastères clunisiens dont nous conservons les nécrologes — chiffre fragmentaire donc, mais éloquent. Des empereurs et des rois demandaient à être admis dans la *memoria* clunisienne. En dehors des centaines d'évêques qui souhaitaient se faire enterrer à Cluny, un pape, Étienne IX, désira mourir, à Florence, dans les bras de l'abbé de Cluny, Hugues, en se faisant moine clunisien *in extremis*. Un autre se fit transporter à Cluny pour y mourir. Hugues de Cluny, de la maison des seigneurs de Semur, apparentée aux Capétiens et aux ducs de Bourgogne, fut le parrain du fils d'Henri III à la demande de cet empereur, mais aussi le légat de plusieurs papes en des missions importantes, et de la sorte le médiateur idéal entre les deux puissances. Dans un privilège de 1097, Urbain II (1088-1099), ancien moine et prieur à Cluny, introduisit des éléments de l'administration *(curia)* clunisienne dans celle de l'Église de Rome (qui devint alors la « curie ») et déclara Cluny « lumière du monde », selon le mot du Christ*.

Saint Odon avait pris pour modèle la vie communautaire des premiers chrétiens et entendait mettre Cluny au service des pauvres et des pèlerins. On y lia si strictement la *memoria* de chaque moine (pendant les trente jours qui suivaient sa mort et lors des anniversaires) à la fondation d'une prébende pour un pauvre qui devait prier pour son âme qu'il y eut finalement, par le cumul des moines morts, 18 250 prébendes à pourvoir par an, pour une communauté de 300 à 400 frères. L'abbaye courait à sa ruine (« les morts mangeant les vivants »), sans les restrictions qui au milieu du XIIe siècle limitèrent à cinquante par jour le nombre de nouvelles prébendes, la seule mort d'un abbé déclenchant la création de centaines d'unités supplémentaires de prébendes.

Le prestige de Cluny et les performances liturgiques, caritatives mais aussi économiques de ses moines incitèrent la noblesse à favoriser l'expansion de cette congrégation en lui confiant la réforme des monastères qu'elle contrôlait ou la fondation de nouveaux prieurés. Il s'agissait là d'un mouvement plus général des Xe-XIe siècles, qui connut d'autres centres, comme Gorze et Marmoutier près de Tours — abbaye à laquelle étaient subordonnés une centaine de prieurés. Certes, il y avait des résistances de la part d'évêques conservateurs, qui voyaient menacer l'ancien ordre d'un monde dirigé par le roi et l'évêque ; l'un d'eux, Adalbéron de Laon, adressa une diatribe au roi Robert II pour le mettre en garde contre Cluny et son abbé Odilon, ce nouveau « prince des moines » et sa *militia* bien organisée. Mais le prestige des moines était tel que le haut clergé finit par admettre le bouleversement de la hiérarchie spirituelle, les *religiosi* y prenant la première place. Ils devinrent un modèle, y compris pour le clergé « séculier », dont une partie accepta certaines normes clunisiennes comme règles de vie. Cela valait surtout pour la papauté, protectrice de Cluny depuis l'acte de fondation de l'abbaye en 910 par Guillaume, duc d'Aquitaine. Des papes influencés par Cluny comme Grégoire VII, allant plus loin

---

* Voir à ce sujet Joachim Wollasch, 1996.

dans leurs conclusions « grégoriennes », en arrivèrent à « dévaloriser » — en un monde spiritualisé par les réformes monastiques — la condition des laïcs, dorénavant considérés comme une catégorie d'hommes inférieure, y compris les rois et les grands, les bienfaiteurs des débuts subissant le choc de ce bouleversement des valeurs.

Quand Cluny s'affaiblit, la fascination qu'exerçait ce mouvement de purification sur l'élite de la noblesse ne se démentit pas et certains de ses membres fondèrent des ordres nouveaux pour aller plus loin encore : Bernard, noble bourguignon, créa avec d'autres jeunes aristocrates celui des cisterciens et patronna le premier des ordres militaires, celui des templiers. Norbert de Xanten († 1134), son contemporain, est moins connu, mais sa vie est révélatrice de la situation de la noblesse au début du XIIe siècle, qui le voit hésiter entre l'engagement dans le monde et la fuite du monde. Fils d'un comte rhénan, il fait de brillants débuts politiques dans l'entourage des empereurs franconiens, mais quitte la cour d'Henri V, choqué par le traitement que l'empereur a fait subir au pape Pascal II. Ermite depuis 1115, il devient prédicateur errant. Ne trouvant pas d'écho dans sa patrie, il se rend en France, près de Laon, où il fonde Prémontré et son ordre de chanoines réguliers. Malgré leurs succès, ceux-ci se voient « abandonner » par lui quand il accepte de devenir archevêque de Magdebourg et de terminer sa vie en prince de l'Église. « Il a voulu être à la fois seigneur et serviteur, servir l'empereur et le pape, prêcher la parole de Dieu et renforcer le pouvoir de l'Église, suivre le Christ nu et contribuer à la victoire du Christ roi », comme l'a dit Kaspar Elm. C'est donc le type même du membre de l'ancienne haute noblesse confronté à la montée d'un autre monde social et spirituel, alors même que des empereurs, des rois et des princes sont acquis aux différents mouvements de réforme, comme Henri III en Germanie et Louis VI en France. Ces mouvements ont été l'œuvre d'une élite de la *nobilitas* qui a montré sa capacité à se renouveler en cherchant à agir sur le « monde » par une étroite coopération entre le spirituel et le temporel. C'est à la suite de ce dernier grand renouvellement de l'ancienne *militia* qu'a pu naître la « civilisation chevaleresque ».

Un idéal confirme l'unité de cette période, idéal d'origine romaine né au moment de la victoire du christianisme : celui de *ministerium*. Constantin le Grand a eu la grandeur d'esprit de se considérer dès sa conversion comme le *famulus Dei*, l'humble serviteur de Dieu — ou, dans les textes grecs, le *therapoon theou* (le serviteur, voire l'esclave de Dieu). Cette humilité devant le Tout-Puissant ne signifiait pas un quelconque abaissement ; au contraire, les titres cités plaçaient l'empereur à un rang égal à celui des apôtres, à telle enseigne qu'on en fit le « treizième apôtre » du

Christ. Mais il semble, selon Hans Hubert Anton, qu'il n'y ait pas eu à Constantinople de doctrine définissant la tâche de l'empereur comme un *ministerium* sous l'autorité de Dieu. On en trouve trace pour la première fois chez Grégoire le Grand, qui parle dans ses *Moralia* du « *ministerium* » de la « *potentiae temporalis* * ». S'il rappelle à l'empereur Maurice que son royaume terrestre doit servir (« *famuletur* ») le royaume céleste — ce qui relève de la terminologie impériale —, il écrit clairement en 599 au roi des Wisigoths Reccared, converti au catholicisme, que le roi est « ministre de Dieu ». Son devoir est de « réjouir les pauvres, défendre les veuves, protéger les orphelins », fonctions proches de celles de l'Église. Le IVe concile de Tolède nomme lui aussi le roi *minister Dei*, et l'analogie entre la fonction royale et le ministère épiscopal se retrouve chez Isidore de Séville. Chez les Francs, où nous avons vu que ces devoirs envers l'Église, les pauvres, les veuves et les orphelins étaient rappelés aux hauts dignitaires laïcs dès leur nomination, les évêques se félicitent en 626-627 sous Clotaire II que le roi gouverne le royaume « *velut David* » et remplisse ainsi une « *ministratio prophetica* ».

L'influence de l'Église et des idées bibliques sur la conception de la fonction royale est nettement perceptible dans l'Occident du VIIe siècle. Mais la pleine conscience d'un « ministère royal » ne s'impose qu'au début du IXe siècle, dans le cercle de réformateurs de l'entourage du roi d'Aquitaine, le futur empereur Louis le Pieux, au nombre desquels figurent Smaragde de Saint-Mihiel et Jonas d'Orléans. Sous Charlemagne, *ministerium* est plutôt un terme technique pour désigner la fonction du comte et le territoire où elle s'exerce ; sous son fils et dans les synodes réunis sur son ordre, il est au cœur même de la définition de la fonction royale : « *regale ministerium specialiter est populum Dei gubernare et regere cum equitate et iustitia, et ut pacem et concordiam habeant, studere* ». Des notions chères à Charlemagne et à la haute idée qu'il se faisait de son gouvernement — équité et justice, paix et concorde — ne sont pas absentes, mais l'empereur n'est plus au-dessus de l'Église, il en fait partie et partage avec les évêques le ministère de Dieu, son *regale ministerium* : le devoir royal remplace la puissance royale. La fameuse *admonitio* de Louis le Pieux, sorte de loi fondamentale édictée en 823-825, ne voit plus l'empereur comme un *autokrator* au sens de l'empire d'Orient, mais comme celui qui, exerçant la « *summa huius ministerii* » du gouvernement des hommes, la partage avec tous ceux qui remplissent des fonctions sous son autorité, chacun ayant « *in suo loco et ordine partem nostri ministerii* ». C'est une évolution vers une idée élevée du pouvoir sur les hommes, que l'empereur-législa-

* H.-X. Arquillière y a vu l'émergence de « la conception ministérielle de l'Empire chrétien ».

teur fonde sur l'autorité divine et la *humana ordinatio*, le règlement trouvé par l'empereur et les grands (ecclésiastiques et laïcs) qui l'entourent. On parvient là, au terme de l'évolution, à une synergie du pouvoir royal et du pouvoir ecclésiastique en Occident, comme à une charte des droits et responsabilités des grands laïcs. D'autres suivront — à Coulaines en 843, à Quierzy en 877 — et ouvriront un âge qui sera celui de la « seigneurie » et des « principautés », et qui offrira à la *nobilitas* des chances nouvelles.

Là où beaucoup, acquis au centralisme royal, n'ont vu qu'« anarchie », d'aucuns ont reconnu l'essor de libertés qui ont profité d'abord à l'élite de la noblesse et aux réalisations remarquables des grandes principautés françaises, sans oublier qu'il en est résulté d'autres libertés pour d'autres couches de la population. Au Ier millénaire, le monde laïc et temporel n'était pas séparé du monde ecclésiastique et spirituel. Une telle séparation était impossible dans l'Empire romain chrétien, dont l'empereur, depuis Constantin, était le premier serviteur de Dieu, qui l'avait choisi pour apporter la victoire à son Église, celle-ci finissant par s'identifier dans son existence sur terre à l'Empire (romain) de Dieu. Aussi l'évêque africain Optatus de Milève a-t-il pu écrire vers 365 : « Ce n'est pas la *res publica* qui est dans l'Église, c'est l'Église qui est dans la *res publica*, à savoir dans l'Empire romain » (« *sed ecclesia in re publica, id est in imperio Romano* »). En étendant cette Église de l'Empire romain vers le nord, l'Empire chrétien a fondé l'Europe chrétienne. L'Empire romain et l'Empire franc, avec leur noblesse respective, ont christianisé l'Europe entre le IVe et le Xe siècle. Ils l'ont fait avec les évêques en une étroite union, aussi bien politique que spirituelle, dans laquelle tous servaient Dieu et tous servaient son serviteur, le *princeps*. L'expansion de la foi fut donc l'œuvre commune de l'Église et de l'État.

Dans les moments difficiles que constituèrent les invasions arabes, normandes ou hongroises, l'épiscopat et les monastères contribuèrent puissamment au rétablissement de l'ordre, et à une renaissance économique et démographique. L'Église romaine, alliée aux Carolingiens, parvint à se dégager de la domination impériale qui remontait à l'époque de l'Empire chrétien unique, avec pour centre Constantinople. Ce monde n'était plus celui de la « naissance de la noblesse » au sein de l'Empire romain chrétien, mais celui de son développement dans l'Empire carolingien et les États qui lui succédèrent. La noblesse d'Occident, séparée de celle d'Orient, allait vivre des transformations comme l'hérédité des *honores* dans une Europe désormais dynastique, la généralisation de la vassalité « féodale » et la montée de la « chevalerie » et de la « civilisation courtoise ». Ce sont ces évolutions que nous allons à présent étudier en montrant l'action persistante des racines profondes de la *nobilitas* dans cet épanouissement de l'Europe.

QUATRIÈME PARTIE

Genèse de l'Europe dynastique : hérédité, vassalité, « chevalerie » (VIIIe-XIVe siècle)

CHAPITRE XII

L'hérédité des charges publiques

Il nous faut montrer dans cette dernière partie comment du monde romano-franc est issue l'Europe dynastique, avec sa noblesse héréditaire, vassalique et finalement chevaleresque. Charlemagne a été le personnage clé entre l'« âge méditerranéen » des Empires romano-chrétien et franco-chrétien d'un côté, et de l'autre un Occident désormais séparé de l'Orient et transformé par la vassalité et l'hérédité des fonctions, puis par la « chevalerie » et sa civilisation brillante. Il a réussi à devenir un empereur comparable à celui de Constantinople, qu'il conteste dans son unicité, en dominant comme lui « ses » évêques et l'Église, en étant comme lui, dans son propre empire, le *fons honorum* unique, auquel la noblesse laïque doit son rang et le pouvoir public qu'elle exerce au nom du maître. Mais il a aussi, après ses grands prédécesseurs Charles et Pépin, utilisé et élargi les moyens politico-militaires de la vassalité en créant un nouveau rang de la *nobilitas* inconnu de la hiérarchie romaine, celui de *vassus dominicus*. Ce vassal direct et personnel du roi en titre a rang immédiatement derrière le comte *(comes)*, qu'il a le droit de surveiller en tant que confident du souverain. La noblesse franque sera bientôt dominée par ce type de noble. Et celui-ci sera à l'origine du pouvoir vassalique héréditaire qui prévaudra en Occident à partir des xe-xie siècles.

Limites de l'hérédité dans la noblesse romaine

Quand et par quelles étapes la noblesse est-elle devenue héréditaire? Encore faut-il s'entendre sur le terme complexe d'« hérédité », qui s'emploie à la fois pour la chose que l'on hérite et pour la transmission par voie de succession. Celle-ci est étroitement liée à d'autres notions comme la propriété, la famille, le patrimoine et le droit privé. Ce que j'hérite ne devient-il pas sur-le-champ ma propriété, et celle-ci n'est-elle pas mon affaire privée, qui ne regarde pas autrui — hormis mes parents et mes héritiers éventuels, c'est-à-dire ma famille? Le droit successoral est donc une branche maîtresse du droit privé, nettement séparée des matières de droit public.

On admet que le pouvoir public, depuis la Révolution au plus tard, ne peut en aucune manière être une « propriété privée » et devenir l'objet d'un héritage. Plus encore que la « propriété publique », il est inaccessible au secteur privé et n'a rien à voir avec les lois qui le régissent, si ce n'est qu'il est là pour les préserver et, le cas échéant, les modifier. Nous touchons là au cœur de ce qui sépare l'État contemporain de celui de l'Ancien Régime. Le nouveau droit, déjà en gestation sous l'Ancien Régime, abolit — avec d'autres titres et privilèges — la faculté de posséder, d'hériter et de transmettre des domaines publics, et plus encore le pouvoir public. L'historiographie de la bourgeoisie victorieuse a donné une force rétroactive à ses lois et a déclaré « privés » tous les droits et propriétés de la noblesse dans le passé. C'est ainsi qu'on a inventé du même coup la « féodalité », notion fondée sur l'irrégularité du « pouvoir privé » qu'exerçaient, aux yeux des modernes, les détenteurs d'un pouvoir public héréditaire — à savoir les nobles, ainsi transformés (rétroactivement) en de simples personnes privées.

On ne peut ici résumer l'histoire et la problématique de l'hérédité du pouvoir. La pleine hérédité politique s'est exprimée à travers les âges et à travers le monde dans le pouvoir dynastique des rois. Un des plus anciens monuments conservés est dû au « Grand Roi » des Perses, Darius Ier, sous la forme d'une inscription combinée avec des reliefs, « publiée » (après ses grandes victoires jusqu'en 521 av. J.-C.) près de Bagastana (Behistun, le « lieu des dieux ») :

« Moi, je suis Darius le roi, fils d'Hystaspe, un Achéménide, roi des rois. Actuellement, je suis roi en Perse. Voici ce que proclame Darius le roi : mon père est Hystaspe, le père d'Hystaspe était Arsamès, le père d'Arsamès était Ariaramnès, le père d'Ariaramnès était Teispès, le père de Teispès était Achéménès. Darius le roi proclame : c'est pourquoi nous nommons notre race celle des Achéménides. Depuis les temps les plus reculés nous sommes nobles, depuis les temps les plus reculés notre race est royale.

« Darius le roi proclame : huit rois de notre race ont saisi auparavant le pouvoir royal. Je suis le neuvième qui exerce le pouvoir royal. Nous sommes des rois en deux lignées. »

Ce texte est dominé par la conscience dynastique d'une transmission patrilinéaire du pouvoir depuis l'ancêtre éponyme, Achéménès. La mention des noms de ses prédécesseurs doit servir la légitimité de Darius, car il réunit en sa personne celle de « deux lignées » : il est aussi le neveu de Cambyse, fils de Cyrus le Grand. Le roi des rois fit inscrire ce texte, sur place, en plusieurs langues et fit inventer pour la circonstance une écriture perse qui fut ajoutée au texte original en écriture élamite. Il demanda également de faire des copies qui furent envoyées dans les provinces et en d'autres pays où, par la suite, elles servirent de modèle à d'autres monarques. Ainsi l'empereur Auguste, vers 13/14 ap. J.-C., fit-il connaître dans tout son empire ses *Res gestae divi Augusti* — le rapport de ses exploits qu'il avait déposé au temple des vestales — par des inscriptions, dont émerge le *Monumentum Ancyranum*, près d'Ankara ; elles sont écrites aussi à la première personne, et ce en plusieurs langues.

Ces rapprochements cachent des nuances décisives. Auguste dédie au *populus Romanus* ses victoires et conquêtes, comme celle de l'Égypte qui l'a rendu maître de l'Occident. S'il est l'héritier de César — qui n'est pas son père par le sang, mais par adoption —, son empire n'est pas un royaume, mais la *res publica* de ce *populus*, née de la chute d'une royauté héréditaire. Vouloir rétablir une telle royauté serait un crime (reproché à son adversaire vaincu, Antoine) dans un État où les *magistratus* sont élus par des *cives* qui possèdent la liberté *(libertas)* et ne sont pas les sujets d'un autocrate oriental. Ce principe ne changea pas par la suite, ni quand les magistrats seront en grande partie remplacés par de hauts dignitaires nommés à un *honor* soit par le Sénat, soit par le *princeps*, ni quand le seul *princeps*, devenu *fons honorum* unique, se fera appeler *dominus* et obligera ceux qu'il nommera à un *honor* à le servir dans sa *militia* en prenant le *cingulum militiae* après avoir fait serment d'un strict *obsequium*. Car le premier des Augustes a promis de conserver la *res publica* et la *libertas* des *cives*.

Le système constitutionnel défini par le droit romain (Sénat/empereur) exclut la légitimité d'une hérédité pleinement dynastique des empereurs : une fonction publique *(honor)* ne s'acquiert pas de père en fils. Ce principe a toujours été maintenu par les juristes romains. Malgré les tentatives répétées des « maisons » d'Auguste, de Constantin et d'autres de fonder une « dynastie », l'Empire romain n'a jamais été héréditaire en droit. Pour autant, l'hérédité n'était pas inconnue dans un État largement dominé par les *gentes*, les grandes familles de la *nobilitas*, fortes de leurs immenses clientèles. Cette « noblesse », consacrée par l'appartenance au Sénat, a admis le droit — pour trois générations au moins — du fils (ou de l'épouse) à succéder au rang de son père (ou de son mari) ; en ce sens, elle était l'héritière de sa *dignitas*, mais elle ne pouvait hériter directement d'un office précis, d'un *honor*.

Parler d'« hérédité » risque de prêter à confusion si l'on ne précise pas ce que le père transmet au fils. D'un côté, il y a l'hérédité d'une fonction « par le sang », qui mène nécessairement au pouvoir dynastique ; prévalant chez les rois orientaux et barbares, elle ne s'est généralisée pour les grands non royaux qu'avant et après l'an mille. De l'autre côté, il y a l'hérédité du rang, de la *dignitas* (*Erblichkeit des Standes*), bien connue des Romains, surtout depuis Constantin le Grand. Les spécialistes de l'État romain ont eu du mal à concevoir que le préfet de Rome héritait cette haute fonction directement de son père, sans suivre la carrière préalable dans le *cursus honorum* et sans nomination impériale*. Or, si la *dignitas* procurait le rang et avec lui l'état (*Stand*) dans la hiérarchie sociale, l'*honor* était une fonction concrète comportant la *potestas publica* déléguée par la nomination impériale. On voit donc ici trois conceptions de l'hérédité : l'une recouvre une hérédité de fait, mais non de droit ; la deuxième, romaine, est une hérédité de rang limitée à trois générations ou plus ; la troisième, véritable hérédité du sang, d'origine orientale ou barbare, est celle des peuples dirigés par des rois héréditaires, celle aussi des Étrusques et des Romains que ces derniers ont abolie.

Il nous faut donc essayer de définir plus précisément cette hérédité romaine de la noblesse sénatoriale, qu'on présente presque toujours seulement entre Auguste et Constantin. Dans le code Théodosien et le code Justinien, l'*ordo senatorius*** se trouve au sommet de tous les *ordines dignitatum*, les états des dignités qui règlent la hiérarchie sociale du monde romain. Il a été « domestiqué » par la *militia* impériale, obligatoire depuis Constantin le Grand pour obtenir un *honor* comportant une charge assez élevée qui donne accès au Sénat et donc à la *nobilitas*. L'ancienne noblesse (païenne) que formaient les *gentes* de Rome existait toujours dans un sénat romain profondément remodelé depuis Auguste, mais Constantin, tout en créant un autre sénat dans sa nouvelle capitale, Constantinople, l'a flanquée d'une nouvelle noblesse de cour, la *comitiva*, composée des *comites* qui « accompagnaient » l'empereur. L'élite de ces hommes formait le *consistorium* (conseil), entourant (debout) la personne sacrée du *princeps* (assis) en une sorte de gouvernement. Ce *comitatus* était au-dessus du Sénat, d'autant que

---

* C'est cependant Theodor Mommsen qui a créé la notion de *senatorischer Erbadel*. Löhken a de son côté parlé d'un *Amtsadel*, signifiant que les fils des *nobiles* avaient toutes les chances d'accéder, au cours de leur carrière, aux hautes fonctions généralement occupées par la « classe » sénatoriale ; mais ce terme cache le fait que précisément ils n'héritaient pas ces fonctions.

** Voir l'étude de Dirk Schlinkert sur la période postconstantinienne, *Ordo senatorius und Nobilitas* (1996). L'auteur y analyse la vie, les droits et les obligations des sénateurs, qui constituent le fondement des rescrits et *sacrae litterae* impériaux dans le code Théodosien et le code Justinien.

l'*Urbs* se voyait dépossédée de son rang de capitale au profit d'autres villes, chacune d'elles (Milan, Sirmium, Trèves) ayant sa cour avec son *comitatus*. Enfin, *comes* est devenu, au-delà de la Cour, l'intitulé d'un rang de base donnant accès à la dignité sénatoriale. Des lois spéciales définissent les droits des nouveaux sénateurs : elles parlent expressément d'une *dignitas senatoria* héréditaire, en précisant que seuls les enfants nés après l'entrée du père au Sénat en profitaient, et non ceux qui étaient nés avant — c'est donc le rang, et non le sang à lui seul, qui comptait. Quant à l'hérédité de cette dignité au sein des anciennes familles sénatoriales, elle était considérée comme un usage qui allait de soi.

Un autre *ordo*, celui des *decuriones*, constitue une exception flagrante au principe de la non-hérédité des fonctions. L'hérédité était en effet imposée aux membres de cet état, des lois (par exemple, en 383, celle dite *De decurionibus*) faisant obligation à chacun de succéder à son père dans l'office occupé par celui-ci. Ces fonctionnaires devaient garantir sur leurs propres deniers le paiement des impôts des cités qui leur étaient confiées, ce qui finit par les ruiner et par les contraindre souvent à s'exiler pour échapper à leurs obligations. On a parlé d'*Erbzwang* pour désigner cette hérédité que les empereurs avaient déjà imposée aux colons dans les campagnes et aux métiers dans les cités, toujours pour des causes fiscales. Il y a là une différence fondamentale avec le droit des sénateurs à hériter leurs fonctions, puisque leur état procurait à ces derniers des privilèges de toute sorte, de nombreux honneurs publics et surtout la dispense des travaux publics (*munera sordida*) ainsi que le droit de faire recouvrer chez leurs colons (avec un gain supplémentaire) les impôts fonciers dus par leurs domaines. Tout en profitant de son état héréditaire, la noblesse sénatoriale devait suivre la carrière du *cursus honorum* pour accéder au pouvoir public, car l'*honor* ne s'héritait pas.

LA SYMBIOSE GALLO-ROMANO-FRANQUE : HÉRÉDITÉ DE LA FONCTION ROYALE, INTRANSMISSIBILITÉ DES *HONORES*

Les juristes romains, gardiens des traditions et de l'intégrité de la *res publica*, avaient toujours défendu la non-hérédité de l'*honor*. Ce principe ne fut mis en question que lorsque l'Empire eut affaire, à l'intérieur du *limes*, aux rois des peuples barbares. À la fin du IVe siècle, pour renforcer sa défense et affaiblir les Barbares, l'Empire avait admis au sein de ses frontières des peuples « fédérés » (les *foederati*), dont les rois respectifs gardaient le contrôle de leur *gens* tout en réglant avec elle leur succession. À côté de chefs barbares qui faisaient carrière dans l'armée romaine jusqu'au rang élevé de *magister militum gloriosissimus*, un Barbare resté roi de sa *gens* fédérée était parfois reconnu *rex gloriosissimus* ou, mieux encore, *excellentissimus* — surtout après une éducation à la cour impériale et sa nomination au consulat (comme c'était le cas de Théodoric le Grand).

Mais le droit romain s'opposait à l'hérédité pure et simple de rois au sein de l'Empire : il ne la reconnaissait qu'en dehors de ses frontières et dans le cadre d'un peuple barbare fédéré. L'*honor* romain de *rex gloriosissimus* ne pouvait être accordé qu'à titre personnel, en intégrant le roi dans la carrière romaine : sur les terres de la *res publica*, les *cives Romani*, hommes « libres », ne devaient en effet pas avoir au-dessus d'eux de *dominus* héréditaire. Pour que le fils ou le neveu d'un roi barbare soit légitimé comme son successeur, il fallait au moins une nouvelle nomination impériale. Odoacre, nommé *rex excellentissimus* à la tête de l'administration romaine en Italie, et que Constantinople avait reconnu comme consul de l'année pour l'Occident, essaya ainsi en vain d'obtenir, par des ambassades du sénat de Rome qui lui était acquis, que son fils lui succédât. L'empereur se débarrassa d'Odoacre en envoyant Théodoric, qui avait déjà été consul d'Orient, pour le défaire avec son armée de Goths fédérés.

La question de la succession se reposa sous Théodoric. Du point de vue de Constantinople, le nouveau *rex* devait être nommé par l'empereur. Mais Théodoric fit défendre sa volonté d'être reconnu *rex* (romain) héréditaire en Italie romaine par plusieurs missions du sénat romain. Cassiodore, son ministre, développa l'idée — reprise par Jordanès dans son *Histoire des Goths* — selon laquelle ce *populus* élu, par son origine *Gothica* (non romaine), devait être placé à côté du *populus Romanus* ; il fit valoir en particulier que sa dynastie royale, les Amales, était d'une *nobilitas* sublime et héréditaire, plus encore que celle des sénateurs de Rome. La régente Amalasuintha, la mère du jeune Athalaric qui lui succéda, nomma même à la tête de l'*exercitus Gothorum* un bon général, Tuluin, marié à une Amale, *patricius praesentalis* (ce qui prouverait que l'armée était tenue pour romano-gothe comme l'ensemble de l'État). Tuluin était ainsi une sorte de vice-roi en même temps qu'un vice-empereur (*patricius*) et un sénateur de plein droit (Herwig Wolfram). Pour arranger la situation, Cassiodore affirma que le général Tuluin aurait conféré un surplus de *dignitas* au Sénat par sa présence : en tant que *patricius*, il était « père » du roi et apportait avec sa *virtus bellica* (ses vertus guerrières) le *splendor natalium* de la *nobilitas Amalorum*, la plus haute qui existât. Or, Théodoric avait déjà prétendu qu'à travers la personne de princesses de sa famille accordées comme épouses aux rois des Thuringiens et des Vandales, ces peuples accéderaient à la *purpurea dignitas* du sang amale.

La dynastie des Amales se voyait donc en maîtresse héréditaire de l'Occident. C'est là la preuve que les royaumes germaniques étaient fondés sur le principe d'hérédité, la non-hérédité étant, selon un principe purement romain, la marque de la seule *nobilitas* authentique. Grégoire de Tours réservait ce vocable aux seuls sénateurs gallo-romains, tandis qu'il qualifiait les aristocrates barbares de *maiores natu, nobiles* uniquement « selon leur usage ». Mais les Amales, eux, appliquaient le terme de *nobilitas* à leur maison et celui de *populus* au peuple des Goths, car il était l'égal à leurs yeux du peuple romain.

L'empire d'Orient écrasa dans l'œuf ces rêves qui battaient en brèche le pouvoir universel romain. En éliminant les Goths, l'Empire — que notre historiographie appelle byzantin — a vaincu la première grande prétention d'une dynastie barbare, en tant que telle, à la domination dans l'Occident chrétien. Les Carolingiens n'oublieront pas ce précédent. Charlemagne fera édifier une réplique du palais de Ravenne et placera la statue équestre de Théodoric, symbole de ses ambitions impériales, devant son palais d'Aix-la-Chapelle. Comme pour Odoacre et Théodoric, Constantinople n'a jamais reconnu définitivement aux Vandales « la souveraineté [...] au sens précis du terme* ». Les Vandales avaient beau fonder l'hérédité royale sur le séniorat (système reposant sur le meurtre des parents gênants), les juristes de la cour romaine restaient fidèles au principe romain en précisant dès 443 que les concessions de l'Empire à leur égard « ne [seraient] valables que jusqu'au jour où la *patria* recouvrera[it] ses droits ».

L'Empire ne pouvait admettre la royauté héréditaire que dans les royaumes se trouvant à la marge ou en dehors d'un territoire resté authentiquement romain, car dans les *regna* wisigoth, burgonde et franc, situés hors d'Italie, la transmission héréditaire du pouvoir royal pouvait être considérée comme une affaire de politique intérieure. Au sein de ces États, Clovis fut le premier *rex* catholique à transmettre sa dignité à ses fils. À la différence de Théodoric, il n'avait pas l'ambition de s'immiscer dans les affaires de l'Italie romaine, et l'Empire ne s'était pas mêlé de la succession franque, car il était en train d'obtenir pour la Gaule franque le maintien du droit romain en faveur des *Romani* et d'une Église catholique spécialement protégée par ce *rex*. Ainsi naquit un pouvoir public chrétien « à la romaine », mais héréditaire.

Avec Clovis et sa « race royale » à la tête d'un royaume catholique commence l'histoire de l'Europe dynastique. Ce n'était pas encore

---

* Christian Courtois, qui cite F. Martroye : « La reconnaissance d'une domination établie par la conquête sur une ancienne province de l'Empire n'était qu'une concession à titre précaire. »

le début d'une noblesse dynastique, car Clovis, s'il reconnut la *nobilitas* de ses alliés de la noblesse sénatoriale de Gaule (liée au *cursus honorum*) tout en la dominant, n'admit pas à côté d'elle une autre noblesse, franque et héréditaire celle-là. En effet, l'hérédité du pouvoir ne concerna que la dynastie royale. Le modèle romain de l'*honor* non héréditaire et de la carrière individuelle resta en vigueur pour tous les autres hommes ; mieux encore, il fut étendu aux Francs et à leurs *maiores natu*.

Clovis fut reconnu en 508 *rex gloriosissimus*, donc seul *dominus* de tous les habitants de son *regnum*, tant des sénateurs gallo-romains et des évêques de « son » Église que des Francs. Ne voulant pas laisser place au moindre doute sur ce nouvel état de choses, il légiféra immédiatement en vrai *princeps* en donnant à ses sujets francs une *lex Salica* — une loi qui ne concernait pas tout son royaume, mais les seuls Francs Saliens, entre la forêt Charbonnière et la Loire. Comme les autres populations de son royaume, les *Romani* et l'Église avec le droit romain, les habitants des territoires de l'ancien royaume wisigoth avec la *lex Wisigothorum*, cette population franque disposa ainsi d'une loi écrite, qui fixait la liste des amendes (*Bussenkatalog*) à acquitter pour toutes sortes de délits, et notamment pour les préjudices causés à autrui, amendes dont le paiement (*wergeld*) devait remplacer la vengeance par voie de fait. Par cet ordre légal et étatique qu'il voulait imposer, Clovis assura surtout la protection spéciale de l'épiscopat et du clergé d'un côté, et des agents royaux de l'autre, en fixant un *wergeld* très élevé.

Dans l'État romano-franc qu'il créa en quelques années, Clovis mit fin à la tradition* la plus gênante pour le *rex*, celle de l'hérédité de l'aristocratie des *maiores natu*, vivace chez les Francs comme chez les autres *gentes*. Pour cela, il recourut à une astuce géniale, omettant simplement les *maiores natu* dans la loi salique, qui ne connaissait que deux catégories de Francs : ceux qui étaient libres et ceux qui ne l'étaient pas.

Au même moment, entre 508 et 511, Clovis étouffa toute résistance au nouveau pouvoir public de caractère romain et toute réaction païenne contre la foi catholique, en exterminant les chefs potentiels, y compris dans sa propre lignée mérovingienne. Il voulait ainsi démontrer que le nouveau *regnum* gallo-romano-franc n'était pas dirigé par un roi barbare quelconque, mais par un *rex gloriosissimus* entouré de conseillers tant romains que barbares. Le *princeps/rex*, seul dans son *regnum* — tout comme le *princeps/imperator*, seul dans l'Empire** —, pouvait nommer aux plus hauts

* Les quelques concessions de forme qu'il consentit aux traditions populaires rappellent celles faites par Auguste à la *res publica* et au Sénat.

** Karl Hauck.

honores. Reconnu *rex* par l'empereur, il l'était aussi par la *nobilitas* gallo-romaine. Cette reconnaissance laissait en place une noblesse qui, en retour, devait reconnaître toutes les nominations par le roi, son *princeps*, de Barbares aux *honores* de *dux*, de *comes*, de *iudex*. Ces titres leur conféraient l'exercice de la *potestas publica* à la romaine, mais aussi la *dignitas* de *vir illuster*, ce qui les faisait entrer dans la *nobilitas* authentique. À l'instar des titres nobles d'origine romaine, ils n'étaient pas transmissibles du père au fils. Le *rex*, étant le seul chef de l'unique *nobilitas* de son royaume, ne pouvait reconnaître les prérogatives traditionnelles des *maiores natu*. Il n'avait d'ailleurs aucun intérêt à le faire, puisqu'il n'en était pas le dispensateur. Aussi les annula-t-il par simple omission dans sa loi : les *maiores natu* n'avaient qu'à entrer dans sa *militia principis* en ceignant le *cingulum militiae* tout en promettant par serment l'*obsequium* strict, ce qui leur permettrait de recevoir par nomination royale un *honor* auquel étaient attachées la *potestas publica* et l'entrée dans une noblesse authentique.

Clovis n'a donc pas bouleversé le système juridique des Romains : on continua de les nommer *Romani* et ils pouvaient toujours vivre selon leur loi ; ils purent même profiter de codifications abrégées de leur loi, édictées par leurs rois barbares aidés de juristes gallo-romains. En revanche, il bouleversa la société politique franque, puisque les grands durent servir un pouvoir royal fort que la Germanie n'avait pas connu. À une aristocratie germanique dominant une royauté faible, succéda une monarchie puissante (comme plus tard celle des Français) sous laquelle s'opéra la symbiose des élites germano-gallo-romaines, tandis que se perpétuaient les structures des *honores* romains et du *cursus honorum* sans hérédité des fonctions.

Des textes contemporains montrent la conscience du pouvoir public en Gaule franque. Vers 659, Jonas de Bobbio, dans sa *Vie de saint Jean* (abbé de Réomé [aujourd'hui Moutiers-Saint-Jean], † vers 544) fait allusion à Nicaise, comte d'Avallon, « *qui eo tempore curam rei publicae administrabat* ». Par ailleurs, Grégoire de Tours rapporte qu'Ennodius vécut, une fois éloigné de son duché, « en homme privé » (« *privati operis curam gerit* »). Si riche fût-on, l'on ne pouvait être *dux* ni *comes* sans une nomination royale en bonne et due forme (*praeceptum, mandatum, sanctio*), condition préalable de l'*officium* (E. von Guttenberg). Tout comme chez les Romains, la fonction publique n'était pas transmissible de père en fils. On naissait noble, certes, en vertu de la *dignitas* du père et des parents, mais on ne naissait jamais *consul, patricius, praefectus praetorio, magister militum, comes* ou *dux*.

Ce ne sont donc pas les nobles gallo-romains qui ont disparu ou se sont intégrés à l'aristocratie des *maiores natu* barbares, ce sont ces derniers qui ont pu (et dû) accéder à la *nobilitas* à condition de ceindre le *cingulum*. Les Barbares ont ainsi été romanisés. Leur royauté en est sortie renforcée, car elle a fait disparaître le droit héréditaire des aristocrates de Germanie, tout en étendant le monopole royal de l'hérédité à tous les fils du roi. La société des Francs, d'origine germanique, reconnaissait évidemment l'hérédité du patrimoine familial (comme d'ailleurs à Rome) des élites foncières et du prestige qui en découlait. Il existait aussi chez ces élites un sentiment familial allant jusqu'à une conscience généalogique au sein d'anciennes lignées franques ou autres. Mais, sous les Mérovingiens, on ne pouvait avoir accès au pouvoir politique (*potestas publica*) sans appartenir à la *militia principis* au moyen d'un *honor* qui, lui, n'était pas héréditaire.

Grâce au coup de génie de Clovis, les structures romaines de la *nobilitas* se sont maintenues pendant un demi-millénaire en Europe extraméditerranéenne, la *potestas publica* étant placée sous le seul contrôle du *princeps/rex* ou de sa cour, d'où émergera le pouvoir des maires du palais. Il n'y a pas eu de rupture dans la société tardo-romaine en Gaule. Par l'expansion de Clovis et de sa dynastie sur la Gaule entière, puis sur la Germanie et toute l'« Europe franque », la noblesse romano-franque se retrouvera chez les *gentes* soumises aux Francs et converties au catholicisme. Comme les Francs, ces peuples ont été dirigés par des élites d'origine barbare aussi bien que romaine, élites qui ont fait la force du nouvel État chrétien en Europe. Il existait depuis longtemps dans l'Empire romain, puis dans les États qui lui avaient succédé sur le sol romain, une société mixte de chefs romano-barbares, et ces couches dominantes s'étaient fondues en une seule et même noblesse*, celle du roi des Francs, devenue noblesse franque (cet adjectif désignant l'appartenance à un État). Ses ducs, ses patrices et ses comtes étaient reconnus avec leurs attributs (*vir illuster*, par exemple) par Constantinople aussi bien que par la papauté romaine.

Dans le monde franc, seul le roi pouvait transmettre son pouvoir à (tous) ses fils, seul il portait le titre de *princeps* et était investi de la *principalis potestas*. Le titre de *princeps* est ainsi devenu synonyme de pouvoir héréditaire, et le *principatus* le rêve politique de tous les potentats régionaux qui comptaient profiter d'une faiblesse de la royauté. C'est ce titre qui a introduit le premier pouvoir héréditaire

---

* Certes, un Grégoire de Tours, d'origine sénatoriale, a voulu préserver le rang particulier de son authentique *nobilitas*, et certains ont cru, en le suivant, à l'existence de « deux noblesses », l'une romaine, l'autre franque. Mais d'autres sources, comme Fortunat (avant Grégoire) et les correspondances du VIe siècle, ne connaissent qu'une seule noblesse à la cour mérovingienne et glorifient la carrière et les titres des grands, tant « barbares » que « romains ».

non royal dans le monde franc. Les rivalités des frères et des cousins mérovingiens et l'accession au principat de pseudo-Mérovingiens le montrent : parmi les *optimates* (les ducs de la plus haute catégorie et les maires du palais) ou les ducs chefs d'une *gens*, d'une *patria* ou d'un *regnum*, ceux qui obtinrent le titre de *princeps* d'un roi mérovingien (souvent mineur) ou qui l'usurpèrent n'hésitaient pas à donner à leur principat un « cachet mérovingien » en invoquant son caractère héréditaire, qu'ils étendaient à tous leurs fils. Dès le début du VIIe siècle, un roi mérovingien accorde au duc de Bavière dans la *lex Baiuuariorum* une sorte de nom dynastique, les Agilolfinges, et le place, lui et les siens, au-dessus d'un groupe de quelques autres *genealogiae* privilégiées*. À la même époque, chez les Alamans, le duc a des *pueri ducis* à côté des *pueri regis*, car il gouverne le *regnum* à la place du roi selon la *lex Alamannorum*, et son fils est mentionné comme successeur éventuel en cas d'incapacité militaire. Au VIIe siècle encore, une dynastie ducale originaire de Toulouse s'est créée en Aquitaine par la conquête d'un duché reconnu comme principat.

Vers la même époque, le *maior domus* d'un roi franc réussit à obtenir le titre de *princeps*, d'abord en Austrasie, puis, par un mélange d'adoption et d'usurpation, en Neustrie. Les Pippinides, sortis vainqueurs des luttes entre familles de maires du palais, finirent par prendre le titre de *princeps Francorum* — titre plus éminent que celui d'un *princeps Baiuuariorum*, car il était identique à celui réservé jusqu'alors au roi mérovingien. Le détenteur de ce nouveau principat des Francs manifesta immédiatement sa volonté de faire comprendre qu'il s'agissait d'un vrai *principatus* en le partageant entre ses fils; c'est pour cette raison que les partages du royaume par les Mérovingiens se sont poursuivis sous les Pippinides et leurs descendants, les Carolingiens. Tout cela se passa alors que la succession du *princeps* mérovingien commençait à dépendre d'une élection royale par les grands, les *Franci*, ou tout simplement de l'influence des Pippinides. Ceux-ci surent résister aux forces réunies des principautés des Aquitains, des Bavarois et des Alamans, qui contestaient la légitimité de leur principat avec le soutien de quelques Mérovingiens et même, à un certain moment, du pape. Et ils réussirent la réforme de l'Église du royaume franc non pas sous le titre de *maior domus*, mais sous celui de *princeps Francorum* — chacun, Carloman et Pépin, l'étant dans son *regnum* respectif.

Comme le *princeps/imperator* et le *princeps/rex*, le *princeps/maior domus* était le chef de « ses » évêques, qu'il convoquait à des synodes

* Il est vrai que les Agilolfinges, dès le VIe siècle, étaient liés aux rois des Lombards.

dans une de ses résidences, et il était reconnu en tant que tel par la papauté. Il en allait ainsi également du *princeps/dux,* tel Tassilon III de Bavière, pays qui désormais disposait de plusieurs palais avec chapelle palatine consacrée à la Vierge tout comme celle d'Aix-la-Chapelle. Cette Église « bavaroise » avait été reconnue par la papauté, qui avait donné des reliques à des ducs de Bavière en pèlerinage sur la tombe des apôtres romains. Citons aussi le duc et prince de Bretagne qui, au IXe siècle, exige d'avoir sa propre province ecclésiastique, séparée de celle de Tours. Ces « principautés » n'étaient pas loin d'être de petits royaumes : les ducs bavarois sont en effet appelés « rois » par les textes lombards, les rois lombards étant leurs alliés, et les ducs bretons prendront le titre royal.

Face à une évolution qui tendait à faire du royaume des Francs un conglomérat de principautés autonomes, les Pippinides se sont faits les champions du pouvoir central, mais pour leur propre compte. Leur œuvre a consisté à reconquérir le *regnum Francorum,* qui fut soumis de nouveau au pouvoir d'une seule dynastie. Ils ont su se concilier une partie importante de la noblesse et de l'Église pour élire roi Pépin, reconnu *rex* aussi par son alliée, la papauté, à laquelle il apporta son aide contre les Lombards et l'Empire. La nouvelle dynastie, mettant fin officiellement à son propre principat, n'eut rien de plus pressé que d'éliminer le *principatus* des ducs et, pour faire bonne mesure, le titre de *dux* également. Cette volonté de rétablir le seul pouvoir héréditaire du *rex/princeps* selon le modèle clodovisien explique l'acharnement royal à soumettre l'Aquitaine, en une guerre de huit ans qui s'acheva en 769, ainsi que la Bavière, dont l'annexion fut consommée en 787. Après ces victoires, il semblait, à la fin du VIIIe siècle, qu'il n'y eût plus désormais de *potestas publica* que pour ceux qui avaient reçu un *honor* des mains du roi.

Ce succès n'était ni complet ni définitif, puisqu'un « second principat non royal » apparut, accompagné d'une renaissance du titre ducal. Mais à la grande époque de l'Empire, sous Charlemagne et Louis le Pieux, même si un comte était parfois nommé au rang qu'avait occupé son père, c'était souvent dans un autre comté, et il n'héritait donc pas de l'*honor* paternel. Il faut d'ailleurs distinguer entre la succession de fait du fils au père concédée par un prince puissant dans son propre intérêt, et une succession incontrôlée qui est signe de faiblesse royale. La première remonte à Charles Martel et lui servit dans son ascension politique fulgurante. Lors de sa prise de pouvoir en Neustrie, il s'assura le contrôle du pays conquis par des nominations cumulées en faveur de parents et de fidèles proches, auxquels il distribua, plusieurs comtés, évêchés et abbayes. Parmi les fils de ces favoris, plusieurs purent garder un des *honores* paternels, en particulier dans des comtés importants comme Paris, Reims et Meaux. L'« hérédité des comtés » n'était pas encore un droit établi; il s'agissait de cas isolés tributaires de la faveur du *princeps*. La fixation d'un *honor* au sein d'une même famille pouvait servir les intérêts du *princeps*, qui restait maître des nominations comme des destitutions. La vassalité a été un outil précieux dans les mains du Pippinide, puisqu'elle lui a permis de renforcer et de contrôler la fidélité des grands.

Les débuts de la vassalité

L'argument le plus puissant en faveur d'une origine germanique de la noblesse a longtemps été le « compagnonnage » (*Gefolgschaft*, « escorte ») que décrit Tacite chez les Germains : des hommes libres entourent un chef auquel ils ont juré de ne jamais l'abandonner au combat, fidèles jusqu'à la mort. En retour, ils reçoivent des armes et des chevaux; souvent ils vivent auprès de leur chef, nourris par lui et par le butin qu'ils ont conquis ensemble. On a cru que ces bandes de guerriers étaient à l'origine de l'essor de la « vassalité médiévale ». L'expansion — vers la même époque et dans les mêmes régions de l'Europe — de l'hérédité des vassaux a convaincu beaucoup d'historiens des origines germaniques aussi bien de l'*Adel* que de la vassalité. En France également, les historiens du droit ont expliqué la structure du pouvoir mérovingien en faisant du roi un « chef de bande » plus victorieux au combat que ses rivaux. C'est ainsi que Clovis aurait réussi à conquérir la Gaule, où son pouvoir n'aurait reposé que sur le seul droit de conquête.

Le *regnum* de Clovis en Gaule n'était pas gouverné par un « compagnonnage » tel que l'évoque Tacite. Pour connaître ce qu'était réellement l'entourage du roi mérovingien, mieux vaut consulter les sources contemporaines dont nous disposons.

Les agents de l'autorité royale, précurseurs des vassaux

Ces hommes proches du chef et exécuteurs inconditionnels de ses volontés entretenaient un lien particulier avec leur *senior* (qu'il fût romain ou barbare). Ils étaient ses serviteurs de confiance, qu'ils fussent (gallo-)romains ou barbares, d'origine élevée ou modeste, voire non libre. Parmi les groupes d'hommes attachés directement à la personne du roi franc figurait celui des antrustions*, dans les-

* On trouve en effet sous les Mérovingiens des mentions d'une *trustis dominica* (*cf.* en anglais *trust*, « confiance »; *dominica* = royale), suite armée réservée au seul roi. Pour Maximin Deloche (1873), les *antrustiones*, titre des membres de la *trustis*, devaient être de « race franque », mais cette supposition ne repose sur aucune preuve.

quels on a voulu voir des « compagnons » germaniques. Un texte du VIIe siècle, conservé dans une des formules de Marculfe, nous apprend que l'admission à l'« antrustionat », comme la nomination des ducs et comtes, se faisait à la romaine, par codicille. La première phrase de ce texte garantit la protection spéciale du roi à ceux qui lui promettent une fidélité inébranlable (*inlesam fidem*), et cette protection est précisée par la dernière phrase : l'homicide d'un de ces « fidèles » est sanctionné par un *virgildo* triplé. Le *wergeld* imposé dans la loi salique pour le rachat de la vengeance privée étant de 200 sous pour l'homicide d'un homme libre, il fallait donc payer 600 sous (soit 24 000 deniers) pour le meurtre de l'*antrustio*. Cette somme énorme signifiait pratiquement la mort ou la ruine du coupable et de ses proches, car l'insolvable était frappé de la peine capitale (le lésé n'étant pas un particulier, mais l'État en la personne du roi).

L'*antrustio*, ce fidèle du roi (« *fidelis Deo propitio noster* »), est venu au palais royal avec ses armes, pour jurer « *in manu nostra trustem et fidelitatem* ». Il s'est lié par serment en plaçant ses mains dans celles du roi, qui ordonne qu'il soit inscrit dans un registre : « *In numero antrustionorum computetur.* » On est frappé par tant de bureaucratie bien latine pour un usage considéré comme purement germanique. En fait, ce rite de soumission est d'origine romaine*. Il apparaît en effet pour la première fois sur une monnaie de l'empereur Antonin le Pieux (138-161) qui le montre recevant en ses mains celles du roi vaincu des Quades, peuple germain. La désignation du geste comme *commendatio* (« commendise » en français du XIIe au XIVe siècle) est aussi latine que la chose est romaine. « Se commender » signifie « se confier » à la protection d'un puissant. La continuation des institutions romaines par les institutions franques nous est confirmée par l'emploi du terme romain *commendatio*** dans l'État franc, où ce rite se verra même qualifier de *mos Francorum* (« usage des Francs », différent de celui des autres *gentes*).

Est romain également le « buccellariat », domaine privilégié d'exercice de la *commendatio*. Le *buccellarius* (de *bucca*, « bouche » ; diminutif : *buccella*, cité dans une loi de 369, « bouchée », « petit pain » de bonne qualité, qu'il mangeait chez son maître) était un soldat romain combattant à cheval comme membre d'un compagnonnage entretenu par son chef, en général un officier de l'armée romaine, ou bien un grand propriétaire terrien qui recrutait sa suite

* Comme l'a montré Walther Kienast dans son livre sur la vassalité franque (1990).

** Ce modèle romain est aujourd'hui reconnu : A. Cordes (1991, p. 1278) voit ainsi dans la *Kommendation* l'un des liens de « continuité de l'Antiquité au haut Moyen Âge ».

armée parmi les hommes de ses domaines*. On le rencontrait à travers l'Empire romain, en Égypte aussi bien qu'en Asie Mineure, patrie des Isauriens qui donnèrent leur nom à des combattants à pied, équivalant aux *buccellarii* (la *Gefolgschaft* n'était donc pas un monopole des Germains).

Les empereurs des IVe, Ve et VIe siècles ont toléré les armées « privées » des officiers, qui renforçaient l'armée romaine d'unités de cavalerie d'élite, tout en les réglementant pour en garder le contrôle. Leur usage sur le plan privé était interdit sous peine de mort — en vain, à ce qu'il semble. Ont été chefs de véritables armées de *buccellarii* vers 400 le généralissime Stilicon et son rival Rufin, préfet du prétoire en Orient, au Ve siècle le généralissime Aetius, et au VIe siècle le généralissime Bélisaire qui, selon Procope, disposait de sept mille hommes. Ces *buccellarii* étaient la propriété de leur chef et pouvaient ainsi lui être confisqués : Justinien distribua ceux de Bélisaire, tombé en disgrâce, aux dignitaires de sa cour ; Valentinien III s'appropria, après avoir tué Aetius, ses *buccellarii*, dont un l'assassina pour venger son maître. On se rappelle que Pompée s'était déjà constitué sur ses domaines une sorte d'armée « privée » et que celle de César fut héritée par son fils adoptif Octavien. Le phénomène était donc aussi ancien que romain, mais il prit une ampleur dangereuse au Bas-Empire. Il permit aux sénateurs gallo-romains de résister assez longtemps aux Wisigoths, en Auvergne, mais également à leur roi de se servir de sénateurs et de leurs *buccellarii* contre les Francs.

Ces Wisigoths, eux-mêmes cavaliers d'élite au service de Rome, avaient fait connaissance du « buccellariat » au plus tard au début du Ve siècle, en Aquitaine, et le réglementèrent dans le *codex Euricianus* (article 310) vers 475 ou 500. Le *buccellarius* y apparaît comme un homme *in patroni obsequio*, au service du « patron », que celui-ci soit romain ou barbare. L'« homme » a le droit de se donner librement au maître de son choix : « *habeat licentiam, cui se voluerit commendare* ». La loi gothique souligne la liberté du *buccellarius* plus que ne le faisait la pratique romaine, qui le déclassait souvent parmi les *mancipia*, c'est-à-dire dans l'état servile. Le *codex* reconnaît au patron comme au soldat le droit de faire cesser leur contrat. Si le second se choisit un autre maître, il doit rendre à l'ancien les armes et autres cadeaux qu'il en a reçus et la moitié de ses revenus ; sa fille reste en outre « *in potestate patroni* », qui pourra donc la marier à sa guise — ce qui annonce, comme la *commendatio*, l'*obsequium* et d'autres termes et passages de la loi, le droit « féodal » du XIe siècle.

Dans le royaume franc, le roi n'était pas seul à recourir à la

---

* Voir O. Behrends, *Reallexikon der germanischen Altertumskunde*, 4.

commendatio pour avoir une suite armée, celle des antrustions : les *magnates*, les « grands », procédaient de même. Le roi leur laissa ce privilège qui renforçait son armée, mais il prit soin de s'entourer d'une suite beaucoup plus importante, à laquelle il accordait en tant que *princeps*, nous l'avons vu, un statut particulier.

L'origine romaine de ces serviteurs du chef de l'État, le *princeps*, est confirmée par un autre terme désignant des agents spéciaux des rois germaniques sur le sol romain : *puer regis*. Gondebaud, roi des Burgondes et *vir gloriosissimus*, sanctionne dans sa loi (vers 500) ceux qui attaquent, tuent ou enlèvent l'un de ses hommes, qu'il appelle *pueri nostri*, par le paiement du triple, là encore, de ce qui est dû d'ordinaire pour le même forfait : *tripla satisfactio*. Nous savons de ces *pueri* au service direct du monarque qu'ils font exécuter ses ordres et ses jugements en tant que porteurs du sceau royal et qu'ils encaissent sans ménagement les impôts : ce sont bien là deux fonctions purement étatiques.

Le *puer* désigne à l'origine l'enfant de sexe masculin ou l'adolescent. Le mot apparaît déjà dans la combinaison *puer regis* ou *regius* chez Tite-Live et dans la biographie d'Alexandre le Grand par Quinte-Curce, au sens de « page du roi ». Depuis le IVe siècle, *puer* peut s'appliquer dans les familles romaines à un esclave ou à un serviteur personnel, sens d'ailleurs proche de celui du mot celte *was/gwas*, racine de *vassus*. Les juristes gallo-romains du roi des Burgondes ont repris le terme de *puer regis* dans un sens juridique et politique, et les rois francs l'ont emprunté à leur tour lors de la rédaction (vers 600) de la loi des Alamans et des Bavarois, gardant la même sanction triplée contre qui s'en prenait aux *pueri regis*, mais aussi aux *pueri ducis*, agents respectifs du roi et du duc, ce dernier gouvernant le duché pour le roi (mais déjà en tant que quasi-*princeps*). On voit le caractère purement étatique des *pueri*, et d'une manière générale la cohérence de cette législation rigoureuse qui impose l'autorité royale et celle de ses agents.

La même sévérité caractérise les dispositions de la loi salique, complétées par des capitulaires mérovingiens, qui sanctionnent l'homicide d'un homme libre *in hoste* (en campagne) d'une amende triplée de 200 à 600 sous, avec une rigueur militaire toute romaine. Si la victime fait partie de la *trustis* royale, l'amende est encore triplée, atteignant la somme énorme de 72 000 deniers (soit 1 800 sous). Vers l'an 800, des catalogues d'amendes prévoient toujours la sanction la plus élevée pour le meurtre d'un homme du roi — la somme dépasse celle correspondant au meurtre d'un évêque, « taxé » à 900 sous. La similitude des peines qui protègent les hommes liés directement à la personne du *princeps* est frappante, qu'ils s'appellent *antrustiones*, *fideles* ou *pueri regis*, et quelle que soit leur origine sociale ou nationale : tous ont accompli le geste de la *commendatio* qui, devenue un *mos Francorum*, leur confère un statut à part. Cela ne semble guère être un hasard si les différentes façons dont on les désigne s'effacent au fur et à mesure que s'impose le terme de *vassus*.

Le mot *vassus* se rencontre dans des manuscrits de la loi salique datant de l'époque mérovingienne. Charles Martel, maire du palais, a peut-être préféré appeler *vassi* ses fidèles pour les distinguer de ceux nommés jadis par le roi. Le terme serait alors lié dès le début aux Pippinides, dont les *vassi* ont accompagné l'essor. Il est entré, avec Pépin devenu roi, dans le vocabulaire institutionnel de la monarchie franque.

Il est un autre terme, « leudes », dont l'interprétation a fait l'objet de vifs débats. La chronique du Pseudo-Frédégaire parle, au sujet des arrangements des Austrasiens avec Dagobert Ier en 633, des « *Austrasiorum omnes primati* [sic], *pontevecis citirique leudis* ». Ces leudes forment ici un troisième groupe derrière les *primates* (plus connus sous le nom d'*optimates*) et les évêques à la Cour, ce qui permet de les identifier avec les *ceteri liberi* qui apparaissent dans ces mêmes textes officiels. Linguistiquement, la concordance est parfaite avec les mots *Leute* en allemand et *liute* en haut allemand, avec les *leudis* wisigothiques de la loi de Receswinthe et enfin avec le mot *leode* employé dans la loi salique, où il désigne un homme dont la vie vaut le *wergeld* type des hommes libres. Les leudes sont donc des « hommes libres* », mais rien n'indique qu'ils appartiennent nécessairement à l'élite sociale ou politique. Cet emploi spécifique semble être limité au cas des hommes proches de la personne du roi, par exemple dans la formule « *fideles ac leudes* ». C'est en tant que tels qu'ils apparaissent au traité d'Andelot (586/587) et dans l'édit de Clotaire Ier (614). Cette connotation de service rapproché du maître (elle a survécu dans l'allemand *Dienstleute*, « hommes de service »), que l'on retrouvera plus tard avec les *ministeriales* (les « ministériaux » des XIe/XIIe et XIIIe siècles), est manifeste quand les Mérovingiens essaient (vainement) d'étendre le lien du serment personnel de leurs leudes à l'ensemble de leurs sujets (*generalitas populi*), en les faisant jurer « *fidelitas et leudesamio* ».

Certains emplois du terme « leudes » sans autre spécification et en des circonstances politiques où ils paraissent puissants ont conduit à voir en eux « les grands du royaume », qui seraient évidemment « d'origine purement franque ». Cet usage apparaît en 533 quand, après la mort du roi d'Austrasie Thierry, son fils Theudebert est sauvé par ses leudes (« *a leodibus suis* ») des menées de ses

* Ce sens est confirmé par l'emploi de *Leutpriester* pour traduire *presbiter plebis* ou *plebanus*, et par celui d'*arme liut*, qui correspond aux *pauperes* opposés aux *potentes*.

oncles qui tentaient de lui enlever son royaume. Mais c'était là une réaction normale de la part d'hommes attachés à la personne du roi, puisque leur sort était lié à la survie et au pouvoir d'un maître qui pouvait les « nourrir ». Dieter Hägermann a sans doute raison de voir en eux, comme dans les autres serviteurs spéciaux du roi (*antrustiones* et *pueri regis*), des sortes de précurseurs des *vassi dominici* carolingiens.

Ce passage à la vassalité carolingienne de personnes, qui sont liées au roi d'une manière spéciale ou qui servent directement le pouvoir central sous des désignations variant selon les époques (*antrustiones, pueri, leudes* ou de façon plus générale *fideles*), ne serait qu'une hypothèse intéressante sans les preuves formelles qu'ont apportées les recherches de mon ami Jean-Pierre Brunterc'h. Non seulement des *vassi dominici* carolingiens, mais aussi et déjà des membres de la *trustis* mérovingienne furent installés sur des terres du fisc ou des terres d'Église récupérées par le fisc. Nos sources montrent que leur action administrative s'exerçait au sein de *centenae*, circonscriptions territoriales placées sous la direction d'un *centenarius* ou d'un *centurio* et situées en des régions menacées, comme le *ducatus Cenomanicus*, territoire mérovingien autour du Mans, luimême essentiel pour le *limes Britannicus* contre les Bretons, qui a existé aussi bien sous les Mérovingiens que sous les Carolingiens. Nous savons que Pépin le Bref, pour renforcer son pouvoir et au Mans et en Vannetais, qu'il venait d'arracher aux Bretons, y a installé de nouvelles *centenae*, comme d'ailleurs au sud de la Loire où il créa un glacis militaire contre les Aquitains au moment où il s'apprêtait à détruire par une guerre de sept ans la puissance du duc d'Aquitaine devenu un *princeps* quasi indépendant. À l'aide de cartes, Brunterc'h a magistralement étudié l'organisation territoriale de cette « Neustrie » du VIe au IXe siècle (1989). En 849 encore, un *Riwaroie centurio* est installé à Molac, à l'ouest de la Vilaine. Un capitulaire de 821 parle des vassaux de l'empereur qui ont été affectés à la garde de sa marche (*de vassis nostris qui ad marcam nostram constituti sunt custodiendam*). Or, déjà le *limes* mérovingien avait suivi le modèle contemporain du *limes* romain (« byzantin ») et par la suite les Carolingiens donnèrent le titre romain de *praefectus limitis* au chef d'une « marche » (du mot franc *marca* signifiant « frontière »), comme celle aménagée contre les Bretons, les Saxons ou les Slaves. Les *franci homines*, qui étaient implantés dans ce glacis de protection, bénéficiaient de conditions favorables (une certaine liberté personnelle et des terres à labourer) rappelant le statut des *limitanei* romains. Un rapprochement similaire s'impose pour la *centuria*, puisque celle-ci était une unité territoriale romaine de colonisation, surtout en Afrique, mais aussi pour le rang militaire du *centurio* et du *centenarius*. Tous les deux commandent une « centaine » d'hommes dans l'armée du Bas-Empire, le premier des combattants à pied, le second des cavaliers, et le même terme désigne toujours une pareille unité chez les Wisigoths, cavalerie d'élite de l'Empire, finalement établie en Gaule. Après les *antrustiones*, qui avaient été placés comme fidèles spéciaux du roi sur des terres du fisc dans une *centena*, les *vassi dominici* ou « vassaux du roi » auront à leur tour pour tâche de donner aux « marches » franques une structure militaire plus forte et mieux surveillée. Leurs *centenae* se mêlent aux *vicariae*, subdivisions normales des *pagi*, mais les « centeniers » dépendent directement du roi, tandis que leurs voisins, les *vicarii* ou « voyers », sont nommés par le comte.

Les vassaux du roi, nouvelle élite

La nouvelle dynastie des Pippinides a fait des *vassi dominici* une élite dévouée et celle-ci a largement contribué à son ascension politique. Charles Martel avait équipé une troupe pour le combat à cheval en l'entretenant essentiellement grâce à des terres d'Église. Une fois vainqueur, il installa ses fidèles aux postes clés. Lui, ses fils et son petit-fils, Charlemagne, ont érigé l'édifice de leur pouvoir sur une sorte de système parallèle, en doublant la relation entre le *princeps* et ses dignitaires qui lui doivent leur *honor* de la relation entre le *senior* (*princeps*, puis *rex*) et son *vassus*, puis *vassus dominicus*. Les premiers Pippinides ont même étendu l'instrument efficace que constituait le cercle de leurs fidèles aux clercs qui les entouraient à la Cour. Cette nouvelle catégorie des *capellani* royaux* se vit confier, entre autres, l'office de *notarii* au sein de la « chancellerie », où leur chef, le *cancellarius*, avait remplacé le *referendarius* mérovingien. La « chapelle » royale se transforma en une pépinière de futurs évêques qui devinrent tous des évêques vassaux, personnellement liés au roi, ce qui sera le fondement de l'« Église impériale » des Ottoniens. Les vassaux des Carolingiens ont ainsi pris les rênes du royaume franc, dans l'État et dans l'Église, en une sorte de monopole. On ne saurait donc rendre responsable du « déclin de la monarchie carolingienne » une vassalité sans laquelle elle n'aurait guère pris son essor. Et c'est Charlemagne lui-même qui a transformé l'État franc en un « État vassalique » qui survivra à l'Empire carolingien.

La création des *vassi dominici* est d'une grande portée. À la différence de leurs « prédécesseurs » (*pueri regis, antrustiones, leudes*), qui ont parfois été des serviteurs de confiance (exécuteurs des

* Ils se caractérisaient par le fait qu'ils prêtaient *commendatio* et serment de fidélité, comme l'a montré Josef Fleckenstein.

hautes œuvres, gardes du corps), proches du *princeps* mais séparés des *optimates*, ils servent ouvertement le roi/*senior* à la Cour et ailleurs. Comme les comtes, ils sont des vassaux directs du roi, mais ils sont liés plus personnellement par une *fidelitas* spéciale. Ayant pour mission de surveiller les autres nobles, ils sont responsables devant le seul roi. Leur *status* procède d'un geste précis, la *commendatio*, dont les formes se fixaient alors*. Par ce geste, l'« homme » se donne entièrement à son seigneur : « agenouillé ou genoux fléchis », il place devant des témoins « ses mains jointes dans celles du seigneur » (Pierre Bonnassie). Il lui prête un serment de fidélité qui sacralise leur lien, car il est formulé devant Dieu et ses saints, souvent sur des reliques ou sur les Évangiles. Le geste rappelle l'attitude de celui qui prie les mains levées, ou celui du prisonnier ou du malfaiteur qui veut avoir la vie sauve. Mais cette *immixtio manuum*, mélange des mains qui évoque le mélange des sangs, sert parfois aussi à créer un lien de fraternité, une relation humaine considérée comme une sorte de parenté. Le geste exprime donc plus que la protection accordée à celui dont la *commendatio* est acceptée. Le seigneur le fait se relever et, parfois, lui donne un baiser, en témoignage de sa bienveillance (*gratia*, en allemand *Huld*). Ainsi est scellé un contrat qui engage mutuellement deux hommes libres : l'un a promis fidélité et dévouement personnel (l'*obsequium*), en obtenant du coup l'entrée dans le cercle restreint des proches du seigneur ; l'autre a promis de soutenir et de protéger le vassal fidèle.

Pour illustrer les conséquences éthiques et juridiques de la *commendatio*, citons le cas du fils de Dhuoda, Guillaume, noble vassal de Charles le Chauve. Sa mère, dame très noble, l'exhorte à la fidélité par des exemples pris dans la Bible et dans la conduite de ses ancêtres : « Que jamais, pas une fois, la folie de l'infidélité ne te fasse commettre un fâcheux affront ; que jamais ne naisse ni ne grandisse en ton cœur l'idée d'être infidèle à ton seigneur en quoi que ce soit » (tradution de Vrégille/Mondésert, s.j.) Or justement Guillaume trahit le roi et eut la tête tranchée, car c'était un forfait de droit public et un crime de lèse-majesté. La foi vassalique (*fides*, en allemand *Treue*) aura sa place à côté de la foi envers Dieu (*fides*, en allemand *Glaube*) et de la fidélité envers l'épouse, les parents. Le seigneur étant un autre père, son meurtre est jugé comme le serait un parricide. Ce lien personnel supplémentaire a changé l'éthique du noble. Par sa stricte fidélité, il appartient au *senior* plus directement qu'à la chose publique, car c'est au premier qu'il doit son *honor*. Ce sentiment profond, malgré tant de trahisons indivi-

* Ce n'est qu'à partir du XIe siècle qu'on appelle cette cérémonie *homagium* ou *hominium* ; on parlera ensuite de « foi et hommage ».

duelles, ne quittera plus la noblesse d'Occident : Bismarck encore, dans l'inscription figurant sur sa tombe, se définira comme le vassal de « son » roi, Guillaume Ier. La liberté, si essentielle pour l'âme et la fierté du noble, trouve là sa limite.

Les *vassi dominici* établis par Charlemagne dans le cadre de l'État carolingien et postcarolingien constituaient le groupe de loin le plus nombreux de la noblesse franque. Un orfèvre en la matière, Hincmar de Reims, soulignait leur importance au sein de l'État. On n'exagère guère en mesurant la stabilité du pouvoir d'un roi carolingien au nombre et à la fidélité de ses *vassi dominici*, ces agents de contrôle au service du pouvoir central, qui en tiraient des privilèges et des avantages non négligeables. Les terres publiques mises à leur disposition pouvaient être considérables, comme l'a montré Jean-Pierre Brunterc'h pour un vassal de Louis le Pieux, Herembert, dans le Maine.

Dans le royaume franc occidental, le roi Carloman, par son capitulaire de 884 sur la paix publique, ordonne que tous se disculpent sous serment judiciaire de l'accusation d'avoir commis des rapines, « *excepto nostris vassis dominicis* » qui, eux, peuvent faire jurer leurs « meilleurs hommes » : ils avaient donc, comme les comtes, des vassaux en propre. C'était aussi le cas, à la même époque, dans le royaume carolingien d'Italie, comme l'a souligné Hagen Keller (1973). L'empereur Louis II, roi d'Italie († 875), nomma de nombreux *vassi dominici* issus aussi bien du nord des Alpes que de familles lombardes de qualité. Leurs propres vassaux venaient également de l'Italie et du nord des Alpes, ce qui montre le niveau suprarégional de leurs familles (Eduard Hlawitschka).

Les vassaux directs du roi jouaient un rôle non négligeable à côté des comtes, des évêques et des abbés, et le roi en nommait fréquemment comme *missi* qui, entre autres fonctions, dirigeaient les tribunaux royaux à sa place. Des membres de leurs familles appartenant au clergé servaient souvent comme *capellani regis* à la Cour.

Des « grands vassaux » aux principautés territoriales

C'est dans le cadre de la vassalité que l'hérédité des *honores* s'est élargie aux familles de la *nobilitas*. Ce processus, qui du IXe aux XIe-XIIe siècles s'est progressivement étendu des rangs les plus élevés aux lignages plus modestes, a transformé l'administration d'un royaume par des individus nommés par le roi en une domination de la plus grande partie des royaumes d'Occident par des familles devenues des « dynasties » locales, leur chef disposant de sa *terra*, au sens d'un pouvoir public sur un territoire à caractère de plus en plus étatique.

Charles Martel, Pépin et Charlemagne profitèrent de l'effet multiplicateur de la vassalité pour augmenter le nombre de guerriers « professionnels » qui les servaient, mais ils ne purent le faire sans permettre à leurs vassaux d'attirer à leur tour de nombreux vassaux, et ainsi de suite. Si l'on veut comprendre la vassalité, il faut donc distinguer les « grands vassaux » de la masse des « petits vassaux ». Le lien vassalique étant profondément personnel, le petit vassal restait l'obligé de son *senior* direct : le dernier chaînon de la hiérarchie vassalique (qui sera lente à se former comme système) en constituait le lien le plus fort, tandis que le premier, bien que représenté par le roi, allait s'affaiblissant dans la mesure où se perdait le contact direct entre le seigneur et le grand vassal. Charlemagne essaya encore de contrôler les « arrière-vassaux », mais l'effet centripète de la première vassalité se mua lentement en une force centrifuge. Outre la masse des « petits vassaux » qui seront la souche de la « petite chevalerie » des XIIe-XIIIe siècles, on ne doit pas oublier ceux qui n'avaient pas reçu d'*honor* ni de bénéfice de leur seigneur, les « non-casés » qui « ont souvent donné les plus beaux exemples de dévouement vassalique » (Pierre Bonnassie).

Au sommet de la hiérarchie vassalique, les *vassi dominici*, les vassaux directs qui avaient reçu un *honor* du roi. Ils entretenaient avec les familles princières des relations qui allaient parfois jusqu'à des alliances matrimoniales. Ce sont les anciens vassaux royaux qui ont formé, avec les fils cadets des familles princières, la souche des grands vassaux des princes, les futurs « châtelains » (un millier dans la France de l'an mille, pour trente à quarante princes) et autres « seigneurs »; leurs « seigneuries » deviendront au XIe siècle la colonne vertébrale de ce que nous appellerons l'« État vassalique », qui a préservé de la prétendue « anarchie féodale » la France des premiers Capétiens faibles entre Hugues Capet et Philippe Auguste.

*Vers l'hérédité de l'*honor

L'ascension des grands vassaux et de leurs familles a eu comme point de départ une « loi fondamentale* » de Louis le Pieux (823-825). Cette loi changea les données psychologiques des relations entre le *princeps*/empereur et ses vassaux, mais eut aussi d'immenses conséquences institutionnelles et culturelles. Elle proclame solennellement le principe selon lequel, si la *summa imperii* était auprès de l'empereur « par la volonté divine et les ordonnances humaines », chacun de ceux qui avaient reçu de lui un *honor* devait

* Voir l'analyse d'Olivier Guillot.

exercer sa part de puissance publique à la place qui lui était accordée. Cette légitimité de bon aloi concédée de la sorte conduira finalement des chefs régionaux et locaux à orner leur titulature d'un *Dei gratia.* Ainsi Guillaume Taillefer III de Toulouse et de Nîmes transforma-t-il en 998 la prescription de saint Paul aux chrétiens d'obéir aux autorités de l'Empire romain en celle d'obéir à chaque prince dans sa principauté ; n'était-il pas à sa place de par la volonté divine, comme l'empereur à la sienne ? Enfin, selon la même loi, le titre de *princeps* désignait, nous l'avons vu, un haut dignitaire dont l'*honor* se transmettait aux membres de sa famille. Dès que dans le royaume occidental se confirma l'usage d'une succession dans l'*honor* de père en fils, celui qui exerçait ainsi légalement la *potestas publica* — y compris la *iudiciaria potestas* — put se considérer comme « *princeps* par la grâce de Dieu » sur « ses terres » (« *in ditione nostra* », formule jadis royale, le pluriel de majesté convenant au prince) ; il devenait par là le membre d'une nouvelle strate de la *nobilitas*, d'une nouvelle élite dans l'élite.

Cette vassalité n'était plus la même que celle des débuts carolingiens. Le premier groupe qui émergea grâce à ses titres se composait des membres de familles apparentées à la dynastie impériale. Ils avaient hérité l'*honor* de leur père dès le IXe siècle. S'y joignirent les chefs des marches de l'Empire et des *regna* constituant l'Empire depuis les VIIIe-Xe siècles. Leur liste comprend une trentaine de pays, allant de l'*Hispania* (marche de Barcelone) à l'*Avaria* (la future *Austria*/*Ostarrîchi*/Autriche). Nombre d'entre eux étaient gouvernés par des parents des Carolingiens ou par des ducs qui étaient les fils de leurs anciens administrateurs, comme la Lotharingie, la Bavière, l'Alémanie, l'Aquitaine, unités fondées par Charlemagne et Louis le Pieux ou nées à la suite des partages entre leurs fils et petits-fils. Étant en position de force, ils ont cherché la légitimation de leur pouvoir, et leur essor vers l'« hérédité princière » s'est fait par étapes selon des arrangements successifs avec les rois. Il ne s'agissait plus simplement de chefs régionaux ou locaux avides de puissance qui auraient démantelé un pouvoir central seul légitime ; nommés par les Carolingiens, ils avaient accompli leur devoir et assuré la défense du royaume contre les Normands, les Arabes et autres Hongrois, alors que les rois et empereurs carolingiens la négligeaient au profit de la poursuite en Italie d'une politique « universelle » devenue irréelle. Ces nouvelles autorités — les Robertiens, les Richardiens et les Ottoniens — pouvaient prétendre à une légitimité politique et historique, et c'est une des raisons pour lesquelles l'Église, représentée par l'épiscopat, ne leur a pas refusé sa légitimation.

Tout avait commencé avec les crises de la royauté carolingienne, provoquées surtout par la dynastie elle-même. S'entre-déchirant, les successeurs de Charlemagne essayaient d'attirer les fidèles de leurs rivaux par des offres avantageuses, et chassaient de leur *honor* et de leurs terres ceux qui restaient loyaux à leur seigneur. Celui-ci devait faire à son tour des concessions pour garder ses fidèles, ou pour regagner ceux qu'il avait perdus. Sans le vouloir, les Carolingiens ont ainsi fait de ceux qui avaient été leurs serviteurs les maîtres du jeu.

L'exemple classique est celui du royaume occidental échu en 840 à Charles le Chauve, où les événements ont permis aux vassaux royaux d'obtenir l'amélioration la plus sensible de leur statut. Ceux qui étaient restés fidèles entre 840 et 843 à leur jeune roi, sauvant son royaume au péril de leur vie et de leurs biens (confisqués par l'ennemi envahisseur) face à l'empereur Lothaire Ier qui disposait de forces supérieures, avaient le droit moral d'exiger la récompense de leur loyauté. Elle leur fut accordée en novembre 843 lors de la réunion de Coulaines. Le roi y salua ses fidèles laïques, après le clergé, du titre d'*inlustres viri*; leur « *nobilis laicalis habitus* » — les signes extérieurs de leur rang, surtout le *cingulum militiae* — les signalait comme membres de la *militia principis* (il s'agissait donc au moins de *vassi dominici*). Il s'excusa des erreurs qu'il avait pu commettre, leur exprima sa gratitude pour leur *benignitas* (leur bonté) à son endroit et donna à sa promesse de les respecter dans l'avenir la forme d'un capitulaire, en accord avec les évêques et les grands. Dans le troisième alinéa, il était admis que le roi devait son *honor* à ses fidèles (« *a quibus honorem suscipimus* ») ; en conséquence, il leur promettait que chacun d'eux pouvait être assuré de conserver son *honor*, sauf si un jugement contraire intervenait. On pressent là qu'il serait désormais plus difficile d'empêcher le fils d'un fidèle de longue date de succéder à son père.

Cette pratique est confirmée officiellement en 877, à l'assemblée de Quierzy-sur-Oise, alors que Charles le Chauve, entre-temps devenu empereur le 25 décembre 875, avait besoin de l'appui de la noblesse — laquelle avait d'autres soucis face aux attaques des Normands — pour continuer sa politique de grandeur impériale en Italie. Un capitulaire stipula que le fils d'un vassal prêt à servir le roi aussi loyalement que l'avait fait son père devait conserver l'*honor* paternel. Ces conventions entre le roi et ses vassaux directs ont donné à la noblesse du royaume occidental (plus précisément aux deux premières catégories de vassaux) une avance sur les nobles des autres royaumes francs, comme la Lotharingie et la Germanie.

Le royaume oriental demeura plus restrictif en ce domaine. L'empire des Ottoniens vit certes les premiers progrès de la reconnaissance du principe selon lequel le fils pouvait recevoir le fief paternel, mais le renouvellement du lien vassalique pour un *honor* de rang élevé (donc une fonction politique importante) resta sous le contrôle du roi : à chaque changement de seigneur (*Herrenfall*) ou de vassal, le successeur devait aller se faire remettre par le monarque le symbole du pouvoir (par exemple une lance ou une bannière). Dans le royaume occidental, en revanche, les nouveaux vassaux négligèrent dès le Xe siècle d'aller prêter hommage au roi, et l'hérédité pure et simple fut établie dans la seconde moitié du siècle, s'étendant même aux parents collatéraux. Ces avantages ont scellé la solidarité de la noblesse occidentale, qui a su empêcher le roi carolingien de faire appel à des conseillers lorrains pour gouverner le royaume occidental. Quand Charles le Simple, redevenu roi de Lotharingie, a fait nommer un favori lorrain à un *honor* en France pour en faire un magnat de l'Ouest, les grands et la noblesse l'ont déposé et ont élu des rois non carolingiens. Aussi Flodoard de Reims parle-t-il de cette noblesse comme de la *militia regni*, devenue un facteur constitutionnel capital.

Les droits des « princes »

Dans ce monde où le *nobilis* a de plus en plus tendance à exercer de fait les mêmes charges publiques que son père, y compris celle de l'abbatiat laïque*, et par conséquent à vouloir faire légitimer le principe de l'hérédité des *honores*, quelle a été la nature du « second principat », celui des principautés postcarolingiennes, après les premiers princes non royaux des VIIe-VIIIe siècles ? Le pouvoir des maîtres de ces principautés a été presque vice-royal, depuis ses débuts au IXe siècle jusqu'à son apogée — du Xe au XIIe siècle en France, à partir des XIe-XIIe siècles dans le Saint Empire. Il dépassait les droits comtaux du simple fait que le vrai prince pouvait (en France) nommer des comtes. Un prince pouvait être législateur, tels un duc de Bavière au Xe siècle, un duc de Normandie au XIe, un comte de Provence au XIIe (d'une manière remarquable). Parmi ces principautés figuraient à côté des duchés les territoires de quelques comtes princiers fort importants, comme ceux de Flandre (qui parlaient de leur *monarchia Flandriarum*), de Champagne, d'Anjou, de Bretagne (parfois duché, voire royaume), de Provence, de Toulouse, de Barcelone, de Tyrol, de Hesse et de Thuringe (tous deux *Landgrafen*).

Une catégorie à part comprenait les princes dont les États étaient issus d'un ancien *regnum* carolingien, tels ceux de *Britannia* (Bretagne), *Neustria* (Neustrie robertienne, puis normande), *Francia* (robertienne), *Aquitania* (Guyenne), *Vasconia* (Gascogne), *Burgundia* (duché de Bourgogne), *Burgundia* (royaume de Bourgogne,

---

* *Cf.* plus haut, au chapitre XI, le développement consacré à la puissance abbatiale.

royaume d'Arles), *Provincia* (Provence), *Septimania* (Septimanie, duché de Narbonne), *Hispania* (marquisat de Barcelone), *Suevia* (Souabe, *regnum* formé au IXe siècle de l'Alémanie, de la Rhétie de Coire et du duché mérovingien d'Alsace pour le jeune Charles le Chauve, puis pour le jeune Charles le Gros; duché depuis le Xe siècle), *Bavaria* (Bavière), *Francia* (*orientalis,* ou Franconie, duché annexé par Otton Ier, certains droits ducaux passant à l'évêché de Wurtzbourg), *Thuringia* (Thuringe), *Saxonia* (Saxe), *Frisia* (Frise), *Lotharingia* (Lotharingie, divisée au Xe siècle en [Haute-]Lorraine et « Lohier » [duchés de Brabant et de Limbourg]).

Ces princes étaient un peu plus proches de la royauté, et l'on trouve parfois chez eux des couronnements célébrés solennellement en une église cathédrale, comme dans le cas des ducs d'Aquitaine. Pour les distinguer d'un couronnement royal, on parle de « sacres princiers » (*Fürstenweihen**) dont le récipiendaire reçoit un diadème au lieu d'une couronne. En Bretagne, en Aquitaine et en Bavière, le duc exerce souvent une influence sur les nominations et élections épiscopales, parfois en concurrence avec le roi. Ainsi le prince, maître de « son » épiscopat, peut-il en cas de schisme papal reconnaître un autre pape que celui choisi par le roi, comme le fit le duc d'Aquitaine en 1133-1135. Certains comtes/princes, tel celui de Blois-Champagne, ne disposaient pas de ces droits vice-royaux, qui se sont exprimés aussi par le droit d'un duc de confirmer (à la place du roi et non comme simple lieutenant) des immunités et autres privilèges ecclésiastiques, ainsi que des échanges de terres entre des églises appartenant à des *regna* différents (par exemple entre Normandie/Neustrie et Aquitaine, entre cette dernière et la *Francia* robertienne, comme le montrent plusieurs actes du Xe siècle et du début du XIe). Le prince pouvait aussi proclamer la paix de Dieu en son *regnum,* tels les ducs de Gascogne, d'Aquitaine, de Bourgogne ou de Normandie, de même que la paix en faveur des commerçants, restaurée avec succès par les comtes de Champagne au moyen de toute sorte de sanctions.

Tous ces pouvoirs publics des princes ne se limitaient pas aux territoires appartenant en propre au duc, au comte ou à leurs vassaux : ils concernaient l'ensemble de leur « État princier » et l'ensemble de ses habitants. Aussi le prince était-il le chef unique de la défense de son pays en temps de danger public émanant de l'extérieur. Même le comte d'Anjou, puissant prince d'origine comtale, voire vicomtale, put accorder à une abbaye certaines obligations, « *excepto fodrio et proelio generali pro defensione regni aut principis* ». Désormais, le prince disposait des anciens impôts militaires francs destinés à nourrir les chevaux (*fodrium*), et pouvait procéder

---

* *Cf.* Gerd Tellenbach et Hartmut Hoffmann.

à l'appel aux armes de tous les hommes aptes à la défense du pays : après la proclamation de l'état d'urgence, ses vassaux, mais aussi les autres seigneurs et les hommes libres devaient se mettre à sa disposition.

Les lois franques, qu'elles soient d'origine mérovingienne ou carolingienne, n'ont jamais été abolies, de sorte que le réseau des relations vassaliques, n'ayant pas fait disparaître la *potestas publica*, n'a donc pas mené à une « féodalisation totale » — et ce moins encore sur le plan de la *potestas* (« posté ») des seigneurs où, bien au contraire, ceux-ci l'appliquaient strictement. Ces lois continuaient d'être observées en justice, dans le ressort des différents territoires laïcs et ecclésiastiques, mais aussi dans le cadre du *regnum*, où le tribunal de la cour du *princeps* était souvent la plus haute instance.

L'hérédité du pouvoir de tous ces « princes » de niveaux différents, mais qui tous appliquaient les lois et disposaient de droits à la place du roi dans leurs territoires respectifs, a fini par entraîner un véritable renversement de la position respective du souverain et des grands. Au moment où les fonctions exercées par ces derniers se transmettent du père au fils, l'hérédité de la fonction royale devient incertaine. Dans le royaume franc occidental du xe siècle, la royauté est nettement élective (malgré des traces d'un légitimisme carolingien au sein d'une noblesse du Midi qui affirme sa loyauté aux derniers Carolingiens sans faire un geste pour les aider). Le roi cède les dernières terres et abbayes dont il peut disposer à des grands pour se concilier leur concours, tandis que les grands et les évêques ainsi que la *militia regni* décident qui sera roi.

Après avoir envisagé le sort de l'élite des élites, ces « grands vassaux » des Carolingiens qui ont réussi à devenir des princes non royaux en attendant de devenir rois (comme les Robertiens en France, les Ottoniens en Saxe et en Germanie, les Welf/Guelfes en Bourgogne et plus tard en Angleterre, les Widonides en Italie), voyons maintenant ce qu'il advint des vassaux moins importants.

Comment est né ce monde de nobles entourant les grands et les évêques qui font le roi, ce monde de comtes et de vicomtes, de « châtelains » et de « seigneurs » ? Sociologiquement, l'élément décisif a été le groupe de « vassaux royaux en titre », les *vassi dominici*, que les Carolingiens se sont créés. La manière habile dont une grande partie d'entre eux a su survivre à la crise n'a guère été notée ni décrite à ce jour. Les exemples que nous avons trouvés en Neustrie ligérienne permettent de combler une lacune.

DÉCLIN ET « SURVIE » DES VASSAUX ROYAUX

Les vassaux royaux, dont l'ascension avait accompagné l'essor des Carolingiens, devaient logiquement subir les conséquences du déclin de leurs maîtres. Une royauté affaiblie ne contrôlant directement qu'une partie de plus en plus réduite de son *regnum* ne pouvait plus pourvoir d'*honores* autant de *vassi dominici* qu'à l'époque de sa grandeur. Elle pouvait moins encore les protéger s'ils se trouvaient loin des aires de résidence d'un roi qui avait perdu le contact avec des régions périphériques.

Quand et comment ces vassaux royaux ont-ils « disparu »? En Italie, nous savons grâce à Hagen Keller que les mentions de *vassi dominici* diminuent à partir de 875. Dans le royaume franc occidental, les vassaux directs du roi (y compris les comtes prêtant encore l'hommage) se sont raréfiés au Xe siècle. Jean-François Lemarignier, en localisant sur des cartes ceux qui étaient encore appelés *fideles* dans les diplômes royaux, a en effet constaté un rétrécissement progressif de leur implantation, qui a laissé de larges vides autour de la *Francia* restée « royale » dans le nord-est du royaume. Ces vides correspondaient presque exactement aux grandes principautés, dont les chefs avaient pris la relève du roi, face aux vassaux, mais aussi comme protecteurs des églises — qui se faisaient confirmer leurs droits par le prince, en des actes appelés improprement « actes privés » par la diplomatique classique, alors qu'ils étaient souvent proches dans leur forme des diplômes royaux, dont ils avaient pris la fonction aux yeux des destinataires. Pour se concilier les anciens *vassi dominici,* les princes pouvaient leur offrir de légitimer une nouvelle hérédité, grâce à leur autorité de *princeps/dux* ou *princeps/marchio,* reconnue aussi par l'Église.

L'itinéraire de Géraud d'Aurillac (*Geraldus,* vers 855-909) montre le passage du seigneur/roi au seigneur/prince non royal. Rendu célèbre par la *Vita* que lui a consacrée Eudes de Cluny, qui fait de lui le premier saint non martyr issu de la *militia* séculière, Géraud, maître du château d'Aurillac, gouvernait la région à l'égal d'un comte, si bien qu'on lui donna parfois ce titre; il était l'un de ces *regales vassos* qui, par une vie de vrai chrétien, ont été l'honneur de cette élite. L'abbé de Cluny est un témoin précieux et perspicace, car il était le fils d'un *vassus dominicus,* Abbon. Le comte Guillaume le Pieux (886-918), qui s'intitula en 909 *dux Aquitanorum,* étant un *vir bonus,* chercha à obtenir la *commendatio* de Géraud non pas par des menaces, mais par la persuasion, pour qu'il se séparât de la *regia militia.* Géraud resta fidèle à son seigneur royal, mais permit à son neveu et héritier d'entrer dans la vassalité et donc sous la protection de Guillaume, avec à sa suite de très nombreux arrière-vassaux (« *cum ingenti numero militum* »). Ce n'est donc plus la seule *principalis potestas* du roi qui fondait la *publica potestas* : le *princeps* non royal était lui aussi à même de la conférer, et c'est pourquoi il pouvait détacher ses vassaux de l'autorité royale et devenir pour eux, en tant que leur *senior,* l'instance juridique suprême. Ils étaient « perdus » pour le roi, mais avaient transformé leur *honor* — qu'ils devaient à l'un des grands vassaux du roi — en une des nombreuses petites unités territoriales gouvernées par des familles de « dynastes ».

Le sort des vassaux royaux cherchant à tenir ce rang qui les avait distingués de tous les autres vassaux ne fut bien sûr pas le même dans tous les *regna,* mais il différa aussi selon leur situation individuelle. Le vassal restait « carolingien » et se montrait moins partisan de l'hérédité à tout prix s'il pensait pouvoir obtenir une position respectée dans le gouvernement central et régional là où le roi était encore puissant, par exemple dans le contrôle de la justice. S'il dépendait des conditions locales et ne pouvait escompter l'appui d'un roi lointain, l'hérédité pouvait lui offrir plus de stabilité au service vassalique d'un évêque ou d'un des nouveaux princes. Les exemples que nous en pouvons donner sur l'ensemble de l'Europe postcarolingienne montrent que les mutations ont été souvent moins dramatiques qu'on ne l'a cru sans trop de preuves. En général, les mêmes groupes familiaux sont restés en place, se multipliant en plusieurs lignées héréditaires et pourvues d'une résidence fixe dont elles prirent le nom, phénomène nouveau là encore.

Nous savons par Eudes de Cluny que son père, l'un des *vassi dominici,* était capable de citer les « lois des Anciens ». En effet, siéger dans les tribunaux (*placita,* plaids) et bien juger était une des tâches principales des vassaux royaux, et beaucoup d'entre eux avaient pris au sérieux les exhortations des capitulaires de Charlemagne et de Louis le Pieux à apprendre par cœur les lois anciennes et celles des nouveaux empereurs pour bien juger. Or, nous retrouvons les *vassi dominici* ou leurs descendants directs au Xᵉ siècle comme juges et experts juridiques arborant le titre de *legis doctor* au service de l'abbaye de Saint-Martin de Tours et de son abbé laïc Robert, l'ancêtre des Capétiens. Il s'agissait donc d'une véritable élite qui avait les moyens, intellectuels notamment, de le rester. Des porteurs du nom caractéristique d'*Alcharius* apparaissent aux IXᵉ-Xᵉ siècles comme vassaux de Robert le Fort et d'Hugues l'Abbé, comme *vicarius* de Tours (plus important que le « voyer » en un *pagus* quelconque), comme *vassus dominicus* au tribunal du roi, comme vassal de l'archevêque de Tours et du comte de Blois.

Assez similaire est le cas des Guandalbert/Gautier (*Wandalbertus/Waltarius*). On les trouve au Xᵉ siècle comme *vasallus* et *auditor* au tribunal de Robert, frère du roi Eudes, puis dans des actes de l'archevêque de Tours, et comme vassal du comte de Blois. Des « Gautier » sont associés à un autre nom caractéristique et proche de Guandalbert, Ganelon (*Wenilo*), celui-là même que portait l'allié de Robert le Fort, cet archevêque de Sens qui trahit Charles le Chauve et donna son nom au félon de *La Chanson de Roland.* Un Gautier, *miles Turonensis,* mais aussi *miles venerabilis* (donc abbé laïc d'une petite abbaye qu'il donne à Saint-Julien de Tours en rentrant en 1024 de son pèlerinage en Terre sainte), a de sa femme Gersende deux fils, Guanilon et Gautier, le premier étant *claviger* et prévôt de l'église cathédrale de Tours. Or, des porteurs de ces deux noms se trouvent au cours des IXe-Xe siècles à Tours, surtout à Saint-Martin dès 884, en position de trésorier (*claviger, archiclavis, thesaurarius*), poste de confiance dont le titulaire avait la responsabilité des énormes possessions et revenus de son seigneur robertien, abbé laïc de cette église, qui pouvait donc confier cette dignité théoriquement cléricale à un vassal laïc. Les Gautier possédant des terres en Orléanais et étant alliés aux comtes de Gâtinais et aux vicomtes d'Orléans, on comprend qu'un Gautier, formé par les chanoines de Saint-Martin (*alumnus Sancti Martini*), devienne en 867/869 évêque d'Orléans, et un autre, son neveu, archevêque de Sens en 887, juste à temps pour sacrer roi son seigneur, Eudes. Il récidive en 923, en sacrant roi Raoul, beau-fils du roi Robert Ier.

Nous voyons ici un groupe familial d'anciens vassaux royaux qui exercent des fonctions juridiques et administratives correspondant à leurs compétences, et dont des membres font carrière dans l'Église ou nouent des alliances avec de grandes familles. Avec eux réapparaît le titre de *miles,* que peut prendre un membre de la *militia principis* qui porte le *cingulum militiae* et fait partie de la *nobilitas.* Ainsi l'un d'eux, Maingaud, neuf mois après la mort du roi Eudes (1er janvier 898), signe-t-il un acte par « *S[ignum] M. nobilis vassali* », nouveau titre qui lui permet de bien marquer son statut de noble. D'autres *vassi dominici* ont tout simplement continué à porter ce titre. En 1046/1049, nous en trouvons encore un parmi les témoins d'un acte de Geoffroy II Martel, comte d'Anjou : *Adelardus,* un nom de très ancienne noblesse. Ce titre figé exprimait dorénavant la qualité sociale élevée de son porteur.

Autre exemple, les Corbon (*Corbo*), sur lesquels nous sommes documentés de 851 jusqu'au XIe siècle. Ces anciens vassaux royaux en Touraine sous les Carolingiens et le roi Eudes possédaient le château fort de Rochecorbon près de Tours, un des premiers en France à porter le nom de son seigneur. En 908, Corbon [II] est *vasallus dominicus* ou *vasallus probatus* au tribunal du vicomte de Tours, Thibaud. Ce titre désigne un expert juridique auprès d'un tribunal, que ce tribunal soit royal, épiscopal, comtal, vicomtal ou abbatial. C'est là une évolution capitale puisqu'elle apporte l'interchangeabilité des autorités judiciaires, celle du roi perdant son caractère unique. Les Corbon étaient ainsi voués à une vassalité multiple dont les premiers exemples en Occident se rencontrent en cette fin du IXe siècle autour des Robertiens. Ils étaient en effet vassaux des Robertiens, que ce fût du roi (Eudes) ou du duc/*marchio* (Robert, frère d'Eudes et futur roi), et de vassaux robertiens comme les Thibaud, vicomtes de Tours et comtes de Blois. Mettant à profit l'influence de ces seigneurs auprès des églises (cathédrale de Tours, Saint-Martin de Tours, ainsi que Marmoutier, dont les Thibaud étaient devenus les abbés laïcs), ils ont reçu nombre de « précaires » ou de « fiefs » ecclésiastiques. Un des leurs, Hardouin, chanoine de Saint-Martin, sera archevêque de Tours. Corbon [IV] peut s'intituler entre 999 et 1004 « *gratia Dei vassus dominicus et indominicatus* » ou bien « *gratia Dei nobilissimus miles* ». Là aussi réapparaît le terme *miles,* en tant que titre élevé non seulement d'un noble, mais d'un *nobilissimus,* rang que Corbon entend maintenant tenir de Dieu lui-même.

Les ducs et les comtes ayant accédé dans la seconde moitié du xe siècle au rang de *princeps,* comme des sortes de « partenaires » du roi, d'autres familles, s'estimant aussi nobles que ces nouveaux princes, par leurs ancêtres et leurs alliances matrimoniales, se proclament leurs égaux : en tant que seigneurs, ces nobles exercent non seulement la *potestas publica,* mais aussi la *principalis potestas,* prenant ainsi leurs distances avec des vassaux de souche moins prestigieuse. Ce n'est pas là simple caprice individuel : Robert II reconnaît le niveau particulier de celui qui est plus qu'un simple arrière-vassal du roi, tout en étant le vassal, entre autres, des comtes de Blois ; il le présente dans un diplôme comme « *nobilissimus miles Corbo famosissimi fidelis nostri comitis Odonis* » — ce dernier, Eudes II de Blois (puis aussi de Champagne), étant son vassal direct. La *militia* noble des *vassi dominici* n'est pas morte et tient son rang : ce Corbon est la preuve qu'elle fait partie de la *militia principis* (également nommée *militia regni* par Flodoard de Reims), qui peut élire le roi.

« Qu'est-ce que les *vassi dominici* ? » Vu le « grand nombre d'alliances contractées entre ces petits dynastes et les rejetons des grandes familles franques, [...] n'étaient-ce pas, à l'origine, des cadets de ces grandes familles ? » écrit Jacques Boussard. Et de citer un autre exemple de ces « nobles de second plan » : la maison vicomtale de Châteaudun, dont il suppose qu'elle est issue « de certaines branches, sans doute désavantagées [par exemple, un statut de fils cadet], de ces illustres *gentes* », en l'espèce celle des Rorgonides (membres de l'ancienne *nobilitas* de l'Empire franc). « Il n'y a pas, semble-t-il, de distinction nette entre les familles comtales franques d'une part, celles des *vassi dominici* de l'autre », conclut-il, ce qui le conduit à penser que « presque toutes les familles nobles du xie siècle sont du sang de ces grands personnages qu'étaient les comtes de Charlemagne et de Louis le Pieux ».

Nous voilà devant une des conséquences de la victoire de l'hérédité conçue comme celle de la « noblesse du sang » : les grandes familles d'ancienne noblesse ne se classent plus selon l'*honor* qu'elles doivent à leur nomination par le roi, mais selon l'ancienneté de leur sang. Eudes de Blois imposera ce principe au roi Robert II en recourant à l'idée même qu'exprime le titre de Corbon : « par la grâce de Dieu ». C'est Dieu qui accorde le sang justificateur du rang. Principe victorieux surtout en Germanie, où les *Edelfreien,* nobles de souche ancienne, s'estiment aptes à être élus aux plus hautes dignités, voire à celle de roi de Germanie, et à se porter candidats au trône impérial — comme l'ont fait les Staufen, qui n'étaient même pas comtes, jugeant le service comtal d'un roi indigne du rang de leur famille, alliée à la dynastie impériale franconienne.

La naissance individuelle fait s'effacer l'ordre hiérarchique strict fondé sur le rang. En voici un autre exemple qui touche aussi les Corbon. Les vassaux royaux eurent longtemps rang avant les vicomtes qui, nommés par leur comte, n'étaient que des arrière-vassaux du roi. Or, les vicomtes appartenaient souvent à la famille qui les avait désignés, ce qui les plaçait, selon le « sang », au-dessus des (anciens) *vassi dominici.* Et ce, surtout là où le vicomte n'était pas le simple second d'un comte présent, mais gouvernait effectivement le comté à la place d'un comte/prince absent car régnant sur une grande principauté réunissant plusieurs comtés. Aussi avons-nous vu les Corbon ne pas dédaigner de devenir les vassaux de Thibaud, vicomte de Tours (*de facto* comte, et d'ailleurs issu d'une grande famille de Bourgogne). Il y a donc eu aux Xe-XIe siècles un regroupement de toute une couche de nobles authentiques qui se sont assuré par la vassalité différentes positions dans le gouvernement du pays, tout en nouant entre eux des alliances matrimoniales. La survie d'une *nobilitas* non comtale qui, au lieu de sombrer, monte dans la hiérarchie politico-sociale pourrait être confirmée par bien d'autres exemples.

En Italie, les nouveaux maîtres des anciens vassaux royaux nous sont mieux connus depuis les travaux de Hagen Keller. L'ascension de ce qui sera le duché de Toscane commence dès les années 830. Les comtes, marquis ou ducs (les titres varient) font alors battre monnaie sous leur nom, contrôlent les domaines des églises par l'entremise d'avoués (*advocati*) nommés par eux. Ils nomment aussi des *missi,* tout cela à la manière des rois. En 847, Lucques a une *curtis ducalis,* la première cour non royale. La cour d'Aubert II et de Berthe de Toscane (d'origine carolingienne) jouira d'un éclat quasi royal. Les anciens *vassi dominici* pouvaient donc se mettre au service de ces princes, ou bien encore des évêques. Ces derniers trouvèrent un appui auprès des rois d'Italie, en dépit — ou à cause — des luttes entre plusieurs candidats royaux à la fin du IXe et au Xe siècle, et ne tombèrent pas tous sous la domination des nouveaux princes. Ils soutinrent à leur tour le pouvoir royal tout en se dotant d'une vassalité puissante, qui incluait de nombreux anciens vassaux royaux. C'est parmi eux que l'on rencontre les premiers exemples de nouveaux *milites*, parallèlement à ce que nous avons vu sur la Loire ; en Italie, ils furent les précurseurs de la division classique entre les *capitanei* d'origine noble (parce qu'anciens *vassi dominici*) et les « petits vassaux », de simples soldats qui seront la souche de la future « petite chevalerie », qu'il faut distinguer de la « grande chevalerie ». À partir du règne du roi Hugues, la puissance de quelques ducs italiens fut ébranlée. Sous les Ottoniens, les *marchiones* (désormais le titre normal) détenaient un « pouvoir de marquisat » reconnu par le roi comme niveau intermédiaire entre lui et ses sujets, mais contrôlé par une monarchie qui avantageait la position de l'épiscopat. Comme en Germanie, le roi et les évêques dominaient, mais les grands — à commencer par les ducs ou marquis, suivis par des comtes et des vassaux de « fief à haubert » (forts de dix à douze arrière-vassaux) — se maintinrent dans une hiérarchie offrant des centaines de *seniores* pour une nombreuse vassalité.

La *nobilitas* postcarolingienne a ainsi été mêlée à la fine fleur de la noblesse d'Occident au sein d'une élite vassalique et non comtale. Ce que nous avons déjà remarqué chez les comtes-abbés et les *marchiones* accédant aux rangs les plus élevés se confirme à un niveau « inférieur » : la noblesse continue son ascension. Bien que les généalogistes constatent la disparition d'anciennes maisons faute d'héritiers, nous voyons ici des lignées en plein épanouissement. La noblesse a eu assez de vitalité pour se renouveler biologiquement (fût-ce par des branches cadettes) et politiquement. Elle a pu surmonter de graves crises comme la soumission à la *disciplina* de l'*obsequium* juré dans la *militia principis* au IVe siècle, le changement de maître — du *princeps/dominus*/empereur au *princeps/dominus*/roi — aux Ve-VIe siècles, ou encore le passage du statut de vassal du seigneur roi à celui de vassal du seigneur *marchio/dux* aux IXe-Xe siècles. Car elle a toujours su profiter du fait qu'elle était irremplaçable, et dans l'État, et dans l'Église. Il lui a seulement fallu saisir l'occasion de prouver sa valeur dans des carrières qui lui étaient réservées. Quand un *princeps* victorieux imposait son pouvoir, il créait nombre de postes importants ; quand il faisait des conquêtes, il enrichissait ses fidèles en les dotant de terres et de revenus ; quand son pouvoir vacillait, les nobles raflaient la mise et, finalement, jouaient toujours gagnant.

Est-il besoin de dire que, individuellement, nombreux sont les nobles qui ont échoué, tombés au service de leur roi ou victimes de rivalités acharnées ? Mais le déclin de la *nobilitas* comme phénomène sociopolitique dominant ne date que du jour où elle n'a plus été indispensable pour assurer la bonne marche du pays. La vassalité a donc été pour le *princeps* un système de délégation de son pouvoir à des gens aptes à gouverner, avec lesquels, en contrepartie, il partageait l'ensemble des ressources tirées des gouvernés. Elle a duré jusqu'à ce que le réseau d'agents du pouvoir dont la noblesse vassalique avait su couvrir le territoire ait pu être remplacé — au profit du *princeps* et de son État — par d'autres sources de revenus plus directes et non partagées, tels les impôts levés sur les villes et les marchands qui permettaient de payer les armées du prince.

Eudes de Cluny nous a donné l'occasion de rappeler les liens que l'Église a entretenus avec cette élite de la *nobilitas* tardo-carolingienne et postcarolingienne que formaient nouveaux princes, ducs et « grands comtes », mais aussi et surtout « petits comtes », vicomtes, seigneurs et anciens vassaux royaux. Au xe siècle, ces nobles ont noué des relations moins avec l'épiscopat — longtemps lié étroitement aux Carolingiens — qu'avec la nouvelle force morale de l'Église représentée par les monastères réformés, avec à leur tête celui de Cluny. Or, l'essor de l'hérédité des dynastes « locaux » est exactement contemporain de celui de Cluny, ce qui suggère l'idée que la légitimation spirituelle d'une noblesse dynastique a été inspirée par les réformateurs monastiques, comme la royauté carolingienne l'avait été par l'épiscopat et la papauté. Et que dans les deux cas, la royauté ici, la noblesse là n'ont pas été de simples profiteurs. L'essor d'une « nouvelle noblesse » doit être replacé dans son contexte spirituel*. Rien de grand ne s'est fait dans la politique et la société du monde chrétien sans l'arrière-plan des forces de l'esprit. L'éclipse temporaire qu'a connue sa direction exclusive par les rois et les évêques correspond à une époque où la réforme monastique doit ses succès à une noblesse dont elle renforce la position par sa double alliance avec elle et avec la papauté. Cette époque aura peut-être été le plus grand moment de l'histoire de la noblesse. C'est la noblesse qui a mené le jeu, en France comme dans l'Empire, et non plus la seule royauté, ainsi que le montrent les jugements de Grégoire VII louant les princes et condamnant Philippe Ier et Henri IV. Les croisades à leurs débuts constituent la preuve éclatante de ce bouleversement, dirigées qu'elles étaient par les princes et les légats du pape, en l'absence des rois.

---

* *Cf.* les travaux de Joachim Wollasch ainsi que ceux qu'il a dirigés et dont il a présenté les résultats dans son beau livre *Cluny, Licht der Welt* (lumière du monde) (1996).

CHAPITRE XIII

« État vassalique » et noblesse de sang

Qui a pris l'initiative de construire de coûteux et puissants « châteaux »? et dans quel but? Étaient-ce vraiment des « tanières de brigands », comme on l'a dit? Curieux repaire de brigands que le château du vicomte Raoul, seigneur de Montrevault (Maine-et-Loire, près de Cholet), qui en 1095 fait construire à l'intérieur (« *in castello meo apud Montem Rebellem* ») une chapelle dédiée à saint Nicolas et qui en fait don à l'église cathédrale Saint-Maurice d'Angers! D'autant que Raoul octroie des terres — contre une partie de leurs revenus qu'il se réserve — pour établir, près de cette chapelle et du marché qu'il contrôlera (« *in foro meo* »), un nouveau quartier de commerçants « *ad burgum faciendum* », un de ces fameux *burgi* qui seront à l'origine de l'essor urbain du XIe au XIIIe siècle. D'avance, il donne son accord à toutes les acquisitions que pourront faire les futurs *burgenses* « *in tota castellaria mea seu in fevo aut in casamento meo* ». Le fondateur et maître de la châtellenie est visiblement lié avec ses vassaux et avec l'église cathédrale par des intérêts communs. Les repaires de brigands ont bien existé, mais ils étaient surtout l'affaire de petits malfaiteurs combattus de concert par princes et évêques, parfois dans le cadre de la « paix de Dieu ».

L'ESSOR DES CHÂTELLENIES

Un panorama des châteaux et des vassaux du monde postcarolingien nous permettra de vérifier qu'il n'y a pas eu d'« anarchie féodale ». En analysant l'évolution de la noblesse au niveau comtal, nous verrons au contraire que ses pouvoirs se sont accrus et que princes et comtes ont pu améliorer « leur État ».

Commençons par la Neustrie ligérienne. Vers 900, les Robertiens étaient arrivés à une quasi-hérédité de leur abbatiat laïc de Saint-Martin de Tours. Robert, reconnu *marchio* de Neustrie entre Loire et Seine par son frère, le roi Eudes, obtint du roi carolingien Charles III le Simple la confirmation de cette position. De plus, dans un acte de 914, il put déclarer que la succession en Neustrie de son fils Hugues (le Grand) avait été accordée d'avance par le roi. Il ne s'agit pas encore de l'hérédité pure et simple, puisque la confirmation dans l'*honor* de *marchio* du royaume neustrien doit être renouvelée pour chacun de ses titulaires, mais cette concession par anticipation annonce déjà l'évolution vers un principat héréditaire non royal.

Une génération plus tard seulement, Hugues le Grand devait reconnaître l'hérédité de fait de ses grands vassaux, par exemple des comtes de Rouen, du Mans et de Blois ainsi que des vicomtes de Tours (qui ne faisaient qu'un avec les comtes de Blois), d'Angers et de Paris. Les vicomtes ont profité de l'élévation d'Hugues à la dignité de *dux Francorum* pour accéder au rang comtal : à l'échelon au-dessous du détenteur d'un *regnum* (*marchio*/*dux* comme vassal du roi), chacun de ses comtes vassaux a pu devenir le maître immédiat de sa cité (*civitas*), comme à Angers et à Tours, ou bien de son *castrum*-résidence, comme à Blois ou à Corbeil. Le grand vassal disposait donc d'un substrat territorial héréditaire avec un centre administratif fortifié, noyau d'une nouvelle principauté elle aussi héréditaire. C'est là une innovation institutionnelle d'une grande portée.

Des changements comparables ont eu lieu à l'échelon en dessous, au profit des grands vassaux des comtes. C'est au XIe siècle que les vassaux les plus en vue des maisons d'Anjou et de Blois-Tours, établies au Xe siècle, s'installent dans une résidence fixe et fortifiée, centre politique et militaire d'où ils exercent leur *potestas publica* au service du comte. Ces châtellenies sont ou bien des *castra* romains remis en état défensif, comme Chinon et Amboise, ou bien des « châteaux » construits, après ceux des comtes, entre le milieu et la fin du Xe siècle, comme Loches ou Langeais. Mais qui a pris l'initiative de ces fortifications et qui en a mené la construction ? Et comment le vassal, d'abord simple garde d'un château comtal, est-il devenu châtelain ou seigneur héréditaire du château ?

Prenons le cas d'un certain Renault, vassal du comte de Blois et de Tours, qui apparaît comme *Rainaldus de Castro* dans des actes datés entre 1015 et 1032. Son château reçoit peu après le nom de *Castrum Rainaldi* (la ville actuelle s'appelle toujours Château-Renault). Les parents de ce Renault se sont fait enterrer à Marmoutier, l'abbaye de leur seigneur, le comte de Tours et de Blois, de la maison des Thibaud. Comme eux, Renault voulait s'assurer le privilège d'une sépulture proche de la tombe de saint Martin, et il dispensa l'abbaye de « mauvaises coutumes » concernant la *vicaria* (signe que ces *consuetudines* émanaient de ses fonctions publiques). Il fit autoriser cela par son fils Guicher, espérant qu'il lui succéderait (« *quem in paternum honorem successurum sperabat* »). Malgré son jeune âge, Guicher fut en mesure de prononcer les mots nécessaires pour que le don de son père fût valable. Après quoi Renault put s'en aller reposer tranquillement auprès de ses pères (« *iuxta parentes* »). Un vassal noble du comte (duquel il a reçu un *honor* et la *potestas* publique qui s'y attache) a pu ainsi devenir châtelain et fonder une lignée héréditaire résidant dans le château qu'il vient de construire et qui portera son nom après lui.

À la même époque, un autre vassal du même comte, Bouchard, a fait construire (en 1020 au plus tard) un château sur une « île » (terrain entouré de cours d'eau près de la Vienne). Lui aussi rédige un acte en faveur de l'abbaye de Marmoutier, et à cette occasion il mentionne fièrement son nouvel état : « *Ego Burchardus miles seniorque castri quem [*sic*] vocant ad Insulam situm super fluvium Vigennae* ». Là encore, le fondateur du château et de la nouvelle lignée qui s'y attachera est le personnage éponyme de la forteresse et de la localité qui se développera près du château : le bourg actuel de L'Île-Bouchard. Ce vassal noble — il prend le titre de *miles* — est maintenant « seigneur » de son château. Comme Renault, Bouchard est un « nouveau châtelain », sans que ni l'un ni l'autre ne soient des *homines novi*. La stratigraphie sociale des vassaux et arrière-vassaux des Robertiens, que nous connaissons grâce aux listes de témoins dans les actes ligériens, n'a en effet pratiquement pas bougé. Dans les deux cas, c'est entre 980 environ, au plus tôt, et 1020 qu'apparaît une hérédité « territorialisée ».

Un autre grand vassal du comte de Blois, et de ce fait lié lui aussi à Marmoutier, est mentionné entre 1048 et 1061 dans une notice rétrospective du cartulaire dunois de cette abbaye : « *Uncbaldus olim quidam honoratus ac nobilis Virsonensis Castri possessor in pago Bituriensi* ». Vierzon, *castrum* d'origine romaine, lui « appartient » donc héréditairement. D'ancienne noblesse, ce seigneur aux nombreux vassaux est un grand personnage qui a rang immédiatement après le comte, lequel contrôle grâce à lui d'importantes positions dans le nord du Berry.

Tous ces exemples montrent l'envergure de ces « châtelains ». À leurs côtés, dans la vassalité des comtes de Blois-Chartres-Châteaudun, il y a des vicomtes de Chartres, des vicomtes de Châteaudun et toute une couche de vassaux nobles et aisés. La toponymie « féodale » a gardé la trace de plusieurs lignées de « seigneurs châtelains ». Ces noms de lieu réunissent l'éponyme de la lignée et la désignation de la forteresse, *castrum*/*castellum* (Château/Châtel) ou bien *firmitas* (La Ferté), ce qui a donné par exemple Château-

Bernard, Château-Gombert, Château-Guibert, Châtel-Gérard, ou La Ferté-Hubert dont le fondateur, *Hucbertus*, nous est connu par des actes.

Ce que nous avons montré pour Tours et Blois se retrouve en Anjou. Dans son enquête sur les comtes d'Anjou, Olivier Guillot a pu dater avec précision l'apparition des « seigneuries châtelaines » sur les terres de ces comtes : Montsoreau, en 1001 ; Preuilly, en 1008 ; Sablé, avant 1015 ; Craon, entre 1006 et 1020, etc. Étudiant la place institutionnelle des seigneuries dans le principat angevin, il en est arrivé au constat que « la multiplication des châteaux a représenté pour le comte le moyen le plus important de soutenir son pouvoir [car] presque tous les droits de puissance publique vont s'attacher aux châteaux ». On ne saurait mieux démontrer que ces châteaux sont les centres de la puissance publique. Certes, comme tout système qui concède une récompense matérielle à celui qui s'engage à servir son seigneur, la construction de châteaux (pour défendre et contrôler un territoire), qu'il faut nécessairement confier à des « gardiens », est une arme à double tranchant dès lors que le représentant du comte se transforme en seigneur châtelain.

Dans certains cas, « le comte a réussi à s'arroger et à conserver la seigneurie de ces places ». Vers 1044, sur une quarantaine de places fortes, Guillot dénombre ainsi une douzaine de châteaux comtaux qui sont le *dominium* exclusif du comte ; tout au plus une autre douzaine sont déjà sièges de seigneuries châtelaines, et le reste est « de statut incertain », les sources ne permettant pas de trancher. Le comte Geoffroi Martel (1040-1060), jouant sur plusieurs plans — administration militaire, administration banale, gouvernement —, confie « à un ou plusieurs gardiens nettement désignés la défense de telle ou telle de ses places à assumer en son nom ». L'administration banale est celle « par laquelle le comte établit en ses châteaux des *ministri* pour exercer en son nom le ban sur les hommes de poesté » (c'est-à-dire soumis à sa *publica potestas*). Les chevaliers vassaux du comte ont la garde des châteaux, mais ils ne reçoivent en bénéfice qu'une part du fief; en outre, la *vicaria*, relative à l'administration banale, est confiée à un autre agent comtal. Le comte reste ainsi maître d'évincer le gardien à tout instant. À une exception près (sous un comte faible), les lignages de chevaliers gardiens n'ont pratiquement jamais réussi « à s'arroger la seigneurie des places que le comte leur avait confiées en garde ». S'ils ont pu se hisser au niveau de la seigneurie châtelaine, cela s'est fait dans des places fortes non comtales. Geoffroi a créé un « statut de "chevalier gardien" » qui s'est révélé « une grande réussite ».

Qui sont donc ces nobles parvenus à « la *dominatio* sur un château et la châtellenie attenante, ce qui leur permet de s'en intituler le *dominus*, le *senior*, et d'y voir un ensemble de droits leur appartenant en propre »? Ces seigneuries châtelaines forment — avec les seigneuries abbatiales de Saint-Nicolas d'Angers et Saint-Florent de Saumur (au château de Saint-Florent-le-Vieil) et avec les châteaux du comte — le troisième secteur, l'« État », qui est « gouverné » par le comte/prince, un *princeps* de rang comtal. Notons que le terme *gubernare* est utilisé dans les textes, preuve du niveau étatique atteint. Ce « gouvernement » du comte sur « ses États » s'étend, à partir de la conquête en 1044 de Tours et de la Touraine septentrionale aux dépens des comtes de Blois, sur trois comtés: l'Anjou, le Vendômois et la Touraine. C'est donc à Angers, à Vendôme et à Tours que le comte établit trois « grandes prévôtés », ayant chacune compétence sur le comté entier. Ces grands prévôts ont des pouvoirs qui dépassent de loin ceux des petits « prévôts » de l'administration domaniale. Les fonctions prévôtales ne sont pas héréditaires; leurs titulaires sont révocables et mutables à un autre poste à tout instant, ce qui n'empêche pas qu'on les choisisse dans les mêmes familles. Institution remarquablement « moderne », « la prévôté a été une technique administrative efficace aux mains du comte ».

Olivier Guillot nous fournit ainsi un cas exemplaire de réussite princière en Anjou, qui contrebalance celui d'un échec princier qu'avait analysé Georges Duby dans sa thèse sur le Mâconnais, région où tout tourna à l'avantage des grands châtelains.

Dès le xe siècle, avant l'essor des châtellenies, le comte de Rouen, puis duc de Normandie, a dominé son territoire — exception faite de graves crises familiales — en combinant son monopole de *potestas* franque reçu du roi carolingien avec le système vicomtal emprunté au Robertien, son seigneur pour la Neustrie septentrionale.

De même, le comte de Flandre, non sans crises familiales, réussira à organiser l'administration de son large comté pour en faire une *monarchia Flandriarum*. Or, les comtes Baudouin Ier et Baudouin II avaient fait construire de grands châteaux, dont la série fut complétée par Arnoul Ier (le Grand). Selon François-Louis Ganshof, « il est permis de croire qu'Arnoul confia aux commandants des *castra* [titrés *castellanus* ou *burggraaf*, " comtes de château ", en flamand] l'exercice de la justice dans le pays environnant », car des textes plus tardifs le confirment. Or ces textes sont conservés dans le comté voisin de la puissante maison de Vermandois : il s'agit de Carolingiens en ligne masculine, mais exclus de la succession royale à cause de la « trahison » d'Héribert II envers Charles le Simple. Leur groupe de comtés, centré autour de Saint-Quentin, était fortement structuré par des châteaux tenus en domaine propre du comte comme *kastellania* (châtellenie) par un *kastellanus*. La forme de ce mot traduit son origine proche de la frontière linguistique, là où est né ce terme technique qui domine l'âge post-carolingien. En Vermandois, c'était un titre correspondant à une fonction qui admettait même le grade de *subkastellanus*, « sous-châtelain ».

Ces châtellenies du comte formaient de véritables unités administratives (comme dans le comté voisin de Flandre qui semble les avoir reprises à son compte), mais elles n'avaient aucun caractère royal : le comte pouvait nommer un *vicecomes*, mais il pouvait aussi bien nommer un administrateur d'un de ses châteaux et lui attribuer d'autres fonctions de gouvernement ; il était libre de nommer un noble ou non. Nous avons là un modèle qui sera largement imité : celui de l'*honor* comtal et non plus de l'*honor* octroyé par le roi, le premier étant aussi valable, sur le plan local, que le second pour les hommes soumis à l'autorité du comte. Le châtelain exerce toute l'autorité étatique sans que cette autorité s'attache à la personne du roi. L'administration carolingienne continue sous le même chef local, mais avec une « intensité administrative » accrue. La châtellenie trouve son origine dans la création par Charlemagne du *vicecomes*, dont il avait confié la nomination au comte. Selon ce système, le comte, devenu par l'hérédité comte/*princeps* disposant de la *potestas principalis*, assurera l'ordre public là où le pouvoir royal n'était plus présent.

D'une manière générale, le gouvernement direct du roi perd du terrain à l'avantage de vassaux princiers, mais aussi de vassaux épiscopaux. En voici un exemple curieux. À Laon et à Noyon, évêchés restés « royaux », un *castellanus* royal résidait dans la tour Royale, exerçant l'administration et la juridiction au nom du roi. Mais en 1027, l'évêque de Noyon, Hardouin, s'empara par un coup de main rusé de la tour et la fit détruire. Le roi le menaça de représailles, mais l'entremise du comte de Flandre sut le calmer. Ce serait dorénavant un *castellanus* épiscopal qui gouvernerait, sous le titre clérical de *vicedominus* (vidame). Là encore, il n'en résulta pas d'« anarchie » sur le plan local.

En Languedoc, le niveau social et politique des châtelains n'était pas moins élevé qu'en Neustrie*. L'ancienne *nobilitas* domine et la seigneurie castrale naît à peu près à la même époque, vers 1030. Là

* *Cf.* la thèse que Claudie Duhamel-Amado a consacrée aux vicomtés de Béziers et d'Agde entre 900 et 1170. Elle y étudie la généalogie, les domaines et les pouvoirs de trente-trois lignages et observe notamment que les quinze seigneurs les plus anciens du premier tiers du XIe siècle se révèlent être les plus proches des « familles comtales et vicomtales wisigothes et franques » du dernier siècle carolingien.

non plus, il n'y a pas eu de bouleversements, malgré les changements enregistrés : les élites établies restent en place, et ce sont les « anciens » détenteurs du pouvoir public qui ont lancé la construction des châteaux. Vers 1030, les vicomtes de Béziers et d'Agde « contrôlent les anciennes forteresses et plus de la moitié des tours dans la plaine et sur le littoral ». À Béziers même, les vicomtes s'entourent de familiers qu'ils choisissent dans les plus anciennes lignées nobiliaires. Dans un premier temps, l'autorité n'est pas affaiblie par « le renforcement du réseau fortifié » qui est perceptible, comme sur la Loire, vers la fin du xe siècle. Vers 1050, elle passe aux vicomtes de Béziers, qui s'affranchissent de la tutelle comtale, mais ces petits États juxtaposés semblent être pourvus de l'autorité publique ; leur ordonnance hiérarchique se reconstituera à la suite d'une restructuration princière au XIIe siècle. Le pouvoir légal a donc été maintenu au sein de chaque unité politique. « Loin de rencontrer des hommes nouveaux, voire des chevaliers issus de lignées paysannes entreprenantes, on n'a croisé que les descendants des riches alleutiers repérés au xe siècle », écrit Claudie Duhamel-Amado. « Ce XIe siècle ne brûle décidément pas du feu de la "mutation féodale". » Partout s'observent des « transitions souples », des « pactes, conventions et arbitrages », plutôt « sans convulsions ».

La fameuse « révolution de l'an mille », tant discutée ces derniers temps, est un cas classique d'évolution réussie. En Languedoc, un « réseau de parents et d'alliés » se partage le pouvoir, y compris les évêchés. Installer ses proches sur les sièges épiscopaux est une pratique qui remonte, en ces régions, aux époques romaine et mérovingienne, mais la composition de la *nobilitas* a changé sous Charlemagne avec l'arrivée puis l'installation de nobles venus du nord, représentants de familles de la *Reichsaristokratie* franque. Avec la réforme grégorienne, ces usages ancestraux font figure de « scandale », et des conflits éclatent. C'est cette réforme qui provoque, après coup, la « révolution ». La noblesse s'adapte assez docilement, mais cette phase de transition n'est pas allée sans lutte entre frères et cousins, entre groupes familiaux et en leur sein : ces rivalités forment la toile de fond de l'histoire de la région*.

D'autres exemples confirment qu'il n'y a pas eu de « révolution de l'an mille »**. Dans le Latium et en Sabine, Pierre Toubert, qui

---

* Claudie Duhamel-Amado évoque au niveau des principautés les querelles entre les Guilhemides, marquis de Gothie (avec leurs branches secondaires), et les premiers Raimondins, comtes de Toulouse, ou entre ces derniers et les comtes de Barcelone, ou bien encore entre ces princes et la nouvelle dynastie vicomtale des puissants Trencavel, qui réunissent les vicomtés d'Albi, de Carcassonne et de Béziers, sans oublier les Guilhem de Montpellier ni les vicomtes de Narbonne.

** Je résume ici les travaux d'un groupe de recherches sur le Midi hispano-gallo-italien en m'appuyant sur un compte rendu de Pierre Bonnassie, qui compare les conclusions des ouvrages de Pierre Toubert sur *Les Structures du* a analysé la société en profondeur, n'a pas trouvé d'anarchie. De même en Catalogne, il n'y a eu ni « déclin », ni « dégradation », ni « dissolution », mais « permanence de l'autorité publique[...] du moins jusqu'à la fin du Xᵉ siècle ». Les justices publiques se sont maintenues jusqu'au XIᵉ siècle, avec « fidélité à la preuve écrite et aux procédures fondées sur des codes écrits ». En ce qui concerne la monnaie, autre symbole de la chose publique, « le numéraire vrai, écrit Pierre Toubert, a presque toujours assuré la fonction d'instrument normal des échanges ». Il n'y a « pas de hiatus dans l'histoire de l'économie monétaire : pas plus en Catalogne qu'en Latium », constate pour sa part Pierre Bonnassie. Dans ces conditions, on ne doit pas être surpris de la « précocité de la croissance agricole : ses premières manifestations se situent en Latium dans le courant du VIIIᵉ siècle, en Catalogne à la fin du VIIIᵉ ou au début du IXᵉ siècle ». Ni le « modèle romain » ni le « modèle carolingien » ne semblent donc avoir disparu dans ces régions. Pierre Toubert décrit ainsi un mouvement que les Italiens ont nommé *incastellamento,* notion que Claudie Duhamel-Amado et d'autres ont traduite par « enchâtellement ». La noblesse a créé des centres économiques protégés, qui ont attiré une population laborieuse séduite par les conditions intéressantes qui lui étaient faites. Les nouveaux châteaux, loin d'être des lieux d'oppression et d'exploitation, ont permis une amélioration des conditions de vie de la « plèbe », profitable aux deux parties.

En Provence*, ceux qui avaient été nommés aux grands commandements — et tout d'abord Boson, beau-frère de Charles le Chauve, duc d'Italie et de Provence, puis roi de Bourgogne et de Provence — ont pris la relève en dotant les zones côtières de structures territoriales de défense, dont l'installation était des plus urgentes. C'est à leur initiative et à celle de plusieurs évêques que se sont créés des réseaux entiers de châteaux contre les Sarrasins. Les premières fortifications importantes, qui datent de la fin du IXᵉ siècle, sont dues aux archevêques d'Arles et d'Aix, à l'évêque de Marseille et à quelques nobles puissants comme Beuve de Noyers et Fouquier de Valensole (ce dernier, titulaire des comtés de Fréjus, d'Apt, d'Aix et de Sisteron, n'est autre que le père de Maïeul, futur abbé de Cluny). La Provence occidentale, d'abord la plus

---

Latium médiéval, VIIIᵉ/IXᵉ-XIIᵉ siècle (1973) et de Jean-Pierre Poly sur la Provence (1976) avec celles de son propre ouvrage fondamental sur la Catalogne (1975-1976).

* *Cf.* Jean-Pierre Poly, qui a étudié l'évolution de la Provence de 879 à 1166; il oppose, à tort selon nous, Austrasie et Neustrie en tant que « Gaule barbare » à la « Gaule romaine » du Midi.

touchée, est bientôt protégée par ces châteaux, tandis que la partie orientale est désertée par une population que les envahisseurs menacent d'une captivité durable ou d'une rançon ruineuse.

On ne saurait s'étonner du bien-être relatif de la Provence*. Le scénario n'est guère différent de celui observé en Septimanie. Les nobles, évêques, abbés, comtes, vicomtes et *vassi* des comtes et vicomtes, ont érigé les châteaux qui ont souvent pris leur nom, du fait de l'hérédité du pouvoir de leurs fondateurs. Là aussi, on trouve un Châteaurenard. Les comtes disposent de résidences palatiales à Arles, Marseille, Venasque, ainsi que de vastes domaines, surtout des « fiscs » et « villas » publics, qui appartenaient jadis au roi et qui restent publics. Il n'y a plus de *vassi dominici,* mais leur *honor* a subsisté : le pouvoir public n'est plus un monopole royal. Le rang n'en est pas moins respecté, puisque les comtes sont seuls qualifiés d'*illustres.* Lors d'une assemblée de paix en 1023, tous les « grands » forment, à côté des évêques, le groupe des *nobiles.* L'ensemble des strates de la noblesse a trouvé sa paix et son ordre intérieur sans avoir besoin du roi.

À travers l'Europe postcarolingienne, nombreux semblent avoir été les nouveaux maîtres de forteresses issus des « anciennes familles » de la noblesse, qu'elles fussent vassales du souverain ou non. Ils avaient trouvé leur place dans la noblesse de Dieu en Occident; leur légitimité ne dépendait plus du seul roi. L'Église a compris la valeur de ces nouveaux partenaires, comme le prouve l'alliance historique de Grégoire VII avec Guillaume le Conquérant.

Complétons nos exemples par les pays de Charente, de Saintonge et d'Aunis**. Avant son intégration dans l'État anglo-angevin au XIIe siècle, cette région n'a connu que l'autorité partielle et plus ou moins forte du comte de Poitou et du comte d'Angoulême, mais il n'y a pas eu d'«anarchie féodale». Les châtellenies et autres fortifications ont pu se développer assez librement***. Et l'on trouve une majorité de terres allodiales distribuées à l'aristocratie et même à une paysannerie assez aisée, avec une remarquable expansion démographique et économique. Le pouvoir public est repré-

* Jean-Pierre Poly l'attribue à la latinité de ses habitants. Nous ne nions pas les mérites de ceux-ci, mais il ne faut pas oublier ceux de l'aristocratie d'une autre origine ni surtout les vertus inhérentes à un système de vassalité générateur d'une grande stabilité sociale.

** Nous empruntons ici à l'ouvrage d'André Debord consacré aux châtellenies du Xe au XIIe siècle dans ces régions (1984).

*** André Debord observe la construction de presque cent cinquante unités, surtout au XIe siècle, et de centaines de « mottes » individuelles parfaitement cartographiées.

senté par des comtes, vicomtes (dès les débuts de cette institution vers 800) et viguiers. Au milieu du xe siècle, « l'hérédité est bien établie ».

L'apparition de l'hérédité est relativement précoce au niveau vicomtal. Ramnoul, vicomte de Marcillac (879 et 888), « fonda une dynastie » qui durera jusqu'au début du XIe siècle. Or, Marcillac était une forteresse nouvellement construite contre les Normands par Vulgrin Ier, comte d'Angoulême, lequel la confia à ce Ramnoul qui était son gendre et dont il fit son *vicecomes* pour cette partie du comté. Cette nomination était un acte quasi dynastique qui s'inscrivait dans le processus d'implantation de familles comtales franques décidé par Charles le Chauve pour assurer sa domination sur l'Aquitaine et la défense du pays contre les Normands. Ce processus avait été précédé après 778 par l'établissement sous Charlemagne de comtes francs dans les principaux comtés d'Aquitaine. Dans les deux cas, ces comtes étaient accompagnés d'une suite de vassaux.

La royauté avait intérêt à assurer sur place le pouvoir des familles qui lui étaient dévouées en attribuant aux comtes des terres d'Église et des abbayes, et en leur accordant le droit de nommer des vicomtes qu'ils étaient libres de choisir dans leur propre famille. Elle n'était pas hostile à l'implantation durable de la progéniture de leurs vassaux dans les possessions des comtes, qui pouvaient aussi y nommer les viguiers au sein des familles de vassaux francs. L'hérédité ne s'est donc pas seulement étendue par faiblesse de la royauté, mais aussi par suite d'une initiative royale dès lors que ces vassaux étaient les alliés du roi. Et il en va de même, comme nous l'avons vu, de la construction de « châteaux » à l'instigation du roi, du duc ou du comte. Princes et nobles ont toujours été à la fois rivaux et alliés. Pour agir, les premiers devaient renforcer le pouvoir des seconds, instruments de leur politique. Les moyens des comtes n'étaient pas négligeables, par exemple sur le plan des plaids : ils les dirigeaient encore au xe siècle, sous forme soit de *mallus publicus* franc, soit d'« assemblée des nobles » (« *adgregato conventu nobilium* »). Enfin, le comte pouvait se servir du lien vassalique, comme le fit celui de Poitou en 903, 904 et 925, entouré de ses vassaux, *obtimates, principes, proceres, vassali**. Mais la noblesse « tend à se

---

* Debord fait le relevé statistique (p. 189 *sq.*) de ces désignations. Elles comprennent les *nobiles viri* et les *proceres* du IXe au XIe siècle (les *illustres viri* se faisant déjà rares), qui seront relayés à la fin du XIe et au XIIe siècle par les *barones*. L'auteur estime que l'idée de la qualité de la naissance reste prépondérante jusqu'à 1050 et qu'ensuite celle du pouvoir l'emporte. Cela est certainement vrai pour les « barons », mais les autres exemples sont moins convaincants, car il ne faut pas confondre une catégorie sociale, comme *nobilis*, et un titre précis de fonction.

cristalliser autour des *domini* », c'est-à-dire que les nobles se divisent en deux catégories, selon qu'ils accèdent ou non à la « seigneurie » du *dominus/princeps castri*, du baron.

Parmi les trente et un lignages de châtelains de la région qu'il a étudiés, André Debord met en évidence le groupe *nobilissimi* (par opposition à ceux qui ne sont que *nobiliores*). De cette élite émergent des maisons comme les Ruffec, les Blaye, les Montausier et les Matha, toutes issues de la famille comtale d'Angoulême. Les châtelains ont mené une action salutaire, entre autres en matière de défrichement et d'essor démographique, mais il ne faut pas oublier le rôle positif d'une petite aristocratie chevaleresque vivant sur ses biens patrimoniaux, ni celui des paysans libres.

Tous ces exemples donnent une nouvelle image de l'époque et de sa noblesse. L'hérédité, en créant des « dynastes », les a incités à améliorer le rendement des terres, et non à les exploiter sauvagement comme on l'a soutenu. Cette évolution ne pouvait être que favorable aux habitants et permit la stabilisation des relations sociopolitiques dans le cadre des seigneuries où, un peu partout, des coutumiers (*Weistümer*) fixèrent des obligations réciproques. Ainsi émergeait une nouvelle civilisation de la « seigneurie rurale » (*Grundherrschaft*), dont le potentiel économique dépassait de loin celui des modèles fournis par le fisc carolingien et les domaines de l'Église, puisque des centaines, puis des milliers de propriétaires laïques, en commun avec leurs « tenants », pouvaient prendre des initiatives et souvent s'organiser.

La disparition presque complète de l'esclavage en Gaule à cette époque est un démenti éclatant à la prétendue « anarchie » qui aurait alors régné et à l'exploitation sans frein des hommes à laquelle se seraient livrés les seigneurs. L'institution seigneuriale finira par être la victime d'une crise économique, parce que ses revenus seront devenus insuffisants : au fil des siècles, les prix augmenteront alors que les redevances resteront les mêmes par respect de la légalité et que les taxes fixées lors de la naissance des coutumiers ne seront plus, ou rarement, changées. Parler d'exploitation brutale des pauvres à l'époque des seigneuries, c'est oublier qu'une partie importante des impôts étaient encaissés pour le compte de l'État par le noble en tant que représentant de la *publica potestas*; le fisc, qui n'avait pas disparu avec l'Empire carolingien, restait efficace sous l'autorité publique des comtes et châtelains — sans que le roi s'en mêlât, puisque les impôts et taxes concernant la justice et la défense étaient encaissés par le seigneur en même temps que le cens dû au propriétaire de la terre. Cet « État vassalique », issu du monde carolingien, n'a pas appauvri l'Europe; il l'a au contraire enrichie. La royauté profitera de son héritage lorsqu'elle retrouvera ses forces, comme les Capétiens en Normandie et en Champagne.

Le triomphe de l'hérédité

On a pu parler d'une « patrimonialisation » du pouvoir, puisque le pouvoir était désormais lié au patrimoine que la famille recevait et transmettait par héritage. Mais ce mot évoque l'idée de « patrimoine privé », le droit successoral faisant pour nous partie du droit privé. C'est oublier d'abord que pour nous aussi il existe un patrimoine public. C'est oublier ensuite que le droit successoral concernant les chefs d'État était une branche essentielle du droit public. Ces États, grands ou petits, que l'hérédité de l'*honor* et de sa *potestas publica* a fait naître, disposaient d'un patrimoine exclusivement public. La *nobilitas* a non seulement gardé le caractère public de son pouvoir, mais elle l'a encore stabilisé par le triomphe d'une hérédité qui n'était plus un don du roi, mais un don de Dieu. La voie était libre pour ce que nous appelons l'« État vassalique ».

Les droits des vassaux

L'hérédité de l'*honor* a tout bouleversé en Occident : l'État, les structures de la noblesse et la société entière. Jusqu'alors, le pouvoir politique était exercé par des individus (masculins) qui avaient atteint les *honores* les plus élevés à la suite d'une carrière individuelle dépendant de la faveur du *princeps* et de son entourage immédiat (normalement une cour centrale). Désormais, il était aux mains d'une hiérarchie de familles et d'une multiplicité de cours, où même les femmes jouaient un rôle. Chacune de ces familles devenait une dynastie à l'instar de celle du roi ou de l'empereur, puisqu'elle disposait de son patrimoine allodial et de fiefs héréditaires (reçus du roi et des églises, mais aussi d'autres princes) avec ses châteaux. Mais l'ensemble des vassaux bénéficiaient de droits que chacun d'eux pouvait opposer à son seigneur, à la seule condition de ne pas avoir commis une faute grave (par exemple la félonie) qui l'en eût privé. Tous les vassaux directs d'un même *senior* jouissant de ces droits, ils ne manquaient pas de s'unir pour les défendre. Ainsi naquit un nouveau pouvoir légal dans le droit des royaumes. À partir du XIe siècle, ces droits féodaux constituent une pièce maîtresse du droit public.

Mais les historiens de l'État moderne, voulant faire oublier l'époque où les principautés étaient pratiquement autonomes, et « présidées » plutôt que gouvernées par le roi, n'ont pas cherché à savoir quand la royauté a dû reconnaître son impuissance face à l'ensemble des princes, avouant par là qu'elle n'était plus seule maîtresse du royaume. En France, ce partage du gouvernement avec l'ensemble des princes ne fut aboli qu'avec la victoire de la royauté sous Philippe Auguste et Philippe le Bel. Il n'en fut pas de même pour la royauté germanique qui, après avoir été puissante, dut laisser durablement aux princes leurs droits vassaliques. Le Saint Empire finira partagé en « *Kaiser und Reich* » : le *Reich* — l'ensemble des princes (ecclésiastiques et laïcs) et des villes d'Empire — il n'appartenait plus au *Kaiser*, qui devait se contenter de le présider ; redevenu une *res publica*, comme celle des Romains, il n'appartenait qu'à lui-même.

Quand le pouvoir légal de l'ensemble des princes vassaux a-t-il été reconnu en France ? Ce moment décisif a été la première mention des « pairs de France », ces partenaires du roi qui étaient à même de limiter son pouvoir. Chacun des vassaux de même niveau étant le pair des autres, tous ces *pares* ont obtenu le droit de ne pouvoir être jugés que par « leurs pairs ». De fait, la « patrimonialisation » des terres, liée à un *honor* désormais héréditaire, et la solidarité de tous ceux qui étaient ainsi devenus les quasi-propriétaires de ces patrimoines restreignaient sensiblement le pouvoir arbitraire du *princeps/dominus*. Face à ce pouvoir que Constantin et ses successeurs chrétiens, envoyés de Dieu, avaient imposé à la *nobilitas* et à l'Église, l'Église de Rome, défendant la *libertas Ecclesiae* contre l'omnipotence impériale, avait déjà introduit d'indéniables éléments de « liberté ».

La royauté fit évidemment de son mieux pour réduire les effets des droits que la vassalité avait pu obtenir depuis le règne de Charles le Chauve, puis sous les premiers Capétiens qui voulaient gouverner en vrais Carolingiens et regagner une partie du terrain perdu. C'est vrai en particulier pour Robert II, le successeur de Hugues Capet, qui pouvait compter sur l'épiscopat et ses alliés personnels, les moines clunisiens. Ainsi fit-il exécuter honteusement, par pendaison, un arrière-vassal (et sa femme) qui, s'étant vu confier Melun par le comte Bouchard, vassal fidèle du roi, avait livré la place à Eudes Ier de Blois, ennemi de Bouchard. De même n'hésita-t-il pas à attaquer de manière fort rude, déplorée même par les clunisiens, la Bourgogne au moment de la mort en 1002 du duc Henri, d'une autre branche robertienne, pour imposer un gouvernement royal direct face à d'autres ayants droit et à une forte opposition dans l'épiscopat et la noblesse du duché.

Entre 1020 et 1024, ce même Robert II essuya un échec décisif devant les princes sur lequel nous renseigne un document précieux, car il contient la première mention des « pairs de France ». Il s'agit d'une lettre adressée à Robert II par le comte Eudes II de Blois, Chartres, Tours et autres lieux. À la mort, entre 1021 et 1023, d'Étienne, comte de Troyes, Provins et Meaux (le futur « comté de Champagne et de Brie »), Eudes, son parent le plus proche et copropriétaire d'une partie de ses domaines, pensait entrer en possession de cet héritage, ce qui aurait été une victoire quasi définitive de l'hérédité des fiefs au niveau princier, non seulement en ligne directe, mais aussi collatérale. Or, Robert II le Pieux refusa de reconnaître les droits d'Eudes, pour retenir (mais pas en tant que parent d'Étienne, comme on l'affirma plus tard) ces terres dans le domaine royal. Il essaya donc de faire valoir un droit de « retour de fief » à la couronne, faute d'héritier.

La lettre d'Eudes* donne en sa première partie des détails sur la bataille juridique entamée entre le roi et les grands vassaux : « Incapable [...] de réduire Eudes par la force, il invoqua les bons offices du comte Richard de Rouen, duc de Normandie. Celui-ci invita Eudes à s'entendre avec lui pour trancher le différend qu'il avait avec le roi. Eudes accepta Richard comme arbitre [...] qui lui fixa alors rendez-vous [...], où il devait se rencontrer avec Robert II. » Mais, au lieu de s'y rendre, le roi fit savoir à Richard « qu'il considérait Eudes comme indigne de tenir de lui aucun fief. C'était réclamer la dépossession complète du comte de Chartres ». Le duc n'était pas prêt à « prendre sur lui un acte aussi grave que la confiscation », ni à traduire en jugement le comte sans l'assistance de ses pairs : c'est le premier texte qui mentionne les pairs comme institution du « droit féodal » du royaume, tout en laissant apparaître leur solidarité face au roi. Bien conseillé par Richard, afin de conserver ses droits (précieux pour tous ses pairs), Eudes proteste humblement de son loyalisme en tant que vassal — contesté par le roi — et souhaite, à la fin de la lettre, une réconciliation « *sive per domesticos tuos* [formule peu respectueuse pour les conseillers du roi], *seu per manus principum* », ses pairs étant proposés comme arbitres. Certain de son bon droit, il souligne habilement et fermement ses droits héréditaires :

« *Sed de te, Domine, valde miror qui me tam praepropere,* CAUSA INDISCUSSA, *tuo beneficio* JUDICABAS INDIGNUM. *Nam si respiciatur ad* CONDITIONEM GENERIS, *daret* DEI GRATIA *quod* HEREDITABILIS *sim... Si ad* qualitatem beneficii quod mihi dedisti, CONSTAT QUIA NON EST DE TUO FISCO, sed de his quae mihi, per tuam gratiam, EX MAJORIBUS MEIS HEREDITARIO IURE contiguunt. »

Interprétons : le comte reproche au roi d'avoir commis une faute de droit en voulant trancher arbitrairement, sans entendre ses pairs (*causa indiscussa*), une question de droit féodal le concernant directement. Il exprime son étonnement que Robert le Pieux puisse le tenir pour indigne du bénéfice (lire : de l'*honor*) en question. Car de cela, à savoir le droit que lui donne son sang (la *conditio generis*), Dieu a déjà décidé. En effet, c'est par la grâce de Dieu qu'on hérite les terres, et c'est elle qui en légitime l'héritier. On ne peut pas être

* Nous citons ici des extraits du commentaire et de la traduction française qu'en a donnés Ferdinand Lot (1901).

plus clair ni plus fier. Ce n'est plus au *princeps* de dire qui est noble et a le droit de posséder une terre en propriété ou en fief, c'est Dieu lui-même qui en décide directement par la grâce de la *conditio generis*. Cette nouvelle doctrine sera celle de toute la noblesse européenne et de tous les généalogistes.

La « divinisation » du sang, et avec elle la légitimation d'un pouvoir héréditaire, n'a été « inventée » que quelques décennies avant la lettre d'Eudes II. La première dynastie qui fut ainsi légitimée est celle de Clovis et des Carolingiens. Cette « élection de Dieu par le sang », et par l'entremise d'une femme, avait été célébrée au milieu du xe siècle par Adson de Montiérender pour qui la femme élue par Dieu était Clotilde; c'est par elle et saint Remi que Dieu avait fait chrétien le premier roi franc. Du même coup, par la volonté divine, Clotilde devenait l'aïeule de tous les rois et empereurs des Francs. À présent, en Champagne, c'est une dynastie comtale qui se réclame du droit divin. Eudes, élu de Dieu comme le prouvent ses droits héréditaires, n'a d'autres obligations envers Robert que celles qu'il doit comme vassal à un roi qui, quant à lui, est tenu de protéger son vassal dans ses droits, au lieu de les contester. Les terres en question, remarque-t-il en outre, ne font pas partie du fisc royal : « elles m'appartiennent parce qu'elles me parviennent de mes ancêtres ».

La noblesse, don de Dieu

Un autre monde est né, une autre noblesse, où ne comptent plus que les ancêtres, l'alliance matrimoniale, le sang qui donne l'héritage par la grâce de Dieu. Dieu ne protège plus seulement l'évêque et le roi ou empereur, mais aussi les grandes familles. Depuis ce moment, la famille est pour ainsi dire le « dieu » de cette société; elle le restera jusqu'à la fin de l'Ancien Régime. Eudes, représentant de ce monde nouveau, l'a emporté : il se vit reconnaître en 1025 par le roi la possession d'une douzaine de comtés dont il entoura le domaine royal à l'est comme à l'ouest. De même, Robert, après avoir conquis la Bourgogne, la céda finalement à un fils cadet, Henri, et celui-ci, devenu roi à son tour, la laissa à son frère aîné, le pays gardant une dynastie propre au lieu du gouvernement royal direct. Il y a donc bien, à long terme, échec de la royauté face aux principautés et à leur noblesse respective.

Les dynasties royales, en la personne de l'empereur Conrad II et du roi Henri Ier, allié à Cluny et à l'épiscopat, n'ont pas pardonné à Eudes et à sa dynastie de Blois-Champagne les affronts dont il s'était rendu coupable — Eudes avait élevé contre l'empereur des prétentions (légitimes) à l'héritage du royaume de Bourgogne. Alliés, ces souverains lui ont arraché, l'un ce royaume, l'autre le comté de Sens, dont le comte était son allié et vassal. Ces guerres, au cours desquelles Eudes périt en 1037, s'accompagnèrent d'une propagande déchaînée reprochant crimes, traîtrises et hérésies à la dynastie d'Eudes, dont le clergé fit un homme voué à la damnation. Telle fut la réponse que s'attira un prince qui avait défié la place de la royauté dans l'ordre divin en se référant directement à Dieu.

Pour les généalogistes, l'hérédité de la « noblesse » était une chose qui allait de soi depuis la nuit des temps. La science généalogique, née aux XVIe-XVIIe siècles, est partie des grandes maisons de cette époque et de leurs patronymes en les rattachant à leurs lointains ancêtres supposés. Ainsi a-t-elle créé des « dynasties avant la lettre », portant des noms donnés *a posteriori*. Les généalogistes ne prirent pas garde au fait que ces noms n'avaient pu apparaître avant la fixation des résidences des lignages nobles dont on les a tirés*. Or, avant le IXe siècle, il n'existe pas de lignées « verticales » en succession obligatoirement agnatique (sauf pour quelques dynasties royales, à la rigueur ducales). Ce n'est qu'aux XIe-XIIe siècles qu'elles prennent le nom du chef-lieu de leur territoire ou du château où le prince réside. C'est donc à cette époque qu'apparaît la « maison » (*Adelshaus*), et avec elle le patronyme noble. Les lignées verticales qui se multiplient rapidement autour de leurs fondateurs respectifs formeront l'Europe dynastique. Les chefs de ces maisons pratiquent une politique matrimoniale au service de l'intérêt territorial de leur lignage. Cet univers nouveau remplace ce qui était jusqu'alors le monde d'une *nobilitas* où le « groupe familial » était formé aussi bien par le lien cognatique que par le lien agnatique. Les femmes pouvaient y transmettre le prestige d'un père comte ou, mieux encore, d'un oncle évêque. Les membres d'un de ces « groupes familiaux » pouvaient exercer leur pouvoir (*potestas*) en remplissant les hautes fonctions (*honores*) qu'ils tenaient du souverain carolingien dans différents royaumes du monde franc.

Le nouveau système vertical de la famille agnatique, qui remplace l'ancien système horizontal — où la solidarité s'étendait de manière à peu près égale aux ascendants, aux descendants et aux collatéraux féminins et masculins —, s'exprime dans le choix du nom de baptême des enfants nobles. Le champ des activités politiques du noble se rétrécit et se « régionalise », tandis que le nouveau « seigneur » s'établit dans la région qu'il domine au moyen de sa (ou ses) forteresse(s), dont il finit par prendre le nom. Au début, trois frères ayant rang de seigneurs portent parfois encore trois

* Nous renvoyons aux travaux du regretté Karl Schmid, qui a mis en évidence l'anachronisme de la « maison noble » antidatée par les généalogistes.

noms différents tirés de leur lieu de résidence respectif. Les nouvelles dynasties font naître une anthroponymie lignagère à une époque (vers 1100) où l'on compte mille châtellenies sur ce qui correspond au territoire de la France actuelle.

L'âge du prénom caractéristique (*Leitname*), celui d'une noblesse d'Empire aussi agnatique que cognatique et sans résidence fixe, touche à sa fin*. Le prénom perd l'importance qu'il avait quand il constituait le seul nom de personne. Mais les nouveaux noms de dynastie ne font pas disparaître sa valeur indicative, puisque le choix du prénom, maintenant plus libre, montre l'effet presque immédiat du prestige des nouvelles dynasties princières des IXe-Xe siècles : en témoigne le succès considérable des Robert, Eudes, Richard, Henri, Konrad (ces deux derniers sont devenus des noms de roi si populaires en Germanie qu'on parle de « *Hinz und Kunz* » pour dire « tout le monde »). Les noms carolingiens, en revanche, ne se trouvent plus guère, ce qui traduit la baisse profonde du prestige carolingien vers l'an mille, le regain ne se situant que peu avant 1200, quand toute la haute aristocratie européenne cherche à être d'origine carolingienne, au moins par les femmes. Quant au choix du nom princier, qui ne se limite plus à la répétition du prénom (*Nachbenennung*) du grand-père, de l'oncle ou du père, son explication est vite trouvée : les vassaux renoncent à l'usage ancien du nom parental (qui s'observe déjà dans l'Ancien Testament) et lui préfèrent le nom du seigneur, car la relation seigneur-vassal est de plus en plus mise sur le même plan que la relation familiale (l'assassinat du seigneur était sanctionné, comme parricide, par la peine capitale), si bien que le vassal fera longtemps figure de parent supplémentaire. Est-il besoin de rappeler qu'avec l'essor de l'Europe dynastique est né un loyalisme qui s'exprimera dans l'onomastique jusqu'à notre siècle? Les vassaux, mais aussi les bourgeois, donneront à leurs fils et filles les noms de leurs princes et princesses — surtout les prénoms composés de l'âge du « baroque », comme August Wilhelm, Georg August ou Friedrich August —, lesquels concurrenceront ceux des parrain et marraine ou du saint du jour.

La valeur « sacrée » de la parenté noble, don de Dieu et fondement de la légitimité politique, aura eu une autre conséquence. Le droit canon s'est approprié la matière du mariage, au-delà de l'intérêt qu'il lui avait toujours accordé. Après avoir combattu — finalement avec succès — la polygamie des chefs barbares, il s'en prenait maintenant aux mariages « incestueux », déclarés tels à des degrés

---

* Le prénom livre toutefois encore des informations sociales et politiques fort précieuses. *Cf.* Michael Mitterauer, *Ahnen und Heilige. Namengebung in der europäischen Geschichte* (1993), et Régine Le Jan, *Famille et pouvoir dans le monde franc (VIIe-Xe siècle). Essai d'anthropologie sociale* (1995).

de plus en plus éloignés. Ce rigorisme atteignit son point culminant exactement au moment de l'expansion des nouvelles dynasties ; il sera par la suite beaucoup plus modéré. La question matrimoniale aura été de loin la plus agitée dans les relations de l'Église et de la noblesse, car elle aura permis à la première d'asseoir solidement son influence politique (qu'on pense à Grégoire VII et Guillaume le Conquérant) et de recevoir des grands des dons considérables en échange de la remise des sanctions prévues contre les unions illicites ainsi que de la reconnaissance de mariages et surtout de la légitimité des enfants qui en étaient issus. D'où la production de généalogies et d'arbres généalogiques qui expliquaient par l'image les différents degrés de parenté, les *arbores consanguinitatis* ou *affinitatis*.

L'« État vassalique »

Deux siècles ont suffi pour qu'en Occident la noblesse se compose de « maisons nobles » qui se sont élevées bien au-dessus des petits nobles et plus encore des autres hommes, sans pour autant détenir le pouvoir public des grandes maisons. Pour ces familles « élues », les conditions réelles de l'exercice du pouvoir se sont transformées, de délégation temporaire ou viagère, en une sorte de « propriété familiale ». Le « dynaste » s'est arrogé un « privilège » qui, dans le monde romano-franc, était en principe réservé aux empereurs et aux rois. Après les Carolingiens s'est interposée en Occident entre la dynastie impériale et le peuple une couche sociale composée d'abord de douzaines, puis de centaines de dynasties ; par leur durée, celles-ci exerceront sur les hommes qui habitent « leurs » terres une influence plus forte, plus immédiate que celle du roi. Du fait de l'hérédité et de la territorialisation, la noblesse d'Occident a vécu du Xᵉ au XIIIᵉ siècle un âge décisif, y compris sur le plan de la vie spirituelle. Après sa « grande époque », elle accomplira encore de grandes tâches, mais plus jamais elle ne sera dans la même mesure seule responsable, avec le roi (et même parfois sans lui), de l'essentiel. Après le XIIIᵉ siècle, d'autres parties de la population auront enfin, avec la noblesse et sans elle, leur mot à dire.

L'héritage romano-franc de l'« État vassalique » *

Pour gouverner, les États vassaliques disposaient de tout un réseau de moyens d'information, d'observation et de contrôle, de contrainte et de commandement, dont certains remontaient à l'État

* Le Max-Planck-Institut de Francfort possède, pour l'histoire comparée du

chrétien romain et franc. De la continuité des compétences administratives de l'Empire romain et de l'Église à travers l'État mérovingien et carolingien jusqu'à leur héritier, l'État vassalique, nous nous contenterons d'apporter une seule preuve, éclatante : celle de la permanence de l'administration.

Du IVe au XIe siècle, on trouve en effet de vrais spécialistes au service administratif de l'État, puis de l'Église : les *notarii*. Ils savaient rédiger des *notae*, et dominaient donc l'art de la *tachigraphia* (« écriture rapide »), remplacée très tardivement, à l'époque contemporaine, par la sténographie (« écriture étroite »). Ces *notarii*, selon la définition d'Henri-Irénée Marrou, étaient des « secrétaires » habiles à prendre sous la dictée « le texte de rapports, de décisions, de jugements, de correspondances », et dont les « fonctionnaires, magistrats, juges, avocats ne pouvaient se passer ». Ces hommes ont connu leur heure de gloire moins sous l'Antiquité « classique » — époque de juristes et de rhéteurs remarquables, mais où l'oral dominait — que sous le « Bas-Empire », où une administration écrite débordante leur conféra une importance nouvelle*. C'est sous l'empereur Constance que ces secrétaires furent recrutés massivement. Le mouvement fut freiné par Julien, païen et amateur d'une civilisation orale, sauf en ce qui concernait les œuvres littéraires; il reprit son ascension avec la victoire du christianisme sous Théodose et avec les Valentiniens. C'est donc au début de l'Empire chrétien que de simples secrétaires purent s'élever dans l'échelle sociale, grâce aussi au caractère confidentiel de leurs fonctions, surtout si elles touchent aux affaires de l'État. Des notaires du *consistorium* impérial eurent droit au titre de *tribuni et notarii*, et étaient directement rattachés à l'empereur qui les employait (comme les *pueri* et d'autres confidents) dans des missions délicates (diplomatiques, ecclésiastiques, militaires). La carrière commença à attirer les fils des nobles parce qu'elle menait aux degrés de la *nobilitas* : des *notarii*, parvinrent à l'*honor* de *quaestor sacri palatii*, de *magister officiorum*, de *praefectus praetorio*, voire jusqu'au consulat.

Cette « culture administrative » du notariat, née à l'époque de la prétendue « fin de l'Empire », perdure à l'époque des États barbares sur le territoire de l'Empire. En Gaule franque, mais aussi dans l'Afrique vandale et dans l'Espagne wisigothique, on trouve une grande variété d'actes écrits : « actes de ventes, testaments, dona-

---

droit, un fonds remarquable de textes constitutionnels de la presque totalité des pays européens, que nous avons mis ici à profit.

* On a trouvé des épitaphes dédiées à un *ingeniosissimus notarius* ou à un *notarum litteris eruditus*, passés maîtres dans une « science » désormais plus développée et fort appréciée, à tel point que le célèbre rhéteur Libanios se plaint que cet enseignement détourne trop d'élèves de celui de la rhétorique.

tions, contrats de toute sorte ». Henri-Irénée Marrou, le maître de la littérature patristique et de la culture chrétienne, et Pierre Riché ont pu ainsi montrer que le latin et l'écriture n'avaient pas été sauvés par la seule Église : « C'est à cause de cet usage normal [dans l'administration] de l'écrit et par le truchement de l'art du notaire qu'un élément profane a persisté dans la culture et dans l'éducation de l'Occident » des *Dark Ages*. On en a un parfait symbole avec Chrodegang : issu d'une famille de grands qui avait déjà fourni aux Mérovingiens des évêques et des *referendarii* laïcs — ces « notaires en chef » ou chefs des notaires —, il dirigea la « chancellerie » de Charles Martel, puis fut conseiller de Pépin, qui le fit évêque de Metz et « archevêque » de l'Église de son royaume, dont il lui avait confié la réforme.

La « chancellerie » carolingienne, avec ses notaires de formation ecclésiastique, est l'héritière du référendariat romain et mérovingien ; elle a utilisé et développé les « formulaires » d'actes mérovingiens, souvent sous forme de *notae*, comme en témoigne toute une collection d'actes et de lettres du règne de Louis le Pieux. L'art tachygraphique se rencontre encore au xᵉ siècle dans les églises ligériennes et chez Gerbert de Reims, après quoi il se perd. Mais l'usage de l'écriture spéciale des actes ne faiblit pas : si nous ne disposons que de six originaux d'actes épiscopaux pour le ixᵉ siècle, soixante-dix-huit subsistent pour le xᵉ siècle (*cf.* Michel Parisse). Les seuls moines de Cluny nous ont laissé des milliers de copies d'actes rédigés aux xiᵉ-xiiᵉ siècles. Comme le montrent les recherches de Jean Vezin et de Hartmut Atsma, la pratique de l'écrit administratif est plus grande en Gaule sous les Mérovingiens qu'au Haut-Empire. N'oublions pas le réseau que formaient les notaires non seulement auprès des rois et des églises, mais également dans les comtés et cités, où ils assistaient une population analphabète. Leurs activités se poursuivaient surtout en Italie et en Espagne, mais également en Gaule et en Germanie, où chaque *pagus* possédait son scribe ou *notarius* (*Grafschaftsschreiber*), qui se déplaçait aux *loci publici* où se tenaient les *placita*, pour y consigner les jugements*.

La même continuité qui s'observe dans la forme des écrits administratifs et dans le personnel qui les rédige se retrouve dans leur contenu, en particulier dans le domaine de la fiscalité**. Le haut clergé joua un rôle considérable dans l'organisation financière de l'Empire romain aux ivᵉ-vᵉ siècles et plus encore dans celle de

* Les actes du monastère de Saint-Gall, mieux conservés (car en partie originaux) que ceux de tant d'autres églises, nous permettent de connaître les scribes publics autour du lac de Constance.

** *Cf.* Jean Durliat.

l'Empire franc, où ni le fisc ni le système fiscal n'avaient disparu. Ainsi Hincmar de Reims nous apprend-il que Charles le Chauve ordonne en janvier 869 par lettre missive que tous les évêques, abbés et abbesses lui envoient avant le 1er mai* des listes déclarant le nombre de manses de chacun de leurs *honores* (« *breves de honoribus suis, quanta mansa quisque haberet* »), tandis que les *vassalli dominici* doivent enregistrer les *beneficia* dont disposent les comtes, et ces derniers ceux dont disposent les vassaux royaux. Par cette parfaite surveillance réciproque des vassaux directs du roi, l'on arrive à une base valable pour le calcul de l'impôt.

Le système se maintient par la suite, car les fiscs et les *honores* ne disparaissent pas avec le changement de maître : celui-ci, qu'il soit évêque, abbé, duc, comte ou châtelain, a à cœur de faire rentrer les taxes et impôts auxquels il a droit; il s'en occupe même avec un soin accru, puisqu'il est géographiquement plus proche que ne l'était le roi. En 1013/1022, Alain III, duc de Bretagne, et son frère Eudes, qualifiés de « monarques des Bretons » (*Britannorum monarchi*)**, confirment à l'abbé Giraud de Saint-Florent de Saumur l'immunité de ses possessions dans tout leur royaume (« *infra ditionem regni nostri* ») selon les formules classiques de l'immunité carolingienne, y compris l'exemption d'impôts : « *quicquid exinde* FISCUS NOSTER *sperare poterit* ». C'est l'ordre carolingien sans les rois carolingiens. Vers 989, Guillaume Fierebrace, duc d'Aquitaine et comte de Poitou, dont le lignage détient l'abbatiat laïc de Saint-Hilaire de Poitiers, cède à cet établissement la *publica functio* : celle-ci n'est rien d'autre que l'impôt public ainsi que le droit de le recouvrer depuis la *functio publica* des Mérovingiens (qui était l'équivalent de l'*exactio* romaine, terme technique également employé sous les rois francs).

Grâce à leurs conseillers gallo-romains, les rois francs sont devenus experts en la matière depuis que Theudebert de Reims entre 534 et 548 et Chilpéric de Neustrie en 578/579 ont soumis des *liberos ingenuos* francs à l'impôt *(publico tributo)*. Les conseillers impliqués dans cette opération furent tués dans les deux cas après la mort de leur roi respectif par des Francs exaspérés. Ces rois étaient allés encore plus loin que Clovis, qui avait déjà imposé aux *maiores natu* la diminution de leur statut dans le cadre de la loi salique. Aussi beaucoup d'entre eux préférèrent-ils s'exiler dans un autre *regnum,* l'Austrasie ou la *Burgundia.* Chaque roi pouvait donc fixer les impôts dans son *regnum* et choisir ceux qui en seraient dispensés par un acte d'immunité, moyen de prévenir la révolte des nobles en

---

* Date du *Maifeld,* plaid général, comme le note Georges Tessier.

** Certaines chroniques parlent d'Alain III comme d'un *Roué Breiz* (« roi de Bretagne »).

les divisant. Des églises comme des grands laïques en bénéficieront dans une proportion croissante.

Ces racines romaines et mérovingiennes n'ont pas disparu dans les États vassaliques, où tous les impôts et tonlieux (*telonea*) que la *potestas publica* exige dans le domaine du trafic des hommes, du bétail et des marchandises doivent être acquittés de la manière la plus stricte et portent toujours les mêmes dénominations datant de l'État romain et de l'État franc : *caespitaticum,* impôt sur la circulation pour compenser les dégâts causés aux champs et aux prés ; *pontaticum,* droits de pont ; *portaticum,* droits de port (*portus*), redevance d'amarrage, ou bien (au sens de *porta*) péage payable à la porte d'une ville ; *teloneum,* droit de péage, d'où *toll* (péage) en anglais et *Zoll* (douane) en allemand ; *pulveraticum,* péage à payer pour le passage de troupeaux de bestiaux (de *pulver,* la poussière qu'ils soulèvent) ; *ripaticum,* redevance d'amarrage au rivage ; *rotaticum,* péage levé sur les chariots et les charrettes ; *salutaticum,* redevance publique frappant les marchands, « à acquitter probablement pour obtenir la permission d'ouvrir le négoce » (J.F. Niermeyer). Il y avait aussi le *lignaticum,* à payer pour avoir le droit de couper du bois.

Les réseaux administratifs des États vassaliques

Ce n'est pas seulement au XIIe siècle, comme on l'a cru, que les princes ou seigneurs ont organisé des structures administratives. Les premiers princes non royaux, apparus à la fin du IXe et au Xe siècle, ont continué à gouverner sur place les domaines royaux, qui sont restés des fiscs publics. C'est tout naturellement qu'ils ont appris à imiter le modèle royal.

Dans l'administration des unités politiques, grandes ou petites, de l'époque vassalique, le « système palatial » a tenu un rôle considérable en raison de son ancienneté, de son poids économique et de son « ubiquité ». Il n'y a pas eu de discontinuité, là non plus, entre l'État romain et l'État du roi franc, qui prit la place de l'empereur, son prédécesseur immédiat en Gaule. Le *fiscus* impérial s'est transformé automatiquement en *fiscus* royal. Un exemple nous est fourni par un grand domaine impérial au nord de Trèves, autour de Bitburg. Le fisc y était entouré par un long mur le séparant des terres non impériales et ses fonctionnaires ont simplement changé de maître. De façon similaire, les *praetoria* dans les cités sont devenus des « palais » royaux* et par la suite des « palais de justice » comme à Paris. Même les *palatia* ruraux, construits par les

* Nous avons pu identifier au moins 150 palais royaux et plus de 500 autres *villae regiae* ou *fisci,* qui ne sont pas expressément désignés comme *palatium.*

rois dans des sites de préférence forestiers comme résidences de chasse, étaient d'anciens domaines impériaux en Gaule septentrionale, où les rois ont installé un nombre important de leurs fidèles personnels.

Le total de ces « fiscs » royaux, qui avoisinait sans doute le millier, formait un ensemble administratif, dans la mesure où la plupart d'entre eux, situés au centre de plusieurs fermes, fournissaient les palais en produits de toutes sortes. Les personnels administratifs composaient toute une hiérarchie fiscale dont plusieurs titres montrent clairement l'origine romaine : *domesticus, actor, maior* (« maire »), à côté d'autres qui désignaient certains fonctionnaires servant en même temps comme juges : *comes et iudex.* Parmi les nombreux *domestici,* quelques-uns exerçaient en province, avec les comtes locaux, et d'autres à la Cour, dont les hauts fonctionnaires de l'administration centrale. Tous ces serviteurs du roi mérovingien ou carolingien formaient un réseau assez dense, qui couvrait l'ensemble du royaume et qui était responsable de vastes domaines et de leurs revenus, lesquels étaient normalement partagés en trois : un tiers pour couvrir les frais sur place, un tiers pour les fonctionnaires, un tiers pour la Cour.

Cette force économique et administrative n'a pas disparu après la « dissolution du fisc carolingien ». Le fisc passé au prince, en France comme dans l'Empire, reste « fisc » public, tandis que la masse du fisc « perdu » est allée à l'Église, où il continue à servir l'État, et ce dès Charles Martel. En Flandre, en Aquitaine ou en Normandie, de nombreux palais ou fiscs se sont transformés à l'époque des États princiers en palais et fiscs ducaux et comtaux, gardant ainsi leur caractère public. Beaucoup de résidences royales ont aussi joué un rôle dans l'histoire des princes et de la noblesse. Le roi trouvait un successeur en la personne soit d'un prince issu de la haute aristocratie carolingienne, comme à Orléans, Rouen, Soissons, Metz, Toulouse, Pavie, Ratisbonne, Bordeaux, Arles et Worms, soit d'un prince de l'Église disposant parfois d'importantes forces armées, comme à Reims, Laon, Lyon, Cologne, Mayence, Wurtzbourg, Ravenne, Aquilée, etc. La leçon à en tirer est valable pour tout ce chapitre : les structures ne disparaissent pas avec leurs créateurs ; leurs successeurs s'en servent et n'oublient pas les droits et usages qui s'y attachent.

Dans l'ensemble domanial, largement pris en charge par les grands vassaux et leurs principautés, les forêts méritent une mention spéciale. Les rois francs portaient beaucoup d'attention à leurs domaines forestiers, en raison de leur passion pour la chasse, mais aussi de l'importance économique du bois et de l'élevage des porcs. Le nouveau terme de *forestis* (« forêt publique »), qui apparaît dès le VIe siècle près de Paris comme en Alsace, survit dans l'office du *forestarius*, le « forestier ». L'administration forestière se développa jusqu'à instituer des comtés forestiers (*Waldgrafschaften*) qu'on rencontre au xe siècle dans la Lotharingie ottonienne. Les vassaux royaux installés en forêt qui réussirent à transformer leur *honor* en seigneurie y exerçaient tous les anciens droits royaux, comme dans la grande forêt d'Othe, très bien administrée par les comtes de Troyes, qui en tiraient des revenus substantiels.

Certains princes disposaient d'un véritable réseau de châteaux, comme le duc de Normandie, le comte de Flandre, le comte d'Anjou et le comte de Blois et de Champagne. On disait que ce dernier en possédait tant qu'il aurait pu passer chaque nuit d'une année dans un château différent. Il fit d'ailleurs établir en 1175 une liste de ses vassaux qui en énumérait plus de deux cents. Le comte d'Anjou, nous l'avons vu, sut tirer de ses châteaux des avantages non seulement sur le plan militaire, mais aussi sur le plan administratif. En Bourgogne, à la fin du xie siècle, les châteaux princiers ont été à l'origine de l'introduction de l'« hommage lige », comme l'a montré Jean Richard. Depuis 900 environ, de nombreux vassaux échappaient à leurs obligations par une vassalité multiple; servir plusieurs seigneurs signifiait ne plus être fidèle à aucun. L'homme lige au contraire doit servir son seigneur contre tous les autres, hors le roi. S'il possède un château, il doit l'« ouvrir » au seigneur à sa demande et à son propre risque. Par là même, le château devient un type particulier de fief. Le système vassalique prouvait ici aussi sa faculté d'adaptation et de rénovation, en équilibrant la valeur des obligations et des avantages qu'implique la relation entre vassal et seigneur.

Quant à la voirie et à la sécurité sur les *stratae publicae*, les routes publiques, elles passèrent sous l'autorité des princes et des seigneurs dans leurs territoires respectifs. Le système du changement des chevaux aux *stationes* réparties à distance égale le long des routes publiques romaines a été largement conservé dans le royaume franc, où des *homines franci* installés sur des terres publiques prenaient soin des chevaux. La sécurité sur les routes restées publiques était assurée dans quelques principautés, comme en Normandie, en Flandre et surtout en Champagne, laquelle a ainsi favorisé le succès international de ses foires. Le seigneur de la terre (*dominus terrae*) y avait pris en main la protection du commerce, qui s'exprimait dans le *Geleitrecht* (« droit de conduite »). Les comtes de Champagne conclurent avec les autres princes des traités qui obligeaient à protéger les marchands visitant leurs foires, y compris sur leurs propres territoires. Ainsi le monde vassalique a-t-il réussi à faire régner la paix, ce qui attira vers la France le commerce entre l'Italie, les Pays-Bas et l'Angleterre. L'ordre fut certes perturbé — en particulier par le jeune roi Louis VII, dont la soldatesque brûla près de Vitry[-la-Ville] une église avec les gens qui y avaient cherché refuge —, mais le roi, sévèrement condamné par le pape, regretta ce péché toute sa vie.

Le réseau fluvial de l'Empire n'avait pas été oublié dans la législation de Louis le Pieux, qui traitait de la construction de nouveaux ponts en bois, de la réparation des anciens ponts endommagés, ainsi que des gués. C'étaient là autant de lieux pour la levée des redevances, comme on le voit aux nombreuses franchises accordées aux transports des monastères et à des commerçants privilégiés, et parmi eux surtout des juifs. À l'époque des États princiers, le commerce fluvial était d'ailleurs florissant chez les Frisons, de même qu'en Flandre et en Normandie autour de Rouen.

L'idée qu'il n'y avait plus d'administration efficace à l'époque « féodale » est un mythe qui repose sur le cliché de « la fin du comté carolingien ». En fait, les droits comtaux n'avaient pas disparu : ils furent appliqués par les nouveaux maîtres des *pagi*, qui y exerçaient le pouvoir public. Il arrivait qu'un comté perdît son unité à cause des seigneuries abbatiales qui profitaient des immunités reçues pour constituer de petits « États », ou se divisât en plusieurs seigneuries issues de la famille comtale. Loin de souffrir de ces changements, les populations concernées bénéficièrent souvent du gouvernement éclairé d'un chef intéressé par le bien-être de ses sujets dans la mesure où cela lui procurait de nouvelles sources de revenus. La preuve nous en est apportée par la conservation et le développement de certaines institutions. Ainsi le réseau des tribunaux, répartis dans les quelques cent cinquante comtés de l'Empire, ne disparut-il évidemment pas. Dans chaque comté — cette institution remarquable de l'administration franque qui préfigura l'organisation départementale de la France et servit de modèle au reste de l'Europe* —, il y avait un « tribunal central » (où se trouvait l'installation destinée aux exécutions capitales), tandis que d'autres localités abritaient les tribunaux jugeant des cas de moyenne juridiction, soit sous la présidence du comte lors de ses tournées, soit sous celle de fonctionnaires nommés par le comte, les *vicarii* (voyers, viguiers). Les tribunaux centraux, comme les palais et les fiscs, avaient la qualité de *locus publicus*; ils jouèrent un rôle important puisque tout acte ou jugement devait être validé « *in loco publico* », le nom de ce dernier devant être clairement indiqué. Ces lieux gardaient donc leur caractère public sous l'autorité du comte/prince ou bien sous la *potestas publica* (la « posté ») du grand local.

À ces réseaux anciens, les princes en ajoutèrent d'autres qui permirent d'améliorer l'efficacité de l'administration. Sous les comtes

---

* La Pologne et la Hongrie modernes sont encore divisées en *komitatus*, nom hérité de la langue administrative latino-franque.

d'Anjou, de Blois/Tours et de Vendôme, on rencontre des fonctionnaires, les prévôts (*praepositi*), qui apparaissent à la même époque. Ces comtés ligériens avaient en commun leurs relations étroites avec l'église de Saint-Martin de Tours, dont les immenses domaines étaient administrés par des *praepositi* qui servirent sans doute de modèle à l'administration comtale développée par les comtes d'Anjou. Les grands prévôts — dont chacun était responsable de tout un comté, à savoir Anjou, Touraine, Vendômois — portaient le nom de « sénéchaux », vieux titre de la cour franque. En dehors de ces comtés ligériens, les « sénéchaussées » étaient présentes depuis les régions méridionales jusqu'à la Loire, mais aussi en Bretagne, tandis que les « baillis » étaient une institution plus spécifique de la France septentrionale, où, à partir du règne de Philippe II Auguste, les « bailliages » structurèrent une administration royale renaissante inspirée du modèle anglo-normano-angevin du roi Henri II. Là aussi on avait repris un ancien titre franc, celui de *ballivus*, personnage de haute noblesse auquel le roi avait confié l'éducation et la protection de ses enfants. Certains sénéchaux et baillis de haut lignage furent l'*alter ego* du roi ou du prince dans leur ressort et menèrent au combat les troupes à sa place, y compris les contingents composés de manants que les abbayes devaient mettre à sa disposition. Avec les prévôts, les princes s'adjoignirent donc des fonctionnaires amovibles qui exerçaient leurs fonctions d'une manière « professionnelle », puisqu'ils étaient issus de familles dont les membres avaient pratiqué ce « métier » au service de différents princes. C'est là un trait de « modernité » indéniable de l'État vassalique.

Enfin et surtout, des dizaines de princes se créèrent une cour selon le modèle de la cour royale, cette *curia comitis* devenant le tribunal suprême pour la principauté comme la *curia regis* l'était pour le royaume entier. Les jugements faisaient l'objet de comptes rendus et le prince y confirmait par écrit des actes et privilèges sous la direction d'un *cancellarius*, « chancelier » ecclésiastique qui souvent, comme jadis l'archichancelier du roi, était le chef du clergé à la Cour et le confesseur du prince. Cette vie publique plus riche permit d'agir efficacement sur le plan régional et local.

Comme nous l'avons vu, plusieurs princes avaient réussi à passer du statut de comte vassal à celui de prince grâce à leur abbatiat laïc, et quelques-uns purent même disposer d'un « réseau abbatial ». Il suffit de citer l'exemple des comtes de Blois, Tours, Châteaudun, Chartres, qui surent profiter d'un côté de leur influence sur les abbayes de Marmoutier, de Saint-Florent de Saumur, de Saint-Père de Chartres, et de l'autre des nombreux prieurés de Marmoutier, fondés par leurs vassaux pour les moines de Saint-Martin, patron de l'abbé laïc de Marmoutier. Au xe siècle, la dynastie de

Blois-Champagne, qui fit beaucoup dans ses comtés de Troyes et de Meaux pour des abbayes comme Montiéramey et Lagny, choisit — à l'instar d'autres princes — de favoriser les mouvements de réforme monastique en restituant largement les terres de la *mensa conventualis* de « ses » abbayes, et de laisser diriger la communauté des moines par un prieur ou un abbé régulier (comme le comte d'Anjou à Saint-Aubin d'Angers). Elle en retira des avantages spirituels et économiques, les moines réformés étant réputés pour la qualité de leur administration.

Les monastères modèles des moines réformateurs, imités par les paysans, contribuèrent à l'amélioration de la production agraire. Les moulins des grands laïcs étaient érigés par les moines et le grand : celui-ci donnait le terrain, ceux-là se chargeaient de la construction, et le produit était partagé de façon égale entre les deux. Les abbayes et leurs prieurés devinrent ainsi des centres économiques : ils constituèrent les noyaux de plusieurs *burgi*, dont les habitants passèrent du statut de serfs formés à certains métiers, en tant qu'élèves de moines ingénieurs, à celui de citoyens disposant d'une liberté plus ou moins étendue, confirmée parfois par le seigneur politique, roi ou prince, qui se mit à son tour à fonder des villes.

On pourrait encore parler d'un « réseau épiscopal » pour les grands princes qui, comme celui d'Aquitaine, étaient parvenus à un contrôle partiel de leur épiscopat ; ce contrôle n'excluait pas des relations suivies des dynasties princières avec le haut clergé et l'épiscopat, lesquels pouvaient même coopérer avec le roi dans le gouvernement du royaume.

Ces différents réseaux, juridique, domanial, routier, etc., que nous avons évoqués — on aurait pu en mentionner d'autres — se recoupaient et se complétaient, formant un instrument dont le prince et sa cour savaient parfaitement se servir. La généralisation de la vassalité a changé les relations entre pouvoir central (maire du palais, puis royauté) et noblesse, puis celles des nobles entre eux. Au moment où se constituaient ces États vassaliques et dynastiques, des milliers de villes surgissaient dans l'Europe extraméditerranéenne, en cet essor démographique, urbain, économique, religieux et culturel qui, du Xᵉ au XIVᵉ siècle, n'a pas été dominé par le seul roi. La noblesse dynastique y a également tenu une part considérable du fait de ses initiatives locales.

Cette réalité est illustrée notamment par le cas du comté de Poitou où, comme en Neustrie voisine, se sont formées des subdivisions des *pagi* carolingiens, centrées autour de *castra* d'origine romaine, tels Loudun ou Thouars, ou bien autour de châteaux plus récents, tel Châtellerault, qui apparaît au XIᵉ siècle et reçoit le nom caractéristique de la lignée de ses seigneurs, « *Castrum*

Airaldi[Heraldi] * ». Que les nobles vassaux du comte de Poitou (et duc d'Aquitaine) soient des vicomtes ou des châtelains, leurs activités reposent sur des structures administratives fort anciennes qui remontent suivant les endroits aux Romains, aux Mérovingiens ou aux Carolingiens, dans un maillage qui fait l'unité du monde gallo-romano-franc. Citons l'exemple de Tolbiac (*Zülpich*), un *castrum* romain où Charles Martel en 726 délivre un acte en faveur de l'abbaye d'Echternach (*actum Tulpiaco castro publico*). Ce centre administratif, après sa destruction en 881 par les Normands **, échoit au XIe siècle aux archevêques de Cologne, mais fait l'objet de luttes entre ces derniers et leurs avoués, les comtes de Juliers. L'État y aura été constamment représenté par les nobles, donc des « personnes publiques ».

Dans le Midi, on trouve à partir du XIIe siècle des fortifications établies, là aussi, par les princes (comte de Toulouse, duc d'Aquitaine ou de Gascogne) et appelées *bastidas sive munitiones*, ou *bastidas sive populationes*, destinées aux XIIIe-XIVe siècles à une meilleure exploitation économique du domaine princier ***. Ces « bastides » montrent que l'essor démographique et économique en France du Xe au XIIIe siècle est largement dû à ces mêmes princes qui furent longtemps rendus responsables de l'« anarchie féodale ». L'émergence de ces petits centres urbains correspond bien à ce qui s'est passé dans le Saint Empire, où les fondations de marchés destinés à devenir des villes (tel Villingen, en Forêt-Noire, créé par les Ottoniens dès le Xe siècle) furent suivies aux XIe-XIIe siècles par celles des princes — ainsi la fondation de Freiburg (Fribourg-en-Brisgau), dont le nom témoigne des libertés accordées par le prince aux habitants qu'il voulait attirer, tout comme celui des « Villefranche » fondées par des princes en France.

Des observations de ce genre se rencontrent de plus en plus sous la plume des chercheurs en histoire sociale ****. Wim Blockmans, dans une conférence intitulée « Entre l'Empire et la commune. La multiplicité des pouvoirs en Europe aux XIVe-XVIe siècles », résumait en ces termes les champs qui s'ouvrent à l'historien : « On a lon-

---

* *Cf.* l'étude de Marcel Garaud sur les châtelains du Poitou.

** Le palais royal est transféré à Vlattern.

*** Ces noyaux de centaines de nouveaux villages ou de nouvelles petites villes ont été étudiés surtout par le regretté Charles Higounet.

**** Citons le programme sur la « Genèse de l'État moderne en Europe », dirigé par Wim Blockmans (université de Leyde) et Jean-Philippe Genet (Fondation européenne des sciences), dont quatre volumes ont déjà vu le jour chez Clarendon Press et trois aux PUF. Blockmans a aussi publié avec Walter Prevenier, de Liège, en dehors de l'histoire des Pays-Bas bourguignons en français, néerlandais et anglais, une *Histoire du pouvoir en Europe. Peuples, États, marchés* (Anvers et Bruxelles, 1997, en six langues).

gemps écrit l'histoire de la formation des États en partant d'un modèle centraliste inspiré par quelques grands pays occidentaux seulement. Néanmoins, la diversité des formes et des dimensions des pouvoirs publics nous semble un phénomène qui mérite une plus grande attention. La centralisation n'apparaît pas vraiment comme le modèle dominant en Europe au début des Temps modernes. Cette diversité a persisté jusqu'à la fin de l'Ancien Régime, ce qui nous incite à réfléchir sur ses bases, ses fonctions et ses effets. Les études récentes nous ont amenés à considérer les pouvoirs monarchiques comme étant moins effectifs et pénétrants qu'on ne l'a supposé. » Les États des XIe-XIIe siècles n'ont guère eu besoin du pouvoir monarchique pour régler leurs affaires. Pendant au moins trois siècles, la centralisation ne fut pas le modèle politique dominant en France. Avant qu'un monde plus diversifié ne sortît des relations des princes avec les commerçants, des États vassaliques naquirent entre deux niveaux de la *nobilitas*, celui des rois et celui des petits nobles. Le renouveau économique suscité par ces États a largement précédé l'essor de la monarchie en France.

CHAPITRE XIV

L'âge de la chevalerie

Si le « Moyen Âge », encore baptisé « siècles de l'ignorance », est une invention des humanistes italiens, pleins de mépris pour son latin non classique et sa barbarie « gothique », l'admiration pour la civilisation chevaleresque reflète l'image qu'ont fait naître les brillantes cours princières de ces siècles peuplés de « chevaliers » reçus dans des ordres d'élite, inspirés de la geste des héros de la littérature des XIIe-XIIIe siècles, en particulier des poèmes consacrés à Alexandre le Grand et au roi Arthur.

GENÈSE DE LA CHEVALERIE

Les cavaliers aux montures lourdement caparaçonnées, les châteaux forts dominant une colline, les guerres de siège, toutes ces scènes parées d'un indéniable attrait esthétique et « romantique » ont frappé pour toujours notre imagination, de même que les compléments de rigueur, comme la chapelle du château, élément spirituel indissociable du monde médiéval. Le noble est au cœur de ce monde idéalisé : c'est lui le hardi cavalier, c'est lui le châtelain, au côté de sa « dame » qui règne sur cet univers. Avec ses armures brillantes et ornées, ses armoiries hautes en couleur, sa symbolique du geste, ses assemblées solennelles et ses tournois, ce monde est une sorte d'« œuvre d'art totale » vécue. Il n'est pas surprenant qu'il ait inspiré le XIXe siècle et les opéras de Wagner, lequel a lu et étudié — y compris en allemand médiéval — une littérature épique et lyrique considérable, née surtout en France et jadis traduite dans l'Europe entière. Mais ces images, à quelle époque au juste appartiennent-elles ? En grande partie aux « Temps modernes ». Le « chevalier » par excellence, c'est Albrecht Dürer qui l'a peint à la

Renaissance. Les armures d'apparat datent des XVIe-XVIIIe siècles, furent réservées aux princes et ne servirent pas à la guerre.

Les premiers chevaliers

Nous avons parlé dans ce livre des chefs militaires en tant que détenteurs de titres et de rangs, mais peu en tant que soldats. Le « chevalier » comme soldat combattant à cheval n'est né ni au « Moyen Âge » ni en Europe, puisque la civilisation équestre puise ses origines dans les steppes asiatiques. C'est chez les populations nomades, qui tiraient de leurs troupeaux deux produits essentiels, le lait et le cuir, que l'utilisation du cheval a atteint la perfection, tant avec l'invention de la selle, inconnue de l'Antiquité gréco-romaine, qu'avec l'armure lourde du cavalier faite avec un cuir spécialement préparé (le métal ne servait que comme applique). Ainsi équipées, des armées de cavaliers huns, turco-mongols, hongrois sont sorties, en vagues successives, des steppes de l'Asie centrale; grâce à leur habileté et à leur vitesse de manœuvre, elles ont terrassé celles des civilisations agraires en Chine, en Inde, au Proche-Orient ou en Europe. Après l'Empire perse, l'Empire romain a souffert des Huns et « Scythes » de tout genre, y compris des Goths, qui avaient appris de ces peuples, lors de leur séjour au nord de la mer Noire, à s'armer et à se battre à leur manière. Comme beaucoup de peuplades de ces régions, des Ostrogoths et des Wisigoths ont été intégrés dans la cavalerie lourde d'élite de l'armée romaine. Ils gardaient leurs chefs en tant que *foederati* qui formaient les premières armées de Germains combattant à cheval. L'une d'elles, celle du chrétien arien Alaric, subit des pertes terribles en contribuant à la victoire de Théodose le Grand sur le paganisme.

C'est donc dans le cadre même de l'Empire romain que les légions ont cédé la place à une arme supérieure, la « piétaille » de l'infanterie ne pouvant plus résister à la cavalerie lourde des *cataphracti*, ces cavaliers bardés de fer appelés *loricati* chez les Francs. La cavalerie n'est devenue l'instrument principal de la guerre qu'entre le VIIIe et le Xe siècle. Elle a changé la guerre, puisque ses exécutants sont peu à peu devenus des guerriers professionnels. Le combat à cheval demandait un entraînement poussé, mais aussi un équipement de plus en plus coûteux, à commencer par le « destrier » qui, à lui seul, valait le bétail de tout un village, ou l'armure du cavalier. Du fait même de ce coût et de la plus grande technicité de la guerre, les guerriers devinrent moins nombreux et ne se recrutèrent plus que dans la seule élite économique et sociale. La diminution de leurs effectifs s'accompagna d'un gain considérable de leur prestige social et entraîna un déclin du « menu peuple », y compris des hommes libres, de moins en moins admis dans l'armée ou au tribunal du comte.

L'origine de la chevalerie a donné lieu à d'interminables discussions théoriques. L'homonymie des termes *miles* et *militia*, en usage du IXe au XIIe siècle, a égaré bien des historiens qui se sont plus intéressés à son côté militaire qu'à son aspect institutionnel. En fait, deux histoires s'entrecroisent, celle des *milites* — soldats romains et barbares combattant à pied ou à cheval — et celle des membres de la *militia* — élite de l'Empire et des royaumes, faisant partie de la *nobilitas*. La chevalerie est une nouvelle *militia*. Quand elle naquit, aux XIe-XIIe siècles, elle reprit la remise du *cingulum*, que l'ancienne *militia* pratiquait depuis des siècles.

À partir du IXe siècle, des fortifications puissantes couvrirent l'Europe. On en comptera plus de dix mille dans la France actuelle, et autant dans les pays de langue germanique. La décentralisation étatique, conséquence de l'hérédité et de la vassalité, était en effet étroitement liée à l'essor du « château », qui demandait des soldats spécialisés dans l'art d'assiéger et de défendre ces fortifications, y compris des villes dorénavant fortifiées. Des hommes non nobles, voire non libres, purent ainsi échapper à leur condition en passant au service, administratif et militaire, des seigneurs laïques et ecclésiastiques. Certains devinrent *ministeriales*, voire vassaux des rois, des princes, des églises, des seigneurs et des villes, accédèrent parfois à la catégorie des *milites* et même à la future « petite noblesse ». Certains aussi furent faits « chevaliers » en récompense de leurs exploits. Cette nouvelle forme de guerre ne bouleversa pas complètement les structures des hiérarchies politiques en Occident, mais elle introduisit des changements profonds.

Si l'on veut suivre l'essor des « chevaliers » dans l'Occident post-carolingien*, il ne faut pas oublier que cet espace se trouvait à cheval sur la frontière linguistique romano-germanique, et que deux chevaleries, très différentes par la place qu'elles occupaient dans la noblesse, se sont formées : l'une en France; l'autre dans le Saint Empire, en Lotharingie, en Germanie et en Italie.

La Lorraine, bien que dominée par la civilisation française, appartenait politiquement au Saint Empire. Jusqu'à l'an mille, l'emploi de *miles* pour désigner le rang d'un témoin dans les actes y est très rare. Les chevaliers se rencontrent plus fréquemment au XIe siècle — l'évêque de Metz parle en 1032 de « ses gens de l'ordre militaire » (*ordo militaris*) —, mais surtout à partir de 1120-1130, quand « les fondations de monastères de moines cisterciens et de chanoines réguliers suscitent des générosités », explique Michel Parisse. Parmi les assez nombreux chevaliers connus au XIIe siècle, ce même historien distingue trois groupes :

---

* L'ouvrage de Michel Parisse, *Noblesse et chevalerie en Lorraine médiévale* (1982), nous servira ici de guide.

1. Les *milites castri* habitent le château de leur seigneur (duc, comte, évêque ou châtelain) et constituent un groupe numériquement important. La plupart attendent tout du seigneur, logement, nourriture, armement; ils demeurent des *servientes* et ne laissent pas de descendance noble. Mais, à partir du XIIe siècle, les uns perdent leur anonymat en recevant un fief ou en assumant une fonction. D'autres commencent une ascension sociale et politique, surtout à la cour de l'évêque ou dans leur propre château aux environs de la cité épiscopale, où ils jouent un rôle lors de leurs visites à la cour. De même, des vassaux des grands princes, tels ceux du comte de Bar-le-Duc, viennent s'installer dans d'autres châteaux de leur seigneur comme à Belrain, à Mousson, à Saint-Mihiel. D'autres lignages chevaleresques s'établissent dans des bourgs importants (comme Vic, Moyenvic, Marsal-en-Saulnois), où ils sont bientôt étroitement alliés aux familles des plus riches bourgeois de ce carrefour des routes du sel.

2. Les chevaliers de la campagne forment le deuxième groupe. Des relevés statistiques montrent que la plupart des chevaliers étaient fixés à la campagne, dans un village ou dans l'un des hameaux qui le composaient. « En moyenne, une paroisse sur trois [...] possède des chevaliers, et [il y a] un château pour une quinzaine de paroisses », dit Michel Parisse. La forteresse elle-même abrite en permanence une ou plusieurs familles chevaleresques et l'on compte de dix à vingt combattants spécialisés par château. Sur l'étendue de l'ancien diocèse de Verdun, qui regroupe alors 194 paroisses, on trouve des chevaliers dans 64 localités; 13 d'entre elles possèdent un château, et le nombre des lignages chevaleresques devrait avoir été d'une centaine. D'autres sondages donnent des résultats sensiblement identiques, y compris en Champagne et en Sarre, mais leur répartition dans l'espace n'est pas égale partout.

Dans la partie occidentale de la Lorraine, dominée par l'Église (par les églises épiscopales de Toul et de Metz depuis longtemps, et plus récemment par de grandes abbayes bénédictines), on ne trouve pratiquement aucune famille de chevaliers. Ce n'est qu'au XIIIe siècle que les chevaliers vont occuper cette région et obtenir des avoueries de seigneuries bénédictines, en faisant parfois souche localement. La plupart d'entre eux sont issus de ces hommes libres, de ces propriétaires fonciers qui rendaient la justice pour le compte du duc de Lorraine dans le sud du pays, ou d'autres qui ont fait de même dès la première moitié du XIIe siècle pour le comte de Bar dans sa seigneurie de Briey. Ces chevaliers constituent « bien la couche inférieure de la noblesse, et les plus riches d'entre eux vont jusqu'à élever un château ». Ici, comme dans d'autres régions, la hiérarchie des chefs locaux correspond assez nettement à celle des localités : aux ducs et aux « comtes de cités », les cités épiscopales ou les anciennes résidences royales carolingiennes ; aux petits comtes, aux vicomtes et aux seigneurs, des *castra* romains ou francs et des châteaux érigés récemment ; enfin, on trouve de « nouveaux chevaliers » et leurs « mottes » dans les villages et les hameaux.

3. Un troisième groupe est formé par les chevaliers de Lorraine germanophone. Les rares chartes qui subsistent ne livrent guère de noms de *milites* et parlent de *milites* au pluriel. Au XIIe siècle, les anciens titres « carolingiens », *homo liber et ingenuus* ou *homo liber*, où s'exprime la « liberté » des nobles authentiques, continuent d'avoir cours et l'emploi de *dominus* — terme qui désignait depuis des siècles le détenteur de la *potestas publica*, donc un noble authentique — devient moins régulier. Certes, on distingue toujours le *dominus* de Sorcy ou de Parroy comme vrai « seigneur » (détenteur d'un pouvoir public) par rapport à ceux qui ne sont que châtelains ou avoués, mais certains scribes ne suivent plus ces règles strictes. L'usage du mot *miles* ne se répand lentement qu'à partir de 1170, pour percer définitivement après 1200. Les différences entre Lorraine francophone et Lorraine germanophone se sont accrues depuis le XIe siècle, le monde germanique restant assez longtemps sur des positions anciennes.

Au XIIIe siècle, on commence à appeler tous les chevaliers *dominus*, et en langue vulgaire « Messire ». Surtout, à partir de 1230-1240 et plus nettement après 1260, tout chevalier adoubé se voit qualifier en latin de *dominus de X*, et en langue vulgaire de « Untel, seigneur (ou sire) de tel endroit », ce qui le distingue d'Untel de tel endroit, qui n'est pas chevalier ; on finit par ajouter au nom le titre de « chevalier » ou d'« écuyer ». Les grands sont les premiers à porter ce titre dès qu'ils sont adoubés. Gobert VI, seigneur d'Apremont, prend ainsi, fraîchement adoubé, le titre solennel de « *miles, dominus de Asperomonte* ». Au XIIIe siècle au plus tard, il n'y a donc plus qu'une seule noblesse en France, celle acquise par la « chevalerie », c'est-à-dire par l'adoubement en liaison avec l'Église. N'était-ce pas là un nouveau triomphe des réformes préparées par les clunisiens et les grégoriens, pour mettre fin à la simonie que pratiquaient les nobles et leur imposer le respect des règles de parenté prohibée en matière de mariage ?

À la même époque et dans les mêmes régions, le latin commence à reculer devant le français dans les actes. Le *nobilis* devient « gentilhomme », le *dominus* devient « seigneur », et le *miles* devient « chevalier ». Depuis la fin du XIIe siècle, le titre seigneurial distingue celui qui exerce un pouvoir public (banal) du chevalier ordinaire, et le titre d'« écuyer » s'est répandu pour désigner le fils de chevalier non encore adoubé, appelé jusque-là *armiger*, puis *scutifer* (allusion à la pratique qui s'étend après 1050 de peindre les armoiries d'un combattant sur son écu). L'« écuyer », terme originaire du sud-ouest de la Lorraine, est donc dorénavant celui qui attend encore, parfois pour toujours, la consécration de *miles*. De même, un peu plus tard, se diffuse à partir de la Bourgogne le terme de « damoiselle », qui désigne l'épouse de l'écuyer, tandis que celui de « dame » est réservé à l'épouse du chevalier. « Damoiseau », en revanche, n'a pas pris en Lorraine comme synonyme d'écuyer. Tous les écuyers rappellent la qualité de chevalier de leur père, ce qui montre qu'ils avaient le sentiment d'appartenir à la chevalerie, même s'ils ne voulaient pas y entrer activement.

Les indications régionales permettent de préciser l'emploi du terme *miles*. Au XIe siècle, il désigne le cavalier lourdement armé ; mais, au XIIIe siècle, le *miles* est celui qui a reçu un adoubement solennel. Ses transcriptions française et allemande, « chevalier » et *Ritter*, ont en outre modifié peu à peu son contenu ; et, pour être exact, il faudrait opposer « cavalier » et « chevalier », et parler de « nouveau chevalier », voire de « chevalier adoubé nouvelle manière ».

Ce « chevalier » représente une qualité supérieure de l'élite laïque. Comme l'a observé Georges Duby, dans la région de Cluny, le chevalier est devenu dès le Xe siècle l'allié de la partie de la noblesse qui s'est ouverte à la réforme et à ses monastères (les moines ont remplacé le terme *nobilis* par *miles*). La supériorité morale, sociale et politique que revendiquent les chevaliers se fonde sur la technique du combat à cheval avec cuirasse, écu, épée, mais ils n'occupent pas tous la même place dans la société : parmi eux, écrit Michel Parisse, « se côtoient d'anciens serfs, des hommes libres, de grands propriétaires, des comtes, des ducs ». *Miles* peut revêtir pour chacun d'eux l'une ou l'autre de ces significations : « simple soldat, mais toujours cavalier » ; « fidèle d'un autre, vassal » ; ou bien déjà « chevalier » au sens, impliquant une responsabilité morale, où on l'entendra plus tard dans « idéal chevaleresque ».

Ce sont les grands qui ont choisi « les plus solides de [leurs] serfs, les plus capables de [leurs] fidèles, et créé avec cette clientèle une troupe de *milites* ». Ils les ont largement utilisés pour remplir leurs tâches juridiques et assurer la paix conjointement avec l'Église. La naissance de la chevalerie est issue des principautés et de leurs châtellenies ainsi que d'autres seigneuries. Peu après le milieu du XIe siècle, la *nobilitas*, avant même que la montée des nouvelles forces sociales ne mette en cause sa suprématie, a pris l'initiative d'élargir le cadre de la « chevalerie » et de la valoriser en l'adaptant à la haute noblesse.

Il faut donc distinguer la « noblesse chevaleresque » (le *Rittertum*) et la masse des combattants anonymes (la *Ritterschaft*). Le seigneur, le châtelain, le comte, le prince sont dotés du pouvoir et de la richesse, et commandent précisément les simples chevaliers. Tous ces grands participent de la chevalerie, ils sont les hérauts de l'esprit chevaleresque, mais ils ne constituent pas la chevalerie. La chevalerie elle-même est formée par le « groupe des chevaliers », qui leur est subordonné socialement et politiquement. « L'idéal chevaleresque est venu des chefs, non des inférieurs. »

La chevalerie d'élite

Deux mondes vont ainsi se former : d'un côté, celui de la masse des combattants, dotés d'un statut en tant que groupe ; de l'autre, celui de leurs chefs, monde à part, « chevalerie d'élite » conférée en de solennelles manifestations réservées aux plus nobles.

Ce mouvement concerne l'Empire comme la France, donc l'ensemble du monde franc, l'Église, l'empereur, les rois et les princes. La chevalerie succède à l'ancienne *militia*. Dans l'Empire, Henri IV, roi des Romains destiné à devenir empereur, qui atteint sa majorité politique, prend solennellement les armes (« *accinctus est gladio* ») en 1065. Rien n'a changé depuis les rois Louis le Pieux, Charles le Chauve ou Otton le Grand : Henri IV, muni du *cingulum*, peut « prendre en main les rênes du pouvoir ». En France, à la Pentecôte 1098, le futur roi Louis VI reçoit solennellement à Abbeville ses armes, et donc le grade de chevalier, des mains de Guy, comte de Ponthieu. C'est encore à la Pentecôte qu'en 1184 Frédéric Barberousse couronne la journée solennelle de l'Empire (*Reichshoftag*) à Mayence en ordonnant chevaliers ses deux fils Henri, roi des Romains, et Frédéric, duc de Souabe. Cette grande fête où se manifeste toute la noblesse allemande, honorée en ses jeunes chevaliers les plus élevés et les plus brillants, est considérée, jusque dans son écho littéraire, comme marquant l'apogée du Saint Empire. Nous sommes ici à un tournant : la « chevalerie » jouit désormais d'un immense prestige au sein de la noblesse chrétienne. Mais quelle chevalerie ?

La « grande chevalerie » n'est pas accessible à tous pour des causes multiples, et d'abord économiques. Les fêtes célébrant l'accession à cette dignité sont si coûteuses que même des seigneurs importants ne peuvent l'envisager que pour un seul de leurs fils, et que partout en Europe apparaît l'usage pour les vassaux de payer une aide au seigneur à l'occasion de l'adoubement de son aîné. En fait, cette cérémonie est prévue essentiellement pour les fils de rois, de princes et de grands barons comme un engagement solennel, un peu à l'instar du sacre des rois, car s'y formulent des promesses comme celle du bon emploi des armes*.

---

* « L'Église a écrit des textes liturgiques pour la bénédiction des armes comme

En outre, l'équipement — monture et armes — dépasse déjà les moyens du chevalier ordinaire. Le vrai chevalier ne se bat pas avec des gens de naissance douteuse; une ségrégation s'est exercée lors des tournois, qui sont très vite devenus des réunions de l'élite. À la fin du XIe siècle, on voit Charles le Bon, un futur comte de Flandre, montrer son courage aussi bien que son habileté au maniement de l'épée et de la lance, avec des subtilités inaccessibles au commun des soldats. La passion de ce jeu chez les nobles devient telle que l'Église doit intervenir, d'ailleurs en vain. C'est le premier triomphe en Occident d'une société des rites qui gagne les cours princières et épiscopales, où la « chevalerie noble » se tourne vers les jeux d'esprit, la littérature courtoise, et adopte un comportement dit « chevaleresque ».

Dans l'élite, on peut être fait chevalier dès l'âge de seize ans par un parent. La cérémonie comporte parfois deux stades : l'un concerne le port des armes, si l'âge requis est atteint; l'autre, l'acquisition de la qualité de chevalier, le *cingulum* attestant le rang et l'accession aux responsabilités. Ordonné chevalier, Mathieu de Montmorency devient immédiatement seigneur. D'autres entrent en possession de leur héritage, à l'image du jeune roi après son couronnement. Cette chevalerie qui appartient à la haute noblesse n'a rien à voir avec les *milites*. Le chancelier du comte de Hainaut, Gislebert de Mons, donne autour de 1200 dans sa *Chronique* des indications précieuses sur des personnalités ayant le titre de *miles* d'origine noble, en soulignant l'excellence du rang de chacun par des qualificatifs variés comme *probus, vividus, generosus, prudens*. Loin de ce monde brillant évoluent les *servientes equites*, eux aussi « chevaliers », mais point nobles, et qui font songer aux *servientes*/« sergents » des templiers et autres ordres équestres, séparés en droit des « chevaliers » nobles au sein de ces ordres.

À la différence de la France, le Saint Empire a vu se développer une importante couche de chevaliers non libres, les *ministeriales*. Recrutés par les évêques et les abbés, mais surtout par les rois, ils ont reçu des fonctions de plus en plus élevées, puis des bénéfices, enfin des châteaux et des territoires entiers; ils ont fini par être admis à prêter hommage, devenant ainsi des ministériaux. Les nobles de souche, hostiles à ce stratagème qui permettait au roi et à l'Église d'élargir la noblesse à des ministériaux plus souples, se prévalurent de « liberté » (*Edelfreiheit*, « liberté noble ») pour se démarquer des chevaliers non libres et de nouveaux chevaliers à l'origine incertaine. Ils prirent le titre de *Herren*, ou même de *Freiherren*, « barons », et formèrent désormais, au-dessus des « chevaliers » alle-

---

elle l'avait fait pour celle de la couronne ou du sceptre » (Parisse), ce qui lui permet de filtrer les candidats.

mands (*Ritterstand*), une classe qui se considérait comme la vraie *nobilitas* du principat (*Fürstenstand*).

Cette nouvelle hiérarchie fut légalisée comme institution impériale par Frédéric Barberousse — la *Reichsheerschildordnung* fut ordonnée selon le nombre des écus (*Schilde*), de un à sept. Le gouvernement effectif de la plus grande partie des territoires échappait à l'empereur et était dominé par ces grands à plusieurs écus. Quant aux chevaliers nobles, ils étaient les vassaux du roi ou des princes ecclésiastiques et laïques. Les premiers formaient la *Reichsritterschaft* et avaient accès — seulement en tant que groupe — à la diète, derrière les princes et les villes d'Empire. Les vassaux des princes, eux, constituaient le *landsässige Adel*; on trouvait parmi eux des chefs de territoire qui siégeaient dans les *Landtage*, mais qui n'étaient pas « immédiats à l'Empire » (*reichsunmittelbar*). Au-dessous d'eux venait la majorité des chevaliers de la petite noblesse, le *niedere Adel*. À ces hommes s'en étaient joints de nombreux autres, d'humble condition ou bourgeois, qui se firent adouber et devinrent ainsi chevaliers « non libres » (au sens germanique de « non nobles ») — ils payaient donc des taxes. Certains étaient riches ou formaient une élite sur le plan local, mais ils n'appartenaient pas à l'élite d'antique noblesse, laquelle est restée jusqu'à la fin de l'Empire la seule référence en matière de pouvoir. Le petit chevalier, lui, ne comptait guère par rapport à la richesse des bourgeois et à l'érudition des *doctores*. C'est là une grande différence avec la France, où le chevalier adoubé était noble au plein sens du terme et où les « princes », demeurés si puissants dans l'Empire, ne faisaient plus écran entre lui et le roi.

En Italie, le terme *miles* se répand également dès la seconde moitié du Xe siècle et s'impose au XIe avec deux significations bien différentes, officialisées ici dès 1037 par la fameuse loi de l'empereur Conrad II *. Cette loi, qui est l'un des rares textes d'époque à dévoiler les structures politiques et institutionnelles du temps, établit l'hérédité des bénéfices, mais distingue parmi les bénéficiaires les *maiores vasvasores* (*sic*) des *minores*. Le *miles*, en tant que vassal des évêques, des abbés, des abbesses, des marquis, des comtes et de tous ceux auxquels le roi a remis des terres en bénéfice (« *de nostris publicis bonis* »), tient son propre bénéfice de ses *seniores* directs. Les uns ne sont que *miles*, vassal, les autres sont également *senior*, seigneur, ces deux « classes » se retrouvant un peu partout sous des désignations comme « *noster nostrorumque militum miles* », le vassal du vassal ou l'arrière-vassal.

Vers la fin du XIe siècle, le *miles* de rang supérieur est appelé *capi-*

* Cf. les études de Hagen Keller.

taneus; on le reconnaît aussi aux attributs ajoutés à son titre (*nobilissimus vir, nobilis, nobilissimus vassus ecclesiae; nobilis homo episcopi; capitaneus comitatus*), qui expriment le poids du personnage dans la cité ou dans le comté. Les *milites* de rang inférieur, eux, sont désignés comme « *secundi ordinis milites* » ou tout simplement « *secundi milites* », ceux « de seconde classe », mais ils possèdent un statut collectif assorti de droits, car en 1037 l'empereur leur a confirmé au moins en partie ce qu'ils avaient acquis par l'usage avant cette date. En principe, seul le *miles* de premier rang a droit au titre de *miles* (au singulier), ceux de second rang devant se contenter du pluriel global, sauf quand il s'agit non pas d'un titre, mais de la mention de la fonction vassalique. Il en va de même en Germanie, où la vraie *militia* joue avec le clergé un rôle dominant dans les seigneuries épiscopales, abbatiales et princières. Mais elle ne se confond plus, comme à l'époque carolingienne, avec la *nobilitas*, car *milites* est devenu ambivalent : au pluriel, il peut désigner des non-libres — un acte d'Otton III parle ainsi vers l'an mille des « *milites liberi et servi* » de son église de Halberstadt.

Dans l'Empire (Italie et Germanie), le facteur déterminant de l'essor du *miles*, futur chevalier noble, a été l'alliance de l'épiscopat et de la royauté, le fameux *Reichskirchensystem* (l'« Église impériale »). Car, comme nous l'avons déjà vu au sujet des *vassi dominici*, de nombreux vassaux royaux, ne trouvant plus de terres ni de protection auprès du roi, sont devenus des vassaux d'évêques* et sont restés utiles pour l'Empire. Si l'Église ne se prive pas de critiquer le mal que commettent souvent ces puissants vassaux laïques, elle inaugure avec eux une longue coopération qui sera l'une des caractéristiques de la chevalerie.

Ce n'est qu'à la période carolingienne tardive et au-delà que *miles/milites*, au lieu d'indiquer le rang du noble, est devenu une notion à dominante « militaire », au détriment des termes carolingiens en usage pour le combattant — comme *equites, caballarii* (dont sortira « cavalier », puis « chevalier », avant que ce mot ne prenne un sens « élevé »), *bellatores, gregarii*. L'infériorité du rang de chevalier avait été clairement exprimée par Alcuin, un de ces clercs parfaitement versés dans les choses du monde et des armes, parce que l'Église en était beaucoup plus proche que les modernes ne l'ont imaginé.

La transformation partielle de la noblesse en une « chevalerie » laissera des traces indélébiles dans le caractère du « noble ». Tout a commencé avec la victoire de l'hérédité de l'*honor*, qui a permis à

---

* Hagen Keller a trouvé les premiers cas de *miles* en titre, en 985 dans un acte de l'évêque de Novare et en 1007 (« *Ego Ademarius miles [...] subscripsi. Ego Vuido miles [...] subscripsi* »).

des familles non royales de parvenir au statut de dynasties. Dès lors, pendant une assez longue période, les rois ont dû subir les aléas de l'élection par les grands. Si en France les Capétiens, par leur énergie et leur astuce, ont finalement sauvé le pouvoir central, il n'en fut pas de même dans d'autres pays, et surtout dans le Saint Empire : l'État impérial est allé en s'affaiblissant au profit des nombreuses principautés solidement installées dans leur hérédité, souvent réglée par des *Erbordnungen* ou « lois de maison ». Parmi ces nouveaux États territoriaux, plusieurs sont restés forts jusqu'au XIXe siècle, voire jusqu'à aujourd'hui, telle la Bavière. Quelques-unes de ces dynasties devaient accéder au rang de maison souveraine. L'Europe allait ainsi connaître un millénaire dynastique, pendant lequel rois et princes formeraient l'élite au-dessus d'une « noblesse secondaire » qui suivrait le long chemin du pouvoir menant aux privilèges et aux vanités.

Auparavant, cette noblesse aura eu son importance comme couche intermédiaire entre les princes et le « peuple », répartie en « états » ou *Stände*. La chevalerie, le *Ritterstand*, en a été le premier, ouvrant la voie vers la « société d'ordres ». Face aux concessions que la royauté et l'Église avaient faites à cette *nova militia* de seconde classe en Italie et en Germanie, l'ancienne *militia* prit ses distances et forma bientôt l'état des seigneurs (*Herrenstand*), dont beaucoup prirent le titre de comte (donc *Herren und Grafen*), séparés eux-mêmes de l'état des princes (*Fürstenstand*). Au-dessous des chevaliers, les personnes jouissant du droit de citoyenneté dans les villes (*Bürgerrecht*) constituaient le *Bürgerstand* et, dans les campagnes, les hommes libres disposant d'une propriété rurale, qualifiés de *Bauern*, composaient le *Bauernstand*.

Cette classification sociale en des strates reconnues par l'Église est un événement majeur, que prolongea la fondation de « métiers » participant à un pouvoir urbain qui parvint à une autonomie plus ou moins étendue face au seigneur de la ville, avant de conquérir une complète indépendance. Les nouveaux chefs élus de la cité devinrent ainsi des « seigneurs » qui, à la différence de tant de seigneurs nobles en proie à des difficultés économiques, étaient souvent fort riches. L'Église appuyait l'organisation de ces « métiers » sur des confréries pieuses, sachant consolider la conscience de leurs membres par des obligations religieuses et sociales, d'où l'idée d'un honneur propre à leur état (*Standesehre*), à l'image de l'*honor* réservé pendant des siècles aux seuls membres de la *nobilitas*.

Complétons ce tableau en évoquant brièvement cette *nova militia* qui se vouait par une vie monacale à Dieu, au Christ, à la Vierge et au service militaire de la foi. Au XIIe siècle, saint Bernard avait contribué à son essor en faisant reconnaître officiellement l'ordre militaire des templiers et en érigeant la « vie de chevalier » comme modèle pour chaque noble. L'idéal « chevaleresque » allait dominer la vie de la noblesse dans les siècles suivants, après s'être développé dans les cours des princes, à Poitiers, à Troyes, à la Wartburg ou à Vienne. C'est dans ce cadre qu'est née la civilisation courtoise, celle du culte de la « dame » et de toute une remarquable littérature lyrique et épique. Tandis que la noblesse non princière déclinait et était contrainte de se mettre au service des princes, ces derniers s'entourèrent d'une administration composée de conseillers « érudits » et non nobles, ce qui ne les empêcha pas de créer à leur cour, tels les grands ducs de Bourgogne, une brillante civilisation courtoise.

Noblesse et culture : la civilisation courtoise

Le siècle des Lumières nous a légué l'image d'une noblesse moralement et intellectuellement médiocre. Les railleries sont légion sur le noble brutal, ou bête, voire les deux à la fois. Même le mécénat artistique des princes est présenté comme une simple activité de prestige ou d'agrément. Or cette idée d'inculture attachée aux élites politico-militaires est largement erronée, y compris dans un passé lointain.

Nous avons déjà évoqué la formation des grands « laïques » à la cour mérovingienne, formation qu'ils partageaient avec les futurs évêques et abbés, avant de partager avec eux le gouvernement du pays. Les uns et les autres maîtrisaient l'écriture et en faisaient usage dans une administration qui prépara, on l'a dit, celle des Carolingiens. Le haut clergé vivait en communauté naturelle avec ses frères et ses cousins de la haute noblesse à la Cour, mais aussi dans les cités. Les grands, laïques ou ecclésiastiques, assistaient aux mêmes fêtes où, au milieu de spectacles et d'amusements en tout genre, on récitait des poèmes en latin, mais surtout en langue vernaculaire. Qui invitait les « ménestrels », sinon le prince ou le prélat ? Qui traduisait ou expliquait les textes, sinon un clerc ? Textes dont un autre clerc, voire un moine, était souvent l'auteur. Traduire était la tâche principale du clergé qui, de l'archevêque jusqu'au plus humble clerc, devait le faire pour le roi et la plèbe, en présidant le tribunal ou afin d'expliquer au prince l'intrigue d'un spectacle à la Cour. Ces siècles prétendument si gauches et si lourds furent en réalité une époque où l'on ne cessa de traduire : notre vocabulaire vernaculaire s'est alors enrichi d'expressions latines.

Le clergé joua le rôle de pont entre les hommes. Par ses connaissances et son savoir, il servit rois, princes et grands, particulièrement dans le domaine public, où il faut gouverner et juger, prouver et commander. Clergé et noblesse au sens plus étroit sont donc les bases communes de la *nobilitas* créée par Dieu pour gouverner les hommes. Bien des exemples illustrent les relations que d'authentiques familles nobles, composées à la fois de comtes et d'évêques, entretenaient avec la culture, qu'il s'agisse de foi ou d'art.

Parmi les monuments représentatifs de ce qu'on appelle culture médiévale (et que l'on devrait nommer culture européenne), citons l'église de « Cluny III », qui surprit les contemporains par la hardiesse de sa conception et de sa construction, et que le XIXe siècle a anéantie en n'en laissant que des vestiges toujours grandioses. Comment avait-on osé dépasser les dimensions de Saint-Pierre de Rome (qui ne répliquerait qu'avec Jules II et Michel-Ange), déjà supplanté depuis peu par la cathédrale impériale de Spire? L'homme qui réalisa « l'élévation prodigieuse de Cluny III, ses 141,73 mètres de long (sans le narthex), ses deux transepts et ses cinq nefs », sur ordre de l'abbé Hugues de Semur à qui saint Pierre avait inspiré en songe d'en faire la plus grande église de la chrétienté, était un moine de Cluny du nom d'*Ezelo* (Hézelon). C'était un membre de la plus haute noblesse européenne* et un moine fervent de Cluny : Pierre le Vénérable, le grand abbé clunisien, dans une lettre écrite entre 1136 et 1145, rend hommage à ses mérites en tant qu'architecte de sa nouvelle abbatiale, mais aussi à « ses capacités d'élocution » et à « sa science avertie » qui lui ont permis de façonner les mœurs de ses auditeurs. C'est un « *magnus magister* », dit-il, soulignant ses études supérieures grâce auxquelles il a pu enseigner assez longtemps (« *multo tempore* ») à Cluny. Hézelon fait figure d'exception à côté des grands prélats « traditionnels » issus des familles de haute noblesse, hommes puissants dans le « monde » : déjà membre du clergé régulier, il se fait en effet moine de stricte observance, ce qui ne l'empêche pas de jouer un rôle actif à Cluny et dans l'Europe de son temps.

---

* Hézelon, qui avait été chanoine de Liège avant de devenir moine à Cluny vers 1088, était le fils de Mathilde, elle-même fille du duc Eudes-Henri de Bourgogne, le frère d'Hugues Capet. Il avait pour sœur Reine, mariée à Renaud II († 1097), comte de Mâcon (le comté de Cluny), fils du comte Guillaume II le Grand, comte de Bourgogne et de Mâcon († 1086), mais aussi frère de Guy, le futur Calixte II, le pape du concordat de Worms (1122). Reine se fera moniale au célèbre prieuré clunisien de Marcigny en lui donnant ses propriétés d'Aywaille et de Rachamps qu'elle avait héritées de sa mère, qui était à la fois l'épouse du comte Conon d'Oltigen — le frère de l'évêque Burchard de Lausanne (1056-1089) — et la sœur de Conrad Ier, comte de Luxembourg, dont l'épouse Clémence était une fille du duc d'Aquitaine et comte de Poitiers, Guillaume-Aigret († 1058). Hézelon était présent lors de l'acte de donation de sa sœur Reine en faveur de Marcigny, en tant que frère mais aussi comme représentant de l'abbé et des moines de Cluny.

À travers les siècles chrétiens, les évêques n'ont pas seulement gouverné leurs évêchés. Regroupés en épiscopat du royaume, ils ont aussi dirigé le pays, car ils formaient le « parti politique » le plus puissant à la Cour et dans l'opposition. Saint Arnoul de Metz fut ainsi clairement un « évêque politique » : membre d'une nouvelle dynastie qui aspirait au pouvoir suprême en Austrasie et dans le royaume entier des Francs, il chercha vainement, avec son frère Pépin, à dominer le roi Dagobert Ier et la Neustrie. Les hagiographies ne parlent qu'incidemment de la vie politique des saints. Or, parmi ceux qui gouvernèrent le monde franc et post-franc, les évêques et les abbés furent au moins aussi nombreux que les grands laïques ; et les clercs qui les entouraient avaient partagé les « études politiques », et parfois même militaires, de leurs maîtres. Est-il également besoin de rappeler que les ambassades de l'époque étaient normalement l'affaire du clergé et comptaient des spécialistes qui savaient le grec ? De fait, l'« Église noble », qui partageait le pouvoir avec le roi et les grands laïques, détenait en même temps le monopole de la culture et de l'enseignement. Elle n'était ni faible ni laïcisée, mais au contraire étendit son influence sur la noblesse séculière, elle aussi gardienne d'une civilisation originale.

La poésie non littéraire ainsi que des pans entiers de la littérature latine et non latine destinés à la noblesse européenne restent mal connus des historiens, mais les spécialistes des littératures médiolatine, romane, anglo-saxonne, bretonne, germanique, slave et autres ont mesuré leur importance. Ce « contre-monde » culturel, né au XIIe siècle, frappe par son extension à travers l'Europe et par la profondeur de ses racines chronologiques. Son épicentre n'est pas le monde germanique, qui sera lui-même submergé par son succès, mais le monde celtique, dont la « renaissance » est liée à la montée en puissance de l'État anglo-normand, puis angevin, auquel Philippe Auguste mettra fin.

C'est ainsi une authentique culture aulique et chevaleresque qui a essaimé en France par le biais des cours anglo-normande, aquitaine (de la reine Aliénor) et de Troyes, la dynastie champenoise étant elle-même alliée à une princesse anglo-normande, Adèle (*Adela*) de Chartres, fille de Guillaume le Conquérant. Protectrice des écoles de Chartres à une cour fréquentée par Yves de Chartres, Anselme de Canterbury, Hildebert de Lavardin, célébrée par les poèmes de Baudry de Bourgueil, cette princesse se fait dédier l'histoire ecclésiastique d'Hugues de Fleury dans une ville qui semble avoir vu naître le manuscrit original de la *Chanson de Roland* dans sa version « normandisée ». Elle forme avec Aliénor d'Aquitaine et les filles de celle-ci, Marie de Champagne et Alix de Blois (nées de son mariage avec Louis VII, roi de France), le groupe des femmes qui ont influencé d'une manière décisive la littérature européenne. Car la césure culturelle qui marque la seconde moitié du XIIe siècle s'exprime aussi, et tout logiquement, dans ce rôle nouveau des femmes : princesses qui protégeront les poètes en Lotharingie et en Germanie, et surtout héroïnes de poèmes, inconnues dans la « matière de Charlemagne » et dans les chansons de geste.

Marie de Champagne fut la protectrice de Chrétien de Troyes, qui termina sa carrière à la cour de Flandre. On sait que Chrétien créa le « roman d'Artus » et élargit le sujet avec *Perceval ou le Conte du Graal*, qu'il laissa inachevé. Cette « queste du Graal » par le chevalier trouvera son accomplissement dans le monumental *Parzival* de Wolfram von Eschenbach (1200-1210), qui réunit le monde de l'« aventiure », le monde d'Arthur et le monde du Graal, la large diffusion des manuscrits et des imitations attestant le succès d'une des premières grandes manifestations de la littérature vernaculaire européenne. Le nouveau roman courtois est dominé par la « matière de Bretagne », qui nous mène dans le monde celtique*.

L'orientation politique de l'œuvre de base de la tradition arthurienne, l'*Historia regum Britanniae*, est très claire : Geoffroi (Galfred) de Monmouth, Celte convaincu (il se baptise lui-même « *Brito* »), l'a dédiée après 1129 à Robert, duc de Gloucester, fils naturel d'Henri Ier d'Angleterre et d'une princesse galloise, et de nouveau, vers 1136 ou 1138, au roi d'Angleterre, Étienne Ier (de Blois), et au même Robert. La thèse qu'il soutient, surtout dans les prophéties qu'il prête à Merlin le magicien, est que les rois normands sont par leur conquête de l'Angleterre les vengeurs des anciens Brittoniques, dont le héros jamais défait aurait été leur roi Artus (Arthur), vainqueur non seulement des Anglo-Saxons, mais aussi des Romains, et conquérant de la Scandinavie et de la Gaule. Cette œuvre a été traduite par Geoffroi Gaimar, dans son *Estorie des Engleis*, et par Wace, un poète de cour normand, dans son *Roman de Brut* (1155). C'est dans ce dernier texte, qui consacre cinq mille vers au seul Arthur, qu'apparaît pour la première fois la « table ronde » du roi.

Ce ne sont pas là de pures inventions du XIIe siècle puisque les *Annales Cambriae*, qui datent du Xe siècle, mentionnent la mort d'Artus dans une bataille de l'an 537. Vers 545, Gildas relatait dans son *De excidio et conquestu Britanniae* l'invasion saxonne en Grande-Bretagne et les luttes qui l'accompagnèrent jusqu'à la victoire des Brittoniques au *mons Badonis*, vers 500, sous un chef qui se nommait ici non pas Artus, mais *Ambrosius Aurelianus*. Toutefois, dans

---

* *Cf.* Edmond Faral, *La Légende arthurienne*, 3 vol., 1929, qui donne les textes essentiels, et Reto R. Bezzola, *Les Origines et la formation de la littérature courtoise en Occident (500-1200)*, Paris, 1944-1967, 5 vol., qui montre l'arrière-plan politique des cours princières (cf. surtout t. 2 et t. 3/1).

une *Historia Britonum* anonyme dont la version la plus ancienne date d'avant 802 (le manuscrit d'Arthus est du IXe ou du Xe siècle), le *dux bellorum* apparaît sous le nom d'Arthur. Il est chrétien, combat sous l'image de la Vierge Marie et tue au *mons Badonis* neuf cents ennemis à lui seul. De cette tradition fort ancienne et originaire des îles Britanniques, les auteurs continentaux se font l'écho : Hermann de Tournai, dans ses *Miracula Sanctae Mariae Laudunensis*, parle, à la date de 1113, du « *famosus secundum fabulas Britannorum rex Arthurus* ».

Tels sont les faits connus avant la véritable révolution littéraire que constitue le succès fabuleux du cycle arthurien au XIIe siècle. Avec la geste des chevaliers de la table ronde du roi Arthur (lui-même relativement passif), le « monde chevaleresque » accède à l'existence, et son attrait va se révéler irrésistible. Son berceau historique est la cour angevine d'Angleterre, de langue française. C'est là que dominent pour la première fois les reines et les dames, présidant à ces tournois dont la place dans la vie de la noblesse d'Anjou a été mise en lumière par Georges Duby, qui a si bien interprété les Mémoires de Guillaume le Maréchal, le « meilleur chevalier du monde ». Au sein de cette cour fastueuse, qui a le goût des divertissements, évoluent des « milliers » de pages et se nouent des liaisons amoureuses. C'est dans l'abbaye de Malmesbury, protégée par la dynastie royale, que Guillaume de Malmesbury a écrit après 1135 ses *Gesta regum Anglorum* où il rapporte avec fierté les exploits d'Arthur et de son neveu Gauvain, dont le succès se poursuivra en Espagne, au Portugal, en Italie, aux Pays-Bas, en Scandinavie, et jusque dans la littérature hébraïque et yiddish.

Ce n'est certes pas un hasard si, à la même époque, une autre tradition prend forme en Occident, après une genèse encore plus longue et avec un succès encore plus universel : celle d'Alexandre. Comme Artus et Henri II, il était un conquérant implacable, aimait le luxe et se montrait d'une prodigalité fabuleuse, ainsi qu'on l'exigeait à la même époque de la *Milte* d'un Frédéric Barberousse, longtemps un ami du roi anglais Henri II. La figure d'Alexandre était restée présente sans interruption dans le monde latin. Un roman d'Alexandre en grec fut rédigé vers 300 sous le nom de Callisthène, l'historiographe de cour d'Alexandre (*Pseudokallisthenês*), et revu en latin presque immédiatement après par Ilius Valerius Maximus. Le héros y était glorifié comme conquérant et dominateur du monde. Plusieurs traductions latines ou des versions différentes virent le jour aux Xe et XIe siècles. Il y avait enfin l'*Historia Alexandri Magni*, d'un auteur difficilement datable (Ier ou IIe siècle ?), Quintus Curtius Rufus : cette œuvre romanesque, en dépit de sa conservation fragmentaire, allait connaître une large diffusion par la version en vers latins qu'en donna Gautier de Châtillon dans son *Alexandreis* (1178/1182) ; elle fut même traduite en polonais. Un autre témoignage du succès presque immédiat de la tradition alexandrine apparaît chez les Anglo-Normands vers 1180, sous le titre significatif de *Roman de toute chevalerie* (en 8050 alexandrins). Une grande partie de l'Orient et tout l'Occident connaissaient, sous une version ou sous une autre, l'épopée d'Alexandre. Le conquérant y était ou bien critiqué en tant que païen aux dons démoniaques, ou bien vénéré comme le héros absolu proposé en modèle à toute chevalerie.

« Matière » de Bretagne et du Graal, « matière » d'Alexandre et tant d'autres « matières » que nous ne saurions toutes évoquer ici, pas plus que les genres et sujets nouveaux comme la poésie des troubadours et l'amour courtois : la vision du monde dans la société noble de l'époque aulique, chevaleresque, princière, avait une envergure « universelle » et profondément humaine, et représentait une authentique « culture laïque ». « Culture chevaleresque et courtoise * », elle s'est traduite dans une poésie en langues vernaculaires. Cette littérature jouera un rôle décisif dans la naissance de cultures nationales, mais celles-ci vont reprendre le patrimoine sur lequel reposait l'idéal de leur « état » (*Standesideal*) : l'aristocratie grecque et la *nobilitas* romaine, les *virtutes* des Romains et les vertus cardinales catholiques, ainsi que le sentiment de l'honneur d'origine germanique, tout cela s'est fondu dans la norme du *miles christianus*, qui a fini par s'imposer aux rois et aux princes comme aux grands barons et à la petite noblesse. La figure du chevalier chrétien est une création originale, née en liaison avec l'Église, mais en dehors d'elle.

De tels constats ont parfois suscité l'incrédulité. Comment le « Moyen Âge », époque aussi pieuse que bornée, aurait-il pu connaître une culture laïque ? Or, il y a eu des signes d'un éveil de la noblesse aux choses de l'esprit en des siècles tenus pour moins capables encore de tels exploits. Du Vᵉ au VIIIᵉ siècle, nous l'avons vu, les *nobiles* en Gaule n'ont jamais cessé de faire éduquer leurs fils par des *doctores* privés bien payés (laïcs ou prêtres), notamment pour les préparer à une formation plus poussée à la cour mérovingienne. À la cour de Charlemagne et à celle de Charles le Chauve, nous avons mentionné des cas exceptionnels comme celui du comte Nithard, petit-fils du grand empereur et auteur d'une histoire des fils de Louis le Pieux, qui a la valeur de véritables

---

* Otto Brunner, *Historia mundi*, t. 6, 1958. Cet historien autrichien a postulé l'existence d'une culture de la noblesse laïque, non pas séparée de la culture cléricale mais autonome, et a montré la survivance de cette culture dans la vie nobiliaire au XVIIᵉ siècle non seulement à la Cour, mais aussi dans les châteaux (*Adeliges Landleben und Europäischer Geist*, 1949 et 1954).

Mémoires politiques. On peut citer aussi la cour d'Alfred le Grand, roi de Wessex, qui, entre autres, fit traduire en y participant activement les *Sept livres contre les païens* d'Orose, dont il compléta, pour le nord de l'Europe, l'approche géographique grâce à des récits de voyages dus à des navigateurs. D'autres rois se préoccupèrent de la formation juridique des élites : à la cour de Charlemagne, de Louis le Pieux et de ses fils, les jeunes nobles furent initiés à la lecture des lois (*mundanis legibus*). Cette pratique du droit est attestée par le grand nombre de manuscrits des différentes lois qui sont parvenus jusqu'à nous et par la mention de certains d'entre eux dans le testament des grands, comme celui du célèbre Eccard, comte d'Autun, qui avait en outre dans sa bibliothèque les *Gesta Longobardorum* de Paul Diacre et les « chroniques » ou *Histoires* de Grégoire de Tours en deux volumes. Le niveau intellectuel des vassaux de Guillaume le Grand d'Aquitaine n'a donc rien de surprenant. N'était-il pas connu pour sa remarquable bibliothèque, que pouvait consulter son vassal le comte d'Anjou Foulques Nerra, qui se proclamait *consul* et était versé dans l'art romain des fortifications et de la construction de routes grâce à la lecture d'auteurs militaires du Bas-Empire comme Végèce? Plus tard, le petit-fils de Foulques, Foulques le Réchin († 1109), écrira l'histoire de sa maison comtale, dont le manuscrit est conservé à la Bibliothèque vaticane.

Tous ces exemples ne constituent pas des cas isolés, mais montrent le monopole du savoir dévolu à ceux qui seuls avaient droit à la formation préparant aux offices élevés. D'où, au XIIe siècle, la stupéfaction d'Otton de Freising quand on commença, en Italie, à accorder ce droit aux jeunes hommes fils des gens de métier. Comble de l'ironie, la loi des Wisigoths exclut officiellement les affranchis de toute position à la Cour, où les avait admis jadis Auguste. C'est avec le droit romain wisigoth que le monopole du pouvoir et du savoir détenu par la noblesse, d'usage de fait, devint norme juridique.

En théologie et en philosophie aussi bien qu'en spiritualité, ces siècles ont été marqués par le prolongement du monde du Bas-Empire. Si l'on cite toujours Boèce quand il est question des héritiers de la philosophie antique, il faut également rappeler l'importance de Macrobe, ce *nobilis* et haut fonctionnaire romain du début du Ve siècle, et le rayonnement littéraire de ses œuvres à travers les siècles : les *Saturnales* et surtout son commentaire du *Songe de Scipion*, de Cicéron (ce fragment, publié séparément, du *De re publica* du rhéteur). Grâce à ce commentaire, une grande partie de la philosophie « païenne » depuis Platon (dont le plus ancien manuscrit conservé, d'une main irlandaise, provient de Salzbourg) a pu échapper à l'oubli, *via* Isidore de Séville, Bède, mais aussi Manegold de Lautenbach et la scolastique.

Quant au profond besoin de spiritualité ressenti par la très haute *nobilitas* vers l'an mille, dans l'entourage d'Otton III comme dans celui de Robert II, nous en avons parlé au sujet du culte de saint Alexis (Alexius), répandu à Constantinople comme à Rome, en Germanie et en Pologne comme en France capétienne (où la *Vie de saint Alexis* est un des plus anciens textes en français). D'origine quasi impériale, Alexis était le modèle par excellence de l'humilité. Des grands laïques et de nobles évêques virent en lui celui qui pouvait le mieux sauver leurs âmes des conséquences de leur *superbia*, péché mortel. C'est là une autre preuve de la piété d'une noblesse inquiète du sort de son âme et désireuse de se racheter par des dons aux églises et, pour la *memoria* des êtres chers, par la construction d'églises et la fondation d'abbayes. Ce sont les nobles qui ont fait la grandeur et la richesse de l'Église.

On ne saurait donc réduire la chevalerie aux seuls *milites*, soldats relativement incultes comme la soldatesque à travers les âges. La « grande chevalerie » aulique et princière, que les textes présentent comme l'élite de la noblesse, fut porteuse d'une civilisation originale, la civilisation « courtoise », ainsi nommée parce qu'elle se développa dans les cours des princes séculiers et ecclésiastiques.

Les structures du pouvoir dans l'Europe chrétienne

Il y a eu tant d'aristocraties à travers le monde qu'on oublie qu'il n'y a eu qu'une seule noblesse d'origine exclusivement romaine. Le *princeps* et la *nobilitas* — la monarchie et la noblesse — ont gouverné ensemble les hommes. Leurs intérêts étaient liés, mais n'ont jamais été identiques, ce qui explique l'histoire mouvementée de ce couple à travers les siècles. La hiérarchie des titres, reconnue par tous (la légitimité était à ce prix), donne l'impression d'une grande harmonie des institutions fondées par le monarque et dirigées par lui avec une autorité normalement incontestée, mais elle n'a pas empêché les conflits — ouverts ou cachés — entre les empereurs, ou les rois, et leurs fidèles supposés. Le souverain doit mettre au pas les récalcitrants (un signe de force parfois, mais pas toujours) et récompenser les efforts des membres fidèles de la noblesse (un signe de faiblesse parfois, mais pas toujours). Visiblement, les nobles connaissaient leurs intérêts et pressentaient leur puissance quand ils réussissaient à se réunir, comme on le vit dans les périodes de crise dynastique des monarchies.

Roi-noblesse : un système bipolaire

Comment la noblesse romaine, si fière de ses origines, au fond plus ancienne que le *princeps* qui avait été l'un des siens, a-t-elle pu être amenée à « servir le prince »? Depuis Auguste, les empereurs s'étaient substitués au *populus Romanus* et aux élections de magistrats pour faire et défaire les sénateurs ; ils les accusèrent, les condamnèrent, leur confisquèrent leurs possessions et prirent finalement en main les nominations aux *honores* élevés — le rang sénatorial et l'appartenance à la *nobilitas* —, tant et si bien que les nobles finirent par être les hommes de l'empereur. La *nobilitas* chrétienne, réorganisée depuis Constantin dans le cadre de la *militia principis*, eut pour maître l'élu de Dieu, l'empereur sauveur de l'Église. La noblesse chrétienne se situe entre l'apparition de cette monarchie chrétienne et sa disparition. En dehors du cadre chrétien et monarchique, il n'existe pas de noblesse authentique. Louis XIV sera conscient dès sa jeunesse de sa mission catholique et antihérétique, indispensable pour sauvegarder le rang du royaume (celui de Clovis) et de sa dynastie dans l'Europe chrétienne. Toute histoire du pouvoir politique dans l'Europe ancienne doit montrer le rôle qu'y tinrent la foi et l'Église, car la durée et la force du pouvoir monarchique y étaient respectées non seulement par le menu peuple, mais aussi par une noblesse dont la légitimité était fondée sur celle, d'origine divine, du monarque à qui elle devait son statut.

Le *princeps/dominus* du Bas-Empire sut faire comprendre aux hommes qu'il élevait à la dignité de sénateur romain toute la dimension de la grâce qu'ils devaient à leur maître. Se fondant sur l'*Essai sur le don* (1924) de Marcel Mauss, Dirk Schlinkert observe à propos des lois impériales que celui qui donne est *ipso facto* supérieur à celui qui reçoit, le fait d'accepter le don étant une reconnaissance implicite d'infériorité. Le premier est le maître, le second le « ministre », son serviteur. Toute position sociale, dans l'*ordo dignitatum* (la hiérarchie des rangs), est donc une grâce accordée par la *liberalitas** de l'empereur. Elle trouve son expression dans un terme technique qui date du monde romain : le *beneficium*, « faveur contraignante ». Le « Moyen Âge », c'est-à-dire les hommes issus du monde romain impérial et chrétien, savait parfaitement la portée de l'octroi d'un *beneficium*. C'est ainsi que le chancelier de Frédéric Barberousse, Reinhard von Dassel, a fait un scandale à propos d'une allusion dans l'entourage du pape Hadrien à un *beneficium* consenti par ce dernier au roi, ce qui eût fait de lui un obligé du pape, et donc son inférieur.

L'empereur du Bas-Empire veillait à ce qu'il n'y eût pas de doute sur la déférence à son égard de celui qui lui devait une grâce. Ceux qui osaient se prévaloir d'un rang ou d'un titre avant leur nomination formelle perdaient tout et étaient passibles de sanctions. Le

---

* Le terme ne désigne pas seulement la libéralité ou la générosité de l'empereur. Il a aussi le sens plus concret de largesses ou de don.

princeps était entouré de tant de signes de sacralisation que le noble ne pouvait jamais oublier ses obligations quasi religieuses envers lui, les liens moraux qui le liaient à sa personne, au-delà des liens matériels. Négliger ses devoirs envers le prince n'était pas une mince affaire, le trahir avait des conséquences fatales, tout comme lui résister ouvertement, ne fût-ce que parce que d'autres n'attendaient que la disgrâce du téméraire pour occuper sa place. La relation normale entre le seigneur et le fidèle était fondée sur la « grâce » (*gratia/Huld*) du seigneur, qu'il ne fallait pas perdre (*Huldverlust*). La menace de retirer sa grâce était pour le maître une arme que Charlemagne n'hésitait pas à brandir pour appuyer un ordre. Ainsi l'abbé d'une abbaye royale fut-il exhorté à bien réparer les matériaux destinés à une campagne prochaine, « *si gratiam nostram habere vis* » (« si tu veux garder notre grâce »).

Mais la *nobilitas* n'était pas une simple créature du monarque. Elle a su développer une personnalité propre, en mettant à profit les traditions des aristocraties anciennes, celtiques, grecques, slaves, germaniques et autres. C'est en leur sein, en effet, que s'est forgée l'idée d'un droit de la noblesse à la résistance face au roi*. Ainsi, dans le cadre du Saint Empire, le *Fehderecht* qui permettait de défendre ses droits, même contre le roi, sous certaines conditions : il concernait ceux qui jouissaient d'un statut juridique les autorisant à procéder à une « diffidation » en bonne et due forme, à défier par lettre (*Fehdebrief*) un autre « État » d'Empire (prince, seigneur, ville d'Empire) et à « relever le gant » dans une « querelle » (*Fehde*). Si la médiation, souvent proposée par un État ecclésiastique, échouait, la *Fehde* se transformait en une guerre légale entre deux États.

Ce formalisme strict, qui trahit une influence romaine dès l'époque franque, et ses règles de procédure sont au cœur de la vie constitutionnelle du monde chrétien. De même que les titres, loin d'être de « simples titulatures », ont ordonné l'État et la société, le cérémonial a été un facteur essentiel dans l'art de résoudre les problèmes politiques et les conflits : le roi, ses conseillers et les grands devaient le dominer pour arriver à une solution acceptée par tous. La noblesse des Xe-XIIIe siècles, à condition de respecter les règles du « jeu » en évitant une témérité excessive et un isolement politique fatal, disposait donc de moyens politiques**. En ce qui concerne le « droit à la résistance », elle l'exerça plus souvent qu'on

* C'est le sujet d'un livre de Fritz Kern, *Gottesgnadentum und Widerstandsrecht* (1914), dont Marc Bloch a signalé l'importance. L'auteur y oppose l'autorité royale quasi religieuse et la revendication par les grands de leurs droits en certains domaines.

** *Cf.* Gerd Althoff.

ne l'a longtemps cru : on a pu ainsi relever environ quatre cents exemples de rois déposés à l'époque des migrations et avant l'an mille (Bunt), chiffre qui souligne la faiblesse de la royauté païenne, surtout germanique, dominée par une aristocratie puissante.

Clovis, *rex gloriosissimus* et *dominus* catholique de l'Église gallo-romaine, a fondé un nouveau type de royaume, le *regnum Francorum*, en le dotant d'une *nobilitas* formée par la noblesse sénatoriale gallo-romaine et par les *maiores natu* des peuples barbares, qui purent entrer dans sa *militia principis* en jurant obéissance « à la romaine » (*obsequium*) au nouveau maître. Entre 508 et 511, il réussit à anéantir du même coup l'opposition aristocratique et les résistances païennes, œuvre qu'achevèrent ses fils. Clovis est le continuateur de la Gaule romaine, car il a conservé le droit romain pour les Romains et pour l'Église catholique. Mais sa royauté est héréditaire et dispose de la *potestas principalis*, d'origine romaine, qui seule permet de nommer à tous les *honores* comportant la *potestas publica*. Cet État *sui generis* n'a donc pas d'antécédents germaniques.

Des luttes d'influence au sein du royaume franc — entre le *rex, dominus, princeps excellentissimus, piissimus* d'un côté et la *nobilitas* de l'autre —, l'État du *princeps* est sorti victorieux, car la *nobilitas* hiérarchisée est passée à son service tout en profitant elle-même de l'héritage romain. L'État franc, dans sa version carolingienne et postcarolingienne, est le résultat d'un compromis entre les traditions romano-chrétiennes et les traditions aristocratiques, qui apparaît déjà dans l'ascension des maires du palais et de leurs fidèles. Mais la vassalité et l'hérédité vont créer une nouvelle couche de dynastes héréditaires qui, comme le roi, portent le titre de *princeps*. Ainsi prend fin la bipolarité roi/noblesse, car les chefs des plus grandes familles deviennent à leur tour des princes héréditaires, entourés de leur propre noblesse. La structure du pouvoir est dorénavant triple : monarques ; princes, autonomes ou même souverains ; noblesse, dépendante des monarques ou des princes.

L'essor des États

Rois et princes sont les maîtres des États dynastiques de l'Europe. Avec le prince non royal et son État bien administré, la *nobilitas* sera désormais tripartite : il y a ceux qui ont obtenu le pouvoir étatique (*potestas principalis*) royal, ceux qui ont obtenu le pouvoir étatique non royal, enfin ceux qui n'ont obtenu ni l'un ni l'autre et qui n'exercent que la *potestas publica* au service des rois ou des princes. Quant à ceux qui ne peuvent se prévaloir que de leur condition noble, il leur reste le droit de défendre leur honneur les armes à la main. Tous les princes, royaux ou non, ont finalement eu droit au prédicat jadis impérial de *serenissimus*, car ils pouvaient disposer d'une cour composée de leurs *principes* (les « grands »). Le prince seul pouvait « faire » des nobles (de même que l'empereur et le pape « faisaient » des rois).

La longévité de ces structures de pouvoir qui scellaient l'alliance, sous l'autorité divine, du *princeps*, de l'Église et de la *nobilitas* est surprenante. Marginales au début, des évolutions politiques à Venise, religieuses en Bohême hussite, économiques et sociales dans les villes de commerce et d'industrie, allaient cependant faire naître des milieux qui échapperont de plus en plus à l'emprise de la monocratie exercée par la triade roi/Église/noblesse. L'alliance des élites urbaines avec la royauté, leur importance économique et fiscale ainsi que leur instruction, qui leur ouvrit les carrières de l'administration, ont préparé le bouleversement de l'ordre établi. Mais il faudra encore des siècles avant que les hommes osent renier l'ensemble de cet « Ancien Régime », tant les hiérarchies politiques et sociales étaient profondément ancrées dans leur esprit, voire dans leur « cœur ». Ils y croyaient, ils les aimaient — les nobles, entre autres, à cause de tout un culte de la fidélité et du service, renforcé par la vassalité et par le fait que l'Église bénissait cette loyauté envers un pouvoir voulu par Dieu.

Dans la lutte pour le pouvoir sur les hommes, des identités se sont formées qui sont encore les nôtres : depuis la prise de pouvoir d'Auguste, le *princeps* était devenu — en fait, sinon en droit — l'incarnation de la chose publique (*res publica*), donc de l'État. Le *princeps* se fit maître de la *nobilitas* transformée en *militia*. Depuis Constantin, il l'était aussi en tant qu'élu de Dieu. Depuis Louis le Pieux, tous les nobles servant l'empereur et l'Église sous Dieu étaient déclarés élus de Dieu. À partir du XIe siècle, la victoire de l'hérédité des nobles « par la grâce de Dieu » augmenta le nombre des *princeps* — ceux-ci n'étant *princeps* que dans leur « État » respectif — ainsi que des « États » et de leurs dynasties impériales, royales et princières.

Dans ce monde dominé, sous la volonté de Dieu, par les empereurs, les rois et les princes, chacun, qu'il fût noble ou non, était déterminé par son appartenance à un État qui définissait sa tâche. Ainsi l'État finit-il par donner à tous ses habitants une identité politique, c'est-à-dire une « identité nationale ». En France, l'identité du royaume se construisit d'abord autour de son roi, puis de la noblesse, seule concernée par l'État du roi (IXe-Xe siècle), puis de tous les « sujets » du roi (XIIIe-XIVe siècle), y compris les roturiers, et enfin de tous les habitants de l'État, du peuple entier, l'affirmation de son identité nationale n'ayant plus besoin ni de roi ni de royaume. Il en alla de même, *mutatis mutandis*, dans le Saint Empire où, au XIXe siècle encore, les habitants de chaque principauté restaient attachés à une identité qu'ils appelaient « nationale », que ce fût en Bade ou en Bavière : elle s'exprimait entre autres dans leur passeport, preuve de leur identité personnelle. Ils la conservèrent après l'abdication en 1918-1919 de leurs princes et la disparition des principautés. Contre toute logique juridique, l'Empire, qui avait dû reconnaître à partir de 1648 la souveraineté de ses princes, et donc l'identité politique séparée des populations de toutes ses principautés, avait gardé une « identité nationale » commune.

Les grandes unités politiques sont nées autour de l'État de leur prince et autour de l'État de leur noblesse. De ces identités, les peuples se sont emparés pour en faire, rétrospectivement, une propriété et un patrimoine. Ce fut d'abord le bourgeois, le nouveau maître des autres hommes, qui voulut avoir lui aussi son histoire; puis le citoyen, qui voulut être souverain! Or notre histoire ne nous appartient pas; elle est le résultat d'un long processus d'éducation politique et sociale. L'Europe ne nous appartient pas non plus, mais nous en faisons partie, et son histoire devrait nous permettre de mieux comprendre la nôtre, et celle de toutes nos identités partielles : leurs racines romano-chrétiennes communes se mêlent aux racines celtiques, germaniques, slaves et autres.

Le roi et la noblesse : deux partenaires rivaux

De l'affrontement entre le *princeps* et l'État, l'État sortit victorieux. Son « absolutisme » pouvait rappeler celui des empereurs romains, si ce n'est qu'il profita non pas à un grand empire, mais à des douzaines d'États, dirigés par des *princeps*/rois et des princes non royaux qui, les uns comme les autres, gardèrent le contrôle de « leur » noblesse. Au moment de sa plus grande puissance, la royauté utilisa son alliance avec de nouvelles couches de la population devenues riches ou instruites, voire les deux à la fois, pour saper définitivement la position d'une noblesse qui avait perdu son monopole de diriger les hommes. C'était une revanche tardive de la royauté pour tant de déboires, mais elle la paya chèrement : la fin de la polarité millénaire *princeps*/*nobilitas* impliquait la disparition prochaine des deux partenaires rivaux.

L'affrontement entre la royauté mérovingienne et la noblesse gallo-romano-franque (y compris l'épiscopat) est capitale pour comprendre l'avenir des institutions politiques en Europe. Certes, Clovis avait réussi à obliger les *maiores natu* des Francs à entrer dans sa *militia principis* s'ils voulaient exercer la *potestas publica*. Mais la noblesse, dorénavant mixte (romano-germanique), allait réagir au moment propice pour redresser la barre en sa faveur. Elle retrouva un rôle d'arbitre, surtout dans le cadre de chaque *regnum*, et fut finalement amenée à élire le roi parmi les Mérovingiens aptes à succéder. Certes, le *princeps*, qui nommait les membres de la *nobilitas* à des dignités savamment hiérarchisées, disposait d'un système alléchant de récompenses, accompagnées de rémunérations, de titres et de symboles. Mais ce moyen d'attirer les nobles à son service tout en les divisant, les uns contrôlant les autres, se révéla à double tranchant : avec chaque nomination et distribution de pouvoir et de revenus, les nobles devenaient en effet des « grands ». Plus puissants et plus indépendants, ils purent mettre à profit les faiblesses du *princeps*, que ce fût le conflit d'un Mérovingien avec son fils ou avec son frère, ou encore l'influence de plus en plus considérable du *maior domus* sur la noblesse à la Cour.

Dans la Gaule franque du VIe au VIIIe siècle, ni le roi et sa cour, ni les ducs dans leur duché respectif ne dominent seuls. Toute décision au niveau supérieur est le résultat d'un jeu politique aux règles compliquées dont les acteurs sont le roi, les prélats et les grands. Trois formes de pouvoir légal se sont ainsi mises en place : le roi (ou celui qui gouverne en son nom) nomme les évêques et les dignitaires nobles à des postes plus ou moins élevés ; les évêques et les grands élisent le roi ou le déposent. Tous trois établissent l'organisation territoriale et ecclésiastique, mais leur lutte implacable pour le pouvoir finit par ruiner la paix et le droit, à la fin du VIIe et au début du VIIIe siècle. Aucune de ces forces ne peut être éliminée ou négligée par les deux autres, leur prestige et leur pouvoir réel étant trop grands. Ce n'est pas l'anarchie, mais un équilibre des forces, toujours fragile il est vrai, où chacun, en servant Dieu, cherche aussi à s'en servir. Le billet d'entrée pour ce jeu est le titre, séculier ou ecclésiastique.

La réussite de Clovis et de ses fils, qui monopolisent les pouvoirs et les richesses grâce à leur nouvelle dignité de *princeps* et *dominus*, impressionne les grands. Ceux-ci vont se manifester dès 524, quand le petit Clodoald (le futur saint Cloud), fils du feu roi Clodomir, est sauvé de ses oncles qui voulaient le tuer, comme ses frères, « *per auxilium virorum fortium* » (« grâce à l'aide d'hommes puissants »). Ils commencent à prendre le dessus, à la mort du roi d'Austrasie Theudebert, en 548 : les *proceres et primi regni* (ce sont les *franci*, l'élite de la *nobilitas*) établissent alors à leur profit une régence pour son fils mineur, Thibaut. Quand Sigebert Ier d'Austrasie est assassiné par les hommes qu'a payés Frédégonde, reine de Neustrie, les grands austrasiens, en la personne du *dux* Gondovald, s'emparent de son fils Childebert, âgé d'à peine cinq ans, le font roi et gouvernent à sa place (576). Méthode profitable qui les incitera à susciter artificiellement une minorité en se faisant livrer un fils mineur du roi de Neustrie régnant au VIIe siècle sur l'ensemble du *regnum Francorum*. La royauté mérovingienne a été minée par un « régime de minorité » imposé par l'aristocratie austrasienne (Heinrich Brunner).

Telle est la genèse de l'affaiblissement de la royauté mérovingienne, résultat des dissensions au sein de la dynastie (il en ira de même plus tard pour les Carolingiens). L'essor des « *tria regna* » (Neustrie, Austrasie, *Burgundia*) comme noyau franc institutionnalisé du *regnum Francorum* coïncide en effet avec le déclin du pouvoir central et la montée en puissance de la *nobilitas* de chacun de ces trois *regna*. Quand Clotaire II rétablit en 613 la *monarchia regni*, le gouvernement d'un seul roi sur la totalité du royaume franc, il lui faut payer le prix de sa victoire sur la reine Brunehaut, qu'il doit à la connivence des maires du palais Pépin Ier (Austrasie) et Warnachaire (*Burgundia*), ses alliés secrets, qui ont trahi la reine. Les deux maires restent en place dans leur *regnum* respectif, qui n'a plus de roi propre — donc, en principe, plus de cour dont ils auraient pu être le *maior domus regiae*. Du coup, dans ces deux « royaumes sans roi », apparaît un nouveau type de maire du palais qui est moins le représentant du « grand roi » résidant en Neustrie que celui de l'aristocratie d'un pays qui n'a plus besoin d'avoir un roi pour être un royaume.

Un siècle après l'événement, l'auteur du *Liber historiae Francorum*, neustrien et donc favorable à la prépondérance du « pouvoir central » installé en Neustrie (à Paris), est parfaitement conscient de ce qui s'est passé en 613-614 : « Après la mort de ces rois [de *Burgundia* et d'Austrasie, Thierry et Theudebert, fils de Brunehaut, en 612], les *Burgundienses* et les *Austrasii*, ayant fait la paix avec les autres Francs, élevèrent Clotaire comme seul roi dans l'ensemble des trois royaumes. » Les *Burgundienses* et les *Austrasii* formaient des peuples distincts, tout en faisant partie de royaumes « francs » : ils préféreront d'ailleurs nommer les « autres Francs » *Neustriaci, Neustriacenses* (« Neustriens », terme apparu d'abord en *Burgundia*), tandis que ces derniers, se considérant comme les vrais Francs, se baptiseront *Franci*. Ce rétablissement apparent de l'unité du grand royaume franc sous un seul roi a marqué le début de la division d'un royaume tripartite. Chacun des trois *regna* sera la vraie *patria* de sa *nobilitas* respective, aussi bien sur le plan de la justice (les juges devant être des autochtones) et de l'administration que sur celui de l'organisation militaire (Neustriens, Bourguignons et Austrasiens formant des armées séparées).

L'autonomie était particulièrement forte en Austrasie, dont les grands, nous l'avons dit, gouvernaient seuls à la place d'un fils mineur du roi neustrien qu'ils s'étaient fait livrer pour prix de leur coopération. Restait à savoir qui détenait vraiment le pouvoir non royal, du *maior domus* ou des autres grands du *regnum*. En *Burgundia*, ces derniers avaient fait supprimer, par le roi parisien, le majordomat. L'Austrasie fut le théâtre de luttes acharnées entre candidats au majordomat, chacun ayant son « parti »; ces luttes se conclurent par la victoire des Arnulfiens pippinides. L'autonomie exorbitante accordée aux aristocraties austrasienne et burgonde, voire aux duchés en Germanie, ne pouvait qu'attiser les exigences des grands de Neustrie. Aussi agirent-ils avec une assurance croissante — convaincus, en tant que *Franci* par excellence, de leur bon droit — dans la gestion des affaires de leur *patria*, qu'elle fût appelée *Neustria* ou *Francia*. Ces grands laïques et ecclésiastiques, unis face au roi et/ou au maire du palais, finirent par élire et par déposer rois et maires du palais. Ces derniers ne furent plus choisis par le souverain ou son entourage aulique, mais présentés pour nomination, voire installés directement par les grands neustriens, selon la formule classique du VIIe siècle : « *Franci eligunt* » (« les grands des Francs élisent »).

Épisode significatif du bouleversement des valeurs entre la royauté et les grands : en 675, Childéric II fait ligoter et fouetter un membre de la noblesse neustrienne. Aux yeux de celle-ci, c'est un crime indicible, inouï, qui met en cause, outre l'honneur de la famille concernée, celui de toute la classe dominante. Des proches de la victime assassineront le roi et sa femme enceinte, dans une forêt domaniale, sans être sanctionnés. Au nom de la royauté, le maire du palais élu, Ébroïn, chercha en vain à imposer les droits du pouvoir central. Il finit par être assassiné à son tour.

Dans la lutte des factions et des groupes familiaux neustriens pour le majordomat, comparable à celle qui se livrait en Austrasie, surtout depuis la mort d'Erchinoald en 658, les maires du palais durent solliciter l'appui de la *nobilitas*. Depuis longtemps, le *maior domus regiae* était lié à la noblesse, car il avait la haute main sur la *schola* qui à la cour royale préparait les jeunes nobles à leurs futures carrières. Décidant de leur admission dans ce cercle privilégié, et disposant ainsi de moyens de promotion, le maire du palais put se créer une sorte de clientèle et nouer des contacts directs avec les grands. À présent, il lui fallait s'arranger avec eux, et pour être élu, et pour gouverner sans trop d'obstacles.

Dans ce « jeu » impitoyable, les derniers rois mérovingiens perdirent tout pouvoir réel. Il ne leur restait que la présidence de quelques cérémonies ou celle du tribunal royal, dont le verdict, édicté par les grands, devait être prononcé par le roi pour être recevable. Ce qui incita d'ailleurs les Pippinides — qui avaient perdu des procès au début du VIIIe siècle, des *optimates* hostiles ayant voté contre eux — à établir un tribunal propre au *maior domus*, dominé par leurs propres fidèles. Mais c'était toujours le seul *rex* qui pouvait conférer des titres valables. Voilà pourquoi les Pippinides, après les victoires de Charles Martel, eurent besoin du titre royal. C'est alors seulement qu'ils purent rétablir le pouvoir central et obliger la noblesse à respecter l'autorité royale, maintenant appuyée par la papauté et l'Église. Alors recommença le jeu entre *princeps* et *nobili-*

tas. Il devait mener à l'État vassalique, fondé sur l'autorité de princes.

La royauté, tout en étant capable de résister aux contestations de son pouvoir, n'a donc pas été monolithique, d'autant moins que l'Église, malgré son appui de principe à l'ordre politique créé et voulu par Dieu, n'a jamais renoncé à son devoir d'exhorter et de sanctionner les puissants. Elle a même pris parti dans les conflits entre États et factions dans le cadre d'un royaume ou d'une ville, ce qui pouvait augmenter considérablement les chances d'une opposition, soit dans la noblesse, comme en Saxe à l'époque des rois saliens, soit dans la population urbaine, comme à Milan en ce même XIe siècle.

C'est à cette époque que l'on posa la question du droit du monarque à une domination quasi illimitée. L'Alsacien Manegold de Lautenbach (*Manegoldus Teutonicus**), qui combattit les adversaires des réformes grégoriennes — donc les fidèles d'Henri IV —, fut le premier à soutenir que le pouvoir sur les hommes devait se fonder sur les droits du *populus* et à admettre le droit de résistance contre les tyrans. Ces idées furent reprises par Jean de Salisbury, Marsile de Padoue, Nicolas de Cues et Lupold de Bebenburg, ce qui n'empêcha pas Marsile de défendre les droits des empereurs contre les prétentions de la papauté. En fait, le climat politique et social était en train de changer. Outre des révoltes spectaculaires de villes contre leur maître, l'évêque, comme à Laon et à Cologne, il y eut la résistance acharnée et finalement victorieuse des cités de l'Italie du Nord, organisées dans la *Lega lombarda*, contre Frédéric Barberousse. Alliée à la papauté, la *Lega* obtint d'être incluse dans la paix de Constance (1170), ce qui amena la reconnaissance des communes comme entités légales du droit commun européen (Gerhard Dilcher) et fit des villes de l'Empire des partenaires souverains des princes, soumis au seul empereur.

Le succès politique le plus spectaculaire obtenu par la noblesse face à la royauté aura sans doute été la Grande Charte que Jean sans Terre se vit imposer en 1215 par ses barons révoltés, une *Magna Carta* confirmée en 1264 par son fils Henri III. Sa forme correspondait aux chartes de « libertés » que les seigneurs concédaient aux villes qu'ils venaient de fonder, ce qui montre bien l'importance des nouvelles idées sociopolitiques, fondées sur la « communauté » des hommes réunis dans le royaume, la « *community of the realm* », représentée non par le peuple, mais par l'ensemble de tous les vassaux du roi dans une *curia regis* élargie

* Après des études à Paris, il enseigna vers 1070, puis parcourut la France avec sa femme et ses filles, avant de se faire moine à Murbach, près de Colmar. Il mourut entre 1103 et 1119.

comme partenaire du souverain. S'y exprimait aussi le principe selon lequel ceux qui détenaient les charges devaient participer aux délibérations et à la législation. C'était l'époque de la *communitas* et de l'*universitas*, par exemple des *burgenses* d'une ville ou des enseignants et étudiants d'un *studium*, d'une « université ». Malgré les restrictions apportées à la Charte dès 1217, ce contrat entre la couronne et ses vassaux sera d'une grande portée pour l'histoire constitutionnelle de l'Angleterre.

À la même époque, le droit saxon sur le continent, dans la forme que lui a donnée Eike von Repgow († vers 1233/1235) dans son *Sachsenspiegel*, mentionne un droit de résistance (*Widerstandsrecht*), voire un devoir de juger l'injustice, qu'elle soit le fait du roi ou du juge. Ceux-ci doivent juger équitablement, « et le vassal a le droit de résister au roi et au juge mal jugeant et doit chercher par tous les moyens à empêcher l'injustice, sans qu'ils lèsent ainsi son devoir de fidélité » (*Landrecht*, III, 78, 2). Le Saint Empire a vu au XIIIe siècle les empereurs consentir des concessions considérables « en faveur des princes » (« *in favorem principum* », 1235) devenus les maîtres de territoires gouvernés d'une manière de plus en plus autonome, concessions qui constituèrent un pas décisif vers des structures étatiques presque souveraines.

Servir et gouverner

L'histoire de la noblesse est celle d'une société rigoureusement hiérarchisée, mais aussi celle d'une lutte où les titres ont été autant d'armes dans le combat pour se placer au-dessus des autres. Ce combat, dans sa dureté implacable, trouve pour le moraliste sa sanction dans la chute finale de tout pouvoir terrestre.

Royauté et aristocratie sont des phénomènes « universels », sans limitations géographiques et chronologiques, dès que l'organisation des groupes humains dépasse le cadre du clan. Royautés et aristocraties ont en commun une idée dynastique qui implique des formes diverses de succession « par le sang ». Face à ce modèle universel, la *nobilitas* romaine constituait un modèle particulier. Ses membres, tout en étant fiers d'appartenir à une *gens* aussi ancienne que noble, ne connaissaient pas la transmission héréditaire du pouvoir public. Il leur fallait accomplir une carrière individuelle, le *cursus honorum* au service de la *res publica* ou du *princeps*, pour obtenir un *honor* soit par élection républicaine, soit par nomination sénatoriale, soit encore par nomination impériale, le *princeps/dominus* étant devenu seule source d'honneurs (*fons honorum*). Des *homines novi*, sans être « bien » nés, pouvaient être élus ou nommés pour leurs mérites à un *honor* élevé, et ainsi devenir le chef d'une nouvelle *gens*.

La *nobilitas* romaine est issue d'une aristocratie romaine comparable à celle des Celtes, des Grecs, des Germains ou des Slaves, mais qui s'est transformée dans le cadre d'une *res publica* qui avait aboli la royauté et avec elle le pouvoir politique héréditaire. Cette *res publica* s'est créé un Empire, État né de la symbiose de la *res publica* d'une cité gréco-romaine et d'un empereur réunissant en lui un *princeps* qui se disait respectueux des libertés des *cives* et des droits du sénat républicain, et un *dominus* qui combinait le modèle macédonien d'une monarchie militariste et les traditions de monarchies orientales — ainsi que celles de la royauté biblique et davidique, depuis que ce *princeps/dominus* s'était converti au christianisme.

Or le modèle romain devait finalement admettre un *dominus* héréditaire, ce qui achèvera l'unité du système romano-franc. Le principat d'Auguste fut en effet, dès le début, celui d'un « héritier de César » — Octavien, son fils adoptif, le futur Auguste, ayant hérité l'armée césarienne, ce qui lui permit de vaincre Antoine. Auguste se fit jurer fidélité à travers l'Empire à sa personne et à ses descendants, préparant ainsi l'hérédité de sa « maison » tout en combattant habilement tout autre pouvoir héréditaire déclaré « royal », donc criminel*. En fait, le principat d'Auguste ne correspondait plus à la *res publica*.

Les descendants des grandes familles romaines tiraient fierté de leur haute naissance (*splendor natalium*). Jusqu'à la mainmise complète du *dominus* impérial sur l'État, les titres et les fonctions, il fallait être de naissance élevée pour avoir une chance réelle d'accéder à un *honor*. Le *splendor natalium* était certes concurrencé par le *splendor magistratus*, surtout celui des sénateurs, mais la dignité suprême de l'*honor* n'excluait pas une conscience de la noblesse de la race chez celui qui se voyait ainsi promouvoir à un rang éminent. Ces sénateurs, même à une époque tardive, n'étaient-ils pas les hommes les plus nobles qui fussent? Cassiodore ne déclarait-il pas que les sénateurs n'avaient plus besoin que leur noblesse fût régénérée comme celle des autres *nobiles*, leur gloire (*splendor genuinus*) étant devenue « héréditaire » (Herwig Wolfram, 1963) ? En outre, la *nobilitas*, depuis le IVe siècle, avait pour cadre la *militia* du *princeps/dominus*, qui ouvrait un large éventail de carrières individuelles offrant des satisfactions sur le plan des rémunérations et des occasions de s'enrichir, et permettant à l'empereur de disposer d'hommes éblouis par les titres élevés et les symboles du pouvoir.

---

* *Cf.* Joël Le Gall, 1991-1993.

Son éclat correspondait à un Empire qui réussit à surmonter ses crises au profit de ses véritables élites.

Une formation rhétorique et juridique pouvait ouvrir aux fils des *nobiles* l'accès aux tribunaux, à la haute administration et, au premier chef, à la Cour. À côté de cette carrière « classique » vouée à l'ensemble de la *res publica* ou à l'une de ses *partes*, l'*Oriens* ou l'*Occidens*, une autre ne cessait d'attirer des candidats, elle aussi dans chacune des *partes* : le métier des armes. Nous y avons vu réussir des professionnels, qu'ils fussent d'origine ibérique, dalmate, africaine ou barbare (Goths, Alains, Francs) : ce groupe s'est élevé rapidement entre le IVe et le VIe siècle, au sein de la hiérarchie impériale, jusqu'à dépasser les élites traditionnelles, même à la Cour.

La carrière des armes sembla un moment faire pâlir l'étoile des grandes familles de la *nobilitas*, mais les titres élevés que reçurent les chefs militaires firent des *magistri militum* des membres de l'élite sénatoriale; ils appartenaient à un milieu formé par les plus hauts fonctionnaires de la Cour, de la haute administration et de l'armée, alliés aux familles impériales et aux familles royales barbares, et portant eux aussi le titre de *vir gloriosissimus* ou *excellentissimus* (depuis le VIe siècle). Or, parmi ces hommes les plus puissants du monde romain, les *reges* des royaumes barbares, tout en reconnaissant toujours l'empereur, le *pater*, représentaient un pouvoir à part, extérieur à la *res publica* : leur autonomie, voire leur « souveraineté » politique, était reconnue par l'empereur, par le pape et surtout par toute la *nobilitas* authentique de leur propre *regnum*, et l'hérédité de leur *honor* était incontestée. C'était la fin officielle de la non-hérédité de l'*honor* dans le monde romain.

La *nobilitas* romaine, si elle ne manquait pas de *splendor natalium*, donc de noblesse du sang, n'était pas *nobilis* par sa seule naissance; sa dignité était liée à l'exercice d'une haute fonction publique, l'*honor*, qui, lui, ne pouvait se transmettre par le sang. Le changement de cette règle constitutionnelle millénaire a été le bouleversement le plus profond qu'ait connu l'histoire de la *nobilitas*. Mais le second millénaire de l'histoire de la noblesse a pu faire oublier la loi de la « première noblesse », au point que l'on a souvent cru qu'hérédité des rangs et des titres était la définition même de « la noblesse ».

La victoire de l'hérédité de l'*honor* sur la règle du *cursus honorum* se dessine avec les derniers Mérovingiens et ne s'impose qu'à partir des VIIIe-IXe siècles. Mais ce n'est pas la fin du modèle romain de la hiérarchie politique : les *reges excellentissimi* sont intégrés dans le monde romain, les structures de l'Église romaine (vivant selon la loi romaine) tout comme le statut de leur population romaine (vivant selon la même loi) sont maintenus dans leur *regnum* respectif et, surtout, la *nobilitas* romaine suit les règles du *cursus honorum*.

Les idéaux de cette *nobilitas* sont romains et, dès qu'elle se christianise, bibliques. C'est une élite qui sait qu'elle est élue pour servir la *res publica* à l'instigation du *princeps* et, surtout, de Dieu qui l'a destinée à diriger les hommes, dans le « monde » mais aussi dans l'Église. Les nobles ne sont pas des « soldats », mais des chefs destinés à guider les hommes, en temps de paix comme en temps de guerre, par l'autorité de leur fonction (*ordo*), qui comportait l'exercice du pouvoir public (*potestas publica*). Les structures hiérarchiques de cette *nobilitas* s'exprimaient sur le plan temporel et spirituel ; la *militia principis* et la *militia Christi* servaient l'une et l'autre le *princeps* (qu'il fût empereur, roi ou bien *princeps* non royal) et gouvernaient, chacune en son domaine et à sa place, les hommes*.

Les nouvelles structures de la noblesse régies par le principe d'hérédité resteront valables au temps de la chevalerie. La civilisation dynastique centrée autour de la famille et de son patrimoine, en créant des strates organisées en « états » (*Stände*), débouchera sur une « société des états » (*Ständegesellschaft*) qui dominera l'Europe au XIIe et au XIIIe siècle. Or l'un des premiers « états » fut celui des *milites* (*Ritterstand*), soldats combattant à cheval qui parvinrent à l'état de « chevaliers » et qui furent à l'origine d'une civilisation chevaleresque. Nous avons déjà évoqué la double méprise qui consiste à tenir la noblesse européenne pour issue de Germanie, et plus spécialement d'une « chevalerie » de guerriers germaniques. L'Ancien Régime a cru connaître la vérité grâce à Tacite et à sa *Germania*, qui décrivait la remise des armes au jeune guerrier libre, combattant à cheval dans sa *Gefolgschaft* (« escorte »). Le grand érudit Juste Lipse (1547-1606) vit dans cet acte solennel le vestige de la création des chevaliers (« *vestigium vetus creandi equites seu milites* »). Après lui, bien des érudits ont fait de la remise du *cingulum militiae* la dénomination latine d'un culte germanique lié à l'armement du jeune homme qui a atteint la maturité sexuelle (*Wehrhaftmachung*).

Or, comme nous l'avons montré, le *cingulum* a été porté sans discontinuité par les membres de la noblesse romaine, franque et enfin européenne : la consécration du *miles* par le ceinturon (*cingulum*) n'en faisait pas un guerrier, comme le jeune Germain chez Tacite, mais lui conférait le rang de membre de la *militia*. Cette *militia principis* n'était rien d'autre que la nouvelle forme que Constantin le Grand avait donnée à la *nobilitas* romaine. Comme on l'a dit, pour faire carrière, devenir ou rester *nobilis*, on devait servir l'empereur, soit dans l'administration (*militia inermis*, non armée), soit dans l'armée (*militia armata*), en respectant la même discipline (*obse-*

---

* Michel Parisse, « La spiritualité des nobles au miroir des préambules de leurs actes », 1996.

quium) ; le port du *cingulum* (ceinturon) était le symbole du serment prêté lors de sa remise ainsi que du rang obtenu. Tous ceux qui gouvernèrent les hommes sous le roi franc portèrent le ceinturon et firent partie de la *militia principis* ou de la *militia regis*, et enfin au xe siècle de la *militia regni*, qui pouvait alors élire le roi. Chacun d'eux appartenait à la *nobilitas* sans porter de titre, car il en portait l'emblème, le ceinturon de la *militia principis*.

Malgré cette brillante *militia*, l'État, comme entité politique capable de gouverner les hommes, était le « fait du prince ». En France, il s'incarnait dans la personne sacrée du roi, le terme de « prince » se référant à un membre de la dynastie régnante ou encore à un noble, étranger ou non, qui, en dépit de son titre, n'avait aucun rang lui donnant un pouvoir réel. Nous avons longuement évoqué un autre « prince », le *princeps* romain, qui fut la source de toute autorité légitime en tant qu'*imperator* et dont les héritiers non romains furent soit *princeps* et roi, soit princes souverains ou autonomes (*princeps* et duc, *princeps* et comte).

Pendant plus d'un millénaire et demi, de Constantin le Grand à Victor Hugo, les princes n'ont cessé d'être glorifiés. Les historiens étaient alors à leur service ou à celui de l'Église. C'est après leur déclin seulement que les nations sont devenues le sujet privilégié de l'histoire. S'étant substituées aux *principes*, elles passèrent pour représenter le « peuple », alors que c'était plutôt la bourgeoisie dominant le tiers état qui avait pris la place, et des princes, et de l'Église. Pour faire bonne mesure, les nouvelles nations ont fait récrire l'histoire comme une histoire nationale avant la lettre, ne laissant aux princes que le rôle de simples figurants. Dans cette histoire, seul le roi, « nationalisé » entre-temps, incarne la nation — les princes et autres « aristocrates » étant considérés comme des oppresseurs du peuple, des hommes dangereux pour l'unité nationale. Ce n'est que l'histoire régionale qui garde d'eux un souvenir fidèle, en France comme en Allemagne.

Auparavant, les historiens écrivaient l'histoire à l'intention des princes, pour les instruire en même temps que tous ceux qui sous leurs ordres gouvernaient les hommes, ministres, conseillers et chefs militaires. L'histoire religieuse, l'histoire diplomatique, l'histoire militaire trouvèrent tout naturellement leur place en ce monde bien ordonné dont Dieu avait élu les princes et leurs serviteurs pour dominer ceux qui, n'appartenant ni à la noblesse ni au haut clergé, n'étaient que des sujets ou, pour le formuler autrement, des enfants, qui avaient deux pères, l'un céleste et l'autre terrestre, le *pater patriae*.

Qui entendait libérer ces prétendus enfants devait s'attendre à un conflit. Un conflit qui allait se révéler plus virulent là où les principes de l'ordre terrestre voulu par Dieu étaient le plus fortement ancrés : en France, premier royaume catholique, et où les critiques développées à leur encontre par l'esprit laïque naissant avaient le plus longuement mûri. La Révolution n'avait donc guère le choix : qui désirait échapper à ce monde régi par Dieu, dominé par l'alliance des élus de Dieu (roi, Église et noblesse) et condamnant à une éternelle infériorité le reste des hommes, devait rejeter en bloc cette triade millénaire. Ce n'est pas à nous de juger si, en ce monde nouveau de raison et de liberté qui n'a gardé de l'ancien que la fraternité, celle-ci s'exerce vraiment entre des « égaux ». Ni de juger si la « raison » a pu tuer Dieu et laisser sans Père une humanité qui, ne sachant désormais qui remercier, se contente d'exiger « toujours plus ». C'est poser la question de la modernité, où l'homme, se croyant devenu « maître » du monde et de son sort, est livré sans protection à son pire ennemi : l'homme. Où sont les normes des nouvelles élites qui longtemps se sont nourries de celles des anciennes, et où est assurée la présence de ce qui seul peut sauver l'homme, à savoir l'amour ? C'est une des questions que nous a laissées l'Histoire, car les doctrines et les idéologies inventées par les hommes, au lieu de leur fournir une réponse, semblent bien les avoir menés dans l'impasse.

S'abstrayant des problèmes de son époque, l'historien doit respecter ce qui était « vérité » pour les hommes des époques antérieures, sans leur substituer les nôtres. S'il est facile, aujourd'hui, d'être pour le « peuple » et contre les « princes », encore faudrait-il avoir une idée de ce que recouvrent ces termes au fil des siècles. Du temps de la monarchie chrétienne, l'autorité étatique en Europe n'était rien d'autre que la *potestas principis*, ou *potestas principalis*, le pouvoir suprême de l'empereur qui s'était imposé partout, tôt ou tard, et qui, au moment même où l'Empire se christianise, finit par devenir la seule source de toutes les fonctions publiques *(fons honorum)*.

L'ubiquité de la *potestas* romaine, directement ou indirectement avec la toute-puissance des fonctionnaires, a détruit la liberté des hommes. Le monde du prince était un monde intermédiaire entre les « démocraties » largement aristocratiques des cités gréco-romaines et les démocraties bourgeoises. L'État qu'ont mis en place ces dernières a gardé une bonne part des formes, des symboles et des contenus de cet État du *princeps*, et notamment la bureaucratie, création de l'Empire romain chrétien introduite en Occident à une époque où s'annonçait, selon les historiens modernes, la prétendue fin de l'Empire romain (IVe-Ve siècle). L'histoire humaniste, post-humaniste, romantique et nationaliste a fait disparaître, entre une République romaine idéalisée et une République moderne, la naissance de l'État en Europe, au sein de l'Empire chrétien, sous une monarchie gouvernée par la noblesse.

C'est ce premier État européen qu'on a appelé « Moyen Âge » à l'Ouest, et « Byzance » à l'Est. Cette erreur en a produit d'autres, comme l'idée que l'État ne daterait que de la Renaissance et de son *stato*, alors que ce *status regni* n'était qu'une des formes du *regnum*, désignation de l'État à travers l'histoire romaine.

À partir de Constantin, il n'y a plus qu'un *princeps* chrétien, et point de *princeps* « antique », « médiéval » ou « moderne », car ce prince chrétien n'est réductible à aucune de ces prétendues époques forgées tardivement, pas plus qu'il n'y a eu de christianisme « antique », « médiéval » ou « moderne ». Les qualificatifs de « romain » et donc d'« antique », tout autant qu'à l'Empire et à son *princeps*, peuvent s'appliquer à l'Église avec son Ancien Testament, produit de l'Orient ancien et d'un pays devenu province romaine, son Nouveau Testament étant né dans l'Empire romain à l'époque d'Auguste et de ses successeurs. Ce qui ne veut pas dire qu'il n'y ait pas eu de grands tournants historiques, comme la christianisation de l'Empire entre Constantin et Théodose, ou celle du reste de l'Europe entre le VIe et le XIe siècle. L'Europe a vu se succéder des États préchrétiens, puis l'État chrétien — celui de la *nobilitas* chrétienne et de ses princes — enfin l'État moderne, ou plutôt contemporain, qui, en déclarant la religion affaire privée (phénomène inconnu des civilisations anciennes), s'est mué en un État post-chrétien. Se séparer juridiquement de l'Église fut considéré par certains États comme nécessaire pour garantir tolérance, liberté de conscience et neutralité publique en ce domaine. D'autres États, comme les nations anglo-saxonnes, ont opté pour des solutions différentes, parce qu'ils n'avaient pas connu la rigueur catholique de la royauté française.

CONCLUSION

« Noblesse » et autres élites

À un journaliste qui, en 1954, lui demandait quel était son métier, Giuseppe Tomasi, prince de Lampedusa et duc de Palma, répondit : « prince ». Comme l'autre insistait : « Mais que faites-vous dans la vie ? », le futur auteur du *Guépard*, un célèbre polyglotte dont la culture universelle lui avait valu d'être qualifié de « bibliothèque ambulante », dit à nouveau : « Je suis prince. » En homme libre, il se sentait étranger à notre âge de l'*homo faber*, qui ne reconnaît plus que l'occupation, de préférence professionnelle, pour définir l'homme et la femme et leur accorder le droit moral à l'existence. À la question « Qui êtes-vous ? » s'est substituée sans que nous nous en rendions compte la question « Que faites-vous ? ».

Ce livre consacré aux élites européennes avant ce que l'on pourrait appeler l'« âge de la profession » aura peut-être donné envie de réfléchir à ce que nous avons perdu en « dignité » par rapport à nos ancêtres, et déjà par rapport à nos parents et grands-parents. Le choix du mot « dignité » est intentionnel, puisque la *dignitas* est à l'origine de l'idée profondément romaine de *nobilitas*, mais aussi de l'histoire de « la » *nobilitas*.

⁂

Les anciennes élites de l'Europe appartenaient à la noblesse, mais qu'avaient-elles en commun, à travers les époques, les régions, les nations ? L'expression « vivre noblement » a gagné force de loi pour le noble qui voulait remplir les conditions minimales de son « état ». Si un « style de vie » a pu se développer ainsi, comment faut-il l'imaginer ?

Rappelons d'abord que ce « modèle social » donna à la femme une place centrale que d'autres civilisations et religions connaissent moins. Il requiert l'« homme entier », à savoir l'homme et la femme, chacun d'eux servant l'autre, comme la Bible le prescrit. L'Église a réussi à imposer le mariage chrétien à la noblesse et avec lui le principe de la succession légitime, clé de l'accès au pouvoir politique, dont les règles ont ainsi gardé leur ordonnance stricte jusqu'à la fin des monarchies et des dynasties.

Durant deux millénaires, le *nobilis*, le « noble » digne de ce nom aura su qu'il était né pour servir et gouverner. Servir la *res publica*, l'État, mais aussi, par une obligation très personnelle, son seigneur, qu'il fût empereur, roi ou prince. Depuis un millénaire et demi, le seigneur auquel il était fidèle en premier lieu, c'était Dieu, le Christ, à qui il devait sa place dans le monde. Le noble était chrétien à un point qu'il est difficile de concevoir à l'aube du IIIe millénaire. Il servait Dieu par la prière et le culte, par les dons aux pauvres et aux églises, et même par la mort au combat. Ce service dépassait de loin le cadre ecclésial pour constituer l'essentiel de la vie du noble : servir Dieu, le prince et l'État, c'était gouverner les hommes, les protéger, les juger, les aider, plus particulièrement les faibles et les pauvres, les veuves et les orphelins, le clergé et les moines. Ces tâches lui furent confiées successivement par les empereurs romains chrétiens, l'Église, les rois francs et autres, les moines clunisiens et les papes grégoriens. L'Europe chrétienne finit ainsi par créer l'idéal du *miles christianus*, du chevalier chrétien, idéal repris par le protestantisme de Luther, de Dürer et des *Ritterakademien*. Mille fois, le noble ignora ou bafoua ses obligations, mais bien souvent aussi il les respecta ou fit amende honorable, voire pénitence, et répara ses torts. En fait, la conscience du noble était inséparable de son honneur et tout ce qu'il était par son *honor* était lié à l'accomplissement de ses devoirs.

Avec l'instauration du culte de la Vierge Marie, « Notre-Dame » (la *Domina* mère du *Dominus*, le Seigneur), ce *miles* a découvert la dignité de la femme, représentée dans son monde par l'épouse du seigneur, la « dame », à laquelle il pouvait avoir le privilège de vouer son service. Il est né ainsi toute une civilisation courtoise, toute une poésie au sein des cours princières, avec leurs tournois dont les dames étaient les vrais juges. Et toute une culture en est issue, celle du respect de la femme, qui dorénavant, qu'elle soit noble ou bourgeoise, aura le pas en société sur les hommes (comme le clergé), le plus grand respect étant acquis aux dames âgées et cultivées. Cette culture présupposait des hommes éduqués dans les normes « chevaleresques », celles du « cavalier » à la Cour (*il cortigiano*). Le noble, si riche et si puissant fût-il, était soumis à la servitude de ces conventions qu'on aurait tort d'imaginer mécaniques et vides de sens. Comme l'a bien vu Harold Nicolson, le sommet de la « culture humaine », dans toutes les grandes civilisations et leurs centres de sociabilité, a été cette civilité qui enseigne à ne pas se montrer désagréable, sans cause légitime, à l'égard d'autrui et à lui témoigner par des gestes et des mots appropriés des égards, sinon de l'estime.

La considération, le respect des sentiments de l'autre comme fondements du commerce social, voilà ce qui sépare la *civilitas* romaine de la *barbaritas*; c'est là aussi ce qui semble séparer l'élite qui est fière d'« être » d'une élite fière d'« avoir fait quelque chose ». La seconde cherche sa justification dans l'idée de rendement (*Leistungsprinzip*), principe qui, si l'on s'en exagère la valeur, déshumanise l'homme en le rapprochant de la machine. Les barbares d'aujourd'hui manquent de retenue et se vantent de leurs richesses (selon Harold Nicolson, il en va surtout ainsi de l'Américain, incarnation à ses yeux du barbare qui a réussi). Il ne faut pas confondre la vantardise avec les obligations de représentation liées au service de l'État ou à la nécessité de « tenir son rang ». Aussi l'*understatement*, passé de la *nobility* et de la *gentry* dans les habitudes typiquement anglaises, est-il une expression subtile de fierté aristocratique : celui qui *est* n'a pas besoin de paraître, et moins encore aux yeux de gens qu'il ne considère pas comme de bons juges de sa valeur.

Pour prouver cette valeur, il fallait du courage, de la résolution, de la présence d'esprit; ce ne sont pas les paroles qui font l'homme, mais ses actes. Être là pour d'autres est une vertu « noble », qui procède du sens du devoir et du dévouement d'un homme voué à servir. Le noble ne refusait pas les joies de la vie, mais il savait par toute son éducation que la *superbia* comme l'*avaritia* sont des péchés mortels.

C'est toute une éducation aristocratique aux origines fort anciennes qui a donné au jeune noble les aptitudes intellectuelles et les facultés physiques pour remplir sa tâche de gouvernant. Le noble est depuis les modèles grecs de la *nobilitas* romaine un « sportif », au gymnase comme en salle d'escrime, au manège comme à la chasse. Dans toutes ces activités, il risque des blessures plus ou moins graves, mais prend l'habitude de braver le danger. Les femmes qui l'entourent à l'âge tendre le préviennent qu'un homme ne pleure ni se lamente. Il ne voudra donc pas faire pitié, mais plutôt inspirer la peur. Apprendre à obéir tout en apprenant à commander, prendre des décisions tout en assumant ses responsabilités, telle était la leçon de vie que la noblesse s'est vu inculquer à ses débuts et a réapprise après des périodes trop axées sur les études rhétoriques et juridiques, utiles pour la carrière dans l'administration et le gouvernement à un moment où la *nobilitas* avait perdu l'accès facile au métier des armes et où les Barbares parvenaient aux grades militaires les plus élevés.

Les Francs et les Anglo-Saxons, pour ne citer qu'eux, ont su concilier les deux genres de formation. Le système anglais combinant *classics* et *sports* a longtemps eu le mérite de vouloir former des hommes aptes à la vie active, mais sensibles à l'art et aux choses de l'esprit, une spécialisation poussée étant considérée comme utile pour les *executives*, moins pour les *decision-makers*. Ces derniers devaient garder l'esprit libre pour l'essentiel, et disposer d'assez de temps pour leurs obligations sociales et politiques, y compris les sports, le club et les mondanités. Si Goethe exige dans ses idées pédagogiques que le jeune homme soit orienté vers une carrière publique, utile à la société, c'est le ministre — fort actif et acquis aux idéaux aristocratiques — de Charles-Auguste, grand-duc de Saxe-Weimar, qui parle, avant qu'une bourgeoisie nationaliste n'impose sa pédagogie empreinte des idées d'un pangermanisme ou d'une « celticitude » absurdes. Après ce cauchemar, nos élites contemporaines, en réaction contre les limitations d'une formation nationaliste, socialiste ou capitaliste, ne sont pas loin de renouer avec certaines bonnes habitudes des élites anciennes, même si les conditions d'études, plus spécialisées, ont changé. La qualité et l'efficacité d'un chef ne se jugent pas au nombre d'heures qu'il passe dans son bureau.

De toute manière, l'office, lieu de travail du *notarius*, du *referendarius*, du *cancellarius* et de tant d'autres hommes d'administration, n'était pas le milieu de vie du noble, qui le laissa d'abord au clergé, puis aux conseillers ayant des compétences juridiques. Son vrai milieu était la terre — exploitation agraire ou forestière —, domaines d'État à la disposition du haut dignitaire ou terres propres à sa famille, dont il pouvait être un gestionnaire assidu ou du moins un visiteur surveillant ses régisseurs. Le noble *gentleman-farmer* avait beaucoup en commun avec le paysan, tout en vouant une prédilection aux chevaux, ses compagnons de chasse et de guerre, et symboles de son rang au-dessus des autres hommes. Cette formation terre à terre, à la cour du père ou du prince, le noble la partageait — à l'instar de l'escrime et de la chasse — avec le fils de roi, comme plus tard l'officier (forme de survie de la noblesse) la partagera avec le général.

Lentement s'esquissent ainsi des caractéristiques du « noble » et de son horizon, limité à sa propre « classe ». Lui, l'homme libre par excellence, est prisonnier des conventions qui sont le prix de son statut élevé*. Les normes en vigueur dans les sociétés européennes sont un sujet qui a provoqué ces dernières années une véritable explosion de colloques internationaux et de publications historiques. Ce désir de connaître les racines de notre comportement, trop longtemps cherchées du côté des animaux ou de populations lointaines dans le temps comme dans l'espace, a permis de redécouvrir enfin des hommes plus proches de nous, qui ont exercé une influence sur nos manières de penser, de sentir et de vivre. Le prince et le noble ont été les architectes des structures du comportement social en Europe.

Ce ne sont donc plus les seuls historiens de l'art, de la littérature ainsi que les sociologues, mais aussi les « historiens politiques » et ceux des institutions qui ont redonné au prince la place centrale comme moteur des activités culturelles en Europe. Le prince ainsi que le noble fortuné commandaient des œuvres plastiques et littéraires pour les résidences et les églises qu'ils faisaient ériger. Dès qu'on étudie sérieusement l'esprit qui anime les mécènes, on est frappé par leur niveau intellectuel et leur culture générale, souvent multilingue et toujours suprarégionale, européenne, dépassant les catégories trop étroites de l'histoire nationale et régionale. Parmi ces nobles, citons, dans l'entourage du souverain : Éginhard, qui devint l'architecte de Charlemagne; Brunon, le frère d'Otton le Grand, duc de Lotharingie et archevêque de Cologne, grand bâtisseur après ses études à Utrecht; Bernward, évêque de Hildesheim, créateur de toute une ville épiscopale ornée d'œuvres d'art digne du Seigneur et de l'empereur; d'autres évêques encore auxquels leurs études — théologie aussi bien qu'*artes liberales* et *artes mechanicae* — avaient permis de devenir *sapiens architectus* pour l'Église et l'État, tout en suivant *sapientissimi Salomonis exemplum*, la Bible, et donc une inspiration initiale d'origine divine. Cette intense activité créatrice, cette *libido aedificandi* (« joie d'édifier », aux deux sens du terme), transparaît dans le livre que Günther Binding a consacré aux maîtres d'œuvre du IXe au XIe siècle et à leurs sources d'inspiration depuis le IVe siècle. Il est impossible de donner ici ne fût-ce qu'une idée de la richesse de l'héritage culturel pluriséculaire que notre continent doit à ses élites nobles et princières, patrimoine dont des milliers d'églises et de châteaux, des centaines de villes résidentielles sont entre autres les témoins.

---

* Pour mesurer ce qui en subsiste aujourd'hui, comme règles de vie ou comme « fardeau du passé », on consultera le *Dictionnaire raisonné de la politesse et du savoir-vivre* (Paris, 1995; voir en particulier les articles « Bienséance », « Conversation », « Étiquette », « Goût », « Manières », « Politesse »).

Les usages et les idées propres à la noblesse chrétienne ont-ils des points communs avec ceux des élites d'aujourd'hui ? Les différences sont profondes, à commencer par ce dont toutes les élites ont le plus besoin : la légitimation de leur position dans la société. Jadis, les puissants l'étaient jusqu'à l'oppression, ou du moins jusqu'à une limitation sensible des libertés des plus faibles. Malgré cela, ces hommes parlaient de leur volonté de servir : Dieu, le prince, l'État et finalement la nation. Aujourd'hui, dans un monde aux moyens techniques presque illimités, personne n'ose plus invoquer cette notion de service.

Si l'élite actuelle est riche, elle n'est plus composée de maîtres, mais simplement de « managers » qui sont au fond des exécutants, car ils ne sont plus responsables de ceux auxquels ils commandent. Les nouvelles élites, ce sont bien plutôt ces hommes détenteurs d'un « charisme » lié à un don, artistique ou autre, qui force l'admiration — des hommes auxquels les rois et les princes du XIXe siècle avaient commencé de céder la place d'honneur, comme Goethe, sacré *Dichterfürst* par Charles-Auguste de Saxe-Weimar, ou Richard Wagner, élevé au rang de demi-dieu par Louis II de Bavière. Aux artistes, idoles des masses, se sont joints d'autres talents, surtout sportifs, entourés à leur tour par des managers et des avocats ainsi que par leurs gardes personnels, ce qui les rapproche des puissants d'autrefois.

Quelle légitimation pourrait aujourd'hui donner à nos élites une sorte de « noblesse », et leur apporter une satisfaction intérieure qui aille au-delà du simple succès professionnel ? Pour échapper au vide, on s'« engage », sinon pour une cause, du moins contre un danger menaçant la société. Toujours plus nombreux sont ainsi les gens qui peuvent prétendre à faire partie de l'élite, preuve même qu'ils ne forment pas une élite. Ce qui leur manque ostensiblement, ce sont des valeurs. Or, il en existe toujours, à commencer par le dieu de notre époque, le travail. Rappelons que la dignité du travail, impensable dans l'Antiquité qui l'identifiait à l'esclavage, est une découverte des bénédictins. Évidemment, il ne s'agissait pas alors du culte du travail en tant que tel, mais à travers lui du culte de Dieu. L'homme se connaît trop bien pour se laisser abuser trop longtemps par de belles phrases sur son excellence. Il a besoin de quelque chose qui le dépasse, d'un refuge pour son âme. L'historien, qui analyse les forces qui ont poussé les hommes à agir, ne saurait nier que l'histoire des élites anciennes a été une lutte pour la vie et le pouvoir, et que ces élites se composaient de ceux qui, ayant réussi à se placer, ont créé des règles leur permettant de se maintenir à cette place le plus longtemps possible. Pour l'Europe des deux derniers millénaires, la noblesse y est parvenue, ce qui ne veut évidemment pas dire qu'elle ait toujours agi pour le plus grand profit de l'humanité. Sur beaucoup de plans, le bilan est même assez lourd, sans qu'on puisse affirmer que d'« autres » eussent fait mieux à sa place. Ceux qui avaient le pouvoir de juger et de gouverner les hommes ont eu infiniment plus d'occasions de faire le mal que d'autres hommes, mais ils ont eu aussi infiniment plus d'occasions de faire le bien. C'est pourquoi nous aimerions conclure en exprimant notre admiration à tous ceux dont nous savons qu'ils ont été dignes d'appartenir aux élites par leurs sacrifices, leur goût de servir, leurs talents et leur altruisme. Ils sont dignes d'être les modèles des élites actuelles et futures, car l'excellence à laquelle ils ont tendu restera toujours un idéal de vie.

Bibliographie

Ce livre s'adressant tant aux lecteurs cultivés qu'aux spécialistes doit donner une information bibliographique suffisante sur les textes cités et les nombreux sujets qu'il aborde, sans pouvoir entrer dans la discussion en profondeur des controverses qu'il provoquera. Des difficultés de santé m'ont empêché, malgré l'aide de mon ami Christian Settipani, de répondre pleinement à ce besoin.

Sont mentionnés aussi bien des auteurs ayant fait erreur, selon nous, dans l'approche de l'histoire de l'Europe et de sa noblesse, que ceux qui ont fait avancer nos connaissances (et il arrive qu'ils fassent partie des deux groupes à la fois, les « erreurs » — y compris les nôtres — étant une des conditions du progrès).

La Bibliographie Générale donne les titres pleins, la Liste des Abbréviations ceux des Revues, séries de documents, académies et autres institutions de recherche.

Quelques signes conventionnels : MA : Moyen Age, Mittelalter, Middle Ages; méd. : médiéval; ma : mittelalterlich; F : France, Frankreich; fr. : français, französisch; A : Allemagne; all. : allemand; D : Deutschland; dt. : deutsch; Hist. : Histoire; hist. : historique(s); Gesch., gesch. : Geschichte, geschichtlich; u. : und; KFW : ouvrage de l'auteur (ne sont signalés de celui-ci que les travaux postérieurs à *Media in Francia*, qui contient la bibliographie précédente).

Liste des abréviations

AASS	*Acta Sanctorum quotquot toto orbe coluntur,* publ. par les Bollandistes, Anvers (Bruxelles) & 1643 suiv.
AB	*Analecta Bollandiana,* Bruxelles, 1882 & suiv.
ABert.	*Ann. Bertiniani,* éd. F. GRAT et al., Ann. de Saint-Bertin, Paris, 1964 (SHF); éd. G. WAITZ, 1883 (SRG); éd. R. RAU, QKR. 2, 1969, 11-287.
Abh. Wien	*Abhandl. der Wiener Akad., Philos. -hist. Klasse* (respect. Abh. München=Bayer. Akad., Philos. -hist. Kl.).
ABSHF	*Annuaire-Bulletin de la Soc. de l'histoire de France.*
AC	*L'Antiquité classique,* Louvain (1932 & suiv.).
ACHERY, Sp.	Luc d'ACHERY, *Spicilegium sive collectio veterum aliquot scriptorum,* 13 vol., Paris, 1655-77; [2e éd.] 1723.
Acta Arch.	*Acta Archaelogica,* Copenhague (1930 & suiv.).

Acta Hung.	*Acta Archaelogica Academiae Scientiarum Hungaricae,* Budapest, 1951 & suiv.
ADB	*Allgemeine deutsche Biographie,* Akad. Münch., 56 vol., 1875-1912.
AE	*Année épigraphique,* Paris, 1888 & suiv.
AfD	*Archiv für Diplomatik.*
AFuld.	*Annales Fuldenses,* éd. F. KURZE, 1891 (*MGH, SRG*); éd. RAU, *QKR,* 1960, p. 20-177.
ahd.	*althochdeutsch*/ancien allemand.
AHES	*Annales d'hist. économique et sociale,* Strasbourg, 1929-39.
AHF	*Arbeitsgemeinschaft der außeruniversitären historischen Forschungsstätten,* Munich.
AHR	*American Historical Review.*
AHVNrh.	*Annalen des Historischen Vereins für den Niederrhein.*
AIBL	*Académie des inscriptions et belles-lettres,* Paris.
Ak. Wiss.	*Akademie der Wissenschaften.*
AKG	*Archiv für Kulturgeschichte.*
alem.	*alemannisch*/alémanique.
all.	allemand.
ALMA	*Archivum Latinitatis Medii Aevi* = Bull. Du Cange.
AMett.	*Annales Mettenses priores,* éd. Bernhard v. SIMSON, 1905 (SRG).
AN.	Archives nationales, Paris.
AnHDE	*Annuario de Historia del Derecho Espanol,* Madrid, 1924 suiv.
Anm.	*Anmerkung*/note.
Ann. ÉSC.	*Annales. Économies-Sociétés-Civilisations,* Paris, 1946 & suiv.
AnnBourg.	*Annales de Bourgogne,* Dijon, 1929 suiv.
AnnBret.	*Annales de Bretagne,* Rennes, 1886 suiv.
AnnEst	*Annales de l'Est,* Nancy, 1897-1939; 1950 & suiv.
AnnMidi	*Annales du Midi,* Toulouse, 1889 & suiv.
AnnNorm.	*Annales de Normandie,* Caen, 1951 & suiv.
AnnOSB.	*Annales Ordinis Sancti Benedicti,* par Jean MABILLON et Dom MARTENE, 6 vol., Paris, 1703-39; Lucca, 1739-45.
ANRW	*Aufstieg und Niedergang der Röm. Welt. Gesch. u. Kultur Roms im Spiegel der neueren Forsch.,* éd. H. TEMPORINI, Berlin, 1972 & suiv.
ANSELME	Père ANSELME DE SAINTE MARIE, *Histoire de la maison royale de France et des grands officiers de la couronne,* 2 vol., Paris, 1674.
ANWU	*Archäologische und naturwissenschaftliche Untersuchungen an ländlichen und frühstädtischen Siedlungen im deutschen Küstengebiet vom 5. Jahrhundert v. Chr. bis 11. Jahrhundert n. Chr.,* t. I : *Ländliche Siedlungen,* éd. G. KOSSACK, K.E. BEHRE, P. SCHMID, 1986; t. II, *Handelsplätze des frühen und hohen Mittelalters,* éd. H. JANKUHN, K. SCHIEETZEL, H. REICHSTEIN, 1986.
APh	*L'Année philologique,* Paris, 1924/26 & suiv.
AQ.	*Ausgewählte Quellen zur dt. Gesch. des MA (Frhr vom Stein-Gedächtnisausgabe),* éd. Rudolf BUCHNER, Darmstadt, 1955 & suiv.
ARF.	*Ann. Regni Francorum,* éd. F. KURZE, 1895 (*MGH, SRG*); éd. RAU, *QKR.* 1955, 10 suiv.
ASOB	*Acta SS ordinis s. Benedicti,* Paris, 1668-1701.
AT	*Ancien Testament.*
AuA	*Antike und Abendland,* Hambourg, 1946 & suiv.

AUF	*Archiv für Urkundenforschung.*
AVed.	*Annales Vedastini* (Annales de Saint-Vaast), cf. *AXantenses,* éd. B. v. SIMSON, 1909, 40-82 (*MGH, SRG*) ; éd. R. RAU, *QKR.* 2, 1969, p. 290-339.
AXant.	*Ann. Xantenses,* éd. B. v. SIMSON, 1909, p. 1-39 (*MGH, SRG*) ; éd. R. RAU, *QKR.* 2, 1969, p. 340-70.
BAHF	*Bibliographie annuelle de l'hist. de France, dep. 1955,* publ. par le Comité fr. des sc. hist., Paris, 1956 suiv. ; dep. 1972, par le CNRS et CDSH.
BECh	*Bibliothèque de l'École des chartes,* Paris
BEFAR	*Bibliothèque des Écoles françaises d'Athènes et de Rome.*
BEHE	*Biblioth. de l'École des hautes études, sc. hist. et phil.,* Paris.
BGEPHE,	*6e Biblioth. gén. de l'Éc. prat. des hautes études,* VIe sect., Paris.
BHL	*Bibliotheca Hagiographica Latina,* 2 vol., Bruxelles, 1898-1901.
BISI	*Bulletino dell'Istituto storico italiano per il medioevo.*
BJbb	*Bonner Jahrbücher,* 1842 suiv.
BKV	*Bibliothek der Kirchenväter,* 2e éd. O. BARDENHEWER et al., Kempten, 1911 suiv.
BM^2	BÖHMER-MÜHLBACHER, *Regesta Imperii,* 1 (751-918), éd. MÜHLBACHER -LECHNER, Innsbruck, 1908 (éd. BRÜHL, Hildesheim 1966.
BN	Bibliothèque nationale, Paris.
BPH	*Bull. philologique et hist. (jusqu'en 1610)du Comité des travaux hist. et scientif.,* Paris.
BSAN	*Bull. de la Soc. des antiquaires de Normandie,* Paris, 1860 suiv. puis Caen.
BSAO	*Bull. de la Soc. des antiquaires de l'Ouest,* Poitiers, 1834 & suiv.
BSHPIF.	*Bull. de la Soc. de l'hist. de Paris et de l'Ile-de-France,* Paris, 1874 & suiv.
BSNAF	*Bull. de la Soc. nat. des antiquaires de France,* Paris, Louvre.
BT	*Bibliotheca Teubneriana,* Leipzig, 1850 suiv.
Byz. Zs.	*Byzantinische Zeitschrift,* Munich, 1892 suiv.
C.I.L.A.N.E.	*Commission d'information et de liaison des associations nobles d'Europe,* Madrid, 1989.
C.R.I.S.I.M.A.	Centre de Recherche interdisciplinaire sur la Société et l'imaginaire au Moyen Age.
CAH	*The Cambridge Ancient History.*
Cah. Arch.	*Cahiers archéologiques. Fin de l'antiquité et Moyen Age,* Paris, 1945 & suiv.
Cart.	Cartulaire.
Cat. Gén. BN	*Catalogue général des livres imprimés de la Biblioth. nat.,* 220 vol., Paris, 1897 & suiv.
CB	*Collection Budé,* Paris, 1920 suiv.
CCM	*Cahiers de civilisation médiévale, xe-xiie s.,* Poitiers, 1958 & suiv.
CCSL	*Corpus Christianorum, Series Latina,* Turnholt, 1953 & suiv.
CD	*Codex diplomaticus.*
CDHF	*Chartes et diplômes relatifs à l'hist. de France* (publ. par l'*AIBL*).
CDI	*Coll. de documents inédits sur l'histoire de France,* Paris, 1835 suiv.
CdT	*Coll. de textes pour servir à l'étude et à l'enseignement de l'histoire,* Paris, 1886-1929.
ChG	*Château Gaillard. Études de castellologie européenne.*
ChLA	*Chartae latinae antiquiores. Facsimile-Edition of the Latin Charters Prior to the Ninth Century,* éd. A. BRUCKNER, R. MARICHAL, t. XIII-XVIII : France (1-6), éd. Hartmut ATSMA, Jean VEZIN, et al., Zurich, 1981-85.

CHLR	Cahiers d'Histoire des littératures romanes, Heidelberg 1977 & suiv. (= *Romanistische Zetschrift für Lit. Geschichte*).
CIC	*Corpus Iuris Civilis*, éd. en 3 vol., Berlin 1877-95; 1, 1893 : *Institutiones*, éd. P. KRÜGER; *Digestae* (Dig.), éd. T. MOMMSEN; 2, 1877-92 : *Cod. Justinianus* (CJ), éd. P. KRÜGER. 1877-92 [séparément 1915]; 3 : *Novellae, Edicta*, éd. R. SCHOELL, W. KROLL, 1895.
CIL	*Corpus Inscriptionum Latinarum*, publ. Acad. de Berlin (1862-1943; nouv. éd. 1893 & suiv.
CJ	*Codex Justinianus*, éd. Paul KRÜGER, 1915 (v. *CIC*, 2).
CL	*Codex Laureshamensis*, 3 vol., éd. K. GLÖCKNER, Darmstadt, 1929-36.
Class. HF.	*Les Classiques de l'histoire de France au MA*, Paris, 1923 & suiv.
Clav. Med.	Renate KLAUSER-Otto MEYER, *Clavis mediaevalis. Kleines WB der Mittelalterlichenforschung*, Wiesbaden, 1962.
Clio	*Clio. Introduction aux études histor.*, 13 vol., Paris, 1934-52.
CM	*Classica et Mediaevalia. Rev. danoise de philol. et d'hist.* Copenhague, 1938 & suiv.
CMH	*Cambridge Mediaeval History*.
CNRS	*Centre national de la recherche scientifique*, Paris.
CNSS	*Congrès nat. des soc. savantes. Sect. de phil. et d'hist.* (- 1610).
Codices Sangallenses	*Codices Sangallenses. Fs. F. Johannes Duft zum 80. Geburtstag*, éd. P. OCHSENBEIN et Ernst ZIEGLER, Sigmaringen, 1995.
CRAI	*Comptes rendus des séances de l'AIBL*, Paris.
CSEL	*Corpus SS Ecclesiasticorum Latinorum*, 76 vol., Vienne, 1866 & suiv.
CTh	Codex Theodosianus, éd. P. KRÜGER, P. MEYER, Th. MOMMSEN, 3 vol., Berlin, 1905, 1 : Introd.; 2 : texte du CTh, et « Constitutiones Sirmondianae » (Sirm.),; 3 : Novellae (Nov.). [L'éd. de P. KRÜ- GER, 1923-6, donne meilleur texte de CTh I-VIII]. (Trad. angl. :C. PHARR, 1969).
CTHS	*Comité des travaux historiques et scientifiques.*
DA	*Deutsches Archiv für Erforschung des MA*, Weimar, 1937 & suiv.
DACL	F. CABROL-H. LECLERCQ, *Dictionnaire d'archéologie chrétienne et de liturgie*, 15 vol., Paris, 1902-53.
DAF	*Dictionnaire d'ancien français. Moyen Age et Renaissance*, éd. R. GRAND- SAIGNES D'HAUTERIVE, Paris, 1947.
DBF	*Dictionnaire de biographie française*, éd. M. PREVOST, et alii, Paris, 1929 suiv.
DD	Diplomata.
DDBelg.	*Diplomata Belgica ante a. 1100 scripta*, éd. M. GYSSELING, A. C. F. KOCH, 2 vol., Bruxelles, 1950.
DDC	*Dictionnaire de droit canonique*, éd. R. NAZ, Paris, 1924 & suiv.
DEAF	*Dict. étym. de l'anc. fr*, dir. Kurt BALDINGER, Québec/ Tübingen, 1974 suiv.
DEÉR,	*Aufs. Byzanz und das abendländ. Herrschertum. Ausgew. Aufsätze v. Josef DEÉR*, éd. P. CLASSEN, Sigmaringen, 1977 (VuF.).
DÉF.	*Dict. étymol. du franç.*, éd. Jacqueline PICOCHE, Paris, 1979.
DÉR.	*Documents, études et répertoires*, publ. par l'*IRHT*, Paris.
DHAF	J. B. DE LA CURNE DE SAINTE-PALAYE, *Dictionnaire historique de l'ancien français*, 10 vol., Paris, 1875-82.
DHGE	*Dictionnaire d'histoire et de géographie ecclésiastiques*, éd. A. BAUDRILLART, et al., 1-23 (A-Herl.), Paris, 1912-90.

DHIP	Deutsches Historisches Institut, Paris.
DHLF	*Dictionnaire historique de la langue française,* dir. Alain REY, 2 vol., Paris, 1992.
Dict. AF	*Dictionnaire de l'Académie française,* 2 vol., Paris, 1694; éd. de 1718, 1762 (4e), 1798, 1878, 1932-35 (8e); 9e 1986 suiv.
Dict. univ.	*Dictionnaire universel françois,* 3 vol., Trévoux, 1704; 5 vol., Paris, 1721; 8 vol., 1771.
Dig. 1920	*Digesta Iustiniani,* ed. minor, T. MOMMSEN, P. KRÜGER, 1920 (v. CIC)
DLF-MA	*Dict. des lettres françaises : Le Moyen Age,* éd. R. BOSSUAT et alii, Paris, 1964.
DLF 2-4	*Dictionnaire de la langue française,* éd. George GRENTE : t. 2, Le XVIe s., 1951; 3 : Le XVIIe s., 1954; 4 : Le XVIIIe s., en 2 vol., 1960.
DRWB	*Deutsch. RechtswörterbuchB. Wörterbuch der älteren dt. Rechtssprache,* éd. R. SCHRÖDER & E. v. KÜNSSBERG, Weimar, 1914 sqq.
Dt. WG.	*Deutsch. Wortgesch.*, éd. Friedr. MAURER, Friedr. STROH, 3 vol., Berlin, 1943.
Dts Rechtswört.	*Deutsches Rechtswörterbuch,* éd. G. DICKEL et alii, De Heidelberg Akad.der Wissenschaften, t. 1 (1912) à 9 (1993).
DW	DAHLMANN-WAITZ, *Quellenkunde der dt. Gesch. Bibliographie der Qu. u. der Lit. zur dt. Gesch.*, 10e éd. H. HEIMPEL, H. GEUSS, 8 vol. et Indices, Stuttgart, 1969 suiv.
Ed. Theod.	*Edictum Theoderici,* éd. FIRA, II, 683 suiv.
EHR	*English Historical Review.*
Enc. univ.	*Encyclopaedia Universalis,* 20 vol. +2, Paris, 1968-75. Suppl., 1980 suiv.
Encyclop.	*Encyclopédie ou dictionnaire raisonné des sciences, des arts et des métiers,* éd. D. DIDEROT et J. LE ROND D'ALEMBERT, 35 t., Paris, 1751-77.
EPHE.	*École pratique des hautes études,* Paris.
ES, NF	*Europäische Stammtafeln,* NF, éd. Detlev SCHWENNICKE, Mar-burg, 1980 suiv., t. I-IV; t. XIII : *Les familles féodales de France,* I, 1990.
Etym. WBFS	Ernst GAMILLSCHEG, *Etymol. Wörterbuch der französ. Sprache,* 2e éd., 1966-69.
F. E. W.	*Französ. etymolog. Wörterbuch. Eine Darstell. des galloroman. Sprachschatzes,* éd. W. v. WARTBURG, 25 vol., Bonn/Basel, 1922-78 (refonte en cours).
facs.	facsimilé.
FIRA	*Fontes Iuris Romani Anteiustiniani,* éd. S. RICCOBONO, 1940 suiv.
FM	*St. Frühmittelalterliche Studien,* Berlin, 1967 suiv.
FS	Festschrift (Festgabe, etc.) [=Mélanges].
Gall. Chr.	*Gallia Christiana,* 16 vol., Paris, 1715-1865.
Gallia.	*Gallia. Fouilles et monuments archéologiques en France métropolitaine,* Paris, 1943 suiv.
GAMS	Pius Bonifacius GAMS, *Series episcoporum ecclesiae catholicae,* Regensburg, 1873-86, réimpr. Graz, 1957.
germ.	*germanisch*/germanique.
Ges.	*Gesellschaft.*
GG	*Geschichtliche Grundbegriffe. Historisches Lexikon zur politisch-sozialen Sprache in Deutschland,* éd. O. BRUNNER, W. CONZE, R. KOSELLECK, 7 vol., Stuttgart, 1972-92.

GGA	*Göttingische Gelehrte Anzeigen* [Académie de Göttingen, comptes rendus détaillés].
GLLF	*Grand Larousse de la langue française*, 7 vol., Paris, 1971-79.
Gr. Enc. Lar.	*La Grande Encyclopédie* (Larousse), 20 vol., Paris 1971-76.
Gr. Encycl.	*La Grande Encyclopédie*, éd. M. BERTHELOT, 31 vol., Paris, 1885-1902.
GRLMA	*Grundriss der romanischen Literaturen des Mittelalters*, éd. H. R. JAUSS, Heidelberg, 1970 suiv.
GWU	*Geschichte in Wissenschaft und Unterricht.*
HansGbll.	*Hansische Geschichtsblätter.*
Hb. AW	*Handbuch der Altertumswissenschaft*, Munich, 1885 suiv.
Hb. Eur. G.	*Handbuch der Europäischen Geschichte*, éd. T. SCHIEDER, 7 vol. en 8, Stuttgart, 1971-87. Cf. SCHIEFFER, SEIBT, ENGEL.
HBibliogr.	*Historische Bibliographie*, Munich, 1987 suiv. (AHF).
HF	Dom BOUQUET, *Recueil des Historiens des Gaules et de la France*, t. 1-13, Paris 1738-86 (série in-folio, contin. par l'AIBL :) t. 14-24, 1806-1904 ; t. 1-19 nouv. éd. par L. DELISLE, 1869-80. [Sous le titre : *Recueil des Historiens de la France*, l'AIBL publie trois séries in-4.]
HF. Doc. fin.	*Documents financiers*, 4 vol. en 7, 1899-1961.
HF. Obit.	*Obituaires*, 5 vol. en 7, 1902-51.
HF. Pouill.	*Pouillés*, 9 vol. en 11, 1903-61.
hg. /Hg.	*herausgegeben* ; *Herausgeber.*
HGC	*Histoire générale des civilisations*, éd. Maurice CROUZET, 7 vol., Paris 1953-57.
HJb	*Historisches Jahrbuch*, Köln, 1880 suiv.
hl.	*heilig*/saint, sainte.
HLF	Dom Antoine RIVET, *Histoire littéraire de la France*, t. 1-12, Paris, 1733-68 ; contin. par l'*AIBL*, t. 13 suiv., 1814 suiv.
HRG	*Handwörterbuch zur deut. Rechtsgeschichte*, Berlin, 1971 suiv.
Hs.	*Handschrift*/manuscrit.
HV	*Historischer Verein.*
HVP	*Histoire de la vie privée*, éd. Philippe ARIÈS et Georges DUBY, 4 vol., Paris, 1985.
HWBPh	*Historisches Wörterbuch der Philosophie*, dir. p. J. RITTER, Darmstadt, 1971 suiv. (t. 7, 1989, - « Q »).
HZ	*Historische Zeitschrift*, Munich, 1859 suiv.
idg.	*indogermanisch*/indo-européen.
IHAP	Institut historique allemand de Paris.
ILS	*Inscriptiones Latinae Selectae*, éd. Hermann DESSAU, 5 vol., Berlin, 1892-1916.
IRHT	Institut de recherche et d'histoire des textes, Paris-Orléans.
JAC	*Jb. für Antike und Christentum*, Münster, 1958 suiv.
Jb./Jbb.	*Jahrbuch*/*Jahrbücher.*
JbHF	*Jb. der histor. Forschung in der Bundesrepublik Deutschland,* publié par l'AHF, Stuttgart, 1974 suiv.
JbRGZ	*Jahrbuch des Römisch-Germanischen Zentralmuseums,* Mainz (1954 suiv.).
Jh.	*Jahrhundert.*
JMH	*Journal of Medieval History.*
JMRS	*The Journal of Medieval and Renaissance Studies.*
Journ.	Journal.
JRS	*Journal of Roman Studies,* Londres, 1911 suiv.
JS	*Journal des savants.*

Jt.	*Jahrtausend.*
Klio	*Klio. Beiträge zur alten Gesch.*, Berlin, 1906 suiv.
Latomus	*Latomus. Revue des études latines,* Bruxelles-Berchem, 1937 suiv.
LCL	*The Loeb Classical Library,* London/ (New York)- Cambridge, Mass., 1912 suiv.
LdAntike	*Lexikon der Antike,* éd. J. IRMSCHER, Leipzig, 1971.
Le MA	*Le Moyen Age. Revue d'histoire et de philologie,* Bruxelles, 1888 suiv.
Lexis	*Larousse de la langue française : lexis,* Paris, 1977.
LG.	*Landesgeschichte.*
LIMC	*Lexicon Iconographicum Mythologiae Classicae : Ikonographisches Lexikon der klassischen Mythologie, acht Text- und Tafelbände,* Zurich et Dusseldorf, 1997.
LM	*Lexikon des Mittelalters,* Munich-Zurich, 1980 suiv.
LTK	*Lexikon für Theologie und Kirche,* fondé par M. BUCHBERGER, 2e éd., 10 vol., Fribourg, 1957-65.
MA	Moyen Age/*Mittelalter/Middle Ages.*
ma.	*mittelalterlich.*
MAI	*Mémoires de l'Académie des inscriptions et belles-lettres,* Paris.
Med. Pros.	*Medieval Prosopography,* Kalamazoo [USA], 1980 suiv.
Med. Ren.	*Mediaeval and Renaissance Studies,* Londres.
MedHuman	*Mediaevalia et Humanistica. An American Journal for the Middle Ages and Renaissance,* Boulder/Colorado, 1943 suiv.
Mediaevistik	*Mediaevistik. Internationale Zeitschrift für interdisziplinäre Mittelalterforschung Herausgegeben.*
MEFR	*Mélanges d'archéologie et d'histoire de l'École française de Rome,* 1881 suiv.
MGH	*Monumenta Germaniae historica,* Hannovre et Berlin, 1826 suiv.
MIÖG	*Mitteilungen des Instituts für Österreichische Geschichtsforschung.*
Misc.	*H. P. Miscellanea historiae pontificiae,* Rome, 1939 suiv.
Mitt.	*Mitteilungen.*
ml.	*mittellateinisch.*
Ml.WB	*Mittellateinisches Wörterbuch bis zum ausgehenden 13. Jh.*, éd. Bayer. Akad. (et alii), t. 1 suiv., Munich, 1967 suiv.
Mon.	*Monumenta.*
Mrh.UB	*Mittelrheinisches Urkundenbuch zur Geschichte der... mittelrhein. Territorien,* éd. Heinrich BEYER, t. 1[-1169], Koblenz, 1860, réimpr. Hildesheim, 1974.
ms. lat.	Manuscrits latins de la BN, Paris.
MSAF	*Mémoires de la Soc. nat. des antiquaires de France,* Paris, Louvre.
MSAN	*Mémoires de la Soc. des antiquaires de Normandie,* Caen.
MSAO	*Mémoires de la Soc. des antiquaires de l'Ouest,* Poitiers
NA	*Neues Archiv.*
NDB	*Neue Deutsche Biographie,* p. p. l'Acad. de Munich, Berlin, 1953 suiv.
NHGén.MF	*Nouv. Hist. générale de l'auguste maison de France,* sous la dir. de Patrick VAN KERREBROUCK, Villeneuve d'Ascq, 1987 suiv. (t. I, 1-2 : v. SETTIPANI ; t. II, *Les Capétiens directs* : P. VAN KERREBROUCK, à paraître 1998 ; t. III, *Les Valois* : P. VAN KERREBROUCK, 1987 ; t. IV : *La maison de Bourbon, 1256-1987,* 1987).
Nouv. Clio	*Nouvelle Clio. L'histoire et ses problèmes,* Paris, 1963 suiv.
Nov.	*Novellae,* cf. CIC et CTh.

NPE	*Der Neue Pauly. Enzyklopaedie der Antike. Altertum,* éd. H. CANCIK and H. SCHNEIDER, t.I (A-Ari), Stuttgart 1996.
NS	*Nova series*; nouvelle série.
NT	Nouveau Testament.
ODEE	C. T. ONIONS, *The Oxford Dictionary of English Etymology,* Oxford, 1966.
OEDict.	*The Oxford English Dictionary,* 13 vol., Oxford, 1933 (rééd. 1989).
OMT	*Oxford Medieval Texts.*
ON	*Ortsname*/toponyme.
ONN	*Ortsnamen*/toponymes.
Öst. /öst.	*Österreich/österreichisch.*
Pauly	*Der Kleine Pauly. Lexikon der Antike,* 5 vol., Stuttgart, 1964-1975 (cf. NPE).
PGD	*Propyläen Geschichte Deutschlands,* éd. D. GROH, Berlin, 1983 suiv.
PL	P. MIGNE, *Patrologia latina,* 221 vol., Paris, 1841-64.
PLRE	*Prosopography of the Later Roman Empire,* 3 vol., Cambridge, 1971-92.
PN	*Personenname*/nom de personne
PNN	*Personennamen*/noms de personne.
PropWG[1]	*Propyläen-Weltgesch.* éd. W. GOETZ, 10 vol., Index, Berlin, 1929-33;
PropWG[2]	*Die Neue Propyläenweltgesch.*, éd. W. ANDREAS, t. 1-3, 5, 1940-43;
PropWG[3]	*Propyläen-Weltgesch. Eine Universalgesch.*, éd. G. MANN, A. HEUSS, 10 vol., 1961; supplém. : Summa historica. Grundzüge der welthistorischen Epochen (1965); réimpr. 1976.
PUU.Fr.	*Papsturkunden in Frankreich,* Neue Folge, t. 1, éd. H. MEINERT, Göttingen, 1932-33; 2-6, éd. J. RAMACKERS (2 : Normandie 1937; 3 : Artois, 1940; 4 : Picardie, 1942; 5 : Touraine, Anjou, Maine und Bretagne, 1956; 6 : Orléanais, 1958; 7-8, éd. D. LOHRMANN; 7 : Nördl. Ile-de France und Vermandois, 1976; 8 : Paris, I, 1989).
Q.	*Quelle (n).*
QFIAB	*Quellen und Forschungen aus italienischen Archiven und Bibliotheken* (Institut historique allemand, Rome).
Qk.	*Quellenkunde.*
QKR.	*Quellen zur Karol. Reichsgesch.*, éd. Reinhold RAU, 3 vol., 1960-69 (=AQ., t. 5-7).
RAC	*Reallexikon für Antike und Christentum,* Theodor KLAUSER (éd.), Stuttgart, 1941 suiv.
RAls.	*Revue d'Alsace.*
Rbén.	*Revue bénédictine,* Maredsous (Belgique).
RBPH	*Revue belge de philologie et d'histoire,* Bruxelles.
RE	PAULY-WISSOWA-KROLL, *Realencyclopädie der klassischen Altertumswissenschaft,* 83 vol., Stuttgart, 1893-1975.
RecCharl. II	*Recueil des actes de Charles II le Chauve, roi de France (840-877),* éd. Georges TESSIER, 3 vol., 1943-55.
RecCharl. III	*Recueil des actes de Charles III le Simple, roi de France (893-923),* éd. Philippe LAUER, 2 vol., 1940-49.
RecEudes	*Recueil des actes d'Eudes Ier, roi de France (888-98),* éd. R. -H. BAUTIER, 1967.
RecLoth.	*Receuil des actes de Lothaire et de Louis V, rois de F. (954-87),* Louis HALPHEN et Ferdinand LOT (éd.), 1908.

RecLouisII	*Recueil des actes de Louis II le Bègue, Louis III et Carloman II, rois de France (877-884),* éd. F. GRAT, J. de FONT-RÉAULX, G. TESSIER, R. -H. BAUTIER, 1978.
RecLouisIV	*Recueil des actes de Louis IV, roi de France (936-54),* éd. Ph. LAUER, 1914.
RecPép.	*Recueil des actes de Pépin Ier et de Pépin II, rois d'Aquitaine (814-848),* éd. Léon LEVILLAIN, 1926.
RecPh. I	*Recueil des actes de Philippe Ier, roi de France, (1059-1108),* éd. Maurice PROU, 1908.
RecPh. II	*Recueil des actes de Philippe Auguste, roi de France,* éd. H. -F. DELABORDE, Ch. PETIT-DUTAILLIS, J. BOUSSARD, M. NORTIER, 4 vol., Paris 1916-79.
RecProv.	*Recueil des actes des rois de Provence (855-928),* éd. René POUPARDIN, 1920.
RecRobI	*Recueil des actes de Robert Ier et de Raoul, rois de France (922-36),* éd. Jean DUFOUR, 1978 (CD).
Reg. Als.	Albert BRUCKNER, *Regesta Alsatiae aevi Merovingici et Karolini,* 496-918, Strasbourg/Zurich, 1949.
Reg. Imp.	*Regesta Imperii.*
Reg.	*Registre*/Register.
Rer. It. SS.	MURATORI, *Rerum Italicarum Scriptores.*
RFHMA	*Repertorium Fontium Historiae Medii Aevi,* 5 vol., [jusqu'à"H »], Rome, 1962-84.
RG	*Rechtsgesch.*/Hist. du droit.
RGA	*Reallexikon der Germ. Altertumskunde,* t. 1-8, Berlin, 1973-93 [-Fibel].
RGG	*Die Religion in Gesch. und Gegenwart. Handwörterbuch für Theologie und Religionswissenschaft,* 3e éd., 6 vol. et index, Tübingen, 1957-65 (4e éd. en cours).
RGK	*Römisch-Germanische Kommission* (Deutsches Archäologisches Institut, Berlin).
RGZM	*Römisch-Germanisches Zentralmuseum,* Mayence.
RH	*Revue historique,* Paris (1876 suiv.).
RHD	*Revue d'histoire du droit = Tijdschrift voor rechtsge-schiedenis,* Groningen (1918 suiv).
RHDFE	*Revue d'histoire du droit français et étranger,* Paris, 1855 suiv.
RHE	*Revue d'histoire ecclésiastique,* Louvain, 1900 suiv.
RHEF	*Revue d'histoire de l'Église de France,* Paris, 1910 suiv.
RHS	*Revue d'histoire suisse/Schweiz. Zs. f. Gesch.,* 1921 suiv.
RhVjbll.	*Rheinische Vierteljahrsblätter,* Bonn.
RICG	*Recueil des inscriptions chrétiennes de la Gaule,* Paris, 1975 suiv.
RM	*Revue Mabillon. Archives de la France monastique.*
RMAL	*Revue du Moyen Age latin,* Lyon.
Rnord	*Revue du Nord,* Lille, 1910 suiv.
RNum.	*Revue numismatique,* Paris, 1836 suiv.
Romania	*Romania. Rec. trimestriel consacré à l'étude des langues et des littératures romanes,* Paris, 1872 suiv.
RQH	*Revue des questions historiques,* Paris, 1866-1939.
RSJB	*Recueils de la Société Jean Bodin pour l'histoire comparative des institutions,* Bruxelles.
RTSHIPDE	*Recueil de mémoires et travaux, publiés par la Société d'histoire du droit et des institutions des anciens Pays de droit écrit,* Montpellier.
RVG	*Reallexikon der Vorgeschichte,* éd. M. EBERT, 15 vol., Berlin, 1924-32.
s. a.	*sine anno.*
s.l.	*sine loco.*

s.v.	*sub voce.*
Sacr. erud.	*Sacris erudiri,* Steenbrugge (Sint Pieters-abdij).
Saeculum	*Saeculum. Jb. für Universalgesch.,* Fribourg, 1950 suiv.
SB	*Sitzungsberichte* (académies, Vienne, Munich, etc.).
SC	*Sources chrétiennes,* Paris, 1942 suiv.
SdlHF	*Les Sources de l'histoire de France,* éd. Robert FAWTIER.
Sett.	*Settimane di studio del Centro italiano di studi sull'alto medioevo,* Spolète, 1954 suiv.
SHF	*Société de l'histoire de France,* 507 vol., Paris, 1835 suiv.
SHM	*Sources d'histoire médiévale,* par l'IRHT, Paris, 1965 suiv.
Spec.	*Speculum,* publié par The Mediaeval Academy of America, Cambridge, Mass. (1926 suiv.).
SRG	*Scriptores rerum Germanicarum in usum scholarum separatim editi,* (MGH).
SS H. Aug.	*Scriptores Hist. Augustae,* éd. & trad. A. CHASTAGNOL, Paris, 1992.
SSL	*Spicilegium Sacrum Lovaniense. Études et documents,* Louvain.
Theod. nov.	*Theodosii II. Novellae.* V. CTh., t. III.
ThLL	*Thesaurus Linguae Latinae,* Leipzig, 1900 suiv.
Trad. Wiz.	*Traditiones Wizenburgenses. Die Urkunden des Klosters Weissenburg, 661-864,* éd. Anton DOLL, Darmstadt, 1979.
Traditio	*Traditio,* New York, 1943 suiv.
UB	*Urkundenbuch.*
UB. Fulda	*Urkundenbuch des Klosters Fulda,* t. I, éd. Edmund STENGEL, Marbourg, 1958.
UB.Babenb.	*Urkundenbuch zur Gesch. der Babenberger in Oesterreich,* éd. Heinrich FICHTENAU & Erich ZÖLLNER, 4 vol., Vienne, 1950-68.
v.	voir, *vide.*
Vf. g.	*Verfassungsgeschichte*/histoire des institutions.
Vf.	*Verfasser*/auteur.
Vj.	*Vierteljahr (-schrift, -blätter, -heft,* etc.).
vlat.	*vulgärlateinisch*/latin vulgaire.
VSWG	*Vierteljahrsschrift für Sozial-und Wirtschafts-gesch.,* 1900 suiv.
VuF	*Vorträge und Forschungen,* publié par Konstanzer Arbeits-kreis für mittelalterliche Geschichte, (Lindau-Constance, puis) Sigmaringen, 1952 suiv.
WaG	*Die Welt als Geschichte. Zeitschrift für universalgeschichtliche Forschung* (Stuttgart, 1935-63).
WB	*Wörterbuch.*
ZBLG	*Zeitschr. für Bayerische Landesgeschichte,* Munich.
ZfG	*Zeitschrift für Geschichtswissenschaft,* Berlin.
ZGO	*Zeitschr. für die Gesch. des Oberrheins,* Karlsruhe.
ZKG	*Zeitschrift für Kirchengeschichte,* Stuttgart.
ZRG Germ.	*Zeitschrift der Savigny-Stiftung für Rechtsgesch., Germanistische Abteilung.*
ZRG Kan.	Idem, *Kanonistische Abteilung.*
ZRG Rom.	Idem, *Romanistische Abteilung.*
ZRGG	*Zeitschrift für Religions-u. Geistesgeschichte,* Cologne, 1948 suiv.
ZRPh	*Zeitschrift für Romanische Philologie.*
Zs.	*Zeitschrift.*

Bibliographie générale

D'ABADAL, Ramon, « La domination carolingienne en Catalogne », *RH,* 225, 1961, p. 319-40.

ABEL, Wilhelm, *Massenarmut und Hungerkrisen im vorindustriellen Europa*, Hambourg-Berlin, 1974.

Actes du 103e Congrès national des sociétés savantes, Nancy-Metz, 1978.

Adel und Bauern im deutschen Staat des Mittelalters, éd. Theodor MAYER, Darmstadt, 1967.

Adel und Kirche. Gerd Tellenbach zum 65. Geburstag, éd. J. FLECKENSTEIN, K. SCHMID, Fribourg, 1968.

AHRWEILER, Hélène, *Byzance et la mer*, Paris, 1966.

ALFÖLDI, Andreas, *Early Rome and the Latins*, Ann Arbor, 1965.

Alles Gewordene hat Geschichte. Die Schule der Annales *in ihren Texten*, éd. Matthias MIDDELL et Steffen SAMMLER, Leipzig, 1994.

Allgemeine Geschichte in Einzel-darstellungen, éd. Wilhem ONCKEN, 33 vol. en 43, Berlin, 1879-93; index, 1890-93.

ALTHOFF, Gerd, « Das Privileg der "Deditio". Formen gütlicher Konfliktbeendigung in der mittelalterlich. Adelsgesellsch. « , *Nobilitas*, 1997, p. 7-52.

ALTHOFF, Gerd, « Die Erhebung Heinrichs des Kindes in den Reichsfürstenstand », *HessJbLG*, 43, 1993, p. 1-17.

AMALVI, Christian, « Heurs et malheurs d'un mythe fondateur de la France contemporaine (1814-1914) », *BEC*, 154, 1996.

AMALVI, Christian, « L'image du règne de Philippe Auguste dans la littérature du XIXe siècle », *La France de Philippe Auguste...*, 1982, p. 171-216.

AMALVI, Christian, *De l'art et la manière d'accomoder les héros de l'histoire de France. Essais de mythologie nationale*, Paris, 1988.

AMENT, Hermann, *Fränkisch. Adelsgräber von Flonheim in Rheinhessen*, Berlin, 1970.

ANDERSON, W., *Castles of Europe*, Londres, 1970.

ANTOINE, Michel, *Louis XV*, Paris, 1989.

ARETIN, Karl Otmar v., « Der bayerische Adel von der Monarchie zum Dritten Reich », *Bayern in der NS-Zeit*, Munich, 1981, p. 513-67.

ARETIN, Karl Otmar v., *Das Alte Reich 1648-1806*, 3 vol., Stuttgart, 1992-97.

The Aristocracies of the Mediterranean. Colloque international d'histoire comparative. Juin 1996, à Treilles (Provence), éd. Pierre TOUBERT & Angeliki LAIOU (à paraître).

ARNIM, Hermann v., *Märkischer Adel*, Berlin, 1989.

ARON, Raymond, *Paix et guerre entre les nations*, Paris, 1962.

ARON, Raymond, *Penser la guerre*, 2 vol. Paris, 1976

ASMUSSEN, Nils, « Hans-Georg v. Studnitz. Ein konservativer Journalist im Dritten Reich und in der Bundesrepublik », *Vjh.f.ZG.*, 45, 1, 1997.

AUBERT DE LA CHESNAYE DES BOIS, A., *Dictionnaire de la noblesse, contenant les généalogies, l'histoire et la chronologie des familles nobles de France*, 19 vol., Paris, 1863-76.

AUERBACH, Erich, *Mimesis*, Bern, 1959.

Aus Verfassungs-und Landesgeschichte. Festschrift z. 70. Geburstag von Theodore Mayer, 2 vol., Lindau/Constance, 1954-55 (rééd. 1973).

BACH, Adolf, *Die deutschen Personennammen*, 2 vol., Heidelberg, 1952.

BACHRACH, Bernard S., « Military Organization in Aquitaine under the early Carolingians », *Speculum*, 49, 1974, p. 1-33.

BACHRACH, Bernard S., « Observations sur la démographie angevine au temps de Foulques Nerra, *fidelis* des trois premiers capétiens », *Pays de Loire...,* 1997, p. 215-228.

BADER, Karl Siegfrid, « Volk, Stamm, Territorium », *Herrschaft,* 1956, p. 243-83.

BALDWIN, John W., « L'entourage de Philippe Auguste et la famille royale », *La France de Philippe Auguste...,* 1982, p. 59-76.

BALON, Jean, *Grand Dictionnaire de droit du Moyen Age,* Namur, 1970 & suiv.

BANNIARD, Michel, *Genèse culturelle de l'Europe, Ve-VIIIe siècles,* Paris, 1989.

BANNIARD, Michel, *Le Haut Moyen Age occidental,* Paris, 1986.

BARRET-KRIEGEL, Blandine, *Les historiens et la monarchie,* 4 vol., Paris, 1988.

BARTHÉLEMY, Dominique, *La mutation de l'an mil a-t-elle eu lieu?,* Paris, 1997.

BARTHÉLEMY, Dominique, *La société dans le comté de Vendôme de l'an mil au XIVe siècle,* Paris, 1993.

BAUER, Hermann, « über einige utopische Topoi und die Anfänge der Kunsttheorie in der Renaissance », *Gegenwartin Vergangenheit...,* 1993, p. 1-10.

BAUER, Thomas, *Lotharingien als historischer Raum. Raumbildung und Raumbewußtsein im Mittelalter,* Cologne, 1997.

BAUMAN, Richard A., *Impietas in Principem. A study of treason against the Roman emperor with special reference to the first century A.D.*, Munich, 1974.

BAUTIER, Robert-Henri, « La prise de charge du Berry par le roi Philippe Ier et les antécédents de cette politique de Hugues le Grand à Robert le Pieux » *Media in Francia,* 1989, p. 31-60.

BAUTIER, Robert-Henri, « Philippe Auguste, la personnalité du roi », *La France de Philippe Auguste...,* 1982, p. 32-58.

BAUTIER, Robert-Henri, « Sacres et couronnements sous les carolingiens et les premiers capétiens. Recherches sur la genèse du sacre royal français », *ABSHF,* 1987 (1989), p. 7-56.

BAUTIER, Robert-Henri, *Recherches sur l'histoire de la France médiévale. Des mérovingiens aux premiers capétiens,* Hampshire, 1991.

BEAUNE, Colette, *Naissance de la nation France*, Paris, 1985.

Dom BEAUNIER, *Recueil histoire des archevêchés, évêchés, abbayes et prieurés de France,* 2 vol., Paris, 1726; Nouv. éd. par les bénédictins de Ligugé, Paris, (1905 & suiv.). BECHER, Matthias, *Eid und Herrschaft. Untersuchungen zum Herrscherethos Karls d.Gr.*, Sigmaringen, 1993.

BEECH, Georges, « Prosopography », *Medieval Studies,* éd. J.M. POWELL, 1976, p. 151-84.

BEHRENDS, O. von, s.v. Buccelarius, *RGA,* IV, p. 28-31.

BELTING, Hans, « Studien zum beneventanischen Hof im 8.Jh. », *Dumbarton Oaks Papers*, 16, 1962, p. 141-93.

BENDER, Karl-Heinz, *König und Vasall. Untersuchungen zur Chanson de Geste des 12. Jh,* Heidelberg, 1967.

BENDIX, Reinhard, *Kings or People. Power and the Mandate to Rule,* Univ.of Calif., 1978.

BÉRENGER, Jean, « La Hongrie des Habsbourgs au XVIIe s. République nobiliaire ou monarchie limitée? », *RH* 238, 1967, p. 31-50.

BERGMANN, Werner, « Untersuchungen zu den Gerichtsurkunden der Merowingerzeit », *AfD*, 22 (1976), p. 1-186.

BERNARD, A. et BRUEL, A., *Recueil des chartes de l'abbaye de Cluny,* 6 t., Paris, 1876-1903 (*CDI*).

BERNHARD, Jean — LEFEBVRE, Charles et RAPP, Francis, *L'époque de la Réforme et du concile de Trente,* Paris, 1990.

BERTOLINI, Ottorino, « Carlomagno e Benevento », *KdG,* t. I (1967), p. 609-671.

BEUMANN, Helmut, « Das imperiale Königtum im 10. Jahrhundert », *Welt als Gesch.,* 10, 1950, p. 117-130.

BEUMANN, Helmut, « Das Kaisertum Ottos d. Gr. Ein Rückblick nach tausend Jahren », *HZ,* 195, 1962, p. 529-573.

BEUMANN, Helmut, « Zur Entwickl. transpersonaler Staatsvorstellungen », *Das Königtum,* 1956, 1963, p. 185-224.

BEUMANN, Helmut, *Wiss. vom Mittelalter. Ausgewählte Aufsätze,* Cologne, 1972.

BEUTLER, Christian, *Der Gott am Kreuz. Zur Entstehung der Kreuzigungsdarstellung,* Hambourg, 1986.

BEUYS, Barbara, *Der Große Kurfürst. Der Mann, der Preußen schuf. Biographie,* Hambourg, 1979.

BEZZOLA, Reto, *Les origines et la formation de la littérature courtoise en Occident (500-1200),* t. III, 1 et 2 : *La société courtoise : littérature de cour et littérature courtoise,* Paris, 1963.

Bildungsgang und Lebensplan. Briefe über Erziehung von 1750 bis 1900, éd. Ludwig FERTIG, Darmstadt, 1991.

BINDING, Günther, *Der früh-und hochmittelalt. Bauherr als « sapiens architectus »,* Darmstadt, 1996.

BINDING, Günther, *Deutsche Königspfalzen von Karl der Grosse bis Friedrich II. (765-1240),* Darmstadt, 1996.

BIRNBAUM, Pierre, « L'héritage et le mérite », *Le Monde Dimanche,* 21 décembre 1980.

BISCHOFF, Bernhard, *Anecdota novissima. Texte des 4. bis 16. Jh.,,* Stuttgart, 1984.

BISSON, Thomas N., « Nobility and Family in Medieval France : A Review Essay », *French Historical Studies,* 16, 1990, p. 597-613.

BLEICKEN, Joachim, *Die athenische Demokratie,* 2e éd. élargie, Paderborn, 1994.

BLEICKEN, Joachim, *Verfassungs-u.Sozialgesch. des Röm. Kaiserreiches,* 2 vol., Paderborn, 1978, 1994.

BLOCH, Marc, « Sur le passé de la noblesse française : quelques jalons de recherche », *AHES* 8, 1936, p. 366-78.

BLOCH, Marc, *La Société féodale,* 2 vol., Paris, 1940.

BLOCH, Marc, *Les rois thaumaturges. Études sur le caractère surnaturel attribué à la puissance royale, particulièrement en France et en Angleterre,* Strasbourg, 1924 (rééd. Paris, 1983).

BLOCH, Marc, *Mélanges historiques,* 2 vol., Paris, 1963.

BLOCH, Oscar, et WARTBURG, Walther v., *Dictionnaire étymologique de la langue française,* 5e éd., Paris, 1969.

BLUCHE, François, *Louis XIV*, Paris, 1986.
BOER, Pim den, *Geschiedenis als beroep*, 1987.
BOLLÈME, Geneviève, *Le « peuple » par écrit,* Paris, 1986.
BONNARD, J. — SALMON, A. — GODEFROY, F., *Lexique de l'ancien français,* Paris, 1901, rééd. 1964.
BORST, Arno, *Das Rittertum im Mittelalter,* Darmstadt, 1976.
BORST, Arno, *Lebensformen im Mittelalter,* Francfort, 1973.
BOSL, Karl, « Adel », *Frühformen,* 1964, p. 220-27.
BOSL, Karl, « Die german.Kontinuität im dt. Mittelalter (Adel-König-Kirche) », *Frühformen,* 1964, p. 80-105.
BOSL, Karl, « Elitebildung gestern u.heute. Charisma, Dienst, Leistung », *Frühformen,* 1964, p. 458-71.
BOSL, Karl, « Herrscher und Beherrschte im deutschen Reich des 10.-12. Jh. », *Frühformen,* 1964, p. 135-53.
BOSL, Karl, « Leitbilder und Wertvorstellungen des Adels von der Merowingerzeit bis zur Höhe der feudalen Gesellschaft », *Sbb. Akad. München,* 1974, p. 2-32.
BOSL, Karl, « Potens und Pauper. Begriffsgesch. Studien zur gesellschaftl. Differenzierung im frühen Mittelalter und zum « Pauperismus » des Hochmittelalter », *Frühformen,* 1964, p. 106-34.
BOSL, Karl, « Über soziale Mobilität in der ma. « Gesellschaft ». Dienst, Freiheit, Freizügigkeit als Motive sozialen Aufstiegs », *Frühformen,* p. 156-79.
BOSL, Karl, « Vorstufen der dt. Königsdienstmannschaft », *Frühformen,* 1964, p. 228-76.
BOSL, Karl, *Franken um 800. Strukturanalyse einer fränk. Königsprovinz,* Munich, 1969.
BOSL, Karl, *Frühformen der Gesellschaft im mittelalterlich. Europa,* Munich, 1964.
BOSL, Karl, *Mensch und Gesellschaft in der Geschichte Europas,* Munich, 1972.
BOSSUAT, Robert, *Manuel bibliographique de la littérature française du Moyen Age,* Melun, 1951 (supplém. Paris, 1955 suiv.).
BOUDET, Jacques, *Les Mots de l'histoire,* Paris, 1990.
BOUGARD, François, *La Justice dans le royaume d'Italie de la fin du VIIIe siècle au début du XIe siècle,* Rome, 1995.
BOUILLET, Nicolas, *Dictionnaire universel d'histoire et de géographie,* rev. et cont. par A. CHASSANG, 28e éd., Paris, 1884.
BOURDIEU, Pierre, « Le sens de l'honneur », *Esquisse,* 1972, p.15-44.
BOURDIEU, Pierre, *Esquisse d'une théorie de la pratique,* Genève, 1972.
BOURDIEU, Pierre, *La distinction. Critique sociale du jugement,* Paris, 1979.
BOUREAU, Alain, « La norme épistolaire, une invention médiévale », *La correspondance...,* 1991, p. 127-57.
BOUREAU, Alain, *Le droit de cuissage. La fabrication d'un mythe, XIIIe-XXe siècle,* Paris, 1995.
BOURGEOIS, Émile, *Le capitulaire de Kiersy-sur-Oise(877),* 1885.
BOURNAZEL, Éric, *Le gouvernement capétien au XIIe s. 1108-1180. Structures sociales et mutations institutionnelles,* 1975.
BOURQUIN, L., *La noblesse et le pouvoir en Champagne aux XVe et XVIe s.,* Paris, 1994.

BOUSSARD, Jacques, « La notion de royauté sous Guillaume le Conquérant. Ses origines et ses prolongements », *Annali della Fondaziona italiana per la storia amministrativa,* 4, 1967, p. 47-77.

BOUSSARD, Jacques, « L'origine des familles seigneuriales dans la région de la Loire moyenne », *CCM,* 5, 1962, p. 303-322.

BOUSSARD, Jacques, « Services féodaux, milices et mercenaires dans les armées, en France, aux Xe et XIe s. », *Settimane, XV,* Spolète, 1968, p.131-68.

BOUTHOUL, Gaston, *La guerre,* Paris, 1973.

BRAAT, W.C., « Les Vikings au pays de Frise », *Ann.de Normandie,* 4, 1954.

BRAGUE, Rémi, *Europe, la voie romaine,* 2e éd. revue, 1993.

BRANCOURT, Jean-Pierre, *Le duc de Saint-Simon et la monarchie,* Paris, 1971.

BRANDT, Hartwin, « Wer Clothar betrog, hatte Pech », *Mittwoch,* n° 83, 8 avril 1998, p. 47.

BREMER, Jörg, *FAZ, 11/10/97,* p. 11.

BRÉMOND, *Histoire du sentiment religieux en France,* 11 vol., Paris, 1916-33.

BROCKMEYER, Norbert, *Sozialgeschichte der Antike,* Stuttgart, 1972.

BROWN, Elizabeth, « La notion de légitimité et la prophétie à la cour de Philippe Auguste », *La France de Philippe Auguste,* 1982, p. 77-111.

BROWN, Peter, *Authority and the Sacred : Aspects of the Christianization of the Roman World,* 1995.

BROWN, Peter, *Genèse de l'antiquité tardive,* Paris, 1983 (éd. originale Harvard, 1978).

BROWN, Peter, *Société et sacré dans l'antiquité tardive,* Paris, 1982.

BROWN, Peter, *The Cult of the Saints : Its Rise and Function in Latin Christianity,* Chicago, 1981.

BROWN, Peter, *The Rise of Western Christendom : Triumph and Diversity, A.-D. 200-1000,* 1996.

BROWN, Peter, *The World of Late Antiquity from Marcus Aurelius to Muhammad, A. D. 150-750,* New York, 1971.

BRUFORD, W.H., *Culture and Society in Classical Weimar,* Cambridge, 1962.

BRÜHL, Carlrichard, « Urkunden u.Kanzleien der german.Königreiche auf dem Boden des Imperium Romanum », *Aus Mittalalter und Diplomatik,* II, 1989, p. 474-528.

BRÜHL, Carlrichard, *Fodrum, Gistum, Servitium regis. Die Königsgastung im fränkischen Reich und in den fränkischen Nachfolgestaaten Deutschland, Frankreich und Italien vom 6. Bis zum 14. Jahrhundert,* Cologne-Graz, 1967.

BRÜHL, Carlrichard, *La naissance de deux peuples, Français et Allemands (IXe-XIe siècles),* (éd. orig., Cologne-Vienne 1990), trad. fr. Paris, 1994.

BRUNNER, Heinrich, *Abhandl. zur Rechtsgeschichte,* éd. K. RAUCH, 2 vol., Weimar, 1931.

BRUNNER, Heinrich, *Forschungen zur Geschichte des dt. und französ. Rechtes,* Stuttgart, 1894.

BRUNNER, Heinrich, *Zur Rechtsgeschichte der röm. und german. Urkunde,* Berlin, 1880.

BRUNNER, Karl, *Oppositionelle Gruppen im Karolingerreich*, Vienne-Cologne-Graz, 1979.

BRUNNER, Otto, « Vom Gottesgnadentum zum monarch.Prinzip. Der Weg der europ. Monarchie seit dem hohen Mittelalter », *Das Königtum*, 1956, 1963, p. 279-305.

BRUNNER, Otto, « Feudalismus, feudal », *GG*, II, 1975, p. 337-50.

BRUNOT, Ferdinand, *Histoire de la langue française*, 1 : *De l'époque latine à la Renaissance*, Paris, 1966, éd. ANTOINE et alii.

BRUNTERC'H, Jean-Pierre, « Naissance et affirmation des principautés au temps du roi Eudes : l'exemple de l'Aquitaine », *Pays de Loire...*, 1997, p. 69-115.

BRUNTERC'H, Jean-Pierre, « Maine ou Anjou? Histoire d'un canton entre Loir et Sarthe », *Media in Francia*, 1989, p. 61-84.

BRUSSEL, N., *Nouvel examen de l'usage général des fiefs en France [11e-14e s.]*, 2 vol., Paris, 1727, 1750.

BUCHNER, Edmund, *Die Sonnenuhr des Augustus*, Mainz, 1982.

BÜHRER-THIERRY, Geneviève, *Évêques et pouvoir dans le royaume de Germanie. Les églises de Bavière et de Souabe 876-973*, Paris, 1997.

BUMKE, Joachim, *Die romanisch-deutschen Literaturbeziehungen im Mittelalter*, Heidelberg, 1967.

BUR, Michel, *La formation du comté de Champagne, v.950-v.1150*, Nancy, 1977.

BURCKHARDT, Carl J., « Franz Grillparzer », *Die Grossen Deutschen*, III, 1966, p. 245-57.

BURKE, Edmund, *Reflections on the Revolution in France*, London, 1790.

BUTZEN, Reiner, *Die Merowinger östlich des Rheins. Studien zur militärischen, politischen, rechtlichen, religiösen, kirchlichen, kulturellen Erfassung durch Königtum u.Adel im 6.sowie 7.Jh.*, Würzburg, 1987.

CAROZZI, Claude, « Les fondements de la tripartition sociale chez Adalbéron de Laon », *Ann.ESC.*, 1978, p. 683-702.

CASSIRER, Ernst, *Der Mythus des Staates. Philosoph. Grundlagen polit. Verhaltens*, Zurich/Munich, 1978.

CASTELNUOVO, Guido, « L'aristocratie vaudoise avant l'expansion de la maison de Savoie [XIe-XIIIe s.] », *La maison de Savoie et le pays de Vaud*, Lausanne, 1989, p. 19-34.

CHAPLAIS, Pierre, *Essays in medieval Diplomacy and Administration*, Londres, 1981.

CHARLE, Christophe, *Les hauts fonctionnaires en France au XIXe s.*, Paris, 1980.

CHARON, Philippe, « Contributions à l'hist. des principautés territoriales en France à la fin du Moyen Age : l'exemple de la principauté d'Évreux, 1298-1378 », *JdS*, 1995, p. 145-77.

CHARTIER, Roger, « les modèles épistolaires de l'Ancien Régime entre littérature de cour et livre de colportage », *La correspondance...*, 1991, p. 159-207.

CHASTAGNOL, « André, Sidoine Apollinaire et la fin du Sénat de Rome », *BSNAF*, 1977, p. 117-18.

CHASTAGNOL, André, *Le sénat romain sous le règne d'Odoacre*, Bonn, 1966.

CHASTAGNOL, André, *Les fastes de la préfecture de Rome au Bas-Empire*, Paris, 1962.

CHATEAUBRIAND, François René, vicomte de, *Mémoires d'outre-tombe,* éd. Maurice LEVAILLANT et Georges MOULINIER, 3e éd., Paris, 1957.

CHAUSSINAND-NOGARET, Guy, *La noblesse au XVIIIe siècle : de la féodalité aux lumières,* Paris, 1976.

CHÉNON, É., *Histoire générale du droit français,* t. I, 1926.

CHÉRUEL, A., *Dictionnaire histoire des institutions, mœurs et coutumes de la France,* 2 vol., 7e éd. Paris, 1899.

CHRIST, *Untergang d. römisch. Reiches,* 1986.

CITRON, Suzanne, *Le mythe national. L'histoire de France en question,* Paris, 1987.

CLASSEN, Peter, « Die Verträge von Verdun und Coulaine 843 als politische Grundlagen des westfränkischen Reiches », *Historische Zeitschrift,* 196, 1963, p. 1-35.

CLASSEN, Peter, « Fortleben und Wandel spätröm. Urkundenwesens im frühen Mittelalter », *Recht und Schr.*, 1977, p. 13-54.

CLASSEN, Peter, « Karl der Grosse und die Thronfolge im Frankenreich », *Festchrift für Hermann Heimpel zum 70. Geburstag,* III, Göttingen, 1972, p. 109-34.

CLASSEN, Peter, « Karl der Grosse, das Papsttum und Buzanz », *Die Begründung des karol. Kaisertums,* éd. H. FUHRMANN, C. MÄRTL, Sigmaringen, 1985.

CLASSEN, Peter, « Rom und Byzanz von Diokletian bis zu Karl der Grosse », Stuttgart, 1967.

CLASSEN, Peter, *Ausgewählte Aufsätze,* éd. J. FLECKENSTEIN, Sigmaringen, 1983 (VuF).

CLAVERIE, Élisabeth, « L'honneur : une société de défis au XIXe s. », *Ann. ESC,* 1979, p.744-59.

COKAYNE, G. E., *Complete Peerage of England, Scotland, Ireland, Great Britain and United Kingdom,* 13 vol. en 14, Londres, 1910-59.

COLLINS, Roger, « Deception and misrepresentation in early eighth century frankish historiograpy : two case studies », *Karl Martell,* 1993.

CONTAMINE, Philippe « Noblesse et service : l'idée et la réalité dans la France de la fin du Moyen Age », *Nobilitas,* 1997, p. 299-311.

CONTAMINE, Philippe, *La Noblesse au royaume de France de Philippe le Bel à Louis XI. Essai de synthèse,* Paris, 1997.

CONTI, Pier Maria, « "Buccellarii" ed "exercitales", "leudes" e "gardingi" nella lex visigothorum », *Nobiltà e chiese nel medioevo... Scritti in onore di Gerd Tellenbach,* éd. Cinzo VIOLANTE, Rome, 1993, p. 9-36.

La Contre-Révolution. Origines, histoire, postérité, éd. Jean Tulard, Paris, 1990.

La correspondance. Les usages de la lettre au XIXe siècle, éd. Roger Chartier, Paris, 1991.

Dom COTTINEAU, *Répertoire topo-bibliographique des abbayes et prieurés,* 2 vol., Mâcon, 1935-39.

COURCELLE, Pierre, *Histoire littéraire des grandes invasions germaniques,* Paris, 1964.

CROZIER, Michel & FRIEDBERG, Erhard, *L'acteur et le système,* Paris, 1977.

CRUMP — JACOB, *Legacy of the Middle Ages,* 1932.

Curialitas. Studien zu Grundfragen der höfisch-ritterlichen Kultur, éd. Josef FLECKENSTEIN, Göttingen, 1990.

DALY, Wiliam M., « Clovis : How Barbaric, How Pagan? », *Speculum,* 69, 1994, p. 619-64.

DANIEL, *Histoire de France depuis l'établissement de la monarchie française,* 3 vol., Paris, 1713 (2e éd. H. GRIFFET, 17 vol., 1755-57).

DANNENBAUER, Heinrich, *Grundlagen der mittelalterliche Welt. Skizzen und Studien,* Stuttgart, 1958.

DARROUZES, Jean, *Noticiae Episcopatum Ecclesiae Constantinopolitanae,* Paris, 1981.

DARROUZES, Jean, *Recherches sur les offikia de l'Église byzantine,* Paris, 1970.

DAUZAT, Albert et DUBOIS, Jean, et MITTERAND, Henri, *Nouveau Dictionnaire étymologique et historique,* Paris, 1964.

DAUZAT, Albert et ROSTAING, Charles, *Dictionnaire étymologique des noms de lieux en France,* Paris, 1963.

DAUZAT, Albert, *Dictionnaire étymologique de la langue française,* Paris, 1938.

DAVID, M., *Le serment du sacre du* IXe *au* XVe *siècle. Contribution à l'étude des limites juridiques de la souveraineté,* Strasbourg, 1951.

*De Tertullien aux Mozarabes. Antiquité et christianisme ancien (*IIIe*-*IXe *s.). Mélanges offerts à Jacques Fontaine,* 2 vol., Paris, 1992.

Dom DE VIC, Claude et Dom VAISSETTE, Joseph, *Histoire générale de Languedoc,* 5 vol. Paris, 1730-45; (refonte par Auguste MOLINIER), 3e éd., 16 vol., Toulouse, 1872-1904.

DE VRY, Volker, *Liborius — Brückenbauer Europas. Die mittelalterl. Viten und Translationsberichte über den hl. Liborius,* Paderborn, 1997.

DEBORD, André, *La société laïque dans les pays de Charente (*Xe*-*XIIe *s.),* Paris, 1984.

DELMAIRE, Roland, *Les institutions du Bas-Empire romain de Constantin à Justinien Ier. Les institutions civiles palatines,* Paris, 1995.

DELORT, Robert, *La vie au Moyen Age,* Paris, 1972 (3e éd., Claude GAUVARD, 1982).

DELUMEAU, Jean, « Fondements idéologiques de la hiérarchie sociale :le discours sur le courage à l'époque de la Renaissance », *Théorie et pratique politiques de la Renaissance,* 1977 (XVIIe colloque international de Tours, éd. André STEGMANN), p. 273-83.

DELUMEAU, Jean, « Leçon inaugurale..., 1975 », le 13 février 1975, Collège de France, Chaire d'histoire des mentalités religieuses dans l'Occident moderne.

DELUMEAU, Jean, *La Peur en Occident,* XIVe*-*XVIIIe *siècles. Une cité assiégée,* Paris, 1978.

DELUMEAU, Jean, *Mille ans de bonheur. Une histoire du Paradis,* Paris, 1995.

DEMANDT, Alexander, *« Vandalismus ». Gewalt gegen Kultur,* Berlin, 1997.

DEMANDT, Alexander, article « Magister militum », *RE.Suppl.,* XII, 1970, col. 553-790.

DEMANDT, Alexander, *Der Fall Roms,* 1984.

DEMANDT, Alexander, *Die Spätantike. Römische Geschichte von Diokletian bis Justinian 284-565 n.Chr.,* Munich, 1989.

DEMANDT, Alexander, *Geschichte der Geschichte. Wissenschaftshistorische Essays*, Cologne, 1997.
DEMOUGEOT, Émilienne, « Grégoire le Grand et la conversion du roi germain au VIe siècle », *Grégoire le Grand (colloques internationaux du CNRS)*, Paris, 1986, p. 191-203.
DEMOUGEOT, Émilienne, *L'Empire romain et les Barbares d'Occident (IVe-VIIe s.) Scripta varia*, 1988.
DEMOUGEOT, Émilienne, s.v. « Gallia » I, *RAC* VIII, p. 822-962.
DESCHAMPS, H., *Histoire de la traite des Noirs*, Paris, 1972.
Deus qui mutat tempora. Menschen und Institutionen im Wandel des MAs. Festschrift Alfons Becker, Sigmaringen, 1987.
DHONDT, Jan, *Études sur la naissance des principautés territoriales en France (IXe-Xe siècle)*, Bruges, 1948.
DIENERS, Peter, *Das Duell und die Sonderrolle des Militärs*, Berlin, 1992.
DIEPOLDER, Gertrud, « Oberbayerische und niederbayerische Adelsherrschaften im [!] wittelsbachischen Territorialstaat des 13. bis 15.Jh.s. », *ZsBLG*, 25, 1962, p. 33-70.
DIGEON, Claude, *La crise allemande de la pensée française (1870-1914)*, Paris, 1959.
DIOUDONNAT, Pierre-Marie, *Encyclopédie de la fausse noblesse et de la noblesse d'apparence*, Paris, I-II, 1995, III, 1991.
DÖLGER, Franz Josef, *Antike und Christentum. Kultur-und religionsgeschichtliche Studien*, I-VI, Münster, 1929-50.
DOLLINGER, Philippe, « Aspects de la noblesse allemande, XIe-XIIIe siècle », *La noblesse*, 1976, p. 133-49.
DOLLINGER, Philippe, *Documents de l'histoire de l'Alsace*, 1972.
DOLLINGER, Philippe, *Histoire de l'Alsace*, 1970.
DOPSCH, Aufs Alfons, *Gesammelte Aufsätze*, éd. Erna PATZELT, 2 vol., Vienne, 1928; 2e éd., Aalen, 1968.
DREXLER, Hans, « Dignitas », *Das Staatsdenken der Römer*, éd. Richard KLEIN, Darmstadt, 1966, p. 132-54.
DROYSEN, H., *Grundriß der Historik*, Leipzig, 1868.
DROYSEN, Johann Gustav, « Historik. Vorlesungen über Enzyklopädie und Methodologie der Geschichte », éd. Rudolf HÜBNER, Munich-Berlin, 1943.
DU CANGE, Charles du Fresne, sieur, *Glossarium ad scriptores mediae et infimae latinitatis*, 3 vol., Paris, 1678; (cité *Glossarium Mediae et Infimae Latinitatis*, éd. G. A. L. HENSCHEL, nouv. éd. L. FAVRE, 10 vol., 1883-87, réimpr. Graz, 1954).
DUBOS, Jean-Baptiste, *Histoire critique de l'établissement de la monarchie française*, 3 vol., Amsterdam, 1735.
DUBY, Georges, « Une enquête à poursuivre : la noblesse dans la France médiévale », *RH*, 226, 1961, p. 1-22.
DUBY, Georges, *Hommes et structures du Moyen Age. Recueil d'articles*, Paris -La Haye, 1973.
DUBY, Georges, *La société aux XIe et XIIe s. dans la région mâconnaise*, Paris, 1953.
DUBY, Georges — MANDROU, Robert, *Histoire de la civilisation française : Moyen Age-XVIe s.*, Paris, 1958.
DUCHESNE, Louis, *Fastes épiscopaux de l'ancienne Gaule*, 3 vol., Paris, 1907-15, t. 1-2.

DUCLOUX, Anne, *Naissance du droit d'asile dans les églises (IVe-milieu Ve s.)*, Paris, 1994.

DUDEN, *Das grosse WB der dt. Sprache*, 6 vol., Mannheim, 1976-81.

DÜRRENMATT, Friedrich, « Romulus der Grosse », *Spectaculum*, Francfort, IV, 1961, p. 81-134.

DUMAS, A., *Histoire du droit français*, s.a. [1948].

DÜMMLER, E., *Osfrankischen. Geschichte des Ostfrankischen Reiches*, 3 vol., 1887 (réimp. Darmstadt, 1960).

DUMVILLE, David, « Kingship, Genealogies and Regnal Lists », *Early Med. Kingship*, 1977, p. 72-104.

DUNGERN, Otto Frhr. v., *Thronfolgerecht u.Blutsverwandtschaft der dt.Kaiser seit Karl d.Gr.*, Papiermühle, 1910.

DURLIAT, Jean, « Attributions civiles des évêques mérovingiens », *Ann. Midi*, 91, 1979, p. 237-54.

DURLIAT, Jean, « Les fonctions publiques de la noblesse gallo-franque (481-561) », *Nobilitas*, 1997, p. 193-215.

DURLIAT, Jean, « Qu'est-ce qu'un polyptique? À propos des documents de Tours (ChLA 659) », *Media in Francia*, 1989, p. 129-38.

DUVAL, Paul-Marie, *La Gaule jusqu'au milieu du Ve siècle*, Paris, 1971.

Early Medieval Kingship, éd. P.H. SAWYER, Ian N. WOOD, Leeds, 1977.

EBLING, Horst, Prosopographie der Amtsträger des Merowingerreiches (613-714), Munich, 1974.

L'École carolingienne d'Auxerre de Murethach à Remi 830-908, éd. Dominique IOGNA-PRAT, Colette JEUDY, Guy LOBRICHON, 1991.

Les Écoles historiques, éd. G. BOURDÉ & H.MARTIN, Paris, 1983.

Économies et sociétés au Moyen Age. Mélanges offerts à Édouard Perroy, Paris, 1973.

EHLERS, Joachim, « Die Historia Francorum Senonensis und der Aufstieg des Hauses Capet », *Journal of Mediaval History*, 4, 1978, p. 1-26.

EHLERS, Joachim, « Karolingische Tradition und frühes Nationalbewußtsein in Frankreich », *Francia*, 4, 1976, p. 213-235.

EHLERS, Joachim, « Kontinuität und Tradition als Grundlage mittelalterlich. Nationsbildung in Francia », *Nationes*, 4, 1983, p.15-47.

EHLERS, Joachim, *Die Entstehung des Deutschen Reiches*, Munich, 1994.

EHLERS, Joachim, *Frankreich im Mittelalter (5. /6. Jh.-1270), Neuerschein. 1961 bis1979*, Munich, 1982.

EHLERS, Joachim, *Heinrich der Löwe*, Zurich, 1997.

EHLERT, Trude, *Zeitkonzeptionen-Zeiterfahrung-Zeitmessung.Stationen ihres Wandels vom Mittelalter bis zur Moderne*, Paderborn, 1997.

EHRARD, J., & PALMADE, G.P., *L'histoire*, 1971.

EICHMANN, Eduard, *Die Kaiserkrönung im Abendland*, 2 vol., Würzburg, 1942.

EICKHOFF, Ekkerhard, *Seekrieg und Seepolitik zwischen Islam und Abendland bis zum Aufstieg Pisas und Genuas 650-1040*, Berlin, 1966.

L'Élection du chef de l'État en France de Hugues Capet à nos jours, éd. HAMON, Léo, Paris, 1988.

ELIAS, Norbert, *Der höfische Mensch*, 1934.

ELIAS, Norbert, *Die höfische Gesellschaft. Untersuchungen zur Soziologie des Königtums u.der höfischen Aristokratie,* Neuwied/Berlin, 1969, réimpr. Francfort, 1983.

ELIAS, Norbert, *Prozess der Zivilisation,* 1977.

ELWITT, S., *The Making of the Third Republic. Class and Politics in France, 1868-1884,* Bâton Rouge, 1975.

ENGEL, J. (éd.), *Die Entstehung des neuzeitlichen Europa,* Stuttgart, 1971.

ENLART, Camille, *Manuel d'archéologie française,* t. 1 : *Architecture religieuse,* 2 vol., Paris, 1919-20 ; t. 2 : *Archit. civ. et militaire,* 1919-32 ; t. 3 : *Le costume,* 1927.

ENSSLIN, W., *Theoderich der Grosse,* 1959.

Die Entwicklung der Kriegswaffe und ihr Zusammenhang mit der Sozialordnung, éd. Leopold von WIESE, Cologne, 1953.

ERDMANN, Carl, « Das ottonische Reich als Imperium Romanum », *DA* 6, 1943, p. 412-441.

ERDMANN, Carl, « Der ungesalbte König », *DA,* 2, 1938, p. 311-340.

ERDMANN, Carl, *Die Entstehung des Kreuzzugsgedankens,* Darmstadt, 1955 (1re éd. 1935).

ERLER, A., article « Inquisition », *HRG,* II, 1978, col. 370 suiv.

ERNOULT, Alfred, Antoine MEILLET, *Dictionnaire étymologique de la langue latine. Histoire des mots,* Paris, 1932.

ESDERS, Stefan, *Römische Rechtstradition und merowingisches Königtum. Zum Rechtscharakter politisch. Herrschaft in Burgund im 6. und 7.Jh.,* Göttingen, 1997.

ETTEN, Georg, *Das Unterkönigtum im Reich der Merowinger und Karolinger,* Heidelberg, 1907.

Études de civilisation médiévale (IXe-XIIe siècles). Mélanges offerts à Edmond-René Labande, Poitiers, 1974.

Eugenio Dupré THESEIDER, *L'Idea imperiale di Roma nella tradizione del Medioevo,* Milan, 1942.

Europa im Hoch-und Spätmittelalter, éd. Ferdinand SEIBT, 1987.

Europa im Wandel von der Antike zum Mittelalter, éd. Theodor SCHIEFFER, 1976.

Europäische Herrscher. Ihre Rolle bei der Gestaltung von Politik und Gesellschaft vom 16. bis zum 18. Jh., éd. Günter VOGLER, Weimar, 1988.

Europe and the Rise of Capitalism, éd. Jean BAECHLER, John A. HALL, Michael MANN, Oxford, 1988.

EWIG, Eugen, « Studien zur merowing.Dynastie », *FMSt.,* 8, 1974, p.15-59.

EWIG, Eugen, « Zum christl. Königsgedanken im Frühmittelalter », *Das Königtum,* 1956, 1963, p. 7-37.

EWIG, Eugen, « Zur Geschichte von Contrua-Gondorf », *VuF,* 25, 1979, p. 371-77.

EWIG, Eugen, *Spätantikes und fränk. Gallien,* éd. H. ATSMA, 2 vol., Munich, 1976-79.

Ex Ipsis Rerum Documentis. Beiträge zur Mediävistik. Festschrift für Harald Zimmermann zum 65. Geburstag, éd. K. HERBERS, et alii, Sigmaringen, 1991.

FALCO, Giorgio, *La polemica sul medioevo,* éd. Fulvio TESSITORE, Naples, 1977.

FASOLI, Gina, *Le incursioni ungare in Europa nel secolo X*, Florence 1945.
FAUROUX, Marie, *Recueil des actes des ducs de Normandie 911-1066*, Caen, 1961.
FAUSSNER, Hans Constantin, « Zur Liegenschaftsübertragung in der Baioaria Provincia. Verfahrensrechtliche Kontinuität im bairischen Raum », *ZRGGerm.*, 111, 1994, p. 1-65.
FAVIER, Jean, (éd.), *Histoire de France*, 6 vol., Paris, 1984-88.
FAVIER, Jean, *Dictionnaire de la France médiévale*, Paris, 1993.
FAVIER, Jean, *Le temps des principautés, de l'an mil à 1515*, Paris, 1984.
FAY, Bernard, *Louis XVI ou la fin d'un monde*, Paris, 1956.
FEHRENBACH, Elisabeth, *Vom Ancien Régime zum Wiener Kongreß*, Munich, 1986.
FEJTÖ, François, « L'ère des bureaucrates », *L'histoire*, 4, septembre 78, p. 80 suiv.
FELKEN, Detlef, *Oswald Spengler. Konservativer Denker zwischen Kaiserreich und Diktatur*, Munich, 1988.
La Femme au moyen âge, éd. Michel ROUCHE & Jean HEUCLIN, Maubeuge/Paris, 1990.
FENSKE, Lutz et ZOTZ, Thomas, « La noblesse en Allemagne au Moyen Age : aspects de la recherche récente », *Bulletin d'inform.de la miss.hist.franç.en Allem.*, 10, 1985, p. 5-15.
FENSKE, Lutz, « L'évolution des recueils de titres féodaux en Allemagne du XIIe au XIVe siècle, considérée principalement du point de vue de la Saxe orientale », *Bulletin d'information de la mission historique française en Allemagne*, 7, 1983, p. 13-31.
Festchrift für Walter Schlesinger, éd. H. BEUMANN, 2 vol., Cologne, 1973-74.
Festchrift Percy Ernst Schramm zu seinem 70. Geburstag, 2 vol., Wiesbaden, 1964.
Festschrift für Eduard Hlawitschka zum 65. Geburstag, éd. K.R. SCHNITH, R. PAULER, Kallmünz, 1993.
FICHTENAU, Heinrich, « Soziale Mobilität in Quellen des 10. und frühen 11.Jh. », *Wirtschafts und sozialhistor. Beiträge. Festschrift für Alfred Hoffmann zum 75. Geburstag*, Vienne, 1979, p. 11-29.
FICHTENAU, Heinrich, *L'empire carolingien*, Paris, 1re éd., 1949.
FINLEY, Moses, « La censure dans l'antiquité », *RH*, CCLXIII, 1980, p. 3-20.
FISCHER, Joseph Anton & LUMPE, Adolf, *Die Synoden von den Anfängen bis zum Vorabend des Nicaenums*, Paderborn, 1997.
FISCHER, Jürgen, *Die Völkerwanderung im Urteil der zeitgenössischen Schriftsteller Galliens unter Einbeziehung des hl. Augustinus*, Diss. Würzburg, Heidelberg-Waibstadt, 1948.
FISCHER, Jürgen, *Oriens — Occidens — Europa. Begriff und Gedanke 'Europa'in der späten Antike und im frühen Mittelalters*, Wiesbaden, 1957.
FISCHER, Jürgen, *Weltgeschichte*, 36 vol., Francfort, 1965-83.
FLACH, Jean, *Les origines de l'ancienne France*, 4 vol., Paris, 1886- 1917.
FLECKENSTEIN, Josef, *Die Hofkapelle der deutschen Könige*, 2 vol., Stuttgart, 1958-1966.
FLECKENSTEIN, Josef, *Ordnende und formende Kräfte des Mittelalter. Ausgewählte Beiträge*, Göttingen, 1989, 1991.

FLICHE, Augustin et MARTIN, Victor, *Histoire de l'Église depuis les origines jusqu'à nos jours*, Paris, 1934 & suiv.

FLICHE, Augustin, *L'Europe occidentale de 888 à 1125* (*Histoire générale*, éd. G. GLOTZ, *Histoire du Moyen Age*, II), Paris, 1941.

FLODOARD, *Annales [919-66]*, éd. Philippe LAUER, Paris, 1905.

FLODOARD, *Historia Remensis Ecclesiae* [-948], éd. I. HELLER, G. WAITZ, *MGH SS*, 13, 1881, 405-599.

FLORI, Jean, « D'où vient la noblesse française? », *L'Histoire*, 120, mars 1989, p. 18-25.

FOIS ENNAS, *Barbara, Il "Capitulare de Villis"*, Milan, 1981.

FOLZ, Robert, « Le régime monocratique en Allemagne (XIe-XVe s.) », *Rec. Soc. J. Bodin*, 22, *La monocratie*, Bruxelles, 1969, p. 241-327.

FOLZ, Robert, « Réalité de l'Empire au XIIe s. », *Études politiques*, Paris, 1960, p. 1-9.

FOLZ, Robert, « Un évêque ottonien : Thierry Ier de Metz (965-984) », *Media in Francia*, 1989, p. 139-156.

FOLZ, Robert, *La naissance du Saint-Empire*, Paris, 1967.

FONTAINE, Jacques, *Études sur la poésie latine tardive d'Ausone à Prudence*, 1980.

FONTAINE, M., « Le développement technique des exercices corporels dans la préparation militaire », *Micrologus*, 1, 1993.

FOREVILLE, Raymonde, « Le régime monocratique en Angleterre au Moyen Age des origines anglo-saxonnes à la mort d'Édouard Ier (1307) », *Rech. Soc. Jean Bodin*, XXII, *La Monocratie*, Bruxelles, 1969, p. 119-200.

FÖRSTEMANN, Ernst, *Altdeutsches Namenbuch*, t. I, *Personennamen*, Berlin, 1856-59 (2e éd. 1966).

FOSSIER, Robert, « Le Vermandois au Xe s. », *Media in Francia*, 1989, p. 117-186.

FOSSIER, Robert, *Enfance de l'Europe. X^e^-XIIe s. Aspects économiques et sociaux*, 2 vol., Paris, 1982.

FOSSIER, Robert, *La société médiévale*, Paris, 1991.

FOURNIER, Gabriel, *Le château dans la France médiévale*, Paris, 1978.

FOVIAUX, Jacques, *De l'Empire romain à la féodalité*, Paris, 1984.

La France chrétienne dans l'histoire, t. IX, éd. R.P. BAUDRILLART, Paris, 1896.

La France de Philippe Auguste. Le temps des mutations, éd. Robert-Henri BAUTIER, Paris, 1982.

La France médiévale, éd. J. FAVIER, 1983.

FRANK, Karl Suso, « Römertum und Christentum », *Latein und Europa. Traditionen und Renaisssancen*, éd. Karl BÜCHNER, Stuttgart, 1978, p. 100-124.

FRANK, R. I., *Scholae Palatinae. The palace guards of the Later Roman Empire*, Rome, 1969.

Das Frankfurter Konzil von 794, Kristallisationspunkt karol. Kultur, éd. Rainer BERNALT, Mainz, 1997

FREUND, W., *Modernus und andere Zeitbegriffe des Mittelalter*, Cologne-Graz, 1957.

FRIED, Johannes, *882-982. König Ludwig der Jüngere in seiner Zeit*, Lorsch, 1984.

FRIED, Johannes, *Der päpstliche Schutz für Laienfürsten :die politisch. Geschichte des päpstl. Schutzprivilegs für Laien (11.-13.Jh.)*, Heidelberg, 1980.

FRIESE, Alfred, *Studien zur Herrschaftsgeschichte des fränkischen Adels. Der mainländisch-thüringische Raum vom 7. bis 11. Jahrhundert*, Stuttgart, 1979 (voir les critiques de Lutz FENSKE, *Francia*, 8, 1981, p. 779-82).

FROLOW, A., *La relique de la vraie croix. Recherches sur le développement d'un culte*, Paris, 1961.

FUHRMANN, Horst, « Pseudoisidorische Fälschungen », *HRG* IV, 1990, col.80-85.

FUHRMANN, Horst, *Einladung ins Mittelalter*, Munich, 1987.

FUHRMANN, Horst, *Überall ist Mittelalter. Von der Gegenwart einer vergangenen Zeit*, Munich, 1996.

FURET, François, « Tocqueville et l'idée de l'Ancien Régime », conférence 28/9/96 à Berlin, résumé all. : *Centre Marc Bloch, Infobrief* n° 7, 1997, p. 34-37.

FURETIÈRE, Antoine, *Dictionnaire universel*, 3 vol., Rotterdam, 1690 ; 1702, 2 vol., éd. BASNAGE ; 3e éd., 3 vol., 1708.

FUSTEL DE COULANGES, Denys Numa, « Études sur le titre "De Migrantibus" de la Loi salique », *Rev.d'hist.gén.du droit*, 1886, p. 5-36.

FUSTEL DE COULANGES, Numa Denis, *Histoire des institutions politiques de l'ancienne France*, Paris, 1874-1892.

GANSHOF, François-Louis, « Depuis quand a-t-on pu être en France vassal de plusieurs seigneurs ? », *Mélanges Paul Fournier*, Paris, 1929, p. 261-270.

GANSHOF, François-Louis, « L'Empire carolingien », *Rec. Soc. J.Bodin, XXXI : Les Grands Empires*, Bruxelles, 1973, p. 257-80.

GANSHOF, François-Louis, *La Flandre sous les premiers comtes*, Bruxelles, 1949.

GANZ, David, *Corbie in the Carolingian Renaissance*, Sigmaringen, 1990.

GARAUD, Marcel, *Les châtelains de Poitou et l'avènement du régime féodal, XIe et XIIe s.*, Poitiers, 1967.

GATZ, Erwin, *Die Bischöfe des Heilingen Römischen Reiches 1448 bis 1648. Ein biographisches Lexikon*, Berlin, 1996.

GAUDEMET, Jean, *La formation du droit canonique médiéval*, Londres, 1980.

GAUDEMET, Jean, *L'Église dans l'Empire romain (IVe-Ve s.)*, Paris, 1958.

GAUTIER, Léon, *La chevalerie*, Paris, 1884.

GAY, V., *Glossaire archéologique du Moyen Age et de la Renaissance*, 2 vol., Paris, 1882.

GEARY, Patrick J., *La mémoire et l'oubli à la fin du premier millénaire*, Paris, 1996.

GEARY, Patrick J., *Le monde mérovingien*, trad. fr., Paris, 1992 (éd. orig. 1989).

Gegenwart in Vergangenheit. Beiträge zur Kultur und Geschichte der Neueren und Neuesten Zeit. Festgabe für Friedrich Prinz zu seinem 65. Geburstag, éd. Georg JENAL, Munich, 1993.

GENICOT, Léopold, « Les recherches relatives à la noblesse médiévale », *Académie royale de Belgique, Bull.Classe d.lettres et d.sc.morales et polit.*, 5e série, t. LXI, 1975, p. 45-68.

GENICOT, Léopold, « Naissance, fonction et richesse dans l'ordonnance de la société médiévale. Le cas de la noblesse du nord-ouest du continent », *Centre belge d'histoire rurale,* n° 14, Louvain-Gand, 1968.
GENICOT, Léopold, « Noblesse et principautés en Lotharingie du XIe au XIIIe s. », *Scrinium Lovaniense. Mél. hist. Étienne Van Cauwenbergh,* Louvain, 1961, p. 191-206.
GENICOT, Léopold, « Noblesse ou aristocratie. Des questions de méthode », *RHEL,* XXXV, 1990, p. 334-343.
Georg Friedrich Rebmann, 1768-1824. Autor, Jakobiner, Richter, éd. Elmar WADLE, Gerhard SAUDER, Sigmaringen, 1997.
Georges Duby. L'écriture de l'histoire, éd. Claudie DUHAMEL-AMADO, Guy LOBRICHON, Louvain/Bruxelles 1994.
GEORGES K. E., *Ausführliches lat. -deutsch. Handwörterbuch,* 2 vol., Hannovre/Leipzig, 8e éd., 1913 (réimpr., Darmstadt, 1951-58).
Gerbert l'Européen. Actes du colloque d'Aurillac 4-7 juin 1996, éd. Nicole CHARBONNEL & Jean-Éric IUNG, Aurillac, 1997.
GERBERT, *Lettres de Gerbert (983-997),* P. RICHÉ & J.P. CALLU (éd. et trad.), 2 vol., Paris, 1992-93.
« Gerechtigkeit ». Richten und Retten in der abendländischen Tradition und ihren altorientalischen Ursprüngen, Jan ASSMANN, Bernd JANOWSKI, Michael WELKER, Munich, 1997.
GEREMEK, B., *La potence,* Paris, 1987.
GERHARD, Dietrich, « Regionalismus und ständ. Wesen als ein Grundthema europ. Gesch. », *Herrschaft,* 1956, p. 332-64.
GÉRIN-RICARD, L. de, *L'Histoire des institutions politiques de Fustel de Coulanges,* Paris, 1936.
GERSTENBERG, Otto, *Die politische Entwicklung des römischen Adels im X. und XI. Jahrhundert,* Berlin, 1933.
Gesch. Schreibung als Legitimationswissensch. 1918-1945, éd. Peter SCHÖTTLER, Francfort, 1997.
Geschichtsschreibung und geistiges Leben im Mittelalter. Festschrift für Heinz Löwe, Cologne, 1978.
Gesta comitum Barcinonensium, éd. L. BARRAU-DIHIGO et Masso TORRENTS, Barcelone, 1925.
GEUENICH, Dieter, *Geschichte der Alemannen,* Stuttgart, 1997.
GIESEY, R., *Cérémonial et Puissance souveraine. France, XVe-XVIIe s.,* Paris, 1987.
GIESEY, Ralph E., *Le roi ne meurt jamais,* Paris, 1987.
GIEYSZTOR, Alexander, « Aspects territoriaux du premier État polonais (IXe-XIe s.) », *RH* 226 (1961), p. 357-82.
GILDEA, Robert, *The Past in French History,* New Haven-Londres, 1994.
GIORDANENGO, Gérard, « L'enseignement du droit romain au Moyen Age. Une unité européenne », *De la chrétienté à l'Europe,* éd. Bernard RIBÉMONT, Orléans, 1995.
GLOTZ, Gustave, *Histoire générale,* Paris, 1925-47.
GLUCHANIN, B., *Der Militäradel im frühen Byzanz,* Barnaul, 1991.
GOCKEL, Michael, *Karolingische Königshöfe am Mittelrhein,* Göttingen, 1970.
GODECHOT, Jacques, *Les institutions de la France sous la Révolution et l'Empire,* 2e éd., Paris, 1968.

GODEFROY Frédéric, *Dictionnaire de l'ancienne langue française,* 10 vol., Paris, 1880-1902 (réimpr. 1937-8).

GOETZ, Hans Walter, « 'Nobilis'. Der Adel im Selbstverstädnis der Karolinger zeit », *VSWG,* 70, 1983, p. 153-191.

GOETZ, Hans-Werner, « Unterschichten », *Gesellschaftsbild karol. Gesch. schreiber und Hagiographen,* éd. Hans MOMMSEN, Winfried SCHULZE, Stuttgart, 1981, p.108-130.

GOFFART, Walter, *Barbarians and Romans A.D. 418-584. The techniques of accomodation,* Princeton, 1980.

GOFFART, Walter, *The Narrators of barbarian History (A.D.550-800). Jordanes, Gregory of Tours, Bede, and Paul the Deacon,* Princeton, 1988.

GOLLWITZER, Heinz, *Die Standesherren. Die politische und gesellschaftliche Stellung der Mediatisierten 1815-1918,* Göttingen, 1964.

GÖTZE, Alfred, *Frühneuhochdeutsches Glossar,* 5e éd., Berlin, 1956.

GÖTZINGER E., *Reallexikon der Deutschen Altertümer,* Leipzig, 1885, réimpr. 1982.

GOUGENHEIM Georges, *Les mots français dans l'histoire et la vie,* 3 vol., Paris, 1962-75.

GRAFF, E. G., *Althochdeutscher Sprachschatz,* éd. H. F. MASSMANN, Berlin, 1846.

GRAUS, František, « Herrschaft und Treue », *Historica,* XII, 1966.

GRAUS, František, « Deutsche und slawische Verfassungsgeschichte? », *Historische Zeitschrift,* 197, 1963, p. 265-317.

GREIMAS, A. J., — KEANE, T. M., *Dictionnaire de moyen français,* Paris, 1992.

GREIMAS, A. J., *Dictionnaire de l'ancien français,* Paris, 1969.

GRIERSON Philip, « Election and Inheritance in Early Germanic Kingship », *The Cambridge Historical Journal,* 7, 1941, p. 1-22.

GRIMM, Jakob & Wilhelm, *Deutsches Wörterbuch,* 16 vol., Leipzig, 1854-1960.

GUÉNÉE, Bernard, « État et nation en France au Moyen Age », *RH,* 237, 1967, p. 17-30.

GUÉNÉE, Bernard, « Les généalogies entre l'histoire et la politique : la fierté d'être capétien en France au Moyen Age », *Ann.E.-S.-C.,* 1978 (réimpr. : *Politique et histoire au MA,* 1981).

GUILHERMOZ, P., *Essai sur les origines de la noblesse,* Paris, 1902.

GUILLOT, Olivier, « Formes, fondements et limites de l'organisation politique en France au xe siècle », *Settimane,* t. XXXIX, Spolète, 1991, p.57-89.

GUILLOT, Olivier, « Les étapes de l'accession d'Eudes au pouvoir royal », *Media in Francia,* 1989, p. 199-223.

GUILLOT, Olivier, « Un aperçu sur le gouvernement des états angevins aux premiers temps capétiens : les voies de l'accession au pluralisme (987 — vers 1060) », *Pays de Loire...,* 1997, p. 229-251.

GUILLOT, Olivier, *Pouvoirs et institutions,* t. I, *Les origines,* Paris.

GURJEWITSCH, Aaron J., *Das Weltbild des mittelalter. Menschen,* Dresden, 1978.

Gutsherrschaftsgesellschaften im europ. Vergleich, éd. Jan PETERS, Berlin, 1997.

HABERKERN, E. et WALLACH, J. F., *Hilfswörterbuch für Historiker, Mittelalter und Neuzeit,* 2e éd., Bern-Munich, 1964.

HAERTLE, Clemens Maria, *Karolingische Münzfunde aus dem 9.Jh.*, 2 vol., Cologne, 1997.
HAEUSLER, Martin, *Das Ende der Geschichte in der mittelalterlichen Weltchronistik,* Vienne/Cologne/Graz.
HAHLWEG, Werner, *Die Heeresreform der Oranier und die Antike*, Berlin, 1941.
HALLAM, Elizabeth M., « The King and the Princes in Eleventh-Century France », *BIHR,* 53, 1980, p.143-56.
HALPHEN, Louis, « Prévôts et voyers du XIe s., région angevine », *Le MA,* 1902, p. 297-325.
HALPHEN, Louis, *À travers l'histoire du Moyen Age,* Paris, 1950.
HALPHEN, Louis, *Le comté d'Anjou au XIe s.*, Paris, 1906.
HALPHEN, Louis, *Recueil d'annales angevines et vendômoises*, Paris, 1903.
HAMMOND, Mason et BARTON, Lest J., *The City in the Ancient World*, Harvard UP, 1972.
Handbuch der europäischen Wirtschafts- und Sozialgeschichte, t. III, Klett-Cotta, 1986.
Handbuch der europäischen Wirtschafts-und Sozialgeschichte, dir. Hermann KELLENBENZ, t.II, éd. Jan A. Van HOUTTE, Stuttgart, 1980.
Handbuch der Quellen und Literatur der neueren europ. Privatrechtsgesch., t. 1 : *Mittelalter (1100-1500), Die gelehrten Rechte und die Gesetzgebung*, Helmut COING, Munich, 1973.
Handbuch der Weltgeschichte, éd. Alexander RANDA, 4 vol., Olten/Fribourg, 1954.
Hans v. SCHUBERT, *Der Kampf des geistlichen und weltlichen Rechts*, Heidelberg, 1927.
HARSGOR, Mikhaël, « L'essor des bâtards nobles au XVe s. », *RH,* CCLII, 1975, p. 319-354.
HATTENHAUER, Hans, *Geschichte des Beamtentums*, Cologne, 1980.
HAUBRICHS, Wolfgang, « Siedlungsnamen und frühe Raumorganisation im oberen Saargau. Orstnamenlandschaften in Lothringen und die Weissenburger Gründersippen I », *Zwischen den Sprachen. Siedlungs- und Flurnamen in germanisch-romanischen Grenzgebieten. Beiträge des Saarbrücker Kolloquiums vom 9-11 Oktober 1980*, éd. W. HAUBRICHS et Hans RAMGE, Saarbrücken, 1983, p. 221-287.
HAUCK, Karl, « Politische und asketische Aspekte der Christianisierung (Von Reims und Tours nach Attigny und Paderborn) », *Dauer und Wandel der Geschichte. Festgabe für Kurt von Raumer*, Münster, 1966, p. 46-52.
HAVET, Julien, *Œuvres*, I : *Questions mérov.* ; II : *Opusc. divers*, Paris, 1896.
HEERS, Jacques, *Le Moyen Age, cette imposture*, Paris, 1992.
HEGEL, Georg Wilhelm Friedrich, *Die Verfassung Deutschlands*, éd. Hermann HELLER, Leipzig, 1922.
HEIMANN, Heinz-Dieter, « Kommunikationspraxis und Korrespondenzwesen im Mittelalter und in der Renaiss. », Paderborn, 1997.
HEIMSON Gunnar et STEIGER, Otto, *Die Vernichtung der weisen Frauen. Hexenverfolgung-Menschenproduktion Bevölkerungswissenschaft,* Herbstein, 1985.
HEIMSON Gunnar et STEIGER, Otto, « Jean Bodin, das "Universalge-

nie der Neuzeit" oder der wahre Meisterdenker», *European Demographic Information Bulletin*, n° 3, septembre 1979.
HEINRICH, Gerd, *Die Grafen v. Arnstein*, Cologne, 1961.
HEINRICH, Gerd, *Geschichte Preußens. Staat und Dynastie*, Francfort-Berlin, 1981.
HEINS, Volker, *Strategien der Legitimation.Das Legitimationsparadigma in der polit. Theorie*, Münster, 1990.
HEINZELMANN, Martin, « , Adel'und, Societas sanctorum' : Soziale Ordnungen und christliches Weltbild von Augustinus bis zu Gregor von Tours », *Nobilitas...*, 1997, p. 216-256.
HEINZELMANN, Martin, « Bischof und Herrschaft vom spätantiken Gallien bis zu den karolingischen Hausmeiern. Die institutionellen Grundlagen », *Herrschaft und Kirche*, 1988, p. 23-82.
HEINZELMANN, Martin, « Die Franken und die fränkisch.Geschichte in der Perspektive der Historiographie Gregors v. Tours », *Historiographie im frühen Mittelalter*, éd. Anton SCHARER & Georg SCHEIBELREITER, Munich, 1994, p. 326-44.
HEINZELMANN, Martin, « Grégoire de Tours, "Père de l'histoire de France"? », *Histoire de France...*, 1994, p. 19-45.
HEINZELMANN, Martin, « La noblesse du Haut Moyen Age (VIIIe-XIe s.) », *MA*, 83, 1977, p. 131-144.
HEINZELMANN, Martin, *Gregor v. Tours "Zehn Bücher Geschichten". Historiographie und Gesellschaftskonzept im 6.Jh.*, Darmstadt, 1994 (trad. angl. & ital. à paraître).
HELLMANN, Manfred, « Slawisches, insbes.ostslaw. Herrschertum », *Das Königtum*, 1956, 1963, p. 243-77.
HEMME, A., *Das lateinische Sprachmaterial im Wort-schatze der dt., französ. u. englischen Sprache*, Leipzig, 1904 (réimpr. Hildesheim, 1979).
HENKING, Carl, « Die annalistischen Aufzeichnungen des Klosters St. Gallen », *Mittheilungen zur vaterländischen Gesch.*, 19, 1884, p. 195-368.
HENZLER, Christoph, « Maximilian III. Joseph und die Bayerische Landständeverordnung — Der Kampf eines bayerischen Kurfürsten um seinen absoluten Herrschaftsanspruch », *Gegenwartin Vergangenheit...*, 1993, p. 131-154.
Herrschaft und Kirche. Beiträge zur Entstehung und Wirkungsweise episkopaler und monastischer Organisationsformen, éd. F. PRINZ, Stuttgart, 1988.
Herrschaft und Staat im Mittelalter, éd. Hellmut KÄMPF, Darmstadt, 1956.
Herrscherweihe und Königskrönung im frühneuzeitlichen Europa, éd. Heinz DUCHHARDT, Wiesbaden, 1983.
HERZOG, Roman, *Staaten der Frühzeit. Ursprünge und Herrschaftsformen*, Munich 1988.
HEUSINGER, Bruno, « Servitium regis in der deutschen Kaiserzeit », *AUF*, 8, 1923, p. 26-159.
HEUSS, Alfred, AYMARD, André, « La monarchie hellénistique », *Relazioni, II, Storia dell'Antichità*, Florence, 1955, p. 199-234.
HIRT, Herman, *Etymologie der neuhochdt. Sprache*, Munich, 1921.
Histoire comparée de l'Administration (IVe-XVIIIe s.), éd. K.F. WERNER et W. PARAVICINI, Munich, 1980.
Histoire de la jeunesse, éd. Giovanni LEVI, Jean-Claude SCHMITT, 2 vol., Paris, 1997.

Histoire des élites en France du XVIe au XXe s., éd. Guy CHAUSSINAND-NOGARET, Paris, 1991.

Histoire du diocèse de Paris, éd. J. LONGERE, I, 1987.

Histoire médiévale en France. Bilan et perspectives, éd. M. BALARD, Paris, 1991.

Histoires de France, historiens de la France, Paris, 1994.

Historia Mundi. Ein Handbuch der Weltgeschichte, éd. Fritz KERN & Fritz VALJAVEC, 10 vol., Bern/Munich, 1952-61.

HLAWITSCHKA, Eduard, « Merowingerblut bei den Karolingern? », *Adel und Kirche. Festchrift Tellenbach*, 1968, p. 66-91.

HLAWITSCHKA, Eduard, « Nachfolgeprojekte aus der Spätzeit Kaiser Karls III. », *DA* 34, 1978, p. 19-50.

HLAWITSCHKA, Eduard, *Die Anfänge des Hauses Habsburg-Lothringen. Genealogische Untersuchungen zur Geschichte Lothringens und des Reiches im 9., 10. und 11. Jh.*, Saarbrücken, 1969.

HLAWITSCHKA, Eduard, *Lotharagien an der Schwelle der deutschen Geschichte,* Stuttgart, 1968.

HLAWITSCHKA, Eduard, *Stirps Regia. Forschungen zu Königtum und Führungsschichten im früheren Mittelalter. Ausgewählte Aufsätze*, Francfort/Bern, 1988.

HLAWITSCHKA, Eduard, *Untersuchungen zu den Thronwechseln der ersten Hälfte des 11.Jh.*, Sigmaringen, 1987.

Hof, Kultur und Politik im 19. Jahrhundert. Akten des 18. Deutsch-französischen Historikerkolloquiums Darmstadt vom 17.-30. September 1982, éd. Karl Ferdinand WERNER, Bonn, 1985.

HOFFMANN, Hartmut, « Französische Fürstenweihen des HochMA », *DA*, 18, 1962, p. 92-119.

HOFFMANN, Ulrich, *König, Adel und Reich im Urteil fränk. und dt. Historiker des 9. bis 11.Jh.*, Bamberg, 1968.

HOFMANN, J. B., *Lateinische Umgangssprache*, 3e éd., Heidelberg, 1951.

HOFMEISTER, Adolf, « Markgrafen und Markgrafschaften im Italischen Königreich in der Zeit von Karl d. Gr. bis auf Otto d. Gr. (774-962) », *MIÖG*, 7, 2, 1910, p. 215-435.

HOLENSTEIN, André, *Die Huldigung der Untertanen. Rechtskultur und Herrschaftsordnung (800-1800)*, Stuttgart, 1991.

HOLLYMAN, K. J., *Le développement du vocabulaire féodal en France pendant le Haut Moyen Âge. Étude de sémantique*, Genève/Paris, 1957.

HOLTZMANN, Robert, *Geschichte der sächsischen Kaiserzeit (900-1024)*, Munich, 1961.

HORSTRUP, P., « Snob. Zur Entstehung einer etymologischen Legende », *Zs.für dt. Wort forschung*, 19, 1963.

HUBERT, Jean, *Arts et vie sociale de la fin du monde antique au Moyen Age. Études d'archéologie et d'histoire*, Genève, 1977.

HUBERT, Jean, *Nouveau recueil d'études d'archéologie et d'histoire*, Genève/Paris, 1985.

HÜBINGER, Paul Egon, *Spätantike und Frühes Mittelalter. Ein Problem historischer Periodenbildung*, Darmstadt, 1959.

HUIZINGA, Johan, *Geschichte und Kultur. Gesammelte Aufsätze*, éd.Kurt KÖSTER, Stuttgart, 1954.

HÜLLMANN, Karl Dietrich, *Geschichte des Ursprungs der dt. Fürstenwürde*, Bonn, 1842.

Humanismus und höfisch-städtische Eliten im 16.Jh., éd. Klaus MALETTKE et Jürgen VOSS, Bonn, 1989.

HUTH, Volkhard, « Bildliche Darstellungen von Adligen in liturgischen und historiograph.Hss.des hohen Mittelalter », *Nobilitas,* 1997, p.101-176.

Identité nationale et conscience régionale en France et en Allemagne du Moyen Age à l'époque moderne, éd. Reiner BABEL et Jean-Marie MOEGLIN, Sigmaringen, 1996.

ILLMER, Detlef, « Zur Problem d. Emanzipationsgewohnheiten im merowing. Frankenreich », *Rech. Soc. Bodin 36,* Bruxelles, 1976, p. 127-68.

IMBERT, Jean, *Les temps carolingiens (741-891) : L'Église : les institutions,* Paris, 1994.

Institutionen, Kultur und Gesellschaft im Mittelalter. Festschrift für J. Fleckenstein zu s. 65. Geburstag, éd. L. FENSKE, Sigmaringen, 1984.

IOGNAT-PRAT, Dominique, « Le "baptême" du schéma des trois ordres fonctionnels. L'apport de l'école d'Auxerre dans la seconde moitié du IXe s. », *Ann. ESC.,* 1986, p. 101-26.

Die Iren und Europa im früheren Mittelalter, éd. Heinz LÖWE, 2 vol., Stuttgart, 1982.

ISENBURG, Wilhelm K., prinz von, *Stammtafeln zur Geschichte der europäischen Staaten,* 4 vol., 1936 suiv., refonte par Frank FREYTAG v. LORINGHOVEN, I-IV, Marburg, 1958-61 (cf. *ES*).

JAFFÉ, Philippe, *Regesta Pontificum* (882-1198), 2 vol., Leipzig, 1885-88.

JANIN, R., *Constantinople byzantine. Développement urbain et répertoire topographique,* Paris, 1964.

JANIN, R., *Les églises et les monastères de Constantinople,* Paris, 1969.

JANIN, R., *Les églises et les monastères des grands centres byzantins,* Paris, 1975.

JÄSCHKE, Kurt-Ulrich, *Burgenbau u.Landesverteidigung um 900.Überlegungen zu Beispielen aus Deutschland, Frankreich und England,* Sigmaringen, 1975.

JOACHIMSEN, Paul, *Gesch. auffassung und Gesch.schreibung in D. unter dem Einfluß des Humanismus,* Leipzig, 1910.

JOHANEK, Peter, « Was weiter wirkt... «, *Recht und Gesch. in Überlieferung und Schriftkultur des Mittelalter,* éd. Antje SANDER-BERKE et Birgit STUDT, Münster, 1997.

JOHANEK, Peter, *Was weiter wirkt... Recht und Geschichte in Überlieferung und Schriftkultur des Mittelalter,* éd..Antje SANDER-BERKE & Birgit STUD, Münster, 1997.

JONES, Colin, *The Cambridge Illustrated History of France,* Cambridge, 1994.

JORDAN, Karl, *Die Urkunden Heinrichs des Löwen, Herzogs v. Sachsen und Bayern,* Weimar, 1949.

JOUANNA, Arlette, *Le Devoir de révolte. La noblesse française et la gestation de l'État moderne, 1559-1661,* Paris, 1989.

JOUANNA, Arlette, *L'idée de race en France au XVIe siècle et au début du XVIIe,* 2e éd. revue, 2 vol., Montpellier, 1981.

JUNKELMANN, Marcus, *« Panis Militaris ». Die Ernährung der antiken Welt,* Mayence, 1997.

KAHL, Hans-Dietrich, « Europäische Wortschatzbewegungen im Bereich der Vf.-gesch. Ein Versuch am Beispiel germanischer und slawischer Herrschernamen », *ZRG Germ.* 77, 1960, p. 154-240.

KAISER, Reinhold, « Les évêques neustriens du xe siècle dans l'exercice de leur pouvoir temporel depuis l'historiographie médiévale », *Pays de Loire...,* 1997, p. 117-143.

KAISER, Reinhold, *Das römisch. Erbe und das Merowingerreich,* Munich, 1993.

KALCKHOFF, Andreas, *Nacio Scottorum. Schottischer Regionalismus im Spätmittelalter,* Francfort-Bern, 1983.

KALLFELZ, H., *Das Standesethos des Adel im 10. und 11 Jh.*, 1961.

KANTOROWICZ, Ernst, *Les deux corps du Roi. Essai sur la théologie politique au Moyen Age,* Paris, 1989.

Karl der Grosse und sein Nachwirken. 1200 Jahre Kultur und Wissenschaft in Europa, éd. P.L. BUTZE, M. KERNER, et W. OBERSCHELP, Turnhout, 1997.

Karl der Grosse. Lebenswerk und Nachleben, éd. W. BRAUNFELS, 5 vol., Düsseldorf, 1965-68.

KASPERS, Heinrich, *Comitatus nemoris. Die Waldgrafschaft zwischen Maas und Rhein,* Düren/Aachen, 1957.

KAUFMANN, Henning, Untersuchungen zu den altdeutschen Rufnamen, Munich, 1965.

KELLER, Hagen, « Adel in den italienischen Kommunen « , *Nobilitas,* 1997, p. 257-72.

KELLER, Hagen, « Adel, Rittertum und Ritterstand nach italien. Zeugnissen des 11.-14.Jh. », *Festchrift Fleckenstein,* 1984, p. 581-608.

KELLER, Hagen, « Das Kaisertum Ottos d. Gr. Im Verständnis seiner Zeit », *DA,* 20, 1964, p. 325-388.

KELLER, Hagen, « Königsherrschaft im karolingischen Italien », *QFIAB,* 47, 1967, p. 123-223.

KELLER, Hagen, « Militia », *QFIAB,* 62, 1982, p. 59 suiv.

KELLER, Hagen, « Spätantike und Frühmittelalter im Gebiet zwischen Genfer See und Hochrhein », *FM* 7, 1973, p. 1-26.

KELLER, Hagen, *Signori e vassali nell'Italia delle città,* Turin, 1995 (éd. orig. 1979).

KEMPF, Friedrich, « Das ma.Kaisertum », *Das Königtum,* 1956, 1963, p. 225-242.

KERN, Fritz, « Recht und Verfassung im Mittelalter », *HZ* 120, 1919, p. 1-79.

KERN, Fritz, *Gottesgnadentum und Widerstandsrecht,* 2e éd., Darmstadt, 1954.

KÉRY, Lotte, *Die Errichtung des Bistums Arras, 1093/1094,* Sigmaringen, 1994.

KIENAST, Walther, « German. Treue und "Königsheil" », *HZ,* 227, 1978, p. 265-324.

KIENAST, Walther, *Deutschland und Frankreich in der Kaiserzeit (900-1270). Weltkaiser und Einzelkönige,* 3 vol., Stuttgart, 1974-75.

KIENAST, Walther, *Die dt. Fürsten im Dienste der Westmächte bis z. Tode Philipps d. Schönen v.Frkr.* 2 vol. parus, Utrecht, 1924-31.

KIENAST, Walther, *Die Fränkische Vasallität. Von den Hausmeiern bis zu*

Ludwig dem Kind und Karl dem Einfältigen, éd. Peter HERDE, Francfort, 1990.

KIENAST, Walther, *Untertaneneid und Treuvorbehalt in Frankreich und England*, Weimar, 1952.

Die Kirche in ihrer Geschichte. Ein Handbuch, éd. Kurt Dietrich SCHMIDT, Ernst WOLF, t. 2, Göttingen, 1961.

Die Klostergemeinschaft von Fulda, 8.-11.Jh., 3 vol. en 5 vol., éd. Karl SCHMID, Munich, 1978.

KLUGE, Friedrich, *Etymologisches Wörterbuch der deutsch. Sprache*, 18 éd. par Walther MITZKA, Berlin, 1960 puis 1963, 1975.

KÖBLER, Gerhard, *Germanisches Wörterbuch*, Giessen, 1980.

KOCKA, Jürgen, « Otto Hintze, Max Weber und das Problem der Bürokratie », *HZ* 233, 1981, p. 65-101.

KÖBNER, Richard, *Venantius Fortunatus. Seine Persönlichkeit und seine Stellung in der geistigen Kultur des Merowingerreiches. Beiträge zur Kulturgeschichte des Mittelalters und der Renaissance*, Berlin, 1915 (réimpr. Hildesheim, 1973).

KÖHLER, Erich, *L'Aventure chevaleresque*, Paris, 1974 (éd. orig., Berlin, 1962).

KÖHLER, Erich, « Gattungssystem und Gesellschaftssystem », *CHLR*, 1, 1977, p. 7-22.

KOLB, Frank, *Die Stadt im Altertum*, Munich, 1984.

KÖLMEL, Willi, *Rom und der Kirchenstaat im X. und XI. Jahrhundert bis in die Anfänge der Reform*, Diss. Berlin, 1935.

KÖNEN, Gerd, *Die großen Gesänge. Lenin, Stalin, Mao Tse-tung : Führerkulte und Heldenmythen des 20.Jh.*, Francfort, 1991.

Das Königtum. Seine geistigen und rechtl. Grundlagen, éd. T. MEYER, Constance, 1956, 1963.

Königswahl und Thronfolge in fränkisch-karolingischer Zeit, éd. E. HLAWITSCHKA, Darmstadt, 1975.

Kontinuität und Wandel in der Staatenordnung der Neuzeit. Beiträge zur Geschichte des internationalen Systems, éd. Peter KRÜGER, Marbourg, 1991.

Das Konzept der Ehre in der Frühen Neuzeit, éd. Sibylle BACKMANN *et alii*, Berlin, 1997.

KOSCHAKER, Paul, Europa und das römisch. Recht, Munich-Berlin, 1947, 4e éd.1966.

KOSELLECK, Reinhart, article « Herrschaft », *GG*, II, 1982, p. 61-63

KOSELLECK, Reinhart, « Staat und Souveränität », *GG*, 6, 1990, p.1-64.

KOSELLECK, Reinhart, *Le règne de la critique*, 1979 (éd. all.1959).

KOSELLECK, Reinhart, *Preußen zwischen Reform und Revolution. Allgemeines Landrecht, Vw. und soziale Bewegung von 1791 bis 1848*, Stuttgart, 1967.

KOSLER, Hans Christian, « Immer treu zu Habsburg.Die Fürsten Esterhazy- Magnaten u. Mäzene », *FAZ*, n° 168 (22/7/95).

KRAFT, Konrad, *Zur Entstehung des Namens « Germania »*, Wiesbaden, 1970.

KRAH, Adelheid, « Zur Kapitulariengesetzgebung in und für Neustrien », *La Neustrie*.

KRAH, Adelheid, *Absetzungsverfahren als Spiegelbild von Königsmacht. Untersuchungen zum Kräfteverhältnis zwischen Königtum und Adel im Karoling. reich und seinen Nachfolgestaaten*, Aalen, 1987.
KRAUSE, Wolfgang, *Hanbuch des Gotischen*, Munich, 1968.
Die Kreuzfahrerstaaten als multikulturelle Gesellschaft.Einwanderer u.Minderheiten im 12. und 13.Jh., éd. Hans Eberhard MAYER, Munich, 1997.
KRIEGER, Rommel, *Untersuchungen und Hypothesen zur Ansiedlung der Westgoten, Burgunder und Ostgoten*, Berne, 1992.
KRUEGER, Karl-Friedrich, *Die Lehnshoheit der dt. Könige im Spätmittelalter.* Aalen, 1979.
KRUMEICH, G., *Jeanne d'Arc à travers l'Histoire*, Paris, 1989.
KRUSE, Holger, « Höfe und Hofordnungen (1200-1600) », *Bull. Soc. Amis de l'IHAP*, 3, 1997, p. 51-62.
KUPPER, Jean-Louis, « Saint-Lambert : de l'histoire à la légende », *RHE*, 79, 1984, p. 5-49.
KUPPER, Jean-Louis, *Liège et l'Église impériale, xie-xiie siècles*, Liège, 1986.
LA BIGNE DE VILLENEUVE, Marcel de, *La dérogeance de la noblesse sous l'Ancien régime*, Rennes, 1918 (réimpr. 1977).
LA RONCIÈRE, Ch.-M., CONTAMINE, Philippe, DELORT, Robert, ROUCHE, Michel, *L'Europe au Moyen Age. Documents expliqués*, 3 vol., 1969.
LABANDE, Edmond-René, « Mirabilia mundi : essai sur la personnalité d'Otton III », *CCM*, 6, 1963, p. 297-313 & 455-476.
LABBÉ, Philippe, *Novae bibliothecae manuscriptorum*, 2 vol., Paris, 1657.
LACOMBLET, Theodor, *Urkundenbuch für die Geschichte des Niederrheins*, 4 vol., Düsseldorf, 1840-58.
LACURNE DE SAINTE PALAYE, Jean Baptiste, *Mémoires sur l'ancienne chevalerie*, 3 vol., Paris, 1781.
LAFAURIE, Jean, « Les dernières émissions impériales de Trèves au ve s. », *Mélanges de numismatique offerts à Pierre Bastien*, Wetteren, 1987, p. 297-323.
LALORE, Charles, *Collection des principaux cartulaires du diocèse de Troyes*, 7 vol., Paris, 1875-90.
Landesherr. und städt.-bürgerl. Freiheit, éd. W. PABST, Osnabrück, 1986.
LANDSBERG, Paul Ludwig, *Die Welt des Mittelalter und wir*, Bonn, 1923.
LAQUEUR, Walter, *Stalin. The Glasnost Revelations*, Washington, 1990.
LARMAT, Jean, *Le Moyen Age dans le Gargantua de Rabelais*, Paris, 1972.
Late Antiquity and Byzantium, éd. Ralph MATHISEN (*Medieval Prosopography*, 17, 1996, *Special Issue*).
LATOUCHE, Robert, *La Gaule romaine à la Gaule franque*, Paris, 1962.
LAUER, Philippe — SAMARAN, Charles, *Les diplômes originaux des Mérovingiens. Facsimilés phototypiques avec notices et transcriptions*, Paris, 1908.
LAURANSON-ROSAZ, Christian, « Entre deux mondes : l'Auvergne de Gerbert », *Gerbert l'Européen...*, 1997, p. 33-52.
LAURANSON-ROSAZ, Christian, *L'Auvergne et ses marges (Velay, Gévaudan) du viiie au xie s. La fin du monde antique?*, Le Puy -en-Velay, 1987.
LAURANSON-ROSAZ, Christian, *L'Auvergne et ses marges (Velay, Gévaudan) du viie au xie siècle. La fin du monde antique?*, Le Puy-en-Velay, 1987.

LE GOFF, Jacques, « La genèse du miracle royal », *Marc Bloch,* 1990, p. 147-56.

LE GOFF, Jacques, *L'imaginaire médiéval. Essais,* Paris, 1985.

LE GOFF, Jacques, *Pour un autre Moyen Age. Temps, travail et culture en Occident : 18 essais,* Paris, 1977.

LE JAN, Régine, « Entre carolingiens et ottoniens : les voyages de la reine Gerberge », *Les Assises du pouvoir. Temps médiévaux, territoires africains. Textes réunis... pour Jean Devisse,* éd. Odile REDON, Bernard ROSENBERGER, Saint-Denis, 1994, p.163-173.

LE JAN, Régine, *Famille et pouvoir dans le monde franc (VIIe-Xe s.). Essai d'anthropologie sociale,* Paris, 1995.

LE JAN, Régine, *Histoire de la France : origines et premier essor 480-1180,* Paris, 1996.

LECHNER, Karl, *Die Babenberger. Markgrafen und Herzöge von Österreich, 976-1246,* Vienne/Cologne/Graz, 1976.

LEHNEN, Joachim, *Adventus Principis,* Francfort, 1997.

LELONG, Jacques, *Bibliothèque historique de la France,* Paris 1719 [remanié par FEVRET DE FONTETTE et alii, 5 vol., Paris, 1768-78].

LEMARIGNIER, Jean-François, *La France médiévale. Institution et société,* Paris, 1970.

LENAIN de TILLEMONT, Sébastien, *Mémoires pour servir à l'histoire ecclésiastique des six premiers siècles,* 16 vol., Paris, 1693-1712.

LENAIN de TILLEMONT, Sébastien, *Vie de Saint Louis, roi de France (1688),* éd. Jacques DE GAULLE, 6 vol., Paris, 1847-51.

LEPORACE, Tullia, « L'imperatrice Ageltrude », *Samnium,* 9 (1936), p. 5-46, 142-176.

LESNE, Émile, *Histoire de la propriété ecclésiastique en France,* 6 vol., Lille, 1910-43.

LEVISON, Wilhelm, *Aus rheinischer und fränkischer Frühzeit. Ausgewählte Aufsätze,* Düsseldorf, 1948.

LEVY, Emil, *Provenzalisches Supplement-Wörterbuch [.. zu Raynouard],* 8 vol., 1894-1924.

LÉVY, Paul, *La Langue allemande en France,* 2 vol., Paris, 1950.

LEWIS, Andrew W., *Royal Succession in Capetian France. Studies on Familial Order and the State,* Cambridge, 1981 (éd. franç. : J.CARLIER, *Le sang royal,* Paris, 1986).

LEWIS, Andrew, « Anticipatory Association of the Heir in Early Capetian France », *AHR,* 83, 1978, p. 906-927.

LEXER, Matthias, *Mittelhochdeutsch. Taschenwörterbuch,* 30e éd., Stuttgart, 1961 (*Nachträge,* éd. U. PRETZEL, 1959).

Lexikon der Antike, éd. Johannes IRMSCHER, Leipzig, 1971.

LEYSER, Karl, « Canon Law and the Beginnings of Knighthood », *Festchrift Fleckenstein,* 1984, p. 549-66.

LIEBERICH, H., article « Ranshofener Gesetze », *HRG* IV, 1990, col.151s.

LIEBERMANN, F., *Die Gesetze der Angelsachsen,* 3 vol., Halle, 1903-16.

LIEBERWIRTH, R., article « Folter », *HRG,* I, 1971, col. 1149-52

LILL, Rudolf, *Geschichte Italiens vom 16.Jh. bis zu den Anfängen des Faschismus,* Darmstadt, 1980.

LINTZEL, Martin, « Heinrich I und die fränkische Königssalbung », *Sb. Leipzig, philos.-histor. Kl.,* 102 (1955).

LINTZEL, Martin, *Ausgewählte Schriften*, 1 : *Zur altsächs. Stammesgesch.* ; 2 : *Varia*, Berlin, 1961.

LIPPOLD, Adolf, *Theodosius der Grosse und seine Zeit*, Munich, 1980.

The Lit de Justice : Semantics, Ceremonial, and the Parlement of Paris, 1300-1600, éd. Elizabeth A.R. BROWN, Richard C. FAMIGLETTI, Sigmaringen, 1994.

LITTRÉ, Émile, *Dictionnaire de la langue française*, 30 fasc., Paris, 1863-72.

LOHAUS, Annethe, *Die Merowinger und England*, Munich, 1974.

LOMBARD-JOURDAN, Anne, *Fleur de lis et Oriflamme. Signes célestes du royaume de France*, 1991.

LONGNON, Auguste, *Atlas historique de la France [-1380]*, Paris, 1884-1907.

LOPEZ, Robert, *Naissance de l'Europe*, Paris, 1982.

LORENZ, Angelika, *Das deut. Familienbild in der Malerei des 19.Jh.*, Darmstadt, 1985.

LOT, Ferdinand, « Du régime de l'Hospitalité », *RBPH*, 7, 1928, p. 975-1011.

LOT, Ferdinand, *Études critiques sur l'abbaye de St-Wandrille*, Paris, 1913.

LOT, Ferdinand, *La Gaule. Les fondements ethniques, sociaux et politiques de la nation française*, éd. revue et mise à jour par Paul-Marie DUVAL, Paris, 1967.

LOT, Ferdinand, *Recueil des travaux historiques de Ferdinand Lot*, 3 vol., Genève-Paris, 1968-73.

LUCAS, Hans-Dieter, *Europa vom Atlantik bis zum Ural? Europapolitik und Europadenken im Frankreich der Ära de Gaulle (1958-1969)*, Bonn, 1992.

LÜTTICH, Rudolf, *Die Ungarnzüge im 10. Jahrhundert*, Berlin, 1903 (réimpr. 1966).

MACHTAN, Lothar et MILLES, Dietrich, *Die Klassensymbiose von Junkertum und Bourgeoisie... (1850-1878/9)*, Francfort-Berlin, 1980.

MAGDELAIN, André, *Auctoritas Principis*, Paris, 1947.

MAGNOU-NORTIER, Elisabeth, *Foi et fidélité. Recherches sur l'évolution des liens personnels chez les Francs du* VII*e au* IX*e siècle*, Toulouse, 1976.

MAGNOU-NORTIER, Elizabeth, « *Servus-Servitium :* une enquête à poursuivre », *Media in Francia*, 1989, p. 269-284.

MAIER, Franz Georg, *Augustin und das antike Rom*, 1955.

MAIER, Franz Georg, *Die Verwandlung der Mittelmeerwelt*, Francfort, 1968.

MANITIUS, Max, *Geschichte der lateinischen Literatur des Mittelalters*, Munich, 1959.

MANN, Michael, *A History of Power from the Beginning to A.D.1760*, 2 vol., Cambridge, 1986.

MANN, S. E., *An Indo-european Comparative Dictionnary*, Hamburg, 1984-87.

MANSI, Jean-Baptiste, *Sacrorum conciliorum nova et amplissima Collectio*, 31 vol., Florence-Venise, 1757-98, réimp. 1960-62.

MARSAY, Jacques Marie Joseph, vicomte de, *De l'âge des privilèges au temps des vanités. Essai sur l'origine et la valeur des prétentions nobiliaires*, Paris, 1930 (rééd. 1977).

MARTENE, Edmond — DURAND, U., *Veterum scriptorum et monumentorum.. amplissima collectio*, 9 vol., Paris, 1724-33.
MARTIN, Jochen, *Spätantike u. Völkerwanderung*, Munich, 1987.
MARTIN-FUGIER, Anne, *La Vie élégante ou la formation du Tout-Paris, 1815-1848*, Paris, 1990.
MATORÉ, Georges, *Le Vocabulaire et la société du* XVI*e siècle*, Paris, 1988.
MATORÉ, Georges, *Le Vocabulaire et la société médiévale*, Paris, 1985.
MATORÉ, Georges, *Le Vocabulaire et la société sous Louis Philippe*, Paris, 1951.
MAYER, Arno J., *Adelsmacht und Bürgertum. Die Krise der europäischen Gesellschaft 1848-1914*, Munich, 1984 (trad.de *The Persistence of the Old Regime*, New York, 1981).
MAYER, Theodor, « Die Ausbildung der Grundlagen des mod.dt.Staates im hohen Mittelalter », *Herrschaft*, 1956, p. 284-331.
MAYER, Theodor, « Staatsauffassung in der Karol.zeit », *Das Königtum*, 1956, 1963, p. 169-83.
MAYER, Theodor, *Fürsten und Staat. Studien zur Verf. geschichte des dt. Mittelalter*, Weimar, 1950.
MAYER, Theodor, *Mittelalterliche Studien*, Lindau/Constance, 1959 (rééd. Darmstadt, 1963).
MAZZARINO, Santo, *La fin du monde antique. Avatars d'un thème historiographique*, Paris, 1973 (éd. ital., 1959).
McNEILL, William H., *Krieg und Macht. Militär, Wirtschaft und Gesellschaft vom Altertum bis heute*, Munich, 1984 (éd. originale *The Pursuit of Power*, Chicago, 1982).
Media in Francia.Recueil de Mélanges offert à Karl Ferdinand Werner à l'occasion de son 65e anniviversaire par ses amis et collègues français, Maulévrier, 1989.
Mediaevalia Christiana, XI*e*-XIII*e siècles. Hommage à Raymonde Foreville*, Louvain-Bruxelles, 1989.
The medieval nobility. Studies on the ruling classes of France and Germany from the 6th to the 12th cent., éd. et trad. Timothy REUTER, Amsterdam/New York, 1979.
MEIER, Christian, *Athen. Ein Neubeginn der Weltgeschichte*, Berlin, 1993.
MEINECKE, F., *HZ*, 141, 1929, p. 249-87.
MEISTER, Karl, *Die Tugenden der Römer*, Heidelberg, 1930.
Mélanges dédiés à la mémoire de Félix Grat, 2 vol., Paris, 1946-49.
Mélanges d'histoire du Moyen Age dédiés à la mémoire de Louis Halphen, Paris, 1951.
Mélanges Roger Aubenas, Montpellier, 1974.
MELVILLE, Gert, « Vorfahren und Vorgänger. Spätmittelaterl. Genealogien als dynastische Legitimation zur Herrschaft », *Die Familie als soz. und histor. Verband*, éd. Peter Johannes SCHULER, Sigmaringen, 1987, p. 203-309.
Memoria, éd. Karl SCHMID & Joachim WOLLASCH, 1984.
MENANT, François, « Lombardia feudale. Studi sull'aristocrazia padana nei secoli X-XIII », Milan, 1992.
MENSION-RIGAU, Eric, *Aristocrates et grands bourgeois. Éducation, traditions, valeurs*, Paris, 1994.
MESTRE, Jean-Louis, « L'évolution de la condition du personnel com-

munal en Europe (du milieu du XIXe siècle à la Seconde Guerre mondiale) », *Annuaire européen d'administration publique*, III, 1980, p. 831-65.
MEYER, Arnold Oskar, « Zur Gesch.des Wortes Staat », *WaG*, 10, 1950, p. 229-39.
MEYER, Ernst, *Röm. Staat und Staatsgedanke*, 3e éd., Zurich-Stuttgart, 1964.
MEYER, Jean, *Noblesses et pouvoirs dans l'Europe d'ancien régime*, Paris, 1980.
MEYER-KRAHMER, Marianne, *Carl Goerdeler und sein Weg in den Widerstand. Eine Reise in die Welt meines Vaters*, Fribourg, 1989.
MEYER-LÜBKE, W., *Romanisches etymologisches Wörterbuch*, 4e éd., Heidelberg, 1968.
MIETHKE, Jürgen, article « Reform, Reformation », *LM*, 7, p. 543-50.
MIQUEL, Pierre, *Les derniers rois de l'Europe*, Paris, 1993.
MIRKO KOKTANEK, Anton, *Oswald Spengler in seiner Zeit*, Munich, 1968.
Miscellanea mediaevalia in memoriam Jan Frederic Niermeyer, Groningen, 1967.
Mitteilungen der Residenzen-Kommission der Akademie der Wiss. zu Göttingen, Jahrg.1s., éd. Werner PARAVICINI, Göttingen/Kiel, 1991 sqq.
MITTEIS, Heinrich, « Land und Herrschaft. Bemerkungen zu dem gleichnamigen Buche Otto Brunners », *Herrschaft*, 1956, p. 20-65.
MITTEIS, Heinrich, *Der Staat des hohen Mittelalter. Grundlinien einer vergleichenden Verfassungsgeschichte des Lehnszeitalters*, 5e éd., Weimar, 1956 [et réimpress.].
MITTEIS, Heinrich, *Die dt. Königswahl und ihre Rechtsgrundlagen bis z.Goldenen Bulle*, Brünn, 1944.
MITTEIS, Heinrich, *Die Rechtsidee in der Geschichte Gesammelte Abhandl.*, Weimar, 1957.
MITTEIS, Heinrich, *Lehnrecht und Staatsgewalt. Untersuchungen zur mittelalterlich. Verfassungsgeschichte*, Weimar, 1933.
MITTERAUER, Michael, *Ahnen und Heilige. Namengebung in der europäischen Geschichte*, Munich, 1993.
Der moderne Parlamentarismus und seine Grundlagen in der ständischen Repräsentation, éd. Karl BOSL, Berlin, 1997.
MOEGLIN, Jean-Marie, « L'honneur des Princes du Saint Empire (XIVe-Xe s.) », *JdS*, 1992, p. 318-44.
MOEGLIN, Jean-Marie, *Les ancêtres du Prince.Propagande politique et naissance d'une hist.nationale en Bavière au Moyen Age (1180-1500)*, Genève, 1985.
MOLINIER, Auguste, *Les Sources de l'histoire de France*, 6 vol., Paris, 1901-06.
MÖLK, Ulrich, « La "Chanson de s. Alexis" et le culte du saint en France au XIe et XIIe siècle », *CCM*, 21, 1978, p. 339-55.
MOMIGLIANO, Arnaldo, *Problèmes d'historiographie ancienne et moderne*, Paris, 1983.
MONOD, Gabriel, *Bibliographie de l'Histoire de France*, Paris, 1888.
MOOS, Peter v., « Das 12.Jh.-eine "Renaissance" oder ein "Aufklärungszeitalter" », *Mlt.Jb.*, 23, 1988, p. 1-10.

MOOS, Peter von, « Gefahren des Mittelater begriffs. Diagnostische und präventive Aspekte », *Modernes Mittelalter. Neue Bilder einer populären Epoche*, éd. Joachim HEINZLE, Francfort-Leipzig, 1994, p. 33-63.

MORAW, Peter, article « Herrschaft », *GG*, II, 1982, p. 5-13.

MORAW, Peter, *Über König und Reich. Aufsätze zur deutschen Verfassungsgeschichte des späten Mittelalters. Festgabe zum 60. Geburtstag*, Sigmaringen, 1995.

MORSEL, Joseph, « Changements anthroponymiques et sociogenèse de la noblesse en Franconie à la fin du Moyen Age », *Genèse médiévale de l'anthroponymie moderne*, III : *Enquêtes généalogiques et données prosopographiques*, éd. Monique BOURIN et Pascal CHAREILLE, Tours, 1995, p. 89-119.

MORSEL, Joseph, « Crise? Quelle crise? Remarques à propos de la prétendue crise de la noblesse allemande à la fin du Moyen Age », *Sources-.Travaux historiques*, 14, 1988, p. 17-42.

MORSEL, Joseph, « Die Erfindung des Adels. Zur Soziogenese des Adels am Ende des Mittelalter — das Beispiel Frankens », *Nobilitas*, 1997, p. 312-375.

MORSEL, Joseph, « La noblesse et les villes à la fin du Moyen Age. Nouvelles perspectives de recherche », *Mission historique française en Allemagne*, 32, 1996, p. 33-53.

MORSEL, Joseph, « Le tournoi, mode d'éducation politique en Allemagne à la fin du Moyen Age », *Les Cahiers du C.R.I.S.I.M.A.*, n° 1, nov. 1993, p. 309-331.

MORSEL, Joseph, « Überlegungen zum sozialen Sinn der Fehdepraxis am Beispiel des spätmittelalterlichen Franken », *Strukturen der Gesellsch. im Mittelalter*, éd. Dieter RÖDEL, Joachim SCHNEIDER, Wiesbaden, 1996, p. 140-67.

MÖRZ, Stefan, *Aufgeklärter Absolutismus in der Kurpfalz während der Mannheimer Regierungszeit des Kurfürsten Karl Theodor (1742-1777)*, Stuttgart, 1991.

MOUGEL, François-Charles, *Élites et systèmes de pouvoir en Grande-Bretagne (1945-1987)*, thèse, Bordeaux, 1990.

MOURRE, Michel, *Dictionnaire encyclopédique d'histoire*, nouv. éd., 8 vol., Paris, 1997.

MOUSNIER, Roland, « Les concepts « d'ordres », « d'états », de « fidélité » et de « monarchie absolue » en France de la fin du XVe siècle à la fin du XVIIIe », *RH*, 247, 1972, p. 289-312.

MOUSNIER, Roland, « Les XVIe et XVIIe siècles. Les progrès de la civilisation européenne et le déclin de l'Orient (1492-1715) », *Histoire générale des civilisations*, IV, 1954, p. 256 suiv.

MOUSNIER, Roland, *La monarchie absolue en Europe du Ve siècle à nos jours*, Paris, 1982 (cf. ID., *RH* CCLXII, 1984, 29-44).

MOUSNIER, Roland, *Les hiérarchies sociales de 1450 à nos jours*, Paris, 1969.

MOUSNIER, Roland, *Les institutions de la France sous la monarchie absolue, 1598-1789*, t.I *Société et État*, Paris, 1974.

MOUSNIER, Roland, *Monarchies et royautés. De la préhistoire à nos jours*, Paris, 1989.

Le Moyen Age et la Bible, éd. Pierre RICHÉ et Guy LOBRICHON, Paris, 1984.

Le Moyen Age pour quoi faire ?, éd. Régine PERNOUD, Raymond DELATOUCHE, Jean GIMPEL, Paris, 1990.

MÜLLER, Friedrich, *Wer ist das Volk ?*, Berlin, 1997.

MÜLLER, Klaus-Jürgen, *Armee und Drittes Reich 1933-1939*, Paderborn, 1989.

MUNIER, Charles, *L'Eglise dans l'Empire romain (IIe et IIIe s.) : Eglise et Cité*, Paris, 1979.

MÜNKLER, Herfried, *Nationenbildung. Die Nationalisierung Europas im Diskurs humanist. Intellektueller*, Berlin, 1997.

MÜNZER, Friedrich, *Römischen Adelsparteien und Adelsfamilien*, Stuttgart, 1920.

MURRAY, Alexander, *Reason and Society in the Middle Ages*, Oxford, 1978.

MURRAY, Oswin, « The Idea of the Shepherd King from Cyrus to Charlemagne », *Latin Poetry and the Classical Tradition.Essays in Medieval and Renaissance Literature*, éd. Peter GODMAN, Oswyn MURRAY, Oxford, 1990, p. 1-14.

MUSSET Lucien, *Nordica et Normannica. Recueil d'études sur la Scandinavie ancienne et médiévale, les expéditions des Vikings et la fondation de la Normandie*, 1997.

MUSSET, Lucien, « Considérations sur la genèse et le tracé des frontières de la Normandie », *Media in Francia*, 1989, p. 309-318 [réimpr.dans *Id.*, *Nordica*, 1997, p.403-413])

Nascita dell'Europa ed Europa carolingia : un equazione da verificare, 2 vol., Spolète, 1981 (Settimane di studio del centro italiano di studi sull'alto medioevo).

NATHAN, Geoffrey, « The Last Emperor. The Fate of Romulus Augustulus », *Classica et Mediaevalia*, 43, 1992, p. 261-71.

Nations, Nationalisme and Patriotisme in the European Past, éd. Claus BJOERN, Alexander GRANT, Keith J. STRINGER, Copenhague, 1994.

NEHLSEN, Hermann, « Aktualität und Effektivität der ältesten german. Rechtsaufzeichnungen », *Recht u. Schr.*, 1977, p. 449-502.

NELSON, Janet L., *Charles le Chauve*, Paris, 1994 (éd. orig., Londres 1992).

La Neustrie. Les pays au nord de la Loire de 650 à 850, éd. Hartmut ATSMA, 2 vol., Sigmaringen, 1989.

La Neustrie. Les pays au nord de la Loire de Dagobert à Charles le Chauve (VIIe-IXe s.) [Catalogue de l'exposition de Rouen, 1985], éd. Patrick PÉRIN, Laure-Charl. FEFFER.

NEWTON, Sam, *The Origins of Beowulf and the Pre-Viking Kingdom of East-Anglia*, Cambridge, 1993.

NICOLET, Claude, *L'idée républicaine en France. Essai d'histoire critique*, Paris, 1982.

NIERMEYER, J. F., *Mediae Latinitatis Lexicon Minus, Lexique latin médiéval-français/anglais*, Leiden, 1954-76.

NIPPERDEY, Th., *Deutsche Geschichte, 1800-1866. Bürgerwelt und starker Staat*, Munich, 1984.

Nobilitas. Funktion und Repräesentation des Adels in Alteuropa, éd. Otto Gerhard OEXLE et Werner PARAVICINI, Göttingen, 1997.

La Noblesse au Moyen Age, xie-xve siècles. Essais à la mémoire de Robert Boutruche, éd. P. CONTAMINE, Paris, 1976.
NÖRR, Dieter, *Die Fides im röm. Völkerrecht*, Heidelberg, 1991.
OEXLE, Otto Gerhard, « Deutungsschemata der sozialen Wirklichkeit im frühen und hohen Mittelalter. Ein Beitrag zur Geschichte des Wissens », *Mentalität im Mittelalter. Methodische und inhaltliche Probleme*, éd. František GRAUS, Sigmaringen, 1987, p. 65-117.
OEXLE, Otto Gerhard, « Les groupes sociaux du Moyen Age et les débuts de la sociologie contemporaine », *Annales ESC*, 1992, p. 751-65.
OEXLE, Otto Gerhard, « Neue hist. Lit. Die "Wirklichkeit" und das "Wissen". Ein Blick auf das sozialgesch. Œuvre von Georges Duby », *HZ*, 232, 1981, p. 61-91.
OHLER, Norbert, *Krieg und Frieden im Mittelalter*, Munich, 1997.
OLBERG, Gabriele von, article « Puer regius », *HRG* IV, 1990, col.100.
OLBERG, Gabriele von, article « Rachinburgen », *HRG* IV, 1990, col.127-31.
OLBERG, Gabriele v., *Freie, Nachbarn und Gefolgsleute. Volkssprachige Bezeichnungen aus dem sozialen Bereich in den frühmittelalter. Leges*, Francfort-Bern, 1983.
OLIVIER MARTIN, François, *Histoire de la coutume et de la prévoté et vicomté de Paris*, 2 vol., Paris, 1973.
OLIVIER-MARTIN, François, *Précis d'histoire*, 4e éd., Paris, 1945.
OPGENORTH, Ernst, *Friedrich Wilhem. Der Große Kurfürst von Brandenburg*, t.2, Göttingen, 1978.
ORTIGUES, Edmond, « Haymon d'Auxerre, théoricien des trois ordres », *L'École... d'Auxerre*, 1991, p. 181-227.
OSTROGORSKY, Georg, *Histoire de l'État byzantin*, Paris, 1963.
OTTO, Eberhard F., *Adel und Freiheit im dt. Staat des frühen Mittelalter*, Berlin, 1937.
OURLIAC, Paul, « La "Convenientia" », *Études de droit et d'histoire*, t.I, Toulouse, 1979, p. 243-52.
OURLIAC, Paul, « La monocratie en Europe orientale (xie-xve s.) », *Ibid.*, t. II, 1980, p. 169-84.
PAETOW, L. J., *A Guide to the Study of Medieval History*, 2e éd., New York, 1964.
PALMER, Robert C., « The County Courts of Medieval England 1150-1350 », Princeton, 1982.
PARAVICINI, Werner, « Interesse am Adel.Eine Einleitung », *Nobilitas*, 1997, p. 9-25.
Paris de Clovis à Dagobert, éd. Michel FLEURY, Paris, 1996.
PARISSE, Michel, « Communauté monastique », *Francia*, 7, 1980, p. 551-65.
PARISSE, Michel, « *In media Francia* : St-Mihiel, Salonnes et St-Denis (viie-xiie s.) », *Media in Francia*, 1989, p. 319-343.
PARISSE, Michel, « La conscience chrétienne des nobles aux xie et xiie s. », *La Cristianità dei secoli* xi *e* xii *in Occidente : coscienza e strutture di una società*, Milan, 1983, p. 259-280.
PARISSE, Michel, *La noblesse lorraine, xie-xiiie siècle*, 2 vol., Lille-Paris, 1976.
PARISSE, Michel, *Noblesse et chevalerie en Lorraine médiévale. Les familles nobles du xie au xiiie s.*, Nancy, 1982.

PASTOUREAU, Michel, *La vie quotidienne en France et en Angleterre au temps des chevaliers de la Table ronde (XIIe-XIIIe s.)*, Paris, 1976.

PATLAGEAN, Évelyne, « Le basileus assassiné et la sainteté impériale », *Media in Francia*, 1989, p. 345-361.

PAUL, Hermann, *Deutsches Wörterbuch*, 5e éd. W. BETZ, Tübingen, 1966.

PAUPHILET, A., *Les legs du Moyen Age. Études de littérature médiévale*, Melun, 1950.

Pays de Loire et Aquitaine de Robert le Fort aux premiers capétiens, éd. Olivier GUILLOT et Robert FAVREAU, Poitiers, 1997.

Le Paysage monumental de la France autour de l'an mil, éd. Xavier BARRAL I ALTET, Paris, 1987.

PÉRIN, Patrick, « La tombe de Clovis », *Media in Francia*, 1989, p. 363-378.

PERMAN, J.P.-RECLAM, P.Chr., *Mémoires pour servir à l'histoire des réfugiés français dans les États du roi [de Prusse]*, 9 vol., Berlin, 1782-1800.

PERNOUD, Régine, *Pour en finir avec le Moyen Age*, Paris, 1977.

Person und Gemeinschaft im Mittelalter. Karl Schmid zum 65. Geb., éd. G. ALTHOFF, et al., Sigmaringen, 1988.

PETIT-DUTAILLIS, Charles, *La monarchie féodale en France (Xe-XIIIe s.)*, Paris, 1971.

Peuples et Civilisations. Histoire générale, fondée par Louis HALPHEN et Philippe SAGNAC, refonte : Maurice CROUZET, Paris, 1928 suiv., 1970 suiv.

Die Pfalz. Probleme einer Begriffsgeschichte vom Kaiserpalast auf dem Palatin bis zum heutigen Regierungsbezirk., éd. Franz STAAB, Spire, 1990.

PFEIFFER, Jens, « Petrarca und der Mont Ventoux », *German.-roman.Monatsschrift*, 47, 1997.

PFLAUM, Hans-Georg, « Das römische Kaiserreich », *Propyläen-Weltgeschichte, eine Universalgesch.*, éd. Golo MANN, Alfred HEUSS, t.IV, 2, Berlin, 1963, p. 319-428.

PICARD, Gilbert, « La date de naissance de Jésus du point de vue romain », *CRAIBL*, 1995, p. 799-806.

PINOTEAU, Hervé, « Essai de classement des familles souveraines de l'Europe par ordre d'ancienneté », *Hidalguia*, 1991, p. 951-58.

PINOTEAU, Hervé, « Survol de la symbolique de l'État française », *Internationaler Kongrreß für Genealogie und Heraldik, 5.9.1988*, Innsbruck, Thaur/Tirol, 1989, p. 451-58.

PINOTEAU, Hervé, *État présent de la maison de Bourbon pour servir de suite à l'almanach royal de 1830 et à d'autres publications officielles de la maison*, 3e éd., Paris, 1986.

PIRENNE, Henri, *Bibliographie de l'histoire de Belgique*, Bruxelles, 1931.

PLUMYENE, Jean, *Les nations romantiques. Histoire du nationalisme. Le XIXe siècle*, Paris, 1979,

POCQUET DU HAUT-JUSSÉ, B.-A., « Une idée politique de Louis XI : la sujétion éclipse la vassalité », *RH*, 226, 1961, p. 383-98.

POKORNY, J., *Indogermanisches Etymologisches Wörterbuch*, 2 vol., Bern/Munich, 1959-62.

Die politischen Testamente der Hohenzollern, éd. Richard DIETRICH, Cologne-Vienne 1986.

POLY, Jean-Pierre, *La Provence et la société féodale, 879-1166. Contribution à l'étude des structures dites féodales dans le Midi,* Paris, 1976.
POPE, M. K., *From Latin to Modern French, with special consideration of Anglo-Norman,* Manchester, 1982.
Pouvoirs et libertés au temps des premiers capétiens, éd. Élisabeth MAGNOU-NORTIER, Maulévrier, 1992.
POWIS, J., *Aristocracy,* 1984.
POWIS, Jonathan, *Aristocracy,* Oxford 1984.
PRELL, Jan Hendrik, *Graf, Vizegrafen und Adel in Nordaquitanien (10. und 11.Jh.). Prosopographisch vf. gesch. Untersuchungen zu Poitou, Aunis und Saintonge,* diss. Mannheim, 1991 (à paraître en français).
PREVITE-ORTON, Charles W., « Italy and Provence 900-950 », *EHR,* 32, 1917, p. 335-347.
PRINZ, Friedrich, « Bayerns Adel im Hochmittelalter », *ZsBLG* 30, 1967, p. 53-117.
Prosopographie als Sozialgeschichte, éd. Gerd ALTHOFF, 1978.
PUFENDORF, Samuel von, *De statu imperii Germanici,* 1667 (éd. all., Leipzig, 1877).
Quellen zur Gesch.des 7.u.8.Jh. :Die Vier Bücher der Chroniken des sog. Fredegar, éd. H. Wolfram, Darmstadt, 1982.
RANKE, L. von, *Weltgeschichte,* 9 vol., Berlin, 1881-88.
RAYNOUARD, F. J. M. de, *Lexique roman ou Dictionnaire de la langue des troubadours,* 5 vol., Paris, 1836-45.
Reallexikon der Germ. Altertumskunde, éd. J. HOOPS, 4 vol., Strasbourg, 1911-19 (refonte en cours, voir *RGA*).
Reallexikon der indogermanische Altertumskunde, 2, A. Nehring, Berlin/ Leipzig 1917-23.
Recht, und Schrift im Mittelalter, éd. Peter CLASSEN, Sigmaringen, 1977.
Recueil de travaux offerts à Clovis Brunel, 2 vol., Paris, 1955.
Recueil des travaux historiques de Ferdinand Lot, éd. Charles-Édmond PERRIN, 3 vol., Genève, 1968-1973.
Das Reich und die Barbaren, éd. E. K. CHYROS, A. SCHWARCZ, Vienne, 1989.
REINDEL, Kurt, « Die staatliche Entwicklung Bayerns vom Ende der Agilolfingerzeit bis zur Mitte des 10 Jahrhunderts », *Zeitch. für bayer. Landesgesch.,* 25, 1962, p. 665-678.
REINDEL, Kurt, « Ein neues Gedicht zum Tode Herzog Arnulfs von Bayern », *Zeitsch. F. bayer. Landesgesch.,* 20, 1957, p. 153-160.
REINHARD, Wolfgang, *Ausgewählte Abhandlungen,* Berlin, 1997.
RÉIZOV, B., *L'historiographie romantique française, 1815-1830,* Moscou s.a.
Religion and Society in Early Modern Europe, éd. Kaspar von GREYERZ, Londres, 1984.
Religion et culture autour de l'an mil. Royaume capétien et Lotharingie, éd. Dominique IOGNA-PRAT & Jean-Charles PICARD, Paris, 1990.
REULOS, Michel, « L'abbaye de Ste-Geneviève sous les premiers capétiens », *Media in Francia,* 1989, p. 403-408.
RICHARD, Jean, « Aux origines d'un grand lignage :des Palladii à Renaud de Châtillon », *Media in Francia,* 1989, p. 409-418.
RICHARD, Jean, « La culture juridique de la noblesse aux XIe, XIIe et XIIIe s. », *Nobilitas,* 1997, p. 53-66.

RICHÉ, Pierre, « Nouvelles vies parallèles : Gerbert d'Aurillac et Abbon de Fleury », *Media in Francia,* 1989, p. 419-427.
RICHÉ, Pierre, *Dictionnaire des Francs sous les carolingiens,* Paris, 1997.
RIDE, Jacques, *L'image du Germain dans la pensée et la littérature allemandes de la redécouverte de Tacite à la fin du xvie s. (Contribution à l'étude de la genèse d'un mythe)* 3 vol., thèse Paris-IV, 1977.
RIECKENBERG, Hans Jürgen, « Königsstrasse und Königsgut in lindolfingischer und frühsalischer Zeit (919-1056) », *AUF,* 17, 1941, p. 32-154.
RIEHL, Wilhelm Heinrich, *Die bürgerliche Gesellschaft,* 10e éd.Stuttgart/Berlin, 1907.
RIEKS, R., s.v. Officium, *Historisches W. B. der Philosophie,* VI, 1984, p. 1141.
RIETSCHEL, Siegfried, *Das Burggrafenamt und die hohe Gerichtsbarkeit in den dt.Bischofsstädten während des früheren Mittelalter,* Leipzig, 1905.
ROCHAU, Ludwig August v., *Grundsätze der Realpolitik,* 2 vol., 1853-69, éd.Hans-Ulrich WEHLER, Francfort, 1972.
ROCHE, Daniel, *La France des Lumières,* Paris, 1993.
RÖRIG, Fritz, *Wirtschaftskräfte im Mittelalter,* Weimar, 1959.
RÖSENER, Werner, Jagd und höfische Kultur im Mittelalter, Göttingen, 1997.
Le Roi de France et son royaume autour de l'an Mil, éd. Michel PARISSE et Xavier BARRAL I ALTET, Paris, 1992.
Romanobarbarica. Contributi allo studio dei rapporti culturali tra mondo latino e mondo barbarico, éd. Bruno LUISELLI et Manlio SIMONETTI, 4 vol., Rome, 1976-1979.
Römisch. Reichsreligion und Provinzialreligion, éd. Hubert CANCIK & Jörg RÜPKE, Tübingen, 1997.
ROSTOVTZEFF, Michel, *Histoire sociale et économique du monde hellénistique,* Paris, 1989, (éd. orig. Oxford, 1941).
RÜEGG, Walter, « Das Aufkommen des Humanismus », *Geschichte der Universität in Europa,* éd. W. RÜEGG, Munich, 1992, p. 387-408.
SALCH, Charles-Laurent, *Dictionnaire des châteaux et des fortifications du Moyen Age en France,* Strasbourg, 1979.
SANTIFALLER, Leo, *Zur Geschichte des ottonisch-salischen Reichskirchensystems,* Vienne, 1964.
SASSIER, Yves, « Thibaud le Tricheur et Hugues le Grand », *Pays de Loire...,* 1997, p. 145-157.
SASSIER, Yves, *Hugues Capet,* Paris, 1987.
SAUTER, M., *Glossary of Later Latin.*
SCHAAB, Meinrad, *Die Blendung als politische Massnahme im abendländischen Früh- und Hochmittelalter,* thèse doctorat, Heidelberg, 1955.
SCHADOW, Th., « Provinz, staatsrechtlich », *HRG* IV, 1990, col.9-13.
SCHALK, F., « Aufklärung », *HWBP,* 1, 1971, p. 619-34.
SCHANZ, M. & HOSIUS, C., *Geschichte der röm. Literatur,* 4 vol. en 5, Munich, t. I, 4e éd., 1927 ; t. II, 4e éd. 1935 ; t. III, 3e éd., 1923 ; t. IV, 1, 2e éd. 1914 ; t. IV, 2, 1920.
SCHEIBELREITER, Georg, *Der Bischof in merowingischer Zeit,* Vienne, 1983.
SCHENK v. STAUFFENBERG, Alexander, *Das Imperium und die Völkerwanderung,* Munich, 1947.

SCHERFF, Bruno, *Studien zum Heer der Ottonen und der ersten Salier (919-1056)*, Bonn, 1985.
SCHIEDER, Th., « Droysen », *NDB,* IV, 1959, p. 136 suiv.
SCHIEFFER, Rudolf, « Gregor VII. und die Könige Europas », *Studi Gregoriani,* XIII, 1989, p. 189-211.
SCHIEFFER, Rudolf, *Die Karolinger,* Stuttgart, 1992.
SCHILD, W., article « Folter », *LM,* IV, 1989, col. 614-16 (cf. *ID., LM,* VII, 1995, col. 1439).
SCHIRMEYER, Ludwig, *Kaiser Lambert,* Göttingen, 1900.
SCHLESINGER, Walter, « Das Heerkönigtum », *Das Königtum,* 1956, 1963, p. 105-141.
SCHLESINGER, Walter, « Herrschaft und Gefolgschaft in der german.-dt. Vf. gesch. », *Herrschaft,* 1956, p. 135-90.
SCHLESINGER, Walter, *Ausgewählte Aufsätze 1965-79,* éd. H. PATZE, F. SCHWIND, Sigmaringen, 1987.
SCHLESINGER, Walter, *Beiträge zur dt. Verfassungsgeschichte des Mittelalter,* 2 vol., Göttingen, 1963.
SCHLESINGER, Walter, *Mitteldeutsche Beiträge z. deutsch. Verf. geschichte des Mittelalter,* Göttingen, 1961.
SCHMID, Karl, « Ein karolingisch. Königseintrag im Gedenkbuch von Remiremont », *FMASt,* 2, 1968, p. 96-134.
SCHMID, Karl, « Über die Struktur des Adels im früheren Mittelalter », *JbFränkL.forsch* 19, 1959, p. 1-23.
SCHMID, Karl, « Zur Problematik von Familie, Sippe und Geschlecht, Haus und Dynastie beim mittelalterliche Adel », *ZGO,* 105, 1957, p.1-62.
SCHMIDT, Jochen, *Die Geschichte des Genie-Gedankens in der dt.Literature, Philosophie und Politik 1750-1945,* 2 vol., Darmstadt, 1985.
SCHMIDT, Ludwig, « Das Ende der Römerherrschaft in Gallien (Chlodowech und Syagrius) », *HJb,* 48, 1923, p. 611-18.
SCHMIDT, Ulrich, *Königswahl und Thronfolge im 12.Jh.*, Cologne-Vienne, 1987.
SCHMIDT-WIEGAND, Ruth, « Eid und Gelöbnis, Formel und Formular im mittelalter Recht », *Recht u.Schr.*, 1977, p. 55-90.
SCHMIDT-WIEGAND, Ruth, « Stammesrecht und Volkssprache in karol. Zeit », *Nationes,* 1, 1978, p. 171-203.
SCHMITZ, Philibert, *Histoire de l'ordre de S. Benoît,* 6 vol., Maredsous, 1942-49; t. 1, 1948.
SCHNABEL, Franz, *Deutsche Gesch. im 19.Jh.*, t.2, *Monarchie und Volkssouveränität,* Fribourg, 1949.
SCHNEIDER, F., *Universalstaat oder Nationalstaat. Macht und Ende des Ersten deutschen Reiches. Die Streitschriften von Heinrich v. Sybel und Julius Ficker zur deutschen Kaiserpolitik des Mittelalters,* Innsbruck, 1943.
SCHNEIDER, Reinhard, « Schriftlichkeit und Mündlichkeit im Bereich der Kapitularien », *Recht u.Schr.*, 1977, p. 257-80.
SCHNEIDER, Reinhard, *Königswahl u.Königserhebung im Frühma. Untersuchungen zur Herrschaftsnachfolge bei den Langobarden und Merowingern,* Stuttgart, 1972.
SCHNEIDMÜLLER, Bernd, *Nomen Patriae. Die Entstehung Frankreichs in der politisch-geographischen Terminologie (10.-13. Jahrhundert),* Sigmaringen, 1987.

SCHRAMM, Percy Ernst, « Der "Traktat über romanisch-fränkisches Ämterwesen". Ein Text des 7.Jh., betrachtet im Rahmen frühma.Aufzeichnungen über den "Staat"... », *ID., Kaiser, Könige und Päpste*, t. I, Stuttgart, 1968, p. 120-145.
SCHRAMM, Percy Ernst, *Kaiser, Könige und Päpste. Gesamm. Aufsätze z. Geschichte des Mittelalter*, 4 vol. en 5, Stuttgart, 1968-71.
SCHRAMM, Percy Ernst, *Kaiser, Rom und Renovatio. Studien zur Geschichte des röm. Erneuerungsgedankens vom Ende des karoling. Reiches bis zum Investiturstreit*, 2 vol., Leipzig, 1929 (réimpr. Darmstadt, 1957-1962).
Die Schrecken des Jahres 2000, éd. Henry CAVANNA, Stuttgart, 1977.
SCHREINER, Klaus, « Religiöse, historische und rechtliche Legitimation spätmittelalterliche. Adelsherrschaft », *Nobilitas*, 1997, p. 376-430.
SCHRÖDER, Rich., *Lehrbuch der dt. Rechtsgeschichte*, 6e éd Eberh. v. KÜNSSBERG, Berlin/Leipzig, 1922 (7e éd., 1932).
SCHUBERT, Ernst, *Der Naumburger Dom*, Halle, 1997.
SCHUBERT, Ernst, *Die Erforschung der Bildwerke des Naumburger Meisters*, Berlin, 1994.
SCHULZ, Raimund, *Herrschaft und Regierung. Roms Regiment in den Provinzen in der Zeit der Republik*, Paderborn, 1997.
SCHULZE, Hagen, *Staat und Nation in der europäischen Geschichte*, Munich, 1994.
SCHULZE, Hans K., « Reichsaristokratie, Stammesadel und fränk. Freiheit », *HZ*, 227, 1978, p. 353-373.
SCHULZE, Hans K., « Rodungsfreiheit und Königsfreiheit », *HZ*, 219, 1974, p. 529-550.
SCHULZE, Hans K., *Adelsherrschaft und Landesherrschaft. Studien zur Verfassungs-und Besitzgesch. der Altmark, des ostsächs. Raumes und des hannoverschen Wendlandes im hohen Mittelalter*, Cologne, 1963.
SCHULZE, Wilhelm, *Zur Geschichte Lateinischer Eigennamen*, Berlin/Zurich/Dublin 1966.
SCHUSTER, Mauriz, article « Venantius Fortunatus », *RE*, IIA, Fünfzehnter Hb, 1955, col. 677-695.
SCHÜTZEICHEL Rudolf, *Althochdeutsch. Wörterbuch*, Tübingen, 1969.
SCHWARTZ, Hillel, *Century's End*, 1990.
SCHWARZMÜLLER, Theo, *Zwischen Kaiser und « Führer ». Generalfeldmarschall August v. Mackensen*, 2e éd. Paderborn, 1996.
SCHWENNICKE, Detlev, *Europäische Stammtafeln*, fondées par W.K.Prinz zu Isenburg, *Neue Folge*, t.XIII : *Les familles féodales de France*, I, Marburg, 1990.
SÈDE, Gérard de, *Aujourd'hui, les nobles...*, Paris, 1975.
SEECK, Otto, *Geschichte des Untergangs der antiken Welt*, t. 1-5, Stuttgart, 1921 ; t.6, 1920.
SERGI, *Giuseppe, I confini del potere. Marche e signorie fra due regni medievali*, Turin, 1995.
SERMAN, William, *Les origines des officiers français, 1848-1870*, Paris, 1979.
SETTIPANI, Christian, (avec Patrick VAN KERREBROUCK), *La préhistoire des capétiens 481-987*, 1re partie : *mérovingiens, carolingiens et robertiens*, Villeneuve d'Ascq, 1993.

SETTIPANI, Christian, *La préhistoire des capétiens*, 2e partie : *Les grandes familles aristocratiques en France 481-987*, t. I : période mérovingienne (ve-VIIIe s.), à paraître, Villeneuve d'Ascq, 1998/9.

SETTIPANI, Christian, *Nos ancêtres de l'antiquité. Études des possibilités de liens généalogiques entres les familles de l'Antiquité et celles du haut Moyen Age européen*, Paris, 1991.

The Seventh Century : Change and Continuity, éd. Jacques FONTAINE, Jocelyn N. HILLGARTH, Londres, 1992.

SIMENON, Georges, *Les mémoires de Maigret*, Paris, 1950.

SISMONDI, S. de, *Histoire de la chute*, 2 vol., 1835.

SISMONDI, S. de, *Histoire de la renaissance*, 2 vol., 1832.

SISMONDI, S. de, *Histoire des républiques italiennes*, 16 vol., 1807-24.

SOHM, Rudolph, *Institutionen. Geschichte und System des römischen Privatrechts*, 16e éd., Munich/Leipzig, 1919.

SOT, Michel, « Ni robertien, ni carolingien : Raoul de Bourgogne roi de France de 923 à 936 », *Bull. Soc.des fouilles archéol.de l'Yonne*, 6, 1989, p. 47-54.

SOT, Michel, « Richer de Reims a-t-il écrit une *Histoire de France* ? », *Histoire de France...*, 1994, p. 47-58.

SOT, Michel, « Seulf, archevêque de Reims (922-925), et les origines de la crise rémoise dans l'œuvre de Flodoard », *Media in Francia*, 1989, p. 471-484.

Speculum Historiale. Geschichte im Spiegel von Gesch. schreibung und Gesch. deutung [Johannes Spörl zum 60. Geburstag], Fribourg, 1965.

SPENGLER, Oswald, *Briefe 1913-1936*, éd. Anton MIRKO KOKTANEK et Manfred SCHRÖTER, Munich, 1963.

SPIESS, Karl-Heinz, *Lehnsrecht, Lehnspolitik und Lehnsverwaltung der Pfalzgrafen bei Rhein im Spätmittelalter*, Wiesbaden, 1978.

SPRIGADE, Klaus, *Die Einweisung ins Kloster als politische Massnahme im frühen Mittelalter*, thèse doctorat, Heidelberg, 1964.

STAAB, Frank, *Untersuchungen zur Gesellschaft am Mittelrhein in der Karolingerzeit*, Wiesbaden, 1975.

STAAB, Franz, « Palatium in der Merowingerzeit. Tradition und Entwicklung, *Die Pfalz...*, 1990, p. 49-69.

STAAB, Franz, « Speyer im Frakenreich (Um 500 bis 918) », *Geschichte der Stadt Speyer*, Stuttgart, p. 165-248.

Die Stadt in der europäischen Geschichte. Festchrift Edith Ennen, Bonn, 1972.

STAUBACH, Nikolaus, « German. Königtum und lat. Literatur vom 5.bis zum 7.Jh. », *FMSt.* 17, 1983, p. 1-54.

STENGEL, Edmund E., *Abhandlungen und Unters. zur Gesch. des Kaisergedankens im Mittelalter*, Cologne/Graz, 1965.

STOCLET, Alain J., « La "clausula de unctione Pippini regis" : mises au point et nouvelles hypothèses », *Francia*, 8, 1981, p. 1-42.

STOLLEIS, Michael, *Staat und Staatsräson in der frühen Neuzeit. Studien zum Geschichte des öffentl.Rechts*, Francfort, 1990.

STONE-ROTHWELL, R., *Anglo-Norman Dictionary*, Londres, 1977 suiv.

STÖRMER, Wilhelm, *Adelsgruppen im früh-und hochmittelalterlichen Bayern*, Stuttgart, 1972.

STÖRMER, Wilhelm, *Früher Adel. Studien zur politischen Führungsschicht im fränkisch-deutschen Reich vom 8. bis 11. Jahrhundert,* 2 vol., Stuttgart, 1973.

STRECKE, Reinhart, *Zur geschichte Bedeutung des altfrz. Alexiusliedes,* Francfort-Bern, 1979.

STROHEKER, Karl Friedrich, *Der Senatorische Adel im spätantiken Gallien,* Tübingen, 1948.

Structures féodales et féodalisme dans l'Occident méditerranéen (xe-xiiie s.), Rome, 1980.

STUBENVOLL, Willi, *Die dt. Hugenottenstädte,* Francfort, 1990.

Stumm in Neunkirchen. Unternehmerherrsch.und Arbeiterleben im 19. Jh., Richard VAN DÜLMEN, Joachim JACOB, St.Ingbert, 1993.

STUTZ, Ulrich, « Reims und Mainz in der Königswahl des 10. und zu Beginn des 11. Jh. », *Sbb. Akad. Berlin,* 1921, p. 414-433.

SUERBAUM, Werner, *Vom antiken zum frühmittelalter, Staatsbegriff. Über Verwendung und Bedeutung von Res Publica, Regnum, Imperium und Status von Cicero bis Jordanes,* Münster, 1961.

SULPICE SÉVÈRE, *Vie de saint Martin,* éd. Jacques Fontaine, 2 vol., Paris, 1967-69.

SYBEL, Heinrich von, *Die Entstehung des dt. Königthums,* Francfort, 1881.

SYDOW, Jürgen, « Die Gegenkaiser Arnulfs von Kärtnen », *Verhandlungen d. histor. Vereins f. Oberpfalz u. Regensburg,* 96, 1955, p. 431-436.

SYDOW, Jürgen, « La dignità imperiale di Guido e Lamberto duchi di Spoleto », *Spoletium* 3, 1956, p. 7-11.

TARDIF, Joseph, *Monuments historiques (Cartons des rois),* Paris, 1866.

TECHET, Carl, *Völker, Vaterländer und Fürsten,* Munich, 1913.

TELLENBACH, Gerd, « Bedeutung d. Personenforschung », *Id., Abhandl.,* III, 1988, p. 943-61 & 793 suiv.

TELLENBACH, Gerd, « Die geistigen und politisch. Grundlagen der karol. Thronfolge. Zugleich eine Studie über kollektive Willensbildung und kollekt.Handeln im 9.Jh. », *FMSt.* 13, 1979, p. 184-302.

TELLENBACH, Gerd, « Die Germanen und das Abendland bis zum Beginn des 13.Jh. », *Saeculum Weltgesch.,* 4, 158-668.

TELLENBACH, Gerd, « Rechtlicher Anspruch und soziale Geltung in der Geschichte des Adels im hohen Mittelalter » *: Id., Ausgew. Abhandlungen,* t. III, 1988, p. 857-67.

TELLENBACH, Gerd, « Vom Karol. Reichsadel zum dt. Reichsfürstenstand », *Herrschaft,* 1956, p. 191-242.

TELLENBACH, Gerd, *Ausgewählte Abhandlungen und Aufsätze,* 4 vol., Stuttgart, 1988-9.

TELLENBACH, Gerd, *Königtum und Stämme in der Werdezeit des deutschen Reiches*; 1939.

THADDEN, Rudolf v., *Die brandenburg.-preuss. Hofprediger im 17. und 18.Jh.,* thèse, Göttingen, 1958.

THÉVENIN, Michel, *Textes relatifs aux institutions privées et publiques aux époques mérovingienne et carolingienne,* Paris, 1887.

THOMAS, Heinz, « Herrschersippen und höfische Epik im dt. Mittelalter », *Wirtschaft, Gesellschaft, Unternehmen. Festschrift für Hans Pohl..,* Stuttgart, 1995, p. 757-81.

TJÄDER, J.-O., *Die nichtliterarischen lateinischen Papyri Italiensaus der Zeit 445-700,* 2 vol., Lund, 1954-55.

TOBLER, Adolf — LOMMATZSCH, Erhard, *Altfranzösisches Wörterbuch,* 10 vol., 1925-76.
Trésor de la langue française : Dictionnaire de la langue du XIX*e et* XX*e s. (1789-1960)*, éd. Paul IMBS & Bernard QUEMADA, 14 vol., Paris, 1971-90.
« Totalitarismus » und « Politische Religionen », éd. Hans MAIER, Michael SCHÄFER, Paderborn, 1997.
Trübners Deutsches Wörterbuch, éd. Alfred GÖTZE, Walther MITZKA, 8 vol., Berlin, 1936-57.
TYROLLER, Franz, « Zu den Säkularisationen des Herzogs Arnulf », *Studien u. Mitt. A.d. Gesch. D. Benediktinerordens,* 65, 1953/4, p. 303-312.
UHLIRZ, Mathild, « Zu dem Mitkaisertum der Ottonen : Theophanu coimperatrix », *Byz. Zeits.*, 50, 1957, p. 383-389.
ULLMANN, Manfred, « Zur Geschichte des Wortes *barid*„ Post“ », *Beiträge zur Lexikographie des Klassischen Arabisch,* 13, 1997, p. 5-77.
VALÉRY, Paul, *De l'Histoire, Œuvres,* t. II, p. 935 suiv.
VAN CAENEGEM, Raoul C., « Les études médiévales : quelques réflexions », *Studi medievali,* 3e série, I, 2, 1960, p. 627-59.
VAN DÜLMEN, R., *Theater des Schreckens. Gerichtspraxis und Strafrituale in der frühen Neuzeit,* 4e éd., Munich, 1995.
VAN WINTER, Johanna Maria, « Cingulum Militiae. Schwertleite en "Miles" — Terminologie als Spiegel van veranderend menselijk gedrag », *RHD,* 44 (1976), p. 1-92.
VANCE, Eugène, « Roland et la poétique de la mémoire », *Cahiers d'études médiévales,* I, 1974, p. 103-115.
VARGA, Lucie, *Das Schlagwort vom « Finsteren Mittelalter »,* Aalen, 1978 (éd. orig. 1932).
Das Vaterbild im Abendland, éd. Hubertus TELLENBACH, t.1, Stuttgart, 1978.
VENANTIUS HONORIUS CLEMENTIANUS FORTUNATUS, *opera,* éd. F. LEO et B. KRUSCH, *MGH, AA,* t. IV. Ed. et trad. fr. des *Poèmes,* I-IV, par M. REYDELLET, t. I, Paris, 1994 (t. II à paraître, 1998).
Verbrechen, Strafen und soziale Kontrolle, éd. Richard VAN DÜLMEN, Francfort, 1990.
VERRIEST, Léo, *Noblesse, chevalerie, lignages,* Bruxelles, 1960.
VEUILLOT, Louis, *Paris pendant les deux sièges,* 1871 (= *Œuvres complètes,* XIII, 1927).
VIERCK, Hayo E.F., « La "chemise de Ste-Bathilde" à Chelles et l'influence byzantine sur l'art de cour mérovingien au VIIe s. », *Centenaire de l'abbé Cochet 1975,* Rouen, 1978, p. 521-64.
VINCENT, Bernard, *Thomas Paine ou la religion de la liberté,* Paris, 1987.
Vinculum Societatis. Joachim Wollasch zum 60. Geburstag, éd. F. NEISKE, etc., Sigmaringen, 1991.
VISMARA, G., article « Barbaren », *LM,* I, col. 1434-1436.
VOCELKA, Karl, et HELLER, Lynne, *Die Lebenswelt der Habsburger. Kultur-und Mentalitätsgeschichte einer Familie,* Graz, 1997.
VONES-LIEBENSTEIN, Ursula, « Une femme gardienne du royaume? Régentes en temps de guerre (France-Castille, XIIIe siècle) », *La violence et les gens, 119e Congrès national des sociétés historiques et scientifiques,* Amiens, 1994, *Hist.méd.*, II, p. 9-22.

VOSS, Jürgen, « Christoph Guillaume Koch (1737-1813) : homme politique et historiographe contemporain de la Révolution », *History of European Ideas*, 13, 5, 1991, p. 531-43.

VOSS, Jürgen, « Le problème du Moyen Age dans la pensée historique en France (XVIe-XIXe s.), *Revue d'histoire moderne et contemporaine*, 24, 1977, p. 321-40.

VOSS, Jürgen, *Das Mittelalter im historisch. Denken Frankreichs*, Munich, 1972.

WAAS, Adolf, *Die alte dt. Freiheit. Ihr Wesen u.ihre Geschischte*, Munich/Berlin, 1939.

WAAS, M., *Germanen im röm. Dienst (im 4.Jh.n.Chr.)*, Bonn, 1971.

WAGNER Wolfgang, « Die Privatisierung des Lehnrechts », *Forschungsband Franz von Zeiller (1751-1828). Beitr. zur Gesetzgebungs-und Wissenschaftsgeschichte*, éd. Walter SELB & Herb.HOFMEISTER, Vienne, 1980, p. 226-47.

WAITZ, Georg, *Abhandlungen zur deutschen Verfassungs-und Rechtsgeschichte*, éd. Karl ZEUMER, Göttingen, 1896.

WAITZ, Georg, *Deutsche Verfassungsgeschichte*, 4 vol., 2e/3e éd., Berlin, 1880-1896.

WALDE, A. — HOFMANN, J. B., *Latinisch. Wörterbuch*, 3e éd., 3 vol., Heidelberg 1938-56.

WALDE, A., *Vergleichendes Wörterbuch der indogerm. Sprachen*, éd. J. POKORNY, 2 vol. et Index, Berlin/Leipzig, 1927-32.

WALLACE-HADRILL, John Michael, *Early Germanic Kingship in England and on the Continent*, Oxford, 1971.

WALLACE-HADRILL, John Michael, *Early Medieval History*, Oxford, 1975.

War, Literature and Politics in the Late Middle Ages, éd. C. T. ALLMAND, Liverpool, 1976.

WATTENBACH, Wilhelm — HOLTZMANN, Robert, *Deutschlands Geschichtsquellen im Mittelalter. Die Zeit der Sachsen und Salier*, 2e éd., éd. Franz-Josef SCHMALE, 3 vol., Darmstadt, 1967-71.

WATTENBACH, Wilhelm — LEVISON, Wilhelm, *Deutschlands Geschichts-quellen im Mittelalter. Vorzeit und Karolinger*, 6 fasc., Weimar, 1952-90, et Beiheft : *Die Rechtsquellen*, 1953.

WATTENBACH, Wilhelm — SCHMALE, Franz-Josef, *Deutschlands Geschichtesquellen im Mittelalter. Vom Tode Kaiser Heinrichs V. bis zum Ende des Interregnums*, t. I, Darmstadt, 1976.

WEGENER, Wilhelm, *Genealogisch. Tafeln zur europ. Gesch.*, 4 vol. en 1, Göttingen, 1957-1962.

WEGNER, Bernd, *Hitlers Politische Soldaten : Die Waffen-SS 1933-1945*, 5e éd., Paderborn, 1997.

WEHLEN, Wolfgang, *Gesch. schreibung und Staatsauffassung im Zeitalter Ludwig der Fr.*, Lübeck/Hamburg, 1970.

WEIDEMANN, *Kulturgeschichte der merowingerzeit nach den Werken Gregors von Tours*, 2 vol., Mayence 1982.

WEINFURTER, Stefan, « Der Anspruch Heinrichs II.auf die Königsherrschaft », *Papstgesch. und Landesgesch. Festchrift Hermann Jakobs*, Cologne/Weimar, 1995, p. 121-34.

WEIS Eberhard, *Geschichtsschreibung und Staatsauffassung in der französischen Enzyklopädie,* Wiesbaden, 1956.

WENSKUS, Reinhard, *Sächischer Stammesadel und fränkischer Reichsadel,* Göttingen, 1976.

WERNER, Joachim, « Der goldene Armring des Frankenkönigs Childerich », *FM,* 14, 1980, p. 1-41.

WERNER, Karl Ferdinand, « « Conquête franque de la Gaule ». Itinéraires historiographiques d'une erreur », *BEC,* 154, 1996, p. 7-45.

WERNER, Karl Ferdinand, « Adel -"Mehrzweckelite"vor der Moderne? », *Eliten in D. u. F. im 19. u. 20.Jh. Strukturen u. Beziehungen,* t.I, éd.par Rainer HUDEMANN et Georges-Henri SOUTOU, Munich, 1994, p. 17-32.

WERNER, Karl Ferdinand, « Formation et carrière des jeunes aristocrates jusqu'au Xe siècle », *Georges Duby. L'écriture de l'Histoire,* 1996, p. 295-306.

WERNER, Karl Ferdinand, « Gerbert dans les structures de l'Empire », *Gerbert l'Européen...,* 1997, p. 113-122.

WERNER, Karl Ferdinand, « Il y a mille ans, les Carolingiens : fin d'une dynastie, début d'un mythe », *ABSHF,* 1991/92, p. 17-89.

WERNER, Karl Ferdinand, « Karl der Grosse oder Charlemagne? Von der Aktualität einer überholten Fragestellung », *Sitzunsberichte Bayer. Akad.,* 6, 1995, p. 1-62.

WERNER, Karl Ferdinand, « La place du VIIe s. dans l'évolution politique et institutionnelle de la Gaule franque », *The Seventh Century,* 1992, p. 173-211.

WERNER, Karl Ferdinand, « Le rôle de l'aristocratie dans la christianisation du nord-est de la Gaule », *La christianisation des pays entre Loire et Rhin (IVe-VIIe s.),* 2e éd.1993, p. 45-73 et p. 259 sqq.

WERNER, Karl Ferdinand, « Les premiers Robertiens et les premiers Anjou (IXe siècle-début Xe siècle), *Pays de Loire...,* 1997, p. 9-67.

WERNER, Karl Ferdinand, « L'Europe, d'où nous vient-elle? », *Religions et transformations de l'Europe,* éd. G. VINCENT, J.P. WILLAIME, Strasbourg, 1993, p. 19-31.

WERNER, Karl Ferdinand, « L'historien et la notion d'État », *CRAIBL,* 1992, p. 709-21.

WERNER, Karl Ferdinand, « Marc Bloch », *Marc Bloch aujourd'hui,* éd. H. ATSMA & A. BURGUIÈRE, Paris, 1990, p. 49-50 & 125-33.

WERNER, Karl Ferdinand, « Politische u.kirchliche Konflikte in Lotharingien u.Burgund im Spiegel des lat.Tierepos(10.11.Jh.) », *RhVjbll,* 61, 1997, p. 1-33.

WERNER, Karl Ferdinand, « Réflexions d'un historien allemand », *Relations internationales,* 65, printemps 1991, p. 83-93.

WERNER, Karl Ferdinand, « Royaume et *regna.* Le pouvoir en France comme enjeu entre le roi et les grands », *Pouvoirs,* 1992, p. 25-62.

WERNER, Karl Ferdinand, « Schlußwort », *Nobilitas,* 1997, p. 453-62.

WERNER, Karl Ferdinand, « Volk, Nation, Masse », *GG,* VII, 1992, p. 171-281.

WERNER, Karl Ferdinand, « Völker u. Regna : Carlrichard BRÜHL (†), Bernd SCHNEIDMÜLLER (éd.), *Beiträge zur ma. Reichs-u. Nationsbildung in D. u.F.* », *HZ,* 24, 1997, p. 15-43.

WERNER, Karl Ferdinand, « Von den « Regna » des Frankenreichs zu den « deutschen Landen » », *Zs. f. Lit.-wiss. u. Linguistik (LiLi)*, 24, 1994, p. 69-80.

WERNER, Karl Ferdinand, *Structures politiques du monde franc (VIe-XIIe s.). Études sur les origines de la France et de l'Allemagne*, Londres, 1979.

WERNER, Karl Ferdinand, *Vom Frankenreich zur Entfaltung Deutschlands und Frankreichs, Ursprünge-Strukturen-Beziehungen. Ausgew. Beiträge*, Sigmaringen, 1984.

WERNER, Matthias, *Der Lütticher Raum in frühkarol. Zeit. Untersuchungen zur Geschichte einer karol. Stammlandschaft*, Göttingen, 1980.

WIEACKER, F., « Friedrich Karl von Savigny », *Die Grossen Deutschen*, III, 1966, p. 39-51.

WOLF, Armin, « Warum konnte Rudolf von Habsburg († 1291) König werden ? », *Zeitschrift der Savigny-Stiftung für Rechtsgeschichte*, 122, 1992, p. 48-94.

WOLFRAM, Herwig, « Gotisches Königtum und römisches Kaisertum von Theodosius dem Grossen bis Justinian I. », *FrMASt*, 13, 1979, p. 1-28.

WOLFRAM, Herwig, « The Shaping of the Early Medieval Principality as a type of Non-Royal Rulership », *Viator* 2, 1971, p. 33-51.

WOLFRAM, Herwig, *Das Reich und die Germanen. Zwischen Antike und Mittelalter*, Berlin, 1990 (trad. angl. 1998).

WOLFRAM, Herwig, *Histoire des Goths*, Paris, 1990 (éd.all.1979).

WOLFRAM, Herwig, *Intitulatio*, I. *Latinisch. Königs-und Fürstentitel bis z. Ende des 8. Jh.*, Graz/Vienne/Cologne, 1967.

WOLFRAM, Herwig, *Intitulatio*, II, *Latinisch. Herrscher-und Fürstentitel im 9. u. 10. Jh.*, Graz/Vienne/Cologne, 1973.

WOLFRAM, Herwig, *Intitulatio*, III, *Latinisch. Herrschertitel und titulaturen (7. -13. Jh.)*, Graz/Vienne/Cologne, 1988.

WOLFRAM, Herwig, *Salzburg, Bayern, Österreich. Die Conversio Bagoariorum et Carantanorum und die Quellen ihrer Zeit*, Vienne, 1995.

WOLLASCH, Joachim, « Neue Methoden », *HZ*, 225, 1977, p. 561 suiv.

WOOD, Ian, « Kings, Kingdoms and Consent », *Early med. Kingship*, 1977, p. 6-29.

WORMALD, Patrick, « Lex Scripta and Verbum Regis from Euric to Cnut », *Early Med. Kingship*, 1977, p. 105-38.

WUNDER, Bernd, *Privilegierung und Disziplinierung. Die Entstehung des Berufsbeamtentums in Bayern und Württemberg (1780-1825)*, Munich, 1978.

WÜRTENBERGER, T., « Legitimität, Legalität », *GG*, III, p. 677-740.

ZELLER, Eberhard, Oberst Claus Graf Stauffenberg. Ein Lebensbild, Paderborn, 1994.

ZEUMER, Karl, *Quellensammlung z. Geschichte der Deutschen Reichsverfassung in Mittelalter und Neuzeit*, 2 vol., Tübingen, 1913.

ZIMMERMANN, Harald, « Papstabsetzunge des Mittelalters II : Die Zeit der Ottonen », *MIÖG*, 68, 1960, p. 209-225.

ZIMMERMANN, Harald, *Im Bann des Mittelalter. Ausgewählte Beiträge zur Kirchen-und Rechtsgeschichte*, Sigmaringen, 1986.

ZOTZ, Thomas, « Adel, Oberschicht, Freie. Zur Terminologie der frühmittelalterlichen Sozialgeschichte », *ZGO*, 125, 1977, p. 3-20.

ZOTZ, Thomas, « Die Gegenwart des Königs. Zur Herrschaftspraxis Ottos III. Und Heinrichs II. », *Otto III. — Heinrich II. Eine Wende?*, éd. Bernd SCHNEIDMÜLLER & Stefan WEINFURTER, Sigmaringen, 1997, p. 349-386.

ZOTZ, Thomas, « Ludwig der Fromme, Alemannien und die Genese eines neuen Regnum », *Wirkungen europäischer Rechtskultur. Festschrift für Karl Kroeschell zum 70. Geburtstag*, éd. G. KÖBLER & H. NEHLSEN, Munich 1997, p. 1481-1499.

ZUNKEL, Friedrich, « Ehre », « Reputation », *GG*, II, 1975, p. 1-63.

ZYSBERG, A., *Les Galériens*, Paris, 1987.

Index des noms de personnes

A

B

C

D

E

H

I

J

K

L

Q

R

T

U

V

Table des matières

PREMIÈRE PARTIE

Les origines de la noblesse : des idées reçues aux réalités

DEUXIÈME PARTIE

Genèse de l'État chrétien et de la noblesse en Occident (Empire romain – Empire franc)

TROISIÈME PARTIE

Les structures hiérarchiques de l'État et de l'Église (IVe-XIe siècle)

QUATRIÈME PARTIE :

Genèse de l'Europe dynastique : hérédité, vassalité, « chevalerie » (VIIIe-XIVe siècle)

Impression réalisée sur CAMERON par
BRODARD ET TAUPIN
La Flèche

pour le compte des Éditions Fayard
en avril 1999

Imprimé en France
Dépôt légal : avril 1999
N° d'édition : 5498 – N° d'impression : 1359W
ISBN : 2-213-02148-1
35-66-7920-02/8